杨欣安 编著

杨欣安《现代汉语》文辑

西南师范大学出版社
国家一级出版社 全国百佳图书出版单位

图书在版编目（CIP）数据

杨欣安《现代汉语》文辑/杨欣安编著.--重庆：西南师范大学出版社，2021.4
ISBN 978-7-5697-0489-1

Ⅰ.①杨… Ⅱ.①杨… Ⅲ.①现代汉语—文集 Ⅳ.①H109.4-53

中国版本图书馆CIP数据核字（2021）第038825号

杨欣安《现代汉语》文辑
YANG XIN'AN《XIANDAI HANYU》WENJI

杨欣安　编著

责任编辑：	秦　俭　吕　杭
责任校对：	李　君
装帧设计：	观止堂_未氓
排　　版：	重庆新金雅迪艺术印刷有限公司
出版发行：	西南师范大学出版社
	地址:重庆市北碚区天生路2号
	网址:http://www.xscbs.com
	邮编:400715　电话:023-68868624
印 刷 者：	重庆康豪彩印有限公司
幅面尺寸：	170mm×240mm
印　　张：	43
字　　数：	413千字
版　　次：	2021年4月 第1版
印　　次：	2021年4月 第1次印刷
书　　号：	ISBN 978-7-5697-0489-1
定　　价：	128.00元

西南大学文学院"雨僧文库"编委会

主　任

王本朝

委　员

李永东　李应志　肖伟胜
何宗美　黄大宏　曹　建
寇鹏程　黎　萌　张春泉

学术记忆与学科发展
——西南大学文学院"雨僧文库"序

西南大学文学院"雨僧文库"丛书即将出版了,这是一件令人非常高兴的事。为它写上几句话也让我从心底里生出一种特殊的感怀。岁月的流逝总会让人忘却许多往事,而有些记忆无论经过多少岁月,却总是很难消失,因为它已经成为人们前行道路上的重要标记。一个人的成长如此,一个学科的发展和一个学院的建设也是这样。

西南大学文学院的前身为1940年建立的国立女子师范学院国文系和1942年建立的四川省立教育学院的国文系,1950年合并为西南师范学院中文系,2003年更名为西南师范大学文学院。中国的大学包括学科的建立及发展的时间并不长,拥有近80年的学科历史也就算比较久远的了。所以,在介绍时说它历史悠久,此言不虚也。一大批名家先贤先后汇聚于此,探研学术,传承文脉。1949年前,有胡小石、吴宓、高亨、商承祚、唐圭璋、台静农、罗根泽、詹锳、李何林、魏建功、李霁野、赖以庄、吴则虞等在这里潜心治学,为科学研究建立了严谨求实的学术传统。1949年后,亦有吴宓、高亨、赖以庄、钟稚琚、郑思虞、何剑薰、徐德庵、杨欣安、魏兴南、曹慕樊、徐无闻、李景白、谭优学、李运益、刘又辛、荀运昌等学者继续在此传道授业,筚路蓝缕,为学院的发展奠定了坚实的基础。今天的文学院设有中文系、影视艺术系、汉语国际教育系;拥有中国语言文学一级学科博士学位授权点,戏剧与影视学一级学科硕士学位授权点,美学二级学科博士学位授权点;建有中国语言文学博士后科研流动站。其中国语言文学为重庆市重点学科。

我相信一个学科的历史和发展总是由一代又一代学者创造的成果累积而成的。为了坚守学术精神,保存学术记忆,发扬学术传统,学院积极筹划了这套"雨僧文库"。我们选取了文学院前辈学者的代表性成果,主要有曹慕樊先生的《庄子新义》,谭优学先生的《唐诗人行年考》,徐无闻先生的《徐无闻批注〈唐人万首绝句选〉》,荀运昌先生的《诗词及楹联写作》,熊宪光先生的《亦说文稿》,徐洪火先生的《中国古代戏曲史纲》;刘又辛先生和方有国教授合著的《汉字发展史纲要》,杨欣安先生的《杨欣安现代汉语论集》,翟时雨先生的《语言漫议》;苏鸿昌先生的《大旨谈情:苏鸿昌文艺美学文集》,曹廷华先生的《文艺美学论稿》;苏光文先生的《新文学:新观念新文本新交流》和胡润森先生的《胡润森论戏剧》等13册。如做一个简单划分的话,它们可分为古代文学及文献学、汉语言文字及语言应用、文艺学及美学,以及中国现当代文学等学科板块和知识领域。这些论著的选择不拘形式,有的是旧作再版,有的是论著新编,有的是学者选集。这些前辈学者和他们的论著都曾在学科和学术史上产生了重要影响,也代表或者说体现了西南大学文学院中国语言文学学科的历史特点和学术优势。有点儿小遗憾的是,名为"雨僧文库",却没有编入吴宓先生的著述,只有等待以后再来弥补了。

西南大学文学院高度重视人才培养和学科建设,长期坚持以人才培养为根本,以学科发展为龙头,以科学研究为中心,以队伍建设为支撑,以社会服务与文化创新为动力的学院发展之路。就学术研究和学科建设而言,坚持有所为有所不为,不好高骛远,不追逐时尚,把人才培养和学术研究工作落到实处,做向深处,不搞花架子,紧紧抓住人才队伍、学术成果和学术环境等条件要素,去做学科建设。搞学科建设,首先要有人,其次要做事,另外还要有做事的环境和心情。有人就是要有从事教学科研的人,做事就是做教学科研之事。大学教师不仅要从事教学工作,还要积极开展科学研究。教学科研形式不同,目标相近,都是为了人才培养,它们会有偏重,但不应分彼此。学科建设亦非一朝一夕之事,要一步一个脚印,守正笃实,久久为功,还要有"功成不必在我"的心态和境界。在学术建设和学科发展的链条上,历史总是一环扣一环,后来者不应忘记前行者的坚实步履。学术研究是个人的人生事业,学科建设也是学院的名山工程。对个人而言,学术研究要有兴趣,更要有理想、有毅力。过去的学术氛围和学术环境不同于当下,不像今天这样,从学校到学院都在一个劲儿地鼓噪。他们为什么对学问有兴趣?为什么那么执着?为什么做?怎么做?做得怎么样?他们肯定是有思考的。我想,从这些论著里,我们既可学习到一些做学问的方法,悟出一点儿做学问的门径来,也能感受到他们严谨认真的学术道德和高贵豁达的学术精神。今天的学术环境虽然变化了,做学问的条件和成效也不一样了,但高远的学术理想和执着的学术精神还是应该继承下来,坚守得住,才能发扬光大。

这套前辈学者成果的出版应是西南大学文学院学科建设的大喜事。近年来,我们连续筹划了"博导文库"和"中青年学者文库",正在筹划"学科及学术专题文库"。"雨僧文库"主要是前辈学者文库,它是西南大学文学院历史发展中的学术积淀和学科基因,它的出版,有助于学院的学术传承,也让学院的学术史更加清晰明朗,学科发展更有底气。在此,我要特别感谢这些前辈学者的家人及弟子们的大力支持,感谢学院相近学科同仁们的积极参与,有了他们的理解和参与,这项工作才得以顺利而圆满地完成。也要感谢西南师范大学出版社吕杭女士的辛勤劳动。

就此说上几句,既表达对"雨僧文库"出版的祝贺,也有对学院学科建设的希冀。

王本朝
2020年1月

目录

前言 / 01

第一编　绪论 / 001

　　第一章　可爱的祖国语言 / 003
　　第二章　现代汉语的内容 / 010

第二编　语音 / 029

　　第一章　发音的基本知识 / 031
　　第二章　韵母（一） / 040
　　第三章　声母 / 048
　　第四章　韵母（二） / 063
　　第五章　拼音 / 073
　　第六章　字调 / 091
　　第七章　声母辨正 / 102
　　第八章　韵母辨正 / 112
　　第九章　声调辨正 / 125
　　第十章　语调和朗读法 / 134

第三编 文字 / 155

第一章 汉字和汉语的关系 / 157
第二章 汉字的产生和发展 / 161
第三章 汉字的构造 / 168
第四章 汉字字体的演变 / 179
第五章 文字改革 / 189
第六章 正字法 / 200

第四编 词汇 / 215

第一章 词、词汇和词汇学 / 216
第二章 词的构成 / 222
第三章 词义 / 240
第四章 词汇的来源 / 265
第五章 词汇的变化 / 285
第六章 词汇的规范化问题 / 291
第七章 字典和词典 / 305

第五编 语法 / 321

第六章 形容词 / 322
第八章 代词 / 337

第九章　副词 / 358

　　第十章　介词 / 372

　　第十一章　连词 / 397

　　第十三章　叹词 / 415

　　第十七章　定语 / 423

　　第十八章　状语 / 440

　　第二十一章　单句的特殊结构 / 454

　　第二十二章　单句的分析法 / 471

　　第二十三章　复句 / 493

　　第二十四章　联合复句 / 507

　　第二十五章　偏正复句 / 517

　　第二十六章　多重的复句 / 544

　　第二十七章　陈述句、疑问句、祈使句、感叹句 / 565

　　第二十八章　一般的规律和特殊的习惯 / 585

　　第二十九章　标点符号 / 599

第六编　修辞 / 635

　　第二章　用词 / 636

后记 / 671

前　言

今年后半年，西南師范学院中文系要办中國語文專修科的函授班，設有"現代漢語"这門課程。但因沒有現成適用的課本，領導上决定由我來編函授講义。这是个新任务，大家都沒有經驗。經研究决定：講义应按照苏联專家的指示，結合初中語文教師的实际需要來編，深入淺出地闡明这門課应該講的东西。因此，在內容和編排方面，尽量結合初中漢語課本，在举例和作練習方面，尽量結合初中文学課本，以期参加学習的同志們，一面学習，一面就应用到敎学中去。因为是語專科的講义，所以太專門的东西就少講或者不講，必須講的东西，敍述尽量求淺顯易懂。

"現代漢語"共学兩学年。我們初步計划，按照初中漢語課本的內容順序，編成四册，每学期学習一册(为了講授方便，可能把語法、修辞、句讀法合併成一册，那就只有三册了)。現在先出版第一册。这一册包括緒論和語音兩部分，語音部分是主要的。現在学習語音的目的很明確，就是通过語音学習学会普通話幷且加以推廣；因此对四川人在語音方面如何学普通話，談得比較多些。初中漢語課本敎学参考書上說明講句調应該結合朗讀法，大家在文学敎学方面也很重視朗讀，这方面参考資料較少，所以也談得詳細些。这样是不是負担过重呢？我們跟着还要出学習指導書，在指導書里將談到每一單元每一章学習的目的、要求，突出重點，指出

— 1 —

哪些是必須掌握的，哪些是供作参考的，这样旣不至於負担过重，也能供給大家需要的参考資料。

讲語音必須用音标，《漢語拼音方案（草案）》已經公佈了，但尙未成定案，定案公佈時，恐怕要作適当的修改。我們現在仍舊用的是注音字母（理由已在講义內說明），为了使大家同時也学会拼音字母，所以在注音字母后，都附上拼音字母。声、韻、拼音等都是按照注音字母講的，附带說一下拼音字母，并沒有專講它。为彌補这个缺陷，务請学員同志每人預备一本《漢語拼音方案（草案）》，（有單行本）有了这本小冊子，可以帮助我們学習拼音字母。

这本講义寫成后，承本院中文系漢語教研組徐德菴、刘又辛、李运益、趙荣琏、翟時雨諸位同志審閱并提出宝貴意見，承彭維金同志帮忙校对，在此一併致謝。編者限於水平，錯誤疏漏之处，一定非常多，渴望語文教学工作者、参加学習的学員同志們批評、指教，以备在將來有机会時加以修訂補正。

楊欣安　1956.5.於北碚

第一编

绪 论

ptotype
第一編　緒　論

第一章　可愛的祖國語言

§1. 語言　語言是从勞動当中并和勞動一起產生出來的。恩格斯說："勞動的發展必然使得各个社会成員更緊密地互相結合起來，而且这么一來，互相帮助和共同協作的情形就增多了，……这些在形成中的人已經到了彼此間有什么东西非說不可了。"（《勞動在从猿到人轉变过程中的作用》中譯本第5頁）所以語言一開头就是社会的產物，語言的本質是社会性的，語言是一种社会現象。說語言是社会現象，是因为它替社会服务，它是人類社会中的交際工具。斯大林說："語言之替社会服务，乃是作为人們交際的工具，作为社会中交流思想的工具、作为使人們互相了解并使人們在其一切活動范圍中調整其共同工作的工具，这一切活動范圍包括生產的領域，也包括經济關系的領域，包括政治的領域，也包括文化的領域，包括社会生活，也包括日常生活。"（《馬克思主义与語言学問題》中譯本第35頁）

語言所以是人們交際的工具，交流思想的工具，是因为利用这种工具，可以把自己的思想表達出來，讓別人知道。我們需要吃飯了，就請炊事員開飯；需要穿衣服了，就請裁縫替我們縫衣服。但是我們所需要的詞和組成句子的語法結構，一定是"約定俗成"大家公認的才行。比方說大家都說"飯",你偏要說"風",別人說"吃飯了",你說"吃風了",或是人家說"吃飯了",你偏要說"了吃飯",別人就不知道你說的是什么,就達不到交際和交流思想的目的。**所以語言有它自己的客觀法則,不以个人的意志为轉移。全社会的人都必須遵守他們的語言規律,才能收到互相交流思想的效果。**

其次"思想交流是經常極端必要的,因为没有思想交流,便不可能使人們在与自然力的斗爭中,在为生產必需的物質財富的斗爭中調协其共同活動,便不可能在社会生產行为中獲得成功,因此也就不可能有社会生產本身的存在。可見没有全社会懂得的語言,没有社会成員的共同的語言,社会便会停止生產,便会崩潰,便会無法繼續生存。在这个意义上說,語言既是交际的工具,同时也就是社会斗爭和發展的工具。"(《馬克思主义与語言学問題》中譯本20——21頁)

語言是全社会共同使用的必不可少的工具,我們必須好好地学習它掌握它。

§2.现代漢語 咱們先來解釋一下这个名詞:漢語是漢族人民大众所說的語言,现代漢語是现代漢族人民大众所說的語言,那么,我們是不是把漢族人民所說的多少种方言都講講呢?不是,我們所講的是國务院讓大家推行的民族共同語——普通話。这种民族共同語,在解放前有人叫"國語",也有人叫"北京話",还有人叫"标准語"。这几个名詞都不很妥当,因为國語和标准語都是北京話的別名。称北京話为國語,这是抹煞我們國家是多民族的國家这一事实,因为除了漢族,还有許多兄弟民族。称北京話为标准語呢,也不对,因为我們的标准語,并不是北京話,而是普通話。**普通**

— 2 —

話是以北方話为基礎方言，以北京語音为标准音，以典范的現代白話文学著作为語法規范的。旣然民族共同語只拿北京語音为标准音，顯然北京話不等於是民族共同語，**眞正的民族共同語是普通話**。

这种民族共同語是怎样形成的呢？讓我們引張奚若部長一段話來說明这个意思吧：

方言以外，漢族人民有沒有一种共同的語言呢？有的。这种語言早已隨着社會的發展而發展，它的形成过程已經經歷了一段相当長的時期。宋元以來的白話文学使白話取得了書面語言的地位。元代的《中原音韻》通过戲曲推廣了北京語音。明、清兩代，以北方話为基礎方言、以北京語音为标准音的"官話"隨着政治的力量傳播到各地，几百年來这种"官話"在人民中立下根基，逐漸形成現代全國人民所公認的"普通話"（**普通在这里是普遍、共同的意思，不是平常、普普通通的意思**）。五四运动以來，新文学作家抛棄了傳統的文言，一致採用白話寫作，学校教科書和報紙也開始採用白話，这样就大大地開展了歷史上原有的北方"官話"，加進了許多其他方言有用的成分和必要的外來語成分，迅速促進了普通話的提高和普及。現代交通的發展和人民革命斗爭的發展在普通話的傳播上也起了很大的作用。革命武裝隊伍走向各个農村，各个城市，到处跟人民羣众親密团結，生活在一起，一面学習普通話，一面就傳播普通話。这个傳播的作用在人民解放战爭中推廣到了全中國的每个角落。

根据以上簡略的敍述，可見地域方言雖然存在，但是由方言口語發展而來的共同的語言已經逐漸形成了。

— 3 —

这种事实上已经逐漸形成的漢民族共同語是什么呢？"这就是以北方話为基礎方言，以北京語音为标准音的普通話"。（《大力推廣以北京語音为标准音的普通話》《中國語文》42期）

§3. 現代漢語在全世界的地位 漢民族是文化極古、極高的民族，在文学上、在哲学上、在科学上都有很高的造詣。語言是隨着社会的發展而發展的，所以漢語也是世界上歷史最悠久的語言之一。自古以來它就是表達人類複雜思想的工具。（如詩經、楚辞、周秦諸子都是用古漢語寫成的）现在它是世界上最發展的語言之一，它和外來的民族語言接觸过，但都是勝利者，保持了完整性，有很丰富的詞彙，能表達極高度的文化思想。同時它也是世界上使用人數最多的語言，使用漢語的人口約佔全世界人口四分之一左右。因此对於鄰近的各國，影响很大。日本最初完全借用中國文字，后來才在中國文字的基礎上，創立了片假名。朝鮮也是应用中國文字的，现在才創立諺文。越南现在有許多詞如"慷慨"、"主席"、"劳動"等，和我國的音相同。

新中國成立后，國际地位顯著提高，漢族文化也跟着被重視起來。漢語是研究漢族文化的工具，所以現代漢語也被重視起來。舊中國外交人員不能使用自己的語言作表達思想的工具，现在無論在什么場合，中國外交人員都說的是現代漢語。和平陣營各國都派遣留学生來我國学習漢語，苏联和东歐人民民主國家聘請我國語言学者到他們那里講学。毛主席的偉大著作，在各國都有譯本，这更擴大了現代漢語的影响。

§4. 現代漢語的特點 漢語每一个音綴（具体地說每一个漢字）大都只包含声和韻兩部分，比某些外國語言一个詞包含好多字母要簡單得多。其次漢語是拿声調作为詞彙成分的,同一个音声調不同,表示的意思就不一样(如椅子、胰子;吳先生、武先生等),因此說起話來或讀起文章來,自然就發生抑揚頓挫的音樂美。漢語又喜欢利用双声叠韻,听起來非常悦耳。再一个特點就是語言簡明,沒有变格、变位等等的厤煩,也沒有陰陽性的區別(某些外國語得記住鉛筆是陽性,書是陰性等)。現代漢語的句法語序固定、層次分明。还有就是漢語久經歷鍊表現方法很生動,利用形象化表現方法——成語、民諺和歇后語等,使語言形式丰富多采。

§5. **現代漢語的方言和普通話**　使用漢語的人數很多,區域很廣,以前交通又不方便,所以便形成了許多种方言,方言究竟有多少种呢?假如按小的差別說來,一縣甚至一鄉就有差別,那就太多了。从大的方面說來,据王力先生的說法,可分为五大類:

（1）官話方言,卽華北方言、下江方言、西南方言。

  1. 冀魯系　　包括河北、山东及东北等处。
  2. 晉陝系　　包括山西、陝西、甘肅等处。
  3. 豫鄂系　　包括河南、湖北。
  4. 湘贛系　　包括湖南东部、江西西部。
  5. 徽寧系　　包括徽州、寧國等处。
  6. 江淮系　　包括揚州、南京、鎭江、安慶、蕪湖、九江等处。
  7. 川滇系　　包括四川、云南、貴州、廣西北部、湖南西部。

（2）吳語

  1. 苏滬系　　包括苏州、上海、無錫、崑山、常州等处。
  2. 杭紹系　　包括杭州、紹興、湖州、嘉兴、余姚、寧波等处。
  3. 金衢系　　包括金華、衢州、嚴州等处。
  4. 溫台系　　包括溫州、台州、处州等处。

— 5 —

（3）閩語

    1. 閩海系   包括福州、古田等处。

    2. 廈漳系   包括廈門、漳州等处。

    3. 潮汕系   包括潮州、汕头等处。

    4. 瓊崖系   包括瓊州、文昌等处。

    5. 海外系   指華僑的閩語，在新嘉坡、暹羅、馬來半島等处。

（4）粵語

    1. 粵海系   包括番禺、南海、順德、東莞、新会、中山等处。

    2. 台開系   包括台山、開平、恩平等处。

    3. 西江系   包括高要、罗定、云浮、郁南等处。

    4. 高雷系   包括高州、雷州等处。

    5. 欽廉系   包括欽州、廉州等处。

    6. 桂南系   包括梧州、容縣、貴縣、郁林、博白等处。

    7. 海外系   指華僑的粵語，在美州、新嘉坡、越南、南洋羣島等处。

（5）客家話

    1. 嘉惠系   包括梅縣、惠陽、大埔、兴寧、五華、焦嶺、丰順、龍川、河源等处。

    2. 粵南系   散布台山、电白、化縣等处。

    3. 粵北系   散布曲江、乳源、連縣一帶。

    4. 贛南系   在江西南部。

    5. 閩西系   散布福建西北一帶。

    6. 廣西系   散布廣西東部、南部各縣。

    7. 川湘系   散布四川、湖南等处。

8.海外系　指華侨的客家話,大部在南洋、印尼。
(《漢語講話》13——16頁)

　　从这个表看來,漢族方言是非常多的,"在过去的封建社会以及半封建半殖民地社会,这种情况給予人民的不便,人們还不是普遍地或深刻地認識到。但是現在不同了。在中國共產党領導下的人民革命獲得勝利之后,人民取得了政权。五億六千万漢族人民要参加國家生活,沒有統一的規范化了的語言是不行的。不但要普及教育,要提高文化,非有規范化的語言不可,而且語言使用的複雜和紛歧还会直接影响工業和其他經济部門的建設工作,已經有許多事例可以証明。不但这样,除漢族人民以外,还有國內的兄弟民族人民以及很多外國的朋友也都在学習漢語。因此,漢語規范化的意义是异常重要的。"(罗常培:《略論漢語規范化》《中國語文》第40期)規范化后的漢語,便是普通話。我們学現代漢語就是拿普通話的語音、詞彙、語法等为对象,要徹底掌握普通話,不但学会,并且能教学生。張奚若部長說:"推廣普通話的教學,擴大它的傳播,是一个嚴肅的政治任务。""敎普通話是一个嚴肅的政治任务,敎師們要担起这个光荣的政治任务,要努力提高自己的語言修养,要克服一切敎学上的困难,發揮積極性和創造性,研究有效的敎学方法,使学的人学好普通話,学好民族共同語。"(《大力推廣以北京語音为标准的普通話》《中國語文》第42期)人民日報55年10月26日社論也在号召我們說:"每年有上千万的兒童進小学,訓練說普通話应該从他們开始。**从小学到中学到大学,成百万的敎師是普通話最直接的敎学者和宣傳家。**"同志們,國家对我們的要求是嚴格的,人民对我們的要求是迫切的。**敎師們,尤其是我們語文敎師們,負有推廣普通話的政治任务,我們必須通过現**

代漢語这門課,掌握規律,并能熟練地运用到說話、講讀和寫作中去。

練 習 一

根据自己的經驗和体会,談談敎学和推廣普通話的重要性。(可以举行小組座談)

第二章 現代漢語的內容

§6. **現代漢語課里講些什么** 現代漢語包括口头語言和書面語言,我們要学好,一定得全面地系統地來学習。有好些同志一面学習一面就在敎初中的漢語。为了照顧这种情况,除了照顧到本課程的科学性系統性以外,尽量結合初中漢語課本來講,以便大家学了就能用。初中漢語課本包括有語音、文字、詞彙、語法、修辞和篇章結构、标點符号,我們就照着它的順序來講这些部分。

§7. **語音** 語音是用發音器官發出來的能表達意思的声音。每种語言都有自己的語音,各种方言的語音也不同。漢族的方言,主要的差別是在語音方面,詞彙和語法方面不是沒有差別,但差別并不大。因为語音差別很大,妨碍全國人民交流思想,所以才推廣普通話。**我們現在所要学的語音,是普通話的語音,也就是普通話拿來作标准音的北京語音**。四川話是屬於官話方言區域的,和北京音的差別,并不很大,但是也有許多不同的地方。比如北京"南""蘭"有區別,四川沒有區別;"紫、紙""此、尺""絲、詩"北京音有區別,四川人沒有區別;"導"北京讀"到"的音,四川讀"套"的音,"造"、"燥"北京讀"早"的去声,四川讀"草"的去声。主要的是四声

— 8 —

方面,四川人讀的和北京人讀的不大一样。我們必須在語音里学会語音学的基本知識(注音字母、拼音字母、拼音方法等),以便掌握我們所沒有的語音和北京能分別而我們不能區別的語音,更要学会北京音的声調。学会普通話,能用普通話教学,能用普通話作交际工具,这样才能完成祖國所交付給我們的嚴肅的政治任務。

§8. **文字** 文字是記錄語言的工具,因为交流思想,光靠語言还不行,所以把語言用文字記錄下來,送到远方,傳到后世,在文化傳播上具有重大意义。記錄漢語的文字就是漢字。漢字在过去是有它很大的功績的,中國文字改革委員会主任吳玉章同志說:

"我想大家都会同意,漢字在我國人民悠久的文化歷史中有过偉大的貢献,它對於我國社会生活的各方面有着深廣的影响。漢族从有歷史的時期起,就用漢字作为記錄語言的工具,不但如此,中國近鄰的一些國家,如日本、朝鮮、越南,也曾經用过或者还在部分地用漢字記錄他們自己的語言。几千年來,我國古代的丰富的文献典籍,是依靠漢字保存下來的。漢字直到現在仍然是佔中國最大多數人口的漢族共同使用的文字。在中國共產党所領導的偉大的人民革命事業中,漢字曾經被用來作为向中國人民進行馬克思列寧主義教育的一項重要工具,在今后一个相当長的時期內,我國進行社会主義建設和改造的偉大事業,在文化教育和生產建設中,漢字仍然將被廣大人民羣众当作一种書寫閱讀的工具而更廣泛地使用,这也是沒有疑問的"。(《文字必須在一定条件下加以改革》《中國語文》41期)

因此对漢字必須好生学習,不能因为它难寫,就隨便乱寫,不能因为难認就隨便乱念。必須寫得清楚、正確,才能讓人看了懂得,

— 9 —

才能傳達我們的思想。我們雖然不必花很多功夫去練習毛筆字，但一定要寫得工整。再一方面，我們也要知道漢字是有嚴重的缺點的，吳玉章主任在同一篇文章里說：

"另一方面，我們不能不承認漢字是有嚴重缺點的。漢字不是拼音文字而是表意文字，一字一個形體，看了形不能讀出音，讀出音不能就寫出形，看了形和讀出音還未必就懂得它的意义，因此必須一个一个地死記住，這就給學習和使用漢字造成了很大的困难。漢字的筆画，多數是繁雜的，單拿中央教育部公布的2,000个常用字來說，平均每字有11.2筆，其中在17筆以上的就有221个字。我們的小学校，在六年中間，只能学習3,000个左右漢字，而且未必能鞏固得了，更說不上完全了解。漢字比較常用的只有六七千个，一个学生不但在中学畢業不容易完全認識，就是在大学畢業以後也还有許多字不認識，还有許多字常常讀錯寫錯。

由於这种情形，学習漢字比学習任何一种拼音文字耗費更多得多的時間，……漢字本身存在的缺點，確實成為兒童教育、成人教育和扫盲工作的沉重負担。

从实用方面來說，漢字使用在書寫、印刷、电報、打字、檢字、索引上面都要比拼音文字耗費更多的勞動力。……總的說來，要是保持漢字的現狀，不加以改革，就会嚴重地妨碍人民文化教育的普及和提高，對於國家工業化和整个國民經濟的發展，也会有間接的不利的影响。"

所以漢字必須改革，并且一定要走拼音化的道路，这是肯定了的。文字改革的措施也正在逐步推行，如簡化漢字啦，公佈漢字拼音方案啦，推行普通話运動啦，都是为漢字最后根本改革（拼音化）

— 10 —

舖平道路。在过渡時期，我們对於漢字是有矛盾的，一方面要改革它，一方面还要利用它，并且在今后一个相当長的時期内还要利用它（將來專門研究漢字或中國文化遺產的人要永远利用它）。我們要採取一种什么态度呢？我認为正確的态度应該是这样：**現在既然还要用漢字，就該好生利用它，好生学習它，不乱寫，不乱念，万不可認为漢字很快就要改革了，我們可以麻糊些。**举一个比方，將來肯定全國都要电气化，大家一齐照电灯，但是現在沒有电的地方，还要用煤油灯，甚至菜油灯；既然要用煤油灯，那就必須擦光擦亮，更不能隨便损坏它。这點道理是很明顯的。其次我們要積極响应政府的号召，推行簡体字，我們就把簡体字記住用在教学方面和应用方面，**就拿这些簡体字作为标准，合乎这个标准的就算对，不合乎这个标准的就算錯**。在漢字拼音字母未確定公布前，我們要好好学習注音字母，同時也学習拼音字母，把兩套字母都学会。要推廣普通話，我們就認眞学習，并且大力推廣，大家給文字根本改革創造条件。

§9. 詞　我們說的話可以分成長長短短的許多句子。一个句子又可以分成好些个小單位，每个小單位代表一个簡單的意思。比如我們說："四川出產的水菓：橘子、葡萄、桂圓、荔枝等，我都喜欢吃。"这句話还可以分成更小的單位；"四川　出產　的　水菓：橘子、葡萄、桂圓、荔枝　等，我　都　喜欢　吃。"分析以后的小單位，就不能再分了；因为再分不是沒有意义，就是分開以后成了另外的意思了。"我"、"等"、"吃"只有一个字，当然不能再分；"葡萄"、"荔枝"、"四川"等，"葡"和"萄"一分開，便不知道是什么；"荔"也一样，"枝"雖可分出，但分出后要加"子"；成为"枝子"，就指樹的枝子；"四"一分開是數目字，"川"現在根本不單用，也就不是省名了。漢字是衍形的方塊字，不像拼音字母有字母連系，雖是一个意义單位，可是用几个字寫出來，彼此在形体上各自独立，所以很容易造成錯覚，以为中國都是一个字代表一个意义，因而發生許多錯誤，不能拆開的單位硬拆開用，如"休完了息"，"对了象沒有"？"咱們排会兒球吧，"等，这都是因为不懂这个道理所發生的錯誤，將來拼音化，凡是詞都連在一起，这种毛病就可避免。比如說，"我为你們的成功祝賀！請接受我的無限的敬意！"这句話按漢語拼音字母寫下來是这样："Wo wei nimende çengung zuhe! Qiŋ ɥiesou wode wuxiande ɥinji!"这样寫慣了，每个單位都是个整体，就不容易隨便拆開了。那么什么叫做詞呢？**詞是語言里最小的，可以独立的單位**。不管它包含几个字，合乎这个要求的都是詞。如人、我、葡萄、拖拉机，布尔什維克都是一个詞。

§10. **詞的意义** 每个詞都有一定的意义，不能乱用。我們要能切实掌握常用詞的意义，才能交流思想。这里面包括几种情形：第一种是各地詞彙的差異，四川人說"紅苕"，北京人叫"白薯"，四川人說"包谷"，北京人說"玉米"，你說你的，他說他的，兩下里都不懂，这需要詞的規范化，全國把同样的东西叫同样的名称，学普通話時要注意。再一种是意思差不多的詞，用法可不一样，"偉大""重大"意思差不多，我們說"偉大的祖國"，"重大的錯誤"可以，反过來說就不行。有个小学生听老師說"撫养"就是"养"的意思，於是作文時便說"媽媽撫养了兩口小猪兒"便是笑話。还有詞類不能乱用，譬如說："这是我的責任"可以，"我責任你調查这件事"便不行；"我对这种行为很有反感"可以，"我很反感这个人"便不行。这些我們都要好生学習，处处留心，才能把詞用得准確無誤。

§11. **詞的特點** 盖、推、夾、套……表示一种動作，后面加上一个"子"字如"盖子"、"推子"等就变成东西的名字了；胖、瘦、禿、瞎等是說明一个人（或一个动物）長得怎么样，或身体某一部分（如眼等）怎样，可是一加上"子"，就成这类人的名称了。我們說盖鍋、夾头髪可以，說盖子鍋、夾子头髪就不行；說胖人、瞎馬可以，說胖他、瞎你又不行。盖着鍋、推着土表示这种动作正在進行；盖了鍋、推了土表示行为已經結束。但我們却不能說盖子了鍋、夾子着头髪等。研究可以說"研究研究"，却不能說"研研究究"；漂亮可以說"漂漂亮亮"又不能說"漂亮漂亮"。說很大、很偉大、很优秀可以，但很电灯、很茶杯不行，很走、很吃、很研究、很討論也不行。这些現象說明了什么呢？說明不同的詞有不同的特点。我們学習語言，不但要正確掌握詞的意义，还要掌握每类詞的特点，假如不能掌握这些特点，在談話和寫文章时就要發生錯誤。

按照詞的意义和特点，可以把詞分成若干类：鍋、头髪、人、学生、拖拉机、布尔什維克等表示人或事物的名称，有它們共同的特点（不能跟上个着、了，不能加很、不等），把它們歸成一类，叫做名詞。走、吃、研究、学習等都是表示行为动作的，也有共同的特点（如后面可加"着"、"了"，可以說成走一走、研究研究等），也把它們歸成一类，叫做动詞。大、胖、优秀、老实等，是表示人或物的性質、狀态的，也有它們共同的特点（如前面都可以加不、很等），也把它們歸成一类，叫做形容詞。**这些詞都有实在的意义，都能单独回答問題。如：誰去报名？張有正（名）。你走不走呢？走。（动詞）花紅不紅呢？紅。（形容詞）这就叫实詞。**

另外有些詞如你打哪里来的"打"，他很聰明的"很"，他不但聰明，而且很用功里的"不但"、"而且"等都有它們各自的特点，虽然**它本身不表示什么实在意义，不能单独回答問題，可是說話时常常**

— 13 —

要用得着它們，不用就不能表示明確的意义，这些詞叫虛詞。

实詞除名詞、動詞、形容詞外还有几類，虛詞也有好几類，現在只說明漢語的詞各有各的特點，是可以分類的，我們要切实掌握它們的特點。至於各類都是什么，都有些什么特點，以后要詳細講。

§12. **詞彙** 我們上面已經大概地介紹了一下什么是"詞"，現在再介紹一下詞彙。**詞彙是什么呢？詞彙是指一种語言里的全部的詞。**（一个人或一部書所有的詞，也可以叫詞彙）首先，我們必須搞清楚这两个名詞的含义，才不致用錯。**詞是指語言里一个一个的詞說的**，例如"人民"、"土地"、"國家"、"山"、"水"等都是一个一个的詞，不能叫詞彙。**詞彙是指詞的全体說的**，好比說漢語的詞彙很丰富，那就是指漢語里整个詞羣說的；說魯迅的詞彙很丰富，那就是指魯迅所掌握的整个詞羣說的。有好多人不留心，常常在該用"詞"的地方却用了"詞彙"，比如："擁護世界和平这句話有三个詞彙"；"偉大和重大这兩个詞彙是有分別的"等都應該用"詞"而不能用"詞彙"。"詞彙"非指全部的詞的時候不能用。斯大林說："詞彙本身还不成为語言，它只是構成語言的建筑材料。"（《馬克思主义与語言学問題》21頁）这是說光是一个一个的詞堆在一起，並不是語言。但是我們要說話离開詞就不行，語言好比建筑物，詞彙就是磚瓦木石。我們想把房子盖好，設計和結構固然要講究，但材料要多要精。同样我們說話寫文章要想明白生動地表達丰富的思想，先决的条件，一定得擁有丰富的詞彙。假如我們的詞彙非常貧乏，在什么場合，也只有拿有限的几个詞來充數，那还談得到什么生動、精確呢？毛主席說："党八股的第四条罪狀是：語言無味，像个別(瘪)三。上海叫"小別三"的那批脚色，也很像我們的党八

— 14 —

股,干别得很,样子十分难看。如果一篇文章,一个演說,顛來倒去,總是那几个名詞,一套'学生腔',沒有一點生動活潑的語言,這豈不是語言無味,面目可憎,像个別三嗎"?(《反对党八股》)我們想避免这种毛病,必須丰富自己的詞彙。漢語的詞彙極端丰富,那是"取之不尽,用之不竭"的源泉,問題是看我們是不是努力去吸取。学習使用一个詞,并不像我們想的那么簡单,它的意义、特點、使用的场所、引申变化,都必須徹底了解,才算掌握了一个詞。所以对于漢語詞彙,必須努力学習才行。

§13. 句子　咱們講話是把各种詞,按照一定的規律組成一句一句的話說出來的。比如这几个詞:"《大灰狼》"、"有"、"你"、"嗎",我們按照一定的規律組織起來就是一句話:"你有《大灰狼》嗎?"回答这个問題可以說"我有《大灰狼》",或者說:"我有",也可以說"有"。("有"是实詞,所以可以回答問題,但得有一定的語言环境,假如憑空只說"有",別人便不知道你"有"什么。)其次我們講話不是隨便講的,也就是有必要時才講話,講話一定有他的目的。比如我看見李小松在唱歌,或是別人問我李小松在幹什么的時候,我就可以告訴別人說:"李小松在唱歌呢"。我第一次看見拖拉机不知道是什么,便需要問問別人,於是我就說:"这是什么东西呢?"假如你看一个小朋友乱攞弄那架拖拉机,你怕他搞坏了,便要說:"小朋友不要乱搞!"假如你發現新拖拉机被搞坏了,你一定說:"唉!这么好一部机器,竟被搞坏了!"我們想想我們說的千言万語,內容尽管不同,可是目的不外这四种,从这个角度來看,句子可以分成四种。**告訴別人一件事情的句子叫做陈述句,向人提問題的句子叫做疑問句。向人提要求的句子叫做祈使句。發抒感情的句子叫做感嘆句。**總起來說:**句子是用詞構成**

— 15 —

的，它能表達完整的意思，也就是說它能告訴別人一件事，向人提个问题，向人提个要求，或者發抒自己的某种感情，使听的人明白。

§14. **句子的結構** 当有人敲門時，我們常問"誰"？敲門的人答"我"。"你是誰"？"李小松"。"你來作什么"？"借書"。"借什么書"？"《吶喊》"。"你拿去吧"！"謝謝"！这些对話里面，"誰"、"我"、"李小松"、"《吶喊》"、"謝謝"，都是一个詞构成一个句子，这种句子叫**独語句**（以前有人叫單語句）。虽然只有一个詞，别人听了也能明白你說的是什么意思。關於这种句子詳細情况在語法里再講。

但是一个詞要想成为一个句子，得有一定的語言环境或上下文。一般的句子，只有一个詞是不行的，比如我們只說个"李小松"，誰也莫明其妙，一定要問他怎么样？我們光說"來了"，同样人家也要問誰來了？一定要說出"李小松來了"，人家才知道你說的是什么。所以一般的句子都包含前后两部分，前一部分回答"誰"或者"什么"的問題叫做**主語**。后一部分回答"做什么""怎么样"或者"是什么"的問題，叫做**謂語**，主語和謂語是句子里主要的組成部分。另外还有修飾和限制名詞的叫做"**定語**"；比如："李小松是勤劳的人"，"我們的学校是師范学校"中的"勤劳的"、"我們的"都是定語。修飾动詞或形容詞的叫做"**狀語**"；比如："雨來快快地跑，""李小松很不錯"中的"快快地"、"很"、"不"都是狀語。动詞連帶的成分叫做"**賓語**"。如"工人建筑大樓"，"大樓"便是"建筑"这个动詞連帶的成分，就是賓語。这些都待以后詳談。

§15. **語法** 我們已經知道，漢語的詞彙是很丰富的，我們也知道詞有一定的特點，幷且根据它的特點可以分类。但光是詞的堆积幷不是語言，正如只是一堆磚瓦木料幷不就是房子一样。

所以一定要把一个个的詞按一定的規則結合在一塊才能構成句子。語法就是講詞的变化和用詞造句的規則的。斯大林說："語法規定詞的变化規則及用詞造句的規則"。（《馬克思主义与語言学問題》第21頁）我們漢語的詞沒有变格、变位等現象，但是詞的本身，因为和別的詞結合也要發生变化。如前面所講動詞、形容詞加"子"就变成名詞；本身能重叠（如看看、研究研究，老老实实等等），重叠后一般和不重叠時意思不同，这些都是詞的变化。所以**漢語的語法也要包含詞法和句法兩部分，詞法講詞的特點（分類），詞的变化和詞的功能等。句法就是講造句法。**我們漢語的句法也是丰富多采的，必須通过語法学習掌握各种句法的特點，我們才能够正確、准確、生動地表達各种複雜的思想。

还要注意的是，我們講語法是講普通話的語法，也就是**以典范的現代白話文学著作为規范的語法。**漢語各地方言和普通話語法方面的差別不很大，但并不等於說完全相同。我們一定要好生学習普通話語法，才能学好普通話。

§16. 正確清楚的表達　我們說話寫文章第一步必須要求作到表達得正確清楚。因为不正確，別人会誤解了你的意思；不清楚，別人根本不了解你說的是什么，这就達不到互相了解的目的。大家都改过作文卷子，感覚到文章"不通"、"費解"、"不順"、"生硬"等都是因为存在着这方面的毛病。現在分以下几方面來說明：

（1）**關於用实詞方面**　各類詞有各類詞的特點，該用什么詞是一定的，不能乱用。比如我們說"身体健康"，"或健康的身体"都可以，可不能說"健康了身体"。說"李小松的任务很重"可以，不能說"李小松任务着这件工作"。其次了解詞的意义，把它用对。比如"發明"和"發現"各有它的意义，我們說"哥倫布發現美洲"可以，說

— 17 —

"發明"却不行；說"中國勞動人民老早就發明了造紙術"可以，說"發現"也不行。同樣，說"重大錯誤"可以，說"偉大的錯誤"就成笑話了。還要注意詞和詞是不是能配搭在一塊兒，說"喝茶"可以，"喝飯"就差些；說"克服困難"可以，"消滅困難"就不行，說"他完成了幷超過了定額"可以，說"他完成了幷超過了責任"就不通了，因為責任旣不能完成更不能超過。還要注意不要硬造詞語，比如說"艱苦"可以，說"艱困"却不行；說"英明"可以，說"英偉"不行；說"一曝十寒"可以，說"三曝五寒"不行；說"銅牆鐵壁"可以，說"銅牆石壁"也不行。

（2）關於用虛詞方面　虛詞數目雖然比实詞少得多，可是用法却更灵活複雜，需要好生学習。比如"把"，我們常說，說"把門關上"可以，"把門關"却不行，說"把信寄給媽媽"可以，"把媽媽寄給信"不行。又如"很"、"極"，我們也常用，說"很好"、"極好"可以，說"好極了"行，"好很了"却不行，一定得說"好得很"。又如"不但……而且"我們說："他不但聰明而且很用功"可以，說"他不但聰明而且愛打球"就不行了。

（3）關於句子成分方面　前面說過句子要有主語、謂語等，除了必要時省略以外，一般是不能缺少的，缺了就不通了。比如"在工会的直接領導下，使她更加積極了。"这句話沒有主語，要改成"她在工会的直接領導下，更加積極了。"才有主語。又如"粮食增產对於我國的重要性，因為我們人口众多"这一句話，重要性怎样，句子里沒有交代，这是缺乏謂語。要改成"粮食增產对於我們有極大的重要性"，（或改成"有重要的意义"，"非常重要"都行）那句話才完整。其余缺賓語或主謂不相應等，这里不再举例，留待以后詳談。

（4）注意句子的簡潔　我們談話、寫文章，主要目的是讓人家明白自己的意思；只要能讓人家清楚地了解就是了，千万不要囉嗦，囉嗦了，對自己、對別人都是浪費。比如"我吃了早飯，我稍微休息了一会兒，我就去上課"后面两句的"我"都是多余的。又如"入場憑会員証和徽章，所以凡是有会員証和徽章的人都能入場，凡是沒有会員証和徽章的人一概不能入場"——說了一大堆只是"憑会員証或徽章可以入場"的意思。當然，也不要過分强調簡潔而讓人不明眞意所在。比如說"我看到一輛乳黃色和淺藍色的汽車飛馳過去"，你說的是一輛乳黃色和一輛淺藍色兩輛汽車呢，還是只一輛汽車又有乳黃色又有淺藍色呢？假如你心目中說的是一輛汽車的話，就應該說成"我看到一輛上面是乳黃色下面是淺藍色的汽車飛馳过去。""上面是"和"下面是"几个字却省不得。又如"一边站着一个人，手里拿把鋤頭"。"一边站着一个人"，是兩个人呢，還是一个人？假如你說的是一个人，你就應該說"在那边站着一个人"或"旁边站着一个人"都行。

§17. 生動有力的表達　這是我們說話寫文章進一步的要求。上一節要求我們表達要正確要清楚，也就是不要有錯誤，但只作到這一步还不够，必須要表達得生動、有力；因為假如不生動的話，說服人的力量，感動人的力量就小，收到的效果自然也小。比如只說"靜極了，靜到不能再靜"还是空洞了些；說成"連一根綉花針掉在地下也听得到"，就不必說如何靜，靜的程度自然表現出來了。最常用的办法是用恰當的形容和貼切的比方。（其余的办法當然還有，留待以后詳談。）我們一樣只舉一个例就行了。

（1）恰当的形容：

教夜課的是东莊学堂里的女老師，穿着青布褲褂，胖胖

— 19 —

的,剪着短髮。女老師走到黑板面前,嗡嗡嗡嗡說話的声音就立刻停止了,只听嘩啦嘩啦翻課本的声音。雨來從口袋里掏出課本來。这是用加板紙油印的,軟古囊囊,雨來怕揉搓坏了,向媽媽要了一塊紅布,包了一个書皮,上面用鉛筆歪歪斜斜寫着"雨來"兩个字。雨來把書放在腿上,伸出舌頭舐舐指头,掀開了。(《初中文学課本》第一册《小英雄雨來》)

我们看看这段文字,处处都用恰当的形容,使我们好像参加上夜校一样,人物和情景都活現在我们的眼前了。"穿着青布褲褂,胖胖的,剪着短髮"这个女老師便是立体的形象了。"嗡嗡嗡嗡""嘩啦嘩啦"又眞实又具体。不說"歪歪斜斜"便表現不出雨來这个小孩子寫的字的样子;不說伸出舌头舐舐指头,便活画不出雨來翻開書的样子。不信把这些都去掉:

"敎夜課的老師走到黑板面前,大家都不說話了,翻開書本,雨來也掀開書"。

意思和原文差不多,只是干巴巴几条筋,眞像别三了。

(2)貼切的比方:

在这些草里也能尋着一些谷:秀了穗的,大的像猪尾巴,小的像紙煙头,高的掛在蒿程上,低的鑽進沙蓬里;沒秀穗的,跟抓地草鏽成一片,活着的像馬鬃,死了的像魚刺。(《初中語文課本》第六册《地板》)

用"猪尾巴"、"紙煙头"、"馬鬃"、"魚刺"等來一比,我们就知道王老三的谷子長得究竟如何了,因为猪尾巴、魚刺等是人所常見的,一想就想出來了。假如只說"大的已經不大,小的更小,活着的很細,死了的更細"等那就非常抽象,不能說明什么了。

§18. 修辞 要想說話、寫文章做到正確、清楚、生动有力,我们就得学习修辞。修辞就是教給我們如何用詞,什么样的詞該怎样用。什么詞和什么詞搭配在一起才合適;什么样子的句子算是正確的,怎样糾正錯誤的句子,什么样子的句子算清楚,怎样糾正含混的句子,用什么样的办法更能使咱們的話和文章有力些生动些。进一步还研究一篇文章如何構成,怎样把好些句子組織成一段,怎样把好些段組織成一篇。这并不是一件簡單的事,所以我們得好生学習。学習的方法就是多联系实际,我們閱讀或講授文学作品時,得看看人家是怎样用詞,怎样造句和怎样組織成一篇文章的。听人家說話和听报告时,得看看能吸引人的詞句是如何構成的,然后运用到自己的說話中和寫作中來。人民教师最主要的宣傳教育工具是一張嘴,假如講解生动,有条理有內容,学生很喜欢听你的課,你对祖國的貢献就很多;假如語言無味,学生上課就昏昏欲睡,那还談得上什么教学效果呢!

§19. 語調和标點 我們說的話,一句一句都是用詞組成的,但說話的時候,可不是一个詞跟着一个詞不快不慢不高不低平平板板地說出來的,它有高低也有停頓。同样一句話唸得高低不同,便是不同的句法。比如:

甲:明天放假。 乙:明天放假?为什么?

甲:为什么,难道你忘記明天是劳动節嗎?

乙:我真糊塗!

甲第一句是陈述句,語調是平的,落尾部降低;乙虽然也是說的"明天放假"但不是陈述句,而是疑問句,語調是漸升的,落尾部升高。甲第二句,是反問句,同样是尾部升高,乙第二句是感嘆句,落尾部也降低。可見同样一句話,語調不同,可以是不同的句法。

再就是我們在句中强調那一部分,那一部分就重些,也就是声

— 21 —

音高些,我們用"·"表示强調,看下例:

（1）我在屋里看書呢。（回答 誰在屋里看書呢？的問句）

（2）我在屋里看書呢。（回答 你在哪里看書呢？的問句）

（3）我在屋里看書呢。（回答 你在屋里做什么呢？的問句）

（4）我在屋里看書呢？（回答 你在屋里看什么呢？的問句）

語調高低可以表示出來說話人意思着重在什么地方。这一部分將來結合着朗讀講一下。

我們說話有停頓,絕不是一口气不快不慢說出一連串的詞來,說一句總要停頓一下。我們用"―"表示停頓,用"――"表示長的停頓,看下例:

"老弟――我說你不要笑―你三嫂穿鞋―从新穿到破―底稜上也不准有一點兒黑―她怎么願意去插糞呢――可是糞總得用人插―她也沒理由推辞―只好拿着铁鍬走進馬圈里。"
（《初中語文課本》第六册《地板》）

我們說話有停頓,有表情,有語調,有語气,寫在紙上变成書面語言,这些都沒有了,怎么办呢？有办法,就用标點符号來代替。停頓短的用頓号(、)、逗号(，),長的用句号(。),表示疑問的用問号(？),表示感情的用感嘆号(！)。还有其他种符号,等以后統統細講。

我們不要輕視标點符号,以为可有可無,用錯了也不要緊。其实标點符号就是書面語言的停頓、表情、語調、語气等,是文章的有

― 22 ―

机構成的一部分,少不得的,去了标點符号,文章就成了呆板的死东西了。用錯了标點,關系也很大。比如,有一句俗話是:

"下雨天留客,天留人不留。"

點成下面的句子,却是另外的意思了。

下雨天,留客天;"留人不?""留。"

这只是意思不同,更嚴重的标點錯了,要犯政治上的錯誤,比如某剧場有一条标語是这样标點的:

"反对美帝國主义,帮助各國反動派,屠殺人民。"

照这样标點是我們一面反对美帝國主义,一面又帮助各國反動派屠殺人民,那还得了。正確的标點应該两个逗号(,)都取消,后面用感嘆号(!)。

練 習 二

1. 底下一些字你唸什么？查查新華字典看唸什么？
   ①率　②穗　③遂　④彙　⑤戍
   ⑥灰　⑦难　⑧膪　⑨膵　⑩曲

2. 根据國务院公布的漢字簡化方案看下列各字哪个对哪个不对。
   ①号　②乡　③玑(現)　④問(問題)　⑤邡(幹部)
   ⑥叶　⑦业　⑧学　⑨习　⑩吓

3. 用原來的楷書体(筆画繁雜的)書寫以下的字:
   ①窃　②牺　③咸(咸淡的咸)　④吁(呼吁的吁)　⑤灶
   ⑥寿　⑦蝇　⑧凿　⑨才　⑩扰

4. 把下面一段話,分成許多最小的單位(詞),遇到不能决定的地方,宁可分得大些。

例：雨來——沒有——死。

白求恩同志是加拿大的共產党員，五十多歲了，为了帮助中國的抗日战爭，受到加拿大与美國共產党的派遣，不远万里渡过太平洋，來到中國。

5.在現代漢語里最小單位能独立运用的是詞，必定和其他的字結合后才能运用的，單独一个字就不是詞。按这个标准，你看看下面的哪些是詞，哪些不是詞：

例：玻、务、儌、習等不是詞；

人、山、要、紅、从、唉等是詞。

特、吃、意、流、蘿、蟹尼、辨、办、輪、父、什、怎、符、請、情、介、複、說、戚，

6.下面左右兩組詞，看左边的能和右边的哪些詞相搭配，右边和左边的哪些詞可以搭配：

扫	地
不	学問
很	着
大	过
研究	人
我們	学校
鉗	了
說	紅
慢慢	說

7.用下面兩組詞語作句子，陈述句、疑問句、祈使句、感嘆句各兩句。

我們　　　　　到中國來(了)(嗎)(吧)

— 24 —

白求恩　　　　　成熟(了)(吧)(嗎)

金黃的小麥　　　眞好吃

李小松　　　　　眞努力

大紅的番茄　　　是本好書(嗎)

高玉宝　　　　　怎么不走呢

8. 把下面的句子用兩条豎綫分成主語謂語兩部分。

例：李小松‖來了。

① 白求恩同志是加拿大的共產党員。

② 八路軍進入熱河省林西城。

③ 閻家山有个李有才。

④ 你看过这本書嗎？

⑤ 那本書太厚了。

⑥ 他为什么不看呢？

⑦ 他已經看过了。

⑧ 他看过了，你看过沒有呢？

9. 改正下列各句你認为不好的地方。

① 我們保護和平，反对战争。

② 他打了半天球，又游了半天泳，眞是累很了。

③ 到底是地主撫养農民、还是農民养育地主，王老四到才弄清楚了。

④ 我們要展開批評和意見。

⑤ 你旣然沒有入場券，但是有徽章，也可以入場。

⑥ 从这里可以看出仍舊存在着很多缺點。

⑦ 他研究了以后，又清楚了一番，这个問題算有眉目了。

⑧ 眼前就要考試了，他还沒有溫習一遍課程，因为还沒有

— 25 —

溫習完課程,所以就很着急,因为很着急,所以腦筋更乱了。

⑨他具有明智和銳利的眼光。

10.把下面一段文字標點一下:(这一段語文課本上有,但不要先看。)

走到前边去　不知是誰把我引到台階的下層　也就是台階最前边的地方　我看清了火炬下的人　有些是穿制服的　有些紮一塊头巾　穿一件薄大衣　啊呀　全是妇女呀　也有男子在里面　可是十分之八九是妇女　哪兒來的这样多的妇女　这一定不僅僅是布達佩斯的　她們这样有秩序　行列这样整齐

第二编

语 音

第二編 語音

第一章 發音的基本知識

§20. 語音和語音学 我們都学过物理学，知道声音是由物体振動發出來的。千百种物体振動，就發出千百种声音：風声、雨声、雷声、鋸木声、打禾声、鈴声、喇叭声……。人的声音是由声帶或其他部分振動發出來的，如：打呵欠声、咳嗽声、打口哨、学鳥叫、哭声、笑声、嘆息声、打鼾声等。以上这些种声音，由各种物体發出來的固然不是語音，就是人發出來的以上所說的那些声音也不是語音。那么什么才是語音呢？咱們在緒論中說过一句："語音是用發音器官發出來的、能够表達意思的声音"。**語音和其他声音的主要區别就在能够表達意思上面。**我們的思想是用詞組成句來表達的，而詞是由声音和意义联結起來的結果。比如我們發个音：〔ㄕㄨㄟˇ〕(ṣui)就是指能喝、能洗东西、無色透明的液体，寫出來便是"水"。你这样說，他这样說，大家都这样說，約定俗成，〔ㄕㄨㄟˇ〕(ṣui)这个声音就指那种液体，你口渴時，便可以向別人說："我要喝水"，別人不会給拿酒或別的什么东西來了。所以声音是語言的物質外壳，这种声音是專指語音說的。

什么是語音学呢？**語音学就是研究語言的声音系統和变化規律，并訓練人們学会听音、辨音、發音、記音的技术的科学。**簡單

— 27 —

一句話，**研究語音的科学就是語音学**。具体地講，語音学告訴我們在說話的時候到底用了些什么声音，每一个声音是怎样發出來的，有些什么特點，这些声音結合在一起的時候又会發生些什么变化。我們掌握了这些規律，發音就能正確，也会辨別別人的發音是否正確，并且还能用一定的符号把音記下來。

語音学有好多种，在这里不必詳談，我們現在所談的只是現代漢語語音学。

学語音学有什么用呢？用处很多，学会語音学可以帮助我們矯正方音，学会普通話；可以帮助我們从事方言調查研究；可以給我們文字改革工作予以技術上的援助；可以帮助兄弟民族創造或改訂文字；可以帮助我們学好外國語；可以应用它做研究声韻学的工具。其他的功用，我們暫時不談，只談談学会語音学，怎样可以帮助我們教学普通話吧。教学普通話是我們（尤其是語文教師）当前的政治任务，想完成这个任务，首先得学現代漢語的語音学。为什么呢？因为我們虽然天天在說話，可是对於說話所用的語音究竟是怎么回事，很少有人注意；一个一个的音，究竟是怎样發出來的，这个音和那个音區別在那里，都說不出个所以然來。所以無論教或学普通話，一定要先弄清楚这些才行。先說学普通話吧，我們看电影、看話剧、听廣播、听留声机，听听人家是怎样說普通話，我們下些工夫，勤学苦練，也能收到一定的效果；但不懂規律，找不到竅門，得一个字一个字死記，那可費勁多了，并且有的还根本学不会。比如我們四川人，大多数"南""蘭"不分，不学語音学，想把这兩个字念出區別來，很不容易。学了以后，就知道南的声音是〔ㄋㄢ〕(nan)，蘭的声音是〔ㄌㄢ〕(lan)。假如我們只会發〔ㄌ〕(l)，不会發〔ㄋ〕(n)，那末，从語音学我們便可知道發〔ㄋ〕(n)的時候，舌尖应上升,接觸上牙床,使气流从鼻子里出來,这样很快就可以發出这个音來。这个音一会發,其他同样開头的字,如"拿"、"能"、"难"、"乃"、"嫩"、"鬧"、"濃"……都就会念了;再加上查字典,听廣播等勤学苦練的功夫,很快便可以熟練了。从学習科学知識到掌握熟練的技巧,要比盲目地、簡單地、模仿的效果大得多啊! 其次再說敎普遍話,假如我們不懂語音学,就算我們会發北京音,甚至你就是北京人,你也不能很快地敎会学生說普通話。为什么呢? 因为你听学生發音不对头,你只会說"你念得不对,你听我念"。学生要問"我發音怎么不对,究竟怎样就念对了呢?"你便茫然不知所对。光"知其然而不知其所以然"是不能敎人的。假如你学过了語音学,你就会告訴他說你哪个声母錯了,哪个韻母錯了,正確的發法,舌头該怎么着,嘴唇該怎么着,他照你說的一安排,正確的音就發出來了。我們学了語音学以后,就更能体会出它对我們敎学普通話有多大的帮助了。

§21. **發音器官** 語音是由發音器官發出來的,我們首先得知道發音器官究竟包含那些部分,声音是怎样發出來的,为什么会發出不同的声音。懂得了这些,对於我們学習語音,对於敎学有很大的好处。(上節举的"南、蘭"的分別,**就要**借助於發音器官來說明。)不懂發音器官的構造,很难正確發出自己原先不会發的音,也很难糾正学生不正確的發音。

發音器官包括肺、声帶、口腔、鼻腔各部分。現在分別加以說明。

(1)肺 大家都知道肺是管呼吸的,可是它也是發音的動力,沒有它,咱們就根本發不出音來。大家都見过風琴、風箱就象咱們的肺部一样,咱們假如不用脚踏動踏板,讓風箱里充滿空气,尽管

— 29 —

你多么用力去按黑白鍵,还是沒有声音。肺就是通过呼吸來供給我們發音所需要的空气,肺里呼出的气經过喉头發出音來,再經过咽喉腔,通入口腔或鼻腔,就可以發出各种不同的音來。

（2）声帶　發音器中最主要的部分是声帶,声帶發音,說的話别人才能听見,假如声帶坏了,說的話别人便不容易或不能听見,就不能達到說話的目的了。

声帶長在喉头里面。喉头的構造是这样：(学校里假如有喉头的模型,最好拿來看一下)下面是一塊环狀軟骨,在它上面有三塊軟骨：前面的一塊叫盾狀軟骨,(也叫甲狀軟骨)俗名叫做"喉結",用手可以摸到,成年男子更加顯明。后面有一对軟骨叫做构狀軟骨(有的叫做破裂軟骨),这四塊軟骨構成一个圓筒形狀,这就是喉头。声帶是兩条强靱具有彈性的纖維帶,前端連結在盾狀軟骨的里面,向后差不多水平地横过喉头,后端各連結在一塊构狀軟骨上。构狀軟骨可以左右活动,构狀軟骨活动的結果,就可以使声帶有各种不同的距离,可以併攏,可以接近,也可以离得远些。(可看圖1)兩条声帶中間的空隙就叫做声門。兩条声帶距离很远

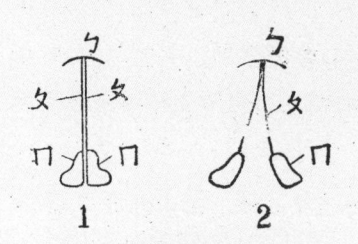

〔圖1〕声帶离開或靠近示意圖
　　ㄅ、盾狀軟骨　　ㄆ、声帶
　　ㄇ、构狀軟骨
　　(1) 發音時　　(2) 呼吸時

〔圖2〕声帶在喉头中的橫剖面。(声帶部分平時我們是看不到的,要用喉头鏡才能看見。)
　　1. 声帶　2. 舌根　3. 声門
　　(1) 呼吸時　　(2) 發音時

时,就叫做声門大開,靠得很緊時,就叫做声門緊閉。(看圖2)当呼吸時声門大開,空气可以自由出入。若是声帶靠近,中間留条小縫,呼出的气經过窄縫,冲動声帶,声帶就因之振動而發出音來。声帶可以自由地离開、靠近、閉攏,也可以拉緊或放松,因此就可以發出响亮的音和不响亮的音,高的音或低的音。

(3)口腔　口腔由上顎和下顎構成。上顎外面有上脣、上齒,里面有齒齦(俗名牙床)、硬顎、軟顎、小舌等。下顎外面有下脣、下齒,里面就是舌头。舌头是由十七种縱橫不同的肌肉組成的,可以自由灵活地伸縮升降,在發音器官中也是最重要的部分。舌头自前向后又可以分成舌尖、舌叶、舌面、舌根等部分。上顎各部分除上脣和軟顎外,都不能自由轉動。下顎可以上下移動,使口腔張大或閉攏。**当舌头靜止時,舌叶正对齒齦,舌面正对硬顎,舌根正对軟顎。**

口腔后面有一个寬大的三叉路口,叫做咽头。咽头下通喉头,上通鼻腔,前通口腔。咽头在發音時能起共鳴作用。咽头的后面叫做咽壁。

(4)鼻腔　"鼻腔也是人類發音的一个共鳴室。假如把上顎比做樓板,那么鼻腔是樓上的共鳴室,口腔是樓下的,軟顎跟小舌有些象一个活動的樓門。咱們呼吸的時候,小舌懸在当中,旣不靠舌根,也不碰到咽壁,这時咽头的三叉路口大開,气流可以分从口腔和鼻腔直通喉头。咱們嚥食物的時候,軟顎伸直,擋住咽头上部(所謂鼻咽部)的通路,舌根向下压,把喉头的会厭(軟骨)閉起來,就把食物送進食管,使它不致誤入气管。說話的時候如果軟顎小舌伸直,抵到咽壁那兒,擋住鼻腔的通路,气流只能从口腔出去,这時發出的声音就是單純的口音;如果軟顎下垂,口腔有一个部位

閉塞起來,气流只能从鼻腔出去,这时就会發出一种鼻音來。"(田恭:《語音學常識之五》《中國語文》1951年5月号)

現在参照圖3來看看这些發音器官的位置。

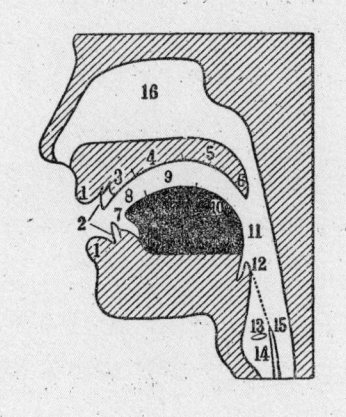

〔圖3〕發音器官圖
1. 上下唇　　2. 上下齒
3. 齒齦　　　4. 硬顎
5. 軟顎　　　6. 小舌
7. 舌尖　　　8. 舌叶
9. 舌面　　　10. 舌根
11. 咽头　　　12. 会厭軟骨
13. 声帶　　　14. 气管
15. 食道　　　16. 鼻腔

§22. **音标** 音标是什么呢?音标就是标音的符号。研究語音必定得把嘴里發出的音用符号記錄下來,沒有一套符号就根本不能講語音学,正和研究數学一定得用一套符号來把數目字記下來一样。在講音标之前我們先來介紹兩个術語,——"音素"和"音節"。什么叫音素呢?**音素就是語音里最小的單位**,所謂最小就是不能再分了。沒有学过語音学的人,總以为一个漢字的讀音就是最小的單位了,其实是不对的。一个漢字可能是一个音素。可能是兩个、三个或四个音素,我們講到拼音时自然就明白了。比如"啊"、"衣"、"烏"等是一个音素,你尽量延長这个音,嘴的形狀和發出的声音,始終不变;"大"、"底"、"都"等是兩个音素,因为尽量延長它們,就可以覚出开始时和結尾时嘴的形狀不一样,念長了"大"的尾音变成"啊","底"的尾音变成"衣","都"的尾音变成"烏"了。

— 32 —

其余三、四个音素的字，我們就不再举例了。

明白了音素，音節也就好明白了。**音節也是語音的單位，但不是最小的單位，通常是由几个音素構成的。**一个漢字的音就是一个音節，大多數的漢字讀音有兩三个或者四个音素，只有少數的漢字，一个音節只包含一个音素，如前举的"啊"、"衣"、"烏"等。

音素和音節搞清楚了，咱們再來談"音标"。**音标就是把語言里各种音素，用符号把它标記出來。**那么用什么來标音呢？我們祖先最初就是用漢字來标音，沒有另外一套符号。用"直音"的办法（就是用一个漢字注另外一个漢字的音）記音，比如碰到一个生字"栟"就注上音"岑"，这种办法不行，因为第一他注的字別人不認得時，还是等於不注。第二注的字有兩念，不知道那个念法对。第三各地方音不同，你这样讀，我那样讀，也沒个标准。后來又發明了"反切"，虽較進步些了但还是不能解决問題。我們隨手在《辞海》上找些例子：如"兒"日移切，"初"楚於切，"缺"曲城切，"軌"举洧切。我們看了反切，还是讀不出正確的音來，因为反切的字，有的我們不認識，有的讀音已經变了，更因为漢字是音節文字，用兩个代表音節的漢字，怎么能精確細致地來分析、描寫一个音節（一个漢字）的音素呢？

最理想的音标是一个符号只代表一个音，一个音也只有一个符号。符合这个原則的是"國际音标"，用这种音标比較好，可是还得結合我們的实际情况，第一这种音标符号很多，一時不容易学会；第二光学現代漢語，不用它也勉强可以；第三中小学課本上都用的是注音字母，咱們必定得学会注音字母。所以我們还是用注音字母作我們的音标。

注音字母是1913年由讀音統一会依据章炳麟（太炎）的"紐韻

— 33 —

文"修訂成的，1918年正式公布。1920年又增加一个韻母"ㄜ"。反動的統治者認为这套符号并不是漢語的字母，只配作注音的符号，所以在1930年改为注音符号。解放以后，仍舊叫注音字母。1951年祁建華同志發明了速成識字法拿注音字母当做"識字的拐棍"來使用，於是注音字母大大推廣，現在在羣众方面有深厚的基礎了。

　　但是我們必須知道注音字母并不是很科学的音标。主要缺點是它并不是純粹分析音素的符号，有些字母如〔ㄞ〕(ai)、〔ㄟ〕(ei)、〔ㄢ〕(an)、〔ㄣ〕(en)等，都有两个音素，分析起音素來就不方便了。另外注音字母每个字都象一个独立的漢字，不便於拼寫成一体，更不便於草寫和連寫，它的數目又多，記起來也比較費事些。所以漢語拼音的字母有改進的必要。今年2月14日中國文字改革委員会公布了《漢語拼音方案(草案)》採用拉丁字母作我們漢語拼音的新字母。这个方案虽然是草案，可是已經顯出它的优越性來了。它是一个符号一个音，一个音只有一个符号；并且只有三十个字母，比注音字母少了八个；用拉丁字母便於書寫，草寫連寫都很方便。还有它是世界上最通用的字母，对文化交流也有很大的好处。在我們編課本時《漢語拼音方案(草案)》已公布了，但还在討論和修改階段，正式公布，恐怕要作適当的修改。再就是现在中学漢語課本和大家手头的工具書(如新華字典等)都是用的注音字母。在这过渡期間，应用过渡办法，就是打算兩种同時并用，以期注音字母学会了，拼音字母也学会了。想必將來正式公布的漢語拼音方案，變動是不会太大的，有些改動的地方，到時候注意一下很快就可以改过來的。

底下便是注音字母和拼音字母的对照表：

注音字母	名　　称	拼音字母	注音字母	名　　称	拼音字母
ㄅ	玻ㄅㄛ	b	ㄗ	資ㄗ	z
ㄆ	坡ㄆㄛ	p	ㄘ	雌ㄘ	c
ㄇ	摸ㄇㄛ	m	ㄙ	思ㄙ	s
ㄈ	佛ㄈㄛ	f	ㄧ	衣ㄧ	j, i
ㄉ	德ㄉㄜ	d	ㄨ	烏ㄨ	w, u ❷
ㄊ	特ㄊㄜ	t	ㄩ	迂ㄩ	y
ㄋ	訥ㄋㄜ	n	ㄚ	啊ㄚ	a
ㄌ	肋ㄌㄜ	l	ㄛ	喔ㄛ	o
ㄍ	哥ㄍㄜ	g	ㄜ	額ㄜ	e
ㄎ	科ㄎㄜ	k	ㄝ	誒ㄝ	❸
(ㄫ)	(上海音)額ㄫㄜ		ㄞ	哀ㄞ	ai
ㄏ	喝ㄏㄜ	h	ㄟ	欸ㄟ	ei
ㄐ	基ㄐㄧ	j	ㄠ	熬ㄠ	au
ㄑ	欺ㄑㄧ	q	ㄡ	歐ㄡ	ou
ㄒ	希ㄒㄧ	x	ㄢ	安ㄢ	an
ㄓ	知ㄓ	zh	ㄣ	恩ㄣ	en
ㄔ	痴ㄔ	c ❶	ㄤ	昂ㄤ	aŋ
ㄕ	詩ㄕ	s	ㄥ	鞥ㄥ	eŋ
ㄖ	日ㄖ	r	ㄦ	兒ㄦ	er

❶ "ㄭ"是〔ㄓ〕、〔ㄔ〕、〔ㄕ〕、〔ㄖ〕、〔ㄗ〕、〔ㄘ〕、〔ㄙ〕后面的韻母，如發"知"、"遲"、"詩"、"日"等字音時，落尾音便是〔ㄭ〕。注音字母后來添上但又沒有通行，拼音時并沒有使用它。可是实际它是存在的，所以拼音字母也給它規定个符号是"I"。(是小型的大寫 i) 注音字母和拼音字母表上都沒有把它列入。

❷〔ㄧ〕和〔ㄨ〕在注音符號中叫做介母。它可以在一个音節的開头，如"牙"、"娃"(〔ㄧㄚ〕、〔ㄨㄚ〕)；也可以在一个音節的末尾，如"低"、"都"(〔ㄉㄧ〕、〔ㄉㄨ〕)；又可以在一个音節的中間如"家"、"坤"(〔ㄐㄧㄚ〕、〔ㄎㄨㄣ〕)。拼音字母把它分開，在一个音節的開头寫作"j"、"w"，在一个音節的中間或末尾，寫

— 35 —

做〔i〕〔u〕。如牙是〔ja〕，低是〔di〕，家是〔ɕia〕。娃是〔wa〕，都是〔du〕，坤是〔kun〕。

❸〔ㄝ〕这个字母，拼音字母里沒有另外規定符号，就用表示〔ㄜ〕的〔e〕來表示，不过在北京音里，它一定跟在〔l〕（i）和〔ㄩ〕（y）的后面，所以也不混。

練 習 三

1. 什么是語音？它和一般声音區別在那里？

2. 念下面三个字，（最好用鏡子照着念，或看別人念。）先一个一个地念，然后兩个对照地連念，仔細揣摩發这三个音時，嘴唇的形狀，嘴巴的大小，舌头的位置等有什么不同，把它寫出來：

"啊"、"衣"、"烏"。

3. 再念"爸"、"比"、"不"，看它們和"啊"、"衣"、"烏"發音時有什么區別？有什么相同的地方？

4. 再念"八"和"發"，說說嘴唇的動作有什么不同？

5. 从口腔鼻腔到喉头，仔細說一說發音器官都是些什么？（要詳細些，每一部分的名称都要熟記。）

6. 什么叫做音素？什么叫做音節？举例說明。

7. 照着注音字母表的名称和順序，把它背得爛熟。

第二章 韻 母（一）

§23. **元音和輔音** 我們先來介紹"元音"和"輔音"这兩个術語。語音可以分成元音和輔音兩大類。上一章已經講过，咱們从肺里呼出的气流，通过声門，因声帶振動就發出音來，这种声音再受到口腔和鼻腔節制或共鳴，就可以發出各种音素。当声帶放松，声門敞開，气流能自由通过的時候，声帶不振動，这時候發出的音

— 36 —

不响亮，就是不帶音的噪音（噪音就是同時傳來許多不規律音波的混合）。当声帶靠攏，气流从声門挤出的時候，声帶就發生振動，發出來的音就是樂音（樂音就是有規律的音波構成的）。一般地講，**元音總是樂音，也就是沒有声帶不振動的元音**（只有"耳語"的時候，元音才不帶音，那是特殊的例外）。**輔音呢，有的不帶音，不帶音的輔音叫做清音；也有的輔音帶音，那就是濁音。**

苏联語言学家提出三个因素，作为區分元音和輔音的标准：（1）元音的气流遇不到什么障碍而輔音的气流得克服所遇到的不同形式的障碍（如嘴唇、牙齒、舌和上顎等）才能通过；（2）發元音時發音器官（包括共鳴器的全部腔壁）是均衡地保持緊張的，而發輔音時只有克服障碍的那一会兒遇阻的那一部分是緊張的，其他部分幷不緊張；（3）元音的气流較弱，而輔音，特别不帶音的輔音，气流較强。（参閱田恭：《語音学常識之六》《中國語文》1954年6月号）總的說起來，从發音的方法說，元音声帶振動，气流經过口腔不受任何阻碍，輔音大多數声帶不振動，气流通过口腔時，要受到各种不同的阻碍。从听觉方面來辨别，元音都能唱、都能延長，响度（就是听得見的程度）大，輔音除了少數濁輔音能唱，大多數不能唱出來，也有一部分輔音不能延長。为了介紹这两个術語，不能不說說它們的區别。假如一時不能領会，到学过声母和韻母后自然都就明白了。

現在我們再來談談什么是声母和韻母，它們跟輔音和元音的關系怎样。我們已經說过漢語的音節常常是由两个、三个甚至四个音節構成的。比如"八"，細心地反復念几遍，就可以觉察出開头的音素好象是个短促的"剝"，后面的音素就是"啊"。一个音節開头的輔音叫做声母，其余的部分叫做韻母。只有一部分音節（如前所举衣、乌、啊等)沒有声母，只由一个韻母構成的。

　　声母的范圍小，只指不只一个音素的音節開头的部分，(只用韻母注音的字除外)輔音的范圍大；所以声母一定是輔音，可是輔音不一定是声母，因为輔音也可以作韻尾。普通話(北京音)〔兀〕(ŋ)这个音只拿它作韻尾，不拿它作声母，这是很顯明的例子。〔ㄋ〕(n)这个音也作声母，也作韻尾。反过來元音的范圍小，韻母的范圍大。因为一个元音只是一个音素，韻母可以包括几个元音，甚至帶个韻尾——輔音。比如："啊"〔ㄚ〕(a)、"衣"〔ㄧ〕(i)等只有一个元音。"低"〔ㄉㄧ〕(di)、"都"〔ㄉㄨ〕(du)的韻母，只有一个元音。"列"〔ㄌㄧㄝ〕(lie)、"瓜"〔ㄍㄨㄚ〕(gua)的韻母，包含两个元音。"快"〔ㄎㄨㄞ〕(kuai)、"鳥"〔ㄋㄧㄠ〕(niau)的韻母，包括三个元音。"光"〔ㄍㄨㄤ〕(guaŋ)、"黃"〔ㄏㄨㄤ〕(huaŋ)的韻母包括两个元音一个輔音韻尾。

　　注音字母是按声母、韻母(还有介母)講的，但是知道一下元音、輔音是什么，以后講起來要方便些。上面講元音、輔音和声母、韻母的關系，不能不举例說明，假如一時不明白，不要緊，以后自然就明白了。

　　§24. **單韻母** 單韻母就是只有一个元音的韻母。注音字母里的單韻母一共有七个，就是：〔ㄚ〕(a)、〔ㄛ〕(o)、〔ㄜ〕(e)、〔ㄝ〕、〔ㄧ〕(i)、〔ㄨ〕(u)、〔ㄩ〕(y)。为什么会有不同的韻母呢？我們知道元音是由声帶發出的樂音，通过口腔不受任何阻碍的音。旣然都不受任何阻碍，不同的元音怎样來區別呢？**區別它們就在於發这些元音時，口腔形成的共鳴器大小和不同的形狀**。而口腔的大小和不同的形狀又以舌头的位置和嘴唇的張合为轉移，所以區別元音，可以从三方面來着手：

（1）舌头的高低　这是指發元音時舌头的位置高低說的，"高"是說舌头隆起的最高點和上顎的距离小，"低"是說舌头隆起的最高點和上顎的距离大。舌头在下顎，舌头升高，口腔自然就閉些，舌头降低，口腔自然就大些。按这个标准，元音可分成高元音、中元音和低元音。（注意这个高低是指舌头位置說的，不是指發音声調的高低。）

（2）舌头的前后　这是說發音時舌头的隆起部分在前部或在后部。隆起部分对着硬顎的叫做前元音，对着軟顎的叫做后元音，对軟顎和硬顎之間的叫做央元音。（中元音是指高低說的，就是舌位不高不低的元音，央元音是对前后說的，就是隆起部分不前不后的元音。）

（3）嘴唇的形狀　發元音時，有的嘴唇很圓，撮成一个小洞，有的不很圓，有的嘴唇是自然狀态。按这个标准來分可以分成圓唇音和不圓唇音。

現在我們根据上面标准來描寫北京音的七个單韻母。

1. Y（a）發这个音時，嘴巴張大，舌头的位置最低，嘴唇是自然狀态（不圓唇）。在漢字中單独成音的，只有啊、阿、嗄等几个表示感嘆語气的詞。拿它作韻母的字很多，如：巴、爬、媽、伐等都是。

2. ㄛ（o）發这个音時，嘴巴稍微張開，上下唇象个圓圈（圓唇），舌头后部半升（就是距离軟顎还比較远）。这个音在漢字中也只有表示感嘆的喔、哦、几个詞。拿它作韻母的如：波、婆、磨、佛等字。

3. ㄜ（e）發这个音時，舌头的位置和嘴巴的大小都和ㄛ（o）相同，差別的是嘴唇的形狀，發ㄛ（o）時嘴唇是圓的，發ㄜ（e）時嘴唇不圓（自然狀态）。在北京音中漢字讀这个音很多，婀、痾、訛、俄、額、餓等都是。拿它作韻母的如歌、可、河、車、得等字。

— 39 —

四川音里沒有这个韻母，所以最初学發这个音很困难，要好生練習。練習的方法是先發〔ㄛ〕(o)音，拉長一些，舌头的位置和嘴巴的大小不要改变，只把嘴唇放平，(就是由圓唇改成自然唇)就發出〔ㄜ〕(e)來了。最好拿个鏡子照着注意改变嘴唇的形狀，或者兩个人互相对看着，看对方念時嘴唇的形狀，互相糾正。

4. ㄝ (拼音字母沒有另外規定这个韻母的符号，仍舊用〔e〕來代表，在〔丨〕(i)、〔ㄩ〕(y)后的〔e〕，都念〔ㄝ〕。)

發这个音時，舌头前部半降，离硬顎稍远一點，嘴巴半開，嘴唇不圓。單独成音的漢字，只有一个"詼"，表示答应，又表示招呼。包含这个韻母的字有：也、階、决、月等字。这个音在四川人讀起來并不困难，可是想單独正確發这个音也并不容易。練習的方法是把包含这个韻母的字如"也"，把它往長的念，越長越好，后半部的那段声音就是〔ㄝ〕，保持后半段發音的方法，(就是舌头、嘴巴、嘴唇的形狀)再發音，就是正確的"ㄝ"音了。(其他韻母也可以用同样的方法來發出正確的音來)

5. 丨(i) 發这个音時，舌前部上升很高，和硬顎接近；嘴巴閉攏，嘴唇不圓。單独成音的漢字很多，如：一、衣、姨、意、椅等。包含这个韻母的字也很多，如鼻、皮、迷、雞、奇、希等都是。

6. ㄨ(u) 發这个音時，舌头后部上升很高，和軟顎接近，嘴巴合攏，嘴唇很圓，只中間留一个小洞。單独成音的漢字很多，如烏、臭、五、霧等。包含这个韻母的字如：鋪、夫、都、塗、姑、胡、朱、除等都是。

7. ㄩ(y) 發这个音時，舌头的高低和嘴巴大小和發〔丨〕(i)時一样，不过嘴唇是圓的。單独成音的漢字如魚、雨、遇等，包含这个韻母的字，如居、渠、女、許、等字都是。

云南人不会發这个音,四川有一小部分的人不会發。用前边所說發〔ㄛ〕(o)的方法來練習,就是先發〔丨〕(i)音,舌头位置保持原狀,只把嘴唇改成圓唇,就發出正確的〔ㄩ〕(y)音來了。(也可以拿着鏡子,注意嘴唇的变化。)

我們画个圖來表示这几个韻母的發音情况:

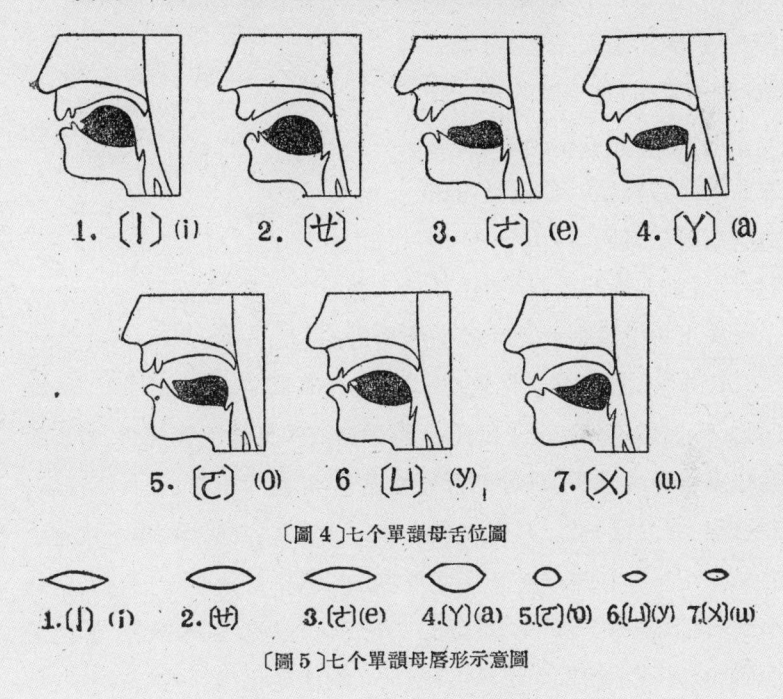

1. 〔丨〕(i)　2. 〔ㄝ〕　3. 〔ㄜ〕(e)　4. 〔ㄚ〕(a)

5. 〔ㄛ〕(o)　6. 〔ㄩ〕(y)　7. 〔ㄨ〕(u)

〔圖 4〕七个單韻母舌位圖

1.〔丨〕(i)　2.〔ㄝ〕　3.〔ㄜ〕(e)　4.〔ㄚ〕(a)　5.〔ㄛ〕(o)　6.〔ㄩ〕(y)　7.〔ㄨ〕(u)

〔圖 5〕七个單韻母唇形示意圖

我們画个表總結一下这七个韻母發音的方法:

注音字母	丨(i)	ㄩ(y)	ㄝ	ㄨ(u)	ㄛ(o)	ㄜ(e)	ㄚ(a)
舌头的作用	舌前部上升	舌前部上升	舌前部半降	舌后部上升	舌后部半升	舌后部半升	舌中部下降
嘴巴的開閉	閉	閉	半開	閉	半閉	半閉	開
嘴唇的形狀	自然唇	圓唇	自然唇	圓唇	圓唇	自然唇	自然唇

— 41 —

我們再画一个圖，表示發这七个韻母（附ㄦ、帀）時舌头的位置。

說明：右面这个四边形，左面的一边，表示前元音，右面的一边，表示后元音，上面的一边，表示高元音，下面的一边，表示低元音，左右兩个边，在边左面的是自然唇（也叫開唇）在边的右面的是圓唇，举个例來說："ㄧ"是前高元音，自然唇。"ㄚ"是低央元音，自然唇。

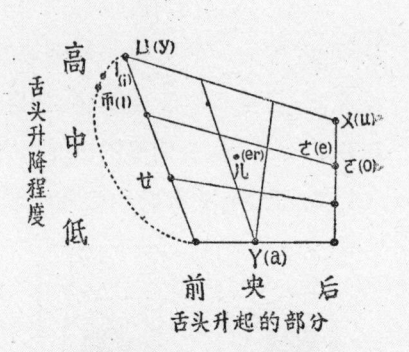

〔圖6〕北京元音（七个單韻母和〔ㄦ〕（er）〔帀〕（I））示意圖。

底下再說說兩个比較特殊的韻母：

1. ㄦ（er 在音節末尾寫作 r） 發这个音時，舌头的部位和發〔ㄜ〕(e)時差不多，（比〔ㄜ〕(e) 稍微靠前些是舌中央部分，舌头的動作是半降的样子）跟着把舌头往上卷，和硬顎相对，但幷不接觸，就發出〔ㄦ〕(er)音。單独成音的有兒、尔、耳、二等字，在北京音中它从來不單独和声母拼音。可是常在一些拼好的字音后，加上这个音，使原來的字音"兒化"，如："花兒"、"鳥兒"、"小孩兒"等。后面附的"兒"，不能單念出來，要把前面的字兒化后，一齐念出來，这样用叫做兒化韻母，因为發音時要卷舌，也叫做卷舌韻母。

2. 帀（ㄧ小型的大寫 i） 这个韻母只跟〔ㄓ〕、〔ㄔ〕、〔ㄕ〕、〔ㄖ〕和〔ㄗ〕、〔ㄘ〕、〔ㄙ〕七个声母拼，其他声母不用。注音字母拼音時也不寫出來，如"字"、"雌"的拼音只寫作〔ㄗ〕〔ㄘ〕就算了，幷不寫作〔ㄗ帀〕〔ㄘ帀〕。可是它实际上是存在的，新的拼音字母，規定用小型的大寫 i 卽 I 來代表它。它实际代表兩个音素，發音并不相同，一

— 42 —

种是〔ㄗ〕(z)、〔ㄘ〕(c)、〔ㄙ〕(s)后所带的,用前舌叶调节气流,一种是〔ㄓ〕(z)、〔ㄔ〕(ç)、〔ㄕ〕(ş)、〔ㄖ〕(r)后面的音,是用后舌叶调节气流,这两个音差别不大,并且不在同一个声母后面出现,又不单独使用,所以就用一个〔帀〕(I)来代表。四川大部分人發〔ㄗ〕(z)、〔ㄘ〕(c)、〔ㄙ〕(s)后面的这个〔帀〕(I)很容易,只把"资、雌、私"这些字音拉長念,后半部的声音就是〔帀〕。發〔ㄓ〕(z)、〔ㄔ〕(ç)、〔ㄕ〕(ş)、〔ㄖ〕(r)后面的〔帀〕(I),發不正確,因为不会發〔ㄓ〕(z)、〔ㄔ〕(ç)、〔ㄕ〕(ş)、〔ㄖ〕(r),后面的〔帀〕(I)自然也就讀不正確,等学过声母,会發〔ㄓ〕(z)、〔ㄔ〕(ç)、〔ㄕ〕(ş)、〔ㄖ〕(r)以后,它們后面的〔帀〕(I)自然就会發了。

練 習 四

1.什么是元音?什么是輔音?

2.輔音和声母是不是一回事,它們的關系是什么?

3.元音和韻母的關系是什么?

4.什么叫作單韻母?

5.为什么可以發出不同的元音?

6.先讀〔ㄚ〕(a)再讀〔ㄧ〕(i),反覆地讀多少遍,看这两个單韻母,在發音時,舌头的位置、動作,嘴巴大小,嘴唇的形狀有什么相同的地方,有什么不相同的地方?

7.你会發〔ㄜ〕(e)母嗎?假如以前不会發,照着我們所說的方法,是否能讀得正確?仔細体会〔ㄜ〕(e)和〔ㄛ〕(o)的異同。

8.反覆用我們所說的方法,正確發出"ㄝ"的讀音來。

9.把〔ㄧ〕(i)和〔ㄩ〕(y)反復連讀,仔細体会二者在嘴唇形狀方面的區別。

10. 把〔ㄨ〕(u)和〔ㄩ〕(y)反復連讀,仔細体会它們有什么不同。

11. 注出下列各字的韻母:

主(　)席(　)我(　)是(　)大(　)个(　)
兒(　)他(　)福(　)的(　)河(　)破(　)
別(　)月(　)抵(　)拘(　)虛(　)拿(　)
特(　)鍋(　)絲(　)

把每一个字拉長念,看它后半部是个什么音,就是咱們所要說的那个單韻母。要按北京音注出,先作好后,再查字典更正,万不可先查字典照抄,因为那样是自己騙自己,不会学習好的。

12. 把咱們学的七个單韻母,再加上个〔ㄏ〕〔I〕母,每一个韻母,都寫出五个包含它的漢字來:

例:〔ㄨ〕(u) 不、鋪、母、扶、除。

13. 說說發元音時,舌头高低和前后的意义。

14. 背寫七个韻母發音方法比較表。

第三章 声　　母

§25. **怎样來辨別声母?** 上一章我們談过什么是輔音,也談过輔音跟声母的關系。現在再簡單地說一下。一个漢字是一个音節,一个音節包含一个到四个音素。除了單韻母(如衣、烏、魚、啊等)和北京音一部分字只有韻母的(如歐、安、恩、昂等)以外,其余的每个音節,都可以分成兩部分,前面開头的一个音素就是声母,除了声母以外的音素都是韻母。充当声母的都是輔音,在一个音節的開头的輔音,就是声母。

为什么会有不同的声母呢？前面已經說过，辅音是气流經过声門，經过口腔或鼻腔，受到种种不同的阻碍發出來的。种种不同的阻碍，再加上气流的强弱，声带振動与否，就分別成为种种不同的声母。以下我們就四方面來說明：

（1）發音的部位　我們从發音器官圖上可以看出，从声門到兩唇，許多部位是互相鄰近的，（如兩条声带，輭顎和咽壁，舌头和上顎，上下齒，上下唇等）因而也是可以互相接觸的。它們一接觸，气流就要受到阻碍。从气流受到阻碍的部分來說可以分成七种：（仍以北京音为准）

1.双唇阻　發音的時候，双唇緊閉，把气流擋住。以后或者張開，放出气流，或者不張開，气流改从鼻腔出來。

2.唇齒阻　發音的時候，上門齒輕輕咬着下唇，讓气流从窄縫中挤出來。

3.舌尖阻　發音的時候，舌尖抵住上牙床（齒齦）把气流擋住，以后或者放開放出气流，或者不放開，讓气流从鼻腔出來，或者兩边留条縫，讓气流挤出來。

4.舌尖前阻　發音的時候，舌尖向前伸和上齒背接觸擋住气流，然后打開放出气流。或者舌尖接近上齒背留条窄縫，讓气流挤出來。

5.舌尖后阻　發音的時候，舌尖向上卷，碰到齒齦和硬顎中間部分，擋住气流，再打開放出來，或讓气流从窄縫中挤出來。

6.舌面阻　發音的時候，舌头的前部上升，接觸硬顎，擋住气流，以后讓气流出來或挤出來。

7.舌根阻　發音的時候，舌的后部上升，接觸軟顎，擋住气流，以后再放出气流或使它从窄縫中挤出來。

— 45 —

(2) 發音的方法　声母的發音方法,是指發音時气流受到阻碍的程度和情況說的。可以分成五种:

1. 塞声　發音的時候,發音部位(前面所說的双唇、舌和上顎等)先完全閉住,跟着突然放開,使被阻擋的气流,突然爆發出來。

2. 鼻声　發音的時候,舌头或嘴唇發生作用,同時軟顎下垂,阻擋气流通过口腔,於是气流改从鼻腔流出。

3. 边声　發音的時候,舌尖抵住齒齦,讓气流从舌头的兩边流出來。

4. 擦声　發音的時候,發音部位幷沒有完全閉住,只是非常接近,中間还留有一条窄縫,气流就从这条窄縫里慢慢挤出來。因为縫很狹窄,所以气流通过時就形成一种摩擦的声音。

5. 塞擦声　發音的時候,發音部位先完全閉緊,擋住气流,和塞声剛一開始一样。但第二步就不同了,塞声是突然放開,使气流爆發出來,塞擦声却是稍稍開放,也是發音部位中間形成一条窄縫,使气流慢慢挤出來,又和擦声一样。**開始象塞声,接着象擦声,所以就叫塞擦声**。

以上五类,塞声和鼻声是全阻(一點气不漏),边声和擦声是半阻(擋住一部分,留一条窄縫),塞擦声是先全阻后半阻。

(3) 帶音和不帶音　声母發音時,声帶不振動的,就是不帶樂音只有噪音,听起來很不响亮,就叫做不帶音声母,舊日称清母。声帶振動的,就帶有樂音,听得很清楚,这叫做帶音声母,舊日叫做濁母。**清、濁就是指不帶音和帶音說的**,现在还在沿用着这个術語。

(4) 送气和不送气　什么叫送气和不送气呢?就是發音部位和發音方法相同的兩个音,当發音部位關閉時,(这一段叫"成阻",)

— 46 —

情况完全相同；当突然放开时，(这一段叫除阻)，也都是把气流放出來。不同的地方是一个气流放出时比較弱，一个气流放出時比較强，**弱的叫做不送气，强的叫做送气**。我们念"玻"和"坡"，就可以觉察出來。"玻"的气流弱，"坡"的气流强。用手掌对着嘴巴，念玻时手掌不感到什么，念"坡"时，却觉得一股气流冲向手掌。**只有塞声和塞擦声才有送气和不送气的區别，鼻声、边声、擦声都沒有这种區别**。

§26. **注音字母的声母** 注音字母原來有声母二十四个，就是：〔ㄅ〕、〔ㄆ〕、〔ㄇ〕、〔ㄈ〕、〔(万)〕、〔ㄉ〕、〔ㄊ〕、〔ㄋ〕、〔ㄌ〕、〔ㄍ〕、〔ㄎ〕、〔(兀)〕、〔ㄏ〕、〔ㄐ〕、〔ㄑ〕、〔(广)〕、〔ㄒ〕、〔ㄓ〕、〔ㄔ〕、〔ㄕ〕、〔ㄖ〕、〔ㄗ〕、〔ㄘ〕、〔ㄙ〕。后來因为〔万〕、〔兀〕、〔广〕三个声母，北京拼音时用不着它们，所以就取消了。后來又因为〔兀〕母虽不作声母用，可是它还当韻尾用，於是把它又恢復了，但仍加（　）表示北京沒有这个声母。四川音这几个声母都有，为了將來正音方便起见，我们还是把它们排進去，一齐都学学。底下按發音部位把声母分成几類，把發音方法和带音不带音(簡称清濁)，送气不送气一齐加上去。我们按照所描寫的，参照附圖，就可以正確發出这些声母來。在这里，提醒大家注意一件事，**就是凡不带音的声母，声带一律不要振動，也就是只有輕微的噪音**，几乎听不見。前面我们介绍注音字母時有名称一項，那是因为清声母不容易听見，所以后面带上个韻母，念起來别人就可以听見了。我们發正確的声母时，不能带上韻母念，比如〔ㄅ〕(b)这个声母不带音，看別人發这个声母，只能看到他嘴巴一張一張，并沒有什么声音。假如他"玻玻"的發音，那就是念这声母的名称，并不是它的發音真实情况了。(**每个音的实际情况叫做"音值"**)其他不带音声母都是一样情形，都要好生注意。

(1)双唇音

1.ㄅ(b)　發这个音時,双唇緊閉,擋住气流(成阻),然后突然張開嘴唇使气流冲出(除阻),**这种發音的方法就是塞声**。發〔ㄅ〕(b)時声帶不振動,这叫做清声。除阻時气流較弱,这叫做不送气。所以把發音部位、發音方法、帶音不帶音、送气不送气連着說時,〔ㄅ〕(b)母就是双唇阻、塞声、清声、不送气。以下的声母,没有必要時不再詳細說,就照这样說,大家就可以明白了。用这个声母的漢字如：玻、巴、兵、班、帮、奔等都是。

2.ㄆ(p)　双唇阻、塞声、清声、送气。这个音的發音部位、方法,完全和〔ㄅ〕(b)相同,也不帶音,所差異的就是〔ㄅ〕(b)不送气,〔ㄆ〕(p)送气。試驗送气不送气,除了上面用手掌感觉外,还有种种方法。拿一塊紙距离嘴巴

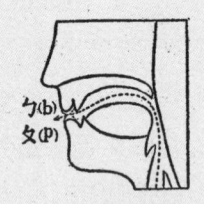

嘴唇的虛綫表示成阻,实綫表示除阻。

虛綫箭头表示气流的方向。

〔圖7〕ㄅ(b)、ㄆ(p)發音方法。

兩三寸,念〔ㄅ〕(b)時紙不振動,或是有輕微的振動,念〔ㄆ〕(p)時紙就振動得利害。(**注意紙要垂直挡在嘴巴的前面,拿的地方要靠下一些**。)點着一支洋火或一支蠟燭,离較近些对着它念〔ㄅ〕(b),火光要擺動一下,念〔ㄆ〕(p)時就吹滅了。點一支香烟对着念〔ㄅ〕(b)、〔ㄆ〕(p)也可以看出區別來。在注音字母中送气不送气的音都是成对的,不过〔ㄅ〕(b)、〔ㄆ〕(p)最明顯,其他成对的送气不送气的兩个音,用上面說的方法都能試驗出來,不过越靠口腔里面的,越不明顯罢了。

3.ㄇ(m)　双唇阻、鼻声、濁声。發音時双唇緊閉,但不

— 48 —

放開,軟顎下垂,打開鼻腔的通路,气流从鼻孔里流出來,声帶要振動,不振動發不出这个音來。試驗声帶振動不振動,也很好办。一是用手按住喉結(卽頸項前突出部分),發帶音的声母,喉結就振動,不帶音的,喉結就不振動。再一个更顯發著的方法,就是用两个中指塞住耳孔,發帶音的声母,就有嗡嗡的响声;發不帶音的声母,就没有声音。其他帶音的声母,都可以用这个方法來試驗。这个声母可以延長,也很容易听得清楚。用它作声母的字,如:麻、磨、滅、門、蛮、蒙、盲、埋、妹等都是。

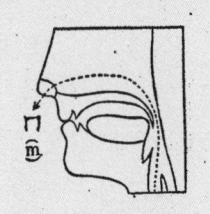

〔圖8〕ㄇ(m)的發音方法。

（２）唇齒音

4.ㄈ(f)　發音時用上齒輕輕咬住下唇,声帶不振動,气流从唇齒的夾縫中慢慢挤出來,这个音可以延長,但是不容易听見。所以这个声母是唇齒阻、擦声、清声。用它作声母的字如伐、佛、飛、翻、芳、風、芬等都是。

5.(万)(拼音字母沒有这个音的符号)这个声母是唇齒阻、擦声、濁声。这是和〔ㄈ〕(f)相对的濁声。其他和〔ㄈ〕(f)母都一样,就是發音時声帶要振動。在北京音里沒有这个声母,四川保存着这个声母,五、屋都念成〔万ㄨ〕。

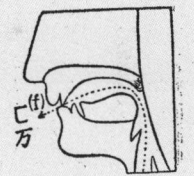

〔圖9〕ㄈ(f),万發音方法。

（３）舌尖中音

6.ㄉ(d)　舌尖阻、塞声、清声、不送气。發这个音時,舌尖抵住齒齦,擋住气流,然后突然放開使气流冲出。声帶不振動,不容易听見声音。所以發音的方法和〔ㄅ〕(b)一样,只是發音部位不同罢

— 49 —

了。用这个声母的字有：大、得、迭、当、單、灯、东等。

7. ㄊ(t) 發音部位和方法都和〔ㄉ〕(d)一样，只是〔ㄉ〕(d)不送气，〔ㄊ〕(t)送气。用它作声母的字，如：他、特、鉄、談、唐、銅、吞、太、桃、头等。

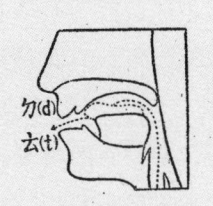

〔圖10〕ㄉ(d)、ㄊ(t)發音方法。

虛綫表示成阻時舌头的狀态，实綫表示除阻。

虛綫箭头表示气流方向。

8. ㄋ(n) 舌尖阻、鼻声、濁声。發这个音時，用舌尖抵住齒齦，擋住气流但不放開，軟顎下垂，气流从鼻孔中流出，声帶要振動。發音的方法和〔ㄇ〕(m)一样，只是發音部位不同罢了。用〔ㄋ〕(n)作声母的有：拿、挪、你、奴、女、南、能、囊等字。

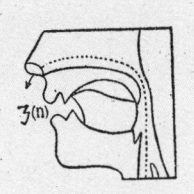

〔圖11〕ㄋ(n)的發音方法。

9. ㄌ(l) 舌尖阻、边声、濁声。發这个音時，舌尖抵住齒齦，可是舌尖两旁要留出空隙，讓帶音的气流，从舌尖两边流出來，所以叫做边声。用它作声母的字有：拉、鑼、里、盧、呂、蘭、棱、狼等字。

四川音〔ㄋ〕(n)、〔ㄌ〕(l)不分，可是各地情况也不一样，有的只会發〔ㄋ〕(n)，所以"拿"、"拉"都讀成〔ㄋㄚ〕(na)；有的只会發〔ㄌ〕(l)，所以"拿"、"拉"都讀成〔ㄌㄚ〕(la)。这两个声母一定要分辨清楚，因为北京音里这两个声母是有區別的。第一步先搞清楚自己只会發那个音，是〔ㄋ〕(n)还是〔ㄌ〕(l)；第二步努力学習自己不会發的那个声母。在这里介紹学習这两个声母的两个办法：假如只会發〔ㄋ〕(n)母，不

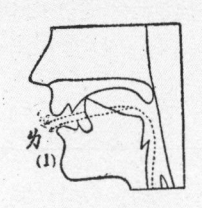

〔圖12〕ㄌ(l)的發音方法。

— 50 —

会發〔ㄌ〕(l)母，第一步可按照咱們講的發音部位和發音方法，細細揣摩：發音部位安對，再用正確的方法發音，自然就能發出〔ㄌ〕(l)音。仍舊發不正確時，**可以先念〔ㄊ〕(e)，念着念着，把舌尖抵住齒齦，那就是正確的〔ㄌ〕(l)音了**。因为發〔ㄊ〕(e)母鼻腔是閉着的，在念〔ㄊ〕(e)的过程中，改成〔ㄌ〕(n)，就不会再是鼻音了。假如只会發〔ㄌ〕(l)不会發〔ㄋ〕(n)，第一步也是先搞清楚發音部位和方法，仍舊發不正確時，**可以先發〔ㄇ〕(m)，念着念着，把嘴張開些，用舌尖抵住齒齦，那就是正確的〔ㄋ〕(n)音。或是先把舌尖抵住齒齦，再發〔ㄇ〕(m)音，發出的自然就是〔ㄋ〕(n)**。因为〔ㄇ〕(m)、〔ㄋ〕(n)發音方法完全相同，只是發音部位不同，用同样的方法，只变換部位，就可以發出正確的〔ㄇ〕(m)和〔ㄋ〕(n)來。

（4）舌根音

10.《(g) 舌根阻、塞声、清声，不送气。發这个音時，嘴巴張開，舌头的前半部平放，舌根向上和軟顎接觸，擋住气流，然后突然放開使气流冲出。它和〔ㄅ〕(b)、〔ㄉ〕(d)的發音方法相同，只是阻碍气流的部位更靠里罢了。有的地方不会發这个音，四川音有这个音。用它作声母的字，如：革、高、干、缸、公、姑、根等都是。

〔圖13〕《(g)、ㄎ(k)的發音方法。

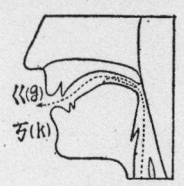

虛線表示成阻時舌根的狀态，实綫表示除阻時。
虛綫箭头表示气流方向。

11.ㄎ(k) 舌根阻、塞声、清声，送气。和《(g)不同的只是送气。用它作声母的字，有：渴、考、口、開、看、肯、康、坑、坤等字。

12.（兀）(ŋ)　舌根阻、鼻声、濁声。發這個音時，發音部位不除阻，帶音的气流，从鼻孔中慢慢流出。北京音沒有这个声母，四川音有它，如：安、恩、昂、襖等字，都是用的这个声母。

〔圖14〕兀(ŋ)的發音方法。

13.厂(h)　舌根阻、擦声、清声。發这个音時，舌根接近軟顎，但不要接觸，不帶音的气流，从夾縫中流出來。用它作声母的字，如：哈、喝、好、厚、胡、欢、黄、紅、痕等都是。四川音〔厂〕(h)和〔匚〕(f)兩个音常常有相混的。有的地方把北京音〔匚〕(f)声母的字讀成〔厂〕(h)声母还加个介母〔ㄨ〕(u)，如把"風""飛"等字讀成"紅""灰"；有的地方却把北京音讀〔厂〕(h)声母的字讀成〔匚〕(f)声母，如把"胡""虎"讀成"夫""斧"。對於这些和北京音不一致的地方，要注意特別学習。

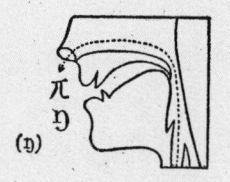

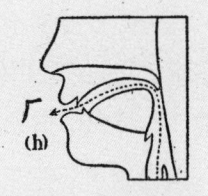

〔圖15〕厂(h)的發音方法。

（5）舌面音

14.ㄐ(ㄐ)　舌面阻、塞擦声、清声、不送气。發这个音的時候，先將舌尖抵住下齒背，再用舌面前部上举和硬顎接觸，擋住气流，然后突然放開，放開后舌面和硬顎留一条窄縫讓气流慢慢流出來。因为發音方法是先塞后擦，所以叫做塞擦声。用它作声母的字有：家、街、交、糾、間、今、江、京、鷄、局等字。

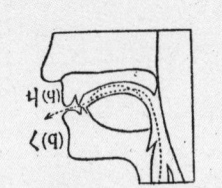

虛線表示成阻時舌头的狀況，实線表示發擦音時狀況。

虛線箭头表示气流方向。

〔圖16〕ㄐ(ㄐ)、ㄑ(q)的發音方法。

15. 〈(q) 舌面阻、塞擦声、清声、送气。它和〔丩〕(ʨ)的分別，只是在送气不送气。用它作声母的字，有：旗、曲、恰、巧、羣、強、鉛、窮、琴等字。

16. (广) （拼音字母沒有这个音的符号） 北京音沒有这个声母，四川音有。舌面阻、鼻声、濁声。發这个音時，成阻后不除阻，帶音的气流，從鼻孔中慢慢流出來。四川音用它作声母的字，如：你、年、牛、娘、鳥、扭、寧等字都是。北京音这些字都是〔ㄋ〕(n)声母。

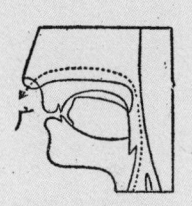

〔圖17〕广的發音方法。

17. ㄒ(x) 舌面阻、擦声、清声。發这个音時，舌面接近硬顎（始終不接觸），使不帶音的气流從狹縫中慢慢流出來。用它作声母的字有：下、蟹、欣、兴、香、希、虛、兄、勳、玄等字。

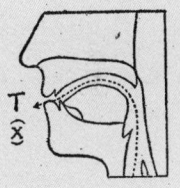

舌面阻的这一組声母，和舌根阻那一組声母，卽〔丩〕(ʨ)、〔〈〕(q)、〔(广)〕、〔ㄒ〕(x)和〔ㄍ〕(g)、〔ㄎ〕(k)、〔(兀)〕(ŋ)、〔ㄏ〕(h)關系很密切，有一部分〔ㄍ〕(g)、〔ㄎ〕(k)、〔(兀)〕(ŋ)、〔ㄏ〕(h)这組声母的字，變到〔丩〕(ʨ)、〔〈〕(q)、〔(广)〕、〔ㄒ〕(x)这一組里了（这种变化就叫顎化）。各地方言演变情况不同。粤語根本沒有舌面阻这一組声母。四川音和北京音在这一點上基本相同，但仍有个別字保存舌根音沒有变，或正在变化途中，或变了以后韻母不一样（这些以后再談）。我們学普通話時，还要注意学習，看北京音究竟哪些字和我們讀音不同，不过字數不多，一个一个地死記，也并不十分困难。

〔圖18〕ㄒ(x)的發音方法。

（6）舌尖后音

18. ㄓ(ẓ)　舌尖后阻、塞擦声、清声、不送气。發这个音的時候，舌面放平，舌尖上翹抵住硬顎前部，擋住气流，然后突然放開，但舌尖和硬顎中間留一条窄縫，使不帶音的气流从窄縫中慢慢流出來。用它作声母的字，有：渣、朱、張、眞、詹、蒸、中、庄等字。

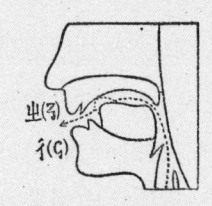

舌头的虚綫表示成阻時狀态，实綫表示除阻后發擦音時的狀态。
虚綫箭头表示气流方向。

〔圖19〕ㄓ(ẓ)、ㄔ(ç)的發音方法。

19. ㄔ(ç)　舌尖后阻、塞擦声、清声、送气。和〔ㄓ〕(ẓ)不一样的地方，就是送气。用它作声母的字有：察、鋤、車、長、產、虫、春等。

20. ㄕ(ṣ)　舌尖后阻、擦声、清声。發这个音的時候，舌尖翹起几乎碰到硬顎，但不要接觸，不帶音的气流，从窄縫中間慢慢流出來。用它作声母字，有：沙、舍、燒、收、商、山、生、神、書、順等。

21. ㄖ(r)　舌尖后阻、擦声、濁声。〔ㄖ〕(r)和〔ㄕ〕(ṣ)發音，其他方面都一样，只是發音时声帶要振動。用它作声母的字有：惹、人、然、讓、仍、饒、柔、容等。四川人大多數不会發这个音，所念的〔ㄖ〕是〔ㄦ〕的濁音，就是念〔ㄦ〕時声帶同時振動。注意卷舌發〔ㄕ〕音，再振動声帶就对了。

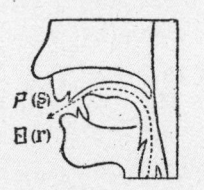

〔圖20〕ㄕ(ṣ)、ㄖ(r)的發音方法。

（7）舌尖前音

22. ㄗ(z)　舌尖前阻、塞擦声、清声、不送气。發这个音的時候，上下齒切合，舌头平放，把舌尖抵住上齒的背面，擋住气流，

— 54 —

然后突然放開，仍留一条窄縫，使不帶音的气流从窄縫中慢慢流出來。用它作声母的字有：砸、賊、宗、尊、鱉、贊、租、資、怎等。

23. ち(c) 舌尖前阻、塞擦声、清声、送气。这个音和〔ㄗ〕(z)不同的地方，就是送气。用它作声母的字，有：雌、擦、側、蚕、藏、从、村、層等。

（圖21）ㄗ(z)、ち(c)的發音方法。

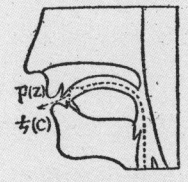

舌头虛綫表示成阻時的狀态，实綫表示除阻后發擦音時的狀态。
虛綫箭头表示气流方向。

24. ㄙ(s) 舌尖前阻、擦声、清声。發这个音的時候，舌尖和上齒靠得很近，但不要接觸，不帶音的气流从窄縫中間慢慢流出來。用它作声母的字，有：私、伝、鎖、嫂、搜、腮、桑、三、松、僧、絲等字。

这兩組声母，在北京音里分得清清楚楚，可是在四川音里却分不清楚。四川各地的方音也不很一致。絕大多數地區，沒有〔ㄓ〕(z)、〔ㄔ〕(c)、〔ㄕ〕(s)、〔ㄖ〕(r)这一組，只有〔ㄗ〕(z)、〔ち〕(c)、〔ㄙ〕(s)这一組，因而〔ㄖ〕(r)也不翹舌讀成〔ㄙ〕(s)的濁声。有少數地區（如內江、西充、奉節等縣）这兩組都有，在四川教学發音時，分別这兩組声母，是一个比較困难的問題。能分別的地區，当然沒有問題；不能分別的地區，初学这兩組声母的區別，很觉吃力。現在談一談不能發〔ㄓ〕(z)、〔ㄔ〕(c)、〔ㄕ〕(s)的人，怎样才能發出这三个声母正確的音來。咱們学过了發音的部位和方法，这个事比較好办的多。〔ㄗ〕(z)、〔ち〕(c)、〔ㄙ〕(s)發音時舌头是平的，〔ㄓ〕(z)、〔ㄔ〕(c)、〔ㄕ〕(s)發音時舌尖要翹起來（或是說卷起來也一样），主要的分

〔圖22〕ㄙ(s)的發音方法。

別就在舌尖上。所以我們学發〔ʯ〕(ẓ)、〔ʧ〕(ɕ)、〔ʂ〕(ş)時,先把舌尖翹起再發音。但初学的人一到發音時就忘記翹舌了,不知不覺又放平,發出來仍舊是〔ㄗ〕(z)、〔ㄘ〕(c)、〔ㄙ〕(s);怎麼办呢? 有个办法很有效,**就是把自己的姆指伸進嘴里,貼在上門齒背后,指甲向着舌尖,舌尖要卷起來,对准上顎凹入部的前边,再照着發音方法發音,舌尖不許放下,就可以正確地發出音來**。假如拿出姆指,指甲被舐濕了,那就是失敗了,沒有舐濕那就对了。(为了更清楚地試驗,可以把指甲盖上抹上一些墨,再拿着鏡子对着念,看看舌尖上是不是有黑,有黑就不对;沒有黑就对了。)最初学的時候,不妨舌头卷得很些,發出的音好象〔ʯㄦ〕(ẓer)、〔ʧㄦ〕(ɕer)一般,練習熟習后,舌尖稍靠前一點就对了。

我們再附帶談一談只有〔ʯ〕(ẓ)、〔ʧ〕(ɕ)、〔ʂ〕(ş)一組,不会發〔ㄗ〕(z)、〔ㄘ〕(c)、〔ㄙ〕(s)的人,应該如何学習〔ㄗ〕(z)、〔ㄘ〕(c)、〔ㄙ〕(s)呢?也有办法。我們知道〔ㄗ〕(z)、〔ㄘ〕(c)、〔ㄙ〕(s)發音時,舌尖抵住齒背,可是不会發这組音的人,舌头的位置也拿不穩,一發音由不得舌尖就翹起來。这也使用一个矯枉过正法,把舌尖放在上下門齒中間,輕輕咬住,不讓舌头自由逃走,再按發音方法發音,这時發出的音是齒間音的〔ㄗ〕(z)、〔ㄘ〕(c)、〔ㄙ〕(s),和齒背音不同,但差別不大,等熟練了,再把舌尖放回到齒背地位,**就發出正確的〔ㄗ〕(z)、〔ㄘ〕(c)、〔ㄙ〕(s)了**。

声母講完了,四川人学声母別的方面問題不大,成問題的就是〔ㄋ〕(n)、〔ㄌ〕(l)不分,〔ʯ〕(ẓ)、〔ʧ〕(ɕ)、〔ʂ〕(ş),〔ㄗ〕(z)、〔ㄘ〕(c)、〔ㄙ〕(s)不分。学会了它們的分別,还不等於学会了北京音,因为碰到具体字如南、農、龍、林、哪、蠟、难、爛等,哪个是〔ㄌ〕(l)母,哪个是〔ㄋ〕(n)母,沒有办法知道;紫紙、正曾、粗鋤、苏疏等,哪个

— 56 —

翘舌音,哪个是平舌音也搞不清楚。除了自己多留心多查、多记以外,我們还可以想些办法,以后有机会再談吧。现在把咱們講过的声母画一个表讓大家比較一下。

北京音声母表

发音方法 \ 成阻部位・名称			双唇 上下唇	唇齿 上齿下唇	舌尖中 齿龈舌尖	舌根 软腭舌根	舌前面 硬腭舌面	舌尖后 硬腭舌尖	舌尖前 齿背舌尖
塞声	清	不送气	ㄅ(b)		ㄉ(d)	ㄍ(g)			
		送气	ㄆ(p)		ㄊ(t)	ㄎ(k)			
鼻声	濁		ㄇ(m)		ㄋ(n)	(兀)(ŋ)	(广)( )		
塞擦声	清	不送气					ㄐ(j)	ㄓ(z)	ㄗ(z)
		送气					ㄑ(q)	ㄔ(j)	ㄘ(c)
擦声	清			ㄈ(f)		ㄏ(h)	ㄒ(x)	ㄕ(s)	ㄙ(s)
	濁			(万)( )				ㄖ(r)	
边声	濁				ㄌ(l)				
备註	❶声母带( )的,表示北京音沒有这个声母。 ❷注音字母后面( )內的符号是拼音字母,(万)、(广)沒有規定符号。									

練 習 五

1. 什么是發音部位?什么是發音方法?拿〔ㄅ〕(b)、〔ㄉ〕(d)、〔ㄍ〕(g)和〔ㄇ〕(m)、〔ㄋ〕(n)、〔兀〕(ŋ)說明發音部位和發音方法中間的關系。

2. 什么叫做清、濁?(即带音不带音)哪些声母不带音,那些声母带音,列个表出來。四川音比北京音多几个声母,带音不带音,也列進表里去。

3. 發清声母時,应該注意什么?假如把〔ㄅ〕(b)念成〔ㄅㄛ〕

— 57 —

(bo)对不对？怎样念才正确？〔ㄇ〕(m)、〔ㄋ〕(n)、〔兀〕(ŋ)也不要念成〔ㄇㄜ〕(mo)〔ㄋㄜ〕(ne)〔兀ㄜ〕(ŋe)。正確的念法应該怎样念？假如不帶音，能不能讀出这三个声母來？

4.什么叫做送气不送气？你作过試驗沒有？反覆念〔ㄅ〕(b)、〔ㄆ〕(p)、〔ㄉ〕(d)、〔ㄊ〕(t)、〔ㄍ〕(g)、〔ㄎ〕(k)、〔ㄓ〕(ʑ)、〔ㄔ〕(ɕ)、〔ㄗ〕(z)、〔ㄘ〕(c)这几組声母，仔細体会一下，它們的發音部位是不是相同？假如相同，它們的分別在哪里？从試驗中指出哪些声母是送气的，哪些声母是不送气的？

5.什么叫做塞声、擦声和塞擦声？它們的分別在哪里，拿〔ㄅ〕(b)、〔ㄙ〕(s)、〔ㄓ〕(ʑ)來說明。

6.〔ㄋ〕(n)和〔ㄌ〕(l)你能分別不能？假如不能，你已經照着課本上所說的方法練習过沒有？讀下列各組漢字，能不能區別？南、蘭、拿、拉、農、龍、郎、囊、卵、暖。

7.〔ㄓ〕(ʑ)、〔ㄔ〕(ɕ)、〔ㄕ〕(ʂ)和〔ㄗ〕(z)、〔ㄘ〕(c)、〔ㄙ〕(s)你能分別不能？假如不能，已經照着我們所說的方法練習过沒有？讀下列各組字，看是否有區別：紫、紙，似、是，中、宗，成、層，虫、从，鑽、磚。

8.注出下列各字的声母：

东（ ）、西（ ）、南（ ）、北（ ）、春（ ）、夏（ ）、
秋（ ）、冬（ ）、前（ ）、后（ ）、左（ ）、上（ ）、
中（ ）、里（ ）、出（ ）、入（ ）、交（ ）、通（ ）、
方（ ）、便（ ）、馬（ ）、牛（ ）、狗（ ）、鵝（ ）、
村（ ）、坡（ ）、四（ ）、棵（ ）。

（先用故鄉音注出，再查查新華字典，哪一个是根本注錯了，哪一个是和北京声母不同。）

第四章 韻　　母（二）

§27.**複合韻母**（簡称**複韻母**）　在第二章里我們已經講过單韻母了，現在要講複合韻母。什么是複合韻母呢？我們已經知道單韻母是一个韻母里只包含一个音素，**複合韻母就不只是一个音素而是由兩个音素合成的**。單韻母因为只有一个音素，所以發音的時候，唇嘴和舌头的形狀、動作，自始至終不会改变。（試念〔丫〕(a)拉長念，看舌头、嘴唇動不動）。複合韻母包括兩个音素，舌头、嘴唇的形狀、動作，就要改变，因为舌头、嘴唇的同一形狀和動作，只能發同一的音素。發複合韻母音的時候，就是先發一个單韻母的音，接着改变舌头的位置和嘴唇的形狀讀另一个單韻母，連起來就是一个複合韻母了。在北京音複合韻母有四个：

(1)〔ㄞ〕(ai)　这个韻母是〔丫〕(a)和〔丨〕(i)合起來的音。（这个〔丫〕(a)比單韻母的〔丫〕(a)舌位稍靠前一點）發音時先發一个〔丫〕(a)，然后緊接着發一个〔丨〕(i)，〔丫〕(a)和〔丨〕(i)拼合在一起就是〔ㄞ〕(ai)的音。**不过要注意**〔丫〕(a)、〔丨〕(i)兩个音不是平**均用力發出的**，〔丫〕(a)**較長較重**，〔丨〕(i)**較短較輕**。假如平均用力就成"阿姨"，而不是〔ㄞ〕(ai)了。北京不用〔兀〕(ŋ)作声母，四川音用〔兀〕(ŋ)声母拼〔ㄞ〕(ai)的字，北京就只用〔ㄞ〕(ai)母，如爱、矮、碍、哀、挨、艾等。用它作韻母的字如：拜、派、賣、戴、太、耐、來、該、開、害、寨、晒等。

(2)〔乁〕(ei)　这是个〔ㄜ〕(e)和〔丨〕(i)合起來的複合韻母。（这个〔ㄜ〕(e)比單韻母〔ㄜ〕(e)的舌位靠前些，靠近中央部。）先發較重較長的〔ㄜ〕(e)，再發較短較輕的〔丨〕(i)，緊緊連在一起就是

— 59 —

〔乀〕(ei)。單独成音節的，只有在对話時答应对方的招呼和表示承諾的一个感嘆詞"欸"〔乀〕(ei)（如：甲："老李！"乙（老李）："欸"。〔乀〕(ei)。甲："咱們一塊去吧"！乙："欸，可以。"）用它作韻母的，有：杯、賠、梅、飛、堆、推、雷、歸、葵、灰、催、隨、追、吹、誰等。

(3)ㄠ(au) 这是〔ㄚ〕(a)和〔ㄨ〕(u)合起來的複合韻母。（这个〔ㄚ〕(a)比單韻母〔ㄚ〕(a)靠后）先發較長較重的〔ㄚ〕(a)，再發較短較輕的〔ㄨ〕(u)，緊緊連在一起就是ㄠ(au)。單独成音節的，有傲、鰲、襖、熬、澳、翶等。（四川音也是和〔兀〕(ŋ)声母拼的音）用它作韻母的有：包、袍、猫、刀、桃、腦、劳、高、考、豪、膠、桥、糟、曹、騷、找、巢、燒、饒等。

(4)ㄡ(ou) 这是〔ㄛ〕(o)（比發單韻〔ㄛ〕(o)時舌稍降些）和〔ㄨ〕(u)合起來的複合韻母。先發較長較重的〔ㄛ〕(o)，再發較短較輕的〔ㄨ〕(u)，緊緊連在一起就是〔ㄡ〕(ou)。單独成音節的字有：歐、嘔、偶、藕、鷗、謳等。（在四川音里，也是和〔兀〕(ŋ)声母拼的音）用它作韻母的有：剖、謀、否、斗、偷、樓、溝、扣、候、臼、求、牛、休、舟、愁、收、柔、走、湊、搜等。

我們画一个比較这四个複合韻母的表：

複韻母	ㄞ(ai)		ㄟ(ei)		ㄠ(au)		ㄡ(ou)	
包含音素	ㄚ+ㄧ(ai)		ㄜ+ㄧ(ei)		ㄚ+ㄨ(au)		ㄛ+ㄨ(ou)	
舌的动作	舌前下降	舌前上升	舌前半升	舌前上升	舌后下降	舌后上升	舌后半升	舌后上升
嘴的開閉	開	閉	半閉	閉	開	閉	半閉	閉
唇的形狀	不圓	不圓	不圓	不圓	不圓	圓	稍圓	圓

— 60 —

§28.附声韵母： 一个單韻母音素的后面，緊跟着一个声母的音素，所以叫附声韻母，也有的叫"声隨韻母"。北京音的附声韻母，所附的都是鼻声，也有人叫"附鼻声韻母"，还有人叫"鼻韻母"，都一样。附声韻母包含四个韻母：

(1)ㄢ(an) 这是在〔ㄚ〕(a)后附个〔ㄋ〕(n)的韻母。先讀个〔ㄚ〕(a)(比單韻母〔ㄚ〕(a)舌位較靠前)，緊跟着用〔ㄋ〕(n)收尾，就成〔ㄢ〕(an)音。發〔ㄋ〕(n)時千万不要念成〔ㄋㄜ〕(ne)，〔ㄋㄜ〕(ne) 是〔ㄋ〕(n)声母的名称，不是它的發音，假如〔ㄚㄋㄜ〕(ane)放在一起來念，永远也念不成〔ㄢ〕(an)的音。念〔ㄋ〕(n)時照以前所說的用舌尖抵住齒齦，擋住气流，不除阻，讓气流从鼻孔出來，这样念〔ㄚㄋ〕(an)，就是〔ㄢ〕(an)的音。(其余三个字母附的鼻声都是这样，就是鼻声母后千万不要帶韻母〔ㄜ〕(e))。單独成音節的，有：安、按、庵、諳、俺、岸、案、暗等字。(四川音也是拼〔兀〕(ŋ)声母)用它做韻母的，有：班、攀、蛮、凡、丹、天、南、蘭、干、看、韓、詹、船、拴、鑽、攛、酸等。

(2)ㄣ(en) 这是在〔ㄜ〕(e)后附上一个〔ㄋ〕(n)的韻母。这个〔ㄜ〕(e)在舌中央部(看圖23)先發〔ㄜ〕(e)再用〔ㄋ〕(n)收就是〔ㄣ〕(en)的音。單独成音節的，有：恩、摁(按的意思)(四川音也拼〔兀〕(ŋ)声母)用它做韻母的，有：奔、盆、門、分、敦、吞、嫩、倫、根、墾、痕、眞、臣、申、人、尊、村、孫等。

(3)尢(aŋ) 这是〔ㄚ〕(a)(舌的動作部位較靠后，見圖23)后附一个〔兀〕(ŋ)鼻声母。念〔兀〕(ŋ)時也不要帶〔ㄜ〕(e)。單独成音節的，有：腌、(如腌臢)昂、盎等。(四川音和〔兀〕(ŋ)声母拼)用它作韻母的，有：邦、滂、盲、芳、当、堂、囊、狼、光、匡、黄、庄、床、商、穰、瓤、臧、桑等。

(4)ㄥ(eŋ) 这是〔ㄜ〕(e)(舌的動作部位稍靠前一些)后附一个〔ㄫ〕(ŋ)鼻声母的韻母。北京口語里沒有〔ㄥ〕(eŋ)單独成音節的字，用它作韻母的，有：崩、朋、蒙、風、东、通、農、龍、更、空、紅、中、虫、升、仍、宗、从、松等。

现在为了使大家發複韻母和附声韻母更准確起見，画一个舌位、口腔示意圖，以作参考：

初学複韻母和附声韻母時，總覺得是一个音素，很不容易分析成两个音素；注音字母里又是用一个符号來代表，更不容易來体会出來。

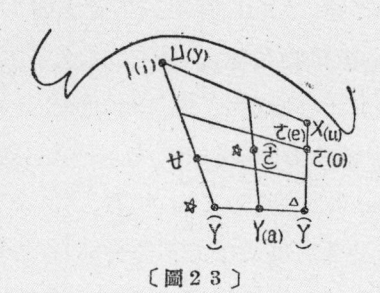

說明：不帶記号的是注音字母的單韻母。☆ㄚ是發ㄞ、ㄢ用的，△ㄚ是發ㄠ、ㄤ用的。☆ㄜ是發ㄟ、ㄣ、ㄥ用的。

〔圖23〕

最好先來唱有这些韻母字的歌子，一拉長了就顯出來了。比如唱國際歌"起來——"來字比較拖得長，就可以觉得韻母〔ㄞ〕(ai)最初是〔ㄚ〕(a)后來是〔ㄧ〕(i)，口腔大小、舌位高低都可以觉得出來。现在拼音方案中改用音素字母，比如"來"就拼着〔lai〕一看就知道韻母是两个音素，对教学上是方便多了，这也是漢語拼音方案优越的地方。

最后我們再把四个附声韻母列表比較如下：

注音字母	ㄢ(an)	ㄣ(en)	ㄤ(aŋ)	ㄥ(eŋ)
包含音素	ㄚ(a)+ㄋ(n)	ㄜ(e)+ㄋ(n)	ㄚ(a)+ㄫ(ŋ)	ㄜ(e)+ㄫ(ŋ)
舌的動作	舌前半降	舌央半升	舌后下降	舌央下降
所附的声	舌尖阻鼻声	舌尖阻鼻声	舌根阻鼻声	舌根阻鼻声

§29. 介母和結合韻母. 單韻母中的〔ㄧ〕、〔ㄨ〕、〔ㄩ〕，旣能在聲母后头拼成音節，如里〔ㄌㄧ〕(li)、路〔ㄌㄨ〕(lu)、呂〔ㄌㄩ〕(ly)等，又可以在其他韻母前拼成音節，如：烟〔ㄧㄢ〕(jan)、弯〔ㄨㄢ〕(wan)、原〔ㄩㄢ〕(yan)等，更可以夾在声母和其他韻母中間，共同拼成音節，如：家〔ㄐㄧㄚ〕(qia)、尊〔ㄗㄨㄣ〕(zun)、圈〔ㄑㄩㄢ〕(qyan)等(詳后拼音)。这三个字母給它們另外起个名字叫做"介母"。

介母和其他韻母連在一起叫做結合韻母。北京音里結合韻母共有二十个，列表如下：

	結合韻母	拼音字母	讀音	应用例字
用"ㄧ"結合的	ㄧㄚ	ia	呀	家、恰、下等
	ㄧㄝ	ie	噎	皆、茄、鞋等
	ㄧㄠ	iau	腰	标、漂、刁等
	ㄧㄡ	iu	憂	求、修、臼等
	ㄧㄢ	ian	烟	前、先、年等
	ㄧㄣ	in	陰	金、琴、新等
	ㄧㄤ	iaŋ	央	良、香、姜等
	ㄧㄥ	iŋ	英	灵、京、卿等
用"ㄨ"結合的	ㄨㄚ	ua	蛙	瓜、夸、抓等
	ㄨㄛ	uo	窝	多、駝、鍋等
	ㄨㄞ	uai	歪	乖、怀、塊等
	ㄨㄟ	ui	威	规、葵、堆等
	ㄨㄢ	uan	弯	關、端、鑽等
	ㄨㄣ	un	溫	敦、吞、昏等
	ㄨㄤ	uaŋ	汪	光、匡、庄等
	ㄨㄥ	uŋ	翁(东的韻母)	东、童、中等

用ㄩ結合的	ㄩㄝ	ye	約	決、闕、穴等
	ㄩㄢ	yan	冤	捐、圈、玄等
	ㄩㄣ	yn	暈	均、羣、勳等
	ㄩㄥ	yŋ	庸	胸、窮、窘等

　　這二十個結合韻母中，有九個在某一些場合要發生变化，所謂变化，就是兩個韻母的發音互相影响，把原有的兩個韻母所包含的音素中某一音素消減或改变。如果不注意這些变化，拼出的音便不很正確，也就是和北京音的音值不同。這九個結合韻是〔丨ㄢ〕(ian)、〔丨ㄣ〕(in)、〔ㄩㄣ〕(yn)、〔丨ㄥ〕(iŋ)、〔ㄩㄥ〕(yŋ)、〔ㄨㄥ〕(uŋ)、〔丨ㄡ〕(iu)、〔ㄨㄟ〕(ui)、〔ㄨㄣ〕(un)。它們又可以分成全变和半变兩類：

　　(1)全变的

　　1. 丨ㄢ　ㄢ＝ㄚㄋ，但丨ㄢ≠丨ㄚㄋ而是〔丨ㄝㄋ〕。北京音的"烟"、"淹"、"燕"、"晏"等都是〔丨ㄝㄋ〕的音，用〔丨ㄢ〕作韻母的字也一样。

　　2. 丨ㄣ　ㄣ＝ㄜㄋ，但丨ㄣ≠ㄜㄋ，而是〔丨ㄋ〕。(拼音方案中就寫作〔in〕)北京音的"因"、"陰"等都是〔丨ㄋ〕的音。用〔丨ㄣ〕做韻母的字都是這种念法。

　　3. ㄩㄣ　ㄩㄣ≠ㄩㄜㄋ，而是〔ㄩㄋ〕，(拼音方案中寫成〔yn〕，就是這個道理)北京音的"暈"、"云"，就是〔ㄩㄋ〕的音。用〔ㄩㄣ〕作韻母的字都是這种念法。

　　4. 丨ㄥ　ㄥ＝ㄜㄫ，但丨ㄥ≠丨ㄜㄫ，而是〔丨ㄫ〕，(拼音方案中就寫作〔iŋ〕)北京音的"英"、"鷹"等字都念〔丨ㄫ〕，用〔丨ㄥ〕做韻母的字都是這种念法。

5. ㄩㄥ 〔yŋ〕的变化更特别些，ㄩㄥ≠ㄩ古ㄥ，也不是〔yŋ〕，而是〔iuŋ〕。北京音的"拥"、"庸"、用等都是〔iuŋ〕的音，用〔ㄩㄥ〕作韻母的字，也是这种念法。

(2)半变的

1．ㄨㄥ 独用的時候不变，北京音"翁"、"甕"等就是。但和其他声母拼時就要变。不是〔ㄨ古ㄥ〕，要变成〔ㄨㄥ〕（拼音方案中寫成〔uŋ〕，并且注明"东"的韻母，就是这个意思。）譬如东字就不能念成〔ㄉㄨ古ㄥ〕(duəŋ)而要念成〔ㄉㄨㄥ〕。(duŋ)仔細念"翁"和"东"这兩个字，便可以体会出它們的區別來。〔ㄨ古ㄥ〕(wəŋ)念起來嘴先合攏，以后要張開些；念〔ㄨㄥ〕(uŋ)時，嘴始終是圓的，不加改動。

2．ㄧㄡ 念上声、去声時，不变動，像北京音"友""有""右""佑"等就是。但讀念成陰平、陽平的調子那就变了。ㄧㄡ≠ㄧ古ㄨ而是〔ㄧㄨ〕（拼音方案中寫成〔iu〕，就是这个理由）北京音"憂"、"由"等字和包含这个結合韻的陰平、陽平的字，都是这种讀法。

3．ㄨㄟ 独用的時候不变，北京音的"威"、"为"、"委"、"未"等都是。和〔ㄍ〕(g)、〔ㄎ〕(k)、〔ㄏ〕(h)拼時也不变。但如果和〔ㄉ〕(d)、〔ㄊ〕(t)、〔ㄓ〕(z)、〔ㄔ〕(c)、〔ㄕ〕(s)、〔ㄖ〕(r)、〔ㄗ〕(z)、〔ㄘ〕(c)、〔ㄙ〕(s)拼的時候，它的音素就变了。ㄟ=古ㄧ，ㄨㄟ≠ㄨ古ㄧ而是〔ㄨㄧ〕（拼音方案中寫成〔ui〕就是这个理由）北京音的"堆""推""追""吹""水""最""虽"等字的韻母都是这种讀法。

4．ㄨㄣ 和〔ㄨㄟ〕的变化規律一样。独用時不变，像北京音的"溫"、"文""穩""問"都是。和〔ㄍ〕(g)、〔ㄎ〕(k)、〔ㄏ〕(h)拼時也不变，和〔ㄉ〕(d)、〔ㄊ〕(t)、〔ㄗ〕(z)、〔ㄘ〕(c)……拼時就要变。ㄣ=古ㄋ，ㄨㄣ≠ㄨ古ㄋ而是〔ㄨㄋ〕（拼音方案中寫成〔un〕，就是这个道理)用它作韻母的字如"敦"、"吞"、"嫩"、"准"、"春"、"順"、"潤"、"遵"、"村"、"孫"等都是这种讀法。

§30. **四呼**　現在就着結合韻母,把四呼也介紹一下。四呼本來是舊時講音韻学所用的名詞,現在我們也可以沿用一下,以后講拼音時方便一些。**四呼是什么呢?** 就是開口呼、齊齒呼、合口呼、撮口呼。簡單說明於下:

(1) 開口呼　發音時嘴巴張開較大(这是和其他三呼比較說的),嘴唇是自然唇。(只有一个〔ㄛ〕(o)是圓唇)簡明一句話:**凡是不用結合韻母,只用單韻母、複韻母、附声韻母和声母相拼的音節都叫做開口呼。**如:巴、剖、南、灯、敢、正、贈……都是。

(2) 齊齒呼　發音時上下齒切合在一起,嘴唇是平的。**凡是一个音節里包含有〔ㄧ〕(i)的,都是齊齒呼。不管單独用〔ㄧ〕(i)或用〔ㄧ〕(i)作韻母或單用〔ㄧ〕(i)的結合韻母注音和用〔ㄧ〕(i)結合韻母拼音都一样。**所以这些字,如一、衣、牙、烟、里、鷄、家、蝦……都是齊齒呼。

(3) 合口呼　發音時嘴唇向里面收斂,嘴角收縮,嘴唇是圓形。**凡是一个音節包括〔ㄨ〕(u)的,不管單用〔ㄨ〕(u)或用〔ㄨ〕(u)作韻母,或單用〔ㄨ〕(u)結合韻母注音和用〔ㄨ〕(u)結合韻作韻母都是合口呼。**如烏、吳、路、肚、蛙、文、東、中、宗等都是合口呼。

(4) 撮口呼　發音時嘴唇撮起來,**凡是一个音節里有〔ㄩ〕(y)的都是撮口呼**,如魚、遇、吕、云、員、決、君等都是撮口呼。

現在把韻母,結合韻母列表比較一下:

第二编　语音

韵\呼	单韵母					复韵母			附声韵母			卷舌韵母
						（收"ｉ"）	（收"ｕ"）		（附"ｎ"）		（附"ng"）	
开口呼	ㄭ(ɿ)(师)注音字母拼音不用	ㄚ(a)啊	ㄛ(o)喔	ㄜ(e)额	ㄝ(e)欸	ㄞ(ai)哀	ㄠ(au)熬	ㄡ(ou)欧	ㄢ(an)安	ㄣ(ən)恩	ㄤ(aŋ)肮	ㄥ(əŋ)鞥	ㄦ(er)儿
齐齿呼	ｉ(i)衣	ｉㄚ(ia)呀			ｉㄝ(ie)噎	(ㄚｉ)(ai)参	ｉㄠ(iau)腰	ｉㄡ(iu)忧	ｉㄢ(ian)烟	ｉㄣ(in)因	ｉㄤ(iaŋ)央	ｉㄥ(iŋ)英	
合口呼	ㄨ(u)乌	ㄨㄚ(ua)蛙	ㄨㄛ(uo)窝			ㄨㄞ(uai)歪	ㄨㄟ(ui)威	(ㄛㄨ)(ou)	ㄨㄢ(uan)弯	ㄨㄣ(un)温	ㄨㄤ(uaŋ)汪	ㄨㄥ(uŋ)翁	
撮口呼	ㄩ(y)迂				ㄩㄝ(ye)约				ㄩㄢ(yan)冤	ㄩㄣ(yn)晕		ㄩㄥ(yŋ)雍	

練習六

1. 複韻母和單韻母不同的地方在哪里？

2. 四川音〔ㄝ〕和〔ㄟ〕(ei) 很容易混。你已經会發正確的〔ㄝ〕了沒有？假如会發，再發正確的〔ㄟ〕(ei)，連讀〔ㄝ〕、〔ㄟ〕(ei)，多讀几遍，仔細体会一下它倆有什么不同的地方。

3. 四川人單独發〔ㄥ〕(eŋ) 不容易正確，按照我們所講的多練習几次，看它和〔ㄣ〕(en) 有什么不同的地方。

4. 試注出下列各字的複韻母：（注音字母和拼音字母一齐寫出來）

    碑（ ）煤（ ）埋（ ）透（ ）呆（ ）孩（ ）
    漏（ ）奏（ ）糟（ ）湊（ ）曹（ ）周（ ）
    趙（ ）愁（ ）抖（ ）狗（ ）厚（ ）豪（ ）
    鬧（ ）收（ ）逮（ ）該（ ）給（ ）黑（ ）
    柴（ ）栽（ ）

5. 注出下列各字的附声韻母：（兩种字母都用）

    帮（ ）畔（ ）門（ ）風（ ）登（ ）堂（ ）
    南（ ）冷（ ）鋼（ ）肯（ ）恆（ ）爭（ ）
    昌（ ）伸（ ）人（ ）曾（ ）蚕（ ）憎（ ）
    秧（ ）晚（ ）用（ ）

6. 什么叫做四呼？举例說明。

7. 注出下列各字的結合韻母：（兩种字母都用）

    江（ ）卿（ ）寧（ ）香（ ）抓（ ）瓜（ ）
    坤（ ）黃（ ）厥（ ）裂（ ）学（ ）切（ ）

絹（　）裙（　）隆（　）永（　）焦（　）良（　）
林（　）灵（　）昏（　）快（　）过（　）下（　）
中（　）華（　）兩（　）先（　）追（　）亂（　）

第五章　拼　音

§31．拼音法　把声母和韻母拼在一起，很快地念成一个音節，这种方法就是拼音。複韻母和附声韻母雖然也是兩个音素連在一起很快地讀出來，但在注音字母中把它們當作一个字母來使用，所以它們的構成，不包括在拼音范圍內。

初学的人，拼音要比分析音素容易些。拿一个音節，讓我們說都是些什么音素，往往分析不出來或是分析得不正確；可是学会注音字母讓我們拼出一个音節來比較容易些。雖然容易些，但不注意学習，还是要出毛病。注意什么呢？**首先得先会讀声母的正確讀法。**（前面已談过些，这里需要再强調一下）我們知道声母尤其是清声母，因为声帶不振動，所以不容易听見，为了使別人听清楚起見，后面常帶个韻母（〔ㄛ〕(o)、〔ㄜ〕(e)、〔ㄧ〕(i)、〔帀〕(1)等）。这是这个声母的名稱，**拼音時千万不能帶着那个韻母，要用那个声母的純粹音（音值），不然就發不正確**。譬如〔ㄅㄧ〕(bi)拼成"逼"，假如〔ㄅㄛㄧ〕(boi)就拼不成"逼"，很象是"碑"；〔ㄌㄧ〕(li)拼成"离"，〔ㄌㄜㄧ〕(lei)就拼成象是"雷"的音了。**其次声和韻中間不要停頓，一定要緊緊連在一起，才能成为一个音節，不然就容易讓人听成兩个音節**。比如：〔ㄌㄨㄢㄓㄡ〕(luanzou)是河北的"灤州"，假如〔ㄌㄨ〕(lu)、〔ㄢ〕(an)分開念就成了山西的"潞安"（府）了。〔ㄐㄧㄠ〕(ɥiau)是"鉸"的音，念開來便成"寄襖"了。

— 69 —

正確的拼音方法，应該是先作好發声母的姿势，跟着發出韻母來，就拼成正確的音節。如拼"巴"時，应該先閉緊双唇，作發〔ㄅ〕(b)的姿势，随后就發出韻母〔ㄚ〕(a)來，自然就是"巴"的音。不过剛一学拼音的時候，可以先把声母和韻母單独念出來〔ㄅ——ㄚ〕(b——a)越念越快，自然就拼成了。念〔ㄅ〕(b)時为了能听見，可以略微帶〔ㄛ〕(o)的音，但要極輕極短，否則就拼不出正確的音來。祁建華同志所說的"**前音（指声母）輕短后音（指韻母）重**"就是这个意思。練熟了以后，一看見声母和韻母是什么，就可以直接拼出音來了。

§32. **漢字語音的結構和拼音种類**　在北京音一个漢字（即一个音節）的語音，有以下六种：

(1)只用單韻母構成音節的，那就只有一个音素。如啊〔ㄚ〕(a)、俄〔ㄜ〕(e)、衣〔ㄧ〕(i)、烏〔ㄨ〕(u)等。

(2)只用複韻母和附声韻母構成音節的，那就有兩个音素。如：安〔ㄢ〕(an)、恩〔ㄣ〕(en)、昂〔ㄤ〕(aŋ)、熬〔ㄠ〕(au)、歐〔ㄡ〕(ou)等。

(3)用声母和單韻母構成音節的，也是兩个音素。(其中包含介母作声母和韻母拼的一种，〔ㄧ〕、〔ㄨ〕作声母用時，拼音字母寫作〔j〕、〔w〕，〔ㄩ〕作声母用，仍寫作〔y〕)。如巴〔ㄅㄚ〕(ba)、坡〔ㄆㄛ〕(po)、眯〔ㄇㄧ〕(mi)、都〔ㄉㄨ〕(du)、呀〔ㄧㄚ〕(ja)、歪〔ㄨㄞ〕(wai)、約〔ㄩㄝ〕(ye)等。

(4)用声母和複韻母、附声韻母構成音節的，就包含三个音素。(包含介母作声母的)如：包〔ㄅㄠ〕(bau)、煤〔ㄇㄟ〕(mei)、單〔ㄉㄢ〕(dan)、湯〔ㄊㄤ〕(taŋ)、央〔ㄧㄤ〕(jaŋ)、灣〔ㄨㄢ〕(wan)、冤〔ㄩㄢ〕(yan)等。

— 70 —

(5)用声母、介母和單韻母構成音節的,也是三个音素。如:俩〔ㄌㄧㄚ〕(lia)、家〔ㄐㄧㄚ〕(qia)、罗〔ㄌㄨㄛ〕(luo)、靴〔ㄒㄩㄝ〕(xye)等。

(6)用声母、介母和複韻母或附声韻母構成音節的,就包括四个音素。如:苗〔ㄇㄧㄠ〕(miau)、官〔ㄍㄨㄢ〕(guan)、圈〔ㄑㄩㄢ〕(qyan)等。

由以上分析看来,漢字(一个音節)最少是一个音素,最多是四个音素。其中不需要拼音的音節有兩种,即由單韻母和複韻母或附声韻母自成音節的。另外〔ㄓ〕(z)、〔ㄔ〕(c)、〔ㄕ〕(s)、〔ㄖ〕(r)、〔ㄗ〕(z)、〔ㄘ〕(c)、〔ㄙ〕(s)拼成"知"、"痴"、"实"、"日"、"资"、"雌"、"丝"等漢字音節時,拼音字母要寫出〔I〕(即〔ㄭ〕)来。注音字母拼音法不用韻母〔ㄭ〕(I),但这是省略不用,并不是沒有韻母,实际是上述的第三种。

需要拼音的有兩种:

(1)双拼 用声母和單韻母或複韻母以及附声韻母拼,包括介母当声母用時和韻母拼。

(2)三拼 用声母、介母和單韻母或複韻母以及附声韻母拼。

三拼音有人主張变成兩拼,变成兩拼有兩种方法:一种是上一章我們已經說过的結合韻母,即先把介母和韻母念在一起再和声母拼。再一种是先把声母和介母拼在一起再和韻母拼。声母和介母結合在一起叫做結合声母。結合声母有三十三个,列表如下:

— 71 —

	結合声母	拼音字母	讀音	应 用 例 字
和"ㄧ"結合的	ㄅㄧ	bi	逼	标宾边别等
	ㄆㄧ	pi	披	漂贫偏平等
	ㄇㄧ	mi	眯	苗民棉明等
	ㄉㄧ	di	低	爹颠丁丢等
	ㄊㄧ	ti	梯	贴挑天听等
	ㄋㄧ	ni	泥	捏妞您娘等
	ㄌㄧ	li	梨	溜良連林等
	ㄐㄧ	ɥi	基	加皆交糾等
	ㄑㄧ	qi	欺	掐切敲丘等
	ㄒㄧ	xi	希	些修消仙等
和"ㄨ"結合的	ㄅㄨ	bu	不	
	ㄆㄨ	pu	舗	
	ㄇㄨ	mu	模	
	ㄈㄨ	fu	夫	
	ㄉㄨ	du	都	端东多敦等
	ㄊㄨ	tu	禿	拖推团吞等
	ㄋㄨ	nu	奴	挪農暖等
	ㄌㄨ	lu	盧	罗欒輪龍等
	ㄍㄨ	gu	姑	官光公鍋等
	ㄎㄨ	ku	枯	快筐寬昆等
	ㄏㄨ	hu	呼	槐灰欢荒等
	ㄓㄨ	ʐu	朱	抓追專莊等
	ㄔㄨ	ɕu	初	川春窗充等
	ㄕㄨ	ʂu	書	拴双水舜等

—72—

	ㄖㄨ	ru	如	弱蕊軟潤等
	ㄗㄨ	zu	租	最鑽尊宗等
	ㄘㄨ	cu	粗	搓崔村匆等
	ㄙㄨ	su	苏	虽酸孙松等
和"ㄩ"結合的	ㄋㄩ	ny	女	虐
	ㄌㄩ	ly	驢	略掠等
	ㄐㄩ	qy	居	捐君窘等
	ㄑㄩ	qy	區	缺圈羣窮等
	ㄒㄩ	xy	虛	靴喧薰兄等

〔註〕〔ㄅㄨ〕(bu)、〔ㄆㄨ〕(pu)、〔ㄇㄨ〕(mu)、〔ㄈㄨ〕(fu)四个結合声母，因为不能拼其他的韻母，所以有人就取消了它們，那就只有二十九个結合声母了。

这样看来，三拼有三种方法：一种是声母和結合韻母拼，一种是結合声母和韻母拼，一种是直接拼。倒底用那种好呢？直接拼在初学的人不容易一下子作好，等到練習熟了才好使用。从音理上看，介母也是韻母，和其他韻母相結合比較合適。按速成識字法的經驗"先拼一二音，再跟三音拼"（就是用結合声母的办法），学起来比較容易；主要原因是結合声母丟掉了声母名称后面附加的韻母，拼音容易正確。明白了这个道理，用結合声母和結合韻母都一样。

§33. **四呼拼音表**　底下我們按照四呼排列出北京音的拼音表来：

— 73 —

(1) 开口呼拼音表

韵母 \ 声母	ㄅ(b)	ㄆ(p)	ㄇ(m)	ㄈ(f)	ㄉ(d)	ㄊ(t)	ㄋ(n)	ㄌ(l)	ㄍ(g)	ㄎ(k)	ㄏ(h)	ㄓ(zh)	ㄔ(ch)	ㄕ(sh)	ㄖ(r)	ㄗ(z)	ㄘ(c)	ㄙ(s)
(i) 师												之		尸	日	资		私
ㄚ(a) 啊	巴	爬	妈	发	搭	他	拿	拉	嘎		哈	渣	叉	沙		匝	擦	撒
ㄛ(o) 喔	波	坡	摩	佛														
ㄜ(e) 额			么		得	特	讷	勒	哥	科	喝	遮	车	奢	惹	则	册	塞
ㄞ(ai) 哀	掰	拍	埋		呆	胎	乃	来	该	开	咳	斋		筛		栽	猜	腮
ㄟ(ei) 欸	卑	胚	煤	非	得		内	雷	给		黑			谁		贼		
ㄠ(au) 袄	包	抛	猫		刀	叨		捞	高	考	蒿	招	抄	烧	饶	糟	操	骚
ㄡ(ou) 欧		剖	谋	否	兜	偷		搂	勾	抠	齁	周	抽	收	柔	邹	凑	搜
ㄢ(an) 安	班	攀	颟	翻	单	贪	南	蓝	干	刊	憨	毡	搀	山	然	簪	参	三
ㄣ(en) 恩	奔	喷	门	分			嫩		根	肯		真	嗔	身	人	怎		森
ㄤ(ah) 肮	帮	旁	忙	方	当	汤	囊	郎	刚	康		张	昌	商		臧	仓	桑
ㄥ(eh) 鞥	崩	朋	蒙	风	登	腾	能	棱	庚	坑	哼	争	称	生	扔	增	层	僧
ㄦ(er) 儿																		

— 74 —

(2) 齐齿呼拼音表

韵母\声母	ㄅ(b)	ㄆ(p)	ㄇ(m)	ㄉ(d)	ㄊ(t)	ㄋ(n)	ㄌ(l)	ㄐ(j)	ㄑ(q)	ㄒ(x)
ㄧ(i) 衣	逼	批	迷	低	梯	泥	黎	鸡	欺	希
ㄧㄚ(ia) 呀							俩	加		虾
ㄧㄝ(ie) 噎	龞	撇	灭	爹	贴	捏	咧	街	切	些
ㄧㄠ(iau) 腰	标	飘	苗	刁	挑	鸟	聊	交	敲	消
ㄧㄡ(iu) 忧			谬	丢		妞	溜	鸠	邱	休
ㄧㄢ(ian) 烟	边	偏	棉	颠	天	年	连	坚	千	仙
ㄧㄣ(in) 因	宾	拼	民			您	林	津	亲	欣
ㄧㄤ(iaŋ) 央						娘	良	江	枪	香
ㄧㄥ(iŋ) 英	兵	乒	名	丁	厅	宁	零	京	轻	兴

（3）合口呼拼音表

拼音例字＼声母 韵母	ㄅ(b)	ㄆ(p)	ㄇ(m)	ㄈ(f)	ㄉ(d)	ㄊ(t)	ㄋ(n)	ㄌ(l)	ㄍ(g)	ㄎ(k)	ㄏ(h)	ㄓ(zh)	ㄔ(ch)	ㄕ(sh)	ㄖ(r)	ㄗ(z)	ㄘ(c)	ㄙ(s)
ㄨ (u) 乌	布	铺	模	夫	都	秃	奴	卢	姑	枯	呼	朱	初	书	如	租	粗	苏
ㄨㄚ (ua) 蛙									瓜	夸	花	抓	欻	刷				
ㄨㄛ (uo) 窝					多	拖	挪	罗	锅	阔	豁	捉	戳	说	弱	昨	搓	蓑
ㄨㄞ (uai) 歪									乖	快	槐	拽	揣	摔				
ㄨㄟ (ui) 威					堆	推			归	亏	灰	追	吹	水	蕊	最	催	虽
ㄨㄢ (uan) 弯					端		暖	孪	官	宽	昏	尊	川	栓	软	钻	撺	酸
ㄨㄣ (un) 温					敦	吞		论	滚	昆	昏	准	春	舜	润	尊	村	孙
ㄨㄤ (uang) 汪									光	匡	荒	庄	窗	双				
ㄨㄥ (ueng) 嗡					东	通	农	龙	公	空	烘	中	充		戎	宗	匆	松

— 76 —

(4)撮口呼拼音表

声母 韵母	ㄋ(n)	ㄌ(l)	ㄐ(j)	ㄑ(q)	ㄒ(x)
ㄩ(y)迂	女	驢	居	區	虛
ㄩㄝ(ye)約	虐	略	嗟	缺	靴
ㄩㄢ(yan)寃		攣	捐	圈	喧
ㄩㄣ(yn)暈	淋		君	羣	薰
ㄩㄥ(yŋ)庸			窘	窮	兄

拼音表說明:

1.本表是准备練習拼音用的。先看橫行(声母),再看直行,(韻母,結合韻母)縱橫相交,就是拼出的那個音。

2.声母、韻母都加注拼音字母,一边用注音字母拼,一边也練習用拼音字母。拼音字母沒有介母这个說法。只能用結合韻母和声母拼。

3.表中各格所注的漢字都要照北京音來讀。选用的字大都是陰平声的字,沒有陰平的字就借用其他声的字,不再一一注明。有些字是兩讀的如"嫩"、"淋"等,需要注意。

4.照着表拼讀就可以發出北京音系的409个音,空格表示北京沒有这个音。原來說是411个音,因为拼音字母沒有〔丨ㄛ〕(io)、〔丨ㄞ〕(iai)兩个結合韻,於是就只有409个音了。

从上面開、齐、合、撮四呼拼音表可以看出,北京音里有些声母和韻母可以相拼,有些不能相拼,有些是有音有漢字,有些只有音沒有相當的漢字,歸納起來,北京音拼音方面有以下几条原則:

1.〔万〕、〔兀〕、〔广〕三个声母完全不用。

— 77 —

2.〔ㄧ〕、〔ㄨ〕、〔ㄩ〕三个字母,可当作声母用,可当作韻母用,也可以放在声母和其他韻母中間作介母用。

3.〔ㄜ〕这个韻母,只有開口呼的音。

4.〔ㄐ〕、〔ㄑ〕、〔ㄒ〕三个声母,〔ㄝ〕这个韻母,只有齊齒呼和撮口呼的音。

5.〔ㄈ〕、〔ㄍ〕、〔ㄎ〕、〔ㄏ〕、〔ㄓ〕、〔ㄔ〕、〔ㄕ〕、〔ㄖ〕、〔ㄗ〕、〔ㄘ〕、〔ㄙ〕十一个声母和〔ㄟ〕这个韻母,只有開口呼和合口呼的音。

6.〔ㄠ〕、〔ㄡ〕这兩个韻母,只有開口呼和齊齒呼的音。

7.〔ㄅ〕、〔ㄆ〕、〔ㄇ〕、〔ㄊ〕、〔ㄌ〕五个声母和〔ㄚ〕、〔ㄛ〕、〔ㄞ〕、〔ㄤ〕四个韻母,有開、齊、合三呼的音,沒有撮口呼的音。

8.〔ㄅ〕、〔ㄆ〕、〔ㄇ〕、〔ㄈ〕四个声母的合口呼只拼〔ㄨ〕。

9.〔ㄧㄚ〕、〔ㄩㄝ〕兩結合韻母只拼〔ㄐ〕、〔ㄑ〕、〔ㄒ〕三个声母。

§34. **双声叠韻和押韻** 声母、韻母和拼音都講完了,現在談一談双声叠韻和押韻的問題。假如沒有学过發音学,再牽扯到古音,双声叠韻很不容易說清楚;現在我們学过注音字母,拿它来說明現在北京音的双声叠韻就很簡单。**什么是双声呢?就是兩个漢字声母相同**。如:伶俐〔ㄌㄧㄥ ㄌㄧ〕(liŋ li)、小心〔ㄒㄧㄠ ㄒㄧㄣ〕(xiau xin)、請求〔ㄑㄧㄥ ㄑㄧㄡ〕(ɕiŋ ɕiu)、麥苗〔ㄇㄞ ㄇㄧㄠ〕(mai miau)、黃河〔ㄏㄨㄤ ㄏㄜ〕(huaŋ he)、批評〔ㄆㄧ ㄆㄧㄥ〕(pi piŋ)、慷慨〔ㄎㄤ ㄎㄞ〕(kaŋ kai)等都是双声字。**什么是叠韻呢?就是兩个漢字韻母相同**。如:聰明〔ㄘㄨㄥ ㄇㄧㄥ〕(cuŋ miŋ)、謹慎〔ㄐㄧㄣ ㄕㄣ〕(ɕin şen)、艰难〔ㄐㄧㄢ ㄋㄢ〕(ɕian nan)、鼓舞〔ㄍㄨ ㄨ〕(gu wu)、光芒〔ㄍㄨㄤ ㄇㄤ〕(guaŋ maŋ)、長江〔ㄔㄤ ㄐㄧㄤ〕(çaŋ ɕiaŋ)、彷徨〔ㄆㄤ ㄏㄨㄤ〕(paŋ huaŋ)等都是叠韻字。漢語里的詞語很喜欢利用双声叠韻,讀起

— 78 —

來令人感到声調协和，發生美感，这是漢語的一个特點。

押韻是什么呢？詩歌、唱詞、民謠、兒歌等，为了容易上口，記起來好記，听起來好听，常在每句或隔一句的末尾用叠韻的字，这就叫做押韻，因为押韻都在句子的末尾，所以押韻的字叫做韻脚。我們看下边几个例子，都是押韻的。

例一：朝辞白帝彩云間，〔ㄐㄧㄢ〕(ɥian)
　　　千里江陵一日还。〔ㄏㄨㄢ〕(huan)
　　　兩岸猿声啼不住，
　　　輕舟已过万重山。〔ㄕㄢ〕(ṣan)
　　　（李白：《早發白帝城》《初中文学課本》第一册第40頁）

例二：口唱山歌手插秧，〔ㄧㄤ〕(jaŋ)
　　　汗珠滴尽谷满倉。〔ㄘㄤ〕(caŋ)
　　　牛出力來牛吃草，
　　　东家吃米我吃糠。〔ㄎㄤ〕(kaŋ)
　　　（《民歌四首》之一《口唱山歌手插秧》同上課本第3頁）

例三：你看，那淺淺的天河，
　　　定然是不甚寬廣；〔ㄍㄨㄤ〕(guaŋ)
　　　那隔着河的牛郎織女，
　　　定能够騎着牛兒來往。〔ㄨㄤ〕(waŋ)
　　　（郭沫若《天上的街市》中一首。同上課本第97頁）

例四：閤家山，翻天地，〔ㄉㄧ〕(di)
　　　羣众会，大勝利。〔ㄌㄧ〕(li)
　　　老恆元，泄了气，〔ㄑㄧ〕(qi)

退租退款又退地。〔ㄉㄧ〕(di)

刘廣聚,大舞弊,〔ㄅㄧ〕(bi)

犯了罪,沒人替。〔ㄊㄧ〕(ti)

全村人,很得意,〔ㄧ〕(ji)

再也不受寃枉气,〔ㄑㄧ〕(qi)

从村里,到野地,〔ㄉㄧ〕(di)

到处唱起"干梆戲"。〔ㄒㄧ〕(xi)

(趙樹理:《李有才板話》《趙樹理选集》第55頁)

　　例一是一首七言絕句,例二是一首民歌,例三是新詩,例四是快板詩,都是押了韻的。以前押韻講究很大,按四声說平声只能押平声,上、去可以互押,但入声又只能押入声。以前作舊詩沿用的是《佩文詩韻》,所謂一东、二冬等,一共108韻。我們現在沒有分別的字,分在好几个韻里,得牢牢記住才能应用。并且这种詩韻是很不科学的,"旣非实錄,尤乖学理,亟应棄廢"。(《中華新韻》例說第9頁),现在押韻比較簡單,只要是同韻母的字都可以互押。一九四一年原"國語推行委員会"公布了一部《中華新韻》,把北京音分为十八部。另外北方藝人自己創造的"十三道轍"(一道轍就是一部韻)。我們做新詩、快板詩等按照《中華新韻》十八部或"十三道轍"都可以。現在把《中華新韻》"十三道轍"和注音字母的韻母对照如下表:

— 80 —

中華新韻		注音字母的韻母	十三道轍
一	麻	ㄚ(a)　ㄧㄚ(ia)　ㄨㄚ(ua)	九、發花轍
二	波	ㄛ(o)　　ㄨㄛ(uo)	六、梭玻轍
三	歌	ㄜ(e)	
四	皆	ㄝ　ㄧㄝ(ie)　ㄩㄝ(ye)	十、乜斜轍
五	支	帀(ɿ)	三、一七轍
六	兒（附韻）	ㄦ(er)	
七	齊	ㄧ(i)	
八	微	ㄟ(ei)　ㄨㄟ(ui)	四、灰堆轍
九	開	ㄞ(ai)　ㄨㄞ(uai)	十一、懷來轍
十	模	ㄨ(u)	十二、姑蘇轍
十一	魚	ㄩ(y)	
十二	侯	ㄡ(ou)　ㄧㄡ(iu)	五、油求轍
十三	豪	ㄠ(au)　ㄧㄠ(iau)	十三、遙條轍
十四	寒	ㄢ(an)　ㄧㄢ(ian)　ㄨㄢ(uan)　ㄩㄢ(yan)	八、言前轍
十五	痕	ㄣ(en)　ㄧㄣ(in)　ㄨㄣ(un)　ㄩㄣ(yn)	七、人辰轍
十六	唐	ㄤ(aŋ)　ㄧㄤ(iaŋ)　ㄨㄤ(uaŋ)	二、江陽轍
十七	庚	ㄥ(eŋ)　ㄧㄥ(iŋ)　ㄨㄥ(uŋ)	一、中東轍
十八	東	ㄨㄥ(uŋ)　ㄩㄥ(yŋ)	

§35. 兒化韻（卷舌韻） 十三道轍以外還有兩道小轍，叫做小人辰兒、小言前兒。《中華新韻》的"六兒"和它所附的九個附韻，即："一蝦兒"、"二蝸兒"、"三鴿兒"、"四鷗兒"、"五牛兒"、"六羊兒"、"七蜂兒"、"八虫兒"、"九蛛兒"，都是兒化韻。現在先來談談什么是兒化韻。兒韻的字就是讀〔ㄦ〕(er)的字，如：兒、而、耳、洱、尔、邇、二等，那不是兒化韻。什么是兒化韻呢？趙元任先生在《新

《國語留聲片課本》中說:"卷舌韻,就是兒韻跟上字相連成為一个音節的韻"。比如花、鳥后面連上个兒就是花兒〔ㄏㄨㄚㄦ〕(huar)鳥兒〔ㄋㄧㄠㄦ〕(niaur)。可是要注意,这个"兒"幷不是在念完一个字后,再加上去,而是在念韻母的同時,舌头就卷起來,也就是韻母和〔ㄦ〕(er)化合成一个音,所以才叫兒化。兒化的結果,有的原韻不变只是加上卷舌作用,如"法"是法兒〔ㄈㄚㄦ〕(far)。有的就發生音变,比如紙〔ㄓ〕(zı),兒化后就是紙兒〔ㄓㄜㄦ〕(zıer),位〔ㄨㄟ〕(wei),兒化后就是位兒〔ㄨㄜㄦ〕(wer),文〔ㄨㄣ〕(wen),兒化后也是〔ㄨㄜㄦ〕(uer),因此"小人辰兒"、"小言前兒",就不只包括"人辰"、"言前"轍的字,也包括其他轍音变后的字。現在先把兒化韻列个表看看它的音变情况,再看合併成九个兒化附韻。

韻 目	等呼	原 韻	兒 化 韻	
			实际讀音	拼寫法
一 蝦 兒	開	ㄚ(a)	ㄚㄦ (ar)	ㄚㄦ (ar)
		ㄞ(ai)		ㄞㄦ (air)
		ㄢ(an)		ㄢㄦ (anr)
	齐	ㄧㄚ(ia)	ㄧㄚㄦ (iar)	ㄧㄚㄦ (iar)
		(ㄧㄞ)(iai)		ㄧㄞㄦ (iair)
		ㄧㄢ(ian)		ㄧㄢㄦ (ianr)
	合	ㄨㄚ(ua)	ㄨㄚㄦ (uar)	ㄨㄚㄦ (uar)
		ㄨㄞ(uai)		ㄨㄞㄦ (uair)
		ㄨㄢ(uan)		ㄨㄢㄦ (uanr)
	撮	ㄩㄢ(yan)	ㄩㄚㄦ (yar)	ㄩㄢㄦ (yanr)
二 蝸兒	開	ㄛ(o)	ㄛㄦ (or)	ㄛㄦ (or)
	合	ㄨㄛ(uo)	ㄨㄛㄦ (uor)	ㄨㄛㄦ (uor)

三 鴿 兒	開	ㄜ(e)	ㄜㄦ (er)	ㄜㄦ (er)		
		卅(ı)		卅ㄦ (zır)		
		卅(ı)		ㄗㄦ (zır)		
		ㄟ(ei)		ㄟㄦ (eir)		
		ㄣ(en)		ㄣㄦ (enr)		
	齊	ㄧㄝ(ie)	ㄧㄜㄦ (ier)	ㄧㄝㄦ (ier)		
		ㄧ(i)		ㄧㄦ (ir)		
		ㄧㄣ(in)		ㄧㄣㄦ (inr)		
	合	ㄨㄟ(ui)	ㄨㄜㄦ (uer)	ㄨㄟㄦ (uir)		
		ㄨㄣ(un)		ㄨㄣㄦ (unr)		
	撮	ㄩㄝ(ye)	ㄩㄜㄦ (yer)	ㄩㄝㄦ (yer)		
		ㄩ(y)		ㄩㄦ (yr)		
		ㄩㄣ(yn)		ㄩㄣㄦ (ynr)		
四 鷗兒	開	ㄠ(au)	ㄠㄦ (aur)	ㄠㄦ (aur)		
	齊	ㄧㄠ(iau)	ㄧㄠㄦ (iaur)	ㄧㄠㄦ (iaur)		
五 牛兒	開	ㄡ(ou)	ㄡㄦ (our)	ㄡㄦ (our)		
	齊	ㄧㄡ(iou)	ㄧㄡㄦ (iour)	ㄧㄡㄦ (iour)		
六 羊 兒	開	ㄤ(aŋ)	ㄚ̃ㄦ (aŋ̃r)	ㄤㄦ (aŋr)		
	齊	ㄧㄤ(iaŋ)	ㄧㄚ̃ㄦ (iaŋ̃r)	ㄧㄤㄦ (iaŋr)		
	合	ㄨㄤ(uaŋ)	ㄨㄚ̃ㄦ (uaŋ̃r)	ㄨㄤㄦ (uaŋr)		
七 蜂 兒	開	ㄥ(eŋ)	ㄜ̃ㄦ (eŋ̃r)	ㄥㄦ (eŋr)		
	齊	ㄧㄥ(iŋ)	ㄧㄜ̃ㄦ (ieŋ̃r)	ㄧㄥㄦ (ieŋr)		
	合	ㄨㄥ(weŋ)	ㄨㄜ̃ㄦ (weŋ̃r)	ㄨㄥㄦ (weŋr)		
八 蟲兒	開	ㄨㄥ(uŋ)	ㄛ̃ㄦ (oŋ̃r)	ㄨㄥㄦ (uŋr)		
	齊	ㄩㄥ(yŋ)	ㄧㄛ̃ㄦ (ioŋ̃r)	ㄩㄥㄦ (yŋr)		
九 蛛兒	合	ㄨ(u)	ㄨㄦ (ur)	ㄨㄦ (ur)		

本表說明：

(1) 本表是根据錢玄同先生所制九部附韻表，加以補充制成。

(2) "六羊兒"、"七蜂兒"的兒化韻，把小〔兀〕(ŋ)寫在右上角，系表示这个元音的鼻音化。（**鼻音化就是發音時口腔、鼻腔都通气**。發〔丫〕(a)時鼻腔本來不通气，但鼻音化〔丫兀儿〕(aⁿr)，鼻腔也同時通气了。）

(3) "八蜂兒"和"九虫兒"，在"中華新韻""蜂"是(ueŋ)，"虫"韻前面要拼声母-〔ㄨㄥ〕是(oŋ)，〔ㄩㄥ〕是(ioŋ)，是有分别的，不过十三轍都歸"中东轍"，所以这兩韻也可以互押。

十三道轍的小轍，"小言前兒"和《中華新韻》的"一蝦兒"完全相同，"小人辰兒"和"三鴿兒"完全相同。那么其余的几轍为什么沒有小轍呢？大概是民間藝人兩个小轍（其实包括八轍）就够用了。張洵如同志曾編过一本《北京音系小轍編》，按照《中華音韻》的辦法，除原有的"小言前兒"、"小人辰兒"以外，又補充六个："小梭坡兒"、"小遙条兒"、"小油求兒"、"小江陽兒"、"小中东兒"、"小姑苏兒"。假如能按照这个押兒化韻，那就更精密更协調了。底下我們引兩首歌謠印証一下：（錄自魏建功先生《說轍兒》）

一个小孩兒〔ㄏㄚ儿〕，上庙台兒〔ㄊㄚ儿〕，栽了个跟头撿着小錢兒〔ㄑㄧㄚ儿〕，又打醋，又買鹽兒〔ㄧㄚ儿〕，又娶媳妇兒〔ㄈㄨ儿〕又过年兒〔ㄋㄧㄚ儿〕。——这一首押的"小言前兒"轍，也就是"一蝦兒"韻。可对照上表看一下。"妇"是"九蛛兒"，但在这里和"又过年"合成一句念，虽也兒化，沒有押韻。

二姑娘二〔儿〕，二姑娘出門子給我个信兒〔ㄒㄧㄜ儿〕，搭大棚，貼喜字兒〔ㄗㄜ儿〕。娶親太太搭拉翅兒〔ㄔㄜ儿〕。八团掛子大開衩兒〔ㄑㄧㄜ儿〕，四輪馬車双馬对兒〔ㄉㄨㄜ儿〕，箱子匣子都是我的事兒〔ㄕㄜㄦ〕。——这一首押的是"小人辰兒",也就是"三鳩兒"。

学普通話,对於卷舌韻还得下些工夫。这不但对於我們編寫有韻的文字有關系,就是对於朗讀敎学,日常說話都有關系。四川尽管也有卷舌韻,和北京音未必一样,还得多留心学習才行。在日常談話中表示小的名詞要兒化,如小桶兒,小罐兒等。表示时間短的重叠的動詞,第二个音要兒化,如等一等兒,歇歇兒等。單音形容詞重叠后也要兒化,如好好兒的一个人,白白兒的臉兒等。还有其他方面的,都得靠我們随时留心学習。

練習七

1. 下列各字先用故鄉音拼出來,然后再查新華字典,看一看兩者有什么不同。

安(　)(　)　恩(　)(　)　昂(　)(　)
硬(　)(　)　岩(　)(　)　晏(　)(　)
俄(　)(　)　挨(　)(　)　嘔(　)(　)
咬(　)(　)

2. 用拼音字母拼以下各个漢字,并注明是由几个音素構成的。

云(　)(　)　中(　)(　)　电(　)(　)
气(　)(　)　拼(　)(　)　音(　)(　)
字(　)(　)　母(　)(　)　社(　)(　)
会(　)(　)　主(　)(　)　义(　)(　)

3. 辨別下列各字是什么"呼"?

今(　)年(　)是(　)一(　)九(　)五(　)
六(　)年(　)我(　)决(　)定(　)学(　)

— 85 —

好（　）普（　）通（　）話（　）

4. 辨別下列各組字，是不是双声叠韻；假如是，再注明是双声或是叠韻。

偉大（　　）卑鄙（　　）磊落（　　）糊塗（　　）
累赘（　　）囉嗦（　　）精明（　　）强干（　　）
計較（　　）黑暗（　　）清明（　　）美麗（　　）

5. 把下面的一首民歌的韻脚拼出來，拜且按照《中華新韻》或《十三道轍》說明它押的是什么韻。（或什么轍）

雨后天青太陽紅，
好容易盼來个毛澤东。

大雁高飛半天云，
毛主席領導咱們大翻身。

萱草叶長根又深，
毛主席帮助咱們拔窮根。

人憑土地虎憑山，
毛主席号召大生產。

一朵朵紅花山頂頂開，
毛主席來了幸福來。

扳船全憑老艄公，
中國人民全靠毛澤东。

— 86 —

順水船呀穩穩流，
毛主席走在咱們人前头。

冬夏常青松柏樹，
毛主席的話兒要記住。

燕子壘窩一口口泥，
步步跟上毛主席。

一桿紅旗紅又紅，
永远跟着毛澤东。
(《永远跟着毛澤东》《初中文学課本》第一冊第3——4頁)

6. 看底下的諺語押的是那种兒化韻。

天河出叉兒，
夾襖馬褂兒；
天河掉角兒，
棉褲棉襖兒。

第六章 字 調

§36. **声調** 什么是声調呢？我們說話時的声音有种种情况：可以高，可以低，可以先高后低，可以先低后高，也可以先高后低最后又升高等等，**声音这种高低升降的变化就叫做声調**。

声調可以分为兩种：一种是指一个一个的字，發音時高低升降的情况，叫做"字調"，平常說声調是指字調說的，(以后說声調就是

— 87 —

專指字調說的)也簡称为"声"(如四"声"、平"声"等)；**一种是指一句话的高低升降說的,叫做"句調",也叫做"語調"**。語調是表示說話的語气的,各种語言都有。字調是表示同一个音節高低升降的不同,而这种不同有詞彙的意义,这却是漢藏語系的特點(藏語也有声調)。在漢語里比如〔ㄇㄞ〕(mai)这个音,念成"埋",念成"買"或"賣",意思差得很远。外國人学漢語,对於字調最感困难,"買馬"不是說成"賣麻"便說成"埋媽",很难搞得清楚。我們自己听家鄉話不管懂不懂字調,在說話或听話时總是分別得清清楚楚,不会誤会。關於句調以后再講,这一章先講字調。

§37. **四声** 字調作为詞彙成分,古來就有。(何休《公羊傳注》就有長言、短言的說法)不过把字調明確定出名称來,却是齐、梁時候才有的。梁沈約撰《四声譜》把字調分成平、上、(应讀賞)去、入四声,这是四声这一名称的來源,以后的韻書大都是根据这四声來分類的。現在各地方言里,字調的演变情況各有不同,北京音沒有入声,其他官話區大多數沒有入声,其余各系方言平、上、去、入都有。因为古代清濁音的影响,一个字調又演化成兩个字調。官話區平声有陰平、陽平,虽然沒有入声,还是凑够四声。客家話有六声,吳語有七声,粤語有八声或九声。**这种字調分成多少种的情形叫做調類。有四声的地區和有五、六、七等声的地區,就叫調類不同**。尽管同一方言區,同一个調類的字,讀法不一致,比如"買"这个字在北京、重慶都說是上声字,可是北京讀的"買",好像重慶的去声"賣"一样。这种字調实际的讀法叫做調值。調類就是說某种方言里有多少种字調,調值就是說某种方言里对某一种字調的字怎么讀法。重慶和北京就是調類相同,調值不同。

§38. **北京的四声** 字調主要是由音的高低升降决定的,一个字調的高低升降，可以用樂譜記下來，但是从高到低或从低到高不是跳升跳降的，而是滑升滑降的。比如一个字調由"5"降到"1"，不是先發个"5"，然后再發个"1"就合成这个字調，而是由"5"經过"4·3·2"一直滑到"1"的。所以拿樂器來摸拟，用胡琴比用笛子更好些，用手指在胡琴絃上从"5"一直滑到"1"就很象这个字調了。北京的陰平、陽平、上声、去声，用樂譜記下來，大概是这种情形：我們平

阴平　　阳平　　上声　　去声

常用下列圖形來表示：右边画一条垂直綫，分成四等分，从下面到上面，共有五點，算做五度，表示語音的高低：上边是高音，下边是低音，左边是起头，右边是收尾。

这样北京的四声就是这种情况：

根据这种圖形，造成記字調的符号就是"┐""┤"等，右边豎綫表示尺度，左边的綫表示字調的高低、升降。用这种記号記出北京的四声，就是：陰平"┐"(55、高平調)、陽平"┤"(35、高升調)上声"∨"(214、降升調)、去声"∨"、(51、全降調)。注音字母拼音時标的調号，就是根据这个圖形，更加簡化。平常陰平不标調，(标出來就是"ˉ")陽平是"ˊ"，上声是"ˇ"，去声是"ˋ"。这种調号的位置是有一定的，不能乱画。單用一个字母注音，就画在它的右上角，如：〔ㄉˊ〕(字)、〔ㄓˇ〕(紙)、〔ㄠˋ〕(襖)、〔ㄤˊ〕(昂)等。兩拼或三拼，画在最末一个字母的右上角，如：〔ㄅㄠˋ〕(報)、〔ㄙㄨㄟˊ〕(隨)、〔ㄓㄨㄥ〕(中，陰平就不标号)。拼音字母标調号也是一样，不过要

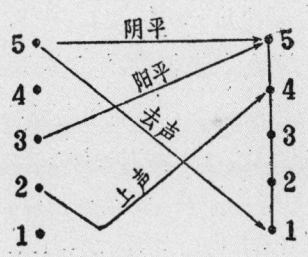

— 89 —

标在元音的上面,如〔mā〕(媽)、〔má〕(麻)、〔mǎ〕(馬)、〔mà〕(罵)。複韻母要标在前一个元音上,附声韻母,当然标在元音上。如:〔dàu〕(道)、〔xiāu〕(消)、〔pɪŋ〕(平)、〔fán〕(繁)。

我們还要注意,四声的高低是相对的,不是絕对的,好比唱歌,用C調、G調、E調都可以唱,只要在同一調中分出1 2 3 4……就是了。声調也是一样,一个人在同一時間講話,分出四声就可以,不是説大家説話都一样高低。所以男人、女人、老人、小娃兒,声音高低儘管不同,四声还是一样都能區別出來。

据根以上分析,我們把北京的四声再描寫一下,以便大家学習、掌握。

(1) 陰平(也叫第一声) 陰平也可以説是基本声調,我們所学的注音字母〔ㄅ〕、〔ㄆ〕、〔ㄇ〕、〔ㄈ〕等都是按陰平來發音的,每个字母后所注的漢字,基本上都是陰平字。陰平是高平調(55),先后的高低沒有差別,"音拍"(時間長短,和其他三声比較)較短(在四声中數第三,較去声長些),例如"陰"、"天"、"江"、"高"等字都是陰平声。

(2) 陽平(也叫第二声) 陽平是高升調(35)。開始發音由中度起,以后就向上揚,也就是从3度滑升到5度。前半截低的時間短,后半截高的時間長。音拍較長(在四声中數第二,比上声略短些)例如:"陽"、"泉"、"南"、"流"等都是陽平字。

(3) 上声(也叫第三声) 上声是降升調(214),从2度降到1度,緊跟着滑升到4度。前半低音較長,后面轉高的高音較短。"音拍"最長。例如:"賞"、"審"、"請"、"起"等都是上声字。

(4) 去声(也叫第四声) 去声是全降調(51),由5度一直滑降到1度,"音拍"最短。例如:"去"、"素"、"意"、"降"等都是去声字。

§39. **重慶的四声** 为了很快地能学会北京的四声,第一步先把故鄉音的四声(假如有入声的便是五声,關於入声問題以後再講。)認識清楚,第二步把同調類字(比如都是上声)故鄉音的調值換成北京音的調值就行了。四川地方虽然大,各地方的方言虽然也有些不同,但是和其他地區(比如廣東、福建等地)來比較,差別是很小的。声調方面也是一样,除了一部分地區有入声外,調類基本上是相同的,現在以重慶的四声为代表,拿它和北京的四声对比一下,便可以很快地学会北京四声了。

重慶和北京一样,也只有四声:陰平、陽平、上声、去声,但調值是不相同的,重慶的四声,还用以前的圖形表示出來是这样:

重慶的陰平也是高平調(55),和北京完全相同。重慶的陽平是低降調(21)就是从2滑降到1,和北京的陽平正相反。重慶的上声是中降調(42)就是从4開始滑降到2,和北京的去声有些相似,不过北京的去声是全降,滑降的度數比較多些。重慶的去声是降升調(214)和北京的上声完全相同。这样一來,我們就有了对应規律:比如"陰、天、江、高"等字;重慶、北京都是陰平,調類調值都一样,你照念就对。"賞、馬、產、起"等字,重慶、北京都念上声,同調類調值不同,我們又知道北京上声(214)和重慶的去声完全一样,那末就拿重慶去声的調值讀北京的上声字,重慶的"尙、罵、顫、气"去声字音,就是北京的"賞、馬、產、起"的上声音了。"去、做、意、降"等字,重慶北京都是去声,同調類調值不同,我們又知道北京的去声和重慶的上声的讀法很近似,我們就拿重慶讀上声的讀法(起得稍高、降得稍多一些就对了)去讀北京的去声就差不多,重慶的"取、阻、

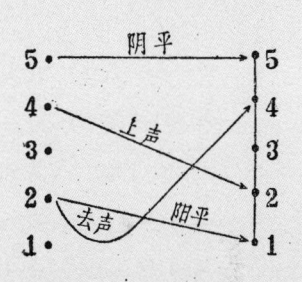

椅、講"的上声差不多就是北京"去、做、意、降"的去声音了。"陽、泉、南、流"等字北京重慶都是陽平，可是調值不同，一个高升，一个下降，所以陽平，重慶人学起來比較困难，得按照北京調值（高升調35）仔細摸拟才行。

§40. **四声練習表**　底下我們列几个表帮助大家練習四声。

(1) 拼音

	陰	陽	上	去
ㄅㄚ (ba)	ㄅㄚ	ㄅㄚ	ㄅㄚ	ㄅㄚ
ㄆㄠ (pau)	ㄆㄠ	ㄆㄠ	ㄆㄠ	ㄆㄠ
ㄇㄥ (məŋ)	ㄇㄥ	ㄇㄥ	ㄇㄥ	ㄇㄥ
ㄈㄣ (fən)	ㄈㄣ	ㄈㄣ	ㄈㄣ	ㄈㄣ
ㄉㄞ (dau)	ㄉㄞ	ㄉㄞ	ㄉㄞ	ㄉㄞ
ㄊㄤ (taŋ)	ㄊㄤ	ㄊㄤ	ㄊㄤ	ㄊㄤ
ㄍㄨㄣ (gun)	ㄍㄨㄣ	ㄍㄨㄣ	ㄍㄨㄣ	ㄍㄨㄣ
ㄐㄧㄝ (ɥie)	ㄐㄧㄝ	ㄐㄧㄝ	ㄐㄧㄝ	ㄐㄧㄝ
ㄒㄩㄢ (xyan)	ㄒㄩㄢ	ㄒㄩㄢ	ㄒㄩㄢ	ㄒㄩㄢ
ㄕ (ʂɿ)	ㄕ	ㄕ	ㄕ	ㄕ
ㄨ (u)	ㄨ	ㄨ	ㄨ	ㄨ
ㄠ (au)	ㄠ	ㄠ	ㄠ	ㄠ

(2) 同音字

	陰	陽	上	去
ㄆㄠ (pau)	拋	袍	跑	炮
ㄇㄚ (ma)	媽	麻	馬	罵
ㄈㄤ (faŋ)	方	房	仿	放
ㄊㄧ (ti)	梯	題	体	替

— 92 —

		陰	陽	上	去
ㄎㄨㄟ	(kui)	蘬	葵	傀	潰
ㄒㄧㄢ	(xian)	仙	賢	險	現
ㄕ	(ʂʅ)	詩	時	史	是
ㄜ	(e)	痾	鵝	惡	餓
ㄧㄡ	(iu)	悠	油	友	幼
ㄨ	(u)	烏	無	武	务
ㄠ	(au)	凹	遨	襖	傲
ㄩㄥ	(yŋ)	雍	傭	勇	用

（3）四字語、句（都按陰陽上去排列）

風云雨露	轟雷閃电	星明斗耀	陰晴水旱
枯籐老樹	花紅柳綠	溪边古道	非常有趣
登樓远望	山明水秀	天晴雨过	飛禽走獸
張王李趙	親朋姐妹	生活有序	開窗早睡
鷄鳴狗盜	靑龍宝劍	千奇百怪	專門搗乱
中華解放	工人領導	階級友愛	光明普照
机床响亮	鋼材火煉	發明巧妙	車鉗鉚鍛
分得土地	施肥檢糞	高粱水稻	收藏滿囤
英雄湧現	边防保衛	包圍繳械	殲除匪類
膠鞋雨具	蒸饃炒飯	精神爽快	生活改善
中華語調	經常体会	陰陽上去	諸如此類

我們要把上面这几个表反覆朗讀，熟能生巧，時間長了，对於那个字是什么声，一看就可以知道；知道它是什么声，自然就能讀出它的正確的北音声調來了。比如看見一个"文"字，把自己讀的音和〔ㄨㄣ〕、〔ㄨㄣˊ〕、〔ㄨㄣˇ〕、〔ㄨㄣˋ〕一对照，是陽平，陽平的北京声

— 93 —

調是高升調(35)，照着一念就對了。

§41 **声調相連的变化** 照前一節所說，漢語里每一個字都有一定的声調(即字調)，这是就一个字一个字單念時候說的，但說話都是連字成詞、成句說出來的，**字和字連在一起，声調往往改变，这叫做变調**。北京音的变調，有以下几种情形：

(1)**輕声** 一些字跟在其他字的后面(輕声沒有在開头的)，声音又短又輕，調子不清楚了(陰、陽、上、去都不是)，甚至韻母也有些改变，这种情形就叫做輕声。表輕声的調号是个圓點，标在声母的前面，拼音字母标在元音上面，如吧〔·ㄅㄚ〕(ba)就是輕声。

都是些什么字念輕声呢？情形比較複雜，又牽扯到語法術語方面，在这里不能詳細講，我們只說比較明顯的几种：(1)**助詞**，如：了、着、呢、嗎、吧、呀、的等。这类輕声，不但輕短，并且有些字，韻也改变了，"了"不念〔ㄌㄧㄠ〕(liau)念成〔ㄌㄜ〕(le)，"着"不念〔ㄓㄠ〕(zau)念成〔·ㄓㄜ〕(zě)，"呢"不念〔ㄋㄧ〕(ni)念〔·ㄋㄜ〕(ně)，"嗎"、"呀"、"吧"韻不变，可是念得很輕，"的"不念〔ㄉㄧ〕(di)念成〔·ㄉㄜ〕(dě)，这都要特別注意。(2)**詞尾**，如：子、头、个、巴、么等附在詞的后面都要讀輕声。如：柿子 石头 这个 下巴、这么等都要讀輕声(字下圓點表示輕声)。(3)**趋向動詞**，如：回來、回去，走回來，拿出去，抬起來，放下去，擱上去、開住、閉上等**都要讀輕声**。(4)**方位詞**、房上、地下、家里、东头兒。(5)**重叠的動詞**，如：看看、試試、說一說、要不要。(6)**重叠的名詞**，如：爸爸、哥哥、星星、蛐蛐兒。(7)**作賓語的代詞**，如叫他、捉住你。(8)**其他一些名詞**，如：眼睛、机器；買賣(生意)、是非；老鼠、田鷄；枕头、裹腿等。輕声的念法也不同，它本身的高低，隨着前一个字的声調为轉移，陰平后的輕声讀半低調(2度)如"他的"，陽平后的輕声讀

— 94 —

中調(3度)如"誰的"？上声后面的輕声讀半高調(4度)如"我的",去声后面的輕声字讀低調(1度)如"坏的"。用圖形表示出來：

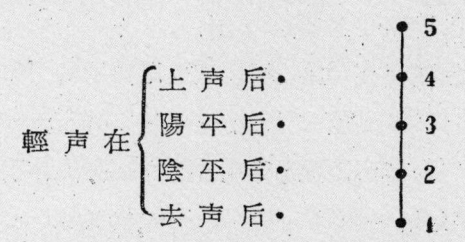

輕声在 { 上声后· 陽平后· 陰平后· 去声后· } 5 4 3 2 1

(2)半上 什么是半上呢？北京上声本來是降升調(214),假如它在陰平、陽平、去声前面的時候,只讀前半截(21)不再升高,因为只讀一半,所以叫半上。重慶的陽平恰恰是低降調(21)所以半上就相当於重慶的陽平。我們用声調符号"ˆ"來标明半上,比如"買書"〔ㄇˆㄞ ㄕㄨ〕,重慶音象"埋書",李逵〔ㄌˆㄧ ㄍㄨㄟˋ〕的"李",象重慶的"黎",跑步〔ㄆˆㄠ ㄅㄨˋ〕,象重慶的"袍補"。

(3)上声变陽平 上声字在上声字前面,也就是兩个上声字相連,第一个要变陽平,如：總統 讀成〔ㄗㄨㄥˊ ㄊㄨㄥˇ〕,土改 讀成〔ㄉㄨˊ ㄍㄞˇ 圖改〕,好馬讀成〔ㄏㄠˊ ㄇㄚˇ 豪馬〕。几个上声字相連,前面的上声字一律变陽平,如總統府讀成〔ㄗㄨㄥˊ ㄊㄨㄥˊ ㄈㄨˇ〕。洗臉水讀成〔ㄒㄧˊ ㄌㄧˊ ㄢˊ ㄕㄨㄟˇ〕。更多的上声字連一塊,不停頓的地方仍变陽平,停頓的地方变半上,如 打點 洗臉水〔ㄉㄚˊ ㄉㄧˆㄢˇ ㄦ ㄒㄧˊ ㄌㄧˊ ㄢˊ ㄕㄨㄟˇ〕。我想買几种礼品,讀成〔ㄨㄛˊ ㄒㄧˊ ㄤˊ ㄇˆㄞˇ ㄐㄧˊ ㄓㄨㄥˊ ㄌㄧˊ ㄆㄧㄣˇ〕,因为我們說这兩句話時,在"點"和"買"那里要稍停一下,所以在那里的上声就变半上。

(4)其他声变陰平 形容詞或副詞單音詞重叠時,不管是什么声,第二个字一般要变陰平。如"常常兒"讀作"常昌兒"〔ㄔㄤˊ ㄔㄤ ㄦ〕"好好兒"念成"好蒿兒"〔ㄏㄠˇ ㄏㄠ ㄦ〕"燙燙的"念成"燙湯的"〔ㄊㄤ ㄊㄤ ·ㄉㄜ〕"慢慢的"念成〔ㄇㄢ ㄇㄢ ·ㄉㄜ〕。

(5)几个特殊的字——一、七、八、不。这几个字的变调，比較特殊，但因是常用字，也需要提一下：

"一"字單用或用在句尾、詞尾，或者跟着別的个位數字的時候念陰平。比如："一"、"第一"、"十一"、"一二九"、"一二一"等"一"字都念陰平。"一"字后面跟着陰平、陽平、或者上声字時，就变成降調，象是去声，如"一天"、"一年"、"一晚"念起來"一"很象"意"。"一"字在去声前面就变成一个升調，象是陽平調，如"一夜"、"一覚"的"一"，念起來很象"移"。

"七"、"八"兩个字在單念或在陰、陽、上三声前面，都念陰平，只有在去声前面的時候就变成陽平。如"七月"、"八日"的"七"、"八"，都念陽平。

"不"字單念或在陰、陽、上三声的前面，都念去声，只有在去声前面的時候变成陽平。比如"不"、"不說"、"不能"、"不走"等"不"字都讀去声，"不变"、"不算"、"不干"等"不"字念陽平。

这些規律，乍看起來比較複雜，初学不免有些困难。但我們学普通話，要学到好处，就非記住这些規律不可；我們可不必要求过急，初学時，不必要求完全掌握。第一步先学会北京的四声，說起話來声調象了，在四川人說來就算学会一半以上了，第二步注意变調、輕声，最后再掌握这些特殊变化的字。这些变調，在北京音里是很自然的，我們假如学会北京声調了，变調很容易学。只要有信心、有兴趣，就算有些困难，自然也会克服的。

練 習 八

1.下面一段話用注音字母拼出來。（最好一个詞一个詞分開

— 96 —

寫）然后再用調号标出四声來:

这几天，人人都在談論着張拴賣地的事情了。俗話不俗，"要得窮，翻毛虫"。張拴本來日子倒也能过，四口人种着十几畝地，要是不胡倒騰牲口，地种好，粮食也足够吃。（李准：《不能走那条路》《初中文学課本》第一册，第136——37頁）

2. 你說話有几个声調？翻翻字典看下面这些字北京是什么声。

適（　）吃（　）壁（　）出（　）速（　）
日（　）剝（　）國（　）吸（　）濯（　）
塞（　）厄（　）赫（　）决（　）。

3. 用底下的拼音按陰陽上去注出漢字。

ㄅㄚ（　）（　）（　）（　）
ㄩㄢ（　）（　）（　）（　）
ㄕㄥ（　）（　）（　）（　）
ㄨㄣ（　）（　）（　）（　）
ㄑㄧㄢ（　）（　）（　）（　）
ㄊㄨㄛ（　）（　）（　）（　）
ㄒㄧㄤ（　）（　）（　）（　）
ㄞ　（　）（　）（　）（　）

4. 先注出下面一段話里的輕声、半上和其他的变調，再用北京声調朗誦几遍。

狼和小羊碰巧同時到一条小溪边喝水，那条小溪是从山上流下來的。狼非常想吃小羊，可是它想，既然当着面，總得找个借口才好。狼就故意找碴兒，气冲冲地說："你怎么敢到我的溪边來，把水弄髒，害得我不能喝，你安的什么心？"小羊吃了一驚，溫和地說："我不明白我怎么会把水弄髒。您站在上游，

— 97 —

水是从您那兒流到我这兒的,不是从我这兒流到您那兒的。"
（《狼和小羊》《初中文学課本》第一册,第32——33頁,本課有用普通話朗讀的留声机片,可多听听。）

第七章 声母辨正

§42. 四川音声母和北京音声母的比較 以前几章講过声母、韻母、拼音、四声,那都是照着标准音講的,学会了那些,就可以基本上掌握普通話的标准發音。但我們的方音和北京音有很多區別,光会發音还不能解决問題,遇着具体的字究竟应該怎样讀才对,沒有一點把握。因此必須儘量地找出方言和普通話的对应規律,掌握了这些規律,就能更迅速更容易地学会普通話。这一章先談談声母方面,以后再談韻母和声調方面。

我們先來看在声母方面四川和北京有什么差別。

(1) 声母的數目不同:

1. 北京声母有二十一个:〔ㄅ〕(b)、〔ㄆ〕(p)、〔ㄇ〕(m)、〔ㄈ〕(f)、〔ㄉ〕(d)、〔ㄊ〕(t)、〔ㄋ〕(n)、〔ㄌ〕(l)、〔ㄍ〕(g)、〔ㄎ〕(k)、〔ㄏ〕(h)、〔ㄐ〕(j)、〔ㄑ〕(q)、〔ㄒ〕(x)、〔ㄓ〕(z)、〔ㄔ〕(c)、〔ㄕ〕(s)、〔ㄖ〕(r)、〔ㄗ〕(z)、〔ㄘ〕(c)、〔ㄙ〕(s)。

2. 四川声母有二十个:〔ㄅ〕(b)、〔ㄆ〕(p)、〔ㄇ〕(m)、〔ㄈ〕(f)、〔(ㄪ)〕、〔ㄉ〕(d)、〔ㄊ〕(t)、〔ㄌ〕(l)(或ㄋ(n))、〔ㄍ〕(g)、〔ㄎ〕(k)、〔(ㄫ)〕(ŋ)、〔ㄏ〕(h)、〔ㄐ〕(j)、〔ㄑ〕(q)、〔(ㄬ)〕、〔ㄒ〕(x)、〔ㄗ〕(z)、〔ㄘ〕(c)、〔ㄙ〕(s)、〔"ㄖ"〕(r)。

(2) 声母具备的情况不同。

1. 北京音缺〔ㄪ〕、〔ㄫ〕(ŋ)、〔ㄬ〕三个声母。

— 98 —

2．四川音缺〔ㄋ〕(n)（或〔ㄌ〕(l)）和〔ㄓ〕(ẓ)、〔ㄔ〕(ҫ)、〔ㄕ〕(ṣ)（大部地区）共四个声母。

（3）(1)北京音的〔ㄖ〕母是〔ㄕ〕(ṣ)的浊声。

（2）四川音的〔"ㄖ"〕母是〔ㄙ〕(s)的浊声。

（4）〔ㄅ〕(b)、〔ㄆ〕(p)、〔ㄇ〕(m)、〔ㄈ〕(f)、〔ㄉ〕(d)、〔ㄊ〕(t)、〔ㄌ〕(l)、〔ㄍ〕(g)、〔ㄎ〕(k)、〔ㄏ〕(h)、〔ㄐ〕(ᴊ)、〔ㄑ〕(q)、〔ㄒ〕(x)、〔ㄗ〕(z)、〔ㄘ〕(c)、〔ㄙ〕(s)十六个声母发音，四川、北京完全相同。

（5）北京有零声母（即不要声母，只用韵母标音），四川音没有。（这是指安(an)恩(en)熬(au)欧(ou)这一类字说的。至于用〔ㄧ〕、〔ㄨ〕、〔ㄩ〕单独标音的字，和用它们的结合韵标音的字，拼音字母都加用或改用子音来标音，〔ㄩ〕(y)虽没有另造字母，在这种场合也认为是子音，如衣(ji)，乌(wu)，牙(ja)，汪(wan)，云(yn)等，所以这都不算零声母。个别字如"啊""诶"等各地都有，不算在内。)

§43．**四川音和北京音声母方面对应规律** 根据上面的分析，按照声母的类别，一一加以说明：

（1）双唇音 〔ㄅ〕(b)、〔ㄆ〕(p)、〔ㄇ〕(m)这三个声母，北京、四川发音完全一样，需要注意的一点，就是四川音个别的字把〔ㄅ〕(b)母的字读成〔ㄆ〕(p)母的字（就是把不送气读成送气的了），列表如下：

例 字	四川音	北京音
拔、跋	ㄆㄚ(pa)	ㄅㄚ(ba)
泊、舶	ㄆㄜ	ㄅㄜ(be)
脖、勃、渤	ㄆㄨ(pu)	ㄅㄜ(be)
搬、绊	ㄆㄢ、ㄆㄢ(pan)	ㄅㄢ、ㄅㄢ(ban)
鄙、髀	ㄆㄧ(pi)	ㄅㄧ(bi)

— 99 —

     遍   ㄆㄧㄢ(pian) ㄅㄧㄢ(bian)

这样的字只是个别的,不是成批的(不是凡是〔ㄅ〕(b)母的字都讀成〔ㄆ〕(p)母)。只是習慣,沒有規律,所以得死記住,好在字數不多,很容易糾正。

  还有一个"爬"字,情形正相反,北京音讀〔ㄆㄚ〕(pá),四川音却讀〔ㄅㄚ〕(bá),这更容易記住。

  〔ㄅ〕(b)、〔ㄆ〕(p)、〔ㄇ〕(m)(〔ㄈ〕(f)也一样)拼〔ㄥ〕(eŋ)的時候,加上介母〔ㄨ〕(u)如:"朋、""蒙"、"風"等字,北京是〔ㄆㄥ〕(peŋ)〔ㄇㄥ〕(meŋ)〔ㄈㄥ〕(feŋ),是開口呼,四川音是〔ㄆㄨㄥ〕(puŋ)〔ㄇㄨㄥ〕(muŋ)〔ㄈㄨㄥ〕(fuŋ),是合口呼。这只要讀的時候,丢掉〔ㄨ〕(u)母讀成開口就行了。

  (2)唇齒音〔ㄈ〕(f)这个声母在四川有兩种情形:一种是缺这个声母的,凡是北京音用这个声母的音,都用〔ㄏ〕(h)母來代替並且加上个〔ㄨ〕(u)改成合口呼。如云陽、奉節、遂寧、榮至等处都是这样。所以分〔ㄈㄣ〕(fen)念渾〔ㄏㄨㄣ〕(hun),飛机念成灰机,刮風說刮烘等。另一种是單独和〔ㄨ〕(u)拼時,〔ㄈ〕(f)、〔ㄏ〕(h)不分,該用〔ㄏ〕(h)母時,用〔ㄈ〕(f)母,重慶、瀘縣以及四川大多數地區都是这样。所以"虎、胡、壺、戶、糊、護、乎……"都念成〔ㄈㄨ〕(fu)的音。第二种比較好辨些,因为只有拼〔ㄨ〕(u)的音〔ㄏ〕(h)变成〔ㄈ〕(f),字數比較少,容易糾正,不过也得下點工夫,否則碰到具体的字如:夫、附、忽、怙、服……究竟哪个該念〔ㄈㄨ〕(fu)或該念〔ㄏㄨ〕(hu)还是弄不清楚。第一种的比較难些,因为所有〔ㄈ〕(f)母的字都混進〔ㄏ〕(h)母去了,一个一个从〔ㄏ〕(h)母分出來是很困难的。这里有个比較可行的办法:**第一,兩組相混的字,記住一組比較少的那組讀什么,除此以外就应該是另外一組了。**举

— 100 —

个例，比如：〔ㄈㄛ〕(fo)这个音只有一个"佛"一个"縛"（又讀〔ㄈㄨ〕(fu)），除此以外的字如"豁"、"活"、"火"、"伙"、"禍"、"貨"、"或"、"獲"、"霍"……都是〔ㄏㄨㄛ〕(huo)。**第二記偏旁**：比如方、黃、不分，我們只記住帶"方"的字都是〔ㄈㄤ〕(faaŋ)如"房"、"防"、"坊"、"妨"、"仿"、"紡"、"放"等，那么另外的字便是〔ㄏㄨㄤ〕(huŋ)了，如："荒"、"慌"、"皇"、"徨"、"凰"、"黃"、"磺"、"簧"、"恍"等。"夫、胡"不分的人，也可以利用記偏旁的办法來帮助記憶。

另外有个别的字如"甫，"北京音是〔ㄈㄨ〕(fu)，四川讀〔ㄆㄨ〕(pu)，"縛"北京音讀〔ㄈㄜ〕(fè)或〔ㄈㄨ〕(fú)，四川讀〔ㄅㄛ〕(bó)，"噴"北京讀〔ㄆㄣ〕(pēn)四川讀〔ㄈㄣ〕(fèn)，也应該注意。

〔万〕这个声母，北京不用四川用。但也只限於和〔ㄨ〕相拼的音，如："五"、"屋"、"武"、"勿"等，这个好办，**凡是讀〔万ㄨ〕的音，丟掉〔万〕只讀〔ㄨ〕就是了**。

(3) 舌尖中音 〔ㄉ〕(d)、〔ㄊ〕(t)、〔ㄋ〕(n)、〔ㄌ〕(l) 这一組首先应該注意的，是念它們名称的時候，应該念〔ㄉㄜ〕(de)、〔ㄊㄜ〕(te)、〔ㄋㄜ〕(ne)、〔ㄌㄜ〕(le)，不应該念：〔ㄉㄝ〕、〔ㄊㄝ〕、〔ㄋㄝ〕、〔ㄌㄝ〕。其次这組也有个别字〔ㄉ〕(d)母念成〔ㄊ〕(t)母的（不送气念成送气的），如"導"是〔ㄉㄠ〕(dau)念成〔ㄊㄠ〕(tau)(套)，抖是〔ㄉㄡ〕(dǒu)念成〔ㄊㄡ〕(tǒu)。"彈"字应分別念：子彈、彈弓、彈丸的"彈"念〔ㄉㄢ〕(dan)，彈琴、彈棉花的"彈"念〔ㄊㄢ〕(tán)。

〔ㄋ〕(n)、〔ㄌ〕(l)在四川不能分別念；也有兩种情况：大多數只有〔ㄌ〕(l)母，沒有〔ㄋ〕(n)母，也有的正相反只有〔ㄋ〕(n)母，沒有〔ㄌ〕(l)母，(万縣宜賓等地區)沒有那个音的地方，学發那个音很困难，練習方法已在講声母時講过了。会發以后还要分別具体的字哪个該讀〔ㄋ〕(n)母，哪个該讀〔ㄌ〕(l)母，这也用以前那个方法，

— 101 —

即記兩組相混的比較字數少的一組和記偏旁的办法,帮助記憶,如讀〔ㄋㄨ〕(nu)的字,都从"奴",讀〔ㄋㄨㄥ〕(nuŋ)的字都从"農"。

另外〔ㄋ〕(n)母的字開口、合口的常用字不多,很容易記住;齐齒、撮口的,四川音都讀成〔广〕母,就不和〔ㄌ〕(l)母混,"你"、"泥"、"寧"、"娘"、"年"、"牛"、"捏"、"女"等字四川都是〔广〕母字,**我們只記住〔广〕和〔ㄧ〕(i)〔ㄩ〕(y)拼時,改成〔ㄋ〕(n)母就行了**。〔ㄋ〕母開口呼常用字很少:〔ㄋㄚ〕(na)只有"那"、"拿"、"納",〔ㄋㄞ〕(nai)有"乃"、"奶"、"奈"、"耐",〔ㄋㄟ〕(nei)有"內",〔ㄋㄠ〕(nau)有"撓"、"腦"、"惱"、"鬧",〔ㄋㄢ〕(nan)有"男"、"南"、"难",〔ㄋㄣ〕(nen)有"嫩",〔ㄋㄤ〕(naŋ)有"囊",〔ㄋㄥ〕(neŋ)有"能"。这几个字不是很好記嗎?合口呼〔ㄋㄨ〕(nu)有"奴"、"怒",〔ㄋㄨㄛ〕(nuo)有"挪"、"懦"、"諾"、"糯",〔ㄋㄨㄥ〕(nuŋ)有"農"、"濃"。更好記。所以只記住这几个常用字应該讀〔ㄋ〕(n)母,自然就和〔ㄌ〕(l)母分開了。

还有:北京讀〔ㄋㄟ〕(nei)、〔ㄌㄟ〕(lei)的音,四川音都有〔ㄨ〕(u)介母。如:"內"讀〔ㄌㄨㄟ〕(lùi);"雷"、"累"、"類"、"淚"……讀〔ㄌㄨㄟ〕(lui);除"內"应改成〔ㄋ〕(n)母讀〔ㄋㄟ〕(nèi)外,"雷"、"淚"等字讀開口〔ㄌㄟ〕(lei),不讀合口〔ㄌㄨㄟ〕(lui)。

"虐"、"瘧"、"謔"三个字,北京音念〔ㄋㄩㄝ〕(nye),这也应該記住。

(4)舌根音 〔ㄍ〕(g)、〔ㄎ〕(k)、〔(ㄤ)〕(ŋ)、〔ㄏ〕(h)。

1.念名称時应讀〔ㄍㄜ〕(ge)、〔ㄎㄜ〕(ke)、〔ㄫㄜ〕(ŋe)、〔ㄏㄜ〕(he),不要讀〔ㄍㄝ〕、〔ㄎㄝ〕、〔ㄫㄝ〕、〔ㄏㄝ〕。

2.个别的字〔ㄍ〕(g)母讀成〔ㄎ〕(k)母(不送气讀成送气)应注意改正。如:"擱"应念〔ㄍㄜ〕(gé),不要讀〔ㄎㄜ〕(ko),"概"、

— 102 —

"溉"念〔ㄍㄞ〕(gai)，不要讀〔ㄎㄞ〕(kai)；"箍"念〔ㄍㄨ〕(gu)，不要讀〔ㄎㄨ〕(ku)；"括"念〔ㄍㄨㄚ〕(gua)，不要念〔ㄎㄨㄚ〕(kua)。

（3）有些字四川音还是舌根音，并且是開口，北京音是舌面音，并且是齐齒。这就是在講声母時所提到的舌根音經过"顎化"变到舌面音的情况（可複習§26第53頁的說明），北京已經"顎化"了，四川个别的字仍保持舌根音沒有变，例如：

例　　字	北　京　音	四　川　音
階、街、解、械	ㄐㄧㄝ(ɕie)	ㄍㄞ(gai)
	（械又讀〔ㄒㄧㄝ〕(xie)）	
窖	ㄐㄧㄠ(ɕiau)	ㄍㄠ(gau)
間	ㄐㄧㄢ(ɕian)	ㄍㄢ(gan)
		（語音，如一間〔ㄍㄢ〕(gan)房子。）
艦、緘	ㄐㄧㄢ(ɕian)	ㄏㄢ(han)
莖	ㄐㄧㄥ(ɕiŋ)	ㄍㄣ(gen)
角	ㄐㄧㄠ(ɕiau)	ㄍㄛ(go)
	（語音是〔ㄐㄩㄝ〕(ɕye)）	
敲	ㄑㄧㄠ(qiau)	ㄎㄠ(kau)
嵌	ㄑㄧㄢ(qian)	ㄎㄢ(kan)
慳	ㄑㄧㄢ(qian)	ㄎㄣ(ken)
嚇、下	ㄒㄧㄚ(xia)	ㄏㄝ，ㄏㄚ(ha)
		（"下"語音，如"一下"〔ㄏㄚ〕(ha)）
鞋、蟹	ㄒㄧㄝ(xie)	ㄏㄞ(hai)（蟹語音）
咸、鹹、銜、限	ㄒㄧㄢ(xian)	ㄏㄢ(han)
巷、項	ㄒㄧㄤ(xiaŋ)	ㄏㄤ(haŋ)

— 103 —

但有一个字要注意，就是"孩"北京讀〔ㄏㄞˊ〕(hai)，四川却讀〔ㄒㄧㄞˊ〕(xiái)。

（4）〔ㄫ〕(ŋ)这个声母，北京音沒有，四川有，一般是凡四川有〔ㄫ〕(ŋ)母的字，去掉〔ㄫ〕(ŋ)母就对了，如："哀"、"挨"、"埃"、"矮"、"靄"、"爱"、"艾"、"碍"、"隘"(ㄫㄞ→ㄞ)，"熬"、"敖"、"傲"、"翱"、"媼"、"奥"、"襖"(ㄫㄠ→ㄠ)，"歐"、"毆"、"偶"、"藕"、"嘔"、"漚"(ㄫㄡ→ㄡ)，"安"、"庵"、"暗"、"岸"、"按"(ㄫㄢ→ㄢ)、"恩"(ㄫㄣ→ㄣ)，"腌"、"昂"、"盎"(ㄫㄤ→ㄤ)，"俄"、"恶"、"餓"、"鄂"(ㄫㄛ←ㄛ)，"我"(ㄫㄛ→ㄨㄛ)字例外。"額"(ㄫㄝ→ㄜ)("俄""餓"四川讀法不一致，有讀〔ㄫㄛ〕的，有讀〔ㄨㄛ〕的)但个别的字〔ㄫ〕母应讀成〔ㄧ〕結合韻母，如"晏"、"雁"，(ㄫㄢ→ㄧㄢ)、"岩"、"癌"(ㄫㄞ→ㄧㄢ)硬(ㄫㄣ→ㄧㄥ)压(ㄫㄚ→ㄧㄚ)睚、崖(ㄫㄞ→ㄧㄝ)。

(5)舌面音〔ㄐ〕(ʝ)、〔ㄑ〕(q)、〔(ㄏ)〕、〔ㄒ〕(x)。

1．个别的字〔ㄐ〕(ʝ)母讀成〔ㄑ〕(q)母。(即不送气讀成送气)如：捷〔ㄐㄧㄝˊ〕(ʝié)不要讀〔ㄑㄧㄝˊ〕(qié)，歼〔ㄐㄧㄢ〕(ʝian)不要讀〔ㄑㄧㄢ〕(qian)，浸〔ㄐㄧㄣ〕(ʝin)不要讀〔ㄑㄧㄣ〕(qin)。

2．个别的字把〔ㄐ〕(ʝ)母讀掉了，如冀、驥应讀〔ㄐㄧ〕(ʝi)不要讀成〔ㄧ〕(ji)。

3．个别的字〔ㄑ〕(g)母讀成〔ㄐ〕(ʝ)母，(就是送气音讀成不送气的音)如：臍〔ㄑㄧˊ〕(qi)不要讀〔ㄐㄧˊ〕(ʝi)，娶〔ㄑㄩˇ〕(qy)不要讀〔ㄐㄩˇ〕(ʝy)，企〔ㄑㄧˇ〕(qi) 不要讀〔ㄐㄧˇ〕(ʝi)，妾〔ㄑㄧㄝ〕(qie)不要讀〔ㄐㄧㄝ〕(ʝie)。

4．个别的字〔ㄑ〕(q)母讀成〔ㄒ〕(x)母。如囚、泅〔ㄑㄧㄡˊ〕(qiu)不要讀〔ㄒㄧㄡˊ〕(xiu)，泣〔ㄑㄧˋ〕(qi)不要讀〔ㄒㄧㄝˋ〕(xié)。

— 104 —

5.个别的字〔く〕(q)母讀成〔ㄗ〕(z)母,如鳍〔くㄧ〕(qi)不要讀〔ㄗ〕(zi),塹〔くㄧㄢ〕(qian)不要讀〔ㄗㄢ〕(zan)。

6.鉛〔くㄧㄢ〕(qian)不要讀〔ㄩㄢ〕(yan)。

7.个别的字,〔ㄒ〕(x)母讀成〔ㄐ〕(q)母。如:吸〔ㄒㄧ〕(xi)不要讀〔ㄐㄧ〕(qi),械〔ㄒㄧㄝ〕(xie)不要讀〔ㄐㄧㄞ〕(qiai)也不要讀〔ㄍㄞ〕(gai),檄〔ㄒㄧ〕(xi)不要讀〔ㄐㄧ〕(qi)。

8.个别的字〔ㄒ〕(x)母讀成〔く〕(q)母。如奚、溪、蹊〔ㄒㄧ〕(xi)不要讀〔くㄧ〕(qi)。纖〔ㄒㄧㄢ〕(xian)不要讀〔くㄧㄢ〕(qian)

(6)舌尖后音和舌尖前音〔ㄓ〕(z)、〔ㄔ〕(c)、〔ㄕ〕(s)、〔ㄖ〕(r)〔ㄗ〕(z)、〔ㄘ〕(c)、〔ㄙ〕(s)这兩組音合在一起敍述,因为除了少數地區(如內江、江津、奉節等地)〔ㄓ〕(z)、〔ㄔ〕(c)、〔ㄕ〕(s)和〔ㄗ〕(z)、〔ㄘ〕(c)、〔ㄙ〕(s)能分清以外,大多數不能分,都是只有〔ㄗ〕(z)、〔ㄘ〕(c)、〔ㄙ〕(s)沒有〔ㄓ〕(z)、〔ㄔ〕(c)、〔ㄕ〕(s)。講声母時大家已經学过發音的方法,單念这几个声母時,都能够區別了。可是这兩組的字很多,得分辨清楚那些字是舌尖前音(平舌音),那些是舌尖后音(翹舌音或說卷舌音)。分辨不清,不是不及(該翹舌的不翹),就是矯枉过正(不該翹舌的也翹起來)。还用咱們以前的方法:

1.記相混兩組比較字數少的一組:

ㄓㄥ　征、怔、正、爭、靜、箏、掙、蒸、症、整、拯、政、鄭、証。

ㄗㄥ　曾、增、憎、贈。

ㄔㄡ　抽、酬、愁、綢、稠、疇、仇、筹、丑、臭。

ㄘㄡ　湊。

ㄔㄣ　嗔、琛、沉、辰、晨、陈、臣、塵、趁、襯、識。

ㄘㄣ　岑。(参差的参也念〔ㄘㄣ〕)

ㄕㄥ　升、生、牲、笙、甥、声、滕、繩、省、剩、盛、聖。

ㄙㄥ僧。

用这种方法可以省好多力，記住一个"湊"念〔ㄘㄡ〕(cou)，其他相混的十一字不用記，一定念〔ㄘㄡ〕(cou)。其余"岑"、"僧"也只記一个字。曾〔ㄗㄥ〕(zeŋ)虽有四个字，可都有"曾"字。翻翻字典（用《國音常用字彙》最好），用这种方法就可以整批整批的記下來了。

2．記偏旁 比如我們知道"朱"念〔ㄓㄨ〕(zu)，於是"株"、"珠"、"朱"、"侏"、"洙"、"蛛"、"誅"、"銖"，都念〔ㄓㄨ〕(zu)；"主"也念〔ㄓㄨ〕(zu)，於是"拄""柱""註""注""炷""蛀"都念〔ㄓㄨ〕(zu)。"長"(生長)念〔ㄓㄤ〕(zaŋ)，於是"張"、"漲"、"帳"、"脹"、"賬"都念〔ㄓㄤ〕(zaŋ)。租念〔ㄗㄨ〕(zu)，跟它類似的"祖"、"阻"、"組"、"詛"、"俎"都念〔ㄗㄨ〕(zu)。虽然有例外，比如"曾"念〔ㄗㄥ〕(zeŋ)"贈"、"憎"等虽念〔ㄗㄥ〕(zeŋ)可是"僧"却念〔ㄙㄥ〕(seŋ)，"層"念〔ㄘㄥ〕(ceŋ)。但例外總是例外，为數較少，結合記憶，这方法还是很有效的。

3．把要記的字編成"順口溜"。这样既有兴趣，又便於記憶。比如我們要記卷舌音，可以說"十个战士，查找住址"。"手指脚趾，共是二十"。也可以編比較長的韻語："張成、趙熾，忠实同志，准备互助，学習政治、辯証、歷史、政策、時事、首長、老師，時常指示。張、趙重視，遵照行事"。

用各种办法，努力学習，困难都会克服的。

〔ㄖ〕(r)母的字，沒有和它相混的音，只是注意念出正確的〔ㄖ〕母，就是要念成〔ㄕ〕的濁音，不要念成〔ㄙ〕的濁音就完了。

練習九

1．下列漢字，按北京音拼寫出來：

— 106 —

昂（　）囊（　）务（　）年（　）牛（　）
孩（　）鞋（　）虐（　）防（　）黄（　）
噴（　）轡（　）匹（　）風（　）壺（　）
扶（　）類（　）概（　）媼（　）

2. 分別下列各字哪個是〔ろ〕母，哪個是〔ㄌ〕母：

　　拿拉　　　囊郎　　　南藍　　　林寧
　　論嫩　　　棱能　　　隆農　　　撓撈

3. 念清楚下面的繞口令：

　　門那面有四輛大馬車，你愛拉那兩輛就拉那兩輛。

4. 用符号注出哪些字是卷舌音，（〔ㄓ〕(z)、〔ㄔ〕(c)、〔ㄕ〕(s)、〔ㄖ〕(r)，哪些字是平舌音（〔ㄗ〕(z)、〔ㄘ〕(c)、〔ㄙ〕(s)），卷舌音用△，平舌用○：

　　誠实就是老老实实实事求是；在歷史問題方面，按实在情況老老实实交代清楚，在工作方面，無限忠誠地为人民服务。

5. 念清楚下面的繞口令：

　　四是四，十是十，十四是十四，四十是四十，誰說十四是"似寺"，就打誰十四，誰說四十是"事实"，就打誰四十。

6. 拼寫下列一段話，按北京音朗讀几遍：（用注音字母和拼音字母兩种拼寫法）

　　我家是佃農，祖籍廣东韶關，客籍人，在湖廣填四川時，遷移四川儀隴縣馬鞍場。世代为地主耕种，家境是貧苦的。和我們來往的朋友也都是老老实实的貧苦農民。

　　（朱德：《母親的回憶》《初中文學課本》第一冊第64頁）

第八章 韻母辨正

§44. **四川音韻母和北京音韻母的比較** 在这一章里，我們要在韻母方面，歸納出一些四川音和北京音之間的对应規律。我們先來看一下兩方面韻母的情况。

(1)單韻母方面 北京音有七个韻母：〔丫〕(a)、〔乙〕(o)、〔さ〕(e)、〔せ〕、〔丨〕(i)、〔ㄨ〕(u)、〔ㄩ〕(y)，連比較特殊的〔儿〕(er)、〔帀〕(ı)在內，一共九个；四川音缺一个韻母〔さ〕(e)。

(2)在複合韻母方面 北京有四个：〔艻〕(ai)、〔乁〕(ei)、〔幺〕(au)、〔又〕(ou)，四川也是四个。

(3)在附声韻母方面 北京有四个：〔ㄢ〕(an)、〔ㄣ〕(en)、〔尢〕(aŋ)、〔ㄥ〕(eŋ)，四川也有四个。

(4)在結合韻母方面 北京沒有〔丨乙〕(io)、〔丨艻〕(iai)，四川有；四川沒有〔丨ㄥ〕(iŋ)，北京有。

(5)〔せ〕这个韻母，在北京音里不單独和声母拼，所以只有〔丨せ〕(ie)、〔ㄩせ〕(ye)兩个結合韻；四川音可以單独和声母拼。(不过單独和声母拼的〔せ〕，和結合韻母的〔せ〕音值不很一样，單独拼的〔せ〕舌位低些)

§45. **四川音和北京音韻母方面对应規律** 根据上節的比較，按照韻母的類别，找出一些对应規律來。

(1)單韻母

1. 〔乙〕(o)〔丫〕(a)母沒有問題。我們來談〔乙〕(o)母。北京〔乙〕(o)母的字，四川音分別讀成〔せ〕母和〔ㄨ〕(u)母了。在这里提一个問題，請大家注意，就是北京音常有一个字兩种讀法：

— 108 —

一种是讀音,指讀書時候念的音;一种是語音,就是說話時候念的音。比如"百"、"白"、"柏"等字讀音是〔ㄅㄛ〕(bó),語音是〔ㄅㄞ〕(bái)。(四川也有这种情形,如"下"讀音是〔ㄒㄧㄚ〕(xia),語音在"一下"時讀〔ㄏㄚ〕(ha);压讀音是〔ㄧㄚ〕(ja),語音是〔ㄤㄚ〕(ŋa))碰見这种情形,我們注明。現在列表比較一下:

例　字	北京音	四川音
白、柏、伯、帛、北、鉑、箔	ㄅㄛ(bo)	ㄅㄝ
白、柏、伯、(大伯子)(語音)	ㄅㄞ(bai)	
北(語音)	ㄅㄟ(běi)	
粕、魄、迫、拍	ㄆㄛ(po)	ㄆㄝ
拍(語音)	ㄆㄞ(pai)	
蟇、默、墨、沒、歿、陌、脉、麥、沒	ㄇㄛ(mo)	ㄇㄝ
麥(語音)	ㄇㄞ(mai)	
沒(語音"沒有")	ㄇㄟ(měi)	
葡	ㄅㄛ(bo)	ㄅㄨ(bu)
浡、勃、渤、踣	ㄅㄛ(bó)	ㄆㄨ(pú)
漠、膜、瘼	ㄇㄛ(mò)	ㄇㄨ(mú)
佛	ㄈㄛ(fó)	ㄈㄨ(fú)

另外要注意:**北京音**〔ㄛ〕(o)**母只能和**〔ㄅ〕(b)、〔ㄆ〕(p)、〔ㄇ〕(m)、〔ㄈ〕(f)**四个声母拼**,〔ㄨㄛ〕这个結合韵母,**才能**和〔ㄅ〕(b)、〔ㄆ〕(p)、〔ㄇ〕(m)、〔ㄈ〕(f)和〔ㄐ〕(j)、〔ㄑ〕(q)、〔ㄒ〕(x)**以外的声母拼**。因为〔ㄛ〕这个韵母是圓唇音,〔ㄛ〕(o)和〔ㄨㄛ〕(uo)跟声母拼起來分別不太清楚,拼寫時候,**凡是**和〔ㄅ〕、〔ㄆ〕、〔ㄇ〕、〔ㄈ〕、〔ㄐ〕、〔ㄑ〕、〔ㄒ〕**七个以外的声母拼時,一律用**〔ㄨㄛ〕(uo)。如:"多"、"夺"、"鐸"、"掇"、"躱"是〔ㄉㄨㄛ〕(duo),不是〔ㄉㄛ〕(do),

—109—

"陀"、"駝"、"馱"、"脫"、"妥"、"唾"、"拓"、"拆"等字是〔ㄊㄨㄛ〕(tuo)，不是〔ㄊㄛ〕(to)，其余類推。

2.〔ㄜ〕(e) 四川音里缺这一个韻母，所以北京音讀〔ㄜ〕(e)母的字，四川音分別用〔ㄛ〕、〔ㄝ〕、〔ㄧㄝ〕來代替。看下表：

例　字	北京音	四川音
婀痾屙	ㄜ(e)	ㄨㄛ(o)
額厄軛扼遏	ㄜ(e)	ㄫㄝ
訛俄鵝餓惡愕顎	ㄜ(e)	ㄫㄛ(ŋo)
樂	ㄌㄜ(le)	ㄌㄛ(lo)
哥歌戈割鴿格各閣葛个	ㄍㄜ(ge)	ㄍㄛ(go)
哿舸	ㄍㄜ(ge)	ㄎㄛ(ko)
科蝌苛柯棵顆瞌渴課	ㄎㄜ(ke)	ㄎㄛ(ko)
呵喝禾和何河荷合盒褐涸賀郝鶴	ㄏㄜ(he)	ㄏㄛ(ho)
郝鶴(語音)	ㄏㄠ(hau)	
德得	ㄉㄜ(de)	ㄉㄝ
特忑忐慝	ㄊㄜ(te)	ㄊㄧㄝ(或ㄊㄝ)
訥(又讀ㄋㄚ)呢(語气詞輕声,又讀ㄋㄧ)	ㄋㄜ(ne)	訥ㄌㄚ(ㄋㄚ)(na)(呢ㄏㄧ或ㄌㄧ)
勒(語音)肋(讀音)仂嘞(了的輕声)	ㄌㄜ(le)	ㄌㄝ
勒(讀音)肋(語音)	ㄌㄟ(lei)	
格疙隔革圪膈	ㄍㄜ(ge)	ㄍㄝ
客克咳刻	ㄎㄜ(ke)	ㄎㄝ
核赫劾黑(讀音)	ㄏㄜ(he)	ㄏㄝ
黑(語音)	ㄏㄟ(hei)	
遮折轍摺哲摘蟄輒者这浙	ㄓㄜ(ze)	ㄗ(ㄓ)ㄝ

— 110 —

車扯徹撤掣	彳㄂(ce)	ㄔ(彳)ㄝ
奢賒蛇舌舍捨射社赦設涉	ㄕ㄂(şe)	ㄙ(ㄕ)ㄝ
惹熱	ㄖ㄂(re)	ㄖㄝ
則責仄	ㄗ㄂(ze)	ㄗㄝ
側測廁策冊	ㄘ㄂(ce)	ㄘㄝ
瑟塞嗇澀色	ㄙ㄂(se)	ㄙㄝ

从这个表中可以看出：

① 凡跟〔ㄉ〕(d)、〔ㄊ〕(t)、〔ㄓ〕(z)、〔ㄔ〕(c)、〔ㄕ〕(s)、〔ㄖ〕(r)、〔ㄗ〕(z)、〔ㄘ〕(c)、〔ㄙ〕(s)相拼的〔㄂〕(e)音，四川都讀成〔ㄝ〕。

② 凡跟〔ㄊ〕(t)相拼的〔㄂〕(e)，四川讀成〔ㄧㄝ〕，或是〔ㄝ〕。

③ 四川讀〔ㄫㄝ〕〔ㄫㄛ〕(ŋo)的字，在北京音只用〔㄂〕(e)母。

④ 〔ㄍ〕(g)、〔ㄎ〕(k)、〔ㄏ〕(h)相拼的〔㄂〕(e)一部分四川音讀成〔ㄝ〕，一部分讀成〔ㄛ〕(o)了。讀成〔ㄝ〕的好办，記住〔ㄍㄝ〕、〔ㄎㄝ〕、〔ㄏㄝ〕讀北京音時，一律改成〔ㄍ㄂〕(ge)、〔ㄎ㄂〕(ke)、〔ㄏ㄂〕(he)就完了。讀成〔ㄛ〕(o)的却又有問題，因為北京音不但有〔ㄍ㄂〕(ge)、〔ㄎ㄂〕(ke)、〔ㄏ㄂〕(he)也有〔ㄍㄨㄛ〕(guo)、〔ㄎㄨㄛ〕(kuo)、〔ㄏㄨㄛ〕(huo)的音。這兩种音在四川讀起來差別不大。比如河〔ㄏ㄂〕(he)、活〔ㄏㄨㄛ〕(huo)北京分得很清楚，四川讀音差不多。如何知道他念〔㄂〕(e)或〔ㄨㄛ〕(uo)呢？还是利用以前的方法，記住字數較少的一組。

讀〔ㄍㄨㄛ〕(guo)的常用字有：过、鍋、郭、國、果、裹六个字。

讀〔ㄎㄨㄛ〕(kuo)的常用字有：閻、括、擴三个字。

讀〔ㄏㄨㄛ〕(huo)的常用字有：活、火、伙、夥、禍、貨、或、惑、獲、穫、霍、豁十二字。

其余 四川讀〔ㄍㄛ〕(go)、〔ㄎㄛ〕(ko)、〔ㄏㄛ〕(ho)的，一律改

— 111 —

成〔ㄍㄜ〕、〔ㄎㄜ〕、〔ㄏㄜ〕就对了。

3. ㄝ　北京音〔ㄝ〕母不和声母直接拼，必須有介母，也就是只有結合韻母，并且只有〔ㄧㄝ〕、〔ㄩㄝ〕兩結合韻母。因此我們要注意：

①四川音和〔ㄅ〕(b)、〔ㄆ〕(p)、〔ㄇ〕(m)相拼的〔ㄝ〕都要改成〔ㄛ〕(o)，个别的改成〔ㄞ〕(ai)或〔ㄟ〕(ei)（参看〔ㄛ〕(o)項下表）

②四川音凡是和〔ㄉ〕(d)、〔ㄊ〕(t)、〔ㄋ〕(n)、〔ㄌ〕(l)、〔ㄍ〕(g)、〔ㄎ〕(k)、〔ㄏ〕(h)、〔ㄗ〕(z)、〔ㄘ〕(c)、〔ㄙ〕(s)相拼的〔ㄝ〕，都改成〔ㄜ〕(e)，个别的改成〔ㄟ〕(ei)。（参看〔ㄜ〕項下表）

4.〔ㄧ〕(i)　这个音沒有什么問題，只注意个别字北京音〔ㄅ〕(b)、〔ㄆ〕(p)、〔ㄇ〕(m)拼〔ㄧ〕(i)的，四川音常念成〔ㄟ〕(ei)，如下表：

例　　字	北　京　音	四　川　音
陛、避、臂、閉	ㄅㄧ(bi)	ㄅㄟ(bei)
批、砒、披、丕、坯	ㄆㄧ(pi)	ㄆㄟ(pei)
祕	ㄇㄧ(mi)	ㄅㄟ(bei)
迷、瀰、粎	ㄇㄧ(mi)	ㄇㄟ(mei)

还有更个别的字，北京讀〔ㄧ〕(i)，四川讀〔ㄩ〕(y)，或讀〔ㄩㄨ〕的，如"疫"，"役"。"茄"，北京讀〔ㄑㄧㄝ〕(qie)，四川讀〔ㄑㄩㄝ〕(qye)，也要注意。

5. ㄨ(u)　四川音除了以前談过的和〔ㄈ〕相拼的〔ㄈㄨ〕要去掉〔ㄈ〕母以外，沒有什么問題。但个别的字北京讀〔ㄇㄨ〕(mu)的，如"幕"、"墓"、"慕"、"募"等，四川讀成〔ㄇㄛ〕(mo)。"畝"北京讀〔ㄇㄨ〕(mu)（又讀〔ㄇㄡ〕(mou)），四川讀成〔ㄇㄥ〕(mеng)，这要注意。

6. ㄩ(y)　關於这个韻母，要注意兩點：

— 112 —

①北京音和〔ㄌ〕(l)相拼的〔ㄩ〕(y)，四川音有讀成〔ㄨ〕(u)的，还有讀成〔ㄡ〕(ou)或〔ㄨㄟ〕(ui)的。

例　字	北京音	四川音
驢、律、率、綠	ㄌㄩ(ly)	ㄌㄨ(lu)
褸、縷	ㄌㄩ(ly)	ㄌㄡ(lou)
屡	ㄌㄩ(ly)	ㄌㄨㄟ(lui)

②北京音和〔ㄐ〕(ɥ)、〔ㄑ〕(q)、〔ㄒ〕(x)相拼的〔ㄩ〕(y)，四川音有些后面再加个〔ㄨ〕(u)，北京沒有这种情况，看下表：

例　字	北京音	四川音
菊、局、桔	ㄐㄩ(ɥy)	ㄐㄩㄨ
曲、屈、麯	ㄑㄩ(qy)	ㄑㄩㄨ
蓄、旭、續	ㄒㄩ(xy)	ㄒㄩㄨ

还有"育"、"欲"、"域"、"獄"等字，北京讀〔ㄩ〕，四川讀〔ㄩㄨ〕。"族"、"卒"北京音讀〔ㄇㄨ〕，四川音有讀〔ㄑㄩㄨ〕的。也要注意。

(2)複合韻母

1.ㄞ(ai)　關於〔ㄞ〕(ai)，要注意兩點：一點是四川音和〔ㄤ〕(ŋ)拼的，要去掉〔ㄤ〕(ŋ)母，已見前。第二點北京語音讀〔ㄅㄞ〕(bai)、〔ㄆㄞ〕(pai)、〔ㄇㄞ〕(mai)的一部分字，不要讀〔ㄅㄝ〕、〔ㄆㄝ〕、〔ㄇㄝ〕，也見前〔ㄛ〕(o)母下表，可參看。

2.ㄟ(ei)　關於〔ㄟ〕(ei)要注意：

①北京音有一些跟〔ㄅ〕(b)、〔ㄇ〕(m)相拼的〔ㄟ〕(ei)，四川讀成〔ㄧ〕(i)，如"备"、"憊"、"被"，(彼此的彼也讀〔ㄅㄧ〕(bi)。)讀〔ㄅㄟ〕(bèi)，不要讀〔ㄅㄧ〕(bi)。"眉"、"媚"讀〔ㄇㄟ〕(méi)不要讀〔ㄇㄧ〕(mí)。

②北京音〔ㄟ〕(ei)，除〔ㄅ〕(b)、〔ㄆ〕(p)、〔ㄇ〕(m)、〔ㄈ〕(f)以

— 113 —

外和其他声母相拼的，有的只是〔乀〕(ei)，有的是結合韻母〔ㄨㄟ〕(ui)，單独和〔乀〕(ei)拼的，除〔ㄌ〕(l)母外，字很少。(類、淚等字北京讀〔ㄌㄟ〕(lei)四川讀〔ㄌㄨㄟ〕(lui)，已見前)。讀〔ㄉㄟ〕(dei)的只有一个"得"字，(当"必須"講時)讀〔ㄍㄟ〕(gei)的只有一个"給"字，讀〔ㄏㄟ〕(hei)的只有一个"黑"字(語音)。这些字四川音都讀成〔ㄝ〕。其余北京拼〔ㄨㄟ〕(ui)的字，四川也是〔ㄨㄟ〕(ui)。

3. ㄠ(au) 四川音除了和〔兀〕(ŋ)相拼的要丢掉〔兀〕(ŋ)母外，常用字只有一个字很特别，就是"茂"，北京讀〔ㄇㄠ〕(màu)，四川讀〔ㄇㄣ〕(mèn)。

4. ㄡ(ou) 四川音除了和〔兀〕(ŋ)母相拼的字要丢掉〔兀〕(ŋ)母外，只須注意个别字就行了。如："剖"〔ㄆㄡ〕(pou)不讀〔ㄆㄛ〕(po)，"否"〔ㄈㄡ〕(fǒu)不讀〔ㄈㄛ〕(fǒ)，"牟"〔ㄇㄡ〕(mou)不讀〔ㄇㄨ〕(mú)，"某"、"謀"〔ㄇㄡ〕不讀〔ㄇㄣ〕，"牡"〔ㄇㄡ〕(mǒu)(又讀〔ㄇㄨ〕(mù))不要讀〔ㄇㄣ〕(měn)。

(3)附声韻母

〔ㄢ〕(an)、〔ㄣ〕(en)、〔ㄤ〕(aŋ)、〔ㄥ〕(eŋ)，这四个附声韻母，四川音分别得很清楚。要注意它們和〔兀〕(ŋ)拼的字，丢掉〔兀〕(ŋ)母就是了。如"安"、"庵"、"恩"、"嗯"、"昂"、"盎"等，前面已經提过。

这里談談〔ㄣ〕(en)和〔ㄥ〕(eŋ)的問題。

四川音〔ㄥ〕(eŋ)母沒有開口呼的字，也就是〔ㄥ〕(eŋ)母不單独和声母拼。北京開口呼的〔ㄥ〕和〔ㄅ〕(b)、〔ㄆ〕(p)、〔ㄇ〕(m)、〔ㄈ〕(f)四母拼的，四川变成合口呼〔ㄨㄥ〕(uŋ)，个别字讀成〔ㄣ〕(en)，和另外声母拼的，一律讀成〔ㄣ〕。看下表：

例 字	北京音	四川音
朋、棚、鵬、捧、碰、蓬	ㄆㄥ(peŋ)	ㄆㄨㄥ(puŋ)

— 114 —

蒙、檬、朦、濛	ㄇㄥ(meŋ)	ㄇㄨㄥ(muŋ)
風、楓、瘋、逢、縫、峯、蜂、封、鳳	ㄈㄥ(feŋ)	ㄈㄨㄥ(fuŋ)
崩、繃	ㄅㄥ(beŋ)	ㄅㄣ(ben)
烹、彭、膨	ㄆㄥ(peŋ)	ㄆㄣ(pen)
登、灯、等、凳、鄧	ㄉㄥ(deŋ)	ㄉㄣ(den)
疼、膯、籐、騰	ㄊㄥ(teŋ)	ㄊㄣ(ten)
能	ㄋㄥ(neŋ)	ㄌ(ㄋ)ㄣ(len或nen)
冷、棱	ㄌㄥ(leŋ)	ㄌ(ㄋ)ㄣ(len或nen)
更、耕、庚、羹、梗、耿、亙	ㄍㄥ(geŋ)	ㄍㄣ(gen)
坑、鏗	ㄎㄥ(keŋ)	ㄎㄣ(ken)
亨、哼、恆、衡、橫	ㄏㄥ(heŋ)	ㄏㄣ(hen)("橫"讀 ㄏㄨㄣ(hun))
正、政、整、症	ㄓㄥ(zeŋ)	ㄗ(ㄓ)ㄣ(zen或ẓen)
成、城、誠、称、呈、程、懲	ㄔㄥ(ceŋ)	ㄘ(ㄔ)ㄣ(cen或ċen)
升、生、声、繩、省、勝、盛	ㄕㄥ(seŋ)	ㄙ(ㄕ)ㄣ(sen或ṣen)
仍、扔	ㄖㄥ(reŋ)	ㄖㄣ(ren)
曾、增、憎、贈	ㄗㄥ(zeŋ)	ㄗㄣ(zen)
層	ㄘㄥ(ceŋ)	ㄘㄣ(cen)
僧	ㄙㄥ(seŋ)	ㄙㄣ(sen)

北京音〔ㄅ〕(d)、〔ㄊ〕(t)、〔ㄋ〕(n)、〔ㄌ〕(l)根本不拼〔ㄣ〕,这个好办,**凡是我們拼〔ㄅ〕(d)、〔ㄊ〕(t)、〔ㄋ〕(n)、〔ㄌ〕(l)、的〔ㄣ〕(en),一律改成〔ㄥ〕(eŋ)就对了**,〔ㄍ〕(g)、〔ㄎ〕(k)、〔ㄏ〕(h)、〔ㄓ〕(z)、〔ㄔ〕(c)、〔ㄕ〕(s)、〔ㄖ〕(r)、〔ㄗ〕(z)、〔ㄘ〕(c)、〔ㄙ〕(s)拼〔ㄥ〕(eŋ)拼〔ㄣ〕(en)的都有,不过有的常用字極少,如〔ㄎㄥ〕(keŋ)只有"坑",〔ㄖㄥ〕(reŋ)只有"仍""扔",〔ㄗㄣ〕(zen)只有"怎",〔ㄘㄣ〕(ken)只有

— 115 —

"岑",〔ㄥㄣ〕(sen)只有"森"(也讀〔ㄕㄣ〕),这也好办;字比較多的相混的兩組,可利用以前的方法,記住比較少的一組就行了。

(4)結合韻母:

除了以上提到过的,我們談有問題的几个結合韻母。

1. ㄧㄛ→ㄩㄝ 北京音沒有〔ㄧㄛ〕这个結合韻母,(口語中只有感嘆詞"唷"讀〔ㄧㄛ〕,拼音字母取消这个結合韻母了)所以四川音讀〔ㄧㄛ〕的字,大部分要改成〔ㄩㄝ〕。

例 字	北京音	四川音
約、樂,藥、岳、嶽、鑰	ㄩㄝ(ye)	ㄧㄛ(jo)
覚、爵	ㄐㄩㄝ(ɥye)	ㄐㄧㄛ(ɥio)
卻、確、雀	ㄑㄩㄝ(qye)	ㄑㄧㄛ(qio)
学	ㄒㄩㄝ(xye)	ㄒㄧㄛ(xio)
虐、瘧、謔	ㄋㄩㄝ(nye)	ㄌㄧㄛ(lio)
略、掠	ㄌㄩㄝ(lye)	ㄌㄧㄛ(lio)

"穴"字北京、四川都念〔ㄒㄩㄝ〕(xyo),"脚"、"角"、"覚"、北京讀音是〔ㄐㄩㄝ〕(ɥye),語音是〔ㄐㄧㄠ〕(ɥiau),"藥"、"鑰"讀音是〔ㄩㄝ〕(ye),語音是〔ㄧㄠ〕(jau),睡觉的"覚"讀〔ㄐㄧㄠ〕(ɥiau)。

2. ㄧㄞ→ㄧㄝ 北京音沒有〔ㄧㄞ〕这个結合韻,(原先注音字母有,只注"崖""厓""睚"三个字,《新華字典》注成〔ㄧㄝ〕,拼音字母取消了这个結合韻母了)所以四川音讀〔ㄧㄞ〕的字,要改成〔ㄧㄝ〕。

例 字	北京音	四川音
偕、諧、蟹、懈	ㄒㄧㄝ(xie)	ㄒㄧㄞ(xiai)
皆、解、介、界、芥、戒、誡	ㄐㄧㄝ(ɥie)	ㄐㄧㄞ(ɥiai)
階、街	ㄐㄧㄝ(ɥie)	ㄍㄞ(gai)

— 116 —

鞋　　　　　　　丁丨せ(xie)　　厂万(hai)

3．ㄨㄢ→ㄩㄢ　北京音讀〔ㄌㄩㄢ〕的一部分字，四川音讀〔ㄌㄨㄢ〕，如：孿、攣、變。（其他如鸞、欒、灤、欒、鑾、卵、亂仍讀〔ㄌㄨㄢ〕）。还有个"院"字，北京讀〔ㄩㄢ〕，四川讀〔ㄨㄢ〕。

4．丨ㄣ→丨ㄥ　四川音沒有〔丨ㄥ〕这个結合韻母，北京音〔ㄅ〕、〔ㄊ〕、〔ㄍ〕、〔ㄎ〕、〔ㄏ〕、〔ㄓ〕、〔ㄔ〕、〔ㄕ〕、〔ㄖ〕、〔ㄗ〕、〔ㄘ〕、〔ㄙ〕都不和〔丨ㄣ〕拼，所以凡是四川的这些声母拼的〔丨ㄣ〕，一律要改成〔丨ㄥ〕。如"丁"〔ㄅ丨ㄥ〕不要讀〔ㄅ丨ㄣ〕，"庭"〔ㄊ丨ㄥ〕，不要讀〔ㄊ丨ㄣ〕……。〔ㄅ〕、〔ㄆ〕、〔ㄇ〕、〔ㄈ〕不拼〔丨ㄣ〕和〔丨ㄥ〕，〔ㄋ〕、〔ㄌ〕、〔ㄐ〕、〔ㄑ〕、〔ㄒ〕等，既拼〔丨ㄣ〕，也拼〔丨ㄥ〕，我們要注意分別。

例　字	北京音	四川音
賓濱彬斌殯	ㄅ丨ㄣ(bin)	ㄅ丨ㄣ(bin)
兵冰丙柄餅禀秉幷病	ㄅ丨ㄥ(bing)	ㄅ丨ㄣ(bin)
姘拼貧蘋品牝	ㄆ丨ㄣ(pin)	ㄆ丨ㄣ(pin)
乒平評坪屏瓶憑	ㄆ丨ㄥ(ping)	ㄆ丨ㄣ(pin)
民岷閩閻敏	ㄇ丨ㄣ(min)	ㄇ丨ㄣ(min)
明名銘冥茗命	ㄇ丨ㄥ(ming)	ㄇ丨ㄣ(min)
您	ㄋ丨ㄣ(nin)	ㄌ(ㄋ)丨ㄣ(lin或nin)
寧嚀凝	ㄋ丨ㄥ(ning)	ㄌ(ㄋ)丨ㄣ(lin或nin)
林鄰燐麟臨	ㄌ丨ㄣ(lin)	ㄌ(ㄋ)丨ㄣ(lin或nin)
伶令零齡凌領嶺	ㄌ丨ㄥ(ling)	ㄌ(ㄋ)丨ㄣ(lin或nin)
今衿巾斤金筋禁津謹緊錦近僅尽進晉	ㄐ丨ㄣ(qin)	ㄐ丨ㄣ(qin)
京驚經涇兢荆旌睛精晶景頸警井竟鏡敬淨靖	ㄐ丨ㄥ(qing)	ㄐ丨ㄣ(qin)

—117—

欽侵親衾琴勤秦寢	ㄑㄧㄣ(qin)	ㄑㄧㄣ(qin)
輕卿青清晴情請慶	ㄑㄧㄥ(qiŋ)	ㄑㄧㄣ(qin)
欣心辛尋釁信	ㄒㄧㄣ(xin)	ㄒㄧㄣ(xin)
興馨星形刑行省醒幸姓性	ㄒㄧㄥ(xiŋ)	ㄒㄧㄣ(xin)

5. ㄨㄣ→ㄣ　北京音拼在〔ㄉ〕、〔ㄊ〕、〔ㄌ〕、〔ㄗ〕、〔ㄘ〕、〔ㄙ〕六个声母以后的〔ㄨㄣ〕，四川音都念成〔ㄣ〕了。

例　字	北京音	四川音
敦燉鈍頓噸盾遁	ㄉㄨㄣ(dun)	ㄉㄣ(den)
吞屯囤	ㄊㄨㄣ(tun)	ㄊㄣ(ten)
倫論淪輪	ㄌㄨㄣ(lun)	ㄌㄣ(len)
尊遵	ㄗㄨㄣ(zun)	ㄗㄣ(zen)
寸村	ㄘㄨㄣ(cun)	ㄘㄣ(cen)
孫獮蓀筍樺	ㄙㄨㄣ(sun)	ㄙㄣ(sen)

只有一个嫩字，北京讀〔ㄋㄣ〕（語音也有讀〔ㄋㄨㄣ〕的）四川讀〔ㄌㄣ〕（或〔ㄋㄣ〕）。

6. ㄩㄥ、ㄩㄣ→ㄨㄥ　北京和〔ㄖ〕拼的〔ㄨㄥ〕，四川有的仍舊讀〔ㄨㄥ〕，有的改成〔ㄩㄥ〕和〔ㄩㄣ〕了。

例　字	北京音	四川音
戎、絨茸宂	ㄖㄨㄥ(ruŋ)	ㄖㄨㄥ(ruŋ)
戎（四川又讀）榕溶容蓉融	ㄖㄨㄥ(ruŋ)	ㄩㄥ(yŋ)
荣嶸	ㄖㄨㄥ(ruŋ)	ㄩㄣ(yn)

7. ㄩㄣ→ㄩㄥ　北京音讀〔ㄩㄥ〕和拼〔ㄐ〕〔ㄑ〕的一部分字，四川音改为〔ㄩㄣ〕了。

| 例　字 | 北京音 | 四川音 |
| 庸、雍拥勇踴湧用 | ㄩㄥ(yŋ) | ㄩㄥ(yŋ) |

— 118 —

永泳詠　　　　　　　ㄩㄥ(yŋ)　　　　ㄩㄣ(yn)
　　迥燜窘扃　　　　　ㄐㄩㄥ(ɕyŋ)　　ㄐㄩㄣ(ɕyn)
　　窮穹芎　　　　　　ㄑㄩㄥ(ɕʻyŋ)　　ㄑㄩㄣ(ɕʻyn)
　　瓊　　　　　　　　ㄑㄩㄥ(ɕʻyŋ)　　ㄑㄩㄣ(ɕʻyn)

§46. **声母、韻母对应规律總結**　以上声母辨正，韻母辨正全講完了，除个别现象外，總結规律如下：

(1)注意〔ㄅ〕、〔ㄆ〕，〔ㄉ〕、〔ㄊ〕，〔ㄍ〕、〔ㄎ〕，〔ㄓ〕、〔ㄔ〕，〔ㄗ〕、〔ㄘ〕这几組音个别的字，不送气的，不要讀成送气的。

(2)〔ㄅ〕、〔ㄆ〕、〔ㄇ〕、〔ㄈ〕后面的〔ㄥ〕，不要讀成〔ㄨㄥ〕。

(3)〔ㄈㄨ〕、〔ㄏㄨ〕要注意分清。

(4)〔ㄎㄨ〕一律去掉〔ㄎ〕。

(5)〔ㄉ〕、〔ㄊ〕、〔ㄋ〕、〔ㄌ〕，北京音不拼〔ㄣ〕，要注意改为〔ㄥ〕。

(6)〔ㄋ〕、〔ㄌ〕四川音不能分，要注意分开。

(7)〔ㄤ〕母北京音不用，要去掉或改成〔ㄧ〕。

(8)〔广〕母北京音不用，要改成〔ㄋ〕母，或去掉(如乂、藝等字)

(9)〔ㄓ〕、〔ㄔ〕、〔ㄕ〕，〔ㄗ〕、〔ㄘ〕、〔ㄙ〕四川絕大部分不能分，要注意分清。

(10)〔ㄖ〕要讀成〔ㄕ〕的濁音。

(11)〔ㄍ〕、〔ㄎ〕、〔ㄏ〕，〔ㄗ〕、〔ㄘ〕、〔ㄙ〕，北京音拼〔ㄥ〕拼〔ㄣ〕的都有，四川一律是〔ㄣ〕，要注意分別。

12.〔ㄜ〕韻母四川沒有，要注意北京音的这些韻母的字。

(13)四川音讀〔ㄝ〕母的字特别多，要注意分别改成北京〔ㄛ〕、〔ㄜ〕、〔ㄟ〕、〔ㄞ〕四个韻母的字。

(14)〔ㄧㄥ〕这个結合韻母，四川沒有，要注意改正。

(15)要注意北京音一些拼〔ㄨㄣ〕的，不要念成〔ㄣ〕。

(16)〔ㄧㄛ〕这个结合韵母北京没有，要改成〔ㄩㄝ〕。

(17)〔ㄧㄞ〕这个结合韵母北京没有，要改成〔ㄧㄝ〕。

(18)〔ㄩㄣ〕这个结合韵母变化不规则，要注意改正。

(19)〔ㄩㄨ〕这个音北京没有，改成〔ㄩ〕。

練習十

1. 拼寫以下漢字的音：（用拼音字母）

蓬（　）蹦（　）盟（　）萌（　）敦（　）

淪（　）抖（　）乱（　）联（　）等（　）

疼（　）嫩（　）釘（　）柄（　）憑（　）

心（　）刑（　）械（　）害（　）偕（　）

虐（　）略（　）仍（　）仁（　）縈（　）

營（　）經（　）銀（　）遵（　）糙（　）

2. 把下列拼音，翻譯成漢字（每一橫行是一个四字語句）

ㄐㄧㄥˇ	ㄊㄧㄢ	ㄉㄨㄥˋ	ㄉㄧˋ
ㄊㄢˊ	ㄍㄨˇ	ㄌㄨㄣˋ	ㄐㄧㄣ
ㄐㄧㄥˋ	ㄒㄧㄥ	ㄑㄧㄤˊ	ㄍㄢˇ
ㄎㄨˇ	ㄊㄢˊ	ㄌㄠˊ	ㄕㄨˊ
ㄕㄜˋ	ㄏㄨㄟˋ	ㄓㄨˇ	ㄧˋ
ㄍㄨㄥˋ	ㄋㄨㄥˊ	ㄉㄧㄢˋ	ㄌㄧˊ
ㄓㄨˇ	ㄕˋ	ㄈㄣˋ	ㄗˇ
ㄧㄥˇ	ㄒㄧㄤˇ	ㄍㄞˇ	ㄗㄠˋ

3. 念熟以下的繞口令：

桌上放着个盆，盆里放着个瓶，乒乒乓乓，不知是瓶碰盆还是盆碰瓶。

— 120 —

4.按北京音和声調朗誦下面一段話,并把它用注音字母和拼音字母繙譯成拼音文字。

她問我們餓了沒有。这一問正問中了我們的心事。她拿出僅有的一點米,放在房中間木头架成的一个灶上煑粥。她对我們道歉,說沒有多的米,也沒有大鍋,要不就多煑些給部隊吃。我們給她錢,她不要。

（陸定一: 《老山界》《初中文学課本》第一冊第100頁）

第九章 声調辨正

§47. **四川声調(卽字調)和北京声調的比較** 我們在講字調的時候,已經談过一些,現在看看兩方面的異同:

(1)北京有陰平、陽平、上声、去声四种声調,四川大部分地區也是有这四种声調。但有一部分地區有入声,那就比北京多了一种声調,共有五种声調了。

(2)調值不同,北京: 陰平(55)、陽平(35)、上声(214)、去声(51),四川(以重慶作代表)陰平(55)、陽平(21)、上声(42)、去声(214)。入声各地的讀法不一致,幷且重慶沒有入声,不能寫出調值來,但有个共同特點: **凡是入声都很短促,有入声的地區,入声的音拍最短。**

(3)北京音有輕声、半上等,四川音沒有。

(4)陽平的內容不同。中古音的四声,前面已經提过是平、上、去、入,后來各地声調演变情况不同,官話地區大部分沒有入声,原來讀入声的字不是都取消了,而是讀成其他的声調了。北京音把原來入声字分配到陰、陽、上、去四声里面; 也就是原來入声字,北

— 121 —

京音讀陰平、陽平、上声、去声的都有，四川音一律把入声字讀成陽平了。还有个別地區(如內江)把入声字都讀成去声了。

§48. **怎么学会北京声調** 四川是官話區，所以四川話弁不难懂，一个四川人到北京，話說得慢些，北京人还是勉强可以听懂。因为声和韻差別不太大。一些听不懂的地方，在声調方面，你說"買馬"，他听成"賣罵"，那怎么行呢？所以四川人学 普通話 第一步得先学会北京的声調，第二步再按照声韻方面对应規律学准 確北 京語音。

現在我們只談学声調，这也得分成几个步驟。第一步 先能辨別故鄉的四声(或五声)，第二步唸准確北京的四声。碰到一个字，(如"四")很快知道它是哪一声，(是去声)就可以按照 北京 的声調(51)讀出來。第三步假如故鄉音只有四声，碰到陽平字，先从陽平中分出一部分入声字，再按照北京音分別讀入陰、陽、上、去四声里面。假如有入声的地區，就可以直接按照北京音分別讀入陰、陽、上、去四声里面就对了。第四步記住哪些应該讀輕声、哪些应該讀半上，哪些应該如何变調；这样，普通話就算学到家了。

§49. **怎么对待入声字** 四川有好多縣份都有入声。假如一个江津人(有入声)学重慶話(沒有入声)，那很好办，凡是自己讀入声的字，一律讀成陽平就是了。学普通話可沒有那样簡單，因为北京音把入声分配到陰、陽、上、去四声里了，那一个入声字应該讀什么声，我們搞不清楚，就要唸錯。北京音是不是把入声平均分配給陰、陽、上、去呢？不是，它也是按照一定的規律來唸的，該讀入哪声就讀入哪声。据估計：轉入陰平的佔10%，轉入陽平的佔34%，轉入上声的佔4%，轉入去声的佔52%。这样看來，讀入去声和陽平佔絕大多數，轉入陰平、上声的只佔14%。这是怎么來的呢？《國音

— 122 —

常用字彙》里有这么几句話：

"……凡舊韻書的入声字，北京（原作平，今改）音都分配在这四声之中。其分配之条例是与声紐有關的。現在就唐宋之《三十六字母》說明其分配之条例如下：

　　A. 帮非端知見精照七母——陽平
　　B. 滂敷透徹溪清穿七母——去
　　C. 並奉定澄羣从牀七母——陽平
　　D. 明微泥娘疑五母——去
　　E. 心審曉三母——去
　　F. 邪禪匣三母——陽平
　　G. 影喻來日四母——去

北京讀大多數的舊入声字，都是合於这个条例的，但也有很少數的字在例外。此外还有讀上声的，这是因为元代的北京音把 A、B、E 三組的字都歸入上声，（看《中原音韻》）現在还有一小部分字未变舊讀之故。各組又都有讀陰平的字，这是近代的趨勢……"

（該書《本書的說明》第4頁——6頁）

我們抄这段話，是讓大家知道北京音讀舊入声是有一定規律，並且原來只轉入陽平和去声兩声，讀入上声是元代北京音的影响，讀入陰平是近代趨勢，这就是这兩者比較少的原因。我們沒有学《三十六字母》，当然不能要求按照三十六字母來區別舊入声字。那么，按什么來區分呢，田恭同志說：

"如果拿現代北京的声母來說，大致是：沒有声母或者声母是送气音或鼻音、边音（〔ㄆ〕、〔ㄊ〕、〔ㄎ〕、〔ㄑ〕、〔ㄔ〕、〔ㄘ〕、〔ㄇ〕、〔ㄋ〕、〔ㄌ〕）的入声字变去声。不送气塞音或塞擦音声母(〔ㄅ〕、〔ㄉ〕、〔ㄍ〕、〔ㄐ〕、〔ㄓ〕、〔ㄗ〕)的入声字变陽平，擦音声母(〔ㄈ〕、〔ㄏ〕、〔ㄒ〕、〔ㄕ〕、〔ㄙ〕、〔ㄖ〕)的入声字变去声或陽平声,(〔ㄙ〕〔ㄖ〕变去声,其余韻母是〔ㄨ〕的变陽平)"

(田恭：《語音学常識之九》《語言的節律（上）》《中國語文》27期21頁)

按照这个規律大致可以確定哪个入声字該讀陽平,哪个該讀去声。本院李运益同志,根据这个道理,更詳尽的规定了七条規律,可参看。(見《重慶人怎样学标准音》第78頁—80)这还是只能解决入声轉陽平和去声的問題,至於轉陰平和上声还得靠死記。因此不記那些条例直接記常用字虽然麻煩些,記住以后就省事了。底下我們按北京音和常用字列表如下,供大家参考使用。不常用的字,假如用着時,只好再查字典了。

(1)入声轉入陰平的常用字表：

〔ㄅ〕 八〔ㄅㄚ〕,撥、剝〔ㄅㄛ〕,逼〔ㄅㄧ〕。

〔ㄆ〕 潑〔ㄆㄛ〕,劈〔ㄆㄧ〕,撇〔ㄆㄧㄝ〕、扑〔ㄆㄨ〕。

〔ㄇ〕 摸〔ㄇㄛ〕。

〔ㄈ〕 發〔ㄈㄚ〕。

〔ㄉ〕 答、搭〔ㄉㄚ〕,滴〔ㄉㄧ〕。

〔ㄊ〕 踢〔ㄊㄧ〕,貼〔ㄊㄧㄝ〕,託、脫〔ㄊㄨㄛ〕。

〔ㄋ〕 捏〔ㄋㄧㄝ〕。

〔ㄍ〕 割〔ㄍㄜ〕刮〔ㄍㄨㄚ〕。

〔ㄎ〕 哭〔ㄎㄨ〕。

〔ㄏ〕 喝〔ㄏㄜ〕,黑〔ㄏㄟ〕,忽〔ㄏㄨ〕。

〔ㄐ〕 激、迹、積、極、績〔ㄐㄧ〕,夾〔ㄐㄧㄚ〕,接〔ㄐㄧㄝ〕。

〔ㄑ〕 七、漆〔ㄑㄧ〕,切〔ㄑㄧㄝ〕,曲〔ㄑㄩ〕,缺〔ㄑㄩㄝ〕。

— 124 —

〔ㄒ〕 吸、析、膝〔ㄒㄧ〕,瞎〔ㄒㄧㄚ〕,歇〔ㄒㄧㄝ〕。

〔ㄓ〕 只、汁、織〔ㄓ〕,摘〔ㄓㄞ〕,着(着涼)〔ㄓㄠ〕,桌、捉〔ㄓㄨㄛ〕。

〔ㄔ〕 喫〔ㄔ〕,插〔ㄔㄚ〕,拆〔ㄔㄞ〕,出〔ㄔㄨ〕,戳〔ㄔㄨㄛ〕。

〔ㄕ〕 濕、失〔ㄕ〕,殺〔ㄕㄚ〕,刷〔ㄕㄨㄚ〕,說〔ㄕㄨㄛ〕。

〔ㄘ〕 擦〔ㄘㄚ〕。

〔ㄙ〕 撒〔ㄙㄚ〕,塞〔ㄙㄞ〕,縮〔ㄙㄨㄛ〕。

〔ㄧ〕 一〔ㄧ〕,鴨、壓〔ㄧㄚ〕。

〔ㄨ〕 屋〔ㄨ〕,挖〔ㄨㄚ〕。

〔ㄩ〕 約〔ㄩㄝ〕。

（2）入声轉入陽平的常用字表：

〔ㄅ〕 拔〔ㄅㄚ〕,伯、博、薄〔ㄅㄛ〕,白〔ㄅㄞ〕,鼻〔ㄅㄧ〕,別〔ㄅㄧㄝ〕。

〔ㄇ〕 沒(沒有)〔ㄇㄟ〕。

〔ㄈ〕 乏、罰〔ㄈㄚ〕,佛〔ㄈㄛ〕,伏、服、福〔ㄈㄨ〕。

〔ㄉ〕 得、德〔ㄉㄜ〕,諜、叠〔ㄉㄧㄝ〕独、讀〔ㄉㄨ〕。

〔ㄊ〕 突〔ㄊㄨ〕。

〔ㄍ〕 格、革、隔〔ㄍㄜ〕國〔ㄍㄨㄛ〕。

〔ㄎ〕 咳〔ㄎㄜ〕。

〔ㄏ〕 合、核〔ㄏㄜ〕,鶴〔ㄏㄠ〕,滑〔ㄏㄨㄚ〕,活〔ㄏㄨㄛ〕。

〔ㄐ〕 及、級、極、吉、急、擊、卽、疾、集、籍〔ㄐㄧ〕,嚼〔ㄐㄧㄠ〕,局〔ㄐㄩ〕,决、掘、觉、角(角色)絕〔ㄐㄩㄝ〕。

〔ㄑ〕 麯〔ㄑㄩ〕。

〔ㄒ〕 惜、息、媳、熄、習、席、錫〔ㄒㄧ〕,狹、挾、匣〔ㄒㄧㄚ〕,協〔ㄒㄧㄝ〕,学〔ㄒㄩㄝ〕。

〔ㄓ〕 直、值、植、質、执、姪、職〔ㄓ〕,鍘〔ㄓㄚ〕,折〔ㄓㄜ〕,宅、翟〔ㄓ

— 125 —

　　　　　ㄞ)，着(火着了)〔ㄓㄠˊ〕，軸〔ㄓㄡˊ〕，竹、燭、逐〔ㄓㄨˊ〕。

〔ㄔ〕察〔ㄔㄚˊ〕。

〔ㄕ〕十、什、拾、石、食、蝕、实、識〔ㄕˊ〕，舌〔ㄕㄜˊ〕，熟〔ㄕㄡˊ〕，贖〔ㄕㄨˊ〕。

〔ㄗ〕雜〔ㄗㄚˊ〕，則、澤、擇、責〔ㄗㄜˊ〕，賊〔ㄗㄟˊ〕，鑿〔ㄗㄠˊ〕，足、族〔ㄗㄨˊ〕，昨〔ㄗㄨㄛˊ〕。

〔ㄙ〕俗〔ㄙㄨˊ〕。

〔ㄜ〕額〔ㄜˊ〕。

　（3）入声轉上声的常用字表：

〔ㄅ〕百、柏〔ㄅㄞˇ〕，北〔ㄅㄟˇ〕，筆〔ㄅㄧˇ〕。

〔ㄆ〕匹、疋、劈(劈柴)〔ㄆㄧˇ〕，撇〔ㄆㄧㄝˇ〕。

〔ㄇ〕抹〔ㄇㄛˇ〕。

〔ㄈ〕法、髪〔ㄈㄚˇ〕。

〔ㄉ〕得(我得去)〔ㄉㄟˇ〕，篤〔ㄉㄨˇ〕。

〔ㄊ〕塔〔ㄊㄚˇ〕，帖(請帖)、鉄〔ㄊㄧㄝˇ〕。

〔ㄍ〕骨、穀、谷〔ㄍㄨˇ〕，給〔ㄍㄟˇ〕。

〔ㄎ〕渴〔ㄎㄜˇ〕。

〔ㄏ〕郝〔ㄏㄠˇ〕。

〔ㄐ〕給(供給)〔ㄐㄧˇ〕，甲〔ㄐㄧㄚˇ〕，脚、角〔ㄐㄧㄠˇ〕。

〔ㄑ〕卡(卡子)〔ㄑㄧㄚˇ〕，曲(歌曲)〔ㄐㄩˇ〕。

〔ㄒ〕血〔ㄒㄧㄝˇ〕，雪〔ㄒㄩㄝˇ〕。

〔ㄓ〕窄〔ㄓㄞˇ〕。

〔ㄔ〕尺〔ㄔˇ〕。

〔ㄕ〕屬〔ㄕㄨˇ〕。

〔ㄙ〕索〔ㄙㄨㄛˇ〕。

〔丨〕 乙〔丨ˇ〕。

（4）入声轉入去声的常用字表：

〔ㄅ〕 薄(薄荷)〔ㄅㄛˋ〕，必、壁、畢〔ㄅㄧˋ〕，不〔ㄅㄨˋ〕。

〔ㄆ〕 迫〔ㄆㄛˋ〕，暴(暴露)〔ㄆㄨˋ〕。

〔ㄇ〕 末、抹、莫、墨、沒(沉沒)、脈〔ㄇㄛˋ〕(麥、脈(又讀)〔ㄇㄞˋ〕)，滅〔ㄇㄧㄝˋ〕，木、幕、目、牧〔ㄇㄨˋ〕。

〔ㄈ〕 復、複、覆〔ㄈㄨˋ〕。

〔ㄉ〕 的〔ㄉㄧˋ〕。

〔ㄊ〕 踏〔ㄊㄚˋ〕，特〔ㄊㄜˋ〕。

〔ㄋ〕 納〔ㄋㄚˋ〕，虐〔ㄋㄩㄝˋ〕。

〔ㄌ〕 落(寫"落"了字)、辣、臘〔ㄌㄚˋ〕，樂、落〔ㄌㄜˋ〕，力、立、粒、栗、曆、歷〔ㄌㄧˋ〕，列、烈、裂、獵、劣〔ㄌㄧㄝˋ〕，六〔ㄌㄧㄡˋ〕，錄、陸〔ㄌㄨˋ〕，落、絡〔ㄌㄨㄛˋ〕，律、率、綠〔ㄌㄩˋ〕，略〔ㄌㄩㄝˋ〕。

〔ㄍ〕 各〔ㄍㄜˋ〕。

〔ㄎ〕 克、客、刻〔ㄎㄜˋ〕，闊、括、擴〔ㄎㄨㄛˋ〕。

〔ㄏ〕 嚇(恐嚇)〔ㄏㄜˋ〕，划〔ㄏㄨㄚˋ〕，或、惑、獲〔ㄏㄨㄛˋ〕。

〔ㄐ〕 覺(睡覺)〔ㄐㄧㄠˋ〕，劇〔ㄐㄩˋ〕。

〔ㄑ〕 恰〔ㄑㄧㄚˋ〕，切(切实)〔ㄑㄧㄝˋ〕，却、確〔ㄑㄩㄝˋ〕。

〔ㄒ〕 嚇(嚇唬)〔ㄒㄧㄚˋ〕，畜(畜牧)、蓄、續〔ㄒㄩˋ〕，血(熱血)〔ㄒㄩㄝˋ〕。

〔ㄓ〕 秩〔ㄓˋ〕，这〔ㄓㄜˋ〕，祝、筑〔ㄓㄨˋ〕。

〔ㄔ〕 徹、撤、澈〔ㄔㄜˋ〕，畜(六畜)〔ㄔㄨˋ〕。

〔ㄕ〕 式、室、識、適、飾〔ㄕˋ〕，設、涉〔ㄕㄜˋ〕，述、術、束〔ㄕㄨˋ〕，率(率領)〔ㄕㄨㄞˋ〕。

〔ㄖ〕 日〔ㄖˋ〕，熱〔ㄖㄜˋ〕，辱、入〔ㄖㄨˋ〕，若、弱〔ㄖㄨㄛˋ〕。

—127—

〔ㄇ〕 作〔ㄇㄨㄛ〕。

〔ㄘ〕 側、測、廁、策、冊〔ㄘㄜ〕，促〔ㄘㄨ〕。

〔ㄙ〕 澀、色〔ㄙㄜ〕，蕭、速、宿、粟〔ㄙㄨ〕。

〔丨〕 疫、益、翼、譯〔丨〕，叶、頁、業〔丨ㄝ〕，藥、鑰〔丨ㄠ〕。

〔ㄨ〕 物〔ㄨ〕，握〔ㄨㄛ〕。

〔ㄩ〕 育、域、浴、玉〔ㄩ〕，閱、越、月、樂（音樂）〔ㄩㄝ〕。

以上根據常用字（中央教育部公布的）把古入声轉入北京音陰、陽、上、去四声的表列好了，故鄉音有入声的，說話時就可以根據这个表來糾正自己讀得不合的音。故鄉音沒有入声的，并且把入声都讀成陽平，这就更添一層麻煩，因为这样一來，陽平字就有兩种，一种是原來的陽平字，一种是由入声变成的陽平字，第一步必須先能分別那些是原來的陽平，那些是由入声变成的。这固然可以利用上表直接去記，可是文学作品中古入声字还是不少，不一定都是常用字，朗讀時就会發生困难。除了查字典記住外，李运益同志，按重慶音歸納出一些条例，虽嫌繁重些，也可供大家參考，轉錄如下：

从重慶方音讀陽平的字中，分出原來的入声字：

1．重慶方言屬於〔ㄅ〕、〔ㄉ〕、〔ㄍ〕、〔ㄐ〕、〔ㄇ〕五个声母的字，讀成陽平的，原來都是入声。（只有"爸"字是例外："爸"字重慶讀陰平或陽平，原來是去声，标准音也是去声。还有"咱"字，本來是北方方言，讀陽平，重慶人学过來，也就讀陽平了。）

2．凡是重慶方音屬於〔ㄝ〕、〔ㄩㄝ〕、〔丨ㄨ〕、〔丨ㄛ〕四个韻的字，讀成陽平的，無論是單念，或是跟声母相拼，都是原來的入声字。（"佘"、"蛇"兩个字例外）

3．拼有声母的〔丨ㄝ〕韻字，重慶方音讀陽平的，差不多都是原來的入声。（茄、斜、邪、衰是例外）

— 128 —

4．凡是重慶方音屬於〔艻〕、〔乁〕、〔幺〕、〔又〕、〔弓〕、〔与〕、〔尢〕、〔乙〕八个韻母的字，無論單唸，或跟声母、介母相拼，沒有一个入声字讀成陽平的。（着急的着，重慶人也有讀成〔ㄇㄠ〕的，算是例外。）

5．重慶方音屬於〔儿〕韻的陽平字，都就是原來的平声。

6．〔丫〕韻的字，重慶方音讀陽平的，跟〔夊〕、〔ㄇ〕兩个声母相拼的字不是原來的入声字；跟〔匸〕、〔ㄊ〕、〔ㄌ〕、〔ㄗ〕四个声母相拼的字，都是原來的入声。（"拔"、"跋"是原來的入声；"拿"字不是原來的入声，算例外。）

7．〔ㄛ〕韻字，重慶方音跟〔ㄅ〕、〔ㄆ〕、〔ㄇ〕、〔ㄈ〕四个声母相拼的陽平字都是原來的入声。（重慶方言"矮矬矬"的"矬"，讀陽平，算是例外。）

8．〔丨〕韻字，重慶方音跟〔ㄏ〕相拼的陽平字，都不是原來的入声。

9．〔丨丫〕韻字，重慶方音跟〔ㄑ〕相拼的陽平字，都是原來的入声。

上面这些条例，假如能記住并且运用熟習了，能給我們解决大部分問題。不过还有这些条例包括不了的字，有些条例还有例外，还是免不了查字典死記的工夫。有条例幫助比較可以省些事，可以整批整批的記，不必一个一个的記。總之四川人学普通話，關於古入声字，的確是一个困难問題，不管記条例或是背字表，（生字还要查字典。）都要下些工夫。我們介紹这兩种方法，大家可以結合着使用也可以選擇使用。

这一章我們着重談了談古入声字的讀法，至於变調問題，（如輕声、半上以及其他变調）我們已經講过，大家可照着那些規律，好

—129—

生学習，这里就不再談了。总之，四川人学普通話，(其实那里人也是一样)只求近似是比較簡單的，如果要学得比較标准，非得下苦工夫不可。

練 習 十 一

1. 辨别下列各字那个是入声字，北京音讀第几声？

提脚踢球　勝負未卜　爭奪激烈　一齐努力　球从角入

搶救不及　勝負已决　甲勝乙負　握手結束　繼續学習。

2. 把下面一段文字，記出它的輕声、半上和其他种变調，并且找出入声字記出它北京声調是什么：

我本來打算趁那一陣喧鬧偸偸地溜到我的座位上去；可是，这一天，一切偏安安靜靜的，跟星期日早晨一样。我从開着的窗子望進去，看見同学們都在自己的座位上了；韓麥尔先生呢，踱來踱去，胳膊底下挾着那塊怕人的鉄戒尺。我只好推開門，当着大家的面走進靜悄悄的教室。你們可以想像，我那時臉多么紅，心多么慌。

(都德：《最后一課》《初中文学課本，》第一册第70頁)

第十章　語調和朗讀法

§50. **什么是語調**　我們前面說过，声調有兩种：一种是字調，習慣上常用"声調"指字調，簡称声；一种是語調，也叫句調。字調已講过了，現在專來談語調。

我們平常講話，絕不是把一連串的詞不分高低快慢，很均匀地很平板的講出來，由於生理上的需要（因为要换气），說个比較長的句子自然要分成許多小段落；由於語言本身的需要，为使語句中關系分明，重點突出，就把声音加重，或用种种语气來達到这个目的。說話時声音的高低、輕重、快慢、長短、間歇和語气等，（中國老話說是"抑揚頓挫"）就是語調。底下我們分別談一下。

§51. **重音** 有些人有这么个錯覺，以为外國語，如英語、俄語等才有重音，漢語是沒有重音的。这主要是因为首先沒有搞清楚重音是什么，其次把字和詞搞混了，才發生这种錯覺。漢字一个个單字孤立地去讀，当然无所謂重音，可是我們在緒論里說过，詞才是語言中最小的，可以独立的單位，字不是語言里的單位。說到詞，漢語的詞也是有重音的。講字調曾提到輕声，有輕声，不念輕声的自然就是重音了。除了詞有重音，語句也有重音，当說話人着重那个詞時，自然会加重讀那个詞。所以重音可以分兩种，詞的重音和語句重音。我們现在着重講語句重音，不过詞的重音也得附帶說一說。

詞的重音和詞的意義有關系，譬如詞尾要讀輕声，前面的那个字要讀重音，有的詞后面的字，要讀重音，前面的字讀中音（不是輕声，也不是重音），所以双音綴的詞重音的格式有兩个：一个是"重輕"，一个是"中重"。試比較下列各詞：

(1)〔ㄕㄗ〕　　獅子（重輕）一种野獸名；
　　　　　　　石子（中重）細小的石塊。
(2)〔ㄕㄛㄉㄡ〕　舌头（重輕）身上一种器官
　　　　　　　蛇头（中重）蛇的腦袋。
(3)〔ㄉㄨㄥㄒㄧ〕東西（重輕）指物件，如"这是什么东西？"
　　　　　　　東西（中重）指方向，如"这是东西大街。"

— 131 —

(4)〔ㄌㄞㄨㄤ〕 來往(重輕)名詞,如"我們倆沒什么來往。"
來往(中重)動詞,如"行人來往不絕。"

這些地方,我們学習普通話和朗讀文学作品時都要注意,不然就会使人誤会了意思。(詳細情形可参看徐世荣:*《双音緻詞的重音規律》《中國語文》44 期 35 頁)

§52. **語句重音** 为了講解方便,我們把語句重音分作三方面來談:一是句法重音,二是邏輯重音,三是情感重音。以下分別來談。

(1)句法重音 在一般比較短又不表示特別感情的句子里,重音落在哪个詞上,大約有个規律:

1. **普通的句子,謂語總是讀得重些**。(用 · 表示重讀)

① 他心里膩煩了。
② 天上的那層灰气已經散開。
③ 心里可鎭定多了。
④ 祥子的衣服早已濕透。

2. **動詞前面的狀語**("慢慢地"、"真"、"仔細"等)**和后边的補語**("清清楚楚"、"極"、"干淨"、"完"等)往往要重讀。

① 河道是很狹的。
② 小火輪依然橫冲直撞地走过了。
③ 那种花色可真漂亮。
④ 这下可把看熱鬧的人笑坏了,有的笑得前伏后仰,有的笑得流出眼淚。

3. **在意义上特別着重主語的句子,主語要重讀**。

① 他可不是那样的人。
② 什么都沒有。

—132—

③这就是你要看的那本書。
④你怎么也來这一套。
⑤鉛筆、刀子、橡皮都是他一个人的。

4. 比喩的句子重音總是落在比喩的那个詞上。
①石子泥塊像雨點一般打过去，小火輪發瘋似的叫着。
②北面的天边出現了墨似的烏云。
③他哆嗦得像風雨中的樹叶。
④彈花弓"嘣嘣——噹，嘣嘣——噹"地响着。（象声詞，因為是比况声音，也屬这類）。

(2) 邏輯重音　这是由於說話的环境不同，着重點不同，要肯定某一件事情，或是由於对比、反襯，把在一般情况下重讀的音挪在另一个想要突出的詞上。这一點無論在說話時、听話時或是在朗讀時都很重要：說話沒有运用邏輯重音，別人便会誤会了你的意思；听話人不注意邏輯重音，便会答非所問；朗讀時不注意邏輯重音，不注重上下文的联系，作品的思想感情便不能很好的傳達出來。我們在緒論里举的"我在屋里看書呢"那个例句就是邏輯重音的例子，現在再举几个：

1. 問答里的邏輯重音

問　这是誰的書？　　　　　答　这是我的書。
　　这是誰的書？　　　　　　　这是我的書。
　　这是誰的这些爛本子？　　　这是我的書。
問　誰願意週末去游泳？　　答　我願意週末去游泳。
　　誰願意週末去游泳？　　　　我願意週末去游泳。
　　誰願意週末去游泳？　　　　我願意週末去游泳。
　　誰願意週末去游泳？　　　　我願意週末去游泳。

—133—

問　你喜欢游泳？（嗎）　　　　答　我喜欢游泳。
　　你喜欢游泳？　　　　　　　　　我喜欢游泳。
　　你喜欢幹什么？　　　　　　　　我喜欢游泳。

在这些問答中，几乎每个詞都可以是邏輯重音。問的人着重問那个詞，就加重那个詞；听的人听出來重音在那里，就針对問的來回答。回答時可能不答全句話，只答着重的那部分，所以可以只答一个詞，或者一个詞組，这要看情况，按最末一組例句第一問，只回答"是"；第二問，只回答"喜欢"；第三問只答"游泳"可以。但在第二組：第一問只答"我"可以；第二問，第三問，第四問却不能只回答一个詞，必須这样回答：第二問答"我願意"第三問答"我願意週末去"。第四問答"我願意週末去游泳"。不这样回答，重音就顯示不出來了。

2. 联系上下文决定重音

　　我不会 游 泳，他会。
　　我不会 游 泳，他硬說我会。
　　我不会 游 泳，不是不肯。
　　我不会游泳，只 会 溜冰。

所以在朗讀作品時，务必搞清楚上下文的關系，才能掌握好邏輯重音，有邏輯重音，才能傳達出作者的思想感情。

3. 情感重音　語句中有的表示我們强烈的感情的，这些詞要加重讀，才能表示出感情作用來。例如：

①沒見过这样的宝地！房子沒有一間整的，一下大雨就砸死人，宝地！（老舍）

②呸！好不要臉！（老舍）

③給我滾！快滾！上这兒來找便宜？（老舍）

— 134 —

④这几天，大家曉得，在昆明出現了歷史上最卑劣，最無恥的事情！（聞一多）

⑤說什么共產党殺共產党，無恥啊！無恥啊！（聞一多）

§53．**停頓和節拍**　我們說話時，短的句子可以一口气說完，長的句子就不能不在中間停頓，每句和每句的中間更要停頓。这样說話的人不致太費力，听話的人也有思索的時間。句子和句子中間的停頓，也看上下句之間的關系和各种語气的不同，停頓的時間有大有小，寫在紙上变成書面語言，停頓的地方使用标點符号來表示。**所以我們朗讀文学作品或其他东西時，要注意标點符号。**标點在講語法以后才講，現在提到了，大略說一下。表示停頓的标點有頓号（、）、逗号（，）、分号（；）、冒号（：）、句号（。）和問号（？）、嘆号（！），按停頓時間說頓号最短，依次排下去，句号最長。（問号和嘆号在停頓方面來說都等於句号。）

它們長短的次序：頓号、＜逗号，＜分号；＜冒号：＜句号。

拿音符來比較：　♬＜♪＜♩＜𝅗𝅥＜𝅝

我們掌握住这么个比例，心中有數，停頓時間的長短就能合適了。用頓号的地方，要停頓但不要長，讀頓号前面的詞要清楚有力，但不要拖長音。逗号是說話的意思可以停的地方，但緊接下文，不要停得時間長。分号是相對的兩層或几層意思幷列或對待，所以停頓的時間要長些。冒号總起下文，为了使听者注意，要停頓的時間更長一些。（有時它还包括几个句子，那就比句号停的時間还要長些了。）句号表示这一連串有關的句子整个說完，所以時間最長。因此一段完了時，停頓的時間更長。另外破折号（——）省略号（……）也要有適当的停頓時間。

句子長了，沒有标點的地方，也不是一點停頓也沒有，这是和

—135—

标點不一致的地方。有時是由語言的意思來決定，有的是節拍關系。我們先看这几句話：

"在兒童看來，動物植物和別的东西也跟人一样，所以，童話里往往有能像人一样思想行動的動物植物或別的东西，例如'漁夫和金魚的故事'里的金魚。"

（《初中文学課本》第二册第41頁）

我們讀这几句話就不能只按标點停頓，停頓的情况是这样：（用——表示停頓，長短表示時間長短。）

在兒童看來，————動物——植物和別的东西——也跟人一样，————所以，————童話里——往往有能像人一样思想——行動的動物——植物或別的东西，————例如——"漁夫和金魚的故事"里的金魚。————

其次因为節拍的關系，句子中間需要一定時間的停頓，这在詩歌里表現得最明顯。我們先看民歌：

口唱——山歌——手插秧，————

汗珠——滴尽——谷滿倉。————

牛出——力來——牛吃草，

东家——吃米——我吃糠。

（《口唱山歌手插秧》《初中文学課本》第一册第3頁）

一个——巧皮匠，——

沒个——好鞋样；

兩个——笨皮匠，

彼此——有商量；——

三个——臭皮匠，

抵个——諸葛亮；

— 136 —

　　　　要想——入地——有門路,——
　　　　要想——升天——長翅膀。——
　　　　　（《一个巧皮匠》同上第4頁）
　我們再看新詩:
　　　　远远的——街灯——明了,——
　　　　好像是——閃着——無數的——明星。
　　　　天上的——明星——現了,——
　　　　好像是——點着——無數的——街灯。

　　　　我想那——縹緲的——空中,——
　　　　定然有——美麗的——街市,——
　　　　街市上——陈列的——一些——物品,——
　　　　定然是——世上——沒有的——珍奇。——

　　　　（郭沫若:《天上的街市》第一、二首,同上第98頁）
　　我們再來看舊詩詞,舊詩詞大多數是都能吟唱的,現在我們雖然不知道原來的唱法,但朗讀是能办到的。《初中文學課本第一冊參考書》告訴我們說:"朗誦五、七言絕句的時候,除了每行末一字自然停頓外,遇到第二、四、六字是平聲字,該適当地把声音拖長。"（第33頁）做舊詩、念舊詩都要講究"**平仄**",**什么是"平仄"呢?** "**平**" **就是平聲,(包括陰平,陽平)"仄"就是上聲**,去声和入声。這里又碰到个麻煩問題,北京音是沒有入声的,碰到詩詞里的入声該怎么办呢? 假如故鄉音有入声,那好办,念得稍短些就行。假如沒有入声字,第一步得先知道哪个字是入声字,第二步念得短些就是了。是不是一定停頓在平聲字上头呢?
　　何其芳同志的意見:

—137—

舊詩詞里的頓並非都在平声字上，而是这样的：

人生——不相——見，
動如——参与——商。
今夕——復何——夕，
共此——灯燭——光。

潯陽——江头——夜送——客，
楓叶——荻花——秋瑟——瑟。
主人——下馬——客在——船，
举酒——欲飲——無管——絃。
....

凡是有过讀舊詩的經驗的人都是这样的，把五言詩的一句讀为三頓，七言詩的一句讀为四頓。从这些例子可以看出，頓是音節上的單位，但它和意思上的一定單位（一个詞或者兩个詞合成的短語）基本上也是一致的。只是有時为了音節上的必要，也可以不管意思上是否应該停頓，比如'秋瑟——瑟''無管——絃'……"

（《關於現代格律詩》《中國青年》1954年10期 15—16頁）

詞虽是長短句，基本上也是五、七言湊成的，所以也可以照这个規律去讀。現在我們举課本上詩詞的例子，画上平仄（平用"—"仄用"｜"來表示）、停頓，示例如下：

白日——依山——尽，——
黃河——入海——流。——
欲窮——千里——目，——

更上──　一層──樓。
　　（王之渙《登鸛鵲樓》《初中文学課本》第一册第
　　41頁）

这首詩里面的"白"、"日"、"入"、"欲"、"目"、"一"几个仄声字都是入声。

朝辞──白帝──彩云──間，
千里──江陵──一日──还。
兩岸──猿声──啼不──住，
輕舟──已过──万重──山。

　　（李白：《早發白帝城》同前第40頁）

这首絕句里的"白"、"一"、"日"、"不"等仄声字是入声。

江南──好，──風景──舊曾──諳：
日出──江花──紅勝──火，
春來──江水──綠如──藍。
能不──憶江──南？（或作憶──江南？）

　　（白居易：《憶江南》《初中文学課本》第二册第
　　44頁）

明月──別枝──驚鵲，
清風──半夜──鳴蟬。
稻花──香里──說丰──年，──（或作說一丰年─）
听取──蛙声──一片。

　　（辛棄疾：《西江月》上半闋，同上第45頁）

这兩首詞里的"日"、"出"、"綠"、"不"、"憶"、"月"、"別"、"鵲"、"說"、"一"等字是入声。

我們再談一談朗讀的快慢問題。"速度在朗讀中有着相当重

── 139 ──

要的意义。讀物內容的不同的情况引起了不同的速度。朗讀的速度是有机地由讀物內容流露出來的。朗讀是不可以任意加快或放慢的。对讀物的清晰概念和态度永远会提出正確的速度。"(阿達莫維奇,卡尔斯卡婭合著: 《小学語文朗讀教学》 王抱素譯,第15頁)这里說的速度就是快慢問題,朗讀的快慢,是由作品的內容來確定的,所以必須对作品仔細体会,才能正確念出適当的快慢。才能表示出作者的感情。我們从《小英雄雨來》里选些句子來說明:

蘆花開的時候,远远望去,碧綠的蘆葦像盖了一層厚厚的白雪。風一吹,鵝毛般的葦絮就飄飄悠悠地飛起來,把这几十家小房屋都罩在柔軟的蘆花里。

这是文章一開始的一段,是說明"蘆花村"因什么得名,就着也描寫了"蘆花村"的風景。这些句子不能讀得快,讀快了就不能傳達出蘆花村美麗的風景。

媽媽知道他又去耍水,把臉一沉,叫他过來,扭身就到炕上抓笤帚。雨來一看要挨打啦,撒腿就往外跑。

这几句話表示一連串的動作,幷且雨來和媽媽都很緊張,这就不能念慢了,慢了,動作旣連續不上,也表示不出緊張的情緒來。

爸爸从集上賣葦子席回來,同媽媽商量:"看見區上工作同志,說是孩子們不上学唸書不行……"

这是一段商量的話,也要讀得慢些,否則顯不出商量的神情來。

雨來剛到堂屋,見十几把雪亮的刺刀从前門進來。他撒腿就往后跑。背后卡拉一声槍拴响,大声叫着:"站住!"可是雨來沒理他。脚下像踩着風,一直朝后院跑。隨着,子彈

— 140 —

向他头上嗖嗖地飛來。……鬼子已經追到樹底下，伸手抓住雨來的后脚，往下一拉，雨來就掉在地下。鬼子把他兩只胳臂向背后一擰，捆綁起來，推推搡搡回到屋里。

这段是鬼子追雨來跑、万分緊張，当然不能讀慢，慢了，緊張危險的气氛就冲淡了。还要注意这段文章和原來媽媽要打雨來那段文章虽然都是緊張，可是本質不一样，这一段有敌我之分，在緊張里还要分出敌我來，一不小心在讀"雨來就掉在地下"，"捆綁起來"等句子时，稍微帶一點達到目的的口气，那就站在敌人那一边了。对敌人是痛恨的，对雨來沒有跑脫是惋惜的，貫串上这种感情才是健康的。

我們不再多举例了，緊緊記住"朗讀的速度是由作品內容來决定的"这句話就可以了。凡是普通的敍述，或是抒情的、寫景的地方，都要慢些；感情激動的地方，不論是激昂慷慨，不論是憤怒反抗，或駁斥，或声辨，都要讀得快些，但沉痛悲哀的地方，又不宜快，应該念得清楚有力，才能表示出沉痛的感情。声音高低强弱要隨着作品內容來变化，不再細說了。

面部表情要隨着作品的內容，但切忌表演式的表情。朗讀和演戲不同，演員演老太太，就要学老太太的声音，演反派角色，一切思想感情和動作，都要是反派人物应該有的。但朗讀可不然，讀对話可不能忽而学老头子講話，忽而学小姑娘講話，念毛主席的話，忽然打起湖南腔來，那都是瞎鬧。讀反派人物的对話更要有立場，在表情方面表示出憎恨，卑視等感情，那才合適。通过本身形象可以表示出它的特質，假如是个狡猾的敌人，可以在朗讀时表示出他的狡猾，但这并不是为表示狡猾而表示狡猾，是在通过这种表示使听者更加憎恨敌人。我們再引《小学語文朗讀教学》中一段話

— 141 —

來作結束吧。

　　朗讀直接引用語,不應是直接模仿說話人物的話語,不應是演剧。而是在人物語言的特質方面的某些暗示。这种暗示只能从形象的特質出發,并以朗讀者的語言为条件。 如果 是在讀一个非常年老的老太婆所說的話,这些話的音調自然比小姑娘所說的話要緩慢一些;如果老太婆的本身形象流露出坚强的特質,則朗讀者也可以賦予它以坚强的特質,但如果在朗讀中用老太婆本來的声音——可能是低暗的,嗄啞的——來描寫就是錯誤的。(第93頁)

§54.**口气語調**　口气語調也叫做口气,它是跟句型和感情密切联系着的,告訴人一件事和詢問人一件事語气不同; 請求人家办一件事和禁止別人做一件事語气也不同,这和声音的高低、强弱、長短、快慢都有關系,但最明顯的是声音高低抑揚的变化。"下雨了"这一句簡單的話,隨着說話的人的意思不同,可以有种种不同的口气語調:

(1)下雨了。(你从外边來,讓別人知道这件事。)

(2)下雨了?(向別人詢問是否在下雨。)

(3)下雨了!(很想出門,一看下雨,有些失望。)

(4)下雨了!(天气干旱,忽然雨落下來,非常高兴。)

我們体会一下同是这一句話,因为問話答話不同,因为感情不同,口气語調都不一样。几乎每一个句子都有它特有的意味,不可能把具体的每一句話作細致的分析,我們朗讀時要好生体会原文的意思,才能用適当的口气語調把它表現出來。大体上可以講一講的是: 口气語調是貫串在整个句子中間的,不过表現在一句話末一个詞上特別顯著。为了表示各种語气和各种感情,句子里常

—142—

常使用感嘆詞和語气詞,反过來我們在朗讀時,也全靠口气語調來傳達出感嘆詞和語气詞的意味。底下我們談談各种口气語調。

§55.**口气語調的种類**　大概說來,說話的口气語調可以分成三种,卽：升調、降調和曲折調：

(1)升調　在句子末尾升高,一般疑問句都是升調,也有其他种句不用升調的。

　　1.疑問句　句中沒有"誰""甚么""怎么"这類疑問詞的。如：

　　　　①我眞的要雇長工嗎?（李准）

　　　　②借給我的?（同上）

　　　　③他們要一条裙子?（張天翼）

　　　　④难道你們的工作不是白做的嗎?（叶聖陶）

　　2.号令或絕叫的文句,如：

　　　　①全世界無產者,联合起來!

　　　　②中華人民共和國万歲!

　　　　③不要掉隊呀!（陸定一）（是在向大家大声嚷着）

　　　　④不要落后做烏龜呀!（同上）

　　3.驚愕的文句,如：

　　　　①房子要垮啦!（忽然發現,警告別人。）

　　　　②不要喝!有毒!（看見一个人就要喝有毒的水,赶緊警告他）

　　4.意义未完結的文句,如：

　　　　①牛出力來牛吃草,〔东家吃米我吃糠。〕（民歌）

　　　　②大家昕了,〔哈哈地笑起來。〕（陸定一）

(2)降調　一般的陈述句,祈使句,感嘆句和含有疑問詞的疑問句,都用降調。

—143—

1. 陈述句，意义完結句子。

①我感覺得到他那顆战士的心的跳動。（吳运鐸）

②〔一人一馬一桿槍，〕咱們的紅軍势力壯。（民歌）

2. 祈使句，如：

①老爹爹，把我放回大海吧！（普希金）

②快去告訴他們，不要去請先生！（馬烽）

③要小心，坚决完成任务。（立高）

3. 感嘆句，如：

①哎，那可是个好同志！（楊朔）

②俺根本就不認可这門親！（馬烽）

③他的工作是多么有意义！（康濯）

4. 含有疑問詞的疑問句，如：

①沙漠地里"哪"來的春天？（楊朔）（哪是疑問詞）

②它跑到"哪兒"去了呢？（吳运鐸）（哪兒是疑問詞）

③厂長，你"怎么"老不吃飯啊？（同上）（怎么是疑問詞）

④究竟拿这些材料造些"什么"东西呢？（同上）（什么是疑問詞）

⑤礼物？"誰"寄來的？（波列伏依）（誰是疑問詞）

(3) 曲折調　表示躊躇或夸張的时候，往往用曲折的語調。

①要不，明天也到我媽家走一躺？（趙樹理）

②不去呢，她必不会善罢甘休，去呢，她也不会饒了他。（老舍）

③姚志蘭常常痴想，"星星他也摘得下來呢"。（楊朔）

④再过十年，这些樹不知会長得多么高大呢。（馬烽）

曲折調是在这些句里的語調，不是一直升高或下降，而是由低

— 144 —

轉高或由高轉低又升高，仔細体会以下几句話的語調：

你要去嗎？（升調）

我为什么不去呢？（降調）

那末，我去好呢，不去好呢？（曲折調）

第一句句尾升高，第二句句尾降低，第三句，"去好呢，不去好呢？""去""不去"念得高些重些，"好"轉低，"呢"又轉高。語气詞隨着語句內容不同，有好几种語調，不要看到"呢"就肯定一种讀法，到处应用，那就錯了。

§56. 朗讀作品時应該注意什么？这一章我們是結合朗讀法來講的，为什么？因为說話時，有一定的語言环境和內容的限制，每个人都能適当的利用語調，講了这些知識，把感性的沒有系統的知識，变成理性的有系統的知識就行了。至於朗讀呢，一方面絕大多數是朗讀別人的作品，不如自己說話那样自然，了解作品內容也不及自己了解自己說話的意思那样深刻；一方面以前沒有学过很好的朗讀方法，甚至用傳統的坏方法（如不分高低快慢，也不按內容情感，更顧不到詞句的結構，老是用一个平板的腔調來讀），这种朗讀是不会有好結果的。

朗讀是語文敎学的主要环節。敎師能很好的朗讀，就能使学生深刻的体会作品的思想內容，跟作者的感情發生共鳴，達到通过語文敎学進行思想敎育的目的。莫斯科市教師研究所俄語与文学講座教授斯米尔諾夫說："作品的朗讀佔着我們工作的大部分，假如我們朗讀的材料是第一流的作品，那么这种作品的藝術方面：色彩、形象、語言的生动，必須用这样的方式來敎，即是要保証学生对美的了解。作品讀得越好，学生就越能懂得和受它的感染。"列戈維也特教授說过："全部了解一个作品的最好方法就是好好地

—145—

高声誦讀。作品一被高声誦讀就成为好懂与易了解"。(見《苏联学生的思想政治教育》山东新華書店版第161頁)

在另一方面,学生練習朗讀,可以訓練他們运用普通話,(这點必須明確,现在要求已經提高,朗讀時一定要求学生能运用普通話。)通过朗讀使学生認識祖國語言的优美和和諧的音樂性,熱愛祖國的語言,加强愛國主义思想。通过朗讀使他們熟悉詞句的節奏和詞句構造的嚴密性,熟悉各种詞句的構造形式,培养他們寫作能力。俗話說"熟讀唐詩三百首,不会吟詩也会吟。"杜甫也說过"讀書破万卷,下筆如有神":朗讀和寫作關系是非常密切的。沒有朗讀工夫想提高寫作能力,是很难想像的。

底下我們把朗讀時应注意事項總結一下:

(1)"表情朗讀的練習是建筑在对讀物內容的具体概念、中心思想的理解,朗讀者对讀物描寫的一切具有正確态度这些基礎之上的"。(《小学語文朗讀教学》第41頁)所以在朗讀前必須鑽研教材,深入体会作品的主题,作者的思想感情,这样才能達到朗讀的效果。

(2)要用普通話朗讀,所以必須念正確声、韻、調,不能用方言來朗讀。

(3)注意輕声、半上等变調现象。

(4)注意語句重音、邏輯重音和情感重音,这些重音讀不对,就可能影响到內容意义,表達不出作品的思想感情。

(5)注意标點符号,進一步还要注意沒有标點地方的停頓。注意作品(特别是詩歌)語句的節拍,不要任意割裂。

(6)配合作品的內容,注意朗讀時声音的高低、强弱和快慢,切忌平平板板一字一字机械地讀下去。

— 146 —

（7）面部表情要緊緊跟隨着作品內容，要能使听者如身臨其境，如親見其人；但要避免演員式过火的表演。

（8）要注意口气語調，务必和作品句子相適合。口气語調很複雜，很細致，一定联系上下文，用最恰当的口气語調，朗讀出各种各样的句子來。

（9）注意辨別入声字。不能辨別时，对学習普通話，朗讀舊詩詞，都是很大的障碍。

（10）最初練習時，可以在朗讀的材料上，画上各种符号（如重音、停頓、輕声，平仄等）以便引起注意，不致念错。熟悉以后就可以很自然地朗讀下去了。

練 習 十 二

1.指出下列各句的重音（要註明語句重音，邏輯重音、情感重音）

① 風吹草低見牛羊。（民歌）

② 農夫心里如湯煮，公子王孫把扇搖。（同上）

③ 最苦的就是年年要給河神娶媳妇，这把老百姓都鬧窮了。（《西門豹》）

④ 他要把車放下，但是不知放在哪里好。（《在烈日和暴雨下》）

⑤ 雨住一会兒，又下一陣兒，比以前小了許多，祥子一气跑回了家。抱着火，烤了一陣，他哆嗦得像風雨中的樹叶。（同上）

⑥ "你这是問我？我可沒長十个腦袋噢！"撿信員想了想，又說，"啊！是何家莊那个模范軍屬老大娘吧？对，她……"

"她怎么啦？"

—147—

"她前些天託人來取过包裹。是从福建來的。"

"我問你，这些天，有沒有从朝鮮寄給她的信？"

（《最高兴的時候》）

⑦"雨來沒有死！雨來沒有死！"（《小英雄雨來》）

2．画出（用——）下文的停頓。

"这小伙子見我就像見狼一样！"他思摸着，踱到屋子里。东山娘問他："張拴还賣地不賣？那錢借給他不借？""地不賣了吧，有互助組帮助就行。咱那錢可不能借！"他漫不經心地回答着。（《不能走那条路》）

3．分別下面詩詞中的入声字，画上平仄和節拍：

①兩个黃鵬鳴翠柳，一行白鷺上青天。

　窗含西嶺千秋雪，門泊东吳万里船。

②陌上柔桑破嫩芽，东鄰蚕种已生些。平崗細草鳴黃犢，斜日寒林點暮鴉。

　　山远近，路橫斜，青旗沽酒有人家。城中桃李愁風雨，春在溪头薺菜花。

4．辨別下列各句哪句是昇調，哪句是降調，哪句是曲折調，並說明为什么。

①你願意騎馬嗎？

②請你把我抱下去吧。

③有什么可怕的？

④是不是会把脚弄濕呢？

⑤不單会弄濕了脚，水还会沒到脖子呢。

⑥小伙子，为什么咱們不走大路呢？

⑦可是又坐雪橇，不坐馬車……这簡直是胡搞。

— 148 —

⑧这封信是李森科院士寫的。(以上採自《信》)

⑨一跑就喘不过气來,……不跑呢,那毒花花的太陽把手和脊背都要晒裂。

⑩六月十五那天,天熱得發了狂。太陽剛一出來,地上已經像下了火。(以上採自《在烈日和暴雨下》)

5. 按照我們所談的朗讀時应该注意的那些項目,朗讀下面一段文章:(可以在認為必要处加上符号)

　　同志們積極的支持,使設計有了良好的基礎。大家要我尽快地把制造圖紙交給他們。

　　忽然,木型車間的小丁挤到我面前說:

　　"你这玩藝兒行嗎?一顆小子彈,要把那么大的炸彈轟出去,准是落在自己面前,沒打到敵人,反而炸坏了自己!"

　　这个年輕小伙子平時說什么幹什么,搞到勁头上,攔都攔不住,怎么忽然澆起冷水來了?我正在尋思,小丁伸手拍着我的肩膀,接着說:

　　"咱俩打个賭吧!"

　　"賭什么?"

　　"要是成功了,我輸給你一只老母鷄。"

　　在抗日根据地里,大家的生活非常艰苦,平日吃肉都难得,沒有很大的喜事更吃不了鷄。我心里明白,小丁要打賭,是激我快點把槍榴彈制造成功,他使的是"激將法"。我回答說:

　　"好!你先買好母鷄等着吧。"

　　　　(《制造槍榴彈》的一段)

— 149 —

第三编

文　字

第三編 文　字

第一章　漢字和漢語的关系

3·1㉕ 文字和語言的关系　我們在第一册緒論里一开始講語言时引恩格斯的話，說明了人类是由猿進化成的，在形成中的人就会勞动，幷且和劳动一起就发生了語言。那么語言的歷史有多久呢？人类最初的階段是猿人階段，就"中国猿人"（俗名"北京人"在北京附近周口店一个山洞里发見的）來說，出現在五、六十万年以前（参閱裴文中：《中国石器时代的文化》），也就是說，語言至少也有五、六十万年的歷史了。可是文字却年輕得多，世界上最早的文字到現在也只有五、六千年的歷史。文字是在人民有了需要把話傳到远地幷把它在时间上固定起來的那个人类社会发展階段上產生的。斯大林說："生產往前发展，出現了階級，出現了文字。"（《馬克思主义与語言学問題》第24頁）一般說來，人类到了奴隷社会才產生了文字。"从有社会存在的时候起，就有語言存在。語言是隨着社会的產生而產生，隨着社会的发展而发展的。語言也將是隨着社会的死亡而死亡的。社会以外，無所謂語言。"（同上書，第20頁）所以語言是和人类社会相終始的，幷沒有階級性，它是

㉕ 新出的《初中漢語課本》記節方法，不用"§"后加数字一直排下，改用第几編第几節的方法來記。本書从本册起，也改用这种記節的办法。

— 1 —

社会存在的必要条件，沒有語言，社会是不能存在的。文字却不能和它相比，文字虽然也沒有階級性，但沒有文字，社会可以存在。它是在已經存在的語言的基礎上產生着和发展着的，它不是基本的，而是附加的、輔助的交际手段。文字是紀錄語言的符号，就是借助特殊制定的書寫符号，尽可能地表达人类語言的全部特征，某一具体語言的所有特点，來为人类服务，促進社会发展，促進社会文化教育的发展。

自从產生了文字，它就和語言一起为人类服务。它們之間的关系非常密切，因此它們互相影响互相起作用。首先文字是紀錄語言的，所以任何一种文字必须很好地体现出它所表达的語言的特点。其次語言发展和变化比較快，文字却比較保守，跟不上語言的发展和变化；社会发展到一定的歷史階段，某种文字不能滿足社会要求，不能促進羣众文化迅速提高，就要改革这种文字。这是語言給文字的影响，反过來文字也能給語言以一定的影响。我們把用文字記錄的語言叫做書面語言，書面語言也能影响口头語言。最明顯的是有了紀錄口头語言的書面語言，使語言战勝了时間和空間的限制，才能把人类社会的文化傳到远方傳到后代。其次書面語言可以使口头語言更加精鍊，因为書面語言是寫出來讓人家看的，所以要求簡潔精鍊，常常使用書面語言的結果，口头語言自然就逐步走向簡潔精鍊。还有書面語言多半是共同語特性的表达，因此日常談話中的土語，个别集团的語言成分就不能寫進來；并且詞彙、語法也可以借此固定下來（注意这里固定并不是不变的意思，而是指不象口头語言那样說过就完)，这样就能加强語言的規范化的作用。

总之，**語言和文字是緊密联系着的，它們有相同的地方，也有不相同的地方，它們是互相起作用互相影响着的。**

— 2 —

3·2 漢字和漢語的关系 漢語是世界上最发达最重要的語言之一,漢字是紀錄漢語的,是歷史最長久、影响最深廣的文字之一,这是誰都承認的。中国什么时候开始有文字,現在还不能确定,但在三千多年以前,也就是商朝后期就有了甲骨文(詳后),这种最早紀錄漢語的文字,眞是無可比拟的珍貴的原始資料,根据这些資料我們可以知道中国古代社会的歷史、政治、軍事、外交、風俗習慣、經济情况、社会組織等等情况。自从有了甲骨文以后,中国文字从來沒有中斷过,它一步一步地发展着,書面語言的詞彙、語法也漸漸地丰富精密起來,因此它能保存下來象《詩經》、《楚辞》那么优美的詩歌,《尚書》、《春秋》、《左傳》、《国語》等那么丰富的史料,以及战国时代諸子百家光輝燦爛的哲学思想,这些文化宝藏,假如不是利用漢字記录下來,远在几千年以后的我們,怎么談得上接受文化遺產呢?秦漢以后寫字的工具漸漸完善了,保留下來的文献更加丰富,除了文学作品、哲学思想以外,我們祖先在科学上的发明和貢献,如所周知的指南針、造紙術、印刷術以及天文、数学、火葯、建筑技術等等都是借漢字这种書面語言,傳播到世界各国,傳留給后代子孙。假若不是漢字把四千年來的文献紀录下來,那么漢語如何是世界上最发达最重要的語言之一,恐怕也就無从談起了。

我們曾經長期使用"文言文"作为統一的書面語言,这种書面語言在最初的階段,一定和当时的口語基本上是一致的,后來因为漢語发展得快,漢字远远跟不上語言的发展,再加上以后的統治階級有意壟斷文字,保持文字的艱深性,以便实行愚民政策,漢語的口头語言和書面語言便漸漸地分了家。后來距离越來越大,到了唐宋以后便又出現了另一种和口語接近的書面語言,那就是白話

— 3 —

文。我们现在所看到的"变文"、"語錄"、元曲、傳奇、《儒林外史》、《水滸傳》、《紅楼夢》等，都是用这种書面語言紀錄下來的。五四以后的書面文字，是直接繼承这个傳統发展起來的。漢族的方言比較复雜，但是書面文字却是統一的，不說文言文，就是以北方話为基礎的白話文，各方言区都能看懂，所以这种書面語言，对于民族語的形成起了不小的作用。

新中国成立以后，經济建設、文化建設都在飛躍地发展，这些在我国人民的悠久的文化歷史中有过偉大貢献的漢字，因为它难寫、难認、难記等缺点，却使我們在普通教育和兒童教育、成人教育和扫盲工作中成为一种沉重的負担，这种情况不改变就会妨碍羣众文化和教育的普及，妨碍社会經济文化政治各方面的发展，所以必須進行文化改革。

从以上所說看來，漢字和漢語的关系也是非常密切的。漢語是我們交流思想和生产斗爭的武器，当然很重要；紀錄漢語的漢字；对我們來說当然也很重要。**正因为它非常重要，所以对它的优点、缺点、产生和發展都要注意学習，好得到正确的認識。这样才不致于盲目地歌頌它、留恋它，也不至于輕視它，以至于不好生学習它了。**

練 習 一

1. 根据講义上所說的，把語言和文字的異同，用自己話敍述一下。
2. 簡單扼要地敍述一下漢字和漢語的关系。

— 4 —

第二章　漢字的產生和發展

3·3　漢字的產生　世界上所有文字都起源于圖画文字。在圖画文字发生以前悠久的歲月里，人类曾經采用各种各样的記事的方法，像結繩、結珠、刻木、刻骨和刻石等。

結繩記事法很普遍，古代的波斯、秘魯、墨西哥等民族都曾經利用过。中国在原始社会时代，也用这种方法。《易系辭傳》說："上古結繩而治，后世聖人易之以書契。"究竟如何結法，我們現在無从得知；据《周易集解》引《九家易說》："古者無文字，其有約誓之事，事大大其繩，事小小其繩，各执以相考，亦足以为治也。"这话說得很含糊籠統，只是說大事結个大疙瘩，小事結个小疙瘩就完了。南美洲秘魯人結繩的方法却很精密："用一条很粗的繩子，繩子上拴着長長短短像纓子一样的染色的繩子，細繩子上面打着許多結头，結头离繩子越近，表示事情越緊要。黑結头表示死亡，白結头是指銀子或和平，紅結头指战爭，黃結头指金子，綠結头指五谷。如果沒有染色，就是指数目：單結是'十'，双結是'百'，三結是'千'。"（伊林《黑白》中国青年出版社版，第8頁）

結珠是类似結繩的一种方法。美洲的印第安人，用各色貝殼切成許多小圓片，穿在一根綫上，再把这些綫做成整条的帶子用來記事。

刻木（刻骨、刻石等作用一样）是在木棒、木条或樹皮上刻上記号，用來記錄事情。中国古时的"契"就是这种方法。《列子》《說符篇》："宋人有游于道，得人遺契者，归而藏之。密数其齒，告鄰人曰：'吾富可待矣'。"看这种情形，"契"好似賬本，上面刻的

— 5 —

許多"齒",是用來記數目的。北方鄉下染布时,染坊备有劈成兩塊刻有花紋的木头塊,拿一半給染布人作取布的憑証,也是刻木一类的意思。

　　以上所說的这些,都是古人利用它來帮助記憶,代表意思,但都不能代表說話的声音,不經过解說,誰也不知道那究竟是怎么一回事,不能作为人們交流思想的工具。所以它們都不能算是文字,至多对人类創造文字起了一些啓发作用就是了。

　　再進一步便是圖画文字,也叫做文字画。随着氏族社会生產力的发展,建立了复雜的生產关系,这就需要一种輔助語言的工具——文字了。但这幷不是一件輕而易举的事,最初人們用圖画來代替文字,就是用一幅画來表示自己的意思。这种圖画文字和繪画表面上很相似,实質上幷不相同。因为繪画是通过藝術形象幷以它作为手段去影响別人;圖画文字不过是輔助語言的一种符号,目的是想充当語言的輔助工具。中国古代的圖画文字,現在还沒有发現,我們現在举別的民族的一幅文字画來說明这种情形:

〔圖1〕　圖画文字（文字画）

　　这是在美国苏必略湖的岩石上的一幅圖画文字。"五条長的独木船,里面有五十一个人,这是說有五十一个印第安人在渡湖,騎馬的人大概是酋長。烏龜、鷹、蛇和其他动物，代表各个部落的姓氏。可能这个故事是敍述印第安人的某一次進軍。但是它的意思还可能是这样：船里的人是渡到死亡国的陣亡將士，有三个太阳的三个天空就代表死亡国，动物是战士所屬部落的庇护者，也就是他們的祖先。"（《黑白》第15頁）

这种文字画，直到现在不認字的人还在利用着。我們家鄉有个賣豆腐的不認識字，他的賬本上都是些文字画。你叫二城，他就画兩处圓圈，上面加一兩个梁口；他叫四虎子，便画四个小老虎；欠他的豆腐，就用四方塊來代表。

文字画的特点是每幅圖画和語言整个地相結合，每一个圖形，可能是一句話，也可能是一段話。它不表示个别的詞，所以讀不出音來。更談不到語法关系。

在文字画的基礎上經过不断的整理、提煉，又过了好多年，这才出現了越來越完善的在形体上比較固定的符号文字，并且最后代替了文字画。**符号文字和文字画，已經有本質的不同了，它已經是文字了**，不像文字画那样以整幅画和語言相結合，而是用一定的符号和語言中的詞相結合，固定下來，約定俗成，于是就可以讀出音來，并且可以按照語法的順序，把語言記錄下來。这时文字就算形成了。所以文字是由圖画慢慢演变來的。我們看看我国的古象形字（見圖2），就可以知道它和圖画的关系了。

3·4 关于倉頡造字的傳說 最初的漢字是誰造的呢？歷來傳說最多的說是倉頡。《荀子》《解蔽篇》："故好書者众矣，而倉頡独傳者壹也。"《韓非子》《五蠹篇》："倉頡之作書也，自环者謂之私，背私者謂之公。"《呂氏春秋》《君守篇》："倉頡造書。"这都是說倉頡是創制文字的人。倉頡是什么人呢？《說

— 7 —

文解字序》說他是黃帝的史官，（"黃帝之史倉頡，見鳥獸蹄迒之

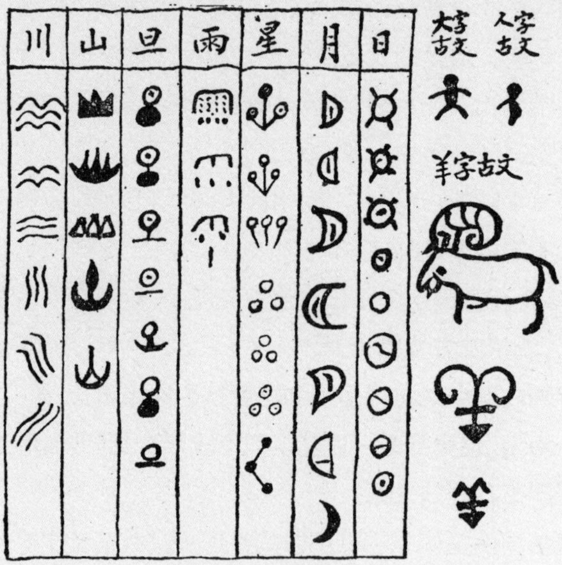

〔圖2〕 中國古象形字
（採自曹伯韓：《中國文字的演變》第17頁）

跡，知分理之可相別異也，初造書契。"）以后大家就都說漢字是黃帝的史官倉頡造的。我們對這個問題應當怎樣來認識呢？我們知道語言是隨着社会的產生而產生，是在人民勞動過程中創造出來的，所以除了聾啞人以外，每个人都能掌握語言。文字不同些，它是社会发展到一定的階段，需要文字來作語言輔助的手段時才產生出來的。在有文字以前的文字畫，可能所有的人，有必要時都在利用。在文字畫的基礎上加以整理，提煉成符号文字，幷且成为一个体系，这只是一部分人的事。創造出來的文字，很快就被統治者所壟斷，一般的勞动人民不經過学習是不能掌握文字的。这一部分人就是"巫"、"史"一類的人物。甲骨文上有所謂"貞人"，貞人便是巫，

— 8 —

巫是專管祭祀占卜的人。到了奴隸社会后期，可能就產生了"史"。魯迅說："原始社会里，大約先前只有巫，待到漸次進化，事情复雜了，有些事情，如祭祀、狩獵、战争……之类，漸有記住的必要，巫就只好在他本职的'降神'之外，一面也想法子來記事，这就是史的开头，……再后來，职掌分得更清楚了，于是就有專門的史官。"（《且介亭雜文》《門外文談》）巫、史这类人，不但創造文字，还有使用文字的特权，在他們享有使用文字特权的过程中，除了整理已有的一些文字，还应事实需要不断添造一些新文字，这样，約定俗成，漸漸形成文字的体系。所以文字尽管不是全民創造的，但也絕不是一个人創造的，这是可以断言的。 为什么傳說漢字是倉頡造的呢？我們推想倉頡（假如有这个人物的話）可能就是巫、史一类的人物，并且創造文字是人类了不起的一件大事，就把倉頡推出來作代表，而且把他神化了，造成种种的类乎神話的傳說。 我想我們对倉頡造字，对漢字的產生应该是这样看法。

3·5 漢字的發展 文字发生以后，并不是一成不变停滯不前，而是逐步向前发展的。文字发展的歷史可以分三个时期，即：表形期、表意期和表音期，也就是最初是表形文字漸漸发展到表意文字，最后发展成表音文字。由以前的敍述，我們可以知道文字是在文字画的基礎上創造出來的，那就是最初的表形文字。这不但中国最初的象形字是这样，埃及的聖書字和巴比倫的楔形字（因为書寫工具的影响才改变了形体）都是表形文字。 因为用照实物描摹下來的符号來代表这个实物的概念，这是很自然的事。但是这种方法有很大的局限性，因为具体的事物，还可以照样描摹；碰到抽象的事物，例如：人格、精神、喜爱等，就没有办法了。事实的要求使文字不能不向前发展成为表意文字。表意的文字就不是一看就知道是什么的圖形,而是用一种符号代表意义,我們看到这些符号,就能領会到它們所代表的意义。表意的方法比較進步多了,但仍不能滿足人类的要求,因为我們不可能拿"义符"去表現思想的無窮的色彩,去跟隨思想不断的变化,并且义符絕不可能表达一切的意义,尤其关于語法成分更無法表达出來。 于是自然而然就再向前邁進,走到表音文字。 文字是代表語言的,語言的物質基礎是声音,語言是借声音來表达意思的,并不憑借什么形体,所以用一种符号來記錄語言的語音,那便不管什么意义都能表达出來了。这种方法最方便、最簡捷,無論那种語言都適用这种方法。

其他种古代文字,也都有这三个階段,不过它們表形、表意階段都比較短,后來便发展成为拼音文字。 漢字最初的象形字是表形文字,会意字是表意文字,形声字就利用声音了,但仍旧有义符,所以漢字直到現在仍旧在表意文字階段。这是为什么呢?据謝尔久輦柯(参看他的《关于中国文字的几个問題》一文,《中国語文》1955年11月号)說有兩个原因:"(一)漢語的特点,它的詞彙語法的規律性;(二)中国本身以及漢族社会經济和政治发展的特点。这些特点决定迄今还存在的漢語多方言現象以及各方言間那些主要是語音和詞彙方面的懸殊差異。"現在根据他的說法略为加以說明。我們知道文字是記錄語言的,某一种文字体現出某种語言的特点,古漢語的特点是單音節的詞占多数,并且沒有詞头詞尾的等等的变化,一些虛詞如助詞、介詞、連詞等,都是由实詞变來或是借用实詞的,在这种情况下,方塊字的表意文字当然可能在很長时期以內发展和使用。但这并不意味着漢語只能用表意文字,而是說在一定时期,漢字是可以記錄漢語的。当語言向前发展,社会向前发展,到了漢字不能滿足人民的要求的时候,同样可以改用

— 10 —

拼音文字，因为拼音文字对任何语言都是适合的。 第二个原因比较更重要一些。中国社会长期停顿在封建社会阶段，这就形成了漢語的多方言現象和方言間語音和詞彙方面的懸殊差異。在嚴重的方言分歧条件下，在缺乏統一的普遍通行的普通話，特别是缺乏統一的讀音和詞彙規范的情况下，想利用拼音文字那是不可能的。表意文字不管各方言区讀音如何不一致，但看到这种书面文字，大家都能了解，这种"超方言"的文字大家都觉得方便，所以能長期存在。

现在情势不同了，漢語本身也在发展，现代漢語的多音詞占了优势，用各自独立的漢字來表示一个詞，有很多的不方便；其次漢語構形成分的发达，现在是无可怀疑的。方块字不但表示实詞，也表示構形成分——助詞一类的虚詞，这样也就接近了一般語音符号。更重要的是新中国成立了，漢族在民族解放战争的时期形成为新型的統一的民族，普通話也基本上形成了，在这方面說起來，改用拼音文字也具备了条件，漢字也要走上表音文字那一步了，我們都"为促進漢字改革，推廣普通話，实现漢語規范化而努力"吧！

練 習 二

1.用自己的話，把漢字的起源和发展的情况，作一个概要的敍述。

2.你对于漢字的发生，倉頡造字，漢字長期停留在表意階段等問題是怎样的看法？（本題可作为小組討論的題目）

— 11 —

第三章 漢字的構造

3·6 漢字的造字法 漢字在甲骨文中已有三千多个,到漢朝許慎著《說文解字》就达到9,353个了,宋朝的《廣韵》有26,194个字,清朝的《康熙字典》共有42,174个字,1911年《中華大字典》有五万多字,1938年《中山大辞典》序里說有六万字,现在的漢字約略估計在六万二千个以上了。这么多的漢字都是怎样形成的呢? 形成的方法不止一种,有按照实物來画的,有借一种符号表示抽象的意义的,有用兩种符号又表音又表意义的……。用这些方法造了許多許多漢字,后來有人把所有的漢字,加以分析、研究,归纳出六种条例,也就是六种造字的方法。**大家要知道不是先立下了六种条例,造字时按照去執行; 而是先創造了許多漢字,再从許多漢字中归納出条例來的。**

这六种造字方法就是所謂"六書"。六書的名称,最初見于《周礼》,可是沒有說明都是什么。后來班固的《漢書藝文志》和鄭众《周礼保氏注》都提出了六書的名字。到許慎《說文解字序》不但提出名字还下了定义,幷且举例加以說明,以后的人談六書,大概都是根据許慎的說法。六書是什么呢? 便是象形、指事、会意、形声、轉注、假借。这六种可以分成三組:象形、指事算一組,这兩种都是單体字(按照許慎的說法,就是**"文",也就是不能拆开自成形体的字**),都是表形的。会意和形声算一組,这兩种都是合体字(按照許慎的說法,就是**"字",也就是合兩个或兩个以上的"文"所造成的叫做"字"**)。会意是純粹表意的文字,形声是一半表形一半表声的文字。轉注和假借算一組,轉注注重意义,假借可以說是完全表

— 12 —

声的文字。从这里也可以看出漢字发展的程序也是由表形趨向于表意，由表意趨向于表音，很合乎文字发展的規律。不过到了假借字階段，就沒有再向前发展了。

六种造字方法，主要的是象形、会意和形声，所以《初中漢語課本》里只談了这三項。指事也是表形的文字。轉注和假借，从前的文字学家大半不承認它是造字法，只看做是用字的方法；也有人認为六种都是造字法，不过前四种比較重要，后两种也算做造字的补助方法。現在我們分別談一下。我們在这里所介紹的只是初步常識，比較詳細深入的解說，將來在古漢語里还要講。

3·7 象形 許愼在《說文解字序》里說："象形者画成其物，随体詰詘，日月是也"。拿現在的話來說，就是：**"按照那个东西的形狀的曲線，画成和它相似的圖形"**。比方"日"作"☉"，"月"作"☽"，"山"作"⛰"，"水"作"巛"等。

象形字是純粹表形的文字。它的形狀，有的是描画全形，有的只描画首腦部分，有的从正面看，有的从侧面看，有的从后面看，有的横看，有的平看。最初的象形字，筆画多少不定，位置也很随便，（可参閱圖2）到后來才漸漸确定下來。

現在楷書里面的象形字，都不像实物了，我們沒有見过長方形的太陽（日），也沒有見过正方形的嘴（口），那是演变的結果，我們举几个例就看清楚了。

这是"子"和"牛"从原始象形字演变的經过，底下再看"馬"、"鹿"、"魚"这几个字从甲骨文到楷書演变的情况：

象形字在《說文》里只有364个，只占全数的4%左右。为什么这么少呢？因为好多的抽象的东西不能画。就說具体的东西吧，每一个都画，既不勝其煩也不可能，比如魚还可以拿一个最普通的魚的形狀來画，那么鯽魚、鯉魚、鮑魚、鮒魚、魷魚……成百成千种的魚，怎么一个一个來画又怎么加以区别呢？用象形來無限量的造字是"此路不通"的，所以不得不想其他的法子。

3·8 指事 許愼說："指事者，視而可識，察而見意"。拿現在的話來說便是："把要指明的东西，用簡單的符号指出來使人一看就能認得，仔細观察便發現了它的含意"。比方"上"、"下"两个字，古文作"⌐""⌐"，橫綫代表任何东西，那一点点在上面或下面就表明上面下面的意思。此外还有就象形字加符号來表示的，如"刃"作"刃"，告訴人說刀的这一部分是刃；"本"作"本"，"末"作"末"，告訴人說樹木的底下是"本"（根），上面是末梢。

古人想出了指事的方法，的确解决了一些象形字所不能解决的問題，但有些指事字，作不到"視而可識，察而見意"的目的。比如"不"是个指事字，据《說文》解釋是"鳥飛上翔不下來也"。"一"說是指天，底下的几筆，說是像一只鳥。这并不能指明"不"的意思，鳥怎么飛上天不下來呢？又如"七"也是指事字，《說文》解釋是"陽之正也，从一，微陰从中衺出也"。我們更不知道他說的是什么意思。

— 14 —

指事字在《說文》中，只有125个，数目更少，原因就是这种造字法的局限性更大，用簡單的符号來表示复雜的不可刻画的事物，想得心应手，那是不可能的。

象形和指事都是表形的文字，不过象形是寫实的，指事是象征的。

3·9 会意 許愼說："会意者，比类合誼，以見指撝"。"誼"是古"义"字，"撝"音（ㄏㄨㄟˋ）(hui)，在这里同"揮"，"指撝"有指向或意之所向的意思，拿現在的話來說就是："**比合兩个字或兩个以上的字（文）成为一个字，而联屬那几个字的意义，指示一个新的意义**"。会意就不再創造新的符号，而是利用原有的字來拼合在一起表示新的意思了。比如"止戈为武"，怎么講呢？武力是用來抵抗侵略的，能制止用兵器來打仗，那才叫"武"。"人言为信"，是說人說話是应該講信用的。另外比較明顯的会意字，如：日在木（樹）上为"杲"，日在木（樹）下为"杳"，人在木（樹）边为"休"，人持戈为"伐"，日月为"明"，女子为"好"等。这都是合兩个字而成的会意字。另外合三个字的如：兩个人在土上是"坐"，用刀劈牛角是"解"，用手拿肉（月是肉字）去敬神（示）是"祭"，三个石为"磊"就是众石的意思，三口为"品"是人多的意思，三車为"轟"是一羣車的声音等。更复雜的如暴（曓）从日、出、ㄋ（同拱）、米，是晒的意思，太陽出來了，双手捧着米拿出去晒；日沒在茻（卽現在的莽字，叢草的意思）中是"莫"（莫）（莫是古"暮"字、"莫"轉作別用，於是又添了个"日"字作"暮"）。"寒"（寒）从宀（房屋的意思）茻、人、仌（古冰字），就是說人在有冰的屋子里，所以躱在草里取暖。至於不正是"歪"，不好是"孬"（nau），上小下大是"尖"，四方木是"楞"，上和下合成"卡"等，那都是后起的会意字了。

—15—

造字的方法由独体的象形、指事到合体的会意,是一大進步,这就比較可以大量造了,所以在《說文》里会意字有1,167个。不过会意字是以象形字和指事字作基礎而发展出來的,事物发展無窮,想拼合有限的几个象形字來表示人世間錯綜复雜的事物,那是办不到的。并且会意多偏於主观,很多字的意义非常模糊,比如說太陽在叢草里面(莫),在平原上早起晚上都有这种現象,为什么一定就是晚上呢?兩个人在土上(坐),誰敢断定他們一定要坐呢,立着、蹲着、躺着不都也可以嗎?还有"为什么'門木'为'閑','夕卜'为'外'呢?'羊言'何以为'善','各人'何以为'咎'?'三女'未必成'姦','二戈'未見其'小'。……'人木'为'休'会不会令人誤会为'木头人'呢?'少目'为'省'(縮小視野可以看得更清楚的意思),会不会令人誤会为'瞎子'呢?卽使沒有很大的誤会,但識字如猜謎,也太伤腦筋了,而且現成的独体字(象形、指事)字数有限,拼搭起來究屬困难;因此,有八个拼成一个——木、缶、木、冂、㶣、凵、匕、彡——>鬱,四个魚字,三个龍字,拼成一个字的,寫起來令人头痛。"(杜定友:《談六書問題》第17頁)因此,这种方法。局限性也很大。

3·10　形声　許慎說:"形声者,以事为名,取譬相成。""事"是事物,"名"当字講,形声字也是合体的字(以合兩体的最多),一牛表形(表示意义),一半表音。"以事为名"是指表义的一边說的,"取譬相成"是指表音的一边說的,拿現在的話來說就是:**"拿表示事物的字來表示这个新字的意义,再拿可以比况声音的字來表示这个新字的声音。"**比如"湖","氵"表示意义,是說湖里有水,"胡"表示声音,"湖"这个字念"胡"。这类字很多,水旁的如:汕、洋、汲、泝、汾、沅、沐;木旁的如:楡、村、材、杷、柏、柄;金旁的如:銅、鉑、鈴、釘、銘、釧;玉旁的如:玲、珂、珠、理、琪、瑚;手旁的如:

指、抹、把、扶、扣、按等,例子是不勝枚举的。

形声字大部分的声符是和意义無关的,可是有一小部分的字,声符也兼表意义,现在举几个声符兼表意义的例子:

否　不的意思,从口,从不,"不"兼表声音和意义。

婚　古时在黃昏以后娶新媳妇,这个"婚"字从女,从昏,"昏"兼表声音和意义。

戋　是小的意思,於是从"戋"的字都有"小"的意思,如:小水叫做"淺",小型的貨幣叫做"錢",小的絲縷叫做"綫",小的竹木材料或小車叫做"棧",小的木簡叫做"牋",小的竹簡叫做"箋",小的酒器叫做"盞"、"琖"或"醆",水所揚起的細泡沫叫做"濺",小巧的話叫做"諓",物性不坚固不完密的叫做"俴",削得很薄叫做"剗",小的宴飲叫做"餞"。(曹伯韓:《中國文字的演变》第27頁)

曾　"曾声字多含重义、加义、高义。重謂之曾,(例略、下同)益謂之曾,加謂之譜,益謂之增,以物送人使之增加謂之贈,重屋謂之層……"。(楊樹达:《積微居小学金石論叢》第42頁)

形声字形符和声符的位置有一定沒有呢? 沒有,不过絕大多数的形声字,形符在左,声符在右。不是这样安排的也有,按声符和形符的位置來分,形声字有八种:

(1)左形右声的,如:江、崎、烽、珂、狠、唱、椿、院、驢、娥……等。

(2)右形左声的,如:功、鳩、雅、鴨、鷄、剔、鄧、覘、动……等。

(3)上形下声的,如:完、窮、云、霜、筒、葦、嶺……等。

(4)下形上声的,如:蠢、忠、蒙、瞥、盞、貧、基、戀……等。

(5)外形內声的,如:圍、闕、病、廣……等。

(6)內形外声的,如:悶、問、聞、辯、辦……等。

— 17 —

（7）上下形,中間声的,如：裏、褒、衷……等。

（8）左右形,中間声的,如：衝、衒、枞、蒴……等。

这八种中除第一种字数最多以外,二、三、四种字数也不少,五种较少,六、七、八种字数都很少,尤其第六种少。

漢字的造字方法到形声字,可以說发达到頂点了。这种方法比前几种都簡便,凡無形可象,無事可指,無意可会的字,一律可以用这种方法來造,并且有形旁还可以指明所造的字屬於那一类的东西,特别重形的漢字,更觉得这种方法的方便。有了这种方法,就可以大量制造新字了,《說文》中的形声字有7,697个, 占全体字数82%强,直到现在还在不断利用这种方法制造新字,最明顯的像化学中的原素如：氫、氧、氮、鋅、鎂、碘、碳等, 助詞、嘆詞如：喂、嗨、旺、哪、啦、嗎等,人民大众創造的简体字如：运、优、胜、艺、样、邮等,都是应用这种方法。

3·11 轉注 許慎說："轉注者,建类一首,同意相受。"关於轉注的解釋,說法很不一致,最普通的說法是："类"是指"形"說的,就是事物的类别；"一首"卽"語源",有人說就是《說文》中的部首；"同意相受"就是好几个字同是一个意思。拿现在的話來說就是："几个意义相同的字, 它們有同一的形符, 彼此能够互相注釋"。轉注字的發生,是因为語言隨着空間时间的不同而起变化,不得不創造許多同义而不同音不同形的文字出來。比如"老"和"考"是同义字,"老"就是"考","考"就是"老",这就叫"轉注"。这些同义字,彼此互相注釋,甲地的人可以因認識本地方的字所以也能了解乙地的同义詞了。这和现在所說的同义詞是一个道理,比方玉蜀黍,在四川叫包谷,北京叫玉米,於是玉蜀黍、包谷和玉米便是同义詞。假如有人要問什么是包谷呢？就可以囘答"就是玉蜀黍，也就是北京的玉米"，問"玉米"时，回答的方式也一样。不过許慎所說的轉注字，范圍比較狹小一些，要意义相同，还要有同一的声符，如"考""老"，妹、娟、犬、狗、舟、船、民、氓等都是轉注字。这是轉注字最初的階段，慢慢地形不相近的同义字，还是要產生出來。再進一步常把同义字合在一塊連用，就造成双音詞，如"喜"和"欢"都是喜的意思，就連用起來作"喜欢"、"欢喜"，其他如"艰难"、"悲伤"、"疼痛"、"憐憫"、"跳躍"……都是这样產生出來的。

轉注是一个意义有好几个字，几个字中間最初只有一个字，因为需要，所以不得不另外造个字，但所造的新字主要的是利用形声法，幷不是用"轉注"法來造新字。还拿"老"为例，最初只有个老字，后來又造了同义字——"考"、"耊"、"耇"等，这几个字都是利用形声的办法所造的字，所以好些人不承認轉注是造字法，而是用字的法則。不过轉注字和形声字不同：轉注字以形符为主体，它們都是同义字，能互相注釋；形声字虽也有同一形符，却不是同义字，不能互相注釋，如松、柏、湖、海等就是明顯的例子。所以許慎也把轉注列在六書中。

3·12 假借　許慎說："假借者，本無其字，依声託事"。拿现在的話來說就是："記錄語言的时候，碰到語言中已經有代表这种事物的声音，可是幷沒有適当的字可寫，於是就按照它的声音，找一个声音相同的字來表明这件事"。以"令"、"長"为例："令"的本义是发号令的令，縣令的令是本無其字的，縣令是发号令的人，就借号令的令作为縣令的令。"長"的本义是久的意思，縣長的長也是本無其字的，長远和長老的意思有关，就借長远的長当作縣長的長。当初是一个音，后來演变長远的長讀〔ȵaŋ〕，長老的長讀〔ʑaŋ〕了。

— 19 —

"令"、"長"的例子,和意义还有关系,其实假借字絕大多数是不管意义的。"其"是簸箕的"箕"的本字,借作代詞"其";"萬"字本象蠍子的形狀,借作千万的"万";"北"字象二人桕背是"背"的本字,借作南北的"北";"須"是鬍鬚的"鬚"的本字,借作必須的"須";"难"本鳥名,借作困难的"难";"汝"本水名,借作尔汝的"汝";"革"是皮子,借作改革的"革"。其餘如天干地支的名称,象声字(如"关关"雎鳩,伐木"丁丁";風"呼呼"地响,雨"嘩嘩"地下等)以及純粹譯音的文字如吉普、巴黎、拿破崙、苏彝士、德謨克拉西、布尔什維克,都是假借法的应用。

3·13 我們对"六書"应有的看法 以上我們把漢字的造字法——六書,大概介绍了一下,主要是讓大家知道成累万的漢字,究竟是怎么來的;并且有了一点这方面的常識,对我們認識漢字和了解字义有些帮助,对我們糾正錯别字也有好处。同时还有一点,我們要注意,就是必須根据歷史发展的观点來对待六書,一方面要知道漢字是高度发展的表意文字,这六种造字方法在当时說來是非常巧妙的,也是經許多人絞腦汁想出來的办法。 在中国这样地廣人稠,封建主义支配了几千年的国家中,在拼音文字社会条件沒有出現以前,漢字是发揮过積极作用的,六書也尽过它的应有的作用,所以不能拿现在的眼光去否定它。但另一方面,我們也要知道,現在我国已經发展到建設社会主义社会的階段,漢字已經不能滿足社会的要求,六書也早已失去它的效用了,我們也不能根据它过去的作用去肯定它。实事求是地給予它应有的估价,才是对六書应有的态度。

現在想談一下六書怎样已經失去了效用的情況。象形、指事这兩种方法局限性很大,并且演变到今天的楷書,所象的形已經不

—20—

象了(例見前,不再列)。指事呢,因为形体的演變和字义的轉移,好多也不知所指何事了,如"亦"本作"亦"是"腋"的本字,指明人的腋的所在地,但"亦"轉做"也"的意思,一般人誰还知道原來它是指明人腋的字呢?再拿字数最多的形声字來說吧,这种方法的优点本來是看形符就知道意义,讀声符就知声音,但是现在很多形声字不能照这个办法去办。先按形符來說,在楷書里好多都失去了形符的作用,如"然"从火狀声,"灬"是火,是形符,但是"馬"、"鳥"、"魚"底下也是四点"却不是"火",这三个字是象形字,是字体演变的结果,一般人是搞不清楚的; 有的不知道形符的意义,比如欺騙的"騙",驕傲的"驕",为什么从"馬"?编輯的"輯",比较的"較"为什么从"車"?好多人也搞不清楚。再看声符吧,更难捉摸,首先它的位置捉摸不定(参看形声字結構八种),不知道按那一部分念好; 退一步說,就算知道声符是那一部分吧,讀起來非常困难,不知道应該讀甚么。下面的例子,大多数讀音都不相同:

古作声符的: 蛄、[gu]故、枯、胡、怙[hù]、固、居。

台作声符的: 胎、怡、治、冶、笞、(Cl)、始、紿[[dài]。

工作声符的: 江、貢、贛、項、虹、訌、[hún]杠、紅。

可作声符的: 河、何、歌、柯、苛。

曾作声符的: 增、層、僧。

这还是讀音比較接近的,另外有些字讀音和声符差得更远,如"槐"是"鬼"声却念[huái],"絡"是"各"声却念[luò],"海"是"每"声却讀[hǎi],这些是常用字还不容易讀錯,比较特殊点的字,"讀半边"的人們便都讀錯了,如愎[bi]、鄱[pó]、胼胝[piǎnzI]、虻[mèn]、涪[fú]、臀[tún]等等。这些字念得正确的很少,原因就是不知道应該念什么。

假借字只管声音,假如再前進一步就能走向表音文字,可是特別重形体的漢字,沒有走这一步,反倒給学習的增加一些負担。如"其"借作代詞,又造了"箕";"須"借作必須的須,又造了个"鬚";"然"借作然而的然,又造了个燃;……不但不省事,字更多更难寫了。还有一个字有好多个意义,或一个詞寫作各种各样的形式,叫后來的人簡直摸不着头腦。如"甲"字本是鱗甲的甲,借作干支的"甲",又借作"狎"(《詩經》《衛風》《芃蘭》:"能不我甲"),又借押("《廣雅》《釋言》:甲、押也),又借为"胛"(《釋名》《釋形体》:"甲,闔也,与胸胁皆相会闔也"),又借为兵甲的"甲"。(郭若沫:《甲骨文硏究》第83頁)又如"彷彿"可作"仿佛"、"髣髴";"徬徨"又作"旁皇"、"傍徨";"委蛇"一詞竟有"逶迤"、"逶迆"、"委它"、"逶佗"、"委陀"、"委也"、"倭夷"、"威夷"……好几十种不同的寫法。

　　漢字发展到現在的楷書,"六書"不但早已失了作用,反而給我們增加好多学習上的負担,这么多的漢字得一个一个去死記。鲁迅曾說:"古人傳文字給我們,原是一分重大的遺產,应該感謝的,但在形成了不象形的象形字,不十分諧声(按即形声——編者注)的諧声字的現在,这感謝却只好蹧蹋一下。"(《門外文談》)郭沫若院長說:"漢字在几千年的发展中基本上是保守着所謂'象形文字'的体系的,但在实际上是走着音标化的道路。特别在今天語彙的組成起了很大的变化,很少用一个字來表示一个事物,絕大多数的詞是由一个以上的字表示一个事物了。因此漢字又差不多已經成为了純粹的音标,就是表音符号。 但我們所使用的这种表音符号数目未免太多了。……这和只用二、三十个符号的拼音文字比較起來,在繁难和簡易上不是有很大的懸隔嗎?"(《为中国文字的根革改革鋪平道路》《中国語文》1955年11月号)。讓我們也來利用簡易的拼音字母來拼寫漢語吧。

練 習 三

1. 按照許愼的說法,"文"和"字"是有区別的,区別在那里？举例說明。

2. 象形和指事有什么相同的地方？有什么不同的地方？会意字和象形字有什么关系？

3. 从《漢字簡化方案》里面,找几个会意字。

4. 从簡体字里面出10个形声字,10个假借字。

5. 漢字为什么以形声字为最多？

6. 从这一章里,你体会到"文字(指漢字)必須在一定条件下加以改革"(吳玉章同志报告題目)的道理沒有？把它扼要地寫出來。

第四章　漢字字体的演变

3·14　甲骨文　現在通行的楷書,幷不是漢字最初的样子,它是經过多少次改变,才变成了現在的样子的。經过多少次变化呢？最先是甲骨文,后來变为大篆、小篆、隸書、楷書,草書和行書是和楷書幷行的。現在我們先談甲骨文。

什么是甲骨文呢？**甲骨文就是用刀子刻在龜甲和獸骨（特別是牛胛骨）上的文字**。这种文字是殷(商)代后半期（自盤庚到紂）当时的皇帝在占卜以后刻在甲骨上的文字。奴隸社会的統治階級非常迷信,無論什么事情都要占卜,占卜时用龜甲或獸骨。先用火來烤,烤后就顯出裂紋,那就叫做"兆",然后就着"兆"來看吉凶。占卜后,常常在甲骨上面寫刻卜辞和同占卜有关的一些簡單的記事文字,这就叫甲骨文,因为是关於占卜的文字,所以也叫"卜辞"。

当时殷代的都城在殷虛(也作墟)(《史記》《殷本紀正义》"洹水南岸三里有安陽城,西有城名殷虛,所謂北冢者也"),在现在河南安陽縣城西五里的"小屯村"。这些刻着卜辞的千万片甲骨,用过以后,有用的被有意地保存起來,沒用的便丢在垃圾堆里。殷紂亡國,都城成了廢墟,它就被埋在殷墟的地下。这些甲骨早就有发现,但因为沒人認識,就被当作廢物或藥材(龍骨)來毀坏了。直到1899年(清光緒25年)才第一次被一个山东人王懿荣发现甲骨上刻的东西乃是古代的文字,以后就被收藏家、考古家所注意,大事搜集,帝國主义者如美國、日本、英國搶去、買去的很多。前中央研究院有組織的从事发掘,新中國成立后对於殷墟发掘工作,更加注意。几十年來不斷发掘,估計现有

〔圖3〕甲骨文

的出土甲骨,总在十万片以上,平均以一片十个字來計算,就约有一百万字了,这是研究古文字和古史的最宝貴的材料。

甲骨文可能还不是最初的文字,因为刻画得很精工,在它以

— 24 —

前，一定还有一段发展时期。不过离最初的文字不远，这是可以断定的。按字形說还沒有一定，比如羊字，可以画一支全羊，也可以只画头角，也可以用几筆來代表(見圖2)。按笔画說，多少也不一定，位置也很随便，橫看、豎看、斜看、正看、向左、向右都可以。按現在已有的材料來說，甲骨文算是最早的了。

3·15 鐘鼎文 鐘鼎文就是在青銅器上鑄造的文字。青銅器不限於鐘鼎，另外有彝（祭器）、尊、壺、盤、盂、簠（fu祭器）、敦（dui盛黍稷器）、卣（jou 盛酒器）等。**因为青銅器是金屬，所以又叫"金文"。刻在青銅器上的文字**，叫做銘，所以又叫"銘文"。从公元前十三、四世紀起，我們的祖先就在他們使用的青銅器上刻字，青銅器是一种極其受人珍貴愛惜的器物，往往在上面刻上名字或其他符号以示区别。后來漸漸刻上帶有紀念性的文字，或者說明造器的原因，或者說明作器的用途和作器的人。再后來便將需要永久保存的重要文献也刻在上面了。因此，青銅器上的文字，就由一个兩个字逐漸发展到几百个字，如出在

〔圖4〕鐘鼎文
（圖3.4.採自《中國書的故事》）

周宣王时有名的毛公鼎（据郭沫若的說法。見《金文叢考》）竟多至497个字，等於一篇《尙書》。我們从这些紀念性的文字，可以研究古代歷史，更可以研究古文字，所以也是很宝貴的資料。

— 25 —

青銅器的出土，远在漢代，不过数量旣少，也沒有人注意。到了宋代，青銅器出土漸漸多起來，蒐集和研究的人，也越來越多。清代乾、嘉以后直到現在研究古文字的風气很盛，出土的銅器也更多了。現在各地進行基本建設，陸續有大量的发現，党和政府也很注意古物发掘和研究的工作，將來这方面的成績一定是很可观的。

　　在青銅器上刻文字的时期很長，包括商朝后半期直到東漢初年（公元前十四世紀到公元一世紀）。所以鐘鼎文实际上包括几种不同的字体，最早时期的接近甲骨文，最晚的是秦篆或漢隸了。**不过平常所指的鐘鼎文是指周朝（从西周到战國末）的青銅器上的文字，因为周朝的最多，也最有文献上的价值**。这些銘文的字体，依着时代和地域的不同而有种种差別，不过有个共同特点，一般比甲骨文为粗大丰圓；这和造字的工具有关系，甲骨文用刀刻，所以字体尖勁，文字作圓形的，只好刻作方筆，肥筆只得改成空筆；金文是范鑄的，所以線条粗大，方圓粗細也比較自如了。（例如"天"字，甲骨文作昃，金文就作术了）。还有金文一个字有几个形狀的，虽然还不少，但比甲骨文就定型得多了；字的行列、大小，也比甲骨文整齐平勻得多，这是文字变迁自然的趋势。

　　現在附帶說一下"古文"的問題。按照許愼的說法，（見《說文解字序》）从黃帝时倉頡造字起，到周宣王（开始有"籀文"），这个时期的文字，都叫做"古文"，所以甲骨文、鐘鼎文，都算做古文。《說文》里的"古文"大約有五百多个字，这些"古文"，可能是战國时代的別体，因为在战國时代，齐、楚、秦等國都有自己的字体，近代发现了不少六國的印璽、泉布、陶器上的文字，都和《說文》上的"古文"很相类似，可作証明。在沒有紙筆以前，古人寫字拿竹片或木板当紙,拿竹棍当筆蘸着漆來寫字,每一筆都是头大尾巴細,形狀很像蝌蚪,所以叫"蝌蚪文",这是手寫的"古文"。

3·16 大篆和小篆 什么叫做"大篆"呢？**大篆是对小篆來說的**,大篆又叫"籀文",因为秦始皇統一中國以后的文字叫篆文,**篆文对籀文來說便叫"小篆",把"籀文"叫成"大篆"了**。那末什么叫做"籀文"呢？《漢書藝文志》載:"史籀十五篇"。注:"周宣王时,太史作大篆十五篇,建武时,亡六篇"。《說文序》說:"宣王太史籀著大篆十五篇"。所以后來的人便說籀文是周宣王的一个太史名叫籀的作的。王國維說:籀当誦讀解,史籀并不是人名(見所著《史籀篇疏証序》)。唐蘭說:《說文序》上所說的周宣王是周元王之誤(見所著《中國文字学》)。周昌寿說:史籀就是《漢書古今人物表》里的史留(見所著《漢書注校补》)。究竟是怎么回事呢？根据现在最普遍的說法是这样:**"史籀"是書名,也叫"史籀篇"、"史篇",是中國第一部字書**。这种字書是編纂章句,便於誦讀記憶的。罗振玉說:"予意《史籀》十五篇,亦犹《倉頡》、《爰歷》、《凡將》、《急就》等,取当时用字,編纂章句,以便誦習,实非書体之異名"。(《殷商貞卜文字考》)"当时用字"的"当时",可能就是周元王时,作这部字書的人,可能是史留,所根据的"字",是西土的文字。王國維說:"《史篇》之文字,秦之文字,卽周秦閒西土之文字也"。(《史籀篇疏証序》)周室東迁以后,秦國就在它的旧地方,直接承受了它的文字的傳統。在秦始皇統一以前的金石文字如"秦公簋"、"詛楚文"、以及著名的"石鼓文",和西周文字很接近,和大篆屬於一个系統。保存在說文里的籀文,約有二百二十多个字,字体多繁复,和金文很多类似的地方。王國維說:"大抵左右均一,稍涉繁复,象形、象事之意少,而規旋矩折之意多,推其体

— 27 —

势,实上承石鼓文,下啓秦刻石,与篆文極近。"(同上)所以**大篆是就当时的文字,选擇其簡明合用的,照原來样子寫下,把比較繁复的經过一番改訂整理的工夫,使它簡單化,然后編成一部字書——《史籀篇》**,这部字書一出,大家用它作教科書去教学童,不知不觉它就成了寫字的标准了。

　　小篆的作者、时代都很明确。我們知道甲骨文的字体还沒有定型,就是金文、籀文一字異形的也非常多。战國时代,各國有各國的文字,所以非常混乱。秦始皇統一中國,为了維护封建帝國的統治,这种文字混乱的現象,便有必要从速澄清。丞相李斯在始皇二十六年上書建議用秦國的文字作为标准,其他各國的文字有不合标准的一律廢除。秦始皇当然同意这种建議,便讓李斯、趙高、胡母敬等,**以繼承了商周文字傳統的"秦系文字"(西土文字)为基礎,加以省改、整理出一种比較簡化的文字,就是小篆**。他們三个还就着三千多小篆,各編一部《史籀篇》式的字書,李斯作《倉頡篇》,趙高作《爰歷篇》,胡母敬作《博学篇》,当作教科書,借政治力量廣为推行,从此字形固定了,文字統一了。这种字体在《泰山刻石》、《瑯瑘刻石》上可以看到。后來許慎作《說文》,就拿小篆作为正字。

〔圖5〕 小　篆
（採自黃伯荣:《祖國的文字》）

　　3·17　隸書和楷書　小篆雖然比較以前的字体簡單了些,但是仍旧很不容易寫,寫起來很慢,应用起來非常不方便。劳动人民和官府的文書小吏,便不管篆法,只求簡便,繁复的字化簡了,圓筆画变方了，就形成了一种和篆書的結構相差得很远的一种字体。这种字体不为当时統治階級所重視，認为是徒隸所作，所以就叫隸書。

隸書起於何時，說法不一，錢玄同先生說："所謂隸書者……窃疑当亦始於战國之世，为通俗所用，故皇帝紀功之刻石不用它，而民众实用的权衡用它也"。（《章草考序》）張怀瓘《書斷》說："程邈始为縣獄吏，得罪始皇、幽系云陽獄中，覃思十年，益大小篆方圓为隸書三千字奏之。"《說文序》和蔡邕《聖皇篇》以及后來許多人（如衞恆、庚肩吾、酈道元、顏师古等）都說隸書是秦始皇时程邈造的。按我們现在推想：隸書和小篆的結構相差得很远，絕不是在短时期由一个人創造出來的，一定是經过好几次变更，可能在很早应用篆体寫字的人，就有意无意地把它簡化，成为篆書的簡体，漸漸演变，才变成隸書。秦始皇的时候，一方面改革社会制度，廢封建为郡縣，一面又兴师动众，大兴土木，还要防止匈奴內侵，也要防止人民起义，所以官府里文書工作非常繁忙，（《漢書藝文志》："〔隸書〕……起於官獄多事，苟趣簡易，施之於徒隸。"《說文序》。"官獄职务繁，初有隸書，以趨約易"）。程邈作縣隸

〔圖6〕 隸 書
（採自《祖國的文字》）

吏,管文書工作,因为实际迫切的需要,可能把当时通行的这种简易的字体,整理了一番,规范化一下,以后就流行起來。这正和简体字一样,創作簡字的人,还是劳动人民,我們推行的簡体字,不过加一番整理和規范化的工夫。程邈和隸書的关系,可能就是这样。以前的文字学家就認定程邈創造隸書,幷且大罵他是中國文字的罪人,因为他破坏了六書(象形、形不象了,指事、会意等,看不出來了)。其实拿現在的眼光看來,隸書的出現,正是中國文字的進步,因为文字是全民使用紀錄語言的工具,隸書正是把圖画文字(廣义的)变作符号來使用,假如到现在仍使用篆字,寫半天寫一个字,拿出去大多数人不認識,那就失去了文字的作用了。

还有"八分書"和"飛白体",我們附帶介紹一下。"八分書"据說是东漢王次仲所作。所謂八分是从程邈字八分取二分,从小篆二分取八分,所以叫做八分。也有人說:"次仲始以古書方廣少波势,建初中,以隸草作楷法,字方八分,言有楷模"。(張怀瓘《書断》引王愔語)这是說字体大小,和我們說"大楷"、"寸楷"等意思差不多。这种說法比較合乎事实,**八分書也是隸書的一种**,幷不是另外的一体。"飛白体",据說是东漢蔡邕"見役人以堊帚成字,因归作飛白書"。这种字体寿命很短,究竟如何不得而知,据說笔画飛举幷且中間是空白的。这也是隸書的一种。

〔圖7〕楷書
(採自《祖國的文字》)

— 30 —

楷書有叫"正書"的,也有叫"眞書"的。这种字体基本上和隸字一样。不过筆画的方式、形态稍有不同,所以有的人把隸字叫做古隸,把楷書叫做今隸。这种字体起於漢朝末年,到魏时有鍾繇,东晉时有王羲之,都是書寫楷書的名家。从魏晉到現在楷書佔了正統地位。在宋代發明了印刷術,因为楷書筆画平直,比較其他的字体容易刻,就把它当作印刷的标准字,直到現在的鉛印、銅模,还是繼承宋朝的印刷体來的。

3·13 草書和行書 草書是从隸書变來的,利用文字的廣大人民为了"簡益求簡,適益求適,於是把隸書再省改一下,存隸之梗概,損隸之規矩,而章草兴焉"。(錢玄同:《章草考序》)所謂"章草"是"**字字有区别,字字不相連**"(同上)的。并且筆画还有波磔,很能看出由隸書蛻化的痕跡。这种章草所以出現,**大概是因为管文書的人起草稿,不願欲慢慢寫隸書多耽誤时间,自然而然地草率一点**,就产生了草書。至於为什么叫"章草"呢?有人說是因为漢元帝时,史游用"隸草"作《急就章》,因此得名;又有人說是漢章帝时,杜操、伯度很会寫这种字体,因章帝很喜欢它,所以叫章草;还有人說是因为能施用於奏章得名。唐蘭說:"古人說'章'和'篇'的意思相同,都是教小孩的。……章楷和章草,意义完全相同。(《中国文字学》175頁)按这种字体,漢初已有萌芽,(《說文序》"漢兴有草書")到宣、元間才盛行起來,所以史游并不是創始人,罗振玉:《流沙墜簡》中有早到武帝时木簡上的草書,就可証明了。

后來章草变成今草,字和字常常連在一起,也沒有波磔了。据說是东漢張芝所創始的一种草書。到了东晉,草書已經不容易認識了;到了唐代張旭,更發展成为"狂草",信手揮洒,按照自己的意思增减筆画,变化字形,弄得讓人几乎完全不能認識了,丧失了

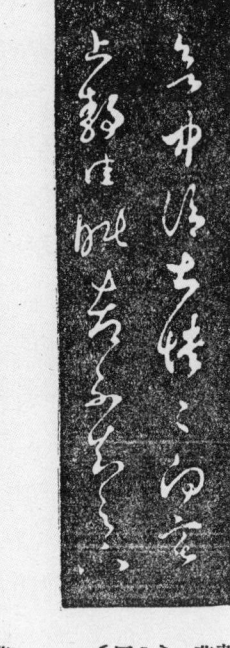

〔圖8〕 章草
（採自倪海曙：《寫字的常識》）

〔圖9〕 草書
（採自《祖國的文字》）

〔圖10〕 行書
（採自《祖國的文字》）

文字的作用，當然就不能流行了。

　　行書也是和楷書幷行的一种字体，它有草書的長处（寫得快），而沒有草書的缺点（比草書容易認），所以直到現在，行書还是很流行的。行書据說是后漢刘德昇所造，其实行書也是中國字体發展的必然趨勢，不会是由那一个人創造的。行書雖然寫起來方便，人們嫌它有些草率，在正式文件还是不用它，仍用楷書，它只算是一种手寫体罢了。

　　3·19　简体字　楷書通行后，历代皇帝規定它为正式文字，官府的文書，考試的試卷，印刷的字体，以及各种正式文件，都只能

— 32 —

用楷書。但是用它的劳动人民还是嫌它太难寫了，就不斷的加以大胆改造，用种种办法（如用古体字、草体字、用一部分代全体、用簡單的筆画代替繁难的偏旁等）來簡化漢字，这种字体，很受統治階級的歧視，給它起名叫做"破体字"，后來有人也叫做"減筆字"，也有叫"手头字"的，就是現在所說的簡体字。这种簡体字，在唐代已經出現，宋、元、明、清，在民間非常流行，試看宋元以來老百姓印的小說、唱本，到处都是这种簡体字；寫賬本、开藥方都在应用着。尽管統治者想尽办法（如《康熙字典》、《字学举隅》等書，指明什么是正体，什么是"俗字"、"破体"來加以糾正）來妨碍它的发展，但这是字体发展必然的趋势，誰也阻止不了的。以后就是近代和現在的文字改革了，留在以后敍述。

練 習 四

1. 漢字字体的变迁經过那些階段？傳說中某人造某种字体，为什么是不可靠的呢？

2. 簡体字寫起來省时省力，在唐宋时就已經出現，为什么一千多年來，楷書独佔正統地位，簡体字老被歧視？

第五章 文字改革

3·20 漢字的缺点 我們在这一章談一談文字改革。現在普通所說的文字改革，是指漢字改革來說的。在这里先要搞清楚一个問題就是：**我們所要改革的是漢字，并不是漢語。**文字是記錄語言的，文字和語言关系很密切，但并不等於語言。我們知道漢語是世界上使用人数最多、历史最長、最优秀、最发达的語言之一，不需要

—33—

改革也不可能來一次有意識地人为的"改革"的。斯大林說：

> "如果以为語言的发展也好像上層建筑一样，是用消滅現存的和建設新的那种方法來发展的，那就是嚴重的錯誤。事实上語言的发展不是用消滅現存的語言和創造新的語言的方法，而是用擴大和改進現存語言基本要素的方法，并且語言从一种質过渡到另一种質不是經过爆发，不是經过一下子消滅旧的和建立新的那种方法，而是經过逐漸的長期的語言新質和新結構的要素的積累，經过旧質要素的逐漸衰亡來实現的"。（《馬克思主义与語言学問題》第25頁）

漢語所以发展到今天的地步，也是經过長期的新質新結構的要素的積累和旧質要素的逐漸衰亡來形成的。文字可不然，当社会发展到一定的歷史階段，某种文字不能滿足社会的要求的时候，就可以举行文字改革，各國都有先例。所以我們千万不要誤会，漢字改革間接也改革了漢語，那就錯了。就算将來实行拼音文字了，形式上当然不是方塊字了，但讀音和語法一切都还是漢語，这个問題务必搞清楚。

我們在緒論中曾經引用吳玉章同志的話，說明漢字在过去有它很大的功績，但也存在着嚴重的缺点。**我們固然不能因为它有缺点就否認它过去的功績，但是也不能因为它过去有功績就不敢正視它嚴重的缺点**。关於它过去的功績，有了吳同志的說明，在第一章里我們也敍述了一下，已經很明确了，这里不再談；关於它的嚴重的缺点，再补充說明一下：

（1）难認　漢字是拿象形字作基礎的，象形是簡单的圖画，指事是意匠的圖画，会意是复雜的圖画。在初期是可以"看圖識字"的，演变到现在，太陽变成方的（日），鳥長了四支脚，人的兩腋看不出來了(亦),暴露的"暴"怎么和人手捧米去晒有关也不知道了,沒有法,得一个字一个字死記。形声字按說应该看見声符就能讀出音來,但是不然：臋不念殿,吼不念孔,嗔不念眞……；很普通的字如江、河、海、銀、錫、奸、妬、娛、娘、抓、擾、猥、貓……念半边准錯。怎么办呢,也只有一个字一个字死記。假借、轉注,弄得一字多义,一义多字更是糾纏不清。这些已在介紹六書时說过了,这里不再多談。我們前已說过,中國的总字数已經約有六万二千多字,不管是誰也認不完。就說平常書报上应用的六、七千字吧,这六、七千字也就很够認了,不少的人大学畢业了,常常讀錯字,怪不得小学生和不認字的工農大众識字困难了。

（2）难寫　漢字从一画到五十多画的都有,五十多画的字固然不常用,而常用的字三十來画的却不少。比如呼籲的"籲"有三十二画,其余如"鬱""鑿""鸞"等字都有三十來画,大多数的字都在十二三画上下,这样寫起來,不但很容易錯,幷且非常費时間。还有一种字筆画虽然不多,很难辨別,比如巳、已、己,戌、戍、戊,束、東,苑、宛,徒、徙,灸、炙……稍微不留心就弄錯了。認的时候,只看看輪廓,或看上下文,大致不会錯；到寫的时候,便举筆犹豫,很难寫得正确。知識分子在認字、寫字方面,耗費了很多的时間和精力,中小学生作文錯別字連篇,这都是漢字的筆画多、难寫、难記給我們帶來的困难和損失。

（3）不能正确地記錄語言　在第一册講語音时,那些音变現象、兒化韵,漢字都顯示不出來。比如"石子"、"柿子","蓮子"、"簾子"的"子",一个讀重音,一个讀輕声,漢字都寫成"子"；"了結"的"了"讀〔liǎu〕"來了"的"了"讀〔le〕都寫成"了"；"目的"的"的"讀〔dì〕,"紅的"的"的"讀〔de〕都寫成"的"。其余如"都來了"的"都"

〔dou〕,"还是"的"还"〔hai〕,漢字表示不出來;長〔çaŋ〕、長〔ʐaŋ〕,乐〔ye〕、乐〔Ie〕,行〔haŋ〕、行〔xiŋ〕等, 漢字沒有分別。 还有声調不同的字,漢字还是一样寫法,如"涼涼了"前一个涼讀去声是动詞,后一个讀陽平是形容詞;看守的"看"讀平声,看花的"看"讀去声: 这些在漢字上都無法看出來。其余如"半上",重叠形容詞后一字变陰平,如"土改""远远地"等,漢字也無法表示。兒化韻在語言中常用,但寫的时候,为了省事常常就不寫出來,例如小孩兒,常只寫"小孩";就算寫出來了,因为"兒"是另外一个字,很容易念成〔xiau hai er〕,不容易正确地念成〔xiau har〕。兒化以后变韵的如:"小錢"〔qiar〕、"小孙"〔suer〕,那就更無法表示了。其次許多有音無字的詞,象声的詞,不是沒法寫出來,便是非常勉強,非常混乱。如: 形容光脚走路〔piaça piaça〕地响的〔pia〕,形容东西〔biaɥi〕一声落到地上的〔bia〕,四川話〔bia〕在牆上的〔bia〕,北京話死〔kei〕書本的〔kei〕等,便沒法寫出來。"角落"北京話說是〔galar〕,和"角落"〔ɥiauluo〕的音相差很远,后來造个"旮旯兒",非常勉強。另外如未开的花叫〔guder〕,有寫"菇朵兒"的,也有寫"骨突兒"、"菰朵兒"的;"馬馬虎虎"也有寫成"麻麻胡胡"、"模模糊糊"的,非常混乱。在譯音方面也非常不方便,如"巴黎"、"拿破崙"、"俄罗斯"等都和原音不合。

（4）在应用方面非常費时費力 漢字筆画繁多,筆画的寫法挑、鈎、撇、捺各种花样都有,方向極不一定,寫起來非常費事。在印刷和打字方面得一个字預备一个鉛字,不能像拼音文字只預备几十个字母就够了。在設备方面極浪費,在操作方面更費力,檢字不能用机械,用人工一个一个來找;拼音文字打字机很小,攜帶方便華,文打字机几十斤重,揹都揹不动,字还不全,打完后还得用手

— 36 —

补上沒有的字，旣費力又难看。在編字典、詞典或其他索引时，更不知道如何办，应用得最普通的是部首，部首非常乱，并且很普通的字不知道在那一部。用其他的办法也解决不了問題（这方面等以后再談）。拼音文字打电报，直接翻譯成电碼，电碼直接翻譯成文字，漢字可办不到，得用四位数字規定好哪个字是几千几百几十几，先把漢字翻譯成四位数字，才能打电报，翻譯也要經兩道手續才能翻譯出來，浪費許多人力。

漢字的难寫难認，給我們兒童教育、成人教育和扫盲工作帶來了許多困难。我國現行学制，需要十二年才能修完普通教育的学科，許多应用拼音文字的國家却只要十年，假如能把全國受教育的人这兩年时間用來進行建設，那該发揮多大的效力呀！并且还不止此，在其他許多实际工作中如抄寫、檢字、打字、查字典、打电报……种种工作中，不用漢字，不知又能省出多少时間。我們正在建設社会主义社会，要和时間賽跑，絕不能再讓漢字拖着后腿，只就这一項來說，就必須举行文字改革，何况它还有另外許多缺点呢？所以"文字必須在一定条件下加以改革"！

3·21 文字改革的可能性 文字由繁化簡，由表形走向表音，这是文字发展的必然規律，漢字絕不能例外，而且歷史事实，已經証明了这个規律。我們講文字形体的变迁，从甲骨到金文、大篆、小篆、隸書、楷書、簡体字，就是按照这个方向來的。所以簡化漢字是自然趋势，是人民大众的要求，誰也阻止不了的。我們講"六書"，已經知道漢字也是按照文字发展規律从表形到表音的，可惜因漢字重形和其他原因，沒有再進一步成为拼音文字，但有識之士一直在这方面努力不懈。早在明代，法國傳敎士金尼閣作《西儒耳目资》，用拉丁字母制造了一套学習漢字的注音工具，他的目的在傳

— 37 —

敎，但对我國的音韵学者却有很大啓发。清代刘献廷在1692年著《新韵譜》主張研究方言，統一國語，制造音字。1892年盧戇章作《切音新字》，选定五十五个記号，制成一套罗馬式的字母。1900年王照著《官話合声字母》，完全摹仿日本的片假名，採取漢字的一部分，作为字母，声母五十，韵母十二。勞乃宣在1907年出版《簡字全譜》，他的京音譜全依王照，另外增加字母作为寧音、吳音等方音譜。1911年清朝滅亡，1913年教育部召开讀音統一会，用章太炎的"紐韵文"补充修改为注音字母。1928年当时大学院（即教育部)公佈國語罗馬字作为國音字母第二式。1921年瞿秋白同志在苏联著《拉丁化中國字》草稿，后來和吳玉章、林伯渠、蕭三等同志，經过一年的討論，在1929年寫成《中國拉丁化字母》，这就是中國拉丁化新文字的前身。1931年9月26日，中國工人在海参威召集中國新文字第一次代表大会，通过了中國新文字的方案、寫法和原則。1933年，中國新文字的方案，由中國通世界語的人介紹到中國來，魯迅、蔡元培等極力提倡，尤其是魯迅指出拉丁化新文字是我國文字发展的正确道路，对拉丁化新文字的推行貢献了很大力量。三百多年來，这些語言学家和革命同志，具有科学的远見，認为中國文字一定要走拼音化的道路，为了制定拼音方案，为了推行新文字，絞腦汁、冒危險，終身奋斗不懈，給我們推行拼音文字准备了条件。但文字改革运动是革命运动的一个环节，反动統治者为了独占漢字实行愚民政策，極端反对文字改革，提倡文字改革的人，被認为"左傾"、"过激"，加以种种迫害，所以儘管提倡不遺余力，还是不能成功。直到新中國成立了，人民掌握了政权，全國統一，既有党的領導，又有廣大人民普遍的需要，文字改革这才由理想变成現实了。

— 38 —

3·22 文字改革的准备工作 中國是个地方大、人口多的國家，几千年來都在使用着漢字。因为地方大、人口多，过去交通又不方便，經济上政治上又不統一，所以方言很复雜，語音方面固然差別很大，詞彙甚至語法方面也都不一致，假如要实行拼音文字，这些方面必定得先統一起來。因为使用漢字的歷史長，知識分子对漢字的閱讀法、寫法和識字的方法都成了習慣，重視字形的心理更是普遍，这种習慣和心理若不改变，对文字改革还是很大的障碍。因此推行拼音文字不能犯急性病，得按照周密的計划，明确的步驟來進行一系列的准备工作。哪些准备工作呢？

（1）簡化漢字　拼音文字不能一下子实行，漢字在今后相当長的一段时間內，还要当作書寫、閱讀的工具來使用，漢字难寫、难認，異体字又多，所以不能不作一番簡化的工作。这种簡化漢字工作，也是文字改革，但不是文字改革的最終目的，只是开始，所以說漢字的簡化是中國文字改革的第一步。簡化漢字不但在敎学方面，在应用方面給了我們很大的方便，而且在改用拼音文字方面也做了思想上的准备。有些人不但認为改用拼音文字，就使中國文变成外國文，并且認为推行簡体字是提倡寫錯別字。可是簡体字公佈后，报章雜誌都在应用，大家都在欢迎，使这些人慢慢地觉得簡体字是可行的，恐怕拼音文字也是可行的。再就是簡体字当中有一种同音代替的办法（就是以前所說的別字），如"斗"代"鬭"、"范"代"範"等，寫在双音詞里，如"斗爭"、"模范"等大家也看得懂，沒有什么毛病，使重視形体的人，漸漸感到語言原是借声音來表示意义的，記錄語言的文字也能借声音表示意义，不一定非借什么偏旁來表示意义。这也扫除了推行拼音文字思想方面的障碍。

（2）实行横排横寫　漢字的旧習慣是直寫左行，拼音文字一定得橫寫右行。我們現在雖然仍旧利用漢字，也要試行橫排橫寫向右行來改变这个旧習慣。橫寫右行比直寫左行方便得多，并且有很多好处：按寫說，旧日用毛筆寫字常常寫了一行，得用紙盖上，才能寫第二行，否則很容易被手臂塗抹了，橫寫沒有这个毛病；按看說，就生理現象來談，眼睛橫看要比直看看得寬，并且要省力得多，不信，可以比較一下；按印刷說，橫排比較直排節省篇幅，有人計算过，大約可節省30％的紙張，这是一个不小的数目啊。橫寫有这么多好处，大多数人寫筆記早已改成橫寫了，从1956年开始，全國的报紙雜誌絕大多数都改成橫排了。这也为推行拼音文字作了准备工作。

（3）推廣普通語　我們以前談过，在建設社会主义的现在，沒有民族共同語——普通話是不行的。推行普通話不是全为了推行拼音文字，但和推行拼音文字却有很大的关系。因为拼音文字不比漢字，用漢字寫文章，不管那个方言区都能看得懂，用拼音文字就不行了。拼音文字光是紀錄語言的声音，各方言区語音差別很大，假如各人記各人的音，誰也看不懂誰說的是什么，那不就造成極大的混乱嗎？**所以一定得先有全國通行的普通話，我們拼寫的就是普通話的語音**，这个問題就解决了。

（4）促進漢語規范化　除了語音以外，詞彙也很重要。不用說各方言区之間詞彙有差別，就拿作普通話的基礎方言的北方話來說，詞彙方面也还沒有作到規范化。四川的紅苕，北京叫白薯，河北省中部叫紅山藥，还有的地方叫紅薯的。四川的南瓜，北京叫倭瓜，很多地方叫北瓜，把另一种白皮的叫南瓜。火柴有的叫洋火的，北京土話叫洋取灯兒。暖壺、暖水瓶、溫壺、热水瓶指一种东西，数

— 40 —

室、課堂、講室、講堂指一种地方。喜欢和欢喜，和緩和緩和，情感和感情等，这类能顛倒的詞有分別沒有？究竟哪个好些？"在未講話以前"和"在講話以前"，"差一点沒有淹死"和"差一点淹死"，表示的意思一样为什么說法不同。这些如不規范化，就会給拼音文字帶來困难。促进漢語規范化就是在語音、詞彙、語法方面，都有个标准，拼寫起來又容易懂，又不給学習的人增加負担。

（5）制定拼音方案　实行拼音文字，必須有拼音字母，究竟用什么样的字母才合適呢？一定得慎重考慮，方案制定好了，先用來給漢字注音，再进一步就在漢字中間夾用，有音无漢字的、象声詞、外国譯名、比較难寫的字都用拼音字母直接拼寫。另外要利用拼音字母教学普通話加速推行普通話。**这样使廣大人民逐漸熟悉拼音字母，熟悉拼音方法，熟悉北京音，熟悉普通話**，为推行拼音文字鋪平道路，以后就可以全面实行拼音文字了。

3·23　怎样簡化漢字　簡化漢字是文字改革的第一步，也是当前很重要的一件事，尤其我們語文教师，对于簡化了的漢字，一定要搞得清清楚楚，否則仍寫繁体字，就不能起示范作用。批改作文时，我們也沒有个一定的标准，原先認为是別（白）字，现在不別了，我們仍旧認为是別字；学生乱造的字，也不敢断定它是否对，这样就不行。因此在这一節談談漢字是怎样簡化的，对我們理解和記憶簡体字都有好处。

簡化漢字的工作有两方面：一方面是减少筆画，一方面是精簡字数。

如何减少筆画呢？主要的有以下七种方法：

（1）用一个最簡单的符号代替复雜的偏旁。如用"又"可以寫成"对（對）"、"难（難）"、"欢（歡）"、"叹（嘆）"、"汉（漢）"、"仅（僅）"、

"鸡(鷄)"、"戏(戲)"、"凤(鳳)"等字;用"×"可以寫成:"区(區)"、"赵(趙)"、"冈(岡)"、"风(風)"等字;用"ッ"寫成"学(學)"、"兴(興)"等字;用"文"寫成"刘(劉)"、"这(這)"等字。

（2）用一个共同的声符在好几个字里表示他的讀法。如："种(種)"、"肿(腫)"、"钟(鐘)"都用"中";"迁(遷)"、"纤(縴)"、"歼(殲)"都用"千";"艺(藝)"、"亿(億)"、"忆(憶)"、都用"乙";"拥(擁)"、"佣(傭)"、"痈(癰)"都用"用"。

（3）用簡單的声符代替繁難而不准确的声符。如:"態"讀"太"的音,并不讀"能"的音,就寫作"态",另外像"帮(幫)"、"邮(郵)"、"战(戰)"、"胜(勝)"、"証(證)"、"运(運)"、"赶(趕)"、"达(達)"等,都是这种办法。

（4）利用"会意"法簡化少数的字。这种办法不很好,所以只採取几个現成的字,如:"蚕(蠶)"（勉强說是天給人一种有用的虫）,"笔(筆)"（有竹有毛的毛笔）;"灶(竈)"（用土作成來燒火的）,"尘(塵)"（麈是細微的土,这是个古字）,"阳、阴(陽、陰)"（中國旧習慣日为陽,月为陰）。新造的只有一个"灭(滅)"字,它也是原"滅"字的一部分。

（5）利用"假借"法,卽用同音字來代替繁体字。如:"咸"(鹹)肉,"面"(麵)条兒、"胡須"(鬍鬚)、大"曲"(麯)、餅"干"(乾)、"斗"(鬪)爭,放"松"(鬆)、"后"(後)面等都是。另外以"余"代餘,以"吁"代"籲"、以"郁"代"鬱"都是这种办法。

（6）利用草書。草書的笔画少,但弯弯扭扭不好印、不好認,所以只採取一部分通行的字,并且把笔画改得平直了一些,以便和楷体字一块印刷。这类字如:东(東)、拣(揀)、为(爲)、乐(樂)、发(發)、专(專)、书(書)、孙(孫)、韦(韋)等。

— 42 —

（7）留下繁体字的一部分。如：条(條)、务(務)、隶(隸)、虽(雖)、号(號)、类(類)、么(麼)、电(電)、夺(奪)、医(醫)、飞(飛)、尢(朮)等。

另外还有些办法，如利用古体字啦(如"从(從)"、"众(衆)"等)，另造字大概相似啦(如"龟(龜)"、"亚(亞)"等)，用重叠法表示啦。(如"蟇(蟲)""枣(棗)"等)，这都不是主要的，就不再详谈啦。

以上都是就个别字来简化的，汉字字数很多，只简化这几个(两批简化字共515个字)字还是不行，于是又有成批简化的方法，那就是简化汉字的偏旁。简化一个偏旁就可以简化几个字，几十个字甚至一百多个字，这种方法太好了。比如"車"旁的字一律写成"车"，"系"旁的字一律写成"纟"，你算一算该简化多少字，又省了多少笔画呀！全国文字改革会议通过简化的偏旁，一共有54个，这就可以整批整批简化汉字了。印刷方面限于设备，不能一下子采用，但我们手写的时候，就可以侭先采用了。

我们再谈谈精简字数，这主要是指废除异体字来说的。汉字有好多字，读音、意思都一样，可是写法不同。最普通的是有两种写法，如：吃、喫、裏、裡、隣、鄰、娘、孃等。有三种写法的，如：歷、厯、歴、炮、砲、礮等。还有四种写法的，如：奔、犇、逩、犇，并、併、並、竝等。这给学习汉字的人带来很大困难，明明是一个字，得学好几个字，不学吧，碰到这些字就不认识，学呢，得花费好多寃枉的时间和精力。中国文字改革委员会公布的那《第一批异体字整理表》列出1865字，经整理后共精简了1055字，这个办法也是非常受人欢迎，**我们要常看这个表，记住哪些字是保留的，哪些字是精简了的，以后我们就照那个表来教学来使用。**

— 43 —

練習五

1. 我們要实行"文字改革",是不是要改革語言呢？假如不是为什么？

2. 在你的教学过程中是不是感到漢字有缺点，用实际的例子來說明。除了講义上所談的以外,还有什么缺点？

3. 你个人对于"文字改革"贊成不贊成？据你了解都是些什么反对的意見,他們的理由是什么？

4. 按你个人的体会，文字改革沒有准备工作行不行？照我們談的那样作,能不能成功？

5. 按照所列举的七种簡化漢字的方法,每种(第四条可不举)再找出一些例子。

第六章 正 字 法

3·24 現階段的正字法 一般人尤其是青年人常有这种看法：漢字終归要廢棄的,中國文字改革委員会所進行的漢字簡化工作,也是提倡寫錯别字的,所以我們現在对于漢字的讀音、寫法都可以糊糊些,念錯了、寫錯了都沒有什么关系。他們(指委員会)可以寫別字,我为什么不可以？他們可以公布簡字,我为什么不可以制造簡字呢？**这种看法,非常錯誤,必須加以批判糾正**。我們在緒論里稍微提到过,在这里需要再强調一下。"文字必須改革、要走世界文字共同的拼音方向"(毛主席的話),这是肯定了的。但文字改革是一件大事,必須有計划地有步驟地去作,絕不是一年兩年,甚至十年八年就完全使用拼音文字了。在实现拼音文字以前很長

— 44 —

一段时間，我們还得使用漢字。中國文字改革委員会所制定的漢字簡化方案，不是随便乱來的，是根据"約定俗成"的原則，几經研究比較整理然后才发表來推行的。簡化漢字的目的是为了節省大家学習漢字的时間和精力，为了給拼音文字作准备工作，并不是提倡寫錯別字。假如沒有一个标准，大家都随便寫随便念，这不就造成了極大的混乱，使漢字寫成的东西起不了文字的作用了嗎？所以我認为在这过渡期間，我們作語文教师的人不是要忽視正字法，而是要加强重視正字法。我們的正字法絕不是《字学举隅》派，反对簡体字、"俗字"，而是在擁护文字改革的原則下來進行正字工作。那就是我們絕不乱寫更不乱造簡字。应該以政府公布的簡化漢字的文件为标准，第一批簡体字公布了，我們就使用第一批，第二批、第三批……公布了，我們又立刻拿它作标准；有了簡体，就不再使用繁体；規定某一个字用这种寫法，就不再用其他种寫法；廢除了的異体字，我們就不再使用。凡合乎标准的就算正确，不合乎标准的就算錯誤。这样簡化漢字的目的达到了，又不致造成混乱。教学方面有了这个明确的标准，也非常方便，底下我們从各方面來談談正字法。

3.25 筆画和筆順 漢字是由各种横、直、弯、斜、等線条組織成的，这些線条就叫做筆画，漢字的筆画有以下几种：①点（"、"），②橫（"一"），③直（"｜"，包括所謂"懸針"），④撇（"ㄨ"、"ㄱ"），⑤挑（"ㄱ"），⑥捺（"ㄟ"），⑦鈎（"ㄑ"、"ㄟ"、"ㄱ"、"→"），⑧曲（"ㄱ"、"ㄥ"、"ㄑ"）。"搞清楚那个字是由那些筆画构成的，不但寫字容易正确，而且查字典时也比較方便。

什么是筆順呢？就是我們寫字时先寫哪一筆，后寫哪一筆，这种寫出各个筆画的顺序就叫做筆順。寫字不照筆順寫就不自然，不

—45—

好看。可拿"女"字作例子,"女"字的筆順比較特殊,最后寫橫筆,假如不照筆順寫,先寫橫筆,就很难寫得好看,大家可以試一試。掌握了筆順,可以提高寫字的速率,也容易寫得清楚、整齐。有些漢字筆順比較特殊,如:右、有、母、必、女和有"辶"的字,楷体的蠅、龜等,不過那是比較少數的几个字。最大多數漢字的筆順,是有一定的原則的,主要的有下面五种:

(1)从上到下　如:上、下、穴、主等;
(2)从左到右　如:时、候、仙、秒、海等;
(3)从外到里　如:國、同、開、病、区、向、肉等;
(4)先橫后直　如:十、車、干、哥、軍、东等;
(5)先撇后捺　如:人、木、水、大、皮、衣、隊等。

这几个原則不是孤立的,是联合起來应用的,除非極簡單的字如"人""十"等,一般的字几个原則都要起作用。比如我們寫个"調"字:先寫"言"字,后寫"周"字,是应用从左到右的原則;寫"言"字时又是从上到下的原則;寫到"口"字又是从左到右的原則了;再寫"周"字,应用从外到里的原則,寫"冂"是从左到右,寫"吉"又是先橫后直、从左到右了。筆順是自然形成的,我們記住这几个原則,应用起來就沒有困难了。

另外我們要注意,漢字有印刷体和手寫体的区別,我們寫字时要照着手寫体去寫,最明顯的是"示"旁的字,比如"神"字印刷体作"神",手寫体作"神"。"令"字印刷体是"令",手寫体是"令",其余如爲(为)、眞(真)、直(直)、連(连)、尊(尊)、內(内)、又(又)、者(者)……等都是。我們寫慣了手寫体,很少有人照着印刷体去寫。要緊的是,**学生照手寫体寫的字,不要認为是錯字**。

3·26　錯字 《初中漢語課本》上,把錯別字混在一起,都叫

— 46 —

作錯字。因为这两种字究竟不同，我們还是分开來談，这一節先講錯字。錯字是什么呢？就是把一个字寫得不成一个字，也就是把字形寫錯了，字典里根本沒有它，如把"武"寫成"武"，"展"寫成"展"，"裤"寫成"裤"等都是。

最常見的錯字有以下几种：

（1）多一点和少一点：

1."示"(礻)旁和衣(衤)旁最容易相混 如把"福""神""社"等寫成"衣"旁，"被""裤""褥"等寫成"示"旁。

2."令"字和"今"字容易混 如"琴"、"吟"、"矜"、"衾"、"含"、"念"都从"今"，不能寫成"令"；"零"、"冷"、"伶"、"鈴"、"領"、"囹"、"聆"、"玲"等字都从"令"，不能寫成今。

3."广"和"厂"，"尸"和"戶"也容易混。如："厚"、"原"、"厥"、"龐"、"厭"、"厉"等，都从"厂"上面沒有点；"庵"、"廊"、"廂"等字从"广"上面有个点。还有有点沒有点都行的，如"厠"(廁)、"厦"(廈)、"厨"(廚)、"厰"(廠)、"厮"(廝)等，那就是異体字，要查表看看究竟是废了哪个寫法。"尾"、"尿"、"屁"、"局"、"屈"、"屋"、"履"等从"尸"，"房"、"扁"、"扇"等从"戶"，也要搞清楚。

4."丷"和"氵"容易混 从"丷"的字很少，如"冰"、"冶"、"冷"、"列"、"冻"、"准"、"凑"、"凛"、"凝"等字都从"丷"，寫成"氵"就錯了。其中冰(氷)凑(湊)有兩种寫法，( )內作廢。从"氵"的不容易錯，但中小学学生还是有寫錯的。

5.另外如把"葱"寫成"葱"，把"刃"寫成"刄"，"步"作"步"、"黍"作"黍"，"恭"作"恭"，"慕"作"慕"，"閏"作"閏"，"梁"作"梁"等都是多一点或少一点所造成的錯字。

（2）多一橫和少一橫：

— 47 —

1. "日"旁和"目"旁　天晴的"晴"是日旁，眼睛的"睛"是目旁，只是多一横少一横的关系，写错了还是个字。其他从"日"的如"晓"、"暗"、"暖"、"晚"、"时"、"昨"、"映"、"昭"、"响"……等，假如写成"目"旁便是错字。从"目"的如"盲"、"盼"、"省"、"眇"、"眼"、"睡"、"睁"、"瞎"、"瞒"……等，写成日旁也是错字。

2. "易"和"昜"　"易"字没有中间那一横，"昜"字有。用"易"作声符的如：剔、惕、錫、賜等，不要多一横；用"昜"作声符的，如：陽、楊、揚、場、伤等字不要少一横；多一横少一横都是错字。

3. "束"和"朿"　"朿"少一横，从它的字如"刺"刀、荆"棘"、"棗"等不要加中间那一横；"束"中间多一横，如馬尼"剌"〔ㄌㄚ〕、"喇"叭、"辣"椒，还有"賴"、"癩"等都用它作声符，不要少写一横。

4. 另外"具""直""眞"等字，里面都是三横，从它们的字，如："俱"、"惧"、"值"、"植"、"殖"、"嗔"、"顚"等字都要注意，不要少写一横。"氐"和"氏"不同，如"低"、"底"、"抵"等字下面有点，纸字下面没有点。

（3）多一撇和少一撇：这一项最常见的错字有"武"（戌）"式""戎"，"丧"（丧）、"弔"（弟）、務（務）、矜（矜）、預（預）、展（展）、耕（耕）等字。

（4）其他　注意出头不出头的分别，如"笛"字下面是"由"，"苗"字下面是"田"；"切"不要写成"幼"，"幼"不能写成"切"。也要注意笔画的长短，如泡沫的"沫"不要写成"沬"，味道的"味"不能写成"昧"等。还注意"卩"和"阝"的分别，如："節"不要写成"節""郎"不要写成"郎"。

我们不可能把所有容易写错的字，一个一个都说说，提几项原則,大家注意,其他方面可以"举一反三"。

3·27 別字 別字和錯字不同。別字(也叫白字)是应该寫这个字而寫了另外一个字。这可以分成兩大類:一類是形狀相似讀音不同的別字,一類是讀音相同形狀不同的別字,分述如下:

(1)形狀相似的別字　这种別字和錯字是同樣錯誤構成的,不过錯字不是个字,別字还是个字罷了。

1.多或少一点的,如:折(拆)、"拆"(折)、"析"(杤)、"杤(tuo)(析)";"兔"寫成"兎","訴"寫成訢;其餘如"戌"和"戍""戊","冶"和"治","狠"和"狼"等都屬这一种。

2.多或少一橫的,如:"鳥"和"烏"、"鳴"和"嗚"、"师"和"帅"、"晴"和"睛"、"早"和"旱"、"亨"和"享"、"項"和"頂"、"刺"和"剌"、"茶"和"荼"、"錫"和"鍚"、"氐"和"氏"、"史"和"吏"、"夕"和"歹"、"辛"和"幸"等,都屬这一种。

3.多或少一撇的,如:"特"和"持"、"稍"和"梢"、"侍"和"待"、"代"和"伐"、"弋"和"戈"、"予"和"矛"、"幻"和"幼"等,都屬这一种。

4.多或少一豎的,如:"畫"和"畵"(画)、"侯"和"候"、"快"和"怏"等,都屬於这一种。

5.另外的最容易寫別的字,我們擇要列表如下:

例字	讀音	应用例詞	例字	讀音	应用例詞
村	cun	鄉村	材	caí	材料
盂	y	痰盂	孟	mèŋ	孟子
要	jàu	需要	耍	şuǎ	玩耍
差	cà cai	差錯、差使	羞	xiu	羞恥
宮	guŋ	宮殿	官	guan	官員

— 49 —

祟	cǔn	祟拜	祟	suì	鬼祟
捐	ɥyan	捐助	損	sǔn	損害
栽	zai	栽培	裁	cái	裁縫
栗	lì	栗子	粟	sù	粟米(小米)
概	gái	大概	慨	kài	慷慨
疑	jì	懷疑	凝	níŋ	凝結
傳	zuàn	傳記	傅	fù	師傅
裏〔里〕	lǐ	裏面	裹	gǔo	包裹
暈	yn	頭暈	葷	hun	葷油
網〔网〕	wǎŋ	魚網	綱	gaŋ	大綱
巢	cáu	鳥巢	窠	ke	雞窠
撒	sǎ	撒尿	撤	cè	撤退
辦〔办〕	bàn	办理	辨	biàn	辨別
擊〔击〕	ɥí	打擊	繫〔系〕	xì	聯系
緣	yán	緣由	綠	lỳ	綠色
貶	biǎn	褒貶	眨	zǎ	眨眼
汎	fàn	汎濫	汛	xỳn	桃花汛
鈴	líŋ	鈴聲	鈐	qián	鈐記
穩〔稳〕	wěn	穩當	隱〔隐〕	jin	隱士
灸	ɥiǔ	針灸	炙	zḭ	(用火)炙
捧	pěŋ	用手捧	棒	bàŋ	木棒
炕	kàŋ	土炕(睡人的)	坑	keŋ	(跳出)火坑
技	ɥi	技能	枝	zḭ	樹枝
徒	tú	徒弟	徙	xǐ	遷徙
戮	lú	殺戮	戳	cuo	戳記

穫〔獲〕	huò	收穫	護〔护〕	hù	保护
幹〔干〕	gàn	才幹	斡	wò	斡旋
墮〔堕〕	duò	墮落	墜	zùi	墜子
己	ɕi	自己	已	ji	已經
巳	sì	(辰)巳(干支名)			

（2）讀音相同形狀不同的字，我們把最容易寫別的也擇要列舉如下：

讀音	例字	应用例詞	例字	应用例詞
ban	班	班級	斑	斑点
bi	弊(獘)	弊病	幣〔币〕	錢幣
	壁	牆壁	璧	完璧
bian	辨	辨別	辯	辯論
mo	磨	磨石	摩	观摩
	模	模范	摸	摸索
mi	密	祕密	蜜	蜂蜜
mie	蔑(衊)	蔑視、誣衊	篾	篾片
faŋ	妨	妨碍、不妨	防	防备、防御
dai	代	交代、代替	待	待遇、等待
dau	到	來到	倒	顛倒、倒出來
du	度	度数、尺度	渡	渡河、擺渡
lye	略	侵略、策略	掠	掠夺
ke	刻	刻苦、刻薄	克	克服、克制
hau	毫	毫毛、絲毫	豪	豪杰、土豪
hui	回	來回、一回事	会	一会兒、会面
ɕi	積	積累、面積	績	成績、功績

ɕie	接	接連、接續	結	結果、結網
ɕiŋ	驚〔惊〕	吃惊、惊恐	警	警告、火警
	精	精神、糖精	經	經济、神經
ɕiaŋ	漿	泥漿、漿糊	槳	船槳
ɕiau	交	交代、交涉	繳	繳款、繳械
qia	恰	恰当、恰巧	洽	接洽、融洽
qy	屈	屈辱、寃屈	曲	弯曲、曲藝
xiau	消	消化、取消	銷	抵銷、銷假
xiu	休	休息、休养	修	修理、整修
xiŋ	形	形式、圖形	型	典型、模型
	刑	刑法、徒刑		
xy	須	必須、务須	需	需要、必需品
zeŋ	正	正中、眞正	整	整齐、調整
cuŋ	冲	冲淡、冲昏了	衝	衝突、衝鋒
sou	收	收到、收发	受	受辱、承受
	授	授与、敎授		
zai	再	再見、再三	在	自在、在家
can	殘	殘酷、殘忍	慘	悽慘、慘然
ji	以	以往、以來	已	已經、不得已
	意	意見、意义	义	仁义、主义
jou	尤	尤其、怨尤	犹	犹如、犹豫
jiŋ	应	响应、应該	映	映照、放映
	*	*	*	
lau	老	老人	腦〔脑〕〔náu〕	头腦
neŋ	能	才能	論〔lùn〕	辯論、不論

— 52 —

cen.	襯〔衬〕	衬衣		寸〔cùn〕尺寸	
ɥin	筋	腦筋		經〔ɥin〕神經	
zę	着	拿着		做〔zùo〕做事	
şen	生	生命		身〔şen〕出身	
sui	雖〔虽〕	虽然		需、須〔xy〕需要、必須	
qyan	券	債券、入場券		卷〔ɥyàn〕第一卷	

本表說明：

1. ( )內的字，是已經作廢的字，〔 〕內的字是簡体字。

2. 最后一部分是四川学生很容易寫別的字，原因是四川省这类字讀音是相同的，我們要注意糾正。

3. 有一些字造成双音詞还是同音的，如接受（礼物），接收（敌人財產）；（打定）主意，（社会）主义；（到北泉）休养，（道德）修养；（刺激和）反应，反映（意見）；（衣服很）講究，將就（着用吧）；不妨（事），（冷）不防；和四川話的陈旧（貨），（很大的）成就；出生（於1956年），出身（地主家庭）等，要特别注意它們的使用法。

4. 我們对待別字，必須从发展來看，不可拘泥。在現階段必須以中國文字改革委員会发表的文件为根据，如以前关系的"係"，系統的"系"，維繫的"繫"，不是一个字，假如关係寫成关系，那便是別字，现在以"系"代其他兩个字，就不算別字了。《漢字簡化方案》上这种例子很多，所以我們必須对这些文件非常熟悉才行。

3·28 容易讀錯的字 这一类字寫是寫对了，念起來却念成別一字的字音，所以也算是一种別字，我們可以把它叫做"讀別字"。或者叫做"口头上的別字"。我們也把最容易讀錯的字擇要列举如下：

例字	应用詞(語)	正讀	誤讀
愎	剛愎	bì	fù
蕊	懲前蕊後	bì	mì、se
鄱	鄱陽湖	pé	pán
湃	澎湃	pài	bài
胼胝	手足胼胝	piăn ʐɿ	biŋ dɿ
虻	牛虻	mén	máŋ
冪	乘冪	mì	mù
涪	涪江	fú	péi
眈	虎視眈眈	dan	çen
躭	躭擱	dan	çen
殄	暴殄天物	tiăn	zh ʐĕn
臀	臀部	tún	diàn
南無	南無阿弥陀佛	námo	nánwú
醸	醞(yn)醸	niàŋ	ràŋ
仂	仂語	le	li
唳	風声鶴唳	lì	lèi
觥	觥籌交錯	guŋ	guaŋ
肱	股肱	guŋ	huŋ
吼	獅子吼	hŏu	kŭŋ
菅	菅草　姓、草菅人命	jian	guan
覷	面面相覷	qỳ qù	xý qù
悛	怙(hù)惡不悛	qyan	ʧyn
絢	絢爛	xyán	xyn
綻	破綻	zàn zh	dìŋ

第三编 文字

瞅	瞅見了	~~ch'ǒu~~	~~ch'iu~~
償	賠償	~~ch'áng~~	~~ch'ang~~
撐	支撐、撐竿跳远	~~ch'eng~~	~~zh'ǎng~~
擅	擅長、擅自	~~sh'án~~	tán
墅	別墅	~~sh'ǔ~~	~~iè yǔ~~
穗	谷穗	suì	huì
媼	老媼	ǎu	wen
映	反映	~~yìn~~	~~yàn~~
斡	斡旋	wò	gàn

关於字的讀音，本來也是"約定俗成"的，比如"礦"本來讀〔gǔng〕，后來大家都念〔kuàng〕，於是字典上也讀〔kuàng〕了。暴露的暴念〔Pù〕，大家都念〔bàu〕，〔bàu〕的音就通行了。不过我們還是以字典为准，否則都乱念起來，就造成混乱了。

3·29 怎样糾正錯別字 我們要想糾正錯別字，得先找出寫錯別字的原因，然后才能对症下藥。我想寫錯別字的主要原因有三个：第一，就是以前我們所談的那种錯誤想法，認为漢字要改革了，無論念或寫都可以麻糊一些；第二，对漢字的構成法不够了解，寫字时不知道究竟用哪一个比較恰当，因此就乱拉一个來充数；第三，閱讀时不留心字形，对於一个字只記一个輪廓，漢字的構造又很复雜，寫的时候又不肯費些力量查查字典，大概寫个近似的形狀就算了。針对这种情况，我們作語文教師的人，应該採用以下的办法來糾正錯別字。

（1）注意進行重視漢字学習的思想教育　我們在文学課、漢語課內，在批改作業时，遇有机会便提醒学生要把漢字念正确，寫正确。尤其在講文字編的时候，更要注意，既不能强調漢字的功

—55—

績,使学生对文字改革发生怀疑,也不能因为要進行文字改革而忽視現階段漢字的学習。假如学生能重視漢字的学習,錯別字自然就能减少,这是最根本的一項。

（2）適当地講解关於文字方面的知識　我們在中学里,尤其在初中,大講漢字的結構,这是不可能的事,也不必那样作;但適当地講一些常識,对消滅錯別字可能有很大帮助。举些例來說吧:比如形声字最多,形的部分表示字义的类别,把这个說一下对学生很有帮助。假如学生要寫一个〔ti〕字,梯子和木头有关,鼻涕和水有关,銻是金屬,这么一想,梯子就不会涕子,鼻涕不会寫成鼻銻了。能应用这个原則就能解决很多問題,例如示旁和衣旁最容易混,告訴他說和"神"有关的都从"示",和衣服有关的都从"衤",日旁和目旁容易混,告訴他說和"太陽"有关的字从"日",和眼睛有关的从"目"。其他可以类推。其次可以利用声符帮助区别容易混淆的字,例如"易"和"昜"常常混,我們可以告訴学生說,凡讀音和"易"接近的都寫"易",如剔、惕、賜等;凡讀音和昜（讀yáng）相同或接近的都寫"昜",如陽、楊、揚、場、伤等。另外"專"和"甫",專是專作声符,甫是甫作声符,也可以区别磚、轉、團和縛、傅、博、薄、簿等字了,其余也可以类推。

（3）动員学生多查字典詞典　学習語文,务必要常翻字典、詞典,这不但和糾正錯別字有关系,也和能正确运用詞兒有关系。从以前我們講过的可以知道,漢字的構造很复雜,讀音也很不一定（形声字不敢断定念声旁就对）,遇着有問題的字就要翻字典,遇到困难想办法得到解决的,印象就特別深,查一次可能就永远不会錯。我們作教师的可常常宣傳查字典的好处,再在漢語課教給他們查字典的方法,能常常查字典、詞典,錯別字自然就减少了。

另外在作文課內，敎師要注意指出学生的錯別字，讓他自己查字典改，改后仍錯誤的时候，敎师才替他改正。在敎室內張貼錯白字表，也是个办法，每次发作文后，要学生把自己寫的錯別字塡上去，把改正的字也对照着塡上，到学期終了統計一下，予以獎励或批評。这样作旣能使好寫錯別字的人警惕起來，又可以使其他的人避免发生同样的錯誤。但执行不好也許会发生偏差，可結合实际情况斟酌办理。

練 習 六

1.你在批改作文或筆記本时，关於錯別字方面遇到些什么困难？是怎样克服的？

2.改正下列詞語中的錯別字。

　　　　非尝惨愧　免强　成積裴然　同窗異夢
　　　　良秀不齐　大家在一齐　腦經清楚　移花結木
　　　　境況凄殘　接長补短　必須品　病入高盲
　　　　倒影反应在水中　鮮艳突目　廢尽心力　終久沒有成功
　　　　侵略者忘想略夺資原　非常辣手　鬼鬼崇崇　卑皴狠毒
　　　　伏汎已至　混水汎爛　鍛練身休　分拆細致

3.你对於糾正錯別字有什么好的經驗，可以总結一下。

4.下列詞中有黑点的字，你平常讀什么？查查字典看应該讀什么。

　　　　合卺　矍鑠　慳吝　天塹　諄諄　玄燁　僕射　臯陶
　　　　龜茲　趙孟頫　彈丸　雜沓　病入膏肓　床笫　悚然

第四编
词 汇

第四編 詞 彙

第一章 詞、詞彙和詞彙学

4·1 詞是什么 詞是把人类的概念（客观事物在其复雜的統一中反映於思惟上的形态）用語音固定下來的物質。（在書面語言上，就用文字來表示）声音和意义（就是指所代表的概念）这兩方面統一起來才構成詞。我們說話是一句一句說的，每一句話是由好些詞按照一定的語法規則組織起來表达一个比較完整的意思的。把一句話拆开，分做最小的單位，便是一些單个的詞，詞就不能再分了（参看本書第一冊第11頁）。同一个詞，在这句話里能用，在那句話里也能用，只要某一句話的意思需要某一个詞，我們就可以拿它來組成句子。举个例子來說："雨來是个小英雄"这句話，可以分成"雨來"、"是"、"个"、"小"、"英雄"五个最小的單位，也就是五个詞。"是"、"个"、"小"不能再分，再分就是声母、韻母等——那是講語音，不是語言里运用的單位了；"雨來"、"英雄"也不能再分，"英雄"拆开來，现代漢語都不單用了，就算能單用，也就不成其为"英雄"了；就說"雨來"吧，"雨"和"來"虽可單用，但成了另外的意思，不是这个小孩子的名字了。其次这五个詞都可以运用在其他的句子里，还就"雨來"來說吧："雨來沒有死"，"鬼子追赶雨來"，"鬼子抓住雨來的后脚"，"雨來就掉

—58—

在地下",……这些句子里都有"雨來"这个词,其余可以类推。从这个角度來給詞下个定义就是:**詞是最小的、能夠自由运用的語言單位。**

4·2 詞、字、詞素 在說話的时候,詞是用声音來表达的,寫在紙上的时候就用文字來表示。文字有拼音的,有不是拼音的。在拼音文字里,基本上沒有字和词的区别,他們所运用的最小單位,不管是由一个字母或几个字母組成的,如俄文 Я(我)、Книга(書),英文 I(我)、book(書)等,只要是在語言中自由运用的最小單位都是詞。我們說"字"習慣了,常常說成"記單字"、"英漢字典"等,其实这些地方都应該說成"單詞"和"詞典"的。漢字呢,因为不是拼音文字,寫出來的方塊字,一个字看起來是一个單位,一个字是不是一个詞呢?不一定,有时候一个字就是一个詞,有时候兩个字或兩个以上的字才組成一个詞。例如:人、山、水、鳥、大、紅、快、來、跑、我、你、他……等都是一个字是一个詞;中國、政府、玻璃、琵琶、偉大、光明、行动、迅速、進行、你們、这么……等都是兩个字組成的詞;共產党、無線电、手風琴、地动仪、救火机、头痛粉、吉普車、可口可乐、布尔什維克……等便是三个以上的字組成的詞了。**一个字就是一个詞的,字和詞是一致的,兩个字和兩个以上的字組成的詞,字和詞就不一致了,这是字和詞的关系,我們要搞清楚。**其次我們說說詞和詞素的关系,什么是詞素呢?詞素就是組成一个詞的最小的有意义的部分,包括它的主要部分和輔助部分。如"馬車"是个詞,"馬"和"車"都有意义;"学習"是个詞,"学"有意义,習也有意义(虽然不大明确)。"夾子"是个詞,"夾"有意义,"子"也有意义(虽然不是原來意义)。这些"馬""車""学""子"等都是詞素。至于"螳螂"等詞,"螳"和"螂"本身沒有意义,就不是詞素,合起來才成为一个詞素。按字和詞素的关系來說,可能一个字是一个詞素,也可能两个字或两个以上的字才能成为一个詞素。(这一点先在这里简单說明一下,下章还要講)一个詞可能只有一个詞素,也可能有几个詞素。一般說來詞素幷不是詞,(根詞例外,見后)也不是語言中运用的最小的單位,它只是構成詞的原素而已。这一点我們必須搞清楚。凡是最小的、能够自由运用的語言單位都叫做詞,就算一个字就是一个詞,还是叫做詞,不叫做字。一个詞素可以是一个詞,两个或两个以上的詞素也能組成一个詞,这跟音素和音節的关系一样,一个音節可以有一个、兩个、三个或更多的音素,旣形成音節后,就算只有一个音素(如啊、衣、烏等)也只能叫音節不再叫音素了。在現階段因为我們仍旧使用方塊字,又沒有詞兒連寫的習慣,对於詞和字的概念,往往糾纏不清,常常把字誤認为詞,发生許多錯誤,**所以在教学时要特別注意建立詞的观念,使学生明白什么是詞**。等到拼音文字实行了,凡是一个詞都連寫在一起,字和詞的問題就不存在了。

4·3 实詞和虛詞 我們在緒論里已經提到过实詞和虛詞的問題(参看本書第一冊第13—14頁),按說这个問題应該在語法部分里去詳細講,不过《初中漢語課本》在这里提出來,为了敎学方便,我們也談一下。

实詞是能够單独囘答問題,有比較实在的意义的詞。这类里包含有名詞、动詞、形容詞、数詞、量詞、代詞等,数詞和量詞常常連用。我們提到这些詞时,在腦筋中能引起这个詞所代表的概念,提到樹(名詞),可以想見一棵樹;提到跑(动詞),可以想到賽百公尺或賽馬时人和馬的动作;……幷且能單独囘答問題。例如:

1. 誰会游泳? 雨來。(名詞)

2. 誰还会游泳？　　　　　　　我。（代詞）
3. 你去干什么？　　　　　　　游泳。（动詞）
4. 游泳池里的水是什么顏色？　綠的。（形容詞）
5. 今天有几个人一塊去？　　　五个。（数量詞）

虛詞是不能單独用來回答問題，也沒有实在意义，只有帮助造句的作用的詞。这类詞里包含有副詞、介詞、連詞、語气詞、助詞、嘆詞等。**我們不要誤会，虛詞沒有实在的意义，并不是沒有意义，它帮助造句的作用就是它的意义。**我們比較一下"你走"！"你走嗎"？"你就走嗎？"这三句話，就可以看出虛詞的作用來。"你走"！沒有虛詞，是祈使句（命令）。"你走嗎？"添了个虛詞"嗎"，变成詢問句了。"你就走嗎？"又多了个虛詞"就"，虽然仍旧是詢問句，却有表示时間的副詞"就"，問他是不是馬上走，和沒有"就"意思就不一样了。可是这些詞不能囘答問題，囘答"你就走嗎"这个問句，固然不能用"嗎"來囘答，也不能用"就"來囘答；只能囘答"是"、"就走"之类，还得用实詞來囘答。不过副詞里的"不"，可以單独囘答問題，如"你去不去呢"？可以用"不去"或"不"來囘答，这要注意。在这里只能这样大概地談一下，至于各种詞类的区别、特点等，还得等到講語法时才能詳細講。

4·4　詞彙和詞彙学　我們在緒論里已經談过詞彙了（参看本書第一册第14頁），在这里不再說了。我們記住詞和詞彙的意义是不同的，一个一个的詞叫作詞，"語言中所有的詞構成为所謂語言的詞彙"。（斯大林：《馬克思主义与語言学問題》第21頁）但是要知道，說某一个人、或某一本書所有的詞，或是指某一部分的詞（如基本詞彙、方言詞彙等）也可以叫詞彙，不是非得指語言中全部的詞，才能叫詞彙。用这两个詞时，小心些不要用錯就是了。

现在來談談詞彙学，詞彙学是拿詞彙作为研究对象的一門語言科学。斯大林說："詞彙反映着語言发展的狀态，詞彙越丰富、越发展，那么語言也就越丰富、越发展"。（同上書，第21頁）高度发展的語言，詞彙都是極端丰富的。如俄語，在奥日果夫的《俄語詞典》內，經常用的文学語言詞彙就包括有 51,533 个詞。英語的《牛津詞典》包括詞和成語四十万条左右。漢語的詞彙究竟包括有多少詞呢，沒人知道。刘澤先同志說："詞兒究竟有多少？确实的数目很难統計。說詞兒的数目是無限的也許更恰当一些"。（《詞兒的数目》《中國語文》1954年5月号）他这个說法，不只適用於漢語，也適用於其他种高度发展的語言。前面所举俄語、英語詞的数目，只是收進詞典里一部分詞，想把所有的詞一齐收進詞典里來，那是不可能的。漢語还沒有一部比較完备的詞典，《國語詞典》只收了十几万个詞兒，《辞海》也只有十万多条詞和成語；不过《中山大辞典》的編纂計划中說要包括詞和成語六十多万条，僅《一字長編》（《中山大詞典》的一部分，已出版）就包括詞和成語5,174条，这就很可观了。詞彙学的任务，就是研究这極端丰富的詞彙的各个方面，如：詞的產生、詞彙的形成和发展、基本詞彙和詞彙的关系等。不过研究詞彙，离不开詞的意义，研究詞的意义的叫做詞义学，我們虽不专談詞义学，但談到詞彙是不能不涉及詞义的。我們研究現代漢語的詞彙，就是根据斯大林的学說，研究詞的構造、詞的意义、漢語的基本詞彙、現代漢語詞彙的來源……等問題的。詞彙是語言的建筑材料，我們每一个人都要說話，也就是都要使用这些建筑材料。工程师和建筑工人要建筑合乎規格的建筑物，一定对这些材料各方面的性能、質量等都要摸得清清楚楚，严加选擇，才能达到目的。同样我們想把話說得恰当，把文

— 62 —

章寫得正确，就非得研究詞彙不可。

練習七

1.把下列一段文章，照詞兒連寫的方法寫出來，看有什么困难沒有？困难在哪里？

王阿大嘆一口气，知道今天又是白跑了一趟。他失神似地讓人們把他拥着推着，直到了那烏油的大門边，他猛一低头，看見門檻石上有一灘紫黑的血跡。於是他立刻又听得了那女人的刺耳的慘呼，并且他猛然想起了那女人捧着肚子哼的样子，就同他老婆去年在水車旁边生孩子的時候一样。（茅盾：《当鋪前》《初中文学課本》第二册，第74頁）

2.辨別下面的哪些是詞，哪些是詞素（按在現代漢語中能独立运用的詞作标准）。并且將詞素补成詞。

示例："題目"是詞，"目"是詞素（古漢語中"目"是詞，現在不是），补成詞为"綱目"、"細目"、"目錄"……等都行。

①糾 ②緒 ③該 ④膠 ⑤拖拉 ⑥烏 ⑦意义
⑧老实 ⑨阻 ⑩論

3.辨別下文中哪些是实詞，哪些是虛詞。

关於刘公之，我早就听說了。早先國民党反动政府也曾在这兒採过油，把油層破坏得不輕。（楊朔：《石油城》同前書，第187頁）。

4.列举一个詞素、两个和三个詞素的詞，每种举五个。

第二章 詞的構成

4·5 單音詞和多音詞 一个音節就是一个詞（也就是一个漢字成为一个詞）的，**叫做單音詞**。这种詞在現代漢語里还很多，如：人、狗、樹、花、草、走、跑、笑、大、紅、和、从、着、了等都是單音詞。**由兩个音節或由兩个以上的音節構成的詞**，如：枇杷、玻璃、火車、公路、進行、調整、拖拉机、老头子、漂漂亮亮等都**叫做多音詞**。**現代漢語的詞，兩个音節的佔大多數**，这种詞叫做双音詞。

古漢語里的單音詞佔多數，但大多數的單音詞都向双音詞发展。拿人身体上的东西來說，除了少數的几个詞如：手、脚、腿、心、肺等还保持單音詞（这几个詞也并不穩定，脚有时候叫"脚丫兒"、"脚板丫兒"，四川話把腿叫做"脚桿"，心加子成了"心子"）以外，大多數都变成双音詞了。如：头說成腦袋（腦壳），頸說成脖子（頸項），臂說成胳膊（手桿），腋說成胳肢窝等，都另换了个說法。有的是另外加字的，如：髮——头髮、眼——眼睛、眉——眉毛、鼻——鼻子、耳——耳朵、鬚——鬍子、鬍鬚、臍——肚臍兒、肚孛臍、指——手指头、趾——脚指头……等都是。現在我們拿一段古漢語和現代漢語比較一下：

  顏淵季路侍。子曰："盍各言尔志"。子路曰："願車馬、衣輕裘，与朋友共，敝之而無憾"。顏淵曰："願無伐善，無施勞。"子路曰："願聞子之志"！子曰："老者安之，朋友信之，少者怀之"。（《論語》《顏淵季路侍等九章》第一章《高中文学課本》第一册）。

  顏淵和子路在孔子跟前。孔子說："你們談談自己的志

— 64 —

願好不好?"子路說:"有了車、馬、皮袍,我願意跟朋友共同享用,破了也不在意"。顏淵說:"我願意做到不誇耀自己的好处,不把劳苦的事情推給別人"。子路說:"我們也想听听老师您的志愿。"孔子說:"讓老年人得到安乐,讓朋友們互相信任,讓少年們得到关怀。"(据李少亭:《論語九章譯文》。《語文学習》1956年 8 月号)

我們不管文字的繁簡、古今語法的不同,只从單音詞和双音詞这方面來看:子——孔子、言——談談、尔——你們、志——志願、願——願意、裘——皮袍、共——共同、憾——在意、伐——誇耀、善——好处、劳——劳苦、子——老师、安——安乐、信——信任、怀——关怀。从这一小段文章里可以看到,古漢語里也有双音詞,如:顏淵、子路、朋友、老者、少者等,但除人名外,为数很少;大多数是單音詞,而这些單音詞在现代漢語里大多数都变成双音詞了。(还有譯文沒有譯出的如:盍——何不——怎么不、各——各人、衣——穿上、陈——述說等)。

在成語里,大多数現在已經变成双音的詞,仍旧保持它原來單音詞的面貌,那是因为成語大多是从古漢語繼承下來的。如:"丰衣足食"这个成語,在现代漢語里,这四个詞都是双音詞:丰富、衣服、足够、食物,并且光这样排在一起,还不能表示說的是什么;但在古漢語却是四个單音詞,排在一起也有意义。其他成語如"朝三暮四"、"見異思迁"、"懲前毖后"、"知無不言"……都可以类推。因此我們判断现代漢語里一个詞,不能拿古漢語作标准,一定要拿現代漢語作标准,尽管古漢語中"丰"是一个詞,但现在它就絕不是一个詞了,它是詞素,在这里一定要和"富"联結到一起,才能算是現代漢語里一个詞呢。

— 65 —

單音詞和双音詞有时可以同时并存,如"眼"、"眼睛"都是詞,說他只有一只"眼"或"眼睛"都可以；一碗面和一碗面条一样,餅和烙餅、車和車子、淚和眼淚……都沒有什么区別。假如利用一个詞再造其他詞的时候,很少用这个詞的双音詞的形式。如"眼"可以造成"眼鏡"、"眼界"、"眼藥"、"眼罩"、"眼热"、"眼瞼"、"眼球"、"沙眼"、"势利眼"等詞,这就只能用"眼"不能用眼睛了。还有前面一加其他的詞,不管形成不形成新的詞,大都用單音詞,不用双音詞。如："房"不單用,一定得加"子"成"房子"才算是詞,但一加其他字,就不要"子"了,如：楼房、正房、廂房、耳房、瓦房、平房等。左眼、右眼、紙、墨、筆、硯,盛水的桶(不說水桶),煑飯的鍋(不說鉄鍋或銅鍋),都是用的單音詞。这种現象如何解釋呢？我的不成熟的看法是：我們單說某一詞时,說單音詞总不如双音詞習慣(当然还有其他原因,如为了明确、嚴密等),本來是單音詞,在一定的場合,往往說成双音詞,如：山——山嶺,河——河流,書——書籍,报——报紙等,猪这个詞,还沒有固定的双音形式,有說毛猪的,有說生猪的,还有說食猪的。但和其他詞一結合,或变成另外的双音詞,或者在修辞上、語調方面很順口了,不需要双音詞了,就可以用画、單音詞的形式了。只就山來說,如：山羊,山口、上山、远山、山水太陽下山等,就只說山了。由此我想到詞和詞彙常常混淆和这个也有关系,"詞"是單音詞,还沒有形成双音詞,有人寫成"詞兒",但一兒化,仍旧是單音詞,并且也不很通行。等到用到"詞"这个詞,很需要双音的时候,沒有办法就拿"詞彙"來充数,結果就錯了。假如把"詞"这个詞也变成双音詞,比如說"單詞"或"語詞"什么的,我想我們就可以避免許多錯誤了。

4·6 單純詞和合成詞 从上節知道詞有單音詞和多音詞,

— 66 —

这是按音節來分的。从詞素來分析又可以分成單純詞和合成詞兩種。單音詞只有一个音節,同时又是由一个詞素形成的一个詞,不能再分,当然是單純詞。有一种詞雖是双音節的,但兩个音節不能拆开,拆开沒有意义,只有合起來才有意义。这种詞就是以前的人所說的"联綿字",双声叠韻的很多,也有不是双声叠韻的。举几个例來看看:

（1）双声的：参差(c_{en},c_{I})匍匐、玲瓏、枇杷、琵琶、乒乓、鴛鴦、蚰蜒、蜘蛛、輾轆、秋千、掙扎……等。

（2）叠韵的：窈窕、逍遙、蹒跚、婆娑、朦朧、骯髒、腼腆、囉嗦、葫蘆、芍藥、玫瑰、蜻蜓、橄欖、磟碡、昏晃、哆嗦、籠統……等。

（3）非双声叠韵的：玻璃、葡萄、蘿卜、蝴蝶、鸚鵡、麒麟、窟窿、胡同、疙瘩、芙蓉……等。

这类詞雖是兩个音節,却只有一个單一的意义,所以也是只有一个詞素,这也是單純詞。

还有一种譯音的外來語,不管它有几个音節,都是渾然不可分的一个整体,这种也是單純詞。如咖啡、沙发、斯大林、布尔什維克等都是。我們要記清楚,單純詞里面的字,有的拆开來毫無意义,如大多數"联綿字",有的雖有意义和本詞毫無关系,如"荒唐"、"含胡"之类,絕不要拿單个字的另外意义來否定这个詞的單純性。至於譯音的,也是借漢字的音,和意义毫無关系,"牛頓"也有譯成"奈端"的,"苏伊士"、"苏彝士"都行。有人認为牛頓姓牛或是和"牛"有关,那是方塊字在作祟,用拼音文字寫出來,就沒有这些問題了。

合成詞是由兩个或兩个以上的詞素構成的詞。从音節方面說,絕大多數是多音節的（兒化的單音詞例外,如"花兒"实际上只

— 67 —

一个音節，但也是合成詞）；从詞的結構上來看，它是从單純詞"派生"出來的。从这方面來說單純詞也叫"非派生詞"，合成詞就叫"派生詞"。**什么是"派生"呢？派生像古人所說的"孳乳"，就是拿一个詞做基礎产生許多和它有关的詞**，我們所举的"眼"和"眼鏡"、"眼界"、"眼藥"、"白眼"……等就是这种例子；另外由"人"这个詞，可以派生"人民"、"人性"、"人文"、"人种"……等，由"电"可以派生"电話"、"电灯"、"电線"……例子很多，不必列举。知道了这种关系，我們再來分析合成詞。合成詞的結構有两个基本类型：

（1）一个詞由同样重要的两个（或兩个以上）的基本成分組成的，例如：电灯、开关、火車、动員、說明、呼吸、城市、介紹信、独立国，望远鏡，拖拉机等。組成新詞的各个成分都有意义，对于整个詞义來說都是重要的，不可缺少的。但是每一个成分在現代漢語里不一定都能独立作一个詞來使用，如"电灯"里的"电"和"灯"，都能独立成为一个詞，"动員"里的"动"是一个詞，"員"便不能另外成为一个詞独用。这种能独立成詞的基本成分便是根詞，对于合成詞來說，不管它是不是根詞，都是詞素。

（2）一个詞由一个基本成分和一个輔助成分組成的，在这类詞里，基本成分是詞的主体，可以叫做"詞干"，輔助成分虽然不是主要部分，但也缺不了它，輔助成分可以加在詞干的前面或后面：

1. 輔助成分加在詞干前面的，如：老鼠、老虎、老張、阿Q、可爱、打听、被加数、反扫蕩等。

2. 輔助成分加在詞干后面的，如：桌子、房子、刷子、花兒、亮兒、眼兒、木头、里头、这么、那么、文学家、姑娘家等。

3. 詞干前后都有輔助成分的，如：被剝削者、被压迫者等。

— 68 —

4. 輔助成分嵌在中間的,如：鄉巴老、劊子手等。

在这一类里面,"詞干"固然有意义,不成問題是詞素。輔助成分(包括前加、后加和嵌在中間的,这些一般叫做詞头、詞尾和詞嵌)也有意义,如"老"、"打"、"家"等都有意义,这里用的虽然不是它原來的意义;"子"、"兒"等更不是用它原來的意义,但它有構詞的作用,如"画"是动詞,"画兒"是名詞,"刷"是动詞,"刷子"也是名詞。这种帮助造詞的作用,也就是它的意义,这些輔助成分也叫做詞素。所以詞素是指組成詞的有意义的部分來說的。

現在我們把这几种关系画一个表：

$$
\begin{array}{l}
單音詞 \begin{cases} 一个音節 \\ 一个詞素、非派生詞 \end{cases} \cdots\cdots人、手、山 \\
多音詞 \begin{cases} 1 \begin{cases} 兩个音節(双音詞) \\ 或兩个以上音節 \\ 一个詞素、非派生詞 \end{cases} \cdots 蝴蝶、華盛頓 \\ \quad\quad\quad\quad\quad\quad\quad\quad\quad\quad\quad 詞干加輔\quad 老虎、 \\ \quad\quad\quad\quad\quad\quad\quad\quad\quad\quad\quad 助成分\quad\quad 房子 \\ 2 \begin{cases} 兩个(或兩个以上)音節 \\ 兩个(或兩个以上)詞素 \\ 派\quad 生\quad 詞 \end{cases} \begin{array}{l} 兩个基 \\ 本成分 \end{array} \cdots 火車、城市 \end{cases}
\end{array}
$$

（右側大括號：單音詞對應"單純詞"，多音詞組1對應"單純詞"，多音詞組2對應"合成詞"）

4·7 合成詞的構成 合成詞的第一种类型是由兩个（或兩个以上）的基本成分構成的,其中馬車、火車这些合成詞是由兩个根詞合成的,这种詞和"詞組"很相似,**什么是詞組呢？就是我們为了表达意思,按照一定的規則把一些詞組織起來,構成一个个語言組織,这种語言組織,不管意思完整不完整,都叫詞組。**合成詞有不小的一部分是由詞組縮減來的,"語言的发展,促使有些語言組織經常的运用,逐漸作为別的組織構成的材料來看待；所以**常用的詞組,往往經过**凝結作用或縮減作用,轉变成詞。"（張世禄:《詞和詞組的分別》《語文知識》1956年2月号)举些例來看吧。"开关"是指开电灯或关电灯的那个东西來說的,假如我們日常說話都說:"你去買个开电灯和关电灯的那个东西來吧"!"請你給我們修理一下开电灯……东西吧。"這該多么囉嗦,多么不方便;於是人們便把它縮減成"开关"两个字,約定俗成,誰也不会誤会。"眼藥"是治眼病的藥("治眼病的藥"是詞組,下可类推),"馬車"是用馬拉的車,"布店"是賣布的店。三音的詞是由一个双音詞和一个單音詞合成的,也是這样,先用藥举例吧:"止痛散"是拿來止痛的,"头痛粉"却不是吃上就头痛,也是止头痛的;"瘧"用單音詞,是"抗瘧丸",用双音就是"瘧疾丸"。另外構成合成詞的方法很多,顚倒詞組而成合成詞的为数也不少,如盖鍋是詞組,是把鍋盖上的意思,反过來是鍋盖便是合成詞,成了鍋的盖(名詞)了。其余如"衣架"、"瓶塞"、"鞋楦"、"信封"、"信插"、"鞋垫"、"手套"、"灯罩"以及很多什么"架"、什么"盖"之类,都是這么構成的。还有用同意义的詞素的,重叠的,……方法很多。**这些方法有一个共同特点,就是使漢語的詞大量走向双音化,一方面由單音詞擴充成双音詞,一方面由多音的詞語縮減成双音詞,这就是現代漢語里双音詞佔优勢的原因。**三音詞或四音詞也是从双音詞这个基礎上來造成的。現在我們把这么众多的構詞的方法,按照《初中漢語課本》上的分法分別談談。

4·8 联合式的合成詞 合成詞里詞素都有意义(比較具体的),联合起來組成一个詞。又可分成:

(1)等列关系 兩个意义相同、相近或性質相关的詞素組合在一起。例如:人民、头顱、骨肉、牛馬、風云、羣众、兒童、妇女、姑娘、父親、部隊、牆壁、顏色、声音、方法;举行、駕駛、修筑、增加、恢

— 70 —

复、組織、領導、偵察、爱护、教学、生產、禁止、跳舞；寬闊、新奇、正直、和平、鎮靜、破爛；曾經、因为、比方、剛才、完全、反倒……等。

（2）对立关系　兩个意义相反的詞素結合在一起，表示意义相加或表示一个新意思。这項詞的数目比較第一項少得多。例如：弟兄、东西、左右、買賣、來囘、呼吸、長短、早晚、多少、横豎、反正、始終、好歹、是非……等。

在等列关系內意义相同的兩个詞素，是为的凑成双音詞。如人民(民)、牆壁(壁)等，意义相近的是意义相加，如"敎学""爱护"等，意思基本上沒有轉变。但如"骨肉"当做亲人的意思，"牛馬"是奴隸的意思等是比喻法，要注意。对立关系的詞，有的是原來意思相加的如"呼吸""弟兄"等，大多数都有另外的意义。如："东西"指物件，"買賣"是作生意，有个"好歹"、有个"長短"指事故，多"早晚"(多喒)指时候；另外"左右"可指人，"是非"可指事；"横豎"、"反正"是不管怎么样，"始終"和"到底"、"終究"相仿，这些都要特别留心。

（3）重叠詞　詞的重叠(旧名"重言")，也可以归入联合式这一类。叠詞的方法有各种各样：

1.亲屬名，如：爸爸、媽媽、叔叔、姨姨等。

2.表逐指，如：家家、戶戶、处处、人人、种种。一个个、一朵朵、一包一包、一条一条等。

3.表动作，如：看看、走走、轉轉、想想、研究研究、考慮考慮等。

4.表性狀，如：高高、远远、慢慢、痛痛快快、老老实实，黑洞洞、白花花等。

关於这种叠詞法，將來在詞法部分还要講。

4·9 偏正式的合成詞 联合式的合成詞,兩个詞素基本上是幷列的,也就是重要性差不多。偏正式的合成詞,兩个詞素却有重有輕,也就是有正有偏(也有的叫主从式,那就是有主有从)。拿"車馬"和"馬車"为例,車馬是联合式,意思是車和馬,而"馬車"呢却是一种車的名字,主要的是車,"馬"在这里是附加在車的前面說明車是一种什么样的車。懂得了这个例子,联合式和偏正式就分开了。这类詞也非常多:大姐、大衣、青年、紅軍、金星、狂風、暴雨;兩岸、一生、万歲;新中國、和平鴿、白头鳥;教师、印泥、泡菜、吹管;解放軍、探照灯、印刷所、創刊号、共產党;國民、中國人、生物学;工人、主人、花園、馬路、事务所;火車、汽車、鉄路、气溫;水銀、海軍、东門、南瓜; 大意、小看、实报、实銷、热爱、偷渡、痛恨;鮮紅、雪白、漆黑、筆直等都是。

我們以前所說的鍋盖、灯罩、手套那一类也是这一种。

偏正式的合成詞,它的整个詞的意义也有各种情形,要真正了解它的詞义,不能类推:鉄路是用鉄軌鋪成的路,馬路原意却是馬走的路;花園是种花的園地,公園却不能种"公";手套是套手的,网套(被子里面的棉花)却不是套网的;大学是高等学校,物理学却是談物理的一門科学。

联合式和偏正式,是漢語合成詞的主要構成方式,尤其偏正式的多,对这种構詞法必須充分注意。

4·10 合成詞的其他構成方式 除了以上兩种主要的合成詞構成方式外,还有很多,现在举几种常見的:

(1)**支配关系** 前面的詞表示动作,后面的詞受前面詞的支配,構成一个新詞。

1.合成一个动詞的,如: 动員、带头、怀孕、关心、進步、开战、

— 72 —

吃驚、害怕、換班等。

2.合成一个名詞的,如:司令、司書、司仪、圍腰、圍脖、护胸、护膝、护襟、頂針、遮陽、主席、走水、止痛散、清熱剂等。

（2）补充关系　前一个詞表示动作,后一个詞表示动作的結果,構成一个新詞,如：打倒、指定、减少、說明、肅清、擴大、看見、听見、放开、擋住、赶走、打垮、冲破等。

（3）主謂关系　前面一个詞好象句子的主語,后面一个詞是它的謂語,構成一个新詞,这类詞数目很少。如：年輕、年老、头痛、眼热、心疼、花紅(水果名)、月亮等。

另外如：男人、荷花、柳樹等后面一个詞指出前面的詞所屬的类別；車輛、馬匹、房間、紙張等后面的詞是量詞,这是用量詞和前面的名詞構成双音詞(名詞)。这些都是另外的方式。

4·11　用輔助成分構成的合成詞　以上的各种方法,詞素都有比較实在的意义,不管明顯不明顯,能独立或者不能独立。用輔助成分構成的詞,輔助成分却沒有实在的意义。这可以分做三項來說明：

(1)輔助成分在詞干前面的(有人叫做詞头)：

1.阿　如：阿Q、阿三、阿姨、阿哥等。这种用法在南方話里比較多,北方話里不用。

2.老　如：老鄉、老鼠、老虎、老婆(指妻子)老王等。

3.小　如：小趙、小三等。

4.其他　表示序数的"第",如第一、第二等；表示日子的"初",如初一、初二等；加"不"的詞,如不科学、不法行为；加"反"加"非"的詞,如反革命、反封建、非法、非賣品等；表示尊称或謙称的"貴"、"敝"等,区别一般单位的如"总"公司、"分"校、"本"部等；

虽都还有比较实在的意义，但渐渐发展接近辅助成分了。

（2）辅助成分在词干后面的(有人叫做词尾)：

1. 子　如：桌子、鼻子、面子、样子；騙子、探子、担子、剪子、鑽子、鉗子；矮子、傻子、麻子、瞎子、胖子、瘦子。**凡有子的詞都是名詞**，动詞、形容詞一加"子"便变成名詞了。

2. 兒　鳥兒、花兒、盆兒、罐兒；画兒、圈兒、墊兒；眼兒、座兒、底兒、嘴兒等。"兒"附在詞后要"兒化"，不算添一个音節，可是"兒"也有变动詞为名詞的作用，如"画兒"等；加兒不加兒，有时意思不一样，如眼是眼睛，眼兒却是小洞；嘴是嘴巴，嘴兒却指壺嘴兒、煙嘴兒等說的。

3. 头　如：石头、木头、日头、年头、鐘头；看头、听头、吃头、想头；苦头、甜头等。

4. 家　如：自家、人家、大家；小孩子家、老人家、閨女家、娘們家、黑家(指黑夜)等。另外如科学家、文学家，家虽不讀輕声，也屬这类。

5. 巴　如嘴巴、下巴、尾巴等。

6. 其他　如作者、侵略者、文藝工作者的"者"，学生、医生的"生"，演員、勤务員、駕駛員的"員"，水手、神槍手、选手的"手"，党性、人民性、創造性的"性"，也都渐渐发展成为辅助成分了。

（3）辅助成分夾在中間的(有人叫詞嵌)：

1. 垫音的　如鄉"巴"老，小"里"小气等。

2. 得和不　"得"和"不"常夾在詞的中間，如：吃不消、受得了、看不清、学得会等。**但这只限於三音詞**，如前后为双音詞的，如：看得清楚、分别不清楚、画得很模糊等，**就不能認为是夾在中間的辅助成分**，那就算另成一个詞了。

— 74 —

4·12 詞和詞組的区別 漢語的詞和詞組分別的問題,是个很大的問題,很复雜的問題,也是很重要幷且比較难於解决的問題。國內的語言学專家都在談这个問題,國外的語言学專家也参加討論,直到現在(1956年9月号《中國語文》雜誌上),还在熱烈討論这个問題。我們不必繁征博引这些語言学家的說法,我們也不可能提出一个非常客观、大家都公認的一个标准來,現在只能根据以往大家討論的意见,参加一些自己的看法,整理出一些条例供大家参考而已。我們雖然不必給学生講这个問題,但是心中要有数,否則指導作練習或分析句子就会無所適从。

先說沒有問題的,單純詞,無論是單音節、双音節或者更多的音節,都是一个詞,这沒有問題。好几个詞組成一个名稱的,如中華人民共和國、西南师范学院、中國共產党四川省委員会……等,这是詞組沒有問題。

按《初中漢語課本》的說法,**構成詞的輔助成分和助詞应該分別看待**:輔助成分是詞素,和詞干合起來才是一个詞,如"桌子"、"石头"、"下巴"、"我們"、"这么"……等都是一个詞; 助詞不是詞素,是另外一种詞,尽管寫时和前后的詞有些可以連寫在一起,但仍旧算是兩个詞不能認成一个詞,如:我"的"、黄"的"、慢慢"地"、做"得"正确、拿"着"、去"过"、走"了"、他是誰"呢"?、他是小英雄"啊!"……等都是助詞,不把它們和別的詞連在一塊,如把"我的"、"拿着"等認成一个詞。詞和連寫有密切的关系,但幷不就是一囬事,"語言里的詞一般的是得联寫的(只是有例外,下文再說),把詞联寫,确是把語言的某种特征記錄下來。有好些地方,我們还不能决定一串声音是不是一个詞,也不能决定要不要連寫。 要决定联寫不联寫,得先研究联寫。 然而总不能說把声音符号联寫了

— 75 —

就是詞，不联寫就不是詞"。(陸志韋、蔣希文：《拼音漢文联寫問題》《中國語文》1954年2月号)。 这些助詞在大多数場合总是和其他的詞联寫在一起的，可是不要認为联寫在一起的就一定是一个詞。

联合式双音合成詞，不管是用哪种方法構成的，它們有个共同的特点，就是这些詞的詞素不能拆开單獨用，一拆开，合成詞的詞义就不存在了。并且有很大的一部分詞，拆开后，至少有一个詞素不能單獨用(也就是不能成为另一个詞)。例如"兒童""妇女""墙壁"等里面的"童""妇""壁"等詞素不能独立使用；"东西"不是东和西，"反正"不是反面和正面等，不能拆开，一拆开，合成詞的詞义就沒有了。

偏正式的双音合成詞，也是兩个詞素表示一个固定概念，不能拆开，一拆开，詞义就起变化。如"大人"是兩个詞(詞組)，因为拆开后，大是大，人是人，并且一定是成人才算大人(旧社会 称官为大人，称双親为大人，那个"大人"便又是詞了)；"大衣"却是詞，因为大衣是一种衣服的名称，还有小大衣、短大衣之类，并不是大的衣服都是大衣，另外如"白菜"是一种菜(小白菜却是綠的)，"鉄路"是一种路(电車路也是鉄的)，"馬車"是一种車，并不是所有馬拉的車都叫馬車，另外如"青年"不是青色的年、"紅利"并不是紅色的利等都是合成詞。

支配关系(动宾)的合成詞，名詞的不成問題，如"司令"、"頂針"等是詞不是詞組，沒有異議。动詞的部分却有問題，有的結合得很緊，如"动員""進步""害怕"等不能拆开，当然是詞。至於如握手、鼓掌、烙餅、存款，甚至如吃飯、走路等，意見很不一致：有人說能拆开用算詞組，如握了握手，存了点款等，有人主張看情况，假如說烙了几張餅，存了一筆款当然是詞組，但如說吃烙餅，取存款那就是詞了。后一种說法比較合理些，我們可以参照下面"解放軍"的例子这样解决，"烙"餅指烙的动作，是詞組；吃"烙餅"的烙，說明餅的性質，就算是合成詞。至于握手、吃飯等沒有这种区別，就只算詞組。

　　补充关系（动补）的合成詞，大家的意見也不一致，有人認为中間可以加另外的詞，算詞組，有人說这正是合成詞的一种構詞方法。我們現在是照后者的說法处理的，不管是"看見""肅清""打倒""指定""放得开""关不住"……等都算是合成詞。"得"和"不"算辅助成分（詞嵌），但只限於三音詞。

　　由一个双音詞和一个單音詞構成的語言組織，我們用詞素不能拆开的原則來看，凡不能拆开的，都認为是合成詞，如敎育部、合作社、邮政局、代办所、望远鏡、中立國、清熱剂、头痛粉……等，拆开固然詞义就改变了，主要的是后一个詞素，在現代漢語里不能独立成詞。还有一种兩个詞素結合的方式是構詞法特有的不是詞組的結合方式（語法結構），也承認他是合成詞。如"解放軍"，按詞組說应該是动詞帶个宾語，意思是把"軍""解放"了；按这种構詞法構成的合成詞却是偏正式的，意思是解放人民或是搞解放事业的軍人（或軍隊），其余如"泡菜"、"蒸飯"、"炒面"、"探照灯"、"朗誦詩"、"印刷室"、"救护軍"、"打撈机"、"战斗英雄"……都是这种詞。

　　关於兩个双音詞構成的語言組織，說法也不一致，我們根据拆开了詞义变不变，詞素能不能独立使用的原則來分別它是詞組或是合成詞。如資產階級、無產階級、帝國主义等当中的資產、無產等不能独立使用，帝國主义者可能根本無皇帝，所以算合成詞。至於漢語課本、神經細胞、民主人士等，就可以認为是詞組了。

根据以上所分析的我們归納一下：

（1）詞素联合起來表示一个意义，拆开來意义或者不存在，或者改变了的是合成詞。

（2）兩个詞素拆开后，至少其中一个在現代漢語中不能單独使用（不能独立运用的詞）的是合成詞。

（3）用輔助成分（包括"得"和"不"那一种）構成的是合成詞。

（4）不用普通詞組構成方式構成（如解放軍）的是合成詞。

（5）按連寫說，詞經常連寫在一起，但連寫在一起的不定是一个詞。

我們說的虽然很不全面，但至少能給大家一个分辨詞和詞組的参考标准。

4·13 名称和簡称 人和事物都有名称，名称都是拿詞來充当的，可是一个名称不一定是一个詞，这首先要搞清楚。例如"人"、"狗"、"太陽"、"《吶喊》"、"《高玉宝》"、"奥斯托罗夫斯基"这些都是名称，同时也是一个詞，在这种場合下名称和詞是一致的。但在"漢語課本"、"天安門廣場"、"《走向生活》"、"《論共產主义教育》"、《漢語語法常識》、"西南師范学院函授部"、"中國人民政治协商会議全國委員会"、《太陽照在桑干河上》、《小二黑結婚》、《鋼鉄是怎样煉成的》等，这些名称却不止一个詞，却是用詞組甚至用句子的形式來充当的，我們不能因为它們是一本书或一个团体或一个地方的名称，就把它們当作一个詞，可是在句子里运用时，它們又往往和詞一样可以作句子的各种成分，比如：《小二黑結婚》是一本小說。你看过《卓婭和舒拉的故事》沒有？这兩本书名就充当了句子的主語和宾語，这和其他詞組作句子成分差不多，如："卓婭和舒拉"是青年人学习的模范，你見过"卓婭和舒拉"的

— 78 —

母親沒有？所以尽管是和詞一样充当句子成分，还是詞組不是詞。詳細情况，等講語法时再談。

有的名称太長，寫起來說起來都不方便，於是很自然的便產生了簡称。拼音文字的簡称，有一定的办法，就是採这个名称所包含的各詞第一个字母，构成簡称，比如英文 G.P.O.（General Post office）是邮务总局的簡称，俄文 КНР.（Китаиская Народная Республика）是中華人民共和國的簡称。我們使用漢字，構成簡称的办法沒有那么方便，方法也不一定。最常用的几种方法是：

（1）把比較長的名称（有人把名称和成語都算作固定詞組。固定詞組就是不能拆开不能任意变动的一种詞組）分成几節，再在每一節挑一个字構成簡称，如北大（北京大学）、政委（政治委員）、党支書（共產党支部書記）、民主妇联（民主妇女联合会）、土改（土地改革）、抗美援朝（抗击美帝國主义、援助朝鮮）等。通常是採用每一節第一个字，可是很不一定。如民主同盟簡称民盟，民主促進会簡称民進，清華大学簡称清華，同仁医院簡称同仁，这都不是摘取每段的第一个字。其次如苏維埃社会主义共和國联盟簡称苏联，中國人民政治协商会議簡称政协，中國百貨公司簡称中百，國务院总理第二办公室簡称二办，中國共產党第八次全國代表大会簡称八大……只採取这些名称里的两个字來代表，这还是受了双音化的影响，不管多長的名称，总願欲簡化成两个音節。

（2）兩个定語共同用一个中心語，如南北朝（南朝和北朝）、前后漢（前漢和后漢）、指战員（指揮員和战斗員），其他如新旧唐書、教职員、中小学、貧僱農等都是。

（3）用数字概括平列的几項，如：双减（减租、减息）、三反（反对貪污、反对浪費、反对官僚主义）、五毒（行賄、偸稅、漏稅、盗窃國

— 79 —

家資財、偸工減料、盜竊國家經济情报),其他如三定、三多、四防、五拥,以及旧日的三多、九如、三元、四季……都屬於这一种。

　　簡称在口头語言、書面語言中都要利用,但我們在利用简称时要注意几項:

　　(1)**要利用通行的簡称**　簡称也是"約定俗成"的,当某些簡称已經深入人心,用了絕不至於发生誤会或不懂,那就可以用,如苏联、土改、共青团等。

　　(2)**不要硬造**　硬造的讓人不解,如:業校(業余学校)、汽机(汽車司机)、人武(人民武裝)、大小学(大学和小学)等。

　　(3)**不在普通文字中利用某些区域流行的簡称**　有些簡称在某一个地区大家都懂得,离开这个地区別处人很不容易了解。如在農村中流行的冬產(冬季生產)和在工厂中流行的利廢(利用廢物)、特休(特別休假)等,換換地方就不容易懂。西南师范学院簡称西师,西北师范学院簡称大概也是西师,假如教育部印的文件中,只提西师,便不知指的是哪个学校。我們在本院看到"西体"兩个字,費半天勁还可以猜到大概是西师体育科的簡称,但一到外边,人家便不知道西体是什么了。

　　(4)**用数目字概括的簡称要少用**　用数目字概括的簡称往往使人不知道內容是什么,如报上提出有人把农村发展母牛、母猪、母羊、母雞、母鴨,簡称为"五母运动",这只看簡称,簡直不知道說的是什么。就說"五反"吧,也很不容易一下說出來反的那五样,所以应该少用,在非用不可并且比較生疏的,第一次在文件內出現时应加註釋,否则就要使讀者发生困难。如三反这个簡称,不提內容,便不知道反什么。并且有旧三反(反帝、反封建、反官僚資本)、新三反,三多也有新、老三多。假如搞不清楚,容易造成混乱。

—80—

(5)**正式的庄严的文件里不用简称**　简称有它的方便，也有它的缺点，在正式的庄严的文件里为避免引起误会不用简称。如在宪法、党章、团章、法律条文、合同、协定、条约等文件內，不用简称。在某些文件里为避免麻烦，要用简称的时候可採取第一次出现加註释的办法如：《國务院关於農業生產合作社粮食統購統銷的规定》这个文件中，在开始一段中这样写"……國务院现在对農業生產合作社（以下简称農業社）的粮食統購統銷作如下规定……"(1956年10月7日《重慶日报》)这样既利用了简称，又不引起误会，是最妥当的办法。

　　还有一点应該注意的，就是简称往往就凝定成詞,(有例外)不必再看作詞組了。如苏維埃社会主义共和國联邦显然是由詞組形成的名称，可是苏联呢，就是一个詞了。其余如政委、党支、三反、西师等都是一样。

練 習 八

1. 辨别下列各詞哪些是單純詞，哪些是合成詞：

　　蟋蟀　螳螂　紡織娘　帽子　草帽　便帽　摩托車　馬达　冰淇淩　苜蓿　琉璃　和尚　阿彌陀佛　交代　維他命　唯物論

2. 下面一段古漢語里的單音詞，除了現在仍旧是單音詞的，把其余的寫成現代漢語里的双音詞：

　　至若春和景明，波瀾不驚，上下天光，一碧万頃，沙鷗翔集，錦鱗游泳，岸芷汀蘭，郁郁青青，而或長煙一空，皓月千里，浮光耀金，靜影沉璧，漁歌互答，此乐何極。(范仲淹：《岳陽楼記》《初中文学課本》第三册选)

—81—

3. 說明下列合成詞是联合式、是偏正式或其他方式,并且指明是由什么关系合成的。

　　发明　創造　積極性　英雄　財產　黑板　遮眼　流氓
　　电灯　熨斗　筆架　風鏡　鑽探机　白喉　千万(別去)
　　褒貶　封住　鑷子　磚头　学不会　支援　反应

4. 辨別下面所举的,哪些是合成詞,哪些是詞組:

　　医生　高楼　优秀生　先進工作者　抗議　白云　流水
　　流水賬　老眼　軍屬　光荣灯　观礼台　射击場　美帝
　　國主义者　侵略行为　物件　零件　擴音机　走着
　　笑了　作得不坏　听得見　看得分明　跑不了　丰產模范

5. 說一說詞和名称的关系。說一說我們利用簡称該注意些什么?

第三章　詞　　义

4·14　詞的意义　我們在講"詞是什么"那一節的时候,已經提到詞有意义和声音两方面,这兩方面結合起來才能成为詞,所以詞在語言中是代表一定的意义的語音形式。比方我們听人家說〔sui〕这个声音,便知道是指的那种能喝、能洗东西、無色透明的液体;我們看到这种液体,也用〔sui〕这个声音來表达,"用同一种語言講話的人,对於某一个詞都有共同理解的內容,这个內容就是詞的意义。詞的意义就是詞的声音和現实現象之間的联系"。(周祖謨:《漢語詞彙講話》第二講《語文学習》1955年6月号)我們要切实掌握一个詞,就得熟悉这种声音和意义的联系。"可是我們又必須知道,这种声音和意义的联系,并不是必然的,永远固定的,而是受

— 82 —

了社会的制约，为社会歷史所假定的。'社会以外，無所謂語言'（斯大林：《馬克思主义与語言学問題》第20頁）。屬於自然物質的声音，一經运用到了語言当中，用來表明那反映现实生活的意义的时候，也就成为一种特殊的社会现象了。"（張世祿：《語言和詞义的关系》《語文知識》1956年3月号）还拿"水"作例，我們說〔Suǐ〕，俄語說〔Вода〕，英語說〔water〕，为什乙是这样呢？因为声音和意义之間的联系不是必然的，語言里应用哪些声音表現哪种意义都是受了社会的制約。假如詞的声音和意义之間的联系是必然的，"假如詞眞正是直接从物的本性和特性產生的，那乙各种語言中物的一切名称和物的一切概念將是同样的了，这样，許多不同語言的存在就沒有必要了"。（福斯特列可夫：《馬克思、恩格斯、列寧、斯大林論語言与思維的关系》《学習譯叢》1952年第8号第60頁）这一点，我們必須搞清楚。可是另一方面，我們要注意：**当一个意义确定用某一个音來表示以后，这个音在这一語言系統中就和这个意义發生关系，約定俗成，任何人或集团都不能任意加以更改了。因此在語言的詞彙里面意义相近的詞在声音上可能是相近的。**象我們在文字編中举的"戔"的例子，就是这样。从前的人叫做"音近义通"。知道这一点，才能解釋这种现象。

因为語音和意义的联系不是必然的、永远固定的，它是人們在社会交际当中，互相傳授、互相学習約定俗成的东西，社会向前发展，語音和意义結合而成的詞也要跟着发展，有些詞跟着旧社会的滅亡渐渐消失了，有些詞跟着新社会的產生涌现出來了。社会越向前发展，生產越发达，人类交际越頻繁，語言也越精密，就產生了应用於不同場合語言組織中的同义詞，和同义詞相对照的反义詞，一个詞有几种意义的多义詞等。这些我們在下面都有机会詳細

—83—

地談。

　　另外我們再要明确一个重要問題，就是詞的詞彙意义和語法意义的关系。詞的詞彙意义是詞的本身的意义內容，詞的語法意义是指詞在語言里的組織功能（如和其他詞的結合，在句子里充当什么成分等）說的。这两方面关系很密切，有时看了語法关系，才了解詞的意义，如"成人敎育是敎育成人的"这句話，前面一个敎育有定語，作主語用是名詞，指一件事的名称；后面一个"敎育"作謂語还帶有宾語是动詞，是指一种动作說的。"会"这个詞在不同的語言組織中有不同的意义；"会客"是动詞，是会見的意思；"他会俄語"也是动詞，是能說俄語的意思；"他学会俄語了"是形容詞，是說他由不能到能了；"大会"是名詞，"能寫会算"是能願动詞。这些不同的意义，一定通过語法关系才能显示出来。又有一些詞（主要是虛詞）全靠語言組織显示出它的作用，也就是才知道它的意义，如"走着"的"着"，"來了"的"了"，"你打哪兒來"的"打"，"你和誰在一塊兒住"的"和"等，离开了語言組織，很难确切指出它們的意义。但是**詞的詞彙意义和語法意义是有区别的，幷不是一回事。**最明显的是詞和詞的結合关系相同，充当句子的成分也相同，也同屬於一种詞类，这是語法意义相同，但詞彙意义却相差很远。举个例吧，"大風來了，大雨跟着也來了"这句話，風和雨都是名詞，都充当句子的主語，都有定語"大"，可是"風"和"雨"的詞彙意义却不相干。就算意义上相近的詞吧，这两方面的关系也幷不一致。比如"鑽硏"和"硏究"意思差不多，在"他硏究这个問題"这一句話里，也可以換成"鑽硏"，但在"他对这个問題很有硏究"却不說"很有鑽硏"了，原因是"硏究"可以作名詞用，"鑽硏"却不能。

　　我們想了解一个詞的意义，掌握它的用法，要从各方面去努力：要了解它的本义是什么，引申义是什么，和它意义相近的都是些什么詞，它的反义詞是什么，常和那些詞在一块連用，在語言組織中它的詞义又起了什么变化，在什么詞句什么語气里面用哪个詞最恰当等。假如这些方面弄不清楚，就不能很正确的來运用一个詞。

4·15 音的变化和詞义的关系　漢語里有許多單音詞（古漢語里更突出，見前），当和某一个詞有关的另一种意义需要詞來表达时，就用音的变化來表示，不再另造新詞。这种现象主要由兩方面來实现：一种是讀輕声，一种是变讀、变調。

先看讀輕声的：

重輕		中重	
人家	和自家对称，指别人。	人家	如几戶人家，是住戶的意思。
东西	指物件。	东西	指方向。
買賣	指生意。	買賣	指買和賣的行为。
是非	指事端，如搬弄是非。	是非	指是和非，如不辨是非。
來往	指交往，如我俩沒什么來往。	來往	指來和往，如來往行人很多。
長短	指意外，如万一有个長短。	長短	指長和短，如这件衣服長短怎样？
高低	和"千万"同义，如你高低别去。	高低	指高和低。
早晚	指时候，现在变成"嗒"了，如你多早晚（多嗒）來呀？	早晚	指早和晚。

反正　不管如何的意思，如反正都一样。	反正　指反面和正面。
横豎　同反正。	横豎　指横和豎。
好歹　和長短同义，指意外，如万一有个好歹。	好歹　指好和歹，如这人不識好歹。
动静　指响声、行动等，如听一听有什么动静。	动静　指动和静。
利害　指程度深，（四川話"凶"）如他燒得很利害。	利害　指利和害。

我們看这类詞，多数是由对立关系形成的合成詞，但后面一个音節一讀輕声，意义就变了。

我們再看变讀和变調的，这一类用不同的讀音和声調來辨别意义，可是**在漢字形狀上是一个，所以有人把它叫做"同形詞"**。

例詞(字)	讀　音①	詞　類	举　例　說　明
把	bǎ（上）②	动詞、介詞	如把門，把那个东西拿來。
	bà（去）	名詞	如鋤把。
耙	bà（去）	动詞	如耙地。
	pá（陽）	名詞	如耙子，竹耙子，鉄耙子。
膀	bǎng（上）	名詞	如膀子、臂膀。
	hang（陰）	形容詞	如眼皮膀（腫）了。
	páng（陽）	名詞	如膀胱。

---

① 以后拼音字母 ʐ、ɕ、ʂ、ɲ、l 等用代用式。
② 恐怕調号印不清楚，加註陰、陽、上、去等。

— 86 —

傍	bang	（陰）	名詞	如傍晚（本來是接近晚上的意思，現在变成合成名詞了。）
	bàng	（去）	动詞	如傍岸。
便	biàn	（去）	形容詞	如便利、方便、不便。
	pián	（陽）	形容詞、名詞	如价錢很便宜；佔便宜，（光）。
噴	pen	（陰）	动詞	如噴飯、噴水。
	pèn	（去）	形容詞	如噴香。
	fèn	（去）	名詞	如嚏噴。
漂	piau	（陰）	动詞	如漂起來，漂浮、漂泊。
	piàu	（去）	形容詞	如漂亮。
磨	mo	（陽）	动詞	磨刀、磨磨、磨煉。
	mo	（去）	动詞、名詞、	磨面；磨子、磨房。
抹	mo	（上）	动詞	把字抹去，抹煞，塗抹。
	mo	（去）	动詞	抹牆，泥抹一下。
	ma	（陰）	动詞	抹桌子。
縫	féng	（陽）	动詞、名詞	縫衣服；裁縫。
	fèng	（去）	名詞	一条縫（兒）、縫子、門縫（兒）。
服	fú	（陽）	名詞、动詞、	衣服；佩服，我算服了你了。
	fù	（去）	量詞	一服藥。
打	dǎ	（上）	动詞、介詞	打鉄、打听、打毛衣；你打那兒來？
	dá	（陽）	量詞（譯音）	一打鉛筆（12支）。

— 87 —

大	dà	(去)	形容詞	大人、大房子。
	dài	(去)	名詞	大夫。
得	dé	(陽)	動詞	得獎、得到好处。
	děi	(上)	能願動詞、形容詞、	你得去一趟；这事兒挺得（好），得（美）的很。
待	dài	(去)	動詞	等待、待遇、对待、待你怎样？
	dai	(陰)	動詞	待几天,待一会兒。(有人寫成"呆",不对)。
倒	dǎu	(上)	動詞	樹倒了,倒换、跌倒、颠倒。
	dàu	(去)	動詞、副詞	倒水、倒出來、往后倒；这倒不錯。
彈	tán	(陽)	動詞	彈棉花、彈琴。
	dàn	(去)	名詞	彈丸、子彈、彈弓、彈子。
当	dang	(陰)	能願動詞、副詞	应当,(当兵,动詞)；当然。
	dàng	(去)	动詞、名詞	当錢(賭博)、当地、典当,我当是誰呢？拿紅土当朱砂；当鋪、上当。
釘	ding	(陰)	名詞	釘子、洋釘、碰釘子。
	dìng	(去)	动詞	釘上、釘梢(去声)。
肚	dù	(去)	名詞	肚子。
	dǔ	(上)	名詞	肚子(指猪、牛等动物的胃羊肚手巾。
难	nán	(陽)	形容詞	难办、难吃、困难。

	nàn	（去）	动詞、名詞	非难、责难；灾难、遇难。
乐	lè	（去）	形容詞	快乐、乐意、欢乐。
	yé	（去）	名詞	音乐、乐府。
涼	liáng	（陽）	形容詞、名詞	水涼了，冰涼；歇涼。
	liàng	（去）	动詞	涼一涼再喝。
量	liáng	（陽）	动詞	量量有多少，量米（買米）、量身長。
	liàng	（去）	名詞	寬宏大量、容量、运动量。
膏	gau	（陰）	名詞、形容詞	膏藥、脂膏；膏腴。
	gàu	（去）	动詞	膏膏油、膏車。
看	kàn	（去）	动詞	看一看、看書。
	kan	（陰）	动詞	看管、看家、看守。
空	kung	（陰）	形容詞、名詞	空了、空走一趟；天空、空气。
	kùng	（去）	名詞	沒有空(兒)(时間)、空子、虧空、空头。
和	hé	（陽）	形容詞、連詞（介詞）	和气、溫和；我和你。
	huó	（陽）	动詞、形容詞	和面、和泥、暖和。
好	hǎu	（上）	形容詞、副詞	好人、好事；好难聞、好热。
	hàu	（去）	动詞、名詞	好唱歌，爱好；嗜好。
假	ɥiǎ	（上）	动詞、形容詞	假借；假的。
	ɥià	（去）	名詞	假期、請假、放假。
敎	ɥiau	（陰）	动詞	敎給你。
	ɥiàu	（去）	动詞、名詞	敎学；敎授、敎室、佛敎。

— 89 —

降	jiàng（去）动詞		降落、降下來。
	xiáng（陽）动詞		降伏、投降。
倔	jué（陽）形容詞		倔强(jiàng)(去)
	juè（去）形容詞		脾气倔。
圈	qyan（陰）动詞、名詞		圈一个圈兒，圈住；圓圈。
	juàn（去）名詞		猪圈、牛圈。
校	xiào（去）名詞		校尉、校官、学校。
	jiào（去）动詞		校对、校正、校勘。
行	xìng（陽）动詞、名詞		（人行道）发行、通行；行为。
	xìng（去）名詞		品行、德行。
	háng（陽）名詞		行列、行市、車行。
漲	zhǎng（上）动詞		漲水、漲价。
	zhàng（去）形容詞		泡漲了。
中	zhung（陰）名詞、动詞		中間、中人；中和。
	zhùng（去）动詞、形容詞		中獎；命中、射中。
重	zhòng（去）形容詞、名詞		重得很、重听；重量。
	chǎng（陽）形容詞、名詞		重迭；重慶、重陽、重九。
差	chá（陽）动詞、名詞		差多少；差錯。
	chai（陰）动詞		差遣、差使、出差。
朝	cháu（陽）动詞、名詞		朝見、朝觐；朝代、清朝、朝鮮。
	zhāu（陰）名詞		朝夕、朝气。
長	cháng（陽）形容詞		長桌子、長方形。
	zhǎng（上）动詞、名詞		生長、消長；長子、首長。
傳	zhuàn（去）名詞		傳記、左傳、經傳。

— 90 —

	chuán	(陽)	动詞	傳球、傳遞。
盛	shèng	(去)	形容詞	茂盛、盛衰。
	chéng	(陽)	动詞	盛一碗飯，水盛在桶里。
率	shuài	(去)	形容詞、动詞	率直、草率；率領。
	lǜ	(去)	名詞	效率、百分率、圓周率。
散	sǎn	(上)	动詞、名詞	木盆散了；散文；丸散。
	sàn	(去)	动詞、形容詞	散会、散布；散漫。
丧	sāng	(陰)	名詞	丧事。
	sàng	(去)	动詞、形容詞	丧失；沮丧、懊丧。
惡	è	(去)	形容詞、名詞	善惡、惡劣、惡感；作惡、罪惡。
	wù	(去)	动詞、形容詞	厭惡；可惡。
要	jàu	(去)	动詞、能愿 动詞、形容詞	你要不要这本書；你要上街？重要、要害。
	jau	(陰)	动詞	要求、要挾。
应	jing	(陰)	动詞、能愿 动詞	应允、应承；应該。
	jìng	(去)	动詞	应接、適应、反应。

我們把最常見的詞列举出來供大家参考。其余的当然还很多，閱讀时要多多留心。从以上的表可以看出來，同一个詞（或詞素）讀音或声調不同，意义就不同，往往詞性也就改变了。这类詞縱然詞形相同，但音变后詞性也跟着改变，就要認为它是兩种詞了。另外动詞兒化后往往变成名詞，如画兒、圈兒、包兒、兜兒等已見前，不再談。

4·16 一詞多义 每一个詞都有意义，有些詞只有一个意义，有些詞就不止一个；**只有一个意义的詞叫做"單义詞"，有几个意义的叫做"多义詞"。**

哪些詞是單义詞呢？一般說來事物的名称大多数是單义詞，如人、狗、樹、水、山、鳥、烏鴉、电灯、丁香、列寧、北京、西藥房、教室……等都是單义詞。另外科学上的術語，法律、契約等文件上的用語，大多数也是單义詞，因为这些詞不容含混必須有精确固定的意义，如直角、百分比、圓周率、級数、音素、音節、原子能、陰电、白血球、結核菌、徒刑、緩刑、选举权、候选人、直系親、撫卹金、最惠国等都是。單义詞比較好办，只要确切地明了了它的意义，就算掌握了。

哪些詞是多义詞呢？多义詞大多是常用的詞，按数目說不如單义詞多，按掌握它來說却比單义詞复雜得多，我們要好生学習才行。

我們先談一下多义詞是怎样形成的。原來一个詞只有一个意义，社会往前发展，語言跟着发展，詞彙也不断发展，原來一个詞，在不同的地方有了不同的含意，**这种和詞的本义有一定联系的另外的意义就是詞的轉义。轉义包括引申的意义和比喻的意义，**一般称为引申义和比喻义。

引申义是由詞的本义引發出來、擴張出來的另外的意义。 比如"紅"这个詞的本义是一种顏色。紅旗、紅花、紅墨水等用的是它的本义。因为紅色很鮮明，我國人民拿它作喜慶、光明的象征，於是娶親就貼紅对联，新郎新娘都要披紅、盖紅，所以喜事，劳动人民就叫"紅事"。后來把人們希望的事，都用紅來表示，以前賭博有紅黑点，"紅了"就是贏了。股份公司的贏余叫做"紅利"，分配紅利叫分"紅"。受人欢迎的人叫做"紅人"。害羞时臉要紅，后來把"臉紅"

— 92 —

当作害羞用。这些都是引申意。再拿"花"作例,花的本义是植物开的花,开花、月季花等詞是它的本义。印着花朵或繡着花朵的布固然叫花布,繡着或印着山水人物甚至圈圈条条組成的圖案,只要不是素的都叫花布。花大多数漂亮、瓣兒多,穿得顏色鮮艳叫"花花綠綠"的,繁華的世界叫"花花世界",只享受不做活的少爺叫"花花公子",不老实的人的作風叫"花梢",玩手段叫"耍花着",品种多叫花样多,繁雜的过門叫"花过門"(拉胡琴的曲譜)……这些也都是引申义。

"比喻义是由於比喻而產生的意义。像下面的例子都是比喻的意义:

(1)睡得很'香' 香比喻舒服。

(2)手段很'辣' 辣比喻毒狠。

(3)'鉄'的紀律 鉄比喻不可变动。

(4)'地下'工作 地下原义是地面下,这里比喻秘密隱藏在敌人势力范圍里。

(5)事情'擱淺'了 擱淺是指船因水淺而停滯在泥沙上不能前進,这里比喻停頓。

(6)敌人全軍'复沒' 船翻了沉沒下去叫复沒,这里比喻完全潰敗。

……

这一些都是比喻的意义。这种比喻的意义跟一般修辞上的比喻有区别,因为这些意义已經成为詞义中的固定的东西,我們在应用时已經不大感覚它是一种比喻了。可是像'暴風雨在怒吼','莫斯科是苏联的心臟',那就只是修辞上的比喻。因为'怒吼'和'心臟'在这里並沒有轉变出來的新义。"(周祖謨:《漢語詞彙講話》第二

講《詞义》《語文学習》1955年8月号）

我們要注意一个問題，就是一詞多义和同形詞不同。一詞多义是由一个詞的本义產生出許多相关的意义；同形詞，只是詞寫在紙上模样相同，讀音可能相同，可能不同，意义沒有什么关联（至少在現在看來沒有什么关联了），兩个詞的詞性大多数也不相同，那就不是一詞多义而是兩种詞。如打鉄的"打"和一打兩打的"打"，开会的"会"和他会俄文的"会"，开花的"花"和花錢的"花"，要錢的"要"和要开会了的"要"，都是兩种詞，不是一詞多义。

要掌握多义詞，就需要在閱讀时多多留心，这个詞的本义是什么，都是哪些轉义（当然不必每一个詞去統計一下，不过大体上得了解）。在閱讀时注意上下文的关系，就可以知道在这里用的是哪个意义。因为多义詞尽管有很多意义，在一个地方只能用一个意义，不会把各种意义同时并用的。課本練習里举的"运动"那个詞的意义，本义是"健身的活动"，引申义是"有組織的羣众性的政治文化活动"。那么在第一句里"扫除文盲运动……"就不至了解为"健身的活动"，在第二句"廣播操里的跳躍运动……"也不至於了解为运动的引申义了。曾記得某校入学考試常識題有"五四运动"，考生有人答成五四那天开运动会，也有人答成五十四个人在运动，那就是不了解多义詞的現象。

4·17 同音詞 在現代漢語詞彙里有許多詞声音是相同的，比如：岸、按、暗； 半、拌、扮、絆、办；編、鞭、边……数目、樹木；公式、公事、工事等。像这种声音相同意义不相同的詞就叫做同音詞。嚴格地講，声音和声調都相同的才是同音詞，不过声調雖然不同听起來容易相混的，也可以算作同音詞。

为什么会產生同音詞呢？ 大家知道漢字是單音節的，一个漢

— 94 —

字只有一个音節。我們学語音时知道北京音系只有四百多个音節（有音沒有漢字的音不在內），漢語（尤其是古漢語）里的單音詞数目却很多，拿有限的几百个音節來代表比它数目多得多的詞，想一个音節代表一个詞那是不可想像的，所以就有好多詞共同使用一个音節，这就是同音詞发生的主要原因。我們不必翻大字典，只翻《國音常用字彙》看一看，不大常用的字还沒有列入，絕大多数的音節下都有好多字，我数了数念〔ji〕的字一共有160个，只讀去声的就有85个，这些字在古漢語里絕大多数都是單音詞，那么这个音節只就去声說就有85个同音詞了。这种現象在用拼音文字的語言里也同样存在，不过他們的詞單音節的很少，几个音節配在一起，发生同音詞的机会就少了，不信你看我們双音節的詞同音詞就少得多，三个音節以上的就更少了。除了上面这个主要原因以外，还有其他原因：外來語和本土語言也可以发生同音現象，如：打鉄的"打"是我們原有的詞，一打兩打的"打"是譯音就是同音詞了。 另外傍（如傍岸）和磅，米（大米、小米）和米（公尺），仙（神仙）和仙（几仙錢就是几分錢，不很通行）都是这种情况。 古外來語如琵琶、琉璃和本土語枇杷、流离也是同样情形，不过日子長了，我們不很觉得就是了。其次語音的演变也增加同音詞，我初到北京时，有个同学見我戴副眼鏡，他就問我"你也有功名嗎？"我弄得莫明其妙，問他什么意思，他說你不是近視（進士）嗎？原來我們家鄉"近"〔ʧin〕和"進"〔zin〕讀音不同，北京音这兩个字讀音相同；在我們家鄉"近視"和"進士"不是同音詞，在北京就是同音詞，所以弄了个笑話。有好多地方，精、經、清、輕、心、欣等是有区别的，北京音不分，於是經济、經紀，保健、保荐，案件和暗箭等也成了同音詞了，都屬於这种情况。另外北京音沒有入声，在有入声地区不是同音詞

— 95 —

的,也有些变成同音词了。如水力(入声)、水利(去声);权力、权利;形式(入声)刑事(去声);知识(入声)知事(去声)等都是这种情形。四川因为〔n〕、〔l〕不分,开口呼的〔en〕、〔eng〕和齐齿呼的〔in〕、〔ing〕不分,又多了一些同音词,如蓝和难、脑子和老子、秦朝和清朝、老程和老陈等都是。(zh、ch、sh、和z、c、s不分造成的同音词更多,不再举例)。还有上节我们谈的同形词,假如读音一样,那也就是同音词了。

这么说起来,汉语词汇里存在着很多同音词,说话时候不就常常引起误会吗?其实并不然,我们日常谈话固然有时候要追问一句,你姓那个〔jan〕?是燕国的"燕",可是语言的"言"? 四川人还会问"是耳东陈,禾口程"?用指头比着问四个还是十个? 但是这种情形究竟不多。用什么办法来区别同音词呢?人民大众的智慧是无穷的,在使用语言的过程中,自然就产生了许多办法。

(1)**声调** **读音相同声调不同就可以分出来**:比如"背"这个词,说脊梁背、背了一篇文章,背着手等都念去声; 背(现写作揹)东西就念阴平。打谷子的"场"念阳平,一场电影的"场"念上声。例子很多。(可参看同形词表)

(2)**用双音词来分别** 光凭声调有时听不很清楚,不同地区的人调值又不一样,也分不清楚,于是用双音节来分别,我们看:"衣"演成衣裳、衣料,"依"演成依附、依靠、依赖,"医"演成医生、医治、医理等自然就分别得清清楚楚。"烟"有烟子、旱烟、纸烟、水烟,"盐"变成食盐(盐巴),"焰"变成火焰,"言"变成语言,"燕"变成燕国、燕子,雁变成大雁,一齐都分别清楚了。

(3)**加量词** 古汉语说一草一木,现代汉语不这样说了,说一棵草、一棵树了。这也有区别同音词的作用。 比如珠子和竹子,声

—96—

調固然不同，还怕分不清楚，於是就說一顆珠子、一根竹子或一捧珠子、一捆竹子。竹子不論顆也不論捧，自然就分開了。另外如一斤（或一塊）猪肝和一根竹竿；一股煙子和一只燕子等都是这种例子。

（4）听上下文　語言中的詞不是孤立的，都要和其他詞发生联系，在什么地方用的是什么詞，什么意义，一听就可以听出來。如"我要喝水"絕不能喝"誰"；"我要吸煙"絕不会吸"鹽"；"吃个蛋"一定不能吃"淡"，"倒盌茶"一定不能倒來"杈"。"他失手了打了个碗"不会誤会成"失守"，"天上有星星"也不至於誤会成"猩猩"跑到天上去了。

所以不必躭心我們改成拼音文字，看不見"字形"了，同音詞無法分了，只要說話能分得清楚，听得明白，寫成拼音文字还是一样，不会出毛病的。

話虽如此，我們对於同音詞还要注意，尤其在3.26節內所談的那些同音詞如：休养和修养，主意和主义，反映和反应，講究和將就，不妨和不防，必須和必需等不但音相同，意义也有好多人搞不很清楚，在使用时必須仔細分別才行。

4·18　同义詞　什么是同义詞呢？就是声音不同而意义相同或接近的詞。斯大林說："詞彙反映着語言发展的狀态，詞彙越丰富越紛繁，那末語言也就越丰富越发展。"(《馬克思主义与語言学問題》第21頁)反过來語言越发展，就需要丰富的詞彙來作它的建筑材料。同义詞是这極端丰富的詞彙中的一部分，也是使詞彙日趋丰富的一个原因。同义詞如何產生的呢？**第一，由於語言的發展**，以前和现在对於同一个概念用不同的詞來表达，如：考、妣，父親、母親，爸爸、媽媽，都是指双親說的。**第二，由於方言所生的差**

—97—

别,如:父親,有的地方叫爹,有的地方叫爺,有的叫大(讀达),有的地方叫爸;以前我們举的玉蜀黍(包谷)、紅薯(紅苕),也是这种例子。**第三,由於詞义的發展,原來不是同义詞現在成了同义詞了。**如:"經济"一詞,原意是經世济民。可是現在"經济"却指社会物質財富的生產、分配和消費的現象來說,如工業經济,農業經济等;再发展和"經費"、"錢財"就是同义詞,如某处經济充裕,某人經济困难;又发展和"節省"成同义詞,如時間不經济等。**第四,运用的場合不同,或者因为語气或者因为情况或者因为程度等的不同,使用意义相接近而有細微区别的同义詞,**如撞、磕、碰、打等是同义詞,兩車相碰叫撞車,只能用撞;磕头、磕瓜子、輕輕把玻璃瓶里的藥磕出來等只能用磕;碰头会,碰破了(用别的詞意思就变了)等只能用碰;打个蛋只能用打。走和滾在某些場合是同义詞,走鋼絲不能說滾鋼絲,滾繡球不能說走繡球,你走吧可不能輕易說成你滾吧。苏联电影片《难忘的1919》英軍受到抵抗狠狠地往囘退,有人报告給斯大林說:"英国船撤退了"斯大林矯正說:"应該說是逃跑了",在这里撤退同逃跑也是同义詞,因情况不同用撤退就不恰当。还有由譯音而來的同义詞,如擴音器、麥克風,手杖、司提克,动画、卡通,提琴、凡亞林等都是。不过漢語習慣於譯义,譯音的詞比較少,就是譯音的也漸漸为譯义的詞所代替了。所以这一項同义詞不多。

什么样的詞才算同义詞呢?这必須搞清楚,否则无限擴张,輾轉相联系,同义詞就太多,失去了明确性,我們反倒更难掌握了。**凡是同义詞一定得有意义上的共同性,也就是同一概念內的各种細微的差别。因此以下的几种都不是同义詞。**

"(1)种和类(例如:著者、作家、小說家、詩人、記者);

— 98 —

(2)同一种类的亚种和亚类的概念（例如：衣服、西服、背心、服裝、制服等）；

（3）具有取消意味的詞和沒有取消意味的詞（例如詩人、拙劣的詩人）；

（4）屬於不同社会制度的詞（例如公社和集体農庄、競賽和競爭）；

（5）具有超出本义范圍的特殊补充色彩的詞（例如劳动和苦干）；

（6）从略。"

（周祖謨：《漢語詞彙講話》第三講引克留耶娃：《俄語同义詞》一文中語。《語文学習》1956年2月号）

同义詞一般說來是同詞类的（不同詞类的也有，但数目很少）。虛詞当中因为詞的数目不多，同义詞比較少，但是仍旧有，比如連詞里面的"与"、"和"、"跟"、"同"就是同义詞，"与"是从古漢語來的，書面語言还常常用它，"和"、"跟"、"同"在口語里和書面語言里都在混用着，"我和他一齐去"也可以說我"跟"他或我"同"他一齐去，沒有什么区别。"运动和发展是和自然界的事物和現象分不开的。"（阿歷山大罗夫：《辯証唯物主义》第118頁）。这句話用了三个"和"，第二个似乎改用"跟"或"同"好些，但是这么說未嘗不可。介詞"將""把"和"管"也是同义詞，"將"和"与"情况一样，也是古漢語遺留下來的，"管"和"把"常常沒有区别地使用着；"把他送走了"固然不能說成"管他送走了"，但"把洋火叫做火柴"，也可以說"管洋火叫做火柴"。这些詞有什么区别，究竟应該不应該分工，这要等着進一步詞彙規范化的工作，我們暫时可以不談。至於实詞中同义詞比較多，尤其动詞和形容詞多。

杨欣安《现代汉语》文辑

我們現在專來談一談实詞里面的同义詞。按詞的形式說，單音詞和單音詞双音詞和双音詞固然可以是同义詞，双音詞和單音詞也可以是同义詞，如：冷、涼快，熱、暖和，能、能够，叫、叫做，中、中間，追、追趕，学、学習，拉、拉扯等。按詞素說可以完全不同，如：立刻、馬上，注意、留心，缺点、毛病，明白、清楚等；可以有相同的詞素，如：品德、品質，保衞、保护，頑强、頑固，支持、支援等。按意义說可以完全相同，如父親、爸爸、爹，紙烟、香烟、烟卷兒，長虫、蛇，害羞、害臊，能够、能，追、追趕，玉蜀黍、包谷等。可以是意义非常近似，如保衞、保护等。这种意义很相近的詞嚴格說來不是同义，而是义近，所以有人不主張把他叫成同义詞而叫做近义詞。因为同义詞已經通行，并且它們也具有同义的时候，所以就不必另立名目，就叫同义詞好了。**我們所应該注意学習的正是这一种詞。**

現在我們把一些名詞、动詞、形容詞常用的同义詞列一些在下面，供大家参考。

　（1）名詞：

   前提、条件。　　　　比、比例、比率。
   根脚、基礎。　　　　　事、事情、事实、事例。
   收穫、成績、成就。　　規則、規矩、規定（可作动詞）。
   熱潮、高潮。　　　　　观点、看法。
   权力、权利。　　　　　家屬、家族。
   生活、生計。　　　　　事件、事故、事变。
   水平、程度。　　　　　情况、情形。
   效果、效率。　　　　　标記、标誌。
   法則、法規。　　　　　工作、任务、义务。
   成果、后果。　　　　　文明、文化。

—100—

方言、土語。　　　　　空气、气氛。
缺点、錯誤。　　　　　分別、区別、差別。
（2）动詞（包括能願动詞）
必需、必須。　　　　　存在、有。
強調、誇大、誇張。　　反映、反应。
節約、節省。　　　　　蛻变、蛻化。
貪、貪圖、貪污。　　　消滅、消失、消除、消釋、消化。
盜竊、偸盜、偸漏。　　腐蝕、腐化、侵蝕、剝蝕、鬳蝕。
把握、掌握。　　　　　調整、調理、調節、調度、調排。
克服、克复、克制。　　融化、熔化、溶化。
发明、发見、发覚。　　发达、（形容詞）发展。
思惟、思考、思想　　　研究、考慮、斟酌。
（名詞）。
鍛鍊、訓練。　　　　　乱用、濫用。
保障、保証。　　　　　发揮、发揚。
保衞、保护、爱护。　　保存、保留。
保持、保全。　　　　　改革、改造、改良、改善。
妨碍、妨害。　　　　　接受、接收。
縱容、慫恿。　　　　　考查、考察。
正視、重視。　　　　　佈置、部署。
改正、改進。　　　　　曲解、歪曲。
制定、創制、編制。　　撤消、取消、取締。
整理、整頓。　　　　　擴充、擴大。
反、反对。　　　　　　支持、支援、声援。
貫徹、貫通。　　　　　开展、展开。

摧殘、摧毀。	表达、傳达。
歌唱、歌頌。	輕視、鄙視、蔑視、忽視、歧視。
沾染、傳染、感染。	暴露、揭露、揭发、揭穿。
分別、区别。	处分、处理、处置。

(3)形容詞(附副詞)

儉省、儉朴、吝嗇。	根本、基本。
相当(的)、一定的。	猛烈、熱烈、激烈、劇烈。
犹預、躊躇、游移。	含糊、模糊。
明白、明确、清楚。	廣大、寬大、廣泛。
繁華、繁荣、豪華。	重大、偉大。
坚定、坚决、坚強。	宏大、远大。
充分、充足、充滿(动詞)。	大力、大举、大肆。
熱情、熱烈。	經心、精心。
丰滿、丰富。	強大、壯大。
頑強、頑固。	濃厚、深厚；深重、深刻。
巩固、穩固。	愼重、鄭重、珍重。
和藹、溫和、溫厚。	親密、親熱、親切。
优秀、优良、优異。	特殊、特別。
熟悉、熟習。	細致、仔細、詳細。
常常、經常(以下副詞)	忽然、突然。
終於、終究、究竟、畢竟。	

同义詞很多,尤其是动詞,动詞的些微差别,都有適当的詞來表示它。魏建功同志在《同义詞和反义詞》那篇文章里(《語文学習》1956年9月号),只举一个"拉"字,画了一个圖,有密切关系的同义詞就有八个：拽、拖、牽、揩、扯、搋(抻〔chen〕)抽、拔。

—102—

我們列举的这些，只是常用的和比較不容易用得正確的一部分,大家想詳細研究,可以参看《語文学習》各期的《同义詞例解》（后改为《詞义辨析》），这一方面可以知道同义詞的正確用法,一方面也可以啓发我們对众多的同义詞究竟如何正確处理。

同义詞多,表示語言的丰富嚴密。有了这些同义詞,我們在說話或寫文章时,才有可能把意思表达得更确切、更細微、更妥貼。法國大文学家福楼拜尔曾經說："不論我們要說的是什么东西,要把它表現出来,只有唯一的名詞；要賦与它运动,只有唯一的动詞；要賦与它性質,只有唯一的形容詞。我們应該苦心搜索,非找出这个唯一的名詞、动詞、形容詞不可。僅僅找到这些名詞、动詞、形容詞的相似詞,千万不要以为滿足,更不可因为这种搜索困难,随便用个詞來搪塞了事。"他这一段話,道破了掌握同义詞的重要性。所以辨别和掌握同义詞是学習語言和寫作中一件非常重要的工作。怎样來辨别和掌握它呢？可以从同义詞不同的类型來加以体会：

（1）詞义交叉 一个詞可能有好几种意义和用法,在这种意义和用法和某些詞是同义詞,在另一种意义和用法就和另一些詞是同义詞。如："好"这个詞,在当好坏講时,如好人、好事等,和"美"、"善"、"不錯"等詞是同义詞；当喜好講时（如好打球）,就跟"喜欢"、"愛"、"乐意"等是同义詞；在作副詞用,如好快、好痛快等,就和"很"、"眞"、"十分"等是同义詞了。拉和抽、扯、拖等等只在某一个意义是同义詞,其他方面就不是了。

（2）范圍大小 某一个詞所指的范圍大,某一个詞所指的范圍小。比如：房子,指一般房屋,屋子却指房子里面的一間；樹木指所有的樹,樹却指某一棵或几棵樹。其他如紙張和紙,車輛和

—103—

車，飛禽和鳥，学習和学等都有这种区别。

（3）程度深淺　按动詞說，"磕"了一下輕，"碰"了一下就重些，"撞"了一下就更重。按形容詞說，他的成績还"可以"是說还过得去，說成績"不錯"就好了，說成績"好"、"优良"、"优異"，那就一个比一个好了。这几个詞是步步加深的。其他如"不好"、"坏"、"惡劣"等都是这种例子。

（4）詞义襃貶　形容或說明同一件事物，因为說話者的立場和所說的对象不同，时常用不同的詞來表明襃或貶的意味。一件黑东西，說"黑黝黝兒的"就有襃意，說"黑呼呼的"就有貶意。一个人說話很長，爱听的人就說"詳細"，討厭的人就說"嚕呌"。再就是客观事实的好坏，也用不同的詞來表示：帝國主义者互相拉攏叫"勾結"，和平民主國家互相帮助叫"团結"；一个人作事百折不囘叫"坚定"，死鑽牛角尖叫"固执"。其余"細致"和"瑣碎"、"坚决"和"頑固"，"領袖"和"头子"，"讚美"和"奉承"，"含蓄"和"含胡"，"淺顯"和"淺薄"等都是这类。

我們必須在这些方面，随时留心体会，才能辨別同义詞的細微的差別，也才能在应用时找到最恰当的詞來表达最确切的意义。

我們还要注意一种現象，就是**詞素可以顚倒的詞，如感情，情感之类，这要分別看待**。有的是因習慣或方言造成的沒有意义上的区別的詞，如和緩、緩和、講演、演講、伤悲、悲伤、热鬧、鬧热、勉强、强勉、積累、累積、气力、力气、顯明、明顯等，这种不同的形式沒有同时存在的必要，詞彙規范化时要加以处理。有的造成同义詞，如动搖和搖动，計算和算計，开展和展开，平和和和平等要注意分辨。有的就是兩种完全不同意义的詞，如制定、定制、清查、查清、乳牛、牛乳、害虫、虫害、食猪、猪食（猪的飼料）、生產、產生、車馬、

—104—

馬車,紙花、花紙、事故、故事等,这就和同义詞無关了。

4·19 反义詞 反义詞是意义相反而且具有对立性的詞。客观事物相对立相矛盾的联系,反映到詞彙里就产生了反义詞。按詞的形式說,很多單音詞都是成对的反义詞,如：陰、陽、大、小、反、正,前、后,左、右,上、下,深、淺,厚、薄,老、幼,高、低,动、静,新、旧,干、湿,冷、暖,男、女,夫、妇,东、西,头、尾等。用一个單音詞作詞干,可以造成許多反义詞,如以"深""淺"为例,就可以有：深厚和淺薄,深長和短淺,深远和淺近,深奧和淺顯,深入和淺出,精深和粗淺,艰深和淺近等反义詞。其他的反义詞当然更多,如：热鬧、冷静,平安、危險,小气、大方,荒涼、繁華,活潑、死板,当面、背地,流暢、晦涩,進攻、退却,欢喜、悲哀,健康、衰弱,聪明、愚笨,完整、殘缺,殘暴、仁慈,驕傲、謙虛,关心、漠視,進步、落后……等都是。还有少部分一个詞素相同的,如：开幕、閉幕,出席、缺席,進步、退步,局部、全部,自大、自卑之类。至於詞組就更多,如远山,近山,山高,月小,柳暗,花明……之类,就不在反义詞之列了。

多义詞有不同的反义詞,如進步和退步是反义詞,也可以和落后是反义詞；紧張和輕松是反义詞,也可以和松弛是反义詞；驕傲和謙虛是反义詞,也可以和自卑(驕傲当自豪解时)是反义詞。在另一方面說两个詞可能共一个反义詞,如成功和勝利的反义詞都是失敗,愉快和高兴的反义詞都是煩惱,殘忍和凶暴的反义詞都是善良。同用一个反义詞的都是同义詞。

我們利用反义詞,可以明确辨別同义詞,这在詞彙教学上很重要,如"和平"和"平和"是同义詞,單独來講,很不容易說明白。假如利用反义詞,知道和平的反义詞是战爭,平和的反义詞是暴躁,就很易分清了。**利用反义詞又可以区別多义詞的意义**,如進步这

—105—

个詞;在"他的成績沒有進步反而退步了",这句話里,这个"進步"是長進的意思;在"進步分子幫助落后分子"这句話里,"進步"是先進的意思。

一般說來,反义詞比同义詞要容易掌握些。

練 習 九

1. 什么是詞的詞彙意义和語法意义?試拿"打"和"明白"兩个詞來說明它們中間的关系。

2. 試举几个用輕声或用变讀和变調來区别意义的同形詞。

3. 試举名詞、动詞、形容詞的單义詞各五个。

4. 把《洪湖漁歌》六首(《初中文学課本》第二册,第5頁——10頁)里的多义詞摘出來,并且指明哪些是引申义,哪些是比喻义,哪些是修辞上的比喻法。

5. 同形詞为什么和多义詞不同?举例說明。

6. 举出十个同音詞來。

7. 辨别下列的詞,哪些是同义詞,分组把它們写出來:

明了、安靜、詼諧、愚蠢、幽靜、滑稽、清楚、清理、愚昧、謹慎、注意、沉靜、寂寞、小心、清查、精明、大意、活潑、疏忽、惱怒、憂愁、羡慕、留神、明白、精神、粗心、敲、睡、走、眼热、憤怒、傻、糊塗、打、打盹、跑、跳、遊行、進行、嚴肅、意志、水、庄嚴。

8. 动詞"推"有好多同义詞,按意义不同把它的單音的和双音的同义詞列举出來。

9. 改正下列句子里的不妥当的詞:

① 他的精神很萎縮。

—106—

②他用气管把皮球打得很圓滿。

③党对我很关心也很爱戴。

④我学习的信心很牢固，所以成果也很偉大。

⑤教室里有一片活潑的气味。

⑥我接到一个荣幸的責任。

⑦我发见了工人在樹立教室。

⑧今天老师在教室質問我，因为我复習过了，早有戒备，於是陈述得很充滿。

⑨早起坐着車輛上学，一進教室看見人口很稀少。原來老师因病放假，好多同学都缺席了。

⑩星期天因为我囘家，父親採取了措施，收購了一支鷄，購進一斤肉，作为宴請我的食料。

10．把適当的詞填進下列句子的空白里：

①美帝國主义和英法帝國主义互相　　　，想　　　苏彝士运河的主权。

②香港当局　　　事实，想　　　自己对九龍居民不負責任的　　　。

③苏联　　　印度建立重工業。

④党很注意　　　自下而上的批評，反对　　　批評。

⑤反革命　　　蔣介石，是美帝的　　　他在美帝　　　之下，不断　　　我國大陸。

第四章　詞彙的來源

4·20　漢語的基本詞彙　漢語的詞彙是極端丰富的，我們在

—107—

前一章已經从各方面談了談漢語的詞彙：按音節說有單音詞、多音詞（現代漢語以双音詞为最多），按構造說有單純詞和合成詞，按意义說有單义詞、多义詞、同义詞、反义詞等。本章打算从詞彙的來源談一談，按來源說，有基本詞、文言詞、外來語、行業語等，（成語雖然不是詞而是固定詞組，就是不能随便拆开或更换的詞組，但运用起來常常和詞一樣，也附在这里談一談）这些合起來就形成我們现在的極端丰富的詞彙。这么众多的詞，并不是从有人类社会起，从人类发生有声語言起就一齐產生出來的，而是随着社会的发展不断发展充实起來的。在现在詞彙中有些詞非常古老，从上古一直傳留到現在，詞彙中的許許多多的詞，都是拿这些詞作基礎派生出來的，这些詞就是"基本詞彙"。斯大林說："語言中所有的詞構成为所謂語言的詞彙。語言的詞彙中的主要东西就是基本詞彙，其中包括所有的根詞，成为基本詞彙的核心。基本詞彙是比語言的詞彙窄小得多的，可是它的生命却長久得多，它在千百年的長时期中生存着并給語言構成新詞的基礎。"（《馬克思主义与語言学問題》第21頁）什么是"根詞"呢？就是指能單独使用又能作为構造新詞的基本和中心成分的那些詞，它本身不是派生的，是最單純最原始最基本的詞。

按照斯大林的說法，基本詞彙是有它的特点的，憑这些特点來和一般詞彙区别出來：

（1）穩固性 这是基本詞彙的首要的基本的条件。基本詞彙里的詞，在千百年的長时期中生存着，生活力强，生命很長久，并且在很長的歷史时期中是不变的。这些詞包括：

1.自然界的事物和現象的名称，如：天、風、电、雨、雪、米、麥、豆、草、木、樹、石、山、水、火、土、地、田、河、溝、人、牛、羊、馬、油、

—108—

酒、門、桥等。

  2. 人体部分的名称,如: 头、手、足、心、肺等。

  3. 親屬关系的名称,如: 父、母、子、女、兄、弟等。

  4. 劳动和防御工具的名称,如: 車、絲、線、槍、刀等。

  5. 关於事物的一般性質和通常行动的詞,如: 大、小、厚、薄、軟、硬、平、直、冷、热、濃、密、好、巧; 打、脱、取、盖、走、逃、進、退、分、收、記、算、說、講、謝、叫、想、听、爱、看、管、敎、生、產、死、病等。

  6. 关於时間和方位的詞,如: 年、季、夜、春、夏、秋、冬、东、西、南、北、上、下、左、右、前、后等。

  7. 代詞和数詞,如: 我、你、他、一、二、百、千、万等。

  8. 其他概括性較高的詞,如: 家、親、城、野、族、言、行等。

这些詞所以穩固,是因为它們所标誌和反映的客观事物是富於穩固性的。"这种穩固性,正是語言发展的歷史上所必不可少的。因为語言的发展,是在社会当中实际运用和相互傳習之間進行着的,所以語言詞彙里这些詞經过长时期的保存和使用,就使得語言在社会上一代一代地連續下去,繼承下去,不使它有一个时期会发生相互交际中断的現象。"(張世祿:《基本詞彙的性質和范圍》《語文知識》1956年8月号)另外一些如与國家制度有关的詞,特殊性大,意义很狹小,概括性很低的一些詞,例如: 卿、大夫、駙馬、元宝、朕、寻、仅等,时过景迁,它們所代表的客观事物消滅了,很快就不被人們使用了,这些就不能構成基本詞彙里的詞(以后簡称基本詞)。

  基本詞不一定都是單音詞,双音詞如: 人民、革命、政府、國家、土地、自然等也是基本詞。

—109—

（2）**有構詞能力**　基本詞彙不僅是語言詞彙中最穩定的部分，它并且是構成新詞的基礎，新詞是在基本詞的基礎上構成的。可能是新詞的主要部分，也可能是次要部分，但都不能离開它。如以"水"为例，可以造成：雨水、井水、苦水、甜水、死水、走水、滴水（瓦名）、汽水、蒸餾水、自來水……等（這是新詞的主要部分）；也可以造成：水平、水銀、水手、水牛、水雷、水槍（玩具）、水車、水塔、水利、水桶、水蒸气……等（這是新詞的次要部分）。再以"打"为例可以造成：打击，打算、打量、打住（停止）、打听、打探、打发、打手、打滾、打火石、打眼机、打字机、攻打、敲打、拍打等。基本詞，絕大多數都有这种構詞能力，不过不是平衡的，有的强，有的比較弱。

（3）**全民性**　基本詞一定是全民性的。如果一个詞只在某行業或某个集团內使用，不能被社会上一切階級的人所了解，它就不能算是基本詞了，只能是斯大林所說的習慣語、同行語等。至於我們所举的那些人、牛、山、水等，使用漢語的人，不管是誰，也不管在那个方言区，大家的理解是一致的。

这三种特征是綜合了語言詞彙发展和形成的歷史來說的。一般的基本詞是具有这三方面的特征的，但不能机械地來看。比如按穩固性來說，也并不是說它們是永恆不变的，基本詞也要发展，可以改变可以新生也可以消失。比如"目"現在叫"眼"或"眼睛"，"日"叫"太陽"或"日头"，这就是改变了，"目"和"日"也就不算基本詞了。弓、矢、戈矛、銅錢、犢鼻等，原先是基本詞，現在不用了，也就不是基本詞了。"革命"在古时候是改革天命的意思和現在的含意也不同，这是意义上的改变；"集体"这个詞歷史不長，有構詞能力，也是全民性的，也得算它是基本詞了。所謂穩固性是比較一般詞彙來說的，也不是絕对的。按構詞能力說，一般的基本詞都有構詞

—110—

能力，个别的構詞能力很弱，尤其是代詞之类，几乎沒有構詞能力，但它們具备穩固性和全民性的特征，也就算是基本詞了。

另外基本詞彙和語言詞彙中間是有內在的联系的，这种联系表現在由許多基本詞構成的"詞族"，还表現在由基本詞的多义性，構成互相关联而意义有別的几个系統。前面所举的由"水"和"打"等派生出來的一羣詞，各是一个詞族。如由"接"可以派生：交接、接收、接受、接待、迎接、接管等一个系統的詞羣，又可以有接連、接續、接触、接合等一个系統的詞羣。了解这种关系对於整个詞彙的了解是有帮助的。

4·21 現代漢語詞彙中的文言成分 現代漢語的極端丰富的詞彙是在語言長期发展过程中逐漸发展，逐漸積累而成的，現代漢語的詞彙中有極大的一部分詞是从古漢語承接下來的，最主要的一部分便是基本詞彙。这些基本詞到現在还在应用着，由基本詞派生出來的詞更多。其次有一部分是古漢語里面用的詞，可是在現代漢語里它們还有生命，有作用，特別在書面語言里有时因为种种原因还不得不用它們，構成現代漢語詞里的一部分。这一部分詞因为是"文言文"里常用的詞，所以也叫作"文言成分"。（主要是詞，也有詞組，以后举的例子，間或有詞組，不再一一註明。）我們現在所要談的正是这一部分詞。至於基本詞彙是从古到現在一直保存下來共同使用的，不算做文言成分，这要区別清楚。

現代漢語大概是在以下几方面的情况下來吸取和利用文言成分的。（採取張世祿先生的說法，見所作《現代語里的古語詞》《語文知識》1956年10月号）

（1）現代漢語往往由於語言环境，客观事物和文体本身的复雜多样化，需要有各种意义相近而又有差別的詞語來反映各种特

-111-

殊的情况,这时候常常適当地把一些文言成分吸取过來。例如:和"呼号"近义又有差異的有"呼吁",和"謠言"近义而有差異的有"流言"和"讕言"……用这些同义詞,來反映客观现实当中各种各样的特殊情况。

(2)現代漢語往往採取一些歷史性或陈旧的詞語來表示諷刺或其他感情的色彩。例如土皇帝、小朝廷、党八股、党老爺、欽差大臣、文質彬彬、溫良恭儉讓等。

(3)利用文言成分作为表示庄嚴意味的。如誕辰、朝覲(如敎徒朝覲聖地)、陵墓、逝世、追悼、弔唁、誌哀、典范、遵循以及永垂不朽、精神不死等。

(4)文言成分保存在現代漢語常用的一些成語里。如揠苗助長、緣木求魚、負荆請罪等。

(5)書面性的文言詞,有时比它們意义相当的口語詞較为普遍通行。例如"父"、"父親"实在比"爸爸、爹、爺"等为普遍通行,書面語的"父子关系"当然不必改成"爸爸和兒子的关系"。

(6)文言的一些代詞和虛詞,仍然留存於現代語句的特殊結構中。如:"之"(几分之几)、"乎"(合乎、在乎)、者(工作者)、与、及、以及、所、則、而、自、至於、由於、反而、幸而、尤其、容或、而已,之上、之下,非常之大、总之、总而言之,以上、以下、以致、以免、借以、以……为……、以……而論,为……所、为……而……等都是。

此外还有一种現象,許多名詞常利用古漢語的詞語,如看書报的地方叫"閱覽室",存錢的地方叫"儲蓄处",解手的地方叫"廁所",看病的地方叫"診所",刨樹的地方叫"伐木場",到近处遊覽叫"短足旅行",大家出錢吃一頓叫"聚餐"……。还有一些动詞也有这种情况,如医生出去看病叫"出診",几个医生一齐看叫"会診"。

—112—

到外面办事叫"出差",請假出去,回來报到叫"銷假"……等。这种现象,一面是習慣使然,一方面也是口头語受書面語的影响。書面語当然要用口头語做它的根据,可是**一些在書面語專用的語詞,因为長时期流行,也不知不覚就加入口头語中間來了。**以上所談的六种情况中的一些詞,也有这些現象。

早期的白話文,文言成分比較多些,我把鲁迅的《从百草園到三味書屋》和《籐野先生》(初中文学課本第二冊)讀了一下,其中有这些文言成分:

鳴蟬、長吟、云霄、遇、后竅、讀書、高枕而臥、做人之險、草叢、然而、無味、塑雪罗漢、鑒賞、荒園、人跡罕至、不相宜、得失、緣由、書塾、总而言之、將、方正、質朴、博学、宛气所化、消釋、怒色、宿儒、所謂不知道者、乃是、往往、对課、三言、五言、七言、花壇、蟬蛻、人声鼎沸。(以上第一篇)爛熳、犟、油光可鑑、宛如、倘、秉以、煙塵斗乱、客死、以希为貴、运往、好意难却、緩慢而很有頓挫、掌故、一一訂正、落第、勿漏为要、犹言、詰責、託辞、流言、捕獲、万歲、刺耳、嗚呼、無法可想、惜別、適值、难以下筆、寂無回信、正人君子(以上第二篇)。

我們看这兩篇短文,就有这么多文言成分(还沒有寫全),这还是敍事的雜文,其他議論、說理的文章,文言成分可能更多一些。在这些文言成分中,我們以上所說的种种情况都能找到例子。其中有些在口头語里也要用,有一些就只書面語才那样用。还有一种情况我們也要知道,即早期的白話文的作者,特別是鲁迅先生,因为旧文学修养很深,能把文言成分很適当地运用在白話文中。不过这种情况,是早期白話文一个特点,也是受过旧文学薰陶的人的一种自然趨勢。幷不是寫作时一定要多利用文言成分才算好。解放

—113—

后的文学作品,因为毛主席指示我們要向人民羣众学習活的語言,所以文言成分就比較少得多了。

毛主席教導我們,"……我們还要学習古人語言中有生命的东西。由於我們沒有努力学習語言,古人語言中許多还有生气的东西我們就沒有充分的合理的利用。当然我們堅决反对去用已經死了的語彙和典故,这是确定了的,但是好的仍然有用的东西还是应該繼承。"(《毛澤东选集》第三卷《反对党八股》第859頁)張世祿先生在上引一篇文章末尾給我們建議利用文言成分要有三个原則:一是需要的原則,二是普遍性原則,三是意义明确的原則。我們学習古人語言,吸取文言成分,一定要遵照毛主席的指示;張先生建議的三原則,我覺得对我們也很有帮助。

4·22 現代漢語詞彙中的外來語成分 任何一个民族,只要和其他民族有文化上的交流,就很自然地从别的民族語言中吸取很多詞語,**这种吸取來的詞語就是外來語**。漢語早在漢代就有外來語了。例如蒲陶(葡萄)、师子(獅子)、目宿(苜蓿)、石榴、琵琶等,这些詞用久了,已經不觉得是外來語了。从印度借來的如:佛、塔、閻罗、菩薩、比丘、涅盤、罗漢、魔、和尙、剎那、苹果、松香、茉莉、瑪瑙、玻璃等。还有檳榔、淡巴菰(煙草)等是从东南亞(馬來半島、呂宋)借來的。这都是較早的外來語。

現代漢語中的大部分外來語是十九世紀以來,从各种不同的語言中借用的,借用英語的居多数。还有一部分是从日本語借來的,因为日本也是用的漢字,讀音雖然彼此不同,意义还是差不多,所以我們就直接搬來,沒有再加以改譯,日子一长,也不覺得是外來語了。如流体、液体、有机、本能、观念、現象、主观、客观、積極、消極、美術、新聞、場合、手續、絕对、相对、肯定、否定等都是。

—114—

借用外來語的方式有以下四种：

（1）譯音的　最明顯的是人名地名、种族名等,古漢語里已經有：龜茲、祥舸、身毒、突厥、匈奴、單於、閼氏、成吉思汗、忽必烈等；现代漢語中的,如：英吉利、布达佩斯、墨尔本、維吾尔、哈薩克、列寧、居里、哈尔濱、佳木斯等。其他如：檸檬、咖啡、可可、巧克力、加侖、伏特、瓦特、磅、打(一打鉛筆)、听(一听烟)、盧布、馬克、法郎、盧比、先令、便士、沙发、司提克、麥克風、德律風、阿母尼亞、阿斯匹灵、維他命、凡士林、盤尼西林、圖騰、馬达、引擎、苏維埃、布尔斯維克、德謨克拉西、奥林匹克等都是。

（2）譯意的　只把原詞的意义翻譯过來,不管原來的語音,这类詞比譯音的还多。如紅場、劍桥、旧金山、無產階級、集体農庄、合作社、民粹派、唯物論、世界观、左傾、右傾、观点、动机、生產力、动產、馬力、处女地、白皮書、电灯、电話、自來水、鋼筆、墨水、自來水筆、原子筆、煤气灯、自由主义、寫实主义、自然主义、資本主义、社会主义、共產主义……等都是。

（3）譯音再加譯意的詞　这一种前半截是譯音,后面再加一个意义的詞素,少数的詞,表示意义的詞素加在前面,如：拖拉机、摩托車、卡車、坦克車、吉普車、啤酒、白蘭地酒、威士忌酒、雪茄煙、法藍絨、霓虹灯、珂罗版、奎寧丸、金鷄納霜；冰淇凌、毒瓦斯、小布尔乔亞、水泵等都是。

（4）兼譯音和意义的　这类詞很少,并且这种办法也沒有必要；因为譯音能兼顧到意义的詞,那是偶然現象,有时还很勉强。通行的如：幽默、邏輯、浪漫、俱乐部等,比較勉强的有維他命、怀娥鈴(提琴)、滴滴涕等。

漢語不大喜欢用譯音方法來吸收外來詞,有些詞刚一开始往往是譯音,慢慢的就有譯意的詞和它并行,再到后來,譯音的詞就慢慢的被淘汰了。例如：司提克——手杖,德律風——电话,水門汀、士敏士——水泥、洋灰,披霞娜——鋼琴,盤尼西林——青霉素,怀娥鈴——提琴,虎列拉——霍乱,白塔油——黃油,麥克風——擴音器,普罗列塔利亞——無產階級,布尔乔亞——資產階級,德謨克拉西——民主,煙士披里吞——灵感。另外化学原素的名字,造了許多新字,也屬於这种情形,如氧、氫、氮、氯、碳等。这也許和漢字有些关系,將來利用拼音文字,情形可能不同些。按現在情況看來,**翻譯外來語遵循下列原則比較好些：不容易譯意或科学方面的術語,用音譯好些；帶有普遍性的东西用意譯或譯音加譯意的詞好些；**好处是可以避免一个詞音節过多,又容易被一般人所接受。

我們吸收外來語是为了丰富我們的詞彙,不是标奇立異,更不能因吸收外來語而造成民族語言的混乱现象。像以前上海的洋涇浜語,东北的协和語,以及自己已有詞語还要乱借,都应該反对。列寧在《論清洗俄國語言》一文中說："我們在敗坏俄國語言,濫用外來語,用得又不正确。"就是反对濫用外來語的。毛主席說："要从外國語言中吸收我們所需要的成分。我們不是硬搬或濫用外國語言,是要吸收外國語言中的好东西,於我們適用的东西。"(《毛澤东选集》第三卷《反对党八股》第858頁),这些宝貴的指示,我們要好生記着。

4·23 現代漢語詞彙中的方言成分和行業習慣語成分 在緒論里我們举王力先生的說法說明漢語方言有五大方言区三十系,这些方言中語音差别是主要的,但在詞彙方面也不尽相同,許多基本詞是大家共同的；还有一些詞是各方言区特有的,**这种方言**

第四编　词汇

区特有的詞彙叫做方言詞彙（例子中也有詞組）。

我們也提到过普通話是以北方話为基礎方言，那就意味着在詞彙方面要以北方話为基礎，尽管詞彙方面还有待進一步的规范化的工作，但是大多数的詞語要以北方話为准。是不是其他方言区的詞完全被摒棄呢？不是，我們的普通話是民族共同語，丰富普通話的詞彙的源泉，吸收方言詞也是一方面。康納德在《論漢語》里面說："漢民族語是在北京方言（他还說的是北京方言——筆者）基礎上发展起來的。可是最近这个歷史階段里，它的基礎有些擴大了，其他重要方言的一些流行最廣的詞和語也加入在它里面。換句話說，某种程度的方言集中在它里面有了体現"。举些例來看看吧："搞"、"曉得"、"名堂"、"老火"（作"惱火"不很恰当，原意是"困難""够受""利害"等，用法很多，如"他的病很老火""他跟不上班感到很老火"等。有的人用成"生气"的意思，如"他听了就惱火了"，这是用錯了。）等是四川方言；"里手"是湖南方言；"尷尬"、"垃圾"、"懊惱"、"齷齪"、"花头"、"面孔"、"把戲"、"越加"、"煞有介事"是江浙方言，"二流子"是陝北方言，"疙瘩"、"節骨眼"、"折騰"、"鬧騰"、"挺"、"赶集"、"抬槓"、"扔"、"捎帶"、"好賴"、"腦袋"、"棒子"（包谷）等都是河北山东一帶方言，这些詞語都加入到普通話里漸漸通行了。

吸收方言詞語也要有一定的条件，目的在丰富普通話的詞彙，不能造成混乱，太土的詞或者普通話里有相当的詞已經为大家所了解，就不必再吸收方言詞了。如北京土話：洋取灯兒（火柴）、半空兒（癟花生）、倭瓜（南瓜）等，四川話的撑花兒（傘）、河心兒（藕）、啷嘀（怎么）、哪个（誰）、立馬（立刻）、等，东北話的笆籬子（監獄）、埋汰（骯髒）、不老少（多）、电道（公路）、这疙瘩（这里）、嘮喀

—117—

(談天)等,陝北話的婆姨(妻子)、这嗒(这里)、大(爸爸)、北方話嘎咕(坏)、山藥旦(馬鈴薯、洋芋)扁食(水餃)、嘎雜子(坏蛋)等都沒有必要收進普通話里。文学作品遇到寫某一地区的人对话,可以適当地利用方言詞彙,但必須加以註解,在文学語言里面就应該避免。

普通話还吸收一部分行業用語,**什么是行業語呢？某一行業因为职業性質和生產崗位的不同**,常常有他們特有的詞彙,这种特有的詞彙,**我們就叫它行業語**。原先所謂"走江湖"的人都有他們自己的"黑話",土匪的"綁票"、"贖票"、"撕票"(把搶來的人殺了)、小偷的"有魚沒魚"(有无目的物)、"水漲了"(有捉拿的人了)等都是黑話。青紅帮把他們的証件叫"海底",遇見困难叫"淺住了",求人帮助叫"添些水",另外如：錢——杵头、吃飯——安根、老太太——醮果、妇人——果什、姑娘——鈴鐺、手表——轉数字……等。經紀、牙行說数目也只有他們懂,如：一是扁担、二是缺工、三是眠川、四是睡目、五是缺丑、六是斷大等。(見朱振華《語言学概論》第112頁)这些,廣义說來都算作行業語。不过这些詞語很少被吸收到普通話里來。普通話吸收的行業語如：進攻、反攻、佔領、撤退、堡壘、包圍、封鎖、俘虜、动員、打仗、戰略、决戰、突击、戰場、戰斗、陣地、防綫……等是军事上的用語；加油、成品、廢品、規格、机动等是工業上的用語；毛病、症結、傳染、开刀、贅疣、毒素、寄生虫、解剖、冷热病、瘋狂、麻痺、癱瘓……等都是医学方面的用語；收穫、栽培、培养、結果、种子、萌芽……等是農業上的用語；基礎、上層建筑、藍圖、結構、勾心斗角、粉飾……等是建筑業方面的用語；角色、扮演、开幕、閉幕、化裝、丑角、幕后等是戲剧方面的用語。这些行業用語都加入到普通話里去,不但本行業用它,并且有了引申

—118—

义,这就充实了一般詞彙,也大大地增加了語言的表現能力。

術語是某一門科学里常用的一些詞,按我們現代漢語說就有好些術語,如語音学里有音素、音值、調值、調号等,詞彙学里的詞彙、詞素、單音詞、双音詞、單义詞、多义詞等,語法学里的主語、謂語、無主句、复雜句等都是術語。其他任何一門科学,都有它的術語、数学的微分、积分、方程式、直角、梯形等,医学方面的細胞、血球、球菌、蘭尾炎、結核病等都是,不必一一举例。術語和加入在普通話里的行業語不同,一般人使用的行業語,大多数用的是引申义,在敍述某一行業的情况时,就用它的本义了。術語有些已經是这种情况,如細胞、寄生虫等,有引申义,但絕大多数術語是單义詞,一般在闡述这門科学时或应用这門科学时才用得着。普通講話时很少用到。我們假如用得着術語时,一定要搞清楚它的含义才行。

4·24 成語 我們的書面語和口头語(尤其是書面語)里面常常运用一些成語。成語的定义并不很容易下,普通詞典里說是"社会上流行的語言,"这太籠統;《辞海》上的定义是:"古語常为今人所引用者,曰'成語'。或出自經傳,或來自謠諺,大抵为社会間口習耳聞,为众所熟知者"。朱劍芒同志說"成語不一定是古語","成語的意义,应該講作社会上的现成話,也就是廣大勞动人民自己的創造,在社会上能普遍流行,而且流傳得極其久远。"(《成語的基本形式及其組織規律的特点》《中國語文》1955年2月号)周祖謨同志說:"成語就是人民口里多少年來習用的定型的短語或短句"。(《談成語》《語文学習》1955年1月号),我个人認为《辞海》上的定义,基本上还是对的。"古語"不必呆板地說它"古"到什么程度,但既是"流傳得極其久远"就一定不是現在的話。"現成

—119—

話"不够明确，还得有"定型的"來加以限制，所以周祖謨同志說的比較恰当些。否則"非常美丽"、"極端惡劣"、"愼重考慮"等也不能說不現成，那成語的范圍就太廣了。这些話幷不定型，也可以說很美丽、不很美丽、極端美丽等，有了"定型"的限制，就可以除外了。我們首先得能分別什么是成語，什么不是成語。

成語有它一定的結構形式(下文再談)，**有它的固定說法**，"南轅北轍"，不能說"东轍西轅"，"东張西望"也不能說"南張北望"，所以有人把成語归到"固定詞組"里。至於有人主張可以改換成語里的字；如"斷壁頹垣"可以說"斷牆頹垣"，我覺得还是不好，因为成語也是約定俗成的，你可以說"斷牆頹垣"，我可以說"坍牆頹垣"，他又可以說"倒牆坍壁"，那还叫什么成語呢？ 成語里面的用詞和說法，因为好多是从古漢語來的，和現代漢語不同。我們前面举过"丰衣足食"的例子，說明單音詞和双音詞在古今語言里的不同，其他如"有备無患"、"一草一木"、"义不容辞"等里面的"备"、"患"、"容"、"辞"等在現代漢語都得說成双音詞，"一草"、"一木"的中間要加量詞得說成一棵草，一棵樹等。詞义也有改变的，如"狐假虎威"的"假"是借的意思，"別無長物"的"長"是多余的意思，現代漢語这种用法很少或不存在了。

"成語的來源可以分成兩方面：一方面是从書本上來的，一方面是从口語里傳下來的。从書本來的又有兩类：一类是从古代寓言或歷史故事里來的成語，一类是古典作品中的成句"。(周祖謨：《談成語》)从古代寓言或歷史故事來的，如："揠苗助長"(《孟子》)、"狐假虎威"(《战國策》)、"守株待兎"(《韓非子》)、"塞翁失馬"(《淮南子》)、"精衞塡海"(《山海經》)、"負荊請罪"(《史記》)、"草木皆兵"(《晉書》)、"濫竽充数"(《韓非子》)等。古

—120—

典作品中的成句,如"不亦乐乎"(論語)、"山珍海錯"(唐韋应物詩)、"水落石出"(宋苏軾文)、"一鼓作气"(左傳)等。还有節縮原句而成的,如"削足適履"是《淮南子》"削足而適履"省了"而","后來居上"是《史記》"后來者居上"省了"者","青出於藍"是《荀子》"青取之于藍,而青于藍"的節縮,"左右逢源"是从《孟子》"則取之左右逢其源"來的。至於从口語傳下來的就更多,也說不上出自何經何典,那朝那代了。如"一劳永逸"、"銅牆鉄壁"、"叠牀架屋"、"錦上添花"、"雪里送炭"、"七長八短"、"顛三倒四"、"翻天复地"、"橫冲直闖"等。平常应用成語,务必搞清楚它的意义,比如說"杞人憂天",意思是不必担憂的事,偏自尋煩惱。假如只用作憂愁的意思,比如說"他沒有考及格,正在杞人憂天呢",那就是笑話了。出处是什么,可以不必詳細根究。至於我們作語文教师的人,講到成語时,却不能不作解釋,一般詞典上都有,可以帮助我們。了解它的出处,对於了解意义也有帮助。

底下談談成語的結構。成語幷不限於四个字,如"失之毫釐,謬以千里","天下兴亡,匹夫有責","知己知彼,百战百勝","放下屠刀,立地成佛"等虽是四字句,却兩句常常一齐說出來;"不管三七二十一"、"司馬昭之心,路人皆知,""一問三不知,""一推(退)六二五"等却不是整齐的四字句。不过四字句的成語佔絕对多数,所以我們談的对象,主要的是指四字成語。成語的結構,按語法組織說有以下几种:

(1)主謂結構的 如:病入膏肓、汗流浹背、名副其实、气势汹汹、盛气凌人、千夫所指、人声鼎沸、百花齐放、百家爭鳴等。

(2)动宾式 前面一个动詞,后面帶个宾語的,如:別無長物、费尽心机、顛倒黑白、搬弄是非等。

（3）联合式　又可以分成：

1.兩個主謂結構的联合，如：天高地厚、山明水秀、月白風清、水落石出、趾高气揚、天造地設、眼高手低、房倒屋塌、山窮水尽、柳暗花明、心慈面軟、兵慌馬乱等。

2.兩个动宾詞組的联合，如：欢天喜地、乘坚策肥、無独有偶、忍辱持重、送往迎來、兴風作浪、惹是生非等。

3.兩个偏正詞組的联合，如：慈眉善目、暴風驟雨、狼心狗肺、鼠肚鷄腸、蓬首垢面、明窗淨几、高樓大廈、銅牆鉄壁、花天酒地等。

（4）偏正式　又可分成：

1.狀語中心語式　如：錦上添花、雪里送炭、目中無人、以逸待劳、循循善誘、諄諄告誡、彬彬有礼、一針見血、沉默寡言等。

2.中心語补語式　如：百折不撓、層出不窮、畏縮不前、坐臥不寧、留芳百世、逍遙法外、失之交臂等。

按意义方面說

（1）用同义的詞組幷列，表示的是一个意思。如：提網挈領、养精蓄銳、粗心大意、高談闊論、鷄零狗碎、零金碎玉、惹是生非、千方百計、想方設法、处心積慮、丰功偉績、烟薰火燎、花言巧語等。

（2）用同义和反义的詞，組成幷列詞組表示同一意义，如：水深火热、說長道短、評头論足、挑肥揀瘦、驚天动地、前呼后擁、南來北往、明搶暗夺、陰差陽錯、朝漸夕染、家長里短、天高地厚、前思后想等。

（3）用反义的幷列詞組表示相反的意义，如：口是心非、陽奉陰違、口蜜腹劍、眼高手低、胆大心細等。

（4）前后兩个动作，或是接連发生，或是轉折的，或是前面的說明后面的，（前面說明方式、原因等）如：積重难返、膠柱鼓瑟、刻舟求剑、得寸进尺、剜肉补瘡、藏長补短、投井下石、視而不見、听而不聞、習非成是、画餅充飢、望梅止渴、見义勇为、飲鴆止渴、吹毛求疵、破啼为笑等。

（5）用数目字表示多或少，有的并不表示数目的意思，而有代詞意味了。如一知半解、一草一木、一粥一飯、一絲一縷、三言兩語、一毛不拔、一針見血、一望而知等是說少；百孔千瘡、千方百計、千头万緒、千錘百煉、千奇百怪、千言万語、千山万水、千軍万馬、千呼万喚、千秋万歲、千变万化、千辛万苦、千眞万确、成千累万、万紫千紅等是表示多；这里的百、千、万是一个意思，不是确数。还有七長八短、五花八門、七折八扣、七零八落、七上八下、七手八脚、七嘴八舌、夾七夾八、乱七八糟、丢三落四、歪三扭四、推三阻四、低三下四、不三不四等。有的表示乱，如七嘴八舌、五花八門、乱七八糟等；有的就是代詞意味了，如：丢三落四、推三阻四等，只是丢了这个落了那个，推开这个，又阻擋了那个的意思，和数目字毫無关系了。

以上只是把主要的方面举例說明一下，漢語的成語非常丰富，構成的方式各种各样，当然还有不包括在这些分法里面的成語，不过数目不太多就是了。

成語有很大一部分是自古傳下來的，古漢語对於声調又很注意，因此好多成語平仄調諧，念起來很順口，就算从口語里傳下來的成語也是这种情况，大多數不是"平平仄仄"就是"仄仄平平"，很少數是例外，也有根据"一三五不論，二四六分明"的作旧詩的原則，一三兩字有不合平仄的，但二四兩字要調平仄。随便举几个例子看看：

陽奉陰違、惹是生非、起死囘生、紙醉金迷、口誦心唯、腦滿腸肥、斷壁頹垣、月白風清。

生龍活虎、守株待兔、金声玉振、銅牆鉄壁、眉飛色舞、風平浪靜、花紅柳綠、兴高采烈。

从此也可以知道成語中有好多用字比較特殊的原因,比如牆、壁、垣是同义詞,在"銅牆鉄壁"中和"斷壁頹垣"中,不能互換。再如"眉开眼笑"、"痛心疾首"等用"笑"用"疾首",固然和意义有些关系,主要地还是为了調平仄,这一点我們不能不知道。

再有,**成語里面的字不能随便更换,可是次序有时可以顛倒**,如天翻地复,可以說成地复天翻,銅牆鉄壁可以說成鉄壁銅牆,其余如:頹垣斷壁、金迷紙醉、花明柳暗、山明水秀、心灰意懶、鬼斧神工等都可以顛倒。**不过只限於联合式里面的一部分**,其他的如進退維谷、左右为难、望梅止渴、舍生取义、朝漸夕染……等都不能顛倒,这也要注意。

成語是固定的詞組,在句子里应用时,不能拆开,也不能增减字,和我們以前講的"名称"一样,在句子里常常当作一个詞來用。比如"第一步需要还不是'錦上添花',而是'雪中送炭'"。(《毛澤东选集》《在延安文藝座談会上的講話》)是作"表語"用的,"無'实事求是'之意,有'譁众取寵'之心"(同上書《改造我們的学習》)是作定語用的。**在說話或寫文章时,適当地引用成語,就可以使說話或文章又精鍊又生动,讓人看了或听了感觉透闢精当加深認識**。比如說我們社会主义建設速度很快,一兩年就能比过资本主义國家的几年或十几年,假如利用"突飛猛進"这个成語,意思表明了,还收了簡潔明快的功效。但是我們不要"为利用成語而利用成語",**意义了解得不透徹,用在某一个地方不合適,或是过於生僻,或是意义帶些封建旧意識的,都不必勉强应用,用了反而不好**。

—124—

我們要想掌握成語,不但要翻詞典,並且在閱讀时常常留心,看看那些典范作品(如毛主席的文章和一些其他名著)他們是怎样利用的。要了解一个成語的用法,最好結合作品來体会,那样体会出來的才是灵活的,否則只知道一些成語的出处,或死記一些成語,那还是毫無用处的。

还有歇后語,在这里附帶談一下。歇后語本來的意思是省去后面一个詞不說,大家不言而喻,如不說"劍"說"三尺,""不說"矛"說"丈八,"甚至用"友于"代兄弟,用"青梅竹"代馬,这是語言的游戲。现在所指的歇后語,大多是由一种俏皮話演变來的,**大部份前面說一种比喻,后面說出本意來**,起先是都說出來的,后來大家都**熟悉了,就只說前半截,后半截就不說了**。如"懶婆娘的裹脚,又臭又長",本是俏皮話,以后大家常用,就不說"又臭又長";形容某人講話或寫文章,冗長沒有內容,就只說"懶婆娘的裹脚"了。这些歇后語大多比喻非常确切,也有用"諧音"的时候,間或也有用典故的时候。如"黃鼠狼給鷄拜年,——沒安着好心,""老虎戴念珠——假慈悲,""外甥打灯籠——照旧(舅),""小葱拌豆腐——一清(青)二白,""鹽罐里的王八——閑員(醎鼋),""啞叭吃黃連——有苦說不出,""茶壺里煑餃子——肚里有,嘴里倒說不出來。""狗咬呂洞宾——不認識好人歹人,""丈八金剛——摸不着头腦,""狗抓耗子——多管閒事,""狗咬刺猬——沒处下嘴"(不知如何着手)……等。

这些歇后語,以前在書面語中很难看得見,毛主席指示我們"要向人民羣众学習語言,人民的語彙是很丰富的,生动活潑的,表现实际生活的。"(毛澤东选集第三卷第858頁)自此以后,新中國的文学作品很注意吸收人民羣众的語彙。曾經有人提出过文学語言里不应該用歇后語,因为是語言遊戲,对語言幷沒有好处,也有人反駁过。对这个問題需要分别看待,像"友于"、"青梅竹"之类的确不必要,还有一些輕視劳动人民或者是剝削階級思想意識的一些詞語,如"鄉下佬不認得电灯——閑扯淡,""武大郎攀槓子——兩头夠不着,""狠吃孩子——命活該"和一些成語如:"有錢买得鬼推磨,""窮漢腿里沒强(giang)勁","在行(hang)恨行,出行想行,""人不得外財不富,馬不吃夜草不肥"……等,当然也不必吸收;至於意义又丰富又深刻,用起來又准确又恰当的一些生动活潑的民間詞語,我們肯定要好生学习的。

根据以上的敍述,我們知道现代漢語的詞彙的來源是多方面的,正如長長短短的大小河流彙集成波瀾壯闊的滄海一般,现代漢語丰富多采,是世界上最发达的語言之一,幷不是偶然的。我們要热爱祖國的語言,更要好好地学习它。

練 習 十

1. 什么是基本詞彙?它和一般詞彙有什么区别?

2. 在《初中文学課本》第三册里,把魯迅的《論雷峯塔的倒掉》和秦兆陽的《王永淮》兩篇里的文言成分挑出來,比較一下哪篇多些,假如多少不同,为什么?我們对待詞彙里的文言成分的正确态度是什么?

3. 就你所知道的外來語成分,無論是古代的或现代的,列举一些出來。(講义上有的就不必再举)

4. 在第三册《文学》課本里就沙汀的《在其香居茶館里》,周立波的《分馬》,这兩篇文章,挑出方言成分,幷且指明哪些是已經通行的,哪些是应該避免使用的。

5. 同时在上边那兩篇文章里找出行業語和成語來。

6. 辨别下面所列的，哪些是成語，哪些不是；把成語再分辨一下，按語法組織說，哪个成語屬於哪一种方式。

無精打采、态度端正、依样画葫蘆、說說笑笑、努力学習、無孔不入、海闊天空、一二十万、趙錢孙李、落花流水、宇宙洪荒、風起云湧、鼠肚鷄腸、月色皎潔、胡說八道、自然景色、自作自受、請君入甕、壬戌之秋、春花秋月、不勝欣喜、稀里嘩啦。

7. 在文学課本中，找出10句話，或自己造10句話，每一句話包括一个成語，並且把这些成語的意义，給以簡單扼要的說明。

第五章 詞彙的变化

4·25 詞彙的發展和变化 斯大林說："語言的詞彙對於各种变化是最敏感的，它几乎处在經常变動中。"（《馬克思主义与語言学問題》第22頁），"語言的詞彙的变化……是用新詞去充实現行的詞彙的方法來实現的，这些新詞是由於社会制度改变，由於生產、文化、科学等等发展的結果所產生的。同时，虽然通常从語言的詞彙中消失了一些陈旧的詞，可是添加的新詞的数量却要多得多。"（第23頁）"語言，主要是它的詞彙，是处在差不多不断改变的狀态中。工業和農業的不断发展，商業和运輸業的不断发展，技術和科学的不断发展，就要求語言用工作需要的新的詞和新的語來充实它的詞彙。"（第8頁）"在这时期中（按指最近三十年中），俄罗斯語言发生了什么变化呢？俄罗斯語言的詞彙有了某种程度上的变化，这就是說，由於发生了新的社会主义生產，出現了新的國家、新的社会主义文化、新的社会精神、新的道德，以及由於技術和科学的发展,添加了一大批新的詞和語;有許多詞和語的意思改变了,獲得了新的意思;有一些陈旧了的詞在詞彙中看不見了。"(第2頁)斯大林这些精辟的議論,告诉我們詞彙对於社会上各种变化是最敏感的,它几乎处在經常不斷改变的狀态中。詞彙变化的原因是由於社会制度的改变,由於生産、文化、科学等等發展的結果,要求語言用新詞來充实它的詞彙。詞彙的变化是用新詞去充实現行的詞彙的方法來实現的。於是有的詞新生了,有的詞意义改变了,也有一部分詞死亡了。現代漢語的詞彙当然不能例外,底下我們就詞彙变化的三方面分別談一下。

4·26 新詞的産生和旧詞的消亡 从五四运动起一直到現在,也就是从新民主主义革命开始一直到社会主义建設,在这段期間,中國社会急遽变动着,起了天翻地复的变化,詞彙方面也在急遽地变化,主要是産生許多新詞來反映这种情况。如:"馬克思列寧主义、唯物論、辯証法、共產党、紅軍、共產主义、社会主义、新民主主义、解放、紅旗、土改、翻身、地主、特务、階級、斗爭、坦白、揭發、三反、五反、批判、檢討、体会、批評、挑战、应战、突击、帶头、工会、党支、鼓动、宣傳、烈軍屬、民兵、指战員、文工团、总路綫、合作社、步犂、拖拉机、联合机、婚姻法,……大批新詞湧進原有詞彙里去。翻天复地的革命,新社会、新中國、新道德的出現,以及技术和科学的發展,旧有的詞絕对应付不了这个場面,大批新詞就自然而然地应运出現了。

其次我們再看看旧詞的消亡。随着社会向前发展,一些陈旧的詞在詞彙中看不見了,有的是这个詞所反映的对象根本不存在了,有的是新詞把它代替了。旧詞的消亡情况有以下几种情形:

(1)根本不用的 如:甍、腴、詰、君子、小人、冠盖、縉紳、俸

—128—

祿、不佞、稽首、稼穡和一些特殊的名詞如馴(三歲馬)、瞷(馬一目白)、牭(四歲牛)、㸺(白脊背的牛)等。还有老爺、小姐、少爺、小的、苦力、牙行、鄉下佬……等,或者因为社会制度的改变,或者因为不合乎語言实际,都一去不复返了。

(2)偶尔用得着的　有些詞,它們所代表的事物虽然不存在了,但意义仍旧沒有改变,在一般詞彙里看不到了,但当敍述歷史事实时,却不能不提到它們,比如丞相、吏部尙書等,現在沒有了,敍述歷史时,得照样搬出來应用,絕不能用現代的詞如总理、部長等來代替,所以这种詞可以算作歷史性的詞。这种詞很多,如：天子、庶人、黎民、黔首、狀元、太守、干戈、弓矢、宗廟、社稷、鼎、圭、矛、戟、鴉片、租界、國大、保長、馬掛、維持会、皇协軍、青紅帮、……等都是。

(3)还保留一部分的　有些詞被新詞所代替,本身算已經消亡了,可是还保留在一些合成詞和成語里。例如："日"被"太陽"所代替,"目"为"眼"或"眼睛"所代替,"日"和"目"詞的本身算已經消亡了,可是"日子"、"日工"、"日記"、"日光浴"、"向日葵","目的"、"目錄"、"細目"、"比目魚"和"一日千里"、"日月星辰"、"日暮途窮"、"日上三竿"、"一目十行"、"十目所視"、"触目驚心"、"目不識丁"、"目無全牛"、"耳濡目染"等合成詞和成語里还保存着它們的本來面目,絕不能用現在的詞來代替的。这类的例子很多,不再列举。

4·27　詞义的变化發展　我們屢次提到,語言和它的建筑材料——詞彙,是随着社会的发展而发展的,当社会向前发展,客观的事物和現象有所改变,而人們对这些事物和現象認識加深,发展了旧的概念并形成新的概念的时候,詞义也就会有发展、有变化。

詞义的发展、变化的方式，有以下这几种：

（1）擴大式　有些詞原來的意义比較狹窄，后來就包括了很多意义，应用的范圍擴大了。还包括几种方式：

1.类推　一种事物的名称性态，用於其他相似或相近的事物。如："雌雄"原是指鳥类性别的，后來一切生物都可以說雌雄。災本指水，火兩种災害，現在連战爭、旱、虫、匪的災都說災。"口"、"腿"、"身"本是人和动物身体上的一部分，現在可以說胡同口、交道口、十字路口、伤口、槍口，壺嘴兒、煙嘴兒、桌子腿、凳子腿，船身、河身、樹身等。梁本是指桥說的，現在可以說房梁、山梁、脊梁、鼻梁等。

2.詞性轉变　原來是这种詞的可以轉成其他种詞。如"頂"是名詞本來指头頂，不但轉成山頂、房頂，还轉成"頂"起來，一个"頂"兩个，这就轉成动詞了；"頂"好是极好，又是副詞了。"堆"、"垛"是名詞，堆起來，垛起來就是动詞。"担"是动詞，又是量詞，又是名詞(担子)，可以說用担子担着一担柴。这样，一个詞的意义自然就擴大了。

3.由具体到抽象　如："火"是具体的詞，"火气"、冒"火"却指人的脾气。"苦"是一种味道，却可以說"苦难"、"苦头"、吃"苦"、"苦"干、叫"苦"連天等，都是比較抽象的意义了。另外如"加油"、"認賬"、"碰釘子"、"老腦筋"等，都是这种例子。

此外由部分代全体的，如"春秋"代年或年齡。选手、能手等的"手"代人。由專名詞轉成普通名詞，如江、河本指長江、黃河，現在泛指一切的河流。这些也是屬於詞义擴大的范圍，但为数很少，不是重要的。

（2）縮小式　这一种和前一种正相反，某一个詞的意义原來范圍很大,用來用去縮小了。比如"墳"原是高大的土堆的意思,現在專指墳墓了。"大夫"原來是封建社会里某一階層的称呼,如諸侯、公、卿、大夫、士,后來变成官职的名称,当时太医院的医官,也称大夫,现在就用來專指医生了。这种例子很多,如:党对知識分子的政策,这个"党",就專指中國共產党;你加入組織没有?这个"組織"專指党、团、民主党派說的。轉移"关系",專指組織关系;割兩斤"肉",專指猪肉;有了"对象"没有?指恋爱的对方;耍"态度",指不好的态度;鬧"情緒",指想不通問題时的苦惱,这都是縮小的例子。

(3)变好式 原來意义不很好,因为时代不同,意义变好了。例如"老实"在旧社会是"無用的別名",現在是一种美德。"丫头"过去是婢女的別名,现在父母把女兒喊作"丫头"倒是爱称了。其他如"小鬼"、"頑强"、"驕傲"都不是好的詞,现在喊"小鬼"也是爱称,頑强和驕傲(当作自豪用时),都成了好的詞了。

(4)变坏式 原來意义很好,现在变坏了。例如閒適、超然,都是很好的詞,现在便是不关心政治了。其他如冒險(原有勇敢的意思)、中庸、老好人等都有些不好听了。另外旧社会剝削階級認为很体面的詞,现在也都变成坏的了,如:享受、消遣、荣華、富貴、发財、風流、排場、甩牌子、出風头、人上人、光祖耀宗(以上四个是詞組)等。

(5)加强式 有些詞,过去性質弱,现在加强了。如"爭取"决不是去爭某一种东西,而是克服困难,創造条件,尽力达到一种積極的目的。"迎接"决不是被动的,而有了主动的意义。"保証"也有負責完成的意义,絕不止是消極的保証某人沒有作过某事等意思了。 其他如英雄、朋友、同盟、互助等也都比以前的意义加强了。

（6）减弱式 原来性质强的一些词，經过演变变弱了。如"走"原是跑的意思，现在是慢步走；"取"原来是捕得、攻取的意思，现在只是拿的意思了。"和"、"把"、"朝"等原是实詞（动詞）如和面、把酒、朝山等，现在主要把它用成虛詞（介詞），这也是变弱的例子。

（7）移动式 原来指某一种事物的詞，后來拿來指另一种事物了。例如："媳妇"原指"子之妻"（现在四川仍旧是这种用法），北方話丈夫称呼妻子叫"媳妇，"把兒子的妻子喊作"兒媳妇"了。父親的兄弟姊妹，喊作"伯伯、叔叔、姑姑"，母親的兄弟姊妹喊做"舅舅、姨姨，"妻子的兄弟姊妹也喊叫"舅、姨"，丈夫的兄弟姊妹、也喊"伯、叔、姑"等，加"大"、"小"以示区别，如：大舅子、小舅子、大姨子、小姨子、大伯子、小叔子、大姑子、小姑子等。"聞"本是耳朵听，现在鼻子也用來"聞"味（有的方言，直接就說听听味道）；"淡"本指顏色不濃，现在也來指味道不咸；"肚"本指胃，现在指腹部；"权"本是秤錘，现在用作权力等意思（如掌权等）；"兵"原是武器，后來指战士。这些都是意义移动的例子。（本節大意和一些例子，採自河北师院交流講义）。

从以上敍述，我們知道詞彙是經常在发展变化着的，有消亡的詞，有新生的詞，但时代越靠后，社会越发展，人的思想越精密，运用的詞就越多。所以詞彙总是越來越丰富，語言自然也是越來越发展的了。

練習十一

1、寫出10个在解放后新出现的詞。
2、寫出20个原先常用现在已經不用的詞。

3、擴大式的詞，我們舉出三种，每种举5个詞。

4、举出縮小式的5个詞。

5、在你的方言詞彙里，有沒有移动式的例子，举几个出來。

第六章　詞彙的規范化問題

4·28　現代漢語規范化的意义　以前我們曾經零星地举过些例子，暗示現代漢語必須規范化才行。現在我們总括地談一下。"所謂語言的'規范'，就是語言的語音、詞彙、語法各方面的、大家所公認的标准的总和。所謂'漢語規范化'，就是要确定并且用宣傳、教育等方式來推行漢語在語音、詞彙和語法各方面的明确的一致的标准，使大家共同遵守这个标准。"（周祖謨：《漢語規范化的意义》《語文学習》1955年11月号）从以先我們談过的可以知道，漢語是世界上歷史最悠久、最发达的語言之一，漢語有无比丰富的詞彙，有极端嚴密的語法，不要認为漢語在各方面雜乱无章，才举行一次規范化运动；我們只能說漢語在語音、詞彙、語法某些地方，还沒有明确的一致的标准，需要大家共同研究，找出为大家所公認的一致的标准來，这就是漢語規范化的真实意义。

新中國成立以后，全國范圍內实現了空前的、真正的統一局面，因此全國人民共同的經济生活的巩固，國內各地区之間联系的发展，統一的敎育，人民文化生活的普遍提高等，都迫切地需要有民族共同語——普通話。在推行普通話的同时，漢語規范化問題也更加突出來了。大家知道全國各方言区，語音差別最大，語音不統一，就沒法推行普通話，所以規定普通話以北京語音为标准，这就是語音方面規范化最重要的一面，我們在第一冊講的声、韻、調各

—133—

方面的辨正工作，都是为了語音規范化。其次按北京音本身說，也还需要規范化，一个詞有時有兩個讀法，一个是語音，一个是讀音（如白讀〔bai〕又讀〔bo〕，黑讀〔hei〕又讀〔he〕等）究竟需要 不需要，假如需要又用什么标准來区别它的用法。供給的"給"，究竟讀〔gi〕或是讀〔gei〕，"醞醸"应該讀〔yuniang〕还是〔wenrang〕，"危險"的"危"北京音讀陽平又讀陰平，侵略的"侵"讀陰平又讀上声，我們学習普通話究竟应該怎样讀，这都是需要解决的。 在詞彙和語法方面，差别虽然比較小，但是仍旧有許多工作要作。詞彙方面下節再談，先就語法方面說，漢語当然也是一种客观的社会現象，它自己本身有它的規律，但因我們研究得不够，还没有找出或者确定出这些規律來，所以語法学家各人有各人一套說法。不是嗎？ 教过語法的人，有誰不感到教語法時系統問題，名詞、術語問題非常头痛呢？合成詞和詞組界限的問題，倒裝句的定义和無主句的定义問題，單句和复句划分問題，介詞、助动詞存在与否問題等，都需要赶快解决。漢語規范化还和文字改革、实行拼音文字有很大关系，語音、詞彙、語法假如没有大家所公認的統一的标准，拼音文字就没法实行。

4·29 詞彙的規范化問題 詞彙不規范化，就是語音、語法方面大家一致了，还是不行。同一件事物，你叫这个，他叫那个，还是不能交流思想。管探買的同志，因为用詞不同，明明有的东西常買不到；听"外方人"講話，常因用詞不同，你不懂他說的是什么。不同方言区的詞語，如：廣东話的"唔駛"（不用、不必）、"孲仔"（揹孩子）、"踎街"（流浪），客家話的"手袜"（手套）"紅毛泥"（洋灰），黃岩話的"瀟閑"（無聊）"脚盉头"（膝盖）等（見《語文知識》），我們固然莫明其妙；就都是官話区，詞彙方面还是有很多不同的。再進一步，只

—134—

就普通話用作**基礎**方言的北方話來說，在它的范圍内，還是有用詞紛歧的現象（前曾举过、紅薯、南瓜等作例子），其他如我們提过的詞的連寫問題，情感、感情跟反正、橫豎这类詞的統一問題都要解决，所以必定得在詞彙方面作規范化的工作。

关於詞彙方面規范化工作应当怎样來進行呢？**大原則應該以北方話为准**，因为北方話是普通話的**基礎方言**，詞彙又是語言建筑材料，我們推行普通話，不拿北方話的詞彙作基礎，又拿哪个方言区的詞彙作基礎呢？在现代漢語詞典这类书未出來以前，**應該以用普通話來寫的典范的著作为标准**，因为这些作品里的詞語，都是通行的詞語，以北方話为基礎，而沒有收它的很土的詞。其次普通話幷不絕对排斥方言詞彙，反过來，还要吸取它里面的已經通行的活潑生动的詞語，在講漢語詞彙的來源时已經举过例子，不再举了。其次，**基礎方言中用詞紛歧的現象，要根据語言的發展規律，确定应当共同遵守的規范，主要是看它在語言中是否具有普遍性和精密性。** 1955年10月在北京开的"現代漢語規范 問題学術会議，"对漢語規范化問題作了决議，逐步实施。 关於詞彙方面决定調查方言，编纂詞典，最重要的詞典是《現代漢語詞典》，等到有了这部詞典，我們敎学普通話，对於詞彙方面便有所遵循了。

4·30 四川方言詞彙和普通話詞彙的对照 为了帮助大家学习普通話，按照科学院《方言調查詞彙手册》所列举的，擇要把四川方言詞彙和普通話詞彙对照一下。我們幷沒有四川方言調查的材料，主要是憑平日所搜集的一点点。本院刘又辛、翟时雨兩位同志所作的《重慶人怎样說普通話》（重慶人民廣播电台播稿）里面搜集了一些，彭維金同志所作的《奉節縣的方言詞彙》也搜集了一些。本表有些是採自他們这些稿里的。为節省篇幅，不普遍注音，也不

—135—

普遍加以解釋或举例，只在必要时才注音或举例解釋。遇有同样事物有两个或两个以上的詞并存的时候，选一个最通行的，其余加圓括号以示区别。詞彙的差别，以名詞为最多，名詞部分再分几类，其他詞类为数不多，就不再分类排列了。

四川方言詞彙和普通話詞彙对照表

（僅供参考，不作为学習資料）

（1）名　　詞

1. 天文时令类

普通話	四川話	普通話	四川話
雹子	雪彈子（冷子）	前天（前日）	前天（前根兒）
		昨天	昨天（昨根兒）
		早晨	清早
明年	明年（、明年子）	中午（晌〔shǎng〕午）	晌〔shǎu〕午
今年	今年（今年子）	上午（午前，前晌）	上半天
去年	昨年（去年子）	下午（午后，后晌）	下半天

2. 衣食住等方面的事物

普通話	四川話	普通話	四川話
		胡同	巷〔hỳng〕子
屋子	房間	正房（上房、間屋）	堂屋

—136—

院子	天井（院壩）	窗戶	窻子（窻戶）
廚房（灶房）	灶屋（灶房）	輪船	洋船
小輪船	汽划子	小船	划子
道〔大道、小道〕	路〔大路、小路〕	集〔趕集〕	場〔趕場〕
河灘	河壩	對岸	對門〔河對門〕
涼水	冷水	玉米（棒子、玉蜀黍）	包谷
馬鈴薯（土豆、山藥蛋）	洋芋	洋白菜	包包白（蓮花白）
西紅柿（蕃茄）	蕃茄	蠶豆	胡豆
白薯（紅薯、紅山藥）	紅苕	栗子	板栗
辣椒	海椒（辣子）	鹽（食鹽）	鹽巴
好飯（酒席）	油大（吃油大）	犒勞〔好飯食〕	牙祭〔打牙祭有些"吃好的"意思〕
飯	飯（飲食）	蜜（蜂蜜）	蜂蜜（蜂糖）
泔水	潲水	小米兒	粟米
橘子	橘柑	丸子	圓子
餛飩	抄手兒（包面）	江米	酒米（糯米）
雞子兒（雞蛋）	蛋（雞蛋）	江米酒	醪糟兒
午飯（晌午飯）	晌午	晚飯	夜飯〔消夜（吃晚飯的意思)〕
被子	被盖（鋪盖）	床單	bà單（臥單）

褲叉	短褲(腰褲)	手絹、手巾	帕子
帳子(蚊帳)	罩子	袋子、籃子	兜兜、篼篼
口袋〔衣服上的〕	包包〔荷包〕	肥皂(洋胰子)	洋碱
家具	家什(si)	香皂	胰子(香洋碱)
傘	撐花兒(傘、傘子)	自行車(脚踏車)	洋馬兒(脚踏車)
錘子	釘錘兒	泥	泥巴
劈柴刀	彎刀	土(灰塵)	灰
火柴(洋火)	洋火(自燃火、火草)	畚箕	撮箕
笤帚	扫把(bǎ)	筷子(箸子)	筷子
扫帚(比笤帚大)	扫把	茶碗	茶杯(茶盅)
洋蠟	魚燭	粉筆	白墨
碓臼	碓窩	自來水筆(水筆)	鋼筆
勺子	瓢瓢(飯瓢)	鋼筆(指醮水鋼筆)	醮水鋼筆

3. 親屬稱呼和人身器官等名稱

爺爺(祖父)	爺爺(公公)	奶奶(祖母)	婆婆(奶奶)
外祖父(老爺)	外爺(外公)	外祖母(老娘、姥姥)	外婆(嘎嘎)

—138—

爹（爸爸、父親）	爸爸（爹、老漢兒、老子 后兩个不能当面称呼）	娘(媽媽、母親)	媽
大伯(大爺、伯父)	伯伯	大娘(伯母)	伯娘
嬸子	嬸嬸	妗子(舅母)	舅母
姑姑(姑母)	娘娘	姨姨(姨母)	姨媽(姨娘、娘娘)
姑父	姑爺	小孩子	細娃兒(小娃兒)
孩子(男孩子、女孩子)	娃子（娃兒）〔男娃子、女娃子〕	小叔叔	幺(jau)爸〔凡排行最小的都叫幺什幺如幺兒、幺女〕
丈夫(当家的、掌櫃的、男人)	男人(外头的、当家的、老板兒)	媳妇(女人、太太、內人、屋里)	老婆(內人、屋里头的、老板娘子、女人、妇人、媳妇子)
兄弟(弟弟)	兄弟(弟弟、弟娃兒)	妹子(妹妹)	妹妹(妹娃兒、妹兒)
兒媳妇	媳妇	祖宗	先人
父子俩〔liǎ〕〔爺兒俩〕	兩父子（凡說什幺兩个人、都是說"兩什	弟兄俩（凡是称姊妹、兄妹，夫妻……等說	兩弟兄

	仏")如兩兄弟兩姊妹等。	兩个人时，都說"什仏倆")	
头(腦袋、腦袋瓜子)	腦殼	脖子	頸項〔hàng〕(頸子)
胳膊	手桿(手臂、手膀子)	腿	脚桿(腿桿)
額顱盖(腦門兒、天灵盖)	額顱	腰	腰桿
指头	指姆兒	唾沫	口水
罗鍋兒(駝背)	駝子(箸箕背)	瘧疾(发擺子)	擺子(打擺子)
拐子(瘸子)	蹺子(瘸子)		

4. 昆虫鳥獸的名称

蝇子(蒼蝇)	蒼蝇(飯蚊子)	螞蟻(蚍蜉)	螞蟻〔jan〕子
綠头蒼蝇	屎蒼蝇(屎蚊子)	烏鴉(老鴰〔gua〕)	老鴰〔wa〕(老鴉子)
狼	狼(豺狗子)	蜜蜂	蜂子
雁	雁鵝	老鼠(耗子)	耗子(耗兒、老鼠子)
知了(蟬)	鳴ŋa子(懶虫子)	叫哥哥兒	紡織娘(紡麻姑兒)
鷄	鷄子	公鷄	鷄公
小鷄	鷄娃兒(雞兒子)	母鷄(草鷄)	鷄婆(雞母)

—140—

| 公貓(牙貓) | 公貓(男貓) | 母貓 | 母貓(女貓) |
| 公猪(牙猪) | 脚猪(牙猪) | 公牛 | 牯牛 |

5. 方位詞和其他

上面(上头)	高头	下面(下头)	底脚
左面	左手边	右面	右手边
东西(說法、事情等)	名堂	講究(有兩手等)	板眼
水坑	蕩蕩	薹子〔瓜薹子〕	籐籐
疙瘩	疱〔碰了个疱〕	菇朶〔花菇朶〕	菁都兒(包包)

（2）动　詞

普通話	四川話	普通話	四川話
打〔閃〕	扯〔閃〕	颳〔風〕	吹〔風〕
下〔雨、雪〕	落〔雨、雪〕	盛〔飯〕	裝〔飯〕
嘸	吞	踩	踏〔cha〕
給	把〔給〕	看	睃〔溜〕
瞪〔着眼〕	鼓〔起眼睛〕	玩〔到街上玩〕	耍
欠〔該、爭〕	該〔爭〕	等〔一下、一会兒〕	耍〔一下(hà)〕
談天	擺龍門陣	談談	擺擺
聚餐	打平伙		
		摔倒(跌倒)	zhai倒
麻煩〔你〕	难为〔你啦〕	倒霉(敗興)	背时

开始(起头)	开头(排头、起头)	知道	曉得
保險(担保)	負責(包圓)	休息(歇歇)	歇气
找別扭(鬧着玩)	办灯兒	开玩笑	涮罈子
費神(費心)	掬神(掬力)	講話(說話、言語)〔不說話〕	做声(开腔)〔不开腔〕
丟(遺失)	搞落(不見、不在)	打盹兒(丟盹兒)	zhai 瞌睡
吹牛	冲壳子	睡觉	睡瞌睡
瞎聊天	吹牛	睡〔今晚上在那里睡?〕	歇
轉身	車身	囬去	轉去
試一試	告一告	盖住	抗起〔把鍋抗起〕
沒有	沒得	欺騙(哄)	麻〔人〕
倒台(失敗)	垮桿	算〔那样作不算〕	作数
替〔他作〕	帮〔他搞〕	弄	搞
拿	捞	鬧別扭〔搞亂〕	扯筋
乱說話	开黄腔	諷刺,嘲笑	幽〔人〕
提起來	提起來(dia 起來)	打架	打捶
不会說	說不來(凡不会什么,都	認識	認得倒

—142—

第四编　词汇

	說什么不來）		
送（給）	送（給、pin〔拼〕）	做什么	zua 子〔做啥子〕
强迫	估倒〔gǔdǎu〕	动〔不要动〕	扭（nǐu）〔莫扭〕
諷刺	杵	丢臉	搔皮
响	喝〔ŋang〕	擦	揩（泚）〔zi〕〔泚不落〕

（3）代　詞

普通話	四川話	普通話	四川話
咱們	我們	誰	哪个
什么（甚么）	么（么子，不很普遍）	什么	啥子（啥）
怎样（怎么）	咋个	怎么	啷个
这里、那里	这个当〔dàng〕那个当	〔先生〕們	〔先生〕些

（4）形容詞、副詞

普通話	四川話	普通話	四川話
坏	拐〔这事搞拐了〕	淘气（費）	費（这娃兒很費）
		展脱	抻〔chen〕脱〔衣服很抻脱〕

—143—

对	对头	可以（使得，好、成、行）	要得
能干,有兩手,利害（指手段）	毛撒〔mausa〕	不行（使不得，不成）	要不得
困难、利害	老火		
舒服	安逸	热闹	闹热
坏（不好）孬〔nau〕	孬〔pie〕	勉强	强勉
顶用（行、能干、管用）	关火	爽快干脆	撇脱
利害	凶〔病很凶〕	利害	歪（狠）〔你好歪呀！只指人〕
轻浮	张巴（砲毛儿）	软	pa和
逼	交〔如跑交了〕	健康（结实）	硬帮〔ŋenzhou〕（健旺）
明亮（亮）	亮扫	精明（精）	灵性（精灵）
涩（涩巴）	夹口	吝啬（小气）	涩巴
恰当妥帖	巴实	浑（身）	浑（身）周（身）
伤脑筋	打脑壳	成心	安心
滑头（滑）	水〔事情没成功，也叫"水了"〕	胆怯（发毛）	za〔吓za了〕
及（来不及）	赢〔搞不赢、搞得赢〕	用力（努力、使劲）	攒劲（加势〔加势的打、加势往上爬〕）

—144—

普通話	四川話	普通話	四川話
够了	有了〔吃一碗就有了〕	掉〔擦不掉〕	落(脫)〔擦不落〕
故意(有意)	刁住〔diauzu〕	气人	嘔人〔ŋouren〕
頑皮	千翻兒	真是(就是、偏、硬)	硬是
完結(收場)	煞割〔shágo〕	暗地(偷偷地、悄悄)	陰倒
橫竪(反正)	紅黑	过火(过分、太过火(过格)嚴格)	
輕些了〔指病〕	松和些了	妥当(好了、完了)	归一(或归於)
很(非常)	飛〔如飛燒、飛快等〕	很	焦〔如焦干、焦湿、焦苦等〕
很〔臭〕	帮〔或旁〕〔如帮臭〕	不要、別	莫
輕易(很难)	难得〔他难得來一次〕	不願意、不高興	懒得
稀	清	稠	干
一直	端〔如端走〕	長	深〔如指甲深，头髪深〕

(5)助詞(包括时态和語气兩種助詞)量詞

普通話	四川話	普通話	四川話
着〔如拿着，凉着〕	倒〔拿倒，凉倒〕	着	倒起〔拿倒起〕

—145—

住〔关住，盖住〕	起〔关起，扛起〕	嗎	哇〔你上街哇?〕（川西）
呀	咯〔ge〕〔这是我的咯〕（川东）	个	塊〔一塊人〕（川北）
口	根〔一根猪〕（川西）	頂	把〔一把撑花〕
桿	把〔一把秤〕		

本表說明

（1）本表所說的普通話的詞彙是指文學語言和普遍通行的詞彙，北方話范圍內个別地方的土話，幷沒有列進去。四川話的詞彙，也是在四川境內普遍流行的，个別地方士話的詞也沒有列入，个別採用的加以說明。

（2）每个詞后面（ ）內的詞，是可以通用的詞，〔 〕內是註釋或舉例說明，不加括弧的注音，是有音無字。

（3）每一个詞有它的特点，有它的各种用法，也有它的情調，还有和其他詞的詞义交叉的情形。認眞說來，方言詞只有使用这种方音的人体会得最深，用得最恰切，其他地区的人用來不免有隔靴搔癢的現象。所以有时無論普通話的詞或方言的詞，很难找出一个和它完全相对应的詞，我們虽然都把相对应的詞寫出來，个別的未必十分恰当，这只能在具体語言環境中仔細体会。

（4）本表所列，当然很不全面，也許还有錯誤（譬如我認为是四川通行的詞，可能是某地士話），等將來掌握更多材料时，再补充修正。自己可以預备一个本子，隨时把看到的和听到的而需要加以对照的普通的詞記下來，和方言詞加以比較。

— 146 —

練習十二

1.漢語規范化的意义是什么？为什么漢語規范化問題在現在說來是非常重要的問題呢？

2.根据自己所知道的，列举几个四川通行的方言詞，并找出和它相对应的普通話的詞語。

3.在下列几篇作品中，找出方言詞，也用普通話的詞語对照一下，假如沒有适当对照的詞，就用自己的話說明这个詞的意义。

《初中文学課本》第一册：艾蕪：《屋里的春天》，李准：《不能走那条路》，楊朔：《平常的人》；

4.拿下列的四川方言詞，每一个造几句話，表示它的各种不同的用法，也用相对应的普通話的詞同样造几句話，表示方言詞所表达的意义。

①厥　②要得　③要不得　④巴实　⑤撇脱　⑥归于
⑦硬是　⑧关火　⑨名堂　⑩板眼

第七章　字典和詞典

4·31 字典、詞典的用处　詞彙是語言的建筑材料，我們想正确地使用祖國語言，达到純潔健康、生动有力的地步，一定得先丰富自己的詞彙。丰富詞彙不是单純地記些詞語就了事，还得达到四会——会寫、会讀、会講、会用的程度，这才算真正掌握了那些詞，說話或寫作时，才能在自己掌握的丰富的詞彙中，随心所欲地选擇最适用最精当的詞，恰如其分地生动活潑地表現自己的思想。

想达到四会的程度，除了平时閱讀多多留心体会外（还可以預备詞彙手册，把自己每日逐漸掌握的詞都記上去），主要的一面，还

—147—

得依靠字典和詞典。我們仍旧就"四会"來举例談一談。我們寫作时常有"提筆忘字"或只能念出音却寫不出字或者不能决定究竟寫哪个字的种种情形,这时就要求字典帮忙了。比如寫到嬰孩的"嬰",記不清上面是双"目"还是双"貝",戌戌的"戌"不知肚子里那一点究竟怎样寫才对,这时就要查查字典,一翻字典(比如說《同音字典》)"嬰"字上面是兩个"貝",寫成兩个"目"便是錯字,并且在第712——713頁上的从"嬰"的字,如"櫻"、"嚶"、"瓔"、"樱"、"纓"、"鸚"、"罌"等都和嬰一样是兩个貝,以后連这些字也就不致於再錯了。再翻第453頁,"戌"字下注①"地支"的第十一个,就知道戌戌的"戌",肚子里那点是一短平筆,寫成"戍"是別的一个字〔衛戍的"戍"〔Shù〕〕了。我們說chen面,cuan丸子,Shuàn羊肉,kè馬(母馬),这些字音都会念,可是不会寫,还得查字典,一查就知道是"抻"面,"汆"丸子,"涮"羊肉,"騍"馬,这就解决了。"故步自封"的"故"是不是該寫"固"?"煥然一新"的"煥"是不是該寫"換"?"鍛煉"还是"鍛練"?"摸索"还是"摩索"?自己搞不清楚,一查字典就可解决。

按会讀說,这有兩种情形:一种是常見面的字,也懂得它的意义,甚至用起來也差不多,就是因为自己麻糊偸懶,沒有查过,就随便念个音,眞正念什么,搞不清楚,比如看《三國演义》,有李傕、張郃、夏侯惇等,当时忙於看故事,沒有空也沒有心去查字典就随便念个音,比如:李催"、"張葛"、"夏侯諄",以后向人家講三國故事,也是說"李催"什么的,那就是笑話。其他如"憩"、"墅"、"綻"、"瞠"、"鐺"等都不能念半边,碰見这一类字,必須查字典,不要乱念。 再一种情形是讀音規范化的問題。我們要敎学普通話,就得按标准音去讀,不能用土音來講普通話。所以关於声、韻、調各方面除了找一些竅門(語音部份已講过声、韻、調辨正方法),主要还得靠字典。

—148—

比如你〔n〕〔l〕不分，碰到"烂"、"难"不知道哪个字究竟如何讀法，要查字典；〔n〕、〔ng〕不分，碰到"陈""程"等字也要查查才行；关於"入派三声"更要查字典才能解决。

按会講說，会講就是了解某一个詞能把它的意义講出來，詞語的講解，在語文教学上很重要，我們指導学生实習和参观中学教師教学时，都感到講解詞义是頗为不簡單的一件事。近來雜誌和报紙副刊（如《光明日报》的《教学生活》等）也都注意到这个問題，我們將來"語文教学法"这个課程中，要比較詳細地談这个問題，現在不詳細說，只举例說明这个問題讓大家注意就是了。 講解詞語有几种办法：一种用說明的办法，如"擲彈筒，是一种武器，形狀像个圓筒，構造簡單，携帶方便"（《初中文学課本》第二册第106頁註）。一种用拆开的講法，如"发蒙——指孩子开始上学。 发，啓发。蒙，無知識"（同上書第124頁註）。 一种是用同义詞解說的办法，如"数說——斥責。数念尸ㄨ，一椿椿一件件地。"（同上書第170頁註）还有另外的方法。可是这些方法得看"对象"（具体地那个詞），看情况（什么时代的文章，上下文是什么，用的是詞的本义或引申义等），不能机械地搬用。譬如"投机"这个詞，用以前三种办法都不行，說"投進机里面"不成話，說"投机"就是"取巧"也不行，幷且在"話不投机"和"投机商人"中"投机"的意思完全不相同。查查字典吧，《新華字典》（部首排列的）第146頁上有"投"字，下面有："〔投机〕1.意見相合：他倆一見就很投机。2.迎合时机，求取利益名位：投机取巧，投机分子。"这就解决了。 用同义詞註，应該区别兩个詞的不同的地方，如"保育"就是"撫养"的意思，但"保育"幷不等於"撫养"，假如不說明白，容易使学生認为凡同义詞都可通用，那就发生毛病了。拆开講的办法要尽量避免，如有的字

—149—

典註"保全"是"保护安全"这就完全講錯了，应该說"对已有的东西加以維护，使它不受損失"。这些地方，現有的字典还不能完全解决，我們除了依靠字典解决可能解决的問題外，还要自己开动腦筋想办法講透一个詞。

按会用說更不簡单，詞有一詞多义的，只知道某个詞的一个意义，就去到处使用，一定会出笑話。詞有本义有引申义，只知道本义还不行。比如："信"这个詞，在《新華字典》里就列有六个意义，我們必須把这六个意义都掌握，才能用对。"光"的本义是光綫，如"太陽光"；可是"驢糞蛋兒外面光"是平滑的意思；"'光'着身子"是沒有穿衣服的意思；"东西都丢'光'了"，是"完"的意思；"'光'說不干"是"只"或"淨"的意思。这些地方，一方面靠閱讀时留心体会，了解多义詞或轉义詞主要要靠字典。

总起來說，字典有許多好处：可以給我們解决閱讀的困难，扫除"攔路虎"，不認識的字，不了解的詞語都可借字典來解决。可以解决"提筆忘字"的困难，可以帮助我們消滅錯別字，可以帮助我們正音，可以帮助我們積累詞彙，可以帮助我們全面地了解詞义，因而能正确地使用它們。消极方面使我們避免錯誤，积极方面除了帮助掌握詞彙外还有引导我們在普通話方面走向規范化的道路。所以每一个人(不管程度高低)都要养成爱查字典詞典的習慣。

4·32 字典的种类和它的檢字法 我國很早就有了字典了，周朝的《史籀篇》是中國第一部字書(字典)，秦朝李斯、趙高的《倉頡篇》、《爰歷篇》，漢朝司馬相如的《凡將篇》，蔡邕的《聖皇篇》都算是稍具雛形的字典，不过这些字書，完全根据字义，按主观意志來編排，意思是便於幼童誦讀，不是預备來查的。漢朝許愼的《說文解字》，开始用部首排列法，这才能根据部首來檢查了，这可以說是許慎的一大发明。以后出了好多韻書，是按韵目排列的。另外像《尔雅》、《方言》、《經傳釋詞》等，廣义地說來都是字典一类的書，不过排列的方法各种各样，很不便於檢查就是了。近代各种字典詞典，陸續出版，我國字典的数量还是不少的。按它們的性質可以分成以下几种：

（1）对照式的　如：華英辞典、俄華辞典、英華合解辞彙等；

（2）綜合式的　如：辞源、辞海、中華大字典等；

（3）專門的　如：哲学詞典、文藝詞典、教育大辞典等；

（4）成語的　如：國文成語辞典、成語辞典等；

（5）正字法的　如：字辨等；

（6）正音的　如：國音字典、國音常用字彙、國語辞典等；

（7）方言的　如：北方土語字典等；

（8）歷史的　如：經傳釋詞、古書虛字集釋、辞通、詞詮、联綿字典、詩詞曲語辞彙釋等；

（9）比較的　如：文言虛字等。

现在來談談檢字法。我們不想全面的敍述所有的檢字法（"漢字的檢字法的种类是很多的。根据以前的統計，据說有七十多种"——李学《怎样查字典》《語文学習》1956年6月号），不講《康熙字典》以前的，也不說外國語的，只就有关中学語文教学方面的一些字典的檢字法來說一下。

现在最常用的有三种檢字法：

（1）部首檢字法　这是从《說文》以來一直流傳到现在的一种檢字法，通行的范圍也最廣。說文是540部首，到了《康熙字典》把它合併成214部首，按部首筆画多少分成子、丑、寅、卯等12集。这样檢查起來，就比《說文》方便多了。什么是部首呢？**"部首是**

方塊漢字組織形式的重要成份。它确定了每一个字在一系列的字当中屬於哪一部分和哪一类型"。(杜定友:《談六書問題》第26頁)通俗的說法就是偏旁,例如"木""水"(氵)"土""火"等都是部首,凡是屬於这个偏旁的字都集在一起,按筆画多少排列起來。以后的《辞源》、《辞海》、《中國人名大辞典》、《中國地名大詞典》以及許多小字典等都是用这种方式排列的。在现在新的合用的字典、詞典未出來以前,**这种檢字法还是非常有用的,所以必須学会**。

（2）音序檢字法　現在的字典用音序次序排列的,主要是按照"注音字母"的順序排列的。它的排列方法是这样的,先是照〔ㄅ〕、〔ㄆ〕、〔ㄇ〕、〔ㄈ〕等排下去,声母排完了,再排韻母單独成音節的字,按〔ㄚ〕、〔ㄛ〕、〔ㄜ〕、〔ㄝ〕、〔ㄞ〕、〔ㄟ〕、〔ㄠ〕、〔ㄡ〕的順序排下去,再排介母〔ㄧ〕、〔ㄨ〕、〔ㄩ〕。在每个声母下的字,仍按韻母的次序排下去,如〔ㄚ〕、〔ㄛ〕、〔ㄜ〕……〔ㄧ〕、〔ㄨ〕、〔ㄩ〕等的排列法,例如〔ㄅ〕在第一部,〔ㄅ〕部的第一項是〔ㄅㄚ〕,第二項是〔ㄅㄛ〕。自从《漢語拼音方案(草案)》公布后,字母排列的次序,有走向國際化的傾向,將來字典的排列,可能按照〔a〕、〔b〕、〔c〕、〔d〕等排列法,那就不管声母韻母的次序了,可能和英文字典的排列法一样,第一部〔a〕,〔a〕下面第二个字母,还照字母順序來排,如〔a〕、〔ai〕、〔au〕等。不过这是以后的事,我們现在还得学"注音字母"音序排列法。

（3）筆形檢字法　按筆形編排的檢字法现在常用的有三种:

1.先按筆画多少排列,画数相同的排在一起;这些很多筆画相同的字,再按起筆的筆形排列,先是"、",其次是"一",再其次是"丨"等,一共七种筆画,每一种下面还有附屬的筆画,《学文化字

—152—

典》是这样排列的。

2.用筆画作部首,把"、""一"、"丨"、"丿"(点、橫、直、撇)分成四类,把附屬各类的筆形分成小类,再把屬於这一小类的字集在一起,按"点橫直撇"的順序排下去。《新華字典》音序排列本后面所附的檢字表是用的这种方法。

3.四角号碼檢字法,也是筆形檢字法的一种。这种方法是把每个字,不管是什么形体,都分成四个角,把角的形式分成十种,每一种形式,用一个号碼來表示,就是:"亠"(0)、"一"(1)、"丨"(2)"、"(3)"十"(4)、"才"(5)、"口"(6)、"丁"(7)、"八"(8)、"小"(9)等,然后按照每个字形定出四位数字,再按数字的大小,排成順序,檢字时,只要按角的順序排成四位数字,就很容易找出來了。如"說"的四角是"0861",就按这个数字一查就查着了。

4·33 怎样來查字典 查字典也有方法,不懂方法乱翻的时候,費力很大还不容易查着。部首檢字法比較难些,我們着重地談一下,其余的方法附帶說一下就是了。我們在上面說过,《康熙字典》式部首排列法,按部首筆画的多少分成"子丑寅卯……戌亥"等十二集,筆画少的在前,多的在后。但是不是一样多筆画的部首都在一集,或一集之中只有一种筆画同样多的部首呢? 筆画同样多的部首,哪个在先哪个在后有什么标准沒有呢?这些問題的囬答都是否定的,所以查起來,还是很麻煩。《康熙字典》凡例后附着一首《檢尋部首歌訣》:"一二子中尋,三画問丑寅,四在卯辰巳,五午六未申,七酉八九戌,其余亥部存。"后來有人把它併成七言四句,更便於記憶,歌訣是这样:**一二子中三丑寅,四卯辰巳五午尋,六在未申七在酉,八九戌部余亥存**。記住这个歌訣,就可以大概知道哪些部首在那一集了。但是筆画同样多的部首分在好几集,如四画的六画的,哪个部首在先,哪个在后是任意排列的,比如我們查犬部的字(当偏旁时是犭)是四画,先在卯集查沒有,又在辰集查又沒有,最后才在巳集中查着了,枉費好多时间,所以查三、四、六等画部首时,最好先看一下部首总目,看清在哪一集哪一頁,一翻就翻着了。我在高小时,一位傅老师把214部首編成歌訣,讓我們背过,查字典时就更加方便了。不过这个歌訣很長,一时也不容易背过,不在这里介紹了。

其次我們得認識部首,我們談过形声字,部首大抵是形旁,表示意义的,这在查字时要先能了解某字的那一部分是部首才能着手查,否則徒勞無功,所以查字典时要注意:

(1) **部首的位置**　普通的偏旁,都容易找,如"木"、"水"、"火"、"玉"、"門"、"皿"等部比較容易,根据我們以前講的形声字"形符"的位置,就可以确定。有些字我們不敢斷定它屬那一部首,如"坐","人"和"土"都是部首,不知究竟在哪部,其余如"料"、"蜜"、"問"、"閑"、"塵"等都是这种情形。碰到这种情形,最好查檢字表,或者考慮一下这个字的意义,大概可以决定,如"問"是用"口"問的,入口部,"塵"是"土",就不在"广"、"鹿"部而在土部。

(2) **不同的偏旁屬於一个部首**　《康熙字典》的《檢字表》一开始列举了三十五种不同偏旁屬於一个部首的,我們不必照抄,在普通字典的《部首索引》中,在这类部首下都注上和它同屬这項下的另外偏旁,如"水"下註"氵"同、"衣"下註"衤"同……等,我們查字典时翻一下部首索引就可以了。不过最普通的要能記住就比較省事些,如"亻"是"人"部,"扌"是"手"部,"王"是"玉"部,"刂"是"刀"部,"忄"是"心"部等。

(3) **形体相类似的偏旁屬於兩部**　如"口"和"囗"、"土"和

"士"、"月"(肉月)和"月"、"日"和"曰"、"夊"和"辶"(辵)等都是。

部首排列法是很不科学的,有許多缺点,杜定友同志在《談部首》那篇文章里(《談六書問題》第26—35頁)說它有四大缺点:一、無定义,不知道究竟什么样的东西才算部首;二、無定数,各家說法不一;三、無定位,摸不清部首究竟在字的哪一部分,四、無定序,部首孰先孰后,同一部內的字,筆画相同的字,哪个在先,哪个在后,完全憑主观排列。比如我們查五画的字,往往要把在这一部所有五画的字(也許是几十或者上百)都挨次看完才能查着。不过在沒有注音字母以前,这还是比較最好的檢字法,原因是漢字形体繁复,很难找出一个很科学地分类的标准來,用部首檢字法的旧字典辞典很多,我們用得着的时候也很多,所以不管怎样,我們要設法掌握这个檢字法。

《新華字典》部首排列本,对部首作了一些改革,取消一些部首,分开來一些部首,如"玄"、"玉"、"韭"、"阜"等部首都取消了,"氵"和"水","灬"和"火","扌"和"手","犭"和"犬"等都分开了,这对一般人和中学生都方便多了。不过要作到很科学的地步,还是很不容易。部首檢字法有个好处,就是不認識的字,念不出音來,不能按音序檢字法來查,就可以按部首查出它來。

音序檢字法,比較好,有一定的次序,所以比較好查,碰到念不出音的字,可以在所附的部首檢字表或筆画檢字表里去找。

筆画檢字法除四角号碼以外,用其他种方法編的字典很少。《学文化字典》是用我們所說的第一种方法排列的,先数筆画再按起筆的順序來找。不过也附有音序檢字表,还是可以按音序來查。用四角号碼的方法排列的字典却不少,这种方法学会了熟練了查字相当快,商务印書館出版有好多种四角号碼字典詞典,并且

《辞源》、《中國人名大辭典》、《中國地名大辭典》等大辭典后面，也附有四角号碼檢字表，掌握了这种方法，还是有不少方便。每种四角号碼字典、詞典前面都有关於四角号碼檢字法的說明，想学習时找出來看看就行了，还有一本小冊子叫《怎样学会四角号碼檢字法》（丁木、仲雪編）也可以看看。主要的要熟練技巧，在这里我們就不多談了。

这几种檢字法都能运用得很純熟，那是最好不过的了，因为不論碰到什么样的字典、詞典，都可以很快地查出自己所需要的字或詞來。假如只能掌握其中一种，其他的方法也会用，也勉强可以。因为每一部字典差不多都有两种檢字法，一种为主，一种为輔助的，我們对於某一种方法很純熟，作自己查字典的主要方法，另一种作查字时的輔助方法，也可以应付。不过那一种也不熟練，甚至都不会那就苦了，所以**每人要要求自己至少要熟練一种檢字法**。

还有一个重要問題大家要注意，就是**每本字典都有它自己的特用的符号或簡称**，这些东西都在卷首"**凡例**"或"**說明**"里面，假如不看，我們查出來也会莫名其妙。例如我們查部首排列本《新华字典》的"疾"字吧：底下这样註着："ㄐㄧˊ〔吉〕①病，身体不舒适（❀—病）。⑦一般的痛苦：～苦，②……"〔〕里面的"吉"字，大概是註音，我們还能猜着；"❀、⑦、"是什么呢？"～"又是什么呢？有时不免猜錯或者竟然不知道是什么，这些在"凡例"中都有說明，一看就明白，并且还有很多的其他符号或簡称，也都需要知道。所以**我們查字典前，一定先看看"凡例"或"說明"**，不要偸懶怕看，以致白費力气。

4·34 对已有的几部字典的簡單評介 我們把范圍縮小一些，只談談和中学（尤其是初中）語文敎学有关的几本字典和詞典。

—156—

我們知道字和詞是有区別的（复習第4.2節），詞典应該只收詞不收字，就是不管是單音詞、多音詞，是詞的才收，假如只是字（詞素）就不能收進去，單独成一条，可是现在所有的字典、詞典都沒有这样嚴格的画分。叫作詞典的也收字，如"辞源"、"辞海"、"國語詞典"等，不管一个字是否單音詞，先列出來作"字头"，再把和有关的詞罗列在下面。如《國語詞典》（那兩部更是如此不举例了）列"勘"字，下註見"校勘"条；列"恳"字，下註①誠悃、②請求，但这兩个意义，在现代漢語里应該是"誠恳"和"恳求"这兩个詞，"恳"已經不是單音詞了。更明顯的如"葡萄"这个單純詞，却把它拆开，"葡"立一条，下面列有"葡萄"这一个詞，"萄"也列为一条，下只註讀音，不是把它作一个詞來处理的。反过來字典里也收詞，这是必然的，因为除了單音詞以外，还有用这个字組成的合成詞，也有根本就是"詞素"的，不能不涉及到詞。不过字典呢？偏重在收單字，关於詞只是附帶提到，沒有作很詳細的解釋；詞典呢，偏重收詞，凡有关某个字的詞和成語尽可能的收進來，作必要的解釋，我們现在所有字典、詞典大概分別在此。

各种字典、詞典，都有它的用处。现在初中課本里也有古典文学，我們备課、看参考書就不能不接触古典文学。在閱讀这些东西时，就需要查《康熙字典》、《中華大字典》、《辞海》、《辞源》等，另外如楊樹达的《詞詮》，張相的《詩詞曲語辞彙释》等也需要参考。《詞詮》是解决古漢語語法方面問題的書，《詩詞曲語辞彙释》是解决古漢語詞义和用法方面的問題的，我們暫时不詳細說它。《康熙字典》和《中華大字典》是一个类型，它們的特点是收的字特別多，平常字典里所沒有收的生字、僻字、怪字、古字，它們里面差不多都有。《辞海》、《辞源》是一个类型，它們的特点是特別注重詞語的搜

—157—

集和解釋。《辞海》比較后出,比《辞源》好些:《辞源》只圈句,註解时只指出書名沒有指出篇名;《辞海》用新式标点符号,并且註明詞或成語的詳細出处,便於檢查原書。 不过这些書共同的缺点是:許多現代漢語里常用的詞和成語,沒有收進去或收的極少。对於字和詞的解釋只偏重旧义,只孤立地來解釋,沒有顧到現在常用的意义,更沒有顧到某一个詞和其他詞相联系的用法。 在註音方面用反切和直音,加註韻部,在不会反切或对反切不熟悉的人,讀音不能保証准确。解釋的詞句一律是文言文,一般的初中学生是看不懂的。《國語辞典》是中國大詞典編纂处編的,1937年初版,1948年再版。这部詞典旣以"國語"命名,可以想見它收詞的范圍,是注重口語的用詞的。在序文里說明这部詞典一般的用处有三种:①正音 这部書用注音字母和國語罗馬字註音,并且是按照北京音來註的,我們查这部字典,可以糾正我們讀得不合标准的音。②定詞 按編者的看法分出什么是詞,什么不是詞,哪些該連寫,哪些不該連寫,对於我們分辨詞的方面也有帮助。③釋义 "單字的普遍用义,合成詞的特別涵义,得此也可以檢尋一个概略出來"。(見該書《序一》第22頁)另外还举了些其他特別的用处。这部辞典的解釋,也用的是文言文,但是很淺近的文言文,比較容易看懂。关於这部書虽然也有許多缺点,如收的字有許多生僻的字,仍旧以單字为字头(就是成一条),解釋字义罗列起來,不分輕重等《河北师院《現代漢語》講义談得很詳細,不贅述)。 但这部書有它很多好处,对於敎学現代漢語有很大帮助。只是現在已經很难買到。另有《國語小詞典》也还不錯,現在也很难買到了。

現在比較容易買到并且比較最好的是《新華字典》,这部字典是新華辞書社編的,1953年出版,有部首排列和音序排列的兩种版

—158—

本。这部字典無論在选詞方面在注音方面和釋义方面都比以前的字典好。周祖謨同志曾經在«中國語文»1954年4月号作«新華字典評介»舉出許多优点,附帶也举了些缺点,可参看不贅述。另外中國大辞典編纂处編的«同音字典»也是比較好的一部字典。

古人說"工欲善其事,必先利其器",詞典一类的工具書,正是我們教工的"器"的一类,所以語文教师一定要尽可能地准备詞典。比較好的如«新華字典»、«同音字典»之类,一定得人手一編,搁在案头随时查閱才行。对於学生不但要提倡查字典的風气,还要鼓励他們准备字典,因为自己有了字典,才能随时翻查呢。学生能買«新華字典»更好,假如嫌貴或者他熟悉四角号碼檢字法,買«学生小字典»、«四角号碼詞典»等也可以。这些字典也能对他們有所帮助。

4·35 我們將來的字典詞典 現有的字典和詞典,各有各的特点,也各有各的適用场合,但都不是很好的字典、詞典。«新華字典»是現有的字典比較好的一部,也还有許多缺点。現代漢語詞典有兩項大的用处:一項是記錄和解釋現代漢語丰富多采的詞彙,以作語文教育的有效工具;一項是确定讀音、詞彙和語法的規范,以实现漢語規范化,推廣普通話,促進文化改革。因此一本完美的現代漢語詞典应該注意到字形的分辨,使讀者避免錯別字;字音不但要註得正确,还要注意变讀、变調、輕声、儿化各方面;詞义方面要能分出本义、引申义、常用义、間用义等,同义詞之間的关系,如交叉和界限等。某个詞的用法要举例句說明它的局限性是什么,哪种情况下能用,哪种情况下不能用。选詞也要以上边兩大用处作根据,要选現代通用的詞,規范化的詞,不选已經死了的詞,釋义也不必再列早已不用的意义。合成詞和詞組也要加以区别,使讀者知道什么样的是詞,什么样的不是詞,哪些应該連寫,哪些不能連寫等。現在的字典詞典，都沒有作到或沒有完全作到这些部分，大都缺乏詞的辨义和用法，释义也不够全面或恰当。教学或学習的人，碰到困难，不能靠字典完全解决。如："好像、似乎、仿彿、儼然、宛然"这些詞究竟怎样区别？"克服困难"可以"克服黑暗"、"克服冷靜"或"克服消极的态度"等为什么不可以？"終於成功了"，"始終沒有成功"，"終於"和"始終"能掉换不能？在哪种情况下用"終於"，哪种情况下用"始終"，或者哪种情况下不能用，这些在現在詞典都找不到答案。至於什么样才算詞，該不該連寫等也沒有明确規定。所以現在無論是一般学習文化的人或是教学工作者都迫切要求早些出版一些合用的字典、詞典。

1955年10月，由中國科学院哲学、社会科学部召集的"現代漢語規范問題学術会議"的决議中，就"建議中國科学院会同有关部門聘請專家五人至七人，組成詞典計划委員会，……（1）調查現有辞書机構的人員、資料和工作情况，作出合理改組的建議；（2）拟訂《現代漢語詞典》的詳細編纂計划；（3）拟訂其他种类的詞典的計划要点，并作出由何处負責編輯的建議"。（《中國語文》1955年12月号）《國务院关於推廣普通話的指示》第九条說"为了帮助普通話的教学，中國科学院語言研究所应該在1956年編好以确定語音規范为目的的普通話正音詞典，在1958年編好以确定詞彙規范为目的中型的現代漢語詞典。……"現在这些工作已經在着手作了，《正音字典》比較容易，《現代漢語詞典》比較繁难些，以鄭奠同志为首的詞典編纂組織已經在1956年7月号的《中國語文》上，刊出《中型現代漢語詞典編纂法》的第一部分，（第二、三部分在8、9月号）从这篇文件看来，《現代漢語詞典》要接受以前的經驗，按照目的要求，用科学的方法从事編纂工作。并且一定能按期出版。这是一

—160—

个大喜訊，这本詞典出版后，对我們学習文化和敎学工作者將有很大的帮助。以后还要繼續出版各种各样的漢語新型詞典，如：同义詞詞典、成語詞典、方言詞典、外來語詞典、極其通俗的小型詞典、有歷史性的大型詞典、分門別类的專科詞典、中外人名詞典、中外地名詞典、和各种外國語相互对照的詞典等。不过編纂字典是一种很艰苦的工作，尤其是窮源溯流、有歷史性的漢語大詞典，更要有很多人編好多年才能完成，所以我們不可能要求一下子把我們需要的新型詞典一齐馬上出版。在这些詞典未出版以前，我們要好生利用現有的字典。

練習十三

1.从自己学習或敎学工作中的体会，談談字典和詞典对你的帮助。

2.你平常用的是哪些字典和詞典，对於哪种檢字法感到最方便？各种檢字法有什么优点和缺点？我們將來的詞典，以用哪种檢字法为最方便？

3.用部首檢字法查下列各字（用《辞海》或《辞源》）：

坐、相、覗、哀、衷、音、半、奥、來、条、重、量、狀、脊、省、聞、穎、穎、年、甚、豺、狗。

4.我們講《魯提轄拳打鎮关西》（《初中文化課本》第二冊）时，除了課本有註釋的地方，还有不懂的地方沒有？假如有，都是些什么？查什么字典或詞典解决的？（書中上的註釋不够詳尽或不能令你滿足的地方，也需要重新查一下。例如註③"齐楚閤兒"是"整潔的楼上的房間"。"齐楚"和"閤兒"是兩个詞，究竟什么是"齐楚"，什么是"閤兒"，还有進一步查查的必要。）

第五编

语 法

第六章 形容詞

形容詞的特点和功能

5·38 形容詞的語法特点 人或事物都有一定的形狀和性質,行为和变化也都有一定的狀态,我們說話或寫作,假如需要的时候,就用一些詞把人物的形狀、性質和行为、变化的狀态表示出來。例如:

①藍天，远樹，黄金色的麥浪，云影在丰饶的大地上緩緩飘动，密密層層的果樹上滿开着絢爛的花朵。俄罗斯的美丽的春天。（馮明）

②女老师走到黑板面前，嗡嗡嗡嗡說話的声音就立刻安靜了，只听見嘩啦嘩啦翻課本的声音。雨來从口袋里掏出課本來。这是用加板紙油印的，軟古囊囊，雨來怕揉搓坏了，向媽媽要了一塊紅布，包了个書皮。上面用鉛筆歪歪斜斜寫着雨來兩个字。（管樺）

我們可以看出來，象："藍""远""丰饒"等詞是描寫事物的性質或形狀的；"緩緩""歪歪斜斜"等是描寫行为或变化的狀态的。这种表示人或者事物的形狀、性質，或者动作、行为的狀态的詞就叫做形容詞。

我們怎样來辨別一个詞是形容詞或者不是形容詞呢？也就是說形容詞有語法特点沒有呢？有。

（1）可以用副詞來修飾或限制它，如："很好"、"都正确"、"果然聪明"、"不清楚"、"簡直糊涂"等。尤其表示程度的副詞，如："很""最""太""非常"等，和表示否定的副詞"不"用得最普遍，就是可以加在任何形容詞的前面。所以我們可以拿"很"（以它作程度副詞的代表，其他的表示程度的副詞当然也可以）和"不"做"測驗字"，來測驗一个詞是不是形容詞。名詞、代詞、一般动詞（参看第五章动詞的特点部分）都不能用"很"來修飾，我們不說："很桌子"、"很你"、"很調查"等，所以"很紅"、"很聪明"、"很規矩"……里面的"紅""聪明""規矩"等就是形容詞。名詞、代詞不能加"不"，不能說"不桌子"、"不你"，但动詞可以加"不"，如"不調查"、"不研究"等。所以"不"只能看出形容詞和名詞、代詞的区別，形容詞和

— 117 —

動詞的区别,只用"不"測驗不出來,还得靠其他語法特点。

（2）可以用肯定否定相重迭的方式表示疑問,如:"聰明不聰明？""好不好？""清楚不清楚？"等,这一項也是名、代詞沒有而動詞却具备的特点。

（3）可以重迭,例如:"好好（的）"、"清清楚楚"等。这一項名、代詞沒有。動詞雖然也有可以重迭的特点,但和形容詞重迭的形式不同。

（4）單音形容詞后可以加迭音的輔助成分,如"热騰騰""冷冰冰""香噴噴""臭烘烘""黑虎虎""白花花"等。这个特点是形容詞独有的。还有类似的形式如"軟古囊囊""黑不溜秋"等更是動詞所不具有的形式。

（5）形容詞后面可以用量詞"些""一些""点""一点"和用助詞"得"后帶"很"等作补語。如:"这間屋子干淨些(干淨点、干淨得很、干淨極了等)"。動詞不行,这个特点也是形容詞独有的。

綜合这几个特点,就可以和其他类实詞分別开來,也就是可以認識出來哪些詞是形容詞。

5·39 形容詞的功能 形容詞可以作句子的各种成分,但有的是經常做某种成分,有的是在某种条件下才能作某种成分,它作句子各种成分的能力和場合并不是完全平衡的。形容詞最主要的功能是充当定語,其次是作狀語,再其次是作謂語和补語,这可以算做它的基本功能。至于作主語和宾語得有条件,所以这可以算是特殊的功能。现在分别敍述一下。

（1）形容詞的基本功能

1. 作定語　例如:

①大風、好的干部、聰明人、美丽的公園、高高 的 身

— 118 —

材、甜密密的滋味、雪白的紙、可爱的孩子、中式衣服、麻麻糊糊的作風、骯里骯髒的地方等。

②人們爬上了梯子,果子落在粗大的手掌中,落在籃子里,一种新鲜的香味便在那些透明的光中流蕩。

(丁玲)

③就这点快乐的火种,燃燒在他的心里,使他能够重新提起勇气,面对着寒天冷月,積雪的田野,冰滑的道路,急忙忙地朝前面走去。(艾蕪)

作定語的时候,形容詞后面常常要加个助詞"的",但有时可以省去。至于在什么情况下一定要加"的",什么情况可以不必加,可参看第十七章《定語和"的"》那一節,这里不談。

2.作狀語　例如:

④快走、靜靜地坐着、筆直地站着、眼巴巴地看着、笑嘻嘻地說着、嘩啦啦地飄、轟隆轟隆地响、喞喞喳喳地叫、蓬蓬勃勃地发展起來等。

⑤馬路上一个水点也沒有,干巴巴地发着白光。(老舍)

⑥膠皮大車慢慢停下來了。馬大声地噴着鼻子。姑娘斜坐在車身左面的边沿上……冷冷地說:"同志,坐上來吧。"康少明敏捷地爬了上去……(艾蕪)

形容詞作狀語,后头常常要加个助詞"地",但也有时可以不加,关于这个問題,請参看第十八章《狀語和"地"》那一節,这里不談。

3.作謂語　例如:

⑦东方紅、雨來很聪明、性情溫和、天气很冷、那个小孩子很可爱、他很得意等。

⑧他鎮靜、安祥、而且那么堅定。(巴金)

— 119 —

⑨我的母親很高兴。(魯迅)

形容詞也可以和判斷詞"是"構成合成謂語。例如：

⑩那兩本書，原是極平常的。(魯迅)

⑪我們在危險緊急的关头，最需要的是鎭靜而不是慌張。

第⑩句是形容詞加"是……的"，有强調的意思。(參看第五章判斷詞那一節)第⑪句形容詞跟"是"構成合成謂語。

4. 作补语　形容詞作补语，表示前面那个动詞或形容詞的动作或狀态的結果，同时也表示这个結果的程度。比如："寫"是一个动詞，"寫得好"表示寫的結果是"好"，"好"同时也表示寫得怎么样(程度)。(參看第十六章)形容詞作补語的例子：

⑫說明白、听淸楚、备准好、打扫干淨、交代得淸淸楚楚、紅得可愛、大得可怕等。

⑬还是热，心里可鎭靜得多了。(老舍)

⑭他們錢都花光了，精力也絞尽了。(茅盾)

⑮他站在我們面前顯得很高大，很年輕。(巴金)

⑯馳來的馬和人还是朦朦朧朧的，看不分明。(康濯)

形容詞作补語时和前面的动詞或形容詞中間常常加个助詞"得"，关于这个問題，可參看第十二章和第十六章。

（2）形容詞的特殊功能

1. 作主語　形容詞作主語，通常是被判斷的对象，也就是后面的謂語通常是帶判斷詞"是"的合成謂語。也有作动詞謂語句的主語的。例如：

⑰快是好的，但不要太快。

⑱美丽是和清潔分不开的。(老舍)

— 120 —

⑲貧困使他不能……工作。（馮明）

⑳孤独和焦躁襲击了他。（馮明）

2.作宾語 例如：

㉑同时又多么深刻地反映出華尔街的仆役們的特性——奸狡和愚蠢啊！（馮至）

㉒中国青年用种种方式來保衞和平。（馮至）

㉓他最討厭虛伪。（柯柏年）

㉔太陽吐紅了。（王熙麟）

形容詞的構成和变化

5·40 形容詞的構成 我們在第二冊詞彙第二章，曾經談过詞的構成，都是籠統地談的（可复習一下），关于形容詞的構成有必要在这里比較詳細地談一下，（但各構成方式的本身就不再解釋了）。还是按照單純形容詞和合成形容詞这两方面來談。

（1）單純的形容詞

1.單音的 如：大、小、快、慢、高、低、軟、硬、紅、黃、好、坏、寬、窄、厚、薄、長、短等。

2.多音的（主要是双音的） 如：糊涂、齷齪、骯髒、麻糊、邋遢、玲瓏、苗条等。

（2）合成的形容詞

1.不包含輔助成分的：

（甲）联合式 如：偉大、渺小、美丽、丑惡、勇敢、怯懦、重要、狹隘、远大、寬大、悲哀、愉快、憤怒等。

（乙）偏正式 如：通紅、雪白、葱綠、筆直、漆黑、噴香、鮮紅、滾烫、冰冷、小心、大意等。

— 121 —

（丙）动宾式　如：得意、如意、注意、恶心、伤心、伤脑筋、要强、吃力、吃香、吃亏、讨厌、倒霉、败兴、费事、费力等。

（丁）主谓式　如：心烦、胆小、年輕、头疼、眼热等。

（丙）（丁）两式中有的詞也是动詞，如"注意""討厭"等，可以帶上宾語，如"注意人与人的关系"、"討厭蒼蝇"等；所以这些詞是屬于两类的詞。

2. 包含辅助成分的：

（甲）可　如：可憐、可爱、可恨、可怕、可敬、可惱等。（这类詞是动詞加上"可"就变成形容詞了。）

（乙）式　如：中式、西式、捷克式、三八式、喷气式、罗盛教式、馬特洛索夫式等。（这类詞是名詞加上"式"就变成形容詞了。）

（丙）气　如：小气、酸气、官僚气、学究气、孩子气等。（有一部分是名詞加"气"变成形容詞。）

（丁）迭音　如：泪汪汪、水汪汪、眼巴巴、笑嘻嘻、鬧烘烘等。（这类是名詞或动詞加迭音后就变成形容詞了。）

（丁）项和形容詞加迭音如"热烘烘"等（見后）不同。因为"眼""泪""水"等是名詞，加迭音后变成形容詞；"笑""鬧"等是动詞加迭音后变成形容詞。"热"呢，本来是形容詞，加迭音后还是形容詞。"热烘烘"能和"热"对照，有加重的意味，是一个形容詞的两个語法形式；"泪汪汪"不能和"泪"对照，是两个不同的詞。所以这两种情形表面相似，实质不同。

还有成語常常可以当作形容詞来用。最明顯的如"豈有此理"，人們常說"太豈有此理了"等，其他如："落花流水"、"不亦乐乎"、"心不在焉"等，在"打得落花流水"、"鬧得不亦乐乎"、"他心不在焉地听着"等句子里，完全等于一个形容詞，这一点我們要注意。

— 122 —

5·41 形容詞的变化 形容詞的变化方式，可以分成兩种：一种是重迭，一种是嵌音，下面分別談一下：

（1）重迭 形容詞跟动詞一样，也可以重迭，重迭以后也表示某些附加意义，但和动詞的重迭方式不同。

1. 單音形容詞的重迭 大多數的單音形容詞都可以重迭，重迭式是"AA"。重迭以后有兩种情形：一种是兩个音都讀重音，如"大大地"、"重重地"、"狠狠地"等，这种强調的意味很重，在这些話里可以看出來，如："我們要大大地开展民主生活"、"对反革命分子要重重地懲办"、"把敌人引進口袋地形內，狠狠地打，徹底消滅他"。再一种是不管这个形容詞是什么声調，第二个音節一律讀成陰平，并且常常儿化。如"高高儿（gāugāur）的个子"、"紅紅儿（hŕng hŕngr）的臉"、"滿滿儿（mǎnmǎr）的一碗水"、"快快儿（kuái kuǎr）的小刀"等。这样說的时候强調的意味不重，可是帶一种比較輕松的意味。因此在比較嚴肅或需要强調的情况下用前一种說法，不用后一种。

2. 双音形容詞的重迭 一部分双音形容詞可以重迭，重迭后表示强調，重迭的方式不是整个詞來重迭，而是兩个音節分別重迭，方式是"AABB"。如："漂漂亮亮""干干淨淨""整整齊齊""糊糊涂涂""馬馬虎虎"等。至于讀法，說法不一：有說重迭部分讀輕声的，那就是第二个AB讀輕声（漢語課本）；有說第三四兩个音節讀陰平的（徐寿康：《名詞、动詞和形容詞》《語法和語法敎学》第139頁）；有的說是最后一个音節讀陰平，也是重音所在（朱德熙：《現代漢語形容詞研究》《語言研究》第一期）。我們暫时按照漢語課本的說法來讀好了。

（2）嵌音 另一种重迭的方式是双音形容詞第一个音節后帶

— 123 —

个"里",再跟上那个形容詞構成"A里AB"式,如:"糊里糊涂""慌里慌張""彆里彆髒"等。 这种方式也是表示强調的意思,念的时候,"里"要讀輕声,其他音節字調不变。

　　双音形容詞这两种重迭方式,除强調以外还附有感情色彩。"AABB"式,大多用來表示喜爱的感情,如:

　　　　①你呢,成年际拉車出臭汗,也該漂漂亮亮地玩几天。(老舍)
　　　　②他自己也大大方方地坐在一株小柳樹底下。(老舍)
　　　　③不說話,待人好,心地厚道,总是和和气气,不言不語的。(曹禺)

可是也有表示不愉快的感情的,如:

　　　　④成天际晕晕忽忽的,不知怎样才好。(老舍)
　　　　⑤他心里空空洞洞的,什么也不怕。(張天翼)

所以这一种方式,两方面——喜爱的和不喜爱的都能用。"A里AB"式只能表示說話人不愉快的甚至憎惡的感情,形容好的一方面的形容詞就沒有这种格式,我們不說"漂里漂亮","老里老实""从里从容"等,只有"糊里糊涂""刻里刻薄"等。例如:

　　　　⑥我不大喜欢老道的裝束,尤其是那滿蓄着的長头发,看上去罗里罗晙齷里齷齪的。(朱自清)
　　　　⑦他就不肯積蓄一点,水似的花錢……他就寃里寃枉胡里胡涂地花掉了。(魯迅)

比况声音的詞,也是形容詞,他的重迭方式不一定,有的是一个音節重复几次,就是"AA""AAA"或"AAAA"式,有的是"ABAB"式,有的是"AABB"式,所以只要是比况声音的詞就是形容詞,不必根据它的重迭形式來判断它是形容詞或者动詞了。例如:

— 124 —

⑧老定仍然沒吭声，他只觉得腦子里嗡嗡直响。（李准）

⑨这小火輪惡狠狠地开着快車走过，就象河里起了蛟，轟轟轟地……（茅盾）

⑩太陽把窗外的樹影印上了窗紗，蜜蜂在花叢中嗡嗡嗡嗡地鬧。（报）

⑪小娥睡到半夜的时候，忽然被一陣吃嚓吃嚓的声音驚醒。（馬烽）

⑫只有銅鉄鋪里发出使人焦躁的一些單調的叮叮当当。（老舍）（这个例子作宾語）

（3）加迭音　單音形容后面可以加迭音的輔助成分，表示强調，也表示說話人一定的感情色彩。加的迭音，大多數沒有什么意义，所以寫法也不一致。如"热呼呼（忽忽、乎乎）""黑虎虎""臭烘烘""綠油油""硬帮帮"等。也有有意义的，寫法就一定，如："靜悄悄""光溜溜"等。名詞和动詞加迭音輔助成分的，如："眼巴巴""笑嬉嬉"等不屬于形容詞的变化項内（已見前），但旣成为形容詞后，和这种加迭音的形容詞也有同样作用。

（4）加不是迭音的輔助成分　單音的形容詞还有少數的可以加三个音節的輔助成分，最常見的有"傻里呱唧""愣里呱唧"（"里"有的說成"二"，卽傻二呱唧），"黑咕隆冬""膩二不唧""黑不溜秋""光不溜秋（丢）""白不此列"等。这种也有加重語气的意味，表示嫌惡的感情。

这几种变化，都有加重的意味，所以就不能再用程度副詞作狀語或补語來修飾它了。我們不能說"很重重地"、"十分热腾腾的"、"清清楚楚得很"、"儱里儱髒极了"、"非常傻里呱唧"等。可以把程度副詞加在不变化的形容詞上，如"很重地"、"非常热的"等。但这

— 125 —

样只表示程度，就不表示什么感情作用了。

形容詞的名化和动化

5·42 形容詞的名化 当名詞或代詞借助詞"的"的帮助限制形容詞的时候，这个被限制的形容詞就失去了形容詞一部分特点，有了名詞的一些特点。比如："老实"是个形容詞，能作名詞的定語，如"老实人"，能作动詞的狀語和补語，如"老实說"、"表现得很老实"，能作謂語如"他很老实"，能重迭，如"老老实实"。但在"他的老实誰都知道"这句話里，"老实"却作了"他"的中心語，能用定語來限制是名詞的特点。同时它的功能是作主語，不能重迭（不能說"他的老老实实"），也不能带补語（不能說"他的老实些"，或"他的老实得很"），失去形容詞大部分特点。可是还保存一部分形容詞特点，可以带狀語，如可以說"他的不老实"。象这种用法，也就是失去形容詞一些特点，取得名詞一些特点的形容詞，就叫做形容詞名化。底下举些例句。

（1）作主語的：

①毛主席的健康，就是我們全国人民的幸福哇！（郝建秀）

②界限的分明也是雷雨的特点。（士元）

（2）作宾語的：

③我暗笑他的迂。（朱自清）

④这引起了全国学生的愤怒。（魏信）

⑤我們感到責任的重大。

（3）和判断詞"是"作合成謂語的：

⑥这次大会是帝国主义者的大失敗。（馮至）

— 126 —

⑦我們有黃先生这样一位先生，是我們的驕傲。(叶聖陶)

5·43 形容詞的动化 加时态助詞"了""着""过"等表示完成、進行、已行的情态，加趋向动詞"起來""下去"等表示动作的趋向，本來是动詞的特点；但是有一部分形容詞，也可以加时态助詞或趋向动詞，加上后失去形容詞的一些特点，取得了动詞的一些特点。如"天亮了以后，我們才动身"。在这句話里"亮"这个形容詞，已經失去形容詞一些特点，如：不能重迭，不能說成"天亮亮了"；不能加迭音，不能說成"天亮光光了以后"。但取得动詞的一些特点；加"了"表示"亮"已經完成，可以加动量詞，可以說成"天亮了一陣以后"。可是还保存形容詞的一些特点，可以用程度副詞來修飾它，說成"天大亮了以后"或"天很亮了以后"等。形容詞这种用法和形容詞名化的情形是一样的，所以我們不必說形容詞有一部分可以加时态助詞或趋向动詞，說是形容詞加时态助詞或趋向动詞以后它就动化了。这样免得动詞和形容詞在这方面糾纏不清。

形容詞动化有兩种情形：(一)加时态助詞或趋向动詞；(二)带使动賓語。动化以后，用法大概相当于自动詞，所以沒有被动的情态。"我走(自动詞)以后，你來接班"，不能說成"我被走了以后"；同样"我老(形容詞动化)了以后，你來接班"，也不能說成"我被老了以后"。自动詞通常不帶賓語(对象賓語)，形容詞动化以后也不帶賓語。在"人老了，头发白了，牙齒掉了，眼睛也花了。"这几个加"。"的詞，很难分得出哪个是形容詞，哪个是动詞。底下就各种动化的形容詞分別举些例來看看：

(1)加时态助詞的：

①閃光彈的藍光忽然亮了一下。(刘白羽)

— 127 —

②月儿圓了多少囘。（郭沫若）

③他辛勤了八年多。（郭沫若）

④波濤洶涌着。（郭沫若）

⑤"那有這事……我……"我惶恐着，站起來說。（魯迅）

（2）加趨向动詞的：

⑥我的心禁不住悲凉起來了。（魯迅）

⑦他的态度终于恭敬起來了。（魯迅）

⑧他那一臉丰滿的肌肉立刻緊張了起來。（張天翼）

⑨它們总是說苏联怎么窮下去。（魯迅）

⑩你要振作起來，不要这样萎靡下去。

（3）帶使动賓語的　自动詞可以帶使动宾語，如"跑馬"，是使馬跑，"眞气人"，是眞使人气憤等。形容詞也可以有这种用法。有些形容詞在名詞后面做謂語，翻在前面就是动詞，例如：

态度端正（主謂詞組）　　端正态度（动賓詞組）

詞汇丰富　　　　　　　　丰富詞汇

信心坚定　　　　　　　　坚定信心

經济繁荣　　　　　　　　繁荣經济

翻到前面的形容詞作动詞用，不是所有的形容詞都能办到，不过是有限的几个，如"景色美丽"，反过來是"美丽景色"，仍旧是形容詞不是动詞。單音詞更明顯，如"石头硬"、"硬石头"，"耳朶大"、"大耳朶"；虽然是一在前一在后，形容詞性質不变，不过在前面作名詞的定語，在后面作謂語罢了。一些双音形容詞在名詞前面，怎么知道它是动詞或仍旧是形容詞呢？我們拿"端正态度"作例子來看一看，端正态度可能是端正的态度（形容詞），也可能是使态度端正（动詞）。怎么办呢？看語法特点，"端正"作形容詞時，在这种

— 128 —

場合要加助詞"的",可以加程度副詞,如"很端正的态度",也可以用形容詞的重迭式"端端正正的态度"。作动詞時,可以加"了"作"端正了态度",也可以用动詞重迭方式"端正端正态度"。这样自然就分开了。在現在一般寫作中,碰到这类詞仍作定語用時,大多要加"的",那就更不容易混了。

至于有些帶对象宾語的形容詞,因为它和动詞用法完全一样,那就算一詞兩类,承認它是动詞,不必再說是形容詞动化了。如"低"这个詞,在"低头"里完全是动詞,和"仰头"的"仰"(动詞)沒有区別,可以說"低着头""把头低下去""低一低头"等。其余的如:

⑪"主席"! 腰板微微一弯。(張天翼)

⑫現在我又多了一分驕傲。(老舍)

⑬自己少了一只腿,还是一样能工作。(趙桂蘭)

⑭今年誰还缺这个。(趙樹理)

有的形容詞和介詞"于"構成合成詞,更是当作动詞來用,沒有形容詞的性質了。例如:

⑮什么人長于什么事情。(逸塵)

⑯青年人……富于热情,富于对新事物的感覚。(丁浩川)

⑰恢复和建設的迅速有些近于奇迹。(馮至)

練 習 三

1. 指出下文中的形容詞:

老通宝坐在塘路边的一塊石头上,長旱烟管斜擺在他身边。清明節后的太陽已經很有力量,老通宝背脊上热烘烘地,象背着一盆火。塘路上拉縴的快班船上的紹兴人,只穿了一

— 129 —

件藍布單衫，敞开了大襟，弯着身子拉，額角上有黃豆大的汗粒落到地下。看着人家那样辛苦的劳动，老通宝覚得身上更加热了，热得有点儿发痒。(茅盾)

2.用形容詞作定語、狀語、謂語、补語、主語、宾語，各造一个句子。(在文学課本能找出这样的句子更好)

3.說明下列的形容詞是怎样構成的，就是指出哪些是單純詞，哪些是合成詞，合成詞又是由什么方式構成的。

    辛苦　热　濃厚　可惡　米邱林式　高兴　天眞　鴨蛋青　紅腫　踉蹡　静　寂寞　麻煩　士气　气冲冲　丧气　哭咧咧

4.看下面的形容詞，哪些不能变化，哪些能变化，能变化的又有哪些变化，都列举出來。

示例：偉大　不能变化。
    光　　能变化：光光的　光溜溜的。
    骯髒　能变化：骯骯髒髒，骯里骯髒。

    静　长　活潑　天眞　悲哀　欢喜　丑惡　黑暗　綠　高大　薄　难为情　精明　干脆　轟隆　热鬧

5.用动化的方法，用下列几个形容詞造句子：
    明　辛苦　高兴　失敗　明白

6.用名化的方法，用下列几个形容詞造句子：
    鎮静　疲劳　宁静　聪明　坚固

7.用五个能轉成动詞的形容詞造五个使动式的句子

8.用五个作动詞用的形容詞作五个带宾語的句子。

第八章 代　　詞

代詞的特征和种类

5·53 代詞的特征和种类　以前的語法学者，对于代詞的認識并不一致。細微的区别我們不去管它，大体上可以归納成兩种說法：一种認为代詞只代替名詞，所以就叫做"代名詞"；一种是認为代詞不只代替名詞，并且也能代替动詞、形容詞、数量詞等等。現在認識比較統一了，認为后一种說法比較切合实际一些。我們看这些句子：

① 誰來了？　　　　　　張正和來了。
② 他多会儿來的？　　　他昨天來的。
③ 他怎样來的？　　　　他走來的。
④ 他來做什么？　　　　他來学習。
⑤ 他学習多少課程？　　他学習五門課程。
⑥ 他学習的成績怎么样？ 他学習的成績很好。

我們把問話和答話兩相对照，問話里面所用的代詞，正是代替答話里面的那些实詞，这些实詞，不但有名詞，也有动詞、形容詞、数量詞等。那么什么是代詞呢？代詞就是代替名詞、动詞、形容詞、数量詞等实詞的詞类。

代詞不但可以代替詞，还可以代替詞組和句子。例如：

⑦ 他怎么來的？　　　　他坐汽車來的。

— 149 —

⑧他在开什么会？　　　他在开宣傳購買公債的会。

⑨从飛机里抛下甲虫來伤害農田，从攝制电影的卡車里抛出密橘來誘惑青年，这是多么無聊！（馮至）

⑩母親同情貧苦的人，这是朴素的階級意識。（朱德）

我們看例⑦代詞"怎么"，代替的是"坐汽車"这个詞組，（例⑧也一样），例⑨"这"代替的是前面的兩个詞組，例⑩"这"代替的是前面的那个句子。所以代詞还有代替詞組和句子的作用。

代詞比較容易認識，"我""你""他""这个""那个""誰""什么"……我們一看就可以知道它們是代詞，不象有些动詞、形容詞和名詞那样不容易一下看得很清楚。因此代詞的特征比較明顯，也比較容易掌握。它的主要特征有兩个：

（1）不受形容詞的修飾　在现代漢語里形容詞修飾代詞的格式是沒有的，如："好你"、"坏他"、"偉大的誰"、"光明的那个"，这种說法是不存在的。（旧日有"大我"、"小我"的說法，那个"我"有了引申义了，并且只限于"我"，沒有"大你""小他"的說法）但在書面語言中，人称代詞有些帶其他形式定語的例子：

①有了四千年吃人履歷的我，当初虽不知道，现在明白，难見眞的人！（魯迅）

②素來多病的她，怎么禁得起这一番辛苦呢？（以上兩例見王力：《中国现代語法》上册378頁）

③……向为反对帝国主义侵略而英勇地斗爭着的你們，表示热烈地祝賀和感謝。（报紙《語法和語法敎学》157頁）

据王力先生說，这是一种欧化的句法，依漢語習慣，如例②应該說成"她素來多病，怎么……"？这种欧化的句法在口語中还不常見。

（2）代詞不能重迭　代詞沒有"你你""他們他們""怎么样怎

— 150 —

么样"这种形式。在文章里形容某个人口吃，或是形容人因为害怕、着急常常連用几个代詞，那是代詞連用不是重迭。敍述事情，不具体指出某个人或某种情况，用代詞概括地說明，也有連用代詞的时候，那也不是重迭。例如：

④"你……你你又在想心思……。"（魯迅）

⑤"我……我……不認得字。"阿Q一把抓住了筆，惶恐而且慚愧地說。（魯迅）

⑥他們說办合作社有怎样怎样的困难。（毛澤东）

这些都是連用不是重迭。連用和重迭不同的地方在于：連用可以一連用好几个（如例④），重迭只能重迭一次（如紅紅的臉，不能說成紅紅紅的臉）；連用不改变这个詞的意义，重迭要改变。

代詞沒有特殊的語法功能，它和所代替的詞的功能是一致的。假如代詞代替的是名詞，那么名詞能作主語、謂語、宾語、定語等，代詞也能；代詞代替的是动詞、形容詞或数量詞，情况也是一样。一般名詞都可以和介詞組成介詞結构，代詞也可以，如："他在屋里寫信"，也可以說"他在这里寫信"。以前和以后的例句都可以說明这种情形，在这里我們不再举例了。

关于代詞的分类，說法也不一致。我們現在根据《初中漢語課本》的說法，只分三类，就是：人称代詞、疑問代詞和指示代詞。至于不定指的用法，各类代詞中都有，很少有專門用作不定指的代詞的，所以我們不再另立一类"不定代詞"了。以下分別談一談这三类代詞。

人 称 代 詞

5·54 **人称代詞的意义和語法特点** 人称代詞是代替人或事

物的名稱的,簡單說來人称代詞就是代替"人称"的詞。什么是"人称"呢？就是指說話人、听話人和說話人跟听話人以外的人或事物这三方面來說的。代表說話者本人的是第一人称(也有人叫作第一身或自称),不管說話的人是張三、李四,只要他說話称自己的时候,都說"我"。代表听話人的是第二人称(也叫做第二身或对称),代表說話人和听話人以外的是第三人称(也叫第三身或他称)。人称代詞也可以代替事物,比如:"牛渴了,他就牽着它到小溪的上游,讓它喝干淨的水"(《牛郎織女》初中《文学》第一冊)。这里的"它"就是代替牛的,所以人称代詞就是指上述那三方面——"人称"來說的,不是用來"称人"的。

現代漢語的人称代詞沒有"格"的变化,作主語、宾語、定語都是一样。在口头語言里也沒有性的区别,在書面語言里只第三人称有性的区别,男性用"他",女性用"她",中性用"它"(前些年还有用"牠"的,近年來这个詞已漸归淘汰)。有数的区别,單数的我、你、他,后面加上"們"就表示复数了。我們把它列个簡表：

		單 数	复 数
第一人称		我	我 們
第二人称		你	你 們
第三人称	男 性	他	他 們
	女 性	她	她 們
	通 性		他 們
	中 性	它(牠)	它 們

人称代詞除了上面所說的三身代詞（就是代第一、二、三人称的）以外,还有一些代詞需要談一下：

— 152 —

（1）人家、大家、彼此　这几个詞常常統指所有的人，也有不全包括三个人称的。例如：

①"妇女們怎啦？人家吃了你的，还是喝了你的？"（西戎）

②"大家有意見好好講，把态度放对头……"（西戎）

③彼此又推讓了一囘，田家到底也不要郭全海的馬。（周立波）

第①例句中"人家"是指妇女們，不包括1、2人称；第②例句"大家"泛指在塲的人，这里有"你們"的意思，不过比較客气些；假如說"大家同心合力干"，这个"大家"，就第1、2、3人称都包括了。"彼此"是双方的意思，是"我和你"、"你和他"、"他和他"都行。

（2）自己（自个儿、自家）　这組只有"自己"一个詞，"自个ル""自家"意思和用法和"自己"完全相同。"自己"有时是泛指一切的人，有时为加重語气重指前面的代詞，有时用來代替句中已出現过的某个人。例如：

④自己的經歷，自己知道得最清楚。

⑤要筑長城你自己筑，如何害我喜良郎。（《孟姜女》）

⑥战士們……寫着快板，一方面表示个人对生產的热爱，一方面向别人表示自己学習的成績。（宋茂文）

第④例中，"自己"泛指一切的人。第⑤例中，"自己"重指前边的"你"，也可以重指"我""他"等，如"不要客气，我自己來"，"不用請他，他自己会來"等。第⑥例中，"自己"（"个人"也一样）是指前面已出現的"战士們"的。

（3）有些、有的　这一組單独作句子成分的时候，算人称代詞，例如：

—153—

⑦我看清了火炬下的人,有些是穿制服的,有些紮一塊头巾,穿一件薄大衣。(丁玲)

⑧战士們有的抄筆記,有的談心,有的打扑克。(宋茂文)

我們看書或寫作时,对于以下几个人称代詞的用法需要注意一下:

(1)俺 这是北方方言(山东、河北)和"我"的用法一样,也有單数和复数。如:

⑨俺一年比一年地老了。

⑩俺們永远忘不了您。

这兩句里边的"俺"都可以换成"我"。

(2)您 这原是北京話"你"的尊称,其他地方有說"你老人家"、"你老"的,用法也一样。如"您太辛苦了",这是«毛主席和工人»那課里的話,"您"指毛主席。"您"这个詞,沒有复数的用法,不用"您們",碰到要用复数的場合,可以用"您二位"、"您几位"的办法。

(3)咱們和我們的区别 北方話"咱們"和"我們"是有区别的,南方話(四川在內)沒有"咱們"这个說法。現在"咱們"这个詞漸漸通行,我們要知道它的用法。一般說來,"我們"不包括第二人称,"咱們"包括第二人称。比如一个西师的学生和一个西農的学生講話,說西师的时候說"我們学校",說西農是"你們学校";和西师同学說呢,說"咱們学校",也可以說"我們学校";但对農学院学生就不能說"咱們学校"了。"咱們"有时还可以包括第三人称,那是因为"我們"常包括第三人称,比如"我們学校"不只有我、有你,还有"他們"。黎錦熙先生曾有一公式,現在抄錄如下:

我們+你們(或我+你)＝＝咱們。

— 154 —

但因　我們＋他們（或我＋他）＝＝我們

則　我們＋你們（或我＋他＋你）＝＝咱們。（《新著囯語文法》第114頁）我們举两个例子看看：

⑪你來，我們滾；咱們不能抓破了臉。（老舍）

⑫咱們要完成任务，不管他們說什么。

在第⑪例，"我們"里沒有"你"，"咱們"里有"你"。假如說成"你來，我們滾；'我們'不能抓破了臉。"就不如說"咱們"分別得清楚。还有說"咱們"还帶些親切的意味，比如說"咱們毛主席"就比說"我們毛主席"親切些。第⑫例句中的"咱們"，不包括第三人称，因为和"他們"相对待，第⑪例中的"咱們"包括第三人称，"我們"中除了我，还有"他們"。

"咱"的用法，可以是單數也可以是复数。如：

⑬是咱輕视妇女，还是人家專欺侮咱？（西戎）

这里"咱"是"我"。

⑭去年十月咱全縣发动选举，选新縣长。（秦兆陽）

这里的"咱"是指"咱們"。"咱"用作定語如"咱村"、"咱家"、"咱爹"等一定是复数，不是單数，和弟弟說"咱爹"是对的，和外人說"咱爹"，那就錯了。

（4）他、她、它、他們、它們　漢語的人称代詞沒有性的区别，但第三人称在書面語言里有性的区别（"妳"曾經出現过，沒有通行）。这在書面語言上有一定的方便。如：

⑮直到他已能起來了，她仍然不許他出去方便。（老舍）

只用"他"就不行。只是男性用"他們"，只是女性用"她們"，只是中性用"它們"。有男性也有女性还是用"他們"，不用"他（她）們"这

— 155 —

种形式；有中性参加，还是用"他們"，如：

⑯弟弟、妹妹和小猫，他們一起在屋里玩。

人称代詞的特点，可以归納成几点：

（1）"我""你""他"都有复数形式；

（2）不能重叠；

（3）一般不受形容詞修飾。

5·55 人称代詞的功能　人称代詞代替的都是名詞，它的功能和名詞相同。名詞可以作主語、宾語、定語、謂語，做謂語时，前边要用判断詞，人称代詞也一样。例如：

①我們搖囘去放在家里吧！（叶聖陶）

②你們不糶，人家就餓死了么？（叶聖陶）（以上作主語）

③人民永远記住他。（臧克家）

④我爱上了自己，我喜欢自己。（达烏林：《自然得很》）

（以上作宾語）

⑤我們爱自己的祖国。（管樺）

⑥她給她娘守服。（趙樹理）（以上作定語）

⑦昨天晚上扮祝英台的是你嗎？（作謂語）

⑧羣众把他抬举得很高，很高。（臧克家）（和介詞"把"組成介詞結構。）

人称代詞作定語时，和中心詞常常是領属关系。比如說"我的書"，我对于書是領有关系，書是属于我的。中間常常要用結构助詞"的"（有人寫做"底"，但不很通行），但在对亲属、学校、机关、团体……表明这种关系时常不用"的"，如："我哥哥"、"你爸爸"、"他們学校"、"你社"、"我們青年团"等。在一般事物都要用"的"，不能說成"我書""你課本""他牛""你們房屋"等。

— 156 —

指示代詞

5·56　指示代詞的意义和語法特点　先來看什么是指示代詞。我們平常講話,对于眼面前的人或事物,不說出名字,用手指着(不需要的时候就不用手指)說"这是什么","那是什么"。听話的人也就明白你說的是什么人或事物。"这"、"那"这一类詞便是"指示代詞"。所以用指示和代替的方法,用來区別人或事物的代詞,就是指示代詞。

关于这类代詞,以前的人說法也很不一致。說"这是書","那是鋼筆",这里面的"这""那"沒有什么問题,都認为是指示代詞。但在"这本書是課本","那支筆是鉛筆"这种情形,說法就不同了,因为"这""那"后面說出名詞"課本"和"筆",就沒有代替的作用,只有指示的作用了。所以有的人就把它叫做指示代詞,有的人就叫做指示形容詞了。現在說法比較一致了。不管在什么情况下,"这"、"那"这一类詞,都是指示代詞,指示代詞有指示和代替两种作用,在它的用法上加以区別就行了。比如指示代詞可以作主語宾語等,在这种場合就有两种作用;它也可以作定語用,在这种場合就只有指示作用了。

指示代詞主要的是"这"、"那"两个詞,另外一部分是由这两个构成的詞,还有一些是其他的詞。可以分成五組:

(1) 这　那　这个　那个　　　　　　　(指事物)

(2) 这儿　这里　这会儿 (这个时候)

　　　那儿　那里　那会儿 (那个时候)　　(指处所或时間)

(3) 这么　这样　这么样

　　　那么　那样　那么样　　　　　　　(指性狀或行动)

(4）这些　这么些
　　那些　那么些　　　　　　　　　　（指数量）
（5）别的　旁的　所有的　任何　各　每　某（指事物）

"这"表示近指，"那"表示远指。所謂远近是以說話人和事物的距离的远近來說的，兩本書一本离我近，便說"这本書"，指离我远的那本書便說"那本書"。不过这远近是相对的，說"这本書"、"那本書"，这兩本書可能在一張桌子上，"这一国"和"那一国"，距离就远得多。

在第一組里，"这个"和"那个"是指示代詞"这""那"和量詞"个"連用的詞，但已經算合成詞了，在好多場合"这"和"这个"，"那"和"那个"用起來完全相同。如問"这（那）是什么"？也可以說"这个（那个）是什么"？

在第二組里，"这儿""那儿"是"这""那"的儿化，"这里""那里"是指示代詞"这""那"加方位詞"里"，都是合成詞，指处所。"这会儿""那会儿"是"这""那"加时間詞"会儿"，也有合成詞的意味了，是指时間的。

在第三組里，都是"这""那"加輔助成分構成的合成詞，可以指性狀，如："这么紅"、"那样大"等，也可以指动作"这么作"、"那样鬧不象話"等。

第四組"这"、"那"和量詞"些"連用，指数量。

第五組的一些詞是和"这""那"无关的指示代詞。經常作定語用。利用黎錦熙先生的說法，"旁的"、"别的"（还有"其余的"、"其他的"等）是"別指"，另指现在所說的事物以外的事物。如：

①旁人說别的事，不必分心去听。

"每"、"各"是"逐指"，是一个一个地指，結果全体都有份。如：

— 158 —

②每天上課四小时。

③各人有各人的想法。

"所有的""一切的""任何"是"統指",是指全体的,如:

④任何人都知道一个人是不能作社会上所有的工作。

"某"这个詞在口語里不常用,在書面語言里还常見到。說話人不知道某一种事物,或者知道而不愿意說出來时,就用"某"來代替。如說"某年某月某日",可能是說話的人忘記了确实时間;說"某同志昨天到某地参观",可能是說話的人知道是誰、在什么地方,为了保密而不愿意明白說出來。(参看《国語文法》155頁。黎先生把这些詞,归在"指示形容詞"里面,我們仍旧說它是指示代詞)

指示代詞的語法特点:

(1)不能重叠;

(2)不受别的詞类的修飾;

(3)沒有多数的表示(只有"这"、"那"可以加些表示多数);

(4)"这"、"那"常和量詞連用,用法和数量詞一样。

5·57 指示代詞的功能 指示代詞的功能比人称代詞复雜些,人称代詞只代名詞,指示代詞还代其他种詞。我們按照上節所分的五組指示代詞說明一下:

(1)第一組指示代詞"这""那"和"这个""那个",一般用作主語、宾語或定語。"这""那"經常作主語、定語,作宾語时用"这个""那个",但在北方方言里也有使用"这""那"的。例如:

①白李不常上我这儿來,这大概是有事。(老舍)

②那不算,那是消極的割舍。(同上)(以上作主語)

③久在街上混,还不懂这个。(老舍)(作宾語)

④好多人把这机器包圍起來了,有的摸摸这,有的摸摸

—159—

那，誰也弄不清這是什么怪物。(馬烽)(这里的第一个"这"作定語,第三个"这"作主語,第二个"这"和"那"作宾語,这就有方言意味,普通話应該說摸摸"这个",摸摸"那个"。)

⑤这句話却不料就叫金旺他爹听見。(趙樹理)

⑥这套衣服,他只在督学來視察或者在发奬的日子才穿戴。(張畢來等)("这""那"同量詞結合,和数量詞一样用法)

(2)第二組的指示代詞如"这里""那会儿"等和表示时间、处所的名詞一样,用作主語、定語、狀語、謂語或宾語:

⑦这里是工厂,那里是学校。(作主語)

⑧这里的水特別好喝。(作定語)

⑨油蛉在这里低唱,蟋蟀們在这里彈琴。(魯迅)(作狀語)

⑩八里庄就是这儿。(作謂語)

⑪他离开这里到那里去了。(作宾語)

(3)第三組的"这么""那样"等和形容詞用法相同,例如:

⑫走到百草園的草叢边时,也常常这样想。(魯迅)

⑬何况还帶來了这么一个粗大的蜡燭头。(茅盾)

⑭那火輪也不是从前那样大家伙。(同上)

⑮一顆小子彈,要把那么大的炸彈轟出去……(吳运鐸)

⑯我就这样子,从人家脚杆縫里悄悄去摸,哈!我就有底了。(艾蕪)

(4)第四組"这些""那么些"等和数量詞相同,常常用來作定語。例如:

⑰老定对着这些荒草嘆了口气。(李准)

⑱那些同学不拿他当自己人。(肖三)

— 160 —

（5）第五組指示代詞"別的""每""各"等經常作定語。例如：

⑲別的例子还有。（課本《煤的对话》）

⑳提到旁人，也不必我問，那战士話多起來了。（楊朔）

㉑任何人在任何时候也不会听见他的歌声了。（烏蘭漢）

㉒各人的东西，还得各人操心。（趙樹理）

㉓在每条溪流的旁边……（陸定一）（結合量詞）

㉔每一个声响都难听，每一种气味都揉合着地上蒸发出來的腥臭。（老舍）（結合数量詞）

㉕我忽然想起，將來要在这里立个紀念碑，寫上某年某月某日，紅軍北上抗日，路过此处。（陸定一）

疑問代詞

5·58 疑問代詞的意义和語法特点 我們碰到一个不認識的人走近了，常会問旁边的人："誰來了？""那个人是誰？"碰到一件不認識的东西，就会問："这是什么？""那是什么东西？"象"誰""什么"这一类的詞，常用來表示不知道的事物或提出疑問要求囘答的，就叫做疑問代詞。

疑問代詞可以分成四組：

（1）誰　什么　　　　　　（代替指人或事物的名詞）

（2）哪　哪儿　哪里　哪会儿（代替指时間或处所的名詞）

（3）怎么　怎样　怎么样　多（多么）　什么样

　　　　　　　　　　　　　（代替动詞或形容詞）

（4）多少　好多（好）几　（代替数量詞）

在第一組里，普通話里的"誰"，四川話都用"哪个"來代替，"什么"常常說"啥"或"啥子"，学习普通話和寫文章时要注意改正。疑問代詞一般沒有復數，在北方話里"誰"可以加"們"表示復數，如：

①誰們在門外吵呢？

②誰也不知道怎么說，也不知道跟誰們說。（康濯）

"誰們"等于哪些人。"什么"有寫成"甚么"的，为了省事，寫"什么"好些。在第二組的"哪"，原來和指示代詞的"那"一样寫法，现在这两个字分化了，指示代詞用"那"，疑問代詞用"哪"。因为用法和声調都不同，分开寫比較方便些。第三組里"怎么""怎样"，四川話說成"啷个"（曩个）、"咋个"等，要注意改正。

疑問代詞的特点：

（1）不能重叠；

（2）不受別的詞类的修飾；

（3）一般沒有多数的表示(哪些、誰們可以表示多数)。

5·59 疑問代詞的功能 我們还是按照上節的四組疑問代詞分別談談。

（1）"誰""什么"等和名詞的用法相同，可以做主語、宾語、謂語、定語，和介詞組成介詞結構做狀語。例如：

①誰告訴你們的？（施咸荣）

②什么是人民大众呢？（毛澤东） （以上做主語）

③你找誰？

④你要什么？ （以上作宾語）

⑤你手里拿着的是什么？ （作謂語）

⑥这是誰的書？

⑦他們又听了什么人的指敎，到鎭上那区公所里遞过禀帖，然而沒有效果。（茅盾） （以上作定語）

— 162 —

⑧他为什么不來呢？

⑨你为誰工作呢？　　　　　　　　（以上作狀語）

（2）"哪里""哪会儿"和表示时间或处所的名詞的用法相同，可以作狀語、定語、賓語，也可以和介詞組成介詞結構。例如：

⑩你从哪儿找來的？

⑪眼看追上了，往哪儿跑呢？（管樺）（以上作狀語）

⑫你是哪里的人？

⑬这是哪会儿的事？　　　　　　　（作定語）

⑭你到哪里？　　　　　　　　　　（作賓語）

（3）第三組的疑問代詞的用法和形容詞相同，可以做定語、狀語、謂語、补語。"怎么样"可以代替动詞，用法和动詞一样。"多（多么）"只能做狀語，"什么样"只能做定語。例如：

⑮他是怎样的一个人？

⑯你把我扔在这里算怎么囘事？（老舍）（以上作定語）

⑰自己怎么活着見上級和同志們呢？　（立高）

⑱要是誰干起活來馬馬虎虎的，尽管他对我怎样好，我也不買他的賬。（艾蕪）　　　　　　　　（以上作狀語）

⑲你要怎么样？　　　　　　　　　（作謂語）

⑳把河神的新娘領來，我看看长得怎么样？（《西門豹》）
（作补語）

㉑他多大年紀了？

㉒这就是我們的人民，这是多么偉大的民族啊！（楊朔）
　　　　　　　　　　　　　　　　（以上作狀語）

㉓可是要采用一种什么样的机器装置才行呢？（吳运鐸）
　　　　　　　　　　　　　　　　（作定語）

— 163 —

（4）第四組的疑問代詞，"多少"（好多）的用法和數量相同，有時可以代替數詞。"多"、"好"用在形容詞長、寬、高一類詞前面，也代替數量詞。"几"只能代替數詞，用法和數量相同。例如：

㉔这种布多少錢一尺？
㉕菠菜好多錢一斤？　　　　（代數量詞、作定語）
㉖这篇文章，不知改了多少遍，还是不好。
　　　　　　　　　　　　　（代數詞作补語）
㉗你能跳多高？（五尺高）　（代數量詞作狀語）
㉘重慶到成都有几公里？　　（代數詞作定語）

三类代詞的活用

5·60　**三类代詞的活用**　三类代詞除了上面所說的基本用法以外，还有一些習慣用法，下面分別擇要談一下。

（1）人称代詞

1. 我們——我　"我們"是表示复數的，有时也表示單數等于"我"，最常見的是作文章或著書的人，表示自己意見时，常常說"我們"。随便举个例子：

①这一回我們專門討論敍述句的結構。（呂叔湘）

这里的"我們"，就是作者自己。据王力先生說这是謙称。另外还有表示害羞或訴冤时也有这种用法。

2. 他——你　表示申斥常用"他"來指"你"，譬如母親看見孩子弄得滿身泥，就說：

②你看他那样子，弄得滿身是泥！他就一点儿也不知道爱惜衣服！

这里面的"他"都是"你"。

— 164 —

3.人家(别人)＝＝我　表示埋怨，責备等口吻时常用"人家"("别人，四川話"別個")來代替"我"。比如：

　　③自己做坏了，反而抱怨人家。
　　④看你踩了別人这么一脚。
这里面的"人家""別人"都是指我說的。

　　另外用这种方法表示各种感情的还有："你＝＝我"，"你＝＝他"，"咱＝＝你"……用法，不再列举了。(可参看　陸宗达、俞敏：《現代漢語語法》94—95頁）

4.它(他)空無所指　有时候敍述以后的打算，强調語气，表示决心就在句中加上个"它"，这个"它"並沒有指任何东西，去了也可以。比如：

　　⑤今天沒事，要好好睡它一覺。
　　⑥星期天我們要到公園里痛痛快快地玩它个整天。
这里的"它"不指任何事物。

5.你、我、他兩兩配合使用，所指的就不是确定的某一个人，而变成不定指了。如：

　　⑦兩个人你勤我儉，不怕劳累。
　　⑧你一言，我一語，說个不停。
　　⑨时間已到，你來了，他又走了，这会如何开得成？
　　⑩不多一会儿，屋里，院里，你的嘴对着我的耳朶，我的嘴对着他的耳朶，各里各節都嚷嚷这三个字——'小飛蛾''小飛蛾''小飛蛾'……（趙樹理）
这里面'你''我''他'都不是确指某一个人。

（2）指示代詞

1.这、那、这些等，有时不在于区別近指和远指，只是指出所說

— 165 —

的事物。例如：

⑪遇事要和羣众商量，毛主席这话是千真万确的真理啊！（刘白羽）

⑫看你这个掌櫃多么不老实？（赵树理）

⑬方才那个人是誰？

这里面的"这""这个""那个"都是这种用法。

2.这、那兩相配合使用，也是不定指，例如：

⑭有的摸摸这，有的摸摸那。（马烽）

⑮这个來了，那个走了，什么时候才能开会！

⑯这样不行，那样也不行。

⑰这里走走，那里逛逛。

这里面的"这""这个""那样""那里"等所指的都是不定的。

（3）疑問代詞

1.表示反詰或感嘆　疑問代詞有时並不表示疑問，所以也不要求囘答，只是表示反詰或感嘆的。例如：

⑱誰肯故意地犯錯誤呢？

⑲什么大不了的事，也值到那样大驚小怪！

2.誰、什么、怎么、多少等在前后兩句里兩相配合使用。也有不定指的作用，可是前后兩个代詞所指一定是同一个人或事物。例如：

⑳誰先來，誰就先开窗戶。

㉑这里設备很齐全，要什么，有什么。

㉒你爱怎么办，就怎么办。

㉓这种东西很不容易碰到，他要多少錢，給他多少錢好了。

这里面的"誰""什么"等都是这种用法。

— 166 —

3.什么 什么的用法很多：

甲、不定指 如：

㉔他想説些什么，可是找不到适当的話。

㉕風帶着雨星，象在地上尋找什么似的。（老舍）

乙、表示不以为意的列举 如：

㉖可是彼嘉老在講他的什么鉀鹽啦，什么过磷酸鹽啦，还有别的什么粉啦。（張畢來等）

㉗什么西苑又來了兵，什么長辛店又打上了仗，什么西直門外又在拉夫，什么齐化門又关了半天，他都不大注意。（老舍）

丙、表示怀疑或者不同意甚至鄙视憤恨感情的色彩。例如：

㉘他們説什么大王爺，水晶宫，尽是胡説八道。（《西門豹》）

㉙他們是为自己而工作，不是为什么老板。（袁泰）

㉚説他無緣無故筑什么万里長城，害得人家骨肉分离。（《孟姜女》）

4.哪里（哪儿） "哪里"本是問地方的疑問代詞，有时幷不代替指处所的名詞，而表示反詰語气，甚至反詰的語气幷不明顯，只是强調的語气了。例如：

㉛沙漠地里哪來的春天？（楊朔）

㉜五十多名青年学生剛放下書本，哪里会开拖拉机？（田流）

这里面的"哪"、"哪里"是表示反詰語气的。如：

㉝春生一听小青也是为人民的事耽擱了，哪里还生气，連忙笑着説……（馬烽）

— 167 —

这里面的"哪里"表示反詰的意味不明顯，"哪里还生气"，就是說"不生气"了。

代詞的活用法当然不止这些,我們只擇要舉例說明,另外的希望大家閱讀时随时留心体会。

5·61 三类代詞的相应关系 三类代詞按意义、按特点或功能來說,都有它們的不同的地方或相同的地方,现在我們按这几方面列个表对照一下:

项目＼类别	人称代詞	疑問代詞	指示代詞
各类代詞細目	(1)我(俺)你(您)他、她、它我們(咱們)你們 他們 (2)人家 大家彼此 自己各 有些 有的	(1)誰 什么 (2)哪 哪里 哪兒哪会兒 (3)怎么 怎样怎么样 多(多么)什么样 (4)多少 好多几	(1)这 那 这个那个 (2)这兒 那兒这里 那里这会兒 那会兒 (3)这么 这样这么样 那么那样 那么样 (4)这些 这么些那些 那么些 (5)別的 旁的所有的 任何各 每 某
特点	(1)"我你他"都有复数形式 (2)不能重迭 (3)一般不受形容詞修飾	(1)沒有复数形式(誰可以有复数形式) (2)同左 (3)同左	(1)沒有复数形式(这些等例外) (2)同左 (3)同左

— 168 —

功	做主語	（1）（2）兩組	（1）（2）	（1）（2）（4）
	做宾語	（1）（2）	（1）（2）	（1）（2）（4）
	做謂語	（1）做謂語用判斷詞	（1）（3） （1）做謂語时有判斷詞	（2）（3）（4）用判斷詞
	做定語	（1）（2）	（1）（2）（3）（4） （3）或（4）可以和量詞結合共同做定語	全部都可以，一般的可以和量詞結合共同做定語
能	做狀語		（2）（3）	（2）（3）
	做补語		（3）用助詞"得"	（3）用助詞"得"

注：①本表采用《語法和語法学習》第170頁，略有增补。
　　②各类代詞都有不定指的用法。

練 習 五

1.辨別下面一段文章里，哪些是代詞，幷且說明它們是哪一类代詞。

"这还有什么說的呢？"么吵吵苦着臉反駁道，"你个老哥子怎么不想想啊：难道甚么天王老子会有这么大的面子，能够把人給我取囘來么？！"

"話不是那么講的。取不出來，也有取不出來的办法嘛。"

"那我就請敎你！"么吵吵又快发火了，但他尽力忍耐，"是什么办法呢？！——說一句对不起了事？——打死了讓他賠命？……"

"也不能这么講。……"

— 169 —

"那又該怎样講？"么吵吵畢竟大发其火，直着嗓子叫了，"老实說吧，他就沒有办法！我們只有到場外前大河里去喝水了！"（沙汀：《在其香居茶館里》）

2．下列各句，代詞用得有不妥当的地方，先加以改正，再簡單說明理由：

①老大娘，咱們談談吧！你不要客气，要喝茶，咱們会自己倒。

②老張和老王在那里喊喊喳喳說了半天，我去問他說了些啥子，他怎么样也不肯告訴我。

③男同学來了，女同学也來了，他們和她們一齐涌進会場里去了。

④我們要加强政治学習，否則你們的業务也搞不好。

3．下列一段文章里的空白处，填進适当的代詞：

"对，你們說　，說來，看　办吧！　說我是封建头子，　就当这封建头子，反正　这陣是猪八戒照鏡子，里外不是人了！說要叫　張老五贊成　評的那工，头　割了也不行！还是　句話，不能在社了，　退社！"…………。

話題又扯到一边去了。老賈赶忙薇住說："都冷静一点，說　單說　，不要东拉西扯的！"

第九章　副　詞

5·62　**副詞的語法特点**　我們說話或寫文章，常常在形容詞、动詞前面加上修飾或限制它們的一些詞。

（1）加在形容詞前面的，例如：

— 170 —

很大　不紅　最好　極热烈　又紅又圓　非常麻煩　的确漂亮

（2）加在动詞前面的，例如：

全來了　已經走了　剛到　不去　漸漸消失了　居然成功了　未必知道

象"很""不""非常""的确""居然""未必"这类詞，一般加在形容詞或动詞前面，表示性狀或动作的程度、范圍、时間、情态等等方面不同的詞，就叫做副詞。

副詞一般加在形容詞、动詞前面，但不限于这兩类詞，比較常見的是副詞加在副詞前面，如："不很好"、"很不好"、"的确很漂亮"、"果然不來了"、"未必不知道"……。还可以加在能愿动詞、介詞和数量詞前面（見后）。

副詞是半实詞，因为它的意义不象名詞、形容詞等那样实在，一般也不能用來單独囘答問題。比如問："全到了嗎？"我們只能囘答"是"或"全到了"之类，不能只囘答"全"。"不"和"沒有"（副詞的沒有，不是动詞的沒有，它們的分別見后），可以單独囘答問題，比如問："你走不走？"可以囘答"不走"，也可以只囘答"不"；"他走了沒有？"也可以只囘答"沒有"。但这是副詞的中的极少数，可以認为是特例，絕大多数是沒有單独囘答問題的能力的。

在这里我們需要談談副詞和形容詞的区别問題。加在动詞前面的狀語，如："快走"、"又走"、"干脆說吧"、"已經說了"、"徹底鏟除"、"正在鏟除"等加在动詞前面的这些詞，究竟算是什么詞呢？以前有的語法学家認为，凡是区别或限制动詞的都是副詞。現在大家比較一致的看法是，不只副詞可以做动詞的狀語，形容詞也可以。怎么來分別哪些是副詞哪些是形容詞呢？这要根据副詞

— 171 —

和形容詞的特点和功能來辨別。我們知道副詞有虛詞性質，**不能**單独囘答問題，形容詞是实詞可以囘答問題。如"走得快不快？"可以囘答："快"。"他又來了嗎？"可不能囘答："又"。形容詞能修飾名詞，副詞不能。(如"不"是例外，但也有条件，就是在成語里或是在特殊的習慣里格式里才行，如"不倫不类"、"不道德"、"不規則"、"管它飛机不飛机"等。除此外，如"不电灯"，"不房子"等是不行的。)我們可以說"快車"，"干脆人說干脆話"等，不說"又車""已經人"等。形容詞可以借結構助詞"得"擱在动詞后作补語，副詞不能。("極""很"只能作形容詞的补語，如"好極了"、"高兴極了"、"好得很"、"干淨得很"等)。我們可以說"走很快"，"說得干脆"，"鏟除得徹底"，不可能說"走得又""說得已經"，"鏟除得正在"等。还有形容詞可以用肯定和否定相重叠的形式來問問題，如"快不快？""干脆不干脆？""徹底不徹底？"，副詞不能，我們沒有"又不又"，"已經不已經"的說法。形容詞能重叠，副詞一般不能重叠，(迭音的副詞，如"常常""漸漸""往往"等那是構詞形式，不附加意义，不算重叠。)我們可以說"紅紅的"，"干干脆脆"，可不能說"又又的""已已經經"。形容詞可以作謂語，副詞不能。我們可以說"火車快（馬車慢）"，"他說話干脆"，可不能說"火車又"，"他說話已經"。

尽管都作动詞的狀語，我們根据这几个条件，來判断它是副詞或是形容詞：(一)能不能單独囘答問題；(二)能不能修飾名詞；(三)能不能作动詞的补語；(四)能不能用肯定和否定相重叠的形式來发問；(五)能不能重叠；(六)能不能作謂語。作形容詞狀語的，如"深紅""很紅""淺綠""不綠"等，也可以用同样方法区別它是形容詞还是副詞。

附帶談一个問題，請大家注意。有些詞如：光、淨、老、好、怪、

— 172 —

硬、大等；用在这些句子里是形容詞，如："外面很光"、"他很老"、"这是好事"、"石头很硬"等。但如"光說不做""淨說好听的"、"他老不來"、"心里怪不舒服"、"他硬不說理"、"这不大好吧！"在这些句子里，这些詞就不是形容詞而是副詞了。因为按用法說它們跟副詞的用法一样，"光說""淨說"可以换成"只說"，"怪不"可說成"很不"，"硬不"可說成"就不""偏不"等。（虽然意思不一样）按以上談的几个条件來說，它們已失去形容詞的特点了，如只就"光"來举例吧，說"光不光？""光。""磨得光"，"光光的"，"石头很光"等都是形容詞。而在"光說不做"中，就沒有这些特点了，我們不能說"光不光說？""光"，"說得光"等。这些詞当副詞用和当形容詞用，意义也很不相同，当形容詞用，意义是实在的，如："好人"，"好"表示性質；当副詞用沒有实在的意义，如"好奇怪"，"好"就不是表示性質了。所以这种詞只可以說是同形詞，其实是兩类詞了。另外挺（如挺好）、頂（頂好），虽然它們也可能是动詞（如"挺起來""頂住"等，"頂"还是名詞，如"山頂"），但在这种場合也是副詞。

总结上面所談的，副詞的特点可以归納如下：

（1）副詞是半实詞，不能單独回答問題；

（2）副詞不能修飾名詞；

（3）副詞不能作主語，一般只能作狀語；

（4）副詞不能重叠。

5·63 副詞的种类 以前有些語法学家，把副詞的范圍划得很广，不管是形容詞、代詞、数量詞等，只要用作动詞、形容詞的狀語的，一概叫做副詞；并且每种之下又分許多小項，如楊樹达先生分为10大类，类下又分項，共32項，有些項又分許多小項（参看《高等国文法》）。黎錦熙先生分为6大类19种30項（参看《新著国語

—173—

文法》)。現在讓形容詞、代詞、数量詞等各归各类,(只是說它們有作狀語的功能),副詞就比較單純多了,項目也不必分得那样细,因为过于詳細了,实用价值并不大。現在参照《初中漢語課本》和《語法和語法教学》上所說的把副詞分成六类:

(1)表示程度的副詞(程度副詞) 表示动作或性質的程度。如:很、極、最、頂、怪、挺、太、非常、十分、更、越、(越发)、有点、过于、比較、稍、稍稍、稍微等。

(2)表示范围的副詞(范围副詞) 这些副詞是表示动作、性質或事物的范围的。如:都、全、总、共总、統統、也、只、光、淨、僅僅、只等。

(3)表示时間和頻率的副詞(时間副詞) 这些副詞有的表示动作的时間,有的表示动作的頻率。如:已、已經、曾經、早已、早就、本來、正、正在、才、剛(剛剛)、剛才、將、將要、快要、就、赶緊、立刻、馬上、登时、現(如"現蒸現賣")、暫且(暫)、終于、始終、忽然、突然、驟然、猛然、乍、漸漸、偶尔、老、常、常常、时常、往往、每每、永远、永久、一直、一向、一再、再三、屢次、又、也、再、还等。

时間名詞要和时間副詞分开,因为时間名詞也能表示动作的时間,如:"今天""去年""午前""夜里""現在""过去""將來"等。它們和时間副詞的分别,主要在:时間名詞是实詞,时間副詞是半实詞。所以时間名詞所有的特点,如可以作句子的主要成分,和介詞組成介詞結构等,时間副詞都沒有。比如我們可以說:

①今天是星期三。
②他到現在还沒來。

但不能說:"馬上是星期三","他到立刻还沒有來"等。

(4)表示情态的副詞(情态副詞或方式副詞) 这些副詞表示

— 174 —

动作、行为的情况和发展、变化的情态，包括必然性和可能性等。如：必、必然、决、反正、横竖、也許、或許、大約、大概、眞、的确、其实、自然、果然、居然、依然、仍旧、幸虧、照样等。

（5）表示否定的副詞（否定副詞） 这些副詞表示否定，如：不、沒、沒有、別、不必、未必等。

在这一类里，要注意"沒有"这个詞。"沒有"是动詞，也是副詞。怎么來分別呢？这很好办：当动詞用时，后面帶宾語（常常是名詞），相当于文言文的"無"；当副詞用时，后面是动詞，相当于文言文的"未"。比如：

③桌子上沒有書。

④你沒有紙。

这个"沒有"是动詞，它帶有宾語"書""紙"（名詞），說成文言文就是："桌上無書"，"汝無紙"。又如：

⑤父親沒有走。

⑥哥哥还沒有到。

这个"沒有"是副詞，它修飾的是动詞，說成文言文是"父未往""兄尚未至"。动詞"沒有"可以用肯定或否定的方式來发問，如"桌子上有沒有書？"囘答可以說"有"（或沒有）。副詞"沒有"不能用这种方式发問，如："父親有沒有走？" 更不能囘答說"有"。近來有些人常用"有沒有起床？""有沒有來？"等句法，那是錯誤的，我們要注意避免和糾正。

（6）表示語气的副詞 这些副詞表示不同的語气和感情。如：豈、难道、莫非、何必、到底、究竟、偏（偏偏）、硬、索性、简直、却、竟、倒、可等。

以上是大致的分类，个别的副詞，可以分属好几类，要就它表

—175—

达的意义来决定。例如"就"有好几种用法：

⑦这就好了！（表示语气，有达到希望的意味。）

⑧别人都不好，就你好！（"就"是"只有"的意思，表示范围）

⑨说干就干，还等什么？（"就"指时间，"马上"的意思）

"也"也有几种用法：

⑩你来了，他也来了。（指动作的频率、表示时间）

⑪穿那么薄，也不嫌冷，（表示语气）

⑫就是说了，他也不会把你怎样。（表示情势）

副词的数目并不多，可是用法很多，我们要在阅读时深刻体会，用时才能恰如其分；尤其意义相接近的词，如曾经、已经；正、在；又、再等各有不同的用法，我们不能把所有副词的用法都谈一谈，所以在底下只择要举例说明一下，请大家注意这方面的问题。

（1）已经、曾经　这两个词都是表示动作的过去时，但用法不同。"已经"表示动作发生的过去时，只表示"开始时间"的过去，这动作可能还在继续，可能已经结束。如：

⑬他已经读完了。

⑭他已经在读呢。

"曾经"表示经验，就是说过去有过这么回事，动作当然完成，常和"过"构成"曾经……过"的格式，如：

⑮他曾经读过。

（2）正、在　这两个词都是表示行为的进行时，用法也不同。"正"着重表示进行时间，常表明两个动作在进行中相交的时点，如：

— 176 —

⑯我走進屋子，他正(在)看書呢。

还表示动作即将开始，如：

⑰我正要去找他，他恰好來了。

"在"着重表示進行狀态，如：

⑱太陽在轉，地球在轉，月球也在轉。

这些地方不能用"正"。"在"前面可加"已經""还"等如："已經在""还在""也在"等，"正"不能。

（3）**就、才** 这两个詞都能表示前后动作的时間相接，也有区别："就"表示的相接比較緊一些，并且表示連續，可以几件事一貫接下去；"才"着重表示前事是后事发生的条件，只限于有条件关系的兩件事，或几件事，不能無条件地接下去。如：

⑲他囘來就吃飯，吃了飯就睡覺。

⑳他一見客人進來，就忙着搬凳子，就拿茶碗，就倒茶。

这些就不能換用"才"。

㉑你把她找來，我才准你开場。

㉒政治覚悟提高了，学習才能搞好，工作才能有成績。

这些"才"不能换用"就"。（細微的区别还很多，可参看王还：«"就"与"才"»«語文学習»1956年12月号）

（4）**又、再** 这两个詞都能表示行为的重复或繼續，但"又"表示"已然"，"再"表示"未然"。比較：

㉓他昨天來了一趟，今天又來了。

㉔你說了一遍，我沒有听清楚，再說一遍吧！

㉕你說了又說，别人都知道了，再說就沒意思了。

这里面的"又""再"都不能互换。

— 177 —

（5）都、全　这两个詞都表示范围，包括所有的事物，但"都"的用法多，"全"的用法少，只有一小部分可用"全"、用"都"、用"全都"都可以，其他用法便只能用"都"不能用"全"了。如：

㉖人都到了。

㉗所有的东西都拿出来了。

㉘上海、武汉、广州他都去过。

这些"都"字可以换成"全"或"全都"。但在：

㉙誰都要服兵役。

㉚他什么都不知道。

㉛連他的名字都不会寫。

等句子里，"都"不能改用"全"。这种情形，在前几组里也有，所以关于副詞，得細心学习才行。

5·64　副詞的作用　我們知道副詞是半实詞，不能作主語、謂語、宾語等。不能修飾名詞，所以不能作定語。作补語呢，除了个別的詞（如前所举"干凈得很""好極了"）以外，也不行，因此副詞的主要作用就是作狀語。除了作狀語以外，它在句子中还可以起关联作用。下面分別談談它这两項作用。

（1）副詞的修飾作用　前面說过，副詞主要修飾动詞、形容詞，但也能修飾副詞和能愿动詞、介詞等。是不是所有的副詞都有一样的修飾作用呢？不是，不同类的副詞的修飾作用不完全相同。程度副詞經常修飾形容詞和表示心理活动的动詞，如："很漂亮"、"十分嚴格"、"非常艰苦"等，"漂亮""嚴格""艰苦"等是形容詞。又如："很愿意"、"十分欢迎"，"愿意""欢迎"等是表示心理活动的动詞。程度副詞修飾其它动詞的时候，动詞的后面要有宾語或数量詞，如："很有"、"很看了"、"稍微扫"不行，但"很有学問"、"很

— 178 —

看了几本書"、"稍微扫一下"就可以了。

　　时間副詞經常修飾动詞，一般不修飾形容詞。如可以說"早就來了"、"正在說"、"赶緊跑"等，不能說"早就偉大了"、"正在嚴肅"、"赶緊大"等。至于"早就紅了"、"已經充实了"、"忽然小了"等，那是因为"紅""充实""小"这些形容詞在这种句子里已經动化了。

　　其他的几种副詞都能修飾动詞，有的也能修飾形容詞。如"都來"、"都好"、"也吃也喝"、"也好也不好"、"不來"、"不好"等。有些副詞，如"只""僅僅""大概""莫非"等修飾形容詞得有条件，如只說"只偉大"、"僅僅清潔"、"大概小"、"莫非艱苦"都不行；得說"不只偉大，而且英明"、"僅僅清潔还不够，还要整齐才行"、"大概小三分之一的样子"、"莫非艱苦一点就不行嗎？"要前后呼应或形容詞后带补語才行。

　　副詞修飾副詞的也很多，如："很不高明，""都不來"，"稍微动一下立刻就掉下來"，"不僅僅消耗，还要浪費好多"，"何必馬上走呢？""偏偏馬上走了"。

　　另外修飾能愿动詞的，如："你不肯去，他不能去，誰去呢？""一定可以作到"，"他也許不应該和人家爭辯"，"究竟敢不敢試一下？"副詞还可以用在介詞前面，如"不从全面研究問題，只在一方面考慮，当然要犯錯誤。""他才从工厂囘來，就把应該作的工作都安排好了"。有些副詞还能加在数量詞的前面，如"那时他才五歲"，"他來重慶已經十年整了"。我們只举魯迅《論雷峯塔的倒掉》里的一段，看看副詞的用法：

　　　　然而一切西湖胜迹的名目之中，我知道得最早的却是这雷峯塔。我的祖母曾經常常对我說，白娘娘就被压在这塔底

— 179 —

下。有个叫作許仙的人救了兩条蛇,一青一白,后來白蛇便化作女人來报恩,嫁給許仙了;……一个和尙……看見許仙臉上有妖气,——凡討妖怪做老婆的人,臉上就有妖气的,但只有非凡的人才看得出,——便將他藏在金山寺的法座后,白蛇娘娘來尋夫,于是就水滿金山。我的祖母講起來还要有趣得多,大約是出于一部彈詞叫作《义妖傳》里的,但我沒有看过这部書,所以也不知道許仙、法海究竟是否这样寫。

(2) 副詞的关联作用　有一些副詞除了修詞作用以外,还在句子里起关联作用。副詞的关联作用有兩种表現方式:一种是副詞和副詞前后呼应,一种是副詞和連詞配合使用,这种方式可以表示种种关系。副詞和連詞的配合使用,我們打算在講連詞时再講,这里只談前一种。

副詞和副詞連用,有以下几种格式:

1. 又……又、一面……一面、边……边(一边……一边)　这种格式表示动作同时進行或表示事物的性狀同时存在,"又……又"兩方面都能用,"一面……一面"和"边……边"只能表示动作同时進行。例如:

①爸爸的鼻子又高又直,你的呢,又扁又平。(周曄)
②老栓一面听一面应,一面扣上衣服。(鲁迅)
③你今天的信仰推(太)高,又能說又能做。(胡可)
④大家一边整理行裝,一边談論着。(刘大为)
⑤春生边走边想。(馬烽)

2. 也……也　这个格式也是表示动作同时進行和表示不同事物的同样性狀。有时只用后面一个"也"。例如:

⑥淅瀝瀝、嘩啦啦,風也大、雨也大。(儿歌)

⑦糞送到地了，也下了雨了。（趙樹理）

⑧風也息了，云也消了。（士元）

⑨这只船也冒烟，那只船也冒烟。（叶聖陶）

3. 越……越、愈……愈 这个格式表示前后两个謂語比例的关系。但前后两个謂語常常是一个动詞一个形容詞；或是两个都是形容詞。很少兩个都是动詞的。例如：

⑩而且路也愈走愈分明，天也愈走愈亮了。（魯迅）

⑪風越來越大……浪头越來越高。（王汶）

⑫人跟自然斗爭的战綫越來越寬广了，場面也越來越偉大了。（同上）

⑬你去找过小螺絲來，越小越好。

4. 剛……就、一……就 这种格式表示兩个动作先后緊接。例如：

⑭剛一鷄叫他就起來了。（秦兆陽）

⑮太陽剛剛露了头，李秀英就領着一大隊妇女下了地。（西戎）

⑯虽然我一見便知道是閏土，……（魯迅）

⑰可是一提到小趙自己的心事，閻成福就不來了。（刘白羽）

日常談話中"一……就"的格式很多，如："一來就走"、"一碰就倒"、"一見热就化"等。間或也有前面是动詞后面是形容詞的，如"一穿就坏"，"一晒就干"等。

（5）非……不、不……不 这个格式是用兩重否定表示肯定，但比正面肯定的語气还要堅决。通常前面是动詞后面是形容詞，如"非去不行"、"不去不行"，表示一定要去的意思。但也有其他

— 181 —

种詞相配合的，如"这件事非他办不了"、"非下苦功不能学会"、"不下苦功学不会"、"不止不行、不塞不流"等。"不……不"的格式，还能中间嵌進一个能愿动詞，如"不能不來"、"不得不去"、"不該不說"、"不会不到"、"不敢不答应"、"不肯不解釋"等。另外还有"不是不去"、"不好不來"等說法，带有申辯和勉强的意味，这些用法要随时來体会。

（6）只……才　这个格式表示兩种事物或动作对比的关系。例如：

⑱这会只是和几个干部接一下头，到晚上才正式开会。（趙樹理）

⑲你只会說，人家才眞正能联系实际呢？

⑳模型只能当样子看，眞正的东西才能頂用。

5·65　副詞和能愿动詞的区別　副詞和能愿动詞都放在动詞前头，位置一样，如"能运动"，"常运动"；"可以說"，"不必說"；"肯走"，"就走"等。这些放在动詞前面的詞，哪个是能愿动詞，哪个是副詞，光从形式上不容易分別出來。我們要从能愿动詞和副詞的特点和語法功能上來区別它們：

（1）能愿动詞，能單独作謂語，能單独囘答問題；副詞不能。（"不""也許"等是例外）。如："你敢嗎？"，"敢"。"你肯嗎？""肯"。不能說："你立刻嗎？""立刻"。"你只嗎？""只"等。

（2）能愿动詞可以用肯定否定相叠的方式发問，副詞不能。如："肯不肯"、"敢不敢"、"能不能"、"可以不可以"等行，但"非常不非常"、"都不都"、"忽然不忽然"、"未必不未必"、"也不也"等都不行。

（3）能愿动詞緊緊放在动詞前面，有时可以插入介詞結構，但

— 182 —

不能提在主語前面,副詞的位置有时可以挪动,可以提到主語的前面。如"我能寫文章"、"他肯吃苦"、"他可以作工"中間可以加上介詞結構,說成"我在这里能寫文章"、"他在那个时侯肯吃苦"等,但是不能說成"能我寫"、"肯他吃"等;"他也許來"、"他当然不來"等却能說成"也許他來"、"当然他不來"等。

（4）副詞可以修飾能愿动詞,能愿动詞不能修飾副詞。如"你能寫字,我也能寫字"、"你肯作"他不肯作"、"你究竟肯不肯來?""难道不能批評嗎？""馬上可以办到"。但不能說："我能也寫字"、"你肯不肯究竟來?"至于"他肯不來嗎?""你能不去"等（比較"他不肯來嗎?""你不能去"），不是能愿动詞修飾副詞,而是副詞修飾动詞,能愿动詞是修飾"不來""不去"那个詞組的,反面就是"他肯來嗎"？"你能去"等。这一点要注意。

（5）能愿动詞可以嵌在"是……的"中間,副詞不能。如："坚持原則,这是应該的"、"花錢買書他是肯的"、"在这里开会是可以的"等都可以成立,但"他來是立刻的"等就不能成立。

我們举了五項标准來区別能愿动詞和副詞,可能有例外,如"不""也許""当然"等,能单独回答問題,"不""也""还"等不能放在主語前头等,但一定具备五項里面其他几項,我們憑这些标准就可以把这两类詞区別开。

練 習 六

1."还"的用法比較复杂,从文学課本中或自己造些句子表示它各种不同的用法。（在同一类中不同的用法也要举出來）

2.下列各組副詞,用法相似但有区別,每組各作两句話表明它們的不同,并加以說明：

— 183 —

①終于　終究　②太　最　③大概　大約　④未必　別　⑤不　沒有

3. 指出下文內的能愿动詞和副詞：

張老五感到很大不安。心想： 她們真要和我拉硬弓,我張老五倒不怕那套,說我思想封建就封建,可是她們一來先檢討缺点,。說各人的不对,这叫人还能說什么呢？再說她們几句嗎？ 人家已經認了錯；自己也檢討檢討嗎？ 觉得从來在人面前也沒輸过理,一时还有点說不出口。他望一眼站在面前的梅梅,梅梅臉色很嚴肅；看看周圍的人,都兩只眼盯住他, 好象希望他能說兩句話。（西戎）

4. 改正下列各句中用得不恰当的副詞：

①你必須努力学習,就能提高業务水平。

②八点鐘开会,他九点半就到。

③病人、小娃、老人,只要吃牛奶。

④他曾經是宣傳委員了,現在又作了主席。

⑤我未必看过这部書,所以还不知道里面的細節。

⑥明明在那里,怎么說不看見？

⑦你說不吸烟,怎么再吸了？你又吸就要影响你的健康。

⑧你看他有沒有起來？有沒有衣服？ 沒有衣服,你才給他送一件,叫他再起來。

第十章　介　詞

5·66　介詞的語法特点　介詞是漢語的一种詞类，关于这类詞的名称，以前的語法学家的說法很不一致： 最初叫"介字"、"介

— 184 —

系字",后來有人叫"前置詞",有人叫"介詞",也有人叫"联結詞"、"准动詞"或"付动詞"等等的(参看《語法和語法敎学》第183頁注2)。現在《初中漢語課本》規定叫介詞,我們就叫它介詞好了。 什么是"介詞"呢？我們先來看看下面这兩組句子：

①他寫字。　　　　　他在紙上寫字。
②他学習。　　　　　他向你們学習。
③他掏出筆記本。　　他从口袋里掏出筆記本。
④他不來。　　　　　他因为有病不來。
⑤夜里冷。　　　　　夜里比白天冷。

前后兩組的句子都是完整的句子,只是前面一組的句子說得籠統些,后面一組的句子因为加上"在""向""从""因为""比"等和它后面的名、代詞如"紙上""你們"等,动作或性狀就進一步明确了。象"在""向"等介紹名詞或代詞給动詞或形容詞,表示时間、处所、方式、原因等关系,这些詞就是介詞。

　　介詞是虛詞,它沒有实在意义,不能單独回答問題。如："你打哪儿來？""你把他找來！""你向他学習"等句里的"打""把"等并沒有实在意义。 回答"你打哪儿來"这句問話,只能說"北京"或"打北京來"等,不能只說"打"。但是这些詞大都是从动詞(实詞)演变來的,有些詞已經不是动詞或很少有动詞的用法了,有些詞又是动詞又是介詞。 所以介詞和动詞的关系非常密切,也比較难于区别。現在我們談一談它們的区别。

　　（1）动詞是实詞,有实在意义,能單独回答問題； 介詞是虛詞,沒有实在意义,不能單独回答問題。(例已見前,不再举)

　　（2）动詞有自动詞他动詞,自动詞不一定帶宾語； 介詞不能單用,后面必須帶有名詞或代詞。 如"跳"是动詞,可以說"你跳我

— 185 —

也跳","从"是介詞,不能說"你从走",更不能說"你从",只能說"你从这边走"之类。

（3）动詞能作謂語,介詞不能。"把"作动詞如"他把門"。"把"作介詞就不只說"你把这个"、"他把紙"等,要說成"你把这个拿去"、"他把紙鋪平"等才能站得住。其他只作动詞和只作介詞的更容易区别,如"我讀書","我从書里";"你拿这本書","他为这本書"等。

（4）动詞可以重叠,介詞不能。如"走走""說說""研究研究"等可以;"自自""从从""被被""为为"等都不行。

（5）动詞可以用肯定否定相叠的方式表示疑問,介詞不能。如"說不說？""走不走？""研究不研究？"都可以;而"把不把？""从不从？""被不被？"都不行。

（6）动詞可以加时态助詞"了""着""过"和趋向动詞"上來""下去""起來"等表示变化,介詞不能。如"說了""走着""研究过"可以;"从着""被了""由过"都不行。个别的詞如"为"可以說成"为了""为着",但这个"了""着"并不表示附加意义,"为了"和"为着"沒有什么区别,所以这可以說是这个介詞的构詞成分,并不是构形成分。

根据以上所分析的,介詞的特点可以归纳如下：

（1）介詞不能作謂語,不能單独回答問題；

（2）介詞不能單独使用,后面一定帶名詞或代詞；

（3）不能重叠,也不能用肯定否定相迭的方式來发問；

（4）不能加时态助詞和趋向动詞表示变化。

5·67 介詞結构和它的功能　我們前面說过,介詞不能單独使用,后面一定要帶上一个名詞或代詞。（这很象动詞和宾語的关系,所以也有人把介詞后面的名、代詞叫做宾語,合起來叫"介宾短語"。叫介詞結構好些，免得和动宾結构相混。)这种用介詞和名、代詞組成的語言組織，如："为人民"、"从北京"、"被他們"、"向我們"等就叫做介詞結構。但介詞后面所带的不限于名、代詞，也可以是詞組，如"为人民的利益"、"为了建設祖国"、"从四川和广东〔运來了蔗糖〕等都是介詞結構。

介詞結構的基本用途是作狀語。有些介詞結構也可以作补語，只有少数的介詞結構可以作定語。以下分別举例說明：

（1）作狀語的：

①丹娘在河岸上玩。(《丹娘》)

②她在执行任务的时候被德国兵捉住了。(同上)

③玉鎖从外边跑進來。(成蔭)

④他們常常打这儿經过。(《自然得很》)

⑤德国軍官向她提出許多問題。(《丹娘》)

介詞結構作狀語，常常修飾动詞，有的可以修飾形容詞。例如：

⑥那头牛跟他很親密。(《牛郎織女》)

⑦这封电报比任何獎励都珍貴。(馮明)

介詞結構作狀語，一般放在动詞或形容詞的前边，有的也可以放在主語的前边。例如：

⑧为了种种糊涂措施，目前他正处在全鎭市民的圍攻当中。(沙汀)

⑨除了他的歌声，餐廳里沒有一点儿声音。(《人民歌手》)

⑩当我发現了中国革命的正确道路时，我便加入了中国共产党。(朱德)

⑪在咱們中国，人民已經成了国家的主人。(报)

⑫对于他的死，我是很悲痛的。(毛澤东)

— 187 —

⑬由于一种不得已的苦衷，乙吵吵終于是讓步了。（沙汀）

⑭按照年龄，老師把他們分成三个小組。

⑮关于这件事，我一点也摸不着底細。

以上这几个例子，介宾結构都是放在主語前头的。有的可以移在主語后面如⑬⑭等例，有的放在主語后面就勉强些。用"关于""至于"組成的介詞結构，一般要放在主語前面。放在主語前面的介詞結构，讀起來要有語音停頓，后面要有逗号。

（2）作补語的：

⑯我从此便整天的站在柜台里。（魯迅）

⑰他也躲到廚房里。（魯迅）

⑱老头儿就走向蔚藍的大海。（普希金）

⑲馬克思生于1818年，死于1883年。

（3）作定語的 用"对于""关于"組織的介語結构可以作定語。一般要在介詞結构后面加助詞"的"。例如：

⑳他发言的最后的一部分是关于長期共存、互相監督的問題。（报）

㉑民盟組織必須通过調查研究經常深入了解盟員及所联系羣众对于国家在各个时期的重大政策和措施的各种意见。（报）

㉒什么时候那种愚蠢的关于第三次大战的言論才会終止。（爱倫堡《游美印象》）

㉓这次大会对于帝国主义者的計謀和体面是一个有力的打击。（馮至）

介詞結构作謂語的时候很少，并且只限于和判断詞"是"連在

— 188 —

一起作合成謂語。例如：

㉔一切工作都是为了国家的工業化。(《漢語課本》)

㉕我們是在共產党的領導之下，我們不怕任何困难。(《漢語課本》)

5·68 介詞結構的作用 介詞的主要作用，就是介紹名詞或代詞給动詞或者形容詞，表示这个动作或情况和性狀，在什么時候开始，出現在什么地方，为什么原因，用什么方法，对什么人什么事物等。这些問題就靠介詞結構清楚地表达出來。由于表現的关系不同，介詞結構的作用可以分成下列这几种：

（1）表示处所方向和有关人物　常用的介詞有："在""当""于""向""朝""对""对于""从""打""自""沿""挨""順""到"等。如："坐在这里"、"在黑板上寫字"、"当面商議"、"出身于地主家庭"、"向他說明情况"、"往东走"、"朝西边一看"、"从东头走來"、"打哪儿來"？"來自北京"、"沿河看柳"、"挨門宣傳"、"順着山溝走"、"走到街上"、"到飯館里吃飯"。

（2）表示时間　常用的介詞有："从""自从""在""到""当""于"等。如："从早晨起就下起雨來。""自从鬼子來了以后大家都不得安生。""他在自習时間乱吵乱鬧。""到那时候再看吧。""当我們走近的时候，已經演完了。""他出生于抗战时期"。

（3）表示狀态、方式　常用的介詞有："按""照""按照""以"等。如"按期交貨"、"照規矩行事"、"按照当时情况他不該发言"、"他以自己的想法來推斷事态的发展"。

（4）表示原因　常用的介詞有："因""为""由于"等。如："他因病請假"、"他为什么不來？""由于沒有加衣服，他伤風了"。

—189—

（5）表示目的　常用的介詞有："为""为了""为着"等。如"他为人民謀幸福。""他为了不使他过分疲劳,邀他到公園去逛了一趟。""我們是为着社会主义而斗爭,这是和任何革命的三民主义者不相同的"。(毛澤东)

（6）表示对象和关联　"对""对于""关于""至于""跟""連""同""和"等。如："我对这个問題沒有意見。""对敌人开炮。""对于習題課,他很重視。""关于織女星,中国也有同样美丽的傳說。""他只顧亂翻,至于重点,早就忘記了。""这跟那个問題有什么关系？""他連这点常識也沒有！""我們不应該把人民内部的矛盾同敌我之間的矛盾等量齐观。""我和你談一个重要問題"。

（7）表示比較　常用的介詞有："比""跟""同"（和）等。如："我年紀比你大。""这醃黄瓜跟苹果一样脆。""听报告也同听課一样,必須專心去听才对"。

（8）表示排除　常用的介詞有"除了"。如："他除了功課还留心时事"。

5·69　介詞和动詞的关系　介詞和动詞的关系很密切,呂叔湘、朱德熙兩位先生說："'把''以''对于'等,不能做謂語里的主要成分（如"我把报紙"是不能成句的）,我們就管它叫副动詞。'在''往''向''到'等,能做謂語里的主要成分,但是經常做次要成分；当它这样用的时候,我們也管它叫副动詞。……大多数副动詞有些語法書里称为'介詞',我們認为这兩类詞的界限很不容易划断,不如还是把它們归在动詞这个大类底下"。(《語法修辞講話》第一講,第11頁)现在我們虽然不叫"副动詞"而叫"介詞",介詞和动詞的确也有不同处（見前）,但仍旧有糾纏的地方。"把""被""从""对于"这一类和动詞的分別比較明顯。按"把"來說,在古書里如：

— 190 —

①撫把銚推揣之旁,而有積粟之实。(《国策》《秦策》)

②因左手把秦王之袖,而右手持匕首揕之。(《史記》《刺客列傳》)

这些都是动詞;在水滸傳里兩种用法都有,如:

③主人家,快把酒來吃。(《景陽岡》)

④却把鳥大虫唬嚇我?(同上)

⑤把棒橛又打了一囘。(同上)

⑥便把氈笠儿掀在脊梁上……(同上)

⑦把哨棒倚在一边……(同上)

⑧把兩只爪在地下略按一按……(同上)

这几句話里的"把"用法不同:"把酒來吃"是讓主人家拿酒來武松吃(不是命令主人家吃酒),"把鳥大虫"、"把棒橛"都是"拿"的意思;"把氈笠儿"、"把哨棒"、"把兩只爪"的"把"却不是"拿"的意思,而是現在介詞的用法,沒有实在意义了。現在"把棒橛"这种用法已經沒有了,只有"把門"、"把着欄杆"、"把把孩子(痾尿)"等少数几个地方"把"还是动詞。"被"呢,如:

⑨西被于流沙。(《書》《禹貢》)

⑩皋蘭被徑兮。(《楚辞》《招魂》)

⑪身被十二創。(《后漢書》《賈复傳》)

这些"被"都是动詞,都有实在意义,这种用法現代漢語都不用了,只有介詞的用法了。"从"也一样,如:

⑫必操几杖以从之。(《礼記》《曲礼》)

⑬率神而从之。(《礼記》《乐記》)

⑭从之者如归市。(《孟子》《梁惠王》)

这些"从"都是动詞,現在作动詞沒有單用"从"的,只有"跟从""服从"等，單用"从"，就是介詞。"对"还有动詞用法如"对事不对人"，"对于"只有介詞用法，这一类無論按意义說按用法說，动詞和介詞的分別都很明顯。

"在""往""向""到"这一类比較麻煩。不必举古書上的例子，就在现代漢語中，他們的动詞性还很明顯，它們既可以作动詞，又可以作介詞。作动詞用，如：

⑮你父親在家嗎？在家。（或"在"）

⑯你到哪里？　　到成都。

⑰下了車以后，你往东，我往西，各自囬家。

⑱"一家向一家，葫蘆向南瓜"。（諺語）（"向"是"偏向"、"庇护"的意思）

⑲及至听到老头子往外赶祥子，他們又向着他了。（老舍）

⑳这座房子朝南，那座朝北。

作介詞用的，如：

㉑我在黑板上寫字。

㉒你到箱子里找衣服。

㉓你一直往东走就到河边了。

㉔我向你問一个問題。

㉕他朝我們这边跑來。

我們比較一下这兩組句子，作动詞的句子最大的特点是"在""到"这些詞作句子的主要成分，可以单独作謂語，也就是只用这一个动詞，这句話可以站得住，意思就完整了。"在""到""向"等还可以用肯定否定相叠的方式來发問，如"在不在"等，也可以单独囬答問題如"在"等，所以是动詞（实詞）。第二組句子，"在""到"等作介詞用，

— 192 —

最大的特点是作句子的次要成分（狀語），不能表示完整的意义，"在黑板上"、"到箱子里"等，只要表示动作的处所，幷不是"我在黑板上""你到箱子里"。"往""朝"和"在""到"还不同些，它旣不能用"往不往"的形式发問，又不能單独囘答問題，單独作謂語的时候又很少，这可以說是逐漸发展到虛詞（介詞）的階級了。这些介詞可以划分出來叫做"准介詞"。

几个介詞的用法

5·10　把　实詞的数目多，用法比較簡單，不能也不必分別來講；虛詞数目虽然比实詞少得多，可是用法很复雜，有必要分別來談一談。关于介詞，我們虽不必每一个都來談一下，但打算提出几个主要的來談談。现在先來談"把"这个介詞。"將""跟""把"一样，在早期的白話文里，"將"比"把"更常见，现在"將"漸漸少了。这里只說"把"，自然也包括了"將"。

"把"这个詞，在现代漢語里很容易碰着，"把門关住"、"把水提來"、"把地扫干淨"、"把功課預备好"，……我們看"把門关住"就是"关住門"，"把水提來"就是"提來水"，本來"門""水"都是宾語，可是一加"把"，宾語就跑在动詞前面了。所以"把"有表示前置宾語的作用。是不是所有的宾語，都可以借"把"这个詞提到动詞前面呢？不一定，"我喜欢他"不能說"我把他喜欢"，"我关門"不能說成"我把門关"，"我看見他了"不能說成"我把他看見了"，"我有書"、"我在家"不能說成"我把書有"，"我把家在"……。可見用"把"这个介詞是有一定的条件的。都是些什么条件呢？

（1）一些不能用介詞"把"的句子　介詞把旣然是表示前置宾語的，那么和它联系的动詞，一般是他动詞；自动詞不帶宾語的当然談不到前置賓語了。但是有賓語的不一定都能用介詞"把"表示宾語前置：

1. 不表示动作的动詞，如："有""在""象"等，不能用"把"前置賓語，判斷詞"是"后面的名詞也不行。例如："我把書有"、"我把家在"、"猴子把人象"、"我把学生是"等都不成話。

2. "囘""到""進""來""出""去"等自动詞，也可以帶賓語，但所帶的賓語是处所賓語和他动詞的賓語不同，这类詞的賓語不能用"把"提前。如："我把家囘"、"我把成都到"、"我把屋子進"、"我把門出"等都不行。

3. 一部分純粹表示感覺、知覺的动詞如"看見""听見""聞見""知道"等不能用"把"提前賓語。"我聞見一股香味"、"我知道这件事"不能說成"我把一股香味聞見"、"我把这件事知道"。

（2）动詞前面有狀語或后有补語，或重叠动詞，或帶时态助詞"了""着"和趋向动詞的，才能用"把"提前賓語，光杆一个动詞不行。

1. 帶狀語的　如"請不要滿地乱扔字紙！""我們要赶快消滅四害"！可以說成"請不要把字紙滿地乱扔"！"我們要把四害赶快消滅"！另外如："他把衣服一脱，把臉一紅"也可以。

2. 帶补語的　如："王老師把那段文章抄好"。"他把什么小事都描寫得逼真"。"同志們把他批評了一頓"。"小娥覺得不对，赶緊把話引到一边"。动詞是动补式的复合詞也行，如"我要把道理講明"、"我們要把这种影响擴大"等。

3. 动詞重叠的，如："你把碗洗"不行，"你把碗洗洗"就可以；另外如："你把你的本領露一露"、"把窗帘拉一拉"都行。

4. 加时态助詞"着""了"的，如"你把地扫"不行，"你把地扫了"就可以 。"他把臉紅,把眼瞪"不行,"他把臉紅着,把眼瞪着"就可以。

5.加趨向動詞的 如:"把幕拉."不行,"把幕拉上去,拉下去"就行。另外如:"你把他找來","你把他拉起來","你把这个拿去"都行。

旧戲戲詞、大鼓書、快板等常有"把門開"、"把楼上"等,"白天下湖把魚打"、"層層烏云把湖盖"、"請你給我把信帶"、"漁民徹底把身翻"。(《洪湖漁歌》)"想叫我順了你把良心坏"、"快走快跑把信送"、"再怎么也不能叫他把命送。"(李季:《王貴与李香香》)这种句子主要是为了押韻,其次也为了凑整齐詞句,在韻文里可以存在,这算是特例,普通談話是沒有这种句法的。

(3)双宾語的句子,直接宾語,可用介詞"把"提前。如:"我寄給媽媽这封信"可以說成"我把这封信寄給媽媽"。另外如"我把这好消息告訴他"、"你把这本書送給他"都是一样。

(4)宾語是有定的,一般可以用"把"提前,無定的不能提前。比如說"倒一碗茶來", 这"一碗茶"是無定的,就是用哪一个碗都行,就不能說"把一碗茶倒來";假如你已經在喝,挪了桌子,就可以說"把那碗茶拿來","那碗茶"是有定的,是你自己喝的那一碗。另外如"我在百貨公司把一塊毛巾買來"、"我在路上把一个人找到了"都不行,但"把那塊毛巾買來"(你心目中的一塊)、"把他找到到了"、"把那个人找到了"就可以了。

用介詞"把"是有一定的条件的,不能随便乱用。用"把"提前宾語,大都帶有处置的意味,所以王力先生把这种句法叫做处置式。你看:"桃樹开花了"不能說成"桃樹把花开";但"我开門"却可以說成"我把門开开",就是因为后一句有处置宾語的意思。其次也

— 195 —

有加重賓語的意味，"拉开窗帘"和"把窗帘拉开"意思不很一样。有些句子用不用"把"都行，看是不是需要。如"我們打垮了敌人"可以說成"我們把敌人打垮了"、"大家鼓励了他一番"也可以說成"大家把他鼓励了一番"等。但有些句子却非用"把"不可。如：

①你要把地扫得干干淨淨的。
②他把牆挖了一个大洞。
③他把这本書看了又看，不知看了多少遍了。
④那匹馬把木头的台階咬下一片來。
⑤工人把粗糙的牛角做成精細的器具。

第①句用助詞"得"連接一个重迭的補語，不能說成"扫地得干干淨淨"；或"扫得地干干淨淨"，只能說"扫地扫得干干淨淨"，就不得不重复一下动詞。第③句因为重复了动詞，說成"看了又看这本書"就不順口。第④句动詞后帶上数量詞和趋向动詞，"咬下一片木头的台階來"不是絕对不行，但很別扭。第②句、第⑤句因为动詞后面另有宾語，所以不能不用"把"。第②句說成"挖牆一个大洞"根本不成話，第③句說成"做成粗糙的牛骨"当然不行，說成"做粗糙的牛骨成精細的器具"也非常勉强。关于"把"我們談到这里为止，假如愿意知道得更全面，可参看吕叔湘：《把字用法研究》(《漢語語法論文集》科学出版社)

5·71 被 我們說話常有这种情形，就是一件事情以两个角度來敍述。如"老虎吃山羊"这件事，也可以說成"山羊被老虎吃了"。以"老虎"为主就是說老虎做什么，以"山羊"为主就是說山羊怎么样，象說明"山羊被老虎吃了"这类句子，这就是"被"的主要作用。"被"和"把"的作用不同，"把"后的名(代)詞是主語的"受事"者，如"老虎把山羊吃了"山羊是被吃的；"被"后的名(代)詞，却是

— 196 —

"施事"者,"山羊被老虎吃了",老虎是吃山羊的,而不是被吃的。另外的几个介詞如"叫"(敎)、"讓"、"給"也有这种用法。

用介詞"被"最普通的格式是"被"后介紹出这句話的施动者。王力、呂叔湘兩位先生曾經說,現代漢語里用介詞"被"的句法,大多表示主語認为不愉快的事,而表示愉快的用"被"的句法是受了西文影响以后才產生的。(参看《中国語法理論》下册第297頁,《語法修辞講話》117頁)刘世儒先生曾經提出反駁,举出例証,說明用"被"的句式,自古就同时表示愉快和不愉快的事。(《被动式的起源》《語文学習》1956年8月号)話虽如此,用"被"的句子还是以表示不愉快的事多些。例如:

①祥子被十來个兵捉了去。(老舍)

②小二黑終于被他們打了一頓。(趙樹理)

③命是自己的,可是敎別人管着,敎些什么混帳的东西管着。(老舍)

④他那冰涼的手抖着划了一根火柴,可是立刻讓风吹滅了。(《紅領巾》)

⑤金桂被村里选成劳动英雄,又选成妇联会主席,李成又被上級提拔到区上工作。(趙樹理)

其次是單用"被",后面不介紹出施动者,这种施动者通常是不可知或不必說出來或是泛指一般人或承前省略。例如:

⑥他被殺了,他被暗害了。

⑦受之父母的头发,給剪掉了。(魯迅)

⑧被压迫的人講几句話寫几个字,就要被殺。(魯迅)

⑨大家也巴不得有人愿干,就把兴旺选为武委会主任,把金旺选为村政委員,連金旺老婆也被选为妇救会主席。(趙樹

— 197 —

理)

第三种是"被……所"相呼应的格式,这种格式是古漢語"为……所"的格式演变来的,但"为……所"的"所"不能省,如:

⑩吾悔不用蒯通之計,乃为儿女子所詐。(《史記》《淮陰侯列傳》)

"为儿女子所詐","所"不能省。现在書面語言中間或有用这种格式的,如:

⑪这个反革命專政,实行了二十二年,才为我們所領導的中国平民所推翻。(毛澤东)

但是比較常用的是"被……所"式,如:

⑫一切困难都將被全国人民的英勇奋斗所战勝。

⑬眼前国民党反动派被我們所推翻,过去日本帝国主义被我們及各国人民所推翻。(毛澤东)

这种"被……所"式的"所",可有可無。如:"他們不愿意被人們推翻"(毛澤东),这样就和普通格式一样了。

第四种是"被……給"式,这种用法帶些北京方言色彩,不大常用。如:

⑭他的心象一个綠叶,被个虫儿用絲給纏起來,預备作繭。(老舍)

⑮"拿不了匪,倒教匪給拿住了"。(老舍)

这个"給"可用可不用。

"被"和"叫""讓"的用法大体相同,也有不同的地方。"叫""讓"现在还用作动詞,如"你叫他來吧"、"你讓他來吧"、"我們不要叫(讓)敌人捉活的"等都不是介詞。用它們作介詞时,表示主語認为不愉快的行为,因此"样子,你讓狼叼了去?"(老舍)这句話的"讓"

— 198 —

可以換成"被"，但"金桂被村里选成劳动英雄"（趙樹理）这句話的"被"却不能換成"叫"或"讓"。"被"可以單用，"叫（讓）"不能單用，必須介紹出施动者。因此"被"可以制造新詞如"被压迫"、"被动"、"被选举权"等，"叫""讓"等就不行。这些是它們的区别，我們要注意。

5·72 从 "从"和"自""由"（不常用）"打"（北方話）"自从"等介詞都表示起点。"从""自""打"彙表处所和时間的起点，"由"一般只表处所，"自从"只表时間。底下着重討論"从"，其餘的可以类推。（例句中也举其他几个介詞的例）"从"的用法可以分成下面几点來敍述：

（1）只用"从"構成介詞結構

1.表示处所的起点，这是最一般的用法。

①他从街上囘來。

②媽从人堆里走出來。（《二虎子》）

2.表示事物的出处，如：

③他从（可以用"打"）破衣袋里摸出四文大錢。（魯迅）

④解放了的農民从这些農場親眼看到了自己幸福的將來。（田流）

⑤这些都是从街上買來的。（比較"他从街上囘來"）。

3.表示通过的处所，如：

⑥太陽从窗戶里射進來。

⑦他們常常打这儿經过。（《自然得很》）

（2）从……起 "从"常和其他詞連用，造成許多格式，如"从……起"、"从……以來"、"从……以后"等。如：

⑧資本主义国家，从鴉片战爭起，开始侵略中国。

— 199 —

⑨自从我和他認識以來,还沒有发现他有什么嚴重的缺点。

⑩自从这条鉄路建成以后,交流的物資不知道要比以前多多少倍。

(3)从……到 "从"和"到"常常連用,还有"从……起到……止"这种格式(平常常說的:"由此及彼"、"自上到下"、"自古至今"、"从猿到人"……等都屬于这一类)例如:

⑪从宣統元年到现在,我再沒有囘家过一次。(朱德)

⑫我这次囘到湖南……从一月四日起至(到)二月五日止,共三十二天。(毛澤东)

⑬革命和革命战爭从发生到发展,从小到大,从沒有政权到夺取政权,从沒有紅軍到創造紅軍,从沒有革命根据地到創造革命根据地,总是要進攻的。(毛澤东)

5·73 在、到 前面已經談过"在""到"这两个詞,可以作动詞,也可以作介詞。作介詞用,还需要談一下。

"在"可以表示处所,也可以表示时間。表示处所常和方位詞連用,如"在山上"、"在战斗中成長"、"在敎室里上課"等。这种用法可以用在比較抽象的事物上,如"在思想上"、"在某一种条件下"、"在思想斗爭中"等。"在"表示时間时,常和时間名詞或其他的詞連用,如"在现在"、"在不久的將來"、"在1957年"或"在他囘來以前"、"在通車以后"、"在上課的时候"等。

"到"表示处所和"在"一样。 表示时間稍微不同一些,"到"表示在所說的这个时候以前沒有这囘事,"到"这个时候才发生,如:

①有一年春天大旱,直到陰歷五月初三才下了四指雨。(趙樹理)

—200—

②到1957年,中学在校学生將达到四百七十万零七千人。（报）

这兩个"到"都不能換成"在"。

"在"、"到"的介詞結構,在句子里的位置可能有三种：

（1）放在主語后面动詞前面,这是一般介詞結構的位置,如：

③这古老的都城,在黑夜間,依然露出她的美丽。（老舍）

④我到办公室去一趟。

（2）放在主語前面,其他介詞結構也有这种用法,如：

⑤在那塊透明的琥珀里,兩个小东西还是好好地躺着。（課本《琥珀》）

⑥到那时候,你后悔也就來不及了。

（3）放在动詞的后面,那就是作補語了。这种用法其他介詞結構比較少（如"來自北京"、"生于1909年"等）。"在""到"的介詞結構作補語却极为常見,尤其是在單音的自动詞的后面,如"坐在地下","躺在床上","走到街上","跑到操場里"等。用"把""被"的句子里,"在"的介詞結構,也要放在动詞后面,如："把手絹裝在口袋里","把桌子擺在窗戶底下","它被它的主人丢在这里","蒼蝇和蜘蛛一齐被包在里面"。不过要注意一点,"到"常和动詞（多为他动詞）連在一起构成合成动詞,如："看到""听到""拿到""办到""找到""接到""收到"等。 例如："我收到这本書","收到"是他动詞,这本書是宾語；不要認为"收"是动詞,"到这本書"是介詞結構作補語。这和"我走到院里"这种句子如何区别呢？

1. 按动詞說：是他动詞,后面是宾語；是自动詞,后面就是介詞結構。

2. 改变句式可以测驗出來，是宾語的句子可以有："这一本書,我已經收到了"；"这本書被我收到了"；"我把这本書收到了"等变换的方法。介詞介構的句子如："我走到院里"不能这样变。

3. 看后面能添"來""去"等詞不能,"我走到院里"后面可以說成"我走到院里去"（或來）,但不能說"我收到这本書去"（或來）。

4. "接到""收到""看到"等,"到"可以换其他詞素,如"接住""找着""看見"等,"走到"的"到"不能换其他的詞素,只能换其他介詞,如"走在前面","走向和平"等。

5·74 对、对于、关于 "对"有时还可以作动詞用（見前）,但現在絕大多数是用作介詞了。作介詞用时后面还可以加"着"。如："他对着我点头"、"他对着一堆作業发愁"等,但并不表示时态,和"向着""当着""朝着"等介詞一样,还不能加"了"。"对于"不能作动詞用,是純粹虛詞了。"对"和"对于"沒有很明顯的界限,好多地方都可以通用。如：

①村長是外來的,对村里情形不十分了解。（趙樹理）

②我認为这是对整个文学藝術运动很有益处的。（毛澤东）

③这是对于我們有利而对于帝国主义非常不利的形势。（呂叔湘）

这些"对"和"对于"都可以互换。只有在保留一定程度的动詞性的地方不能换"对于"如：

④他对我的态度不好。

⑤爸爸对我好,大鳳姐对我不錯。（老舍）

⑥你要对組織負責。

⑦你要对我說实話。

—202—

这些"对"不能說成"对于",因此凡用"对于"的地方都能用"对",而用"对"的地方不一定都能用"对于",这要注意。

"对于"的用法有三种:一种是普通介詞結構的用法,如:

⑧也有这样的一种人,他們对于人民的事業幷無熱情,对于人民及其先鋒隊的战斗和勝利,抱着冷眼旁观的态度。(毛澤东)

这只是表示动作所关联的对象。第二种用法有些象"把"的用法,可以表示前置宾語 如:

⑨人民政府对于他的发明十分重视。

⑩对于自己的歷史一点不懂,或懂得太少,不以为恥,反以为荣。(毛澤东)

第三,在原來宾語的位置上再塡上代詞,如

⑪因此,对于人民羣众与青年学生主要的不是引導他們向后看,而是要引导他們向前看。(毛澤东)

"关于"和"对于"也有可以互换的。例如:"对于这个問題我沒意見",可以换成"关于"。它們的区别在于:"对于"是表示对象或者关联的,"关于"是表示关联、范圍或者提示的。假如是确指某一事物的本身的时候用"对于",假如是牽涉到某一事物某一方面某一个问题的时候应該用"关于",底下例句里的"对于""关于"不能互换:

⑫我們对于反动派和反动派的反动行为,决不施仁政。(毛澤东)

⑬村長是外來的,对于村里情形不十分了解。(趙樹理)

⑭关于費巩教授的失踪,当初有种种傳說。(呂叔湘)

⑮关于这后一个問題,即党和羣众关系的問題,应当是:

— 203 —

凡屬人民羣众的正确意见,党必须依据情况領導羣众予以实現,而对于人民羣众发生的不正确的意见,則必須敎育羣众,予以改正。(毛澤东)

从介詞結构在句中的位置上看,"对于"的介詞結构經常在主語后面,有时也可以提在主語前面;"关于"还有表示提示的作用,所以經常在主語前面,因此"关于"的介詞結构后經常有語音停頓,"对于"的介詞結构后就不一定有語音停頓了。

5·75 由于、为(为了、为着) "由于"和"因为"一样,是表示原因的介詞(它們又是連詞,見后)。后面單是一个詞的时候,多用"因为"(或"因")不大用"由于"。如"他因病請假","他因为粗心出了毛病"。"因病"不能說"由于病","因为粗心"改成"由于粗心"也不大自然。后面是詞組的时候,用"因为""由于"都可以,可是大家很喜欢用"由于"。"由于"經常是在主語前面,但也可以用在主語后面。例如:

①北京的家庭手工針織业,由于資力薄弱,旣不儲备原料,又不能儲备產品,多是現做現賣。(报)

②組閣失敗是由于某些政党提出了絕对性的要求而引起一些不可克服的困难。(报)

"为"的用法比較复雜,有时(很少)表示原因,如"他为什么不來?"有时表示对象和联系的,如"为人民服务","为牺牲的同志們报仇!"这个"为"是"替"的意思。最大多数是表示目的,如:"为建設社会主义社会而奋斗"!"請允許我为我們敬爱的中国來賓、毛澤东同志、朱德同志、周恩來同志,为偉大的中国人民,为波蘭和中国的友誼,为社会主义陣营的团結一致,为世界和平而干杯"。(报)"为"也可以說成"为了"和"为着",但意思一样,幷不表示时态。

"为了"的后面,可以是名詞、代詞或者是除了主謂結構的其他种詞組,而以动宾結構的詞組比較多。"为了"所构成的介詞結構,一般的放在主語前面和主語后面,間或有放在謂語后面的。例如:

①我这次是專为了別他而來的。(魯迅)

②为了实现語音規范化,我們必須在口头語言中大力推广普通話。(«漢語課本»)

③为了答复問題,就得好好研究一下憲政的道理。(毛澤东)

④为了避免亡国,就一定要这样做。为了这个目的,就要大家努力。(毛澤东)

⑤为着打敗日本侵略者和建設新中国,为着防止內战,中国共產党在取得了其他民主派別的同意之后,于1944年9月間的国民参政会上,提出了立即廢止国民党一党專政、成立民主的联合政府一項要求。(毛澤东)

⑥他們不惜牺牲一切,为了爭取人民的自由和幸福。(«漢語課本»)

5·76 跟、同、和 这三个詞在现在都能作介詞用,并且意思一样,也可以做連詞。它們在介詞和連詞用法上的区別,我們在講連詞时再討論。现在先說一說作介詞用的用法。"和"最普通,"跟"在北京話里用得比較多,"同"流行在長江一帶的方言里,在北方話里不常用,但现在書面語言里也很流行。只是这点不同,用法上沒有区別。"跟"和"对"有时可以通用,如:"你跟他說一說"和"你对他說一說"都可以。但"对人民負責","对他進行教育",不能換成"跟"(和),反过來"你跟他吵什么?""你跟他研究一下吧"就不能換成"对"。为什么?因为"对"只表示單方面的行为。"跟"表示兩

— 205 —

方面的关系。"你对他說",只是你說,"你跟他吵"就是两个人都吵才能吵起來。"跟"和"向"也能通用,但也有区别。如:"你跟他要吧!""你跟他解釋一下","跟他借錢"都可以換成"向"; 但在"向東走","走向勝利"就不能用"跟"了。

"跟"(和、同)还可以用在表示比較的句子里,和"一样"、"相同"等相呼应。例如:

①掌櫃同平常一样,笑着对我說……(魯迅)
②这种蘿蔔跟梨一样甜。
③中国有許多事情和十月革命以前的俄国相同,或者相近。(毛澤东)
④不过小芹却不跟三仙姑一样(趙樹理)
⑤你这缺点也得好好改一改,入了社,和以前不一样了,旧思想使不得啦!(西戎)

5·77 比 "比"也用在表示比較的句子里,但和"跟"(和、同)不同,"跟"和"一样"等連用,表示兩种事物相同(相似)或不同(不相似);比較兩种事物的高下时,才用比。

用"比"的句法有四种格式:

(1)对比 同类事物拿來相比,顯出程度的差别來,例如:
①我比你高;你比他功課好;他比你爱劳动。
②三师兄比我恐怕要大十歲。(老舍)
③〔李成娘〕叫媳妇給她縫过一条褲子,她認为滿意,比她自己做得細致。(趙樹理)

"我比你高",只是"我"和"你"來对比,我不一定是个大个子,但比起"你"來是高些;"你"也不一定是矮子,但比起"我"來要矮些。比的結果是"我高,你矮"。其他例句可类推。

（2）差比　兩种事物有同一种性狀，表示程度不同。差比一定要有程度副詞相配合。如：

④这座山比那座山更高一些。

⑤从此金旺兴旺比前更厉(利)害了。（趙樹理）

⑥看她們那嘴，說出話來，比刀子还快哩！（西戎）

这种句法，是在同一种性質上來比較兩种事物相差的程度。第④例句"这座山比那座山更高一些"，意思是說那座山已經很高了，不过不如这座山高就是了。

（3）極比　某一种事物的性狀在同类中很突出，表示最高程度。極比一定用疑問代詞。如：

⑦他比誰都高；他比任何人都狡猾。

⑧三元比誰都明白、可愛。（老舍）

⑨从他走路的脚步上，可以看出比哪一天也有勁。（趙樹理）

"他比誰都高"，就是以他为最高，任何人都比他矮。

（4）連續比　一种事物的性狀，随时間和順序而生出不同的差別。如：

⑩他一年比一年高了。

⑪这半年來眼睛一天比一天不好。（曹禺）

⑫他的作業一次比一次好。

这种比法，"比"的前后重复时間或次数，表示程度的累进。（其他如："一个比一个高明"、"一張比一張好"等也屬这类）假如不用"比"，說"一天一天"甚至說成"一天天"，如："他一天一天（或一天天）進步了"，这表示逐漸的意思重些，表示比較的意思就减輕了或沒有了。

— 207 —

以上我們把主要的几个介詞的主要用法，大体上談了一下，要談的当然还很多，不可能一下說尽。想進一步研究，可参看黎錦熙、刘世儒所著《中国語法教材》第三册講介詞的部分，呂叔湘、朱德熙所著《語法修辞講話》第三講虛字部分，以及其他語法書講介詞的部分。

練 習 七

1. 在下面一段文章里，指出哪些是介詞，哪些是介詞結構？这些介詞結構是句子的什么成分？

当大地剛从薄明的晨曦中苏醒过來的时候，在蕭穆的清涼的果樹園子里，便飄蕩着清朗的笑声。鳥雀的欢噪已經退讓到另外一些角落去。一些爱在晨風中飛來飛去的小甲虫便更不安地四方乱闖。濃密的樹叶在伸展开去的枝条上微微蠕动，却隱藏不住那累累的碩果。看得見在那樹叢里还有偶尔閃光的露珠，就象在霧夜中耀眼的星星一样。（丁玲：《果樹園》《初中文学課本》第四册）

2. 指明下列各句中的介詞結構的作用：

①瞿秋白在1899年生于一家破落的讀書人家。

②他以北京《晨报》记者的身份去訪問苏俄。

③毛澤东同志任弼时同志等在一起，为維护党关于統一战綫的正确政策進行了堅决的斗爭。

④这时期他寫了不少同实际斗爭緊密联系的文藝作品。

⑤他又从朝鮮人民談到美国侵略軍。

⑥他对美帝国主义者的憎恨跟他对朝鮮人民的热爱是一样的深。

— 208 —

⑦我們要把他的一切都吸收進我們的眼底。

⑧我們就是为了和平才來作战的。

⑨你們比我們丟得更多。

⑩她們气得泪珠挂在眼皮上，几次想冲上去把張老五駡一頓，都被李秀英用眼色阻止住了。

3．指出下列各句的錯誤。

①他把地扫，我把玻璃擦。

②他在路上把一把小刀撿到了。

③同学应該互相原諒，而各对于自己作正确的自我批評。

④对于雷峯塔，他曾經听祖母說过許多故事。

⑤我們学校也有許多情况比其他学校不同些。

⑥我关于他的錯誤，沒有什么办法。

⑦以他自己作主，由自己的存款里取出一半給她。

⑧为了沒有吃的，郭桂容只好带着孩子住向老娘家里。

第十一章 連　　詞

5·78 連詞的語法特点　我們平常說話或寫文章常常把兩个或兩个以上的詞、詞組或句子一起說出來，中間用一些虛詞把它們連接起來，表示种种关系。例如："工人和農民"；"我和你"；"聰明而努力"；"繼承并且发展"；"吃飯和穿衣"；"优秀的品質与健康的身体"；"寫小說或者寫詩歌"；"因为身体不好，所以要加緊鍛煉"；"不但功課好，而且身体也很强壯"；"虽然身体不好，可是精神还不錯"。象前面加"·"的这些虛詞都是連詞。連詞是什么

— 209 —

呢？連詞就是連接詞和詞、詞組和詞組、句子和句子，表示它們中間种种关系的虛詞。

連詞既是虛詞，当然和实詞的語法特点不同；就是跟虛詞里的副詞和介詞的語法特点也不相同。副詞有修飾作用，介詞組成的介詞結構也有修飾作用，連詞沒有，只能起連結作用。因此連詞的特点是：

（1）連詞是虛詞，不能單独囘答問題；

（2）連詞不能充当句子的成分；

（3）連詞不能重叠；

（4）連詞沒有修飾作用，只能連接詞、詞組或句子，表示各种意义上的关系，起語法作用。

5·79 連詞的作用和种类 連詞只起語法作用，起作用的地方就在它連接詞、詞組或句子所表示的种种关系。都是表示什么关系呢？表示的关系有兩大項，就是联合关系和偏正关系，这兩項下还可以分成几种，每种有它們常用的連詞。这里只就两个大項來举例說明。

（1）联合关系 这种关系是两个詞或两个詞組，平等的联合起來，沒有主次的区别，有时前后的位置可以掉換，并不影响意义。如：

①我們被帝国主义及其侍从們，眞是騙得太久了。（魯迅）

②換到手的是或多或少的一叠鈔票。（叶聖陶）

③他不但是一个愛国詩人，而且是一个愛人民的詩人。（郭沫若）

（2）偏正关系 两个句子的意思，一句比較重要，一句比較次

— 210 —

要,把它們用連詞連接起來,表示种种关系,这种就是偏正关系。例如:

④如果对方是綿羊呢,它又变成了老虎了。(沙汀)

⑤面子在这鎮上的作用就有如此厉(利)害,所以么吵吵悶着張臉,只是懶懶地打着招呼。(沙汀)

⑥哪怕老婆孩子都随着茅舍的房頂漂走了,心里也不敢有半点怨言。(華山)

⑦我不繳租,宁可跑去吃官司。(叶聖陶)

以上我們把連詞的作用和种类,大概談了一下。在这里只要求大家明白是起的怎样的作用,怎么个用法。表示联合关系的連詞,大半是連接詞或詞組,表示偏正关系的連詞大半是連接句子的。連接詞或詞組的連詞,还可以按照它們所連接的对象再分:(一)一般只連接名詞、代詞或者以名詞为中心的詞組的有:"和""跟""同""及"等;(二)一般只連接动詞、形容詞或者以它們为中心的詞組的有:"并""并且""而""而且""不但"等;(三)能連接各类詞或者各种詞組的有:"与""或""或者"等。連接句子的連詞跟复句的关系很密切,等講复句时再講,在这里不必去硬鑽它。

5·80 連詞的呼应 連詞常常是一对前后呼应,如:"不但……而且"、"尚且……何況"、"或者……或者"、"还是……还是"、"不是……就是"、"因为……所以"、"虽然……但是"、"虽然……可是"、"与其……不如"等。例如:

①〔孔乙己〕穿的虽然是長衫,可是又髒又破。(魯迅)

②与其和暴風雨在海上肉搏,我們不如把輪船停在安全的港口里。(王汶)

有好些句子,本来可以用一对,因为用一个就可以表示出关系

—211—

來,就只用一个,例如:

③胆怯,因为他太有錢了。(沙汀)

④因为預征太多,許多人怕当公事,于是联保主任这个头銜忽然落在他头上了。(沙汀)

⑤他現在多少有点失悔自己做了糊涂事情;但他佯笑着……(沙汀)

⑥他是一个眞正的学者,所以他的風度是学者的風度。(柯柏年)

⑦我們的身子离开你很远,可是我們的心緊緊地靠着你。(朱子奇)

我們不必再多举例子了,只看这几句。例③本可以說成"因为他太有錢了,所以胆怯",現在把"胆怯"反到前面,只用一个"因为"就可以了。例④本可以說成"因为預征太多,所以許多人怕当公事"只用一个"因为",讀者就可以了解,"所以"就可以不用;并且緊接着还有"于是"这个連詞,用連詞太多也不好。例⑤"他現在"底下可以添上个"虽然",例⑥一开始可以添个"因为",例⑦一开始可以添个"虽然"。只因不用这些詞,意思也可以表达出來,所以就不用了。这牽涉到修辞方面,我們象这样运用时要注意,不要搞錯了。

还有一种情形,虽然是偏正关系,可是两个連詞都省去了。例如:

⑧村長是外來的,对村里情形不十分了解。(趙樹理)

⑨院外是冬天,院里是秋天。(周立波)

⑩南坡庄上窮人多,地里南瓜豆莢常常有人偸。雇着看庄稼的也不抵事,各人的东西还得各人操心。(趙樹理)

⑪今年用不着看了,大家都有了。(同上)

— 212 —

我們看这几句話，例⑧可以說成"因为村長……所以对村里……"例⑨可以說成"雖然院外是冬天，可是院里是秋天。"例⑩有兩句話，补上連詞是"因为南坡庄上……所以地里……。縱然雇着……因此各人的東西……。"例⑪本來是："因为大家都有了，所以今年用不着看了。"改成"今年用不着看了，因为大家都有了"也可以；索性把"因为"也不用，就成了沒有連詞的句子了。这些句子，雖然沒有連詞前后呼应，也能表示出它的意思來，沒有必要就不用了。在这些地方，自己要深入体会，該用的地方一定要用，不要因为少用了使人发生誤会；不需要的时候就不必用，免得把文章搞得非常的罗嗦。

5·81 連詞和副詞的配合 在句子里用連詞时，不但可以和連詞前后呼应，幷且还可以和副詞配合着使用，起关联作用。連詞和副詞配合着使用的很多，现在擇要說明几种主要的格式。

（1）不但……还(不只、不僅……也、又等)表示進層的关系。例如：

①咱們不但要担起，还要超过任务。（錢小惠）

②不但那一房子藥都完了，工厂也完了。（趙桂蘭）

③不只是政治和經济，文化方面我們也要感謝苏联。（馮至）

④社会經济的性質，不僅規定了革命的对象和任务，又規定了革命的动力。（毛澤东）

（2）旣……也(旣……又)表示动作或性狀同时存在，也有進層的意思。例如：

⑤他旣不驕揉造作，也不沽名釣譽。（柯柏年）

⑥他心里腻煩了，旣不敢出去，又沒事可作。（老舍）

—213—

⑦他既聪明，又漂亮。

（3）既然………就　表示因果关系。例如：

⑧他既然已經走了，就不用叫他了。（周祖謨）

⑨既然时間还早，我们就可以等一会儿再去。（同上）

（4）如果……就（便、还、也等）、（要……就）表示假設关系。例如：

⑩如果出到十几文，那就能買一样葷菜。（魯迅）

⑪婆姨如果囬一下嘴，張老五便捶泥似的把婆姨打一頓。（西戎）

⑫如果表示不去，倒顯得理短了一截。（西戎）

⑬我要是个妇女，也不会有她们那么厉害。（西戎）

⑭你要知道革命的理論与方法，你就得参加革命。（毛澤东）

（5）只有（只要）……才（便）表示条件关系。例如：

⑮只有認清中国社会的性質，才能認清中国革命的对象。（毛澤东）

⑯只要放在枕边，便可安枕而臥。（魯迅）

⑰只要用堤壩把海峽截断，就可以建設起一億瓩以上的一个水电站来。（華山）

⑱庄稼活儿只要經常下地，誰也干得了。（西戎）

（6）不管……也（不論、任憑……都、也等）表示無条件。例如：

⑲不管你叫他个甚，宋师傅也应承。（馬烽）

⑳不論去到哪一村，妇女們的眼睛都跟着他轉。（趙樹理）

— 214 —

㉑任憑你多么大的本領，你也阻止不了社会向前发展。（周祖謨）

（7）尽管……还（就是、哪怕、卽使……也等）表示讓步关系。例如：

㉒尽管他不听，我們还得耐心說服。

㉓就是輕視妇女的思想不对，也不能叫她們这也說那也講的。（西戎）

㉔哪怕老婆孩子都随着茅舍的房頂漂走了，心里也不敢有半点怨言。（華山）

㉕卽使是最漂亮的小伙子，也居然敢于丢臉，不敢再跑。（老舍）

（8）虽然……却（虽然……也）表示轉折关系，例如：

㉖他虽然照样办，却总是睡不着。（魯迅）

㉗故鄉本也如此，——虽然沒有進步，也未必有如我所感的悲涼。（魯迅）

㉘李秀英虽是二小队的生產队長，也拿張老五沒办法。（西戎）

5·82 連詞同副詞和介詞的关系 从上節我們知道連詞还和副詞常常配合使用表示关联作用。在这种場合，副詞也有連詞的作用。我們是不是說副詞变成了連詞了呢？不，因为副詞虽然起一定的連接的作用，終究还是副詞，和連詞畢究不同。因为連詞是純粹虛詞，除了語法作用沒有另外的意义；副詞是半实詞，还有修飾作用。因此去了連詞，除失去了連詞的作用外，不发生意义上的变动，去了副詞就不同了。例如："我和他"，去了"和"以后，"我"仍旧是"我"，"他"仍旧是"他"；"我不喜欢他"，去了"不"，意思就正

— 215 —

相反了。副詞既然是修飾动詞、形容詞这类实詞的，位置比較固定，連詞不修飾哪一个詞，位置可以灵活些。例如"如果"是連詞，"就"是副詞，我們看"你如果先作完，你就可以先走"这句話，"如果"可以移动，可以說成"如果你先作完"；但"就"不能移动，不能說成"就你可以先走"。根据这些，就可以分出來哪些是連詞，哪些是副詞。表示語气的副詞，位置比較活动，如："他莫非不來了嗎？"也可以說成"莫非他不來了嗎？"但它沒有关連作用，也就区別开了。"既……又"好象很难分別，如"他既不敢出去，又沒事可作"。但仍旧可以分別，因为"既"既可以說"既然"，在別的句子里可以移动位置（如：他既然來了，或既然他來了），又可以去掉，說成"他不敢出去，又沒事可作"，"又"就不行。形式相象，实質不同。有些詞是一詞兩类，如"只是""或者""要"……等，有时是連詞，有时是副詞、我們按它們的具体条件（所起的作用，和那些詞发生关系，可以調换其他的詞等）去分別它。例如：

①好象在实际問題上的意見，只是对这一段話的理解不同。（报）（"只是"是副詞，修飾介詞"对"，假如补出主語，只能說"他們只是"不能說"只是他們"）

②木器不便搬运的，也小半賣去了，只是收不起錢來。（魯迅）（"只是"是連詞，有轉折的意思，可以换成別的連詞"可是""但是"等，加上主語"我"，可以說成"只是我"或"我只是"。）

③他或者不來了。（副詞，"也許"的意思）

④用鉛筆"或者"毛筆都可以。（連詞，連接兩个名詞）

⑤房子要塌了。（副詞，表时間）

⑥我要是个妇女，也不会有她們那么厉害。（西戎）（連

— 216 —

詞）

其他可以类推，我想根据这些就可以把副詞和連詞区別开了。

連詞和介詞也有糾纏不清的地方，例如：

⑦我和他都是学生。（連詞）
⑧我和他沒有談过这件事。（介詞）
⑨因为我有病，所以我沒有去。（連詞）
⑩我因为有病沒有去。（介詞）

怎样來辨别哪个是連詞哪个是介詞呢？第⑦句"和"連接平列的兩个代詞，不分輕重可以对調，不能抽去一个，可以說成"他和我都是学生"，但不能說成"我都是学生。"第⑧句"我"为主，"和他"是介詞結構，作动詞"談"的狀語。"和"可以換成其他介詞如："对""向"等。所以"我"和"他"，有主要、次要的区别，不能对調（說成"他和我沒有談过……"意思就反了）能抽去"他"，說成"我沒有談过这件事"可以，換"对""向"等，說成"我对（向）他沒有談过这件事"也可以。第⑨⑩兩例的情形比較复雜，因为牽涉到單复句問題，在这里大概談一談。第⑨句包括兩个分句，"因为"和"所以"呼应，表示因果关系；第⑩句是个單句，"因为有病"是个介詞結構，修飾动詞"去"，說明沒有"去"的原因。是不是只是拿能抽出來擺在前面，或是有停頓作为区分介詞、連詞的标准呢？ 还要用以前所說的条件來檢查，連詞的位置可以在主語前或主語后，"介詞結構"整个作狀語（或定語）不能拆开，所以中間不能插入主語。例如："他为这事正在为难"，"为"是介詞，"为这事"是介詞結構，假如說成"为这事，他正在为难"这个"为"是不是連詞呢？不是，仍旧是介詞，因为前面說过，介詞結構可以提在主語前面；并且假如添上主語，只能是"他为这事"，而不能是"为他这事"。"因为"就不同，說"我因为有病"、"因为我有病"都可以。

几个連詞的用法

5·83 **和、跟、同、与、及(以及)** 这几个詞都能作連詞，沒有很大的分别，"和""跟""同"的用法一样，北京口語里用"跟"的时候多，書面語里用"和"的多，用"同"的比較少。"与"是文言詞，常用在标題、書名或比較鄭重的文件里，这一組詞当連詞是表示并列关系的，例已見前不再举。"及"和"以及"也是文言詞，"及"应用的范圍小些，只連接名詞，"以及"大些，可以連結詞組，不过和那几个不同的地方，一是只作連詞，不能作介詞；一是所連接的成分有主要次要的分别，不能顛倒。 例如"然而帝国主义及其奴才們……。"(魯迅)"向着帝国主义的走狗即地主階級和官僚資產階級以及代表这些階級的国民党反动派及其帮凶們实行專政"。(毛澤东) 在前面一句顯然以"帝国主义"为主，不能顛倒过来，第二句也一样。"及"也能換成"和"說成"帝国主义和他的奴才們"，前后两个名詞还是不能对調。

其次是这类連詞，在并列的几个詞中間放在哪里的問題。这种情形很复雜：有的根本不用連詞，那就是用頓号代替連詞，有的都用，也有只用一个的。例如：

　①我們的区域內，宁岡、遂川、酃縣、茶陵，都有土客籍問題，而以宁岡的問題为最嚴重。(毛澤东)(一个不用)

　②大赤包与尤桐芳和他的女兒是他的衛星。(老舍)(全用)

　③前委暫設秘書处、宣傳科、組織科和职工运动委員会、軍事委員会。(毛澤东)(只用一个)

— 218 —

只用一个連詞的,放在哪里最合适呢? 中国的老办法是按类分,如第③例就是如此:前面三个是"处""科",后面两个是"委員会",所以"和"就放在"科"和"委員会"的中間。其他的例子,如:

④这里王夫人和李紈、鳳姐儿、宝釵姊妹等見大夫出去,方从廚后出來。(曹雪芹)(这是按輩來分)

⑤散了押歲錢幷荷包、金銀錁等物。(曹雪芹)(这是按錢、物分)

近年來受西洋句法的影响,常常把連詞加在最后一个詞的前面,例如:

⑥热情的工人、農民、战士和知識分子,挺着胸脯,大踏步地从我們眼前涌过。(报)

⑦綜上所述,可知一切勾結帝国主义的軍閥、官僚、买办階級、大地主階級以及附属于他們的一部分反动知識界,是我們的敵人。(毛澤东)

不过傳統的办法还是值得保留的,完全是幷列性質的,可以在最后一个詞前面加連詞,假如在幷列中又可以分类的时候,还是用傳統办法好些。

⑧五蟠、燕燕、小晚和艾艾,四个人都往区上去。(趙樹理)

这就不如說成"五蟠和燕燕、小晚、艾艾"(按輩分來分)或"五蟠、燕燕、艾艾和小晚"(按男女分)这样好些。(可参看肖斧:《与类連詞在多选幷列中的位置》和《再說与类連詞在多选幷列中的位置》見《語文学習》1953年3月号,《中国語文》1956年8月号)

最后談一談这类詞作連詞和作介詞的分工問題。現在"和"这一組詞,(除了"及""以及"外)共同担任着作連詞和介詞的职务,他們本身也沒有分别,于是乎非常混乱,作連詞、作介詞用哪个詞,完

全由寫文章的人信手寫來,我們看:

⑨他觉得天气仿佛成心跟他过不去。(老舍)(介詞)
⑩脚心跟鞋袜粘在一块。(老舍)(連詞)
⑪但也沒有遇見过赤練蛇和美女蛇。(魯迅)(連詞)
⑫水生却同他一路出去了。(魯迅)(介詞)
⑬他們都和我一样只看見院子里高牆上的四角的天空。(魯迅)(介詞)
⑭幻想着張郎能囘心轉意与她和好。(人文)(介詞)
⑮实际生活說明,在这一部分人民同那一部分人民之間,政府同人民羣众之間,領導与羣众之間,在許多具体問題上是有矛盾存在的。(报)(連詞)
⑯我和同我一道訪苏的同志們,时刻怀念着和我們接触交往过的親爱的苏联人民和政府領導人。(报)(第一个"和"是連詞,"同"是介詞,第二个"和"是介詞,第三个"和"又是連詞)

这种情况,对讀者說來有很大的不便,对祖国语言的純潔和健康也是有妨害的。吕叔湘、朱德熙先生早就說过:"一方面,这些字有这么不同的作用。另一方面,即使除去有点方言性的'同'和有点文言气的'与',也还有'和'和'跟'两个字。假使能讓它們分工,比如說,'和'字專門用作連接詞,'跟'字專門用作副动詞,不就好得多嗎?这是值得尝試的"。(《語法修辞講話》第三講第102頁)

近來有个趋势,不是"和"和"跟"分工,而是"和"和"同"分工。魯丁同志曾經指出这一点:"值得特別注意的是,中国共產党第八次全国代表大会的几个主要文件上对"和"和"同"都作了这样明确

— 220 —

的分工"。(就是"和"作連詞,"同"作介詞),(見所作«談談"和""同"分工»«語文知識»1957年三月号)我們抄他一兩个例子:

⑰在今后,我們的公安机关、檢察机关和法院,仍然必須同反革命分子和其他犯罪分子進行坚决的斗爭。(刘少奇的政治报告)

⑱中国共產党和它的党員必須同工人、農民、知識分子和其他爱国人民建立广泛的密切的联系,幷且經常注意擴大和巩固这种关系。(中国共產党章程)

在这里我們看出來,"跟""与""及""以及"沒有再用(其实滿可以用,如"'以及'其他爱国人民"等),"和"專作連詞,"同"專作介詞。假如大家都这样來做,我們寫文章旣有所遵循,看文章也省力得多。希望大家响应这个号召,讓这一組詞簡化,讓"和"和"同"明确分工。

5·84 而、不但、而且 呂、朱二位先生說:"'而'字是文言里最常用的一个連接詞,相反的兩个意思可以用它來連接,相近的兩个意思也可以用它來連接,平等的兩个成分可以用它來連接,一个附加成分和一个被附加的成分也可以用它來連接。現代語里确实缺少一个跟它相当的一个連接詞,所以有时候非常需要它"。(«語法修辞講話»第三講第169—170頁)現在我們來看看它的用法。

相反的兩个意思用"而"來連接,大体相当"可是"的用法,例如:

①那批伪学者其实是不懂得达尔文学說的,而米邱林呢,他发展了达尔文的学說。(馮明)

②不愿意(指有敎条主义)是一囘事,而敎条主义思想的存在又是一囘事。(报)

相近的兩个意思，用"而"來連接，幷沒有轉折的意思，而有進一層的意思，大体相当于"幷且"的用法。例如：

③"放"与"鳴"，是要求不要徒然去重复前人的語言，而要有自己的語言。（报）

④反动政府是吸去人們的血，而把污水和垃圾倒在窮人的門外，叫他們享受猪狗的生活。（老舍）

平等的两个意思，用"而"來連接的，大多是形容詞。前后两个动詞用"而"來連接不是幷列的。我們知道連詞"和"不能連接动詞，（近來也漸漸出現了）因为动作很少同时幷做，有前后的常用"或"或"幷且"，如：

⑤放棄或放松党对經济建設的領導，經济工作就要迷失方向。

⑥爭取完成幷超額完成第一个五年計划。

"而"可以連接两个动詞，如"不欢而散""蜂涌而至""視而不見"等，"而"帶有文言气，现在不常用；所連接的不是平等的两个意思幷列，或者是先后，或者是轉折等关系。"而"連接形容詞，大多是平等的两个意思，如"偉大而質朴的人物"，"迅速而精确的工作作風"，"家具簡單而質朴"，"你沉默而倔强地工作着"等都是。

狀語和謂語之間，常用"而"來連接，这个"而"沒有同它相当的連詞，例如：

⑦就我个人和您……在这两年內的接触上所感受的而言，……（焦菊隱）

⑧从部隊、工厂为了欢迎我們而臨时安排的联欢会中，我們都看到……中国舞蹈和歌曲。（报）

"为……而"这种格式很流行，如："为……而干杯"，"为集体利益

— 222 —

而牺牲自己的利益","为美满的幸福的生活而奋斗"等。

"不但……而且"常常前后呼应,表示進一層的意思,例如:

⑨他不但是一个爱国詩人,而且是一个爱人民的詩人。(郭沫若)

⑩老賈覚得妇女們今天干的活儿,不但数量多,而且也非常細致。(西戎)

"不但"不能單用,后面一定要有和它呼应的連詞或副詞,(如"而且""就是""还""也"等)"而且"可以單用,如"臭而且長的八股文","可能而且一定会发生"。其他例句如:

⑪我暗想我和掌櫃的等級还很远呢,而且我們掌櫃也从不將茴香豆上賬。(魯迅)

⑫今天妇女們态度硬了一点,而且提出來同工同酬。(西戎)

5·85　并、并且　"并"也是跨兩类的詞,可以作副詞,也可以作連詞,这要注意。作副詞的如:

①雷峯夕照的眞景我也見过,并不見佳,我以为。(魯迅)

②他声明他并不怕吃苦。(張天翼)

③他眼睛并不对着誰,只看着天花板。(同上)

④这并不是他自己的意思。(同上)

这种"并"是表示語气的副詞,并且要和否定詞"不"連用,加重否定語气。作連詞用时,連接动詞和动宾結構,"并"或"并且"都可以用。如:"健全并擴大紅軍","清洗并防止内部的宗派主义","紅色的政权的发生、存在并且日益发展"等,在介詞結構前也要用"并"。再举兩个例句:

⑤我代表苏联人民,代表全体随行人員并且以我个人的

—223—

名义,向你們、向全中国人民和中国人民的領導者致最热烈的兄弟的敬礼。(报)

⑥中華人民共和国,同亞洲另一愛好和平的偉大强国印度一起,发起、制訂并宣布有名的和平共处五項原则。(报)

"并且"能連接分句,能和"不但""不僅"等連用,也可以單用,表示進一層的意思,例句已散見前几節,不再举例了。

以上我們只談了談几个連詞的用法。連詞的用法也比較复雜,希望在閱讀时多留心体会。以后講复句时,还要談到。

練 習 八

1. 指出下文里的連詞,并說明它是哪一类連詞。

他只是搖头;脸上雖然刻着許多皺紋,却全然不动,仿佛石象一般。他大約只是觉得苦,却又形容不出,沉默了片时,便拿起烟管來默默地吸烟了。……我想:我竟与閏土隔絕到这地步了,但我們的后輩还是一气,宏儿不是正在想念水生嗎?我希望他們不再象我,又大家隔膜起來……然而我又不愿意他們因为要一气,都如我的辛苦展轉而生活,也不愿意他們都如閏土的辛苦麻木而生活,也不愿意都如别人的辛苦恣睢而生活。他們应該有新的生活,为我們所未經生活过的。(鲁迅《故鄉》)

2. 指出下列各句中前后呼应的詞,并說明哪个是連詞和連詞呼应,哪个是連詞和副詞呼应。

①鎭上走一轉,买点东西囘去,也不过在賬賬上加增了一筆,况且有些东西实在等着要用。(叶聖陶)

②佃农家庭的生活自然是很苦的,可是由于母親的聪明

能干，也勉强过得下去。(朱德)

③只有孔乙己到店，才可以笑几声，所以至今还记得。(鲁迅)

④这声音虽然极低，却很耳熟。(鲁迅)

⑤李秀英虽然心里生气，但神色却很镇静。(西戎)

⑥要是地里打不下粮食，就是一天挣上一百个劳动日，也分不来一颗！(西戎)

⑦大沟里，或前或后，偶尔有零星的枪声，清脆而又悠长。(柳青)

⑧本来不想再喝水，可是见了井不由地又过去灌了一气。(老舍)

3. 辨别下列各句的带"　"的词，哪些是副词，哪些是介词，哪些是连词？

①"由于"实行了真正的文化革命，我们国家消除了文化落后的现象。(报)

②目前争鸣的空气"还"不活跃，原因"自然"很多，"但"各方面没有进行组织的工作，"也"是原因之一。(报)

③丁香的善良"与"可爱，在这个戏里"并"不是"仅仅"表现在她悲惨的生活中，在她被休以后的新生里"也"是表现得非常鲜明的。(人文)

④我才知道做学生是不应该问这些事的，"只要"读书，"因为"他是渊博的宿儒，决不至于不知道。(鲁迅)

⑤赶不上新汲的水，就"跟"驴马"同"在水槽里灌一大气。(老舍)

⑥地上的热气"跟"凉风搀合起来。(老舍)

— 225 —

⑦密司黃說要"跟"劉主任去算賬呢。(張天翼)

⑧"并且"又叫金旺囘去"和"自己的老婆說一下。(趙樹理)

第十三章 嘆　詞

嘆詞的語法特点和作用

5·106　嘆詞的語法特点　我們說話，假如有强烈的感情需要表达的时候，常常用一种音声來表示；兩个人打招呼或問答，也常用一种声音引起对方注意或表示自己听話以后的反应。例如：

①唉！又下起雨來了！
②啊！毛主席來了！
③唉呀！車已經开了！
④喂！留心哪！
⑤嗯，知道了。

象"唉""啊"这种表示强烈感情的或者表示应答的声音的詞叫做嘆詞。

嘆詞本身沒有实在的意义，只是一种表示情感或应答的声音，所以是虛詞。它不同別的詞发生組合关系，一般是單独用在句子前面，間或用在句子当中或后面。不能做句子成分，但有兩种特殊情形：一种是可以單独囘答問題，比如你問"你吃了飯了嗎？"对方可以囘答"嗯"。你命令某个人做点什么，你說完了，他也可以只囘答："嗯"。或是你給他解釋問題，他明白了，只說"哦。"再一种是在一些句子里可以做句子的成分，如：

⑥只听得他唉呀一声。
⑦他鼻子里哼着。

所以嘆詞是一种特殊的虛詞。嘆詞的特点，可以归納如下：

— 257 —

(1)嘆詞是一种特殊的虛詞,本身沒有实在意义,但可以單独囘答問題。

(2)嘆詞一般不做句子成分,总是独立在句子以外。

5·107 嘆詞的作用 嘆詞主要是表示强烈的感情的,其次表示問答,并不表示强烈的感情。这都是單独运用的,有时可以自己成一个句子。有时借作动詞或形容詞等,那就可以做句子的成分了。以下分别敍述一下。

(1)表示强烈感情的 又可以分成:

1.表示驚訝的,例如:

① 唉呀! 日本! 你看那衣裳!(孙犂)

② 啊! 原來是他們!(孙犂)

③ 啊呀! 这全是妇女呀!(丁玲)

④ 阿! 閏土哥,——你來了?(魯迅)

⑤ 阿呀,老太太眞是!(魯迅)

⑥ 阿呀阿呀! 眞是愈有錢,便愈是一毫不肯放松。(魯迅)

⑦ 哈! 这模样了! 胡子这么長了!(魯迅)

⑧ 喲! 二太爺,你怎么打上我們門上來了?(《打魚殺家》)

2.表示欢乐的,例如:

⑨ 哈哈! 还是我的記性好。(周瞱)

⑩ 嘿嘿! 这囘可算找到了。

3.表示贊嘆、羡慕等的,例如:

⑪ 啊呀呀! 你放了道台了,还說不闊?(魯迅)

⑫ 嘖嘖! 你看这有多么好看!

⑬嗯！真是好样！（丹軍）

⑭咳，真虧了他，碰見這樣情況還不发愁。（秦兆陽）

4. 表示伤感或痛惜的，例如：

⑮唉！真不該把人家老常餓死了來！（趙樹理）

⑯噯！恐怕他对我也是这么样的感想吧！（丁西林）

⑰其实，——唉！——太太的脾气也太古怪了。（丁西林）

⑱唉，他真苦死了！工作这么多，連吃飯的工夫都沒有。（張天翼）

⑲唉！你快放开吧！（成蔭）

⑳啊呀！这怎么受得了哇！

5. 表示憤怒或鄙斥的，例如：

㉑呸！好不要臉！（老舍）

㉒給我滾！快滾！上这儿找便宜？我往外掏坏的时候还沒有你呢，哼！（老舍）

㉓其实啊，哼！他骨子里还格儿格儿地笑着呢！（丁西林）

㉔你們小心！你們，哼，你們！你們！……（張天翼）

6. 表省悟的，例如：

㉕啊，想起來了：得有个洗臉盆。（老舍）

㉖哦，我記得了。（魯迅）

7. 劳动和歌唱中，常利用嘆詞，劳动时的呼声可以使大家一齐用力，并可以减少疲劳；平常我們看到拉板車、抬重东西、拉縴等吃力工作，工人們都是彼此嘴里哼着，有时一个人唱，其他的人应和着。民歌和一般歌辞中，也常夾雜嘆詞表示各种感情。例如：

㉗"大家齐用力呀"(咳嗬咳)哼呀嗬咳哼,(嗬咳哼)大家一齐流血汗!(嗬嗬咳)为了活命,哪怕日晒筋骨酸!(嗬咳哼)……(《大路歌》)(歌里( )里的就是大家应和的声音)

㉘"咱們工人有力量"!"嗨!咱們工人有力量"!"白天黑夜工作忙""嗨!白天黑夜工作忙!"……哎咳!发动了机器轟隆隆地响……哎咳哎咳咦咳哟,咱們的臉上发紅光……(《咱們工人有力量》)

㉙真热鬧啊真热鬧,滿街的鑼鼓放鞭炮,嘻嘻嘻得儿哈哈哈,嘻嘻嘻得儿哈哈哈,老百姓翻身当了家呀当了家。……(《中華人民共和国万歲》)

㉚嘿啦啦啦啦嘿啦啦,嘿啦啦啦啦嘿啦啦,天空出彩霞呀,地上开紅花呀……(《中苏团結力量大》)

表示感情的嘆詞,我們大体上分这几項談一下。表示什么樣的感情,用什么嘆詞,有一定的習慣,如用"唉"表示伤感,用"哈"表示快乐等。不过嘆詞并不能嚴格地說表示哪种感情,一定要用哪些嘆詞。如:"唉呀"一詞,就可以表示各种各样的感情,念的長短也不同,如"唉呀!可痛死我了"。表示哀伤,念得比較慢,声音比較低;"唉呀!是你!"表示驚喜,声音高并且很短促;"唉呀!多大点事儿嗎?值得那样!"表示諷刺或劝告,声音低長还有屈折;"唉呀!蛇!"表示驚惧,声音高而短促;"唉呀!你稍微說一声就行嘍,你就說一声嗎!"表示請求,声音低并且緩慢。………所以嘆詞表示各种有細微区别的感情,談是談不完的。我們一方面讀作品时要細心体会,一方面朗讀时要注意它的高低快慢,这样才能傳达出作品的感情來呢。

(2)表示招呼或問答的 这不表示什么感情,打招呼是讓对

方注意,囘答問題表示自己的态度等。例如:

㉛楊行敏跑來接了听筒,"喂!……什么? ……找趙家林?""喂!趙家林!喂!勞駕,千万別忘了……"(張天翼)

㉜嗨,老刘,有話儿嗎?(老舍)

㉝楊大个儿,你一个人說,嗨,听大个儿說!(老舍)

㉞"是啊,你榜地?""嗯,你这是囘家來看看啦?"(秦兆陽)

㉟我說:"不是……每人平均一畝二分?""嘿,不对。"他笑着搖了搖头。(秦兆陽)

㊱嘎(a),你說什么?大声点說!

㊲"随后就到?""啊,随后就到。"(成蔭)

㊳唔(ng)……这都不是。(什之)

(3)臨时借作动詞或形容詞,当做句子的成分的。

1. 作謂語的,例如:

㊴"哦——",我这么"哦"了一声,下边的話沒有說出來。(秦兆陽)(前面的"哦"是嘆詞,后面"哦了"是动詞作謂語了。)

㊵三个区委兩个有病,躺在床上哼哼。(秦兆陽)

㊶老王哼哼了一夜。(成蔭)

2. 作宾語的,例如:

㊷他便高兴地微笑道,"哦"。(魯迅)

㊸武松見了,叫声啊呀!(《景陽岡》)

3. 作定語的,例如:

㊹我听見电話里发出輕微的"喂、喂"的声音。(《漢語課本》)

㊺欻欻的劳动欢呼声震响着。(《修堤》)

4. 作狀語的,例如:

㊻大家听了,哈哈地笑起來。(陸定一)

㊼窮困在爐子上"唉呀唉呀"地直嘆气。(《赶走了窮困》)

5. 作补語的,例如:

㊽一句話把他气得直哼哼。

还有一种所謂"象声詞",是專門來描摹事物的声音的,我們已在《形容詞》那一章講过(参看第六章 5.41 節《形容詞的变化》);它們虽然不是嘆詞,但和嘆詞作句子成分的时候很接近,所以再在这里举几个例:

㊾小娥睡到半夜,忽然被一陣吃嚓吃嚓的声音驚醒。(馬烽)

㊿他們咕嚕着离开万盛米行的时候,……(叶聖陶)

㊼接着走出一个小且來,咿咿呀呀地唱。(魯迅)

㊽勝利的旗帜嘩啦啦地飄。(《全世界人民心一条》)

嘆詞的念法和寫法

5·108 嘆詞的念法和寫法 嘆詞只是記錄人在表示强烈感情时所发出的感嘆的声音,記錄这些声音的漢字在作品中的寫法很不一致,例如:

表示"a"这个音的有: 啊、阿、吓、呵、啞、嘎(á)等寫法;

表示"ai"这个音的有: 唉、哎、噯、嗳等寫法;

表示"O"这个音的有: 哦、噢、嗷、嚄、喔、呵等寫法;

表示"he"这个音的有: 嚇、嘿、喝等寫法;

— 262 —

表示"aija"这个音的有：唉呀、啊呀、哎呀、嗳呀、哎哟、阿唷等寫法。

和这种情形相反的是一个字几种讀法，如："啊"念"a"又念"O"，"呵"也一样；"唉"念"ai"又念"hai"；"吓"念"a"又念"ja"……等（参看黎錦熙《新著国語文法》第338——347頁）

这种情况不好。所以发生这种情况，一方面是由于各种表示感情的声音，可能因人不同，再就是寫作的人沒有一致的寫法，你寫这个字，他寫那个字。这样对普通話的规范化說來固然不好，就是对讀者說來也很不方便；因为旣增加讀者負担，有时碰到一个嘆詞还不知道究竟怎么个讀法。解决这个問題最好的办法，就是碰到嘆詞就用拼音字母來拼寫，旣能和实际声音相似，又不至于念音念不正确。在現在应該分別处理：在一个音有好几种寫法的时候，只采取一个寫法，例如："ai"这个音只寫"唉"，其余的"嗳""哎""喴"算異体字一齐作廢；其余如"啊"（呵、嘎）、"嘿"（嚇、喝）等也一样；其次在不同情况下的确发音不同，需要用不同的寫法的时候，可以用不同的嘆詞表示，如："嘎"(á)表示追問，就可以和"啊"分开；寫"ai"时只寫"唉"，寫"hai"时只寫"咳"；"aja"只寫"啊呀"；"aija"只寫"嗳呀"。这样旣可以避免混乱，又可以描摹实际不同的声音了。

我們还要注意一点，就是嘆詞不一定非帶感嘆号不可，表示强烈感情的时候才用，否則只用逗号表示停頓就可以了。例如：

①唉！怎不小心点儿？（成蔭）

②呀！毛主席……（柳青）

③我早就釜看見了，哼！（老舍）

这些是表示强烈感情的，所以要用感嘆号。

④嗨,老刘,有活儿嗎?(老舍)

⑤咳,你呀,現在有二十來畝地,再買几十畝,能养住个長工,就雇个長工。(李准)

⑥噯,万保,你是說妇女不如男人是不是?(西戎)

这些地方,只表示招呼,并沒有什么强烈的感情,所以只打个逗号表示停頓就够了。

練習十

1. "啊"这个詞,又是語气助詞,又是嘆詞,說一說它的区别。

2. 在文学課本里找几句或自己造几句話,表示"唉呀"这一个嘆詞的各种用法。

3. 說明下面各句里的嘆詞是表示什么感情或作用的:

①呀!凉云散了。(冰心)

②哈哈!这一下可睛天了。

③"嗤"!先生冷笑着。(叶聖陶)

④咳,咳……实在不好看。(束为)

⑤哼哼,你要有老婆的話,倒不会偏着妇女們說話啦。(西戎)

⑥咳!同志,真沒想到呀!(秦兆陽)

4. 在課本里找几句或者自己造几句話,用嘆詞和象声詞作句子的各种成分。

—264—

第十七章 定　語

定語的表示法

5·122 定語的表示法　我們在句法概要那一章里已經談过定語,知道定語是加在名詞前边的連帶成分,是修飾或限制那个名詞的。在"定語——名詞"这个偏正結構里,名詞是中心詞。什么可以作定語呢? 名詞、代詞、形容詞、动詞、数量詞;偏正詞組、联合詞組、动宾詞組、主謂詞組以及介詞結構等都可以作定語。

（1）名詞作定語的,例如:

①玻璃櫃子、木头梳子、社会現象、中国的特產、農民的生活、北京的街道、昨天的会議等。

②魯鎭的酒店的格局,是和別处不同的。(魯迅)

③三仙姑是后庄于福的老婆。(趙樹理)

（2）代詞作定語的,例如:

④誰的書、我的書、那个地方、这个时候、你們学校、大家的事情、这样的問題、那些东西等。

⑤我的意見很簡單……(張天翼)

⑥他們对我說他們的朝鮮話，我說我的中國話，誰也不懂誰話的，可是誰也能体会誰的意思。（楊朔）

（3）形容詞作定語的，例如：

⑦紅花、綠提包、聪明孩子、偉大人物、美丽的景色、大大方方的态度、糊里糊涂的思想、黑糊糊的庄稼等。

⑧店內外充滿了快活的空气。（魯迅）

⑨只剩下光秃秃的几堵牆。（田流）

（4）动詞作定語的，例如：

⑩休息时間、奋斗目标、領導地位、选擇方法、坐着的人、考試的时間、監督的办法、吃的東西等。

⑪奔馳着的火車停在趙光車站。（田流）

⑫参观的人用各种文字在上面寫下自己的感想。（朱子奇）

（5）数量詞作定語的，例如：

⑬一本書、一些日用品、兩支筆、一手好針綫、一筆好字、一天的工作、五年計划等。

⑭溫兩碗酒，要一碟茴香豆。便排出九文大錢。（魯迅）

⑮他并不是个惜疼金錢的脚色。（沙汀）

（6）偏正詞組作定語的，例如：

⑯中國農民的生活、我們学校的位置、最美丽的景色、很不高明的見解、吹得很飽滿的气球、寫得歪歪斜斜的名字、停在樹下的車子、擱在桌子上的那封信等。

⑰他們都和我一样只看見院子里高牆上的四角的天空。（魯迅）

⑱他囘过头去說：……便拖出躲在背后的孩子來。（魯

— 308 —

迅)

（7）联合詞組作定語的，例如：

⑲偉大而質朴的人物、又大又黑的眼睛、我和你的看法、又好吃又好看的水果等。

⑳他站住了，臉上現出欢喜和凄涼的神情。（魯迅）

㉑那手也不是我所記得的紅活圓实的手，却又粗又笨而且开裂，象是松樹皮了。（魯迅）

（8）动宾詞組作定語的，例如：

㉒刻着許多皺紋的臉、打虎的武松、上实習課的教室、种蘿菖的地方、放水典礼等。

㉓他举起拿着銼刀的手。（刘大为）

㉔还穿着破棉襖的他，覺得渾身躁热起來了。（茅盾）

（9）主謂詞組作定語的，例如：

㉕董老头种蘿菖的地方、我班上課的教室、他來到学校的时候、大家討論的問題、他最关心的事情。

㉖閏土要香爐和燭台的时候，我还暗地笑他。（魯迅）

㉗这是一个人進步不進步的关鍵。（陈模）

（10）介詞結構作定語的，（只限于个别介詞結構，参看第十章）例如：

㉘沿河边的小路、关于学習的問題、对于他的看法等。

㉙什么时候那种愚蠢的关于第三次大战的言論才会終止。（爱倫堡）

㉚这对于一般見异思迁的人，对于一般鄙薄技術工以为不足道、以为无出路的人，也是一个极好的教訓。（毛澤东）

5,123 定語和"的" 定語絕大多数是修飾或限制名詞的（极

— 309 —

个别的例子修飾代詞),定語和名詞中間,經常有个結構助詞"的",所以这个"的"是定語的标志(参看第十二章)。但是这个"的",有很大的灵活性,有时用,有时不用。究竟什么情况之下要用?什么情况不用? 什么情况之下用不用都行?用和不用有什么区别沒有?用或不用有什么規律沒有? 关于这个問題,以前的語法書上說得不够清楚(参看陈琼瓚:《修飾語和名詞之間的"的"字的硏究》一文中"一般說法及其批判"一段)。近年來对于这个問題,討論硏究的文章很不少,如魏建功:《說"的"》(《語文学習》1953年10月号),何鐘杰等:《附加語后面的"的"字》(同上,1955年6月号),余健萍:《动詞作定語用"的"的問題》(同上,1957年3月号)和这一期"來稿綜述"《对<动詞作定語用不用的>的意見》(胡新:《动詞作定語用不用的》一文見《語文学習》1956年10月号)还有上引陈琼瓚一文(《中国語文》1955年10月号),肅父:《名詞性詞組中"的"字的作用》(《中国語文》1956年3月号)……虽然还沒有最后的結論,但是比以前明确多了。現在按照各类詞作定語时用"的"或不用"的"的情况,大概談一談。

(1)名詞作定語的　名詞作定語,表領屬关系的一般要加"的",表修飾关系(說明質料、來源等)不加"的"。例如:魯迅的故居、首都的位置、雨來的母親、祥子的車等是表領屬关系的要加"的";木头人、玻璃樻子、講义夾子、菠荣湯、鷄肉丸子等是表示修飾关系的,一般不加"的"。所謂"一般",就意味着有例外,第一,表示親屬和表示所在的机关、学校、家庭这一类名詞的領屬关系时,个別的例子有不加"的"的,如:"这單四嫂子家有声音,便自然只有老拱們听到"。(魯迅)"李成娘这一会儿气已經消下去"。(趙樹理)第二,名詞后面有方位詞,和定語中間的"的"可以不用,如:宝

— 310 —

玉房里的丫头,瑜儿坟上的青草,鄰居門前的草地等。修飾性的有時加"的"就有強調的作用了,如"玻璃的櫃子"和"玻璃櫃子"不同的地方,就是前者有強調"是玻璃做的"意思,后者只說明有这么一件东西罢了。

(2)形容詞作定語的　形容詞作定語比較复杂。

1.單音形容詞,一般不加"的",如:青山、綠水、紅圍巾、大老虎、小老鼠、高速度、硬饅头等。

2.双音的形容詞,一般要加"的",例如:美丽的花朵、晴朗的天、宏亮的声音、健康的身体、美好的未來等。

3.重迭的形容詞,要加"的",如:紅紅的臉、厚厚的牆、綠油油的麥苗、糊里糊淦的思想、漂漂亮亮的房間等。

單音形容詞加"的"也有強調作用,比如說:"紅的圍巾最鮮艳",那就意味着其他顏色的不如"紅的"鮮艳。双音形容詞的熟語(就是經常用)可以不加,如糊淦思想、愉快情緒、平常人、邋遢鬼、僻靜地方、热鬧街市等。有的为了調整音節,可以比較灵活运用,如:笨人,愚笨的人,愚笨人物;小路,狭小的路,狭小道路;偉人,偉大的人,偉大人物,偉大的人物;鬧市,热鬧城市,热鬧的城市等。

(3)动詞作定語的　动詞作定語,一般要加"的",但也要看具体情况。先說不加"的"的:

1.用自动詞作定語,和后面的名詞不发生动宾关系,(因为自动詞不帶对象宾語)可以不加"的"。如:独立运动、中立政策、覚悟程度、工作地点等。

2.动詞是动宾式合成詞,可以不必加"的"。如:出席人数、动員报告、带头作用、注意事项等。

3.动詞虽是外动詞而是熟語的,可以不加"的"。如:学習时

—311—

間、斗爭經驗、統一战线、压迫階級、指導作用、組織形式等。

我們說可以不加的，也就是說也能加"的"，如 1 項"觉悟程度"可以說"觉悟的程度"，2 項"注意事項"也能說成"注意的事項"，3 項不同些，熟語接近固定詞組或合成詞，加不加"的"不很一样，如"統一战线"是个名称（固定詞組），而"統一的战线"就是个偏正詞組了。

現在再看必須加"的"的：

1. 他动詞和后头名詞要发生动宾关系的，作定語必須加"的"，否則就要和动宾詞組混淆。如：烤的饅头（烤饅头），四川出產的甜橙（四川出產甜橙），介紹的对象（介紹对象）等。

2. 强調定語的作用要加"的"。如"处置的方法"和"处置方法"不同，"处置方法"只是說这种方法，而"处置的方法"，語意重在說明怎么样的方法。其他：如"組織的形式"、"結束的階段"、"偵察的技術"等也是一样。

3. 动詞加时态动詞、能愿助詞、趨向动詞等，作定語要加"的"。如：跑着的馬，实習过的学生，斷了的桥；能吃的东西，可以避免的錯誤，背去的人；落下來的灰塵，拿过去的东西，跑下去的人等。

4. 动詞帶有狀語、补語、宾語的，作定語时要加"的"。例如：已經看过的書、还沒有看的書、早就來到的宾客等带有狀語；被打垮的反动派，看得清清楚楚的道理，交代得明明白白的問題等带有补語；仇恨敌人的情緒，学習政治的心得，鑽研業务的精神等带有宾語。

5. 主謂詞組和动詞的联合詞組作定語时，要加"的"。如：我們所討論的問題，他們比賽的結果，手工業者組織的合作社等是主謂詞組作定語；負責完成并超額完成的任务，提高和普及的問題，

— 312 —

放和鳴的关系等是联合詞組作定語。

（4）代詞作定語的 代詞作定語一般都要加"的"，我們不能說"你桌子"、"我們衣服"之类。但說親屬和某些处所（如机关学校、家庭之类）这些名詞时，可不加"的"，如你父親，我們学校，他家，你部等。（参看第八章）指示代詞作定語不加"的"，如这書，那个人，不說"这的書"，"那个的人"等。人称代詞和指示代詞連用时后面一般不加的，如：我們这个互助組很好，他那种思想很錯誤等。（也可以加"的"說成我們的这个互助組……等）

（5）各种詞組作定語的 無論是偏正詞組、联合詞組、动宾詞組或主謂詞組以及介詞結構作定語时，后面要加"的"，可参看上一節所举例句，这里不再举例說明了。

总之，定語用不用"的"，是有一定的規律的；但除了几項必須加"的"以外每項几乎都有例外，因为習慣用法、調整音節、特殊情况都和用不用"的"有关系。底下我們从实际語言中，找些例句，大家就着例句，对照我們所談的那些規律，体会一下"的"的运用情况。不能省的"的"标上引号，能省的"的"用（ ）号，文中沒有而可以用"的"的地方用〔 〕补出來。

①我們紀念魯迅先生……要曉得他在中国革命史中占"的"地位。（毛澤东）

②他在黑暗与暴力"的"進襲中，是一支独立支持"的"大樹，不是向兩旁偏倒"的"小草。（同上）

③威廉·皮克是国际〔的〕工人运动（的）杰出（的）活动家，是世界〔的〕工人运动〔的〕著名（的）活动家，共產国际〔的〕積極〔的〕活动家。（报）

这些"的"用起來有很大灵活性，"工人运动"、"共產国际"是熟語或

— 313 —

名称,中间当然不必加"的",說成"工人的运动";其余如"工人运动的杰出的活动家",二者就可以省去一个,"世界工人运动杰出的活动家",就是省去前一个"的",但也可以說成,"世界工人运动的杰出活动家"。这样可以用三个"的"的句子,可能只用一个。

④本市〔的〕厂礦〔的〕职工〔的〕生活〔的〕福利逐步改善。(报)

这个是报上的标题,全部"的"都省去了。

⑤我們(的)党1942年开始"的"第一次整風运动,取得了偉大〔的〕革命〔的〕勝利(的)結果。現在,我們(的)国家已經从革命(的)时期進入了社会主义〔的〕建設〔的〕时期,正处在一个新"的"、剧烈"的"偉大(的)变革中……要能够調动一切〔的〕积極〔的〕力量,……檢查那些脫离工人羣众〔的〕、農民羣众(的)、士兵羣众〔的〕、学生和知識分子羣众"的"官僚主义〔的〕現象。(报,《中共中央关于整風运动的指示》)

这些"的"的用例很值得我們仔細去体会,(如"我們(的)党,""新变革"可以,"新剧烈"不可以;工人羣众后以"、"号代替"的"等。)我們在閱讀作品时,常常留心体会,掌握基本规律,再注意特殊用法就行了。

定語和中心語的关系

5·124 定語表示的种种意义 定語是修飾或限制名詞的,这个被限制或被修飾的名詞对定語說是中心詞。我們先看看修飾和限制的区别。先來看"限制":比如我們說"人"就包括所有的人;假如加上个定語說"中国人",那就把中国以外的人都除外了;再說成"中国四川省人",又把中国其他省分的人都除外了;这样層

— 314 —

層限制：“中國四川省重慶市北碚区龍鳳鄉龍鳳村龍鳳農業生產合作社第二生產小組的一个人”，最后把所有其他的人都除外，只剩下我們要說的这个人了。平常說話当然不必这样，只說出需要限制的定語就够了，比如只說他是龍鳳鄉的人，怕別处也有个龍鳳鄉，就再加个北碚；怕別人不知道北碚在那里，就再加个重慶。这样說，听的人自然就会把其他地区的人除外了。記得报上曾經說某一个中学生寫信封，从太陽系地球……寫起一直寫到重慶謝家塆，那就是惡作剧了。再看什么是修飾，还以“人”为例吧，比如只說“一个人”，便很籠統模糊；說一个長着長胡子的人，就清楚些了；假如說成“一个拄着拐杖、佝僂着腰、戴一付老花鏡、長長的胡子、用顫抖的声音慢慢地說話的人”，这样这个人的年紀、形相、声音动作等都就具体了，我們就能感觉到这个人是个什么样的人了。当然修飾也有限制的意思，說長着胡子的人，就把小孩、青年人、女人除外。但修飾的着重点不在除外，而在积極地描寫所要寫的对象的性質、狀态等，使他（或她、它）更具体更形象化。 限制只是除外作用，对所說的对象幷不增加什么。这就是跟制和修飾的主要区別。同样的定語可以是限制性也可以是修飾性。比如“貴族的生活”这个詞組里的定語“貴族的”，用在“貴族的（底）生活是荒淫無恥的”这句話里是限制性的，就只有貴族（農民、工人都不是）才是那样生活；在“他是个干部却过的是貴族的生活”这句話里，便是修飾性的，說話人的意思是批評这个干部，过的生活是貴族式的奢侈荒淫的生活了。碰到这些地方，要注意上下文的意思才能分別。

　　修飾性的定語有：

　　1. 表示性狀的，如：紅衣服、又軟又白的毛巾、健康而活潑的小孩子、偉大而質朴的人物、美丽的花朵、睛朗的天气、粗暴

— 315 —

的作風、溫柔的性格等。

2.表示質料的,如:木头椅子、呢子制服、大理石屏風、粗布衣裳、大米稀飯、油炸花生米等。

限制性的定語有:

1.表示領屬的,如:我的書、你們的功課、人民的財產、李成的母親、中華人民共和国的首都等。

2.表示处所的,如:四川的特產、重慶的天气、这里的風俗、河里的水、山上的竹子、北京的人們等。

3.表示时間的 昨天晚上的会議、一年前的今天、十年后的生活、剛剛作完的事情、就要召开的会議等。

4.表示范圍的,如:这种事情、那件东西、所有的人、只有这一点东西、僅有的財產、全部內容、一部分观众等。

5.表示数量的,如:一桌酒席、十二个月、满身的大汗、一堆爛紙、一陣涼風、几場好雨等。

定語的作用是修飾或者限制名詞,使名詞所指的事物,形象更具体,范圍更确定。在具体的語言环境中,需要怎样修飾或者限制,不多不少地加上适当的定語,这种定語是必需的;假如不管怎样乱加一些定語,結果不是多余,便是定語和中心詞的意义不能配合。举些極端的例子吧:比如"前面來了一个人",加上一些修飾性的定語說:"前面來了一个長着头发、有眼睛、有鼻子、有兩只手而用兩只脚走路的人",这便是多余;因为普通人都是如此。又比如說"这是我的而不是你的更不是他的一本書",也是多余,說是"我的",自然就不是別人的了。这是举例子說明情况,作品中这种例子当然很少,但不是絕对沒有,不过不象这样明顯就是了。底下从《語法修辞講話》里抄一兩个例句:

—316—

1.从六十歲到九十九歲的老太太被特許坐着車子參加遊行。（期）

2.絲織綉品業手工業工人所制的產品，在西北各省……（稿）

3.清涼而急速的庫班尼河畔……（期）

4.对那些可能和好的旧夫妻关系間的糾紛，也不是簡单的拆散了事。（报）

这都是定語出毛病的例子：第一句旣然是老太太，当然是歲数大的人，假如要有年齡限制，怎么偏說个"九十九"呢？第二句絲織綉品業当然是手工業，綉品当然是產品，產品当然是工人做的，所以都是多余的，只說个"絲織綉品在西北各地……"就行了。第三句河畔怎么能急速呢？第四句糾紛不能拆散，能拆散的是夫妻关系。这些以后講修辞时可能要詳細講，在这里提一下讓大家注意定語的作用，使用时要留心就是了。

5·125 定語的复雜化 只要需要，名詞前面就要加上很多詞作定語，使我們所描寫的事物，形象更具体，范圍更确定，前面已經拿"人"这个名詞举过例了。現在要說明的是好多詞都作一个中心詞的定語，这种定語就复雜起來，究竟这些詞中間的关系怎样呢？我們先看这个句子：

屋里挂着一盏不很明亮的电灯。

"电灯"这个中心詞的定語有：一盏（数量詞）不（否定副詞）、很（程度副詞）、明亮（形容詞）四个詞。这四个詞和中心語关系不一样："一盏"和"明亮"是修飾电灯，"不"、"很"是修飾"明亮"，"不很明亮"是个偏正詞組合起來再修飾电灯。（其他如动宾詞組、主謂詞組、介詞結构等作定語时也可以这样看待）这样这个定語可以說只包括两个單位，——"一盏"和"明亮"。"一盏"和"明亮"的关系又是

—317—

怎样的呢?是"一盞电灯"呢,或是"一盞(不很)明亮的电灯"呢?应该是"一盞(不很)明亮的电灯",也就是說,"(不很)明亮的电灯"先結合起來,再用"一盞"來限制它。語言中尤其是書面語言里,复雜的定語很多,它們中間的关系也各式各样,但基本的关系不外兩种,一种是并列的,一种是連鎖的;假如揉合这兩种在一起就是綜合的。章仪椿同志曾有一篇文章談«附加語的并列和連鎖»的問題,(«語文学習»1955年5月号)用代数式來分析; 后來又有丁勉哉同志根据章同志的說法加以深入的說明(«談語法教学中定語的圖解法»«語文敎学»1957年2月号)現在根据他們的办法,來說明一下这种复雜的定語中間各个詞的关系。abc……表示定語,x表示中心詞,a+b表示并列,ab表示結合,( )( )等表示更复雜的相互关系。

(1)并列式 作定語的几个詞平行的加在中心詞上,它的形式是(a+b)x,可以分解成 ax+bx 例如:

①那手也不是……紅活(a)圓实(b)的手(x)。(魯迅)

②臉上現出欢喜(a)和凄涼(b)的神情(x)。(魯迅)

③光荣的(a)、偉大的(b)、正确的(c)中国共产党(x)領導着我們前进。

这些定語中的各个詞,和中心語的关系都是一样的。它們的性質是相同的,可以对調,中間可以加連詞,(如2.例)可以用"、"号分开,(3例)或用"、"代替了"的"。

(2)連鎖式 連鎖式是甲詞修飾乙詞結合以后再加在中心語上,它的形式是(ab)x;或是甲詞修飾乙詞和中心語結合后的偏正詞組,它的形式是a(bx)。三个以上的情形就更复雜。例如:

④魯鎮(a)的酒店(b)的格局(x),是和別处不同的。(魯

— 318 —

迅)(說成"魯鎮酒店的格局",这种关系就更明顯。)

(ab)x

⑤天空中挂着一輪(a)金黃色(b)的圓月(x)(魯迅)

a(bx)

⑥眼前展开一片(a)海边(b)碧綠的(c)沙地(x)來。(魯迅)

a〔b(cx)〕

⑦那(a)西瓜地上的(b)銀項圈的(c)小(d)英雄的(e)影象(x)。(魯迅)

a{〔b(c<de>)〕x}

这种连鎖式要看清楚一層套一層的关系,定語里各个詞的性質不同,中間不能加連詞或用頓号分开。

(3)綜合式　包括上列兩种,关系更加复雜了。例如:

⑧那手也不是我所記得的(a)紅活(b)圓实的(c)手(x)。(魯迅)

a〔(b+c)x〕

⑨希望尽量提早和平(a)民主的(b)日子的(c)到來(x)。(吳晗)

〔(a+b)c〕x

⑩他們是世界上(a)一切(b)善良的(c)愛好和平的(d)人民的(e)优秀之(f)花(x)。(魏巍)

{a〔b(<c+d>e)〕}(fx)

⑪他們估計形势的方法,是把对他們的观点有利的(a)某些(b)个别的(c)、萌芽的(d)、間接的(e)、片面的(f)和表面的(g)現象(x),誇大为大量的……东西。(毛澤东)

— 319 —

$$a\{b[(c+d+e+f+g)x]\}$$

綜合式很復雜,各式各樣的关系都有,我們只是举例,不可能談得太詳細,大家閱讀作品要細心地辨別定語中間各个詞的关系,否則就不容易弄清楚句子的意思甚至发生誤解。

其次我們談一談复雜的定語中各个詞的次序排列的問題。比如說"我的一把从北京買來的美丽的鋒利的小鉄刀"这个名詞"刀"的定語,能随便排下來不能?說成"小一把我的鋒利的从北京買來的美丽的鉄刀"行不行?不行,为什么?有个規律沒有?有个大概的規律。离名詞最近的是作定語的名詞,就是:

"鉄"刀。(其他如:玻璃梳子、講义夾子等)

其次是形容詞,就是:

"美丽的"、"鋒利的"、"小"鉄刀。(这里面美丽的、鋒利的是并列关系,可以顛倒,但和小鉄刀却是連鎖关系,不能顛倒成"小美丽的"。一般單音形容詞,和名詞結合得紧,中間又不加"的",要緊接名詞。如新夏布、小雄馬、粗麻繩等;假如要顛倒順序就有强調的意思,并且要加"的",如:"小的美丽的鉄刀"。)

其次是动詞和一些以动詞为主的詞組,就是:

"从北京買來的"美丽的、鋒利的小鉄刀。

其次是数量詞、指示代詞等,就是:

"一把"从北京買來的、美丽的、鋒利的小鉄刀。

其次是表領屬关系的以及表时間、地点的名詞和代詞,就是:

"我的"一把从北京買來的、美丽的、鋒利的小鉄刀。

假如再有主謂詞組作定語时,就放在最前边,如:

"我托人在北京買來的"那把擱在桌子上的、美丽的、鋒利的小鉄刀。

— 320 —

其中以数量詞比較活动些,有时可以放在动詞定語的后面,甚至放在形容詞后面。(参看《語法修辞講話》第四講第五段第一節)

漢語的習慣,尤其是口头語言是不喜欢这样長的定語一齐堆在名詞前面罗里罗嗦老是念不到头。象上面这一个長句子,可以改換方式說出來:"桌子上的那把小鉄刀,是我托人从北京買來的,又美丽、又鋒利。"近年來因为受了外国語的影响,長的复雜的定語,在書面語言里漸漸多起來,还抄《語法修辞講話》里面的两个例子:

①〔新連环画〕……沒有旧連环画那种把場面、人物、行动的具体过程作細致的描寫和密切的联系,使識字不多的人不必完全依靠文字就能够理解故事的輪廓和進程的特征。(报)

②在十月分竞賽时,細紗第五小組普遍沒有信心,都抱着別人怎么干自己怎么干就是了,不管什么竞賽不竞賽的态度。(稿)

翻譯作品里,这种句法更是普遍,不再举例了。这种長的定語容易发生毛病: 一方面定語太長了,往往会使句子里各主要部分离得太远(謂語和宾語,如第一句的"沒有……特征",第二句的"抱着……态度"),結果輕則使句子結構松散冗長,不够明晰;重則由于太長而失去操縱力,使句子前后不能相应,讓讀者誤会或不解。再一方面,長的定語往往是好多詞和詞組构成的,这一連串的詞語,它們之間的关系不容易表明,結果輕則使人家了解起來費力,重則使人家把关系搞錯,誤解了我們的意思。所以除非有必要,很長的定語是应該避免的。避免的方法就是把它拆散变成几个句子,比如上面第一句可以改成:"……沒有旧連环画那种特征,就是把場面……故事的輪廓和進程"。第二句可以改成"……抱着这么个态

— 321 —

度,別人……不競賽"。試再比較下面兩种組織句子的方法,一下便能看出优劣來:

③我們所要的理論家是什么理論家呢? 我們要的是能够依据馬、恩、列、斯的立場、观点、方法,正确地解释歷史中与革命中所发生的实际問題,能够在中国經济、政治、軍事、文化种种問題上給予科学的解释,給予理論的說明的理論家。

④我們所要的理論家是什么理論家呢? 是要这样的理論家,他們能够……給予理論的說明,我們要的是这样的理論家。(毛澤东)

近年來貫徹毛主席文藝方針的优秀作品,运用人民羣众的生活語言,很少有長的过分复雜的定語的,也举兩个例子:

⑤張金龍跟着何狗皮來到何家大宅。穿堂过院,到第三進的北屋,走進了很精致的套間,里面灯光很亮,暖暖和和,生着洋式的煤火爐子。(袁靜)(不說"走進了里面灯光很亮……很精致的套間"。)

⑥在这些草里,也能尋着一些谷:秀了穗的,大的象猪尾巴,小的象紙烟头,高的挂在蒿杆上,低的鑽進沙蓬里;沒秀穗的,跟抓地草鏽成一片,活着的象馬鬃,死了的象魚刺,三畝地打了五斗。(趙樹理)(不說:"也能尋着秀了穗的……沒秀穗的……象魚刺的一些谷")

这些口語化的作品,看起來很好懂,念起來也不吃力,主要是不用过長的定語,所以句子各部分的关系格外明顯。少用長的定語是漢語結構方面的特点之一,很值得我們重視。不过我們不是机械反对長的定語,在翻譯或理論的文章里,有时不能不用比較長的定語,那是不应該一概否定的。不过我們閱讀时要格外留心弄清它

— 322 —

們的关系才行。

練習十四

1. 指出下列一段文章的定語，幷說明这些定語是由那些詞或那种詞組來充当的。

濃密的樹叶在伸展开去的枝条上微微蠕动，却隱藏不住那累累的碩果。看得見在那樹叢里还有偶尔閃光的露珠，就象在霧夜中耀眼的星星一样。而那些紅色果皮上的一層茸毛，或者一層薄霜，便更顯得柔軟而潤湿。云霞升起來了，从那重重的綠叶的罅隙中透过点点的金色的彩霞，林子中囘映出一縷一縷的透明的淡紫色的、淺黃色的薄光。(丁玲：《果樹園》)

2. 底下一段文章，把可以加"的"的地方，都用〔的〕补充上再說明不用这些"的"的原因。

这兩个报告的傳达引起了党內党外的热烈討論，就我們党來說，实际上，这就是整風运动的开始。各级党委必須組織关于这兩个报告的学習，按照这兩个报告的基本思想，幷參考一些其他有关的文件，总結和改進本地区、本部門、本單位的工作。(报，中共中央《关于整風运动的指示》)

3. 指出上面这一段文章里的定語，哪些是修飾性的，哪些是限制性的，限制的又是什么(如时間、領屬……等)？

4. 改正下列各句的定語，幷說明理由：

①早晨起來，我穿上自己的衣服和鞋子，洗完了臉就到我們学校的操場里，去作对身体有益的早操。

②这次整風运动，还有人用暴虐的办法，对待有錯誤的人，所以有这种錯誤的現象，是对党的指示文件，領会得不够，

— 323 —

以致发生了膚淺的錯覺。

③在寬闊而明朗的路旁樹上,有許多繁華的茂盛的樹叶,使这条路成了林蔭大道。

④一年來我們班里的班会工作已經有相当的工作基礎,也取得了一定程度的工作經驗。

5. 用公式分析以下各句的定語。

①林子中囘映出一縷一縷的透明的、淡紫色的、淺黃色的薄光。

②朝鮮人是勤勞勇敢、吃苦耐勞、最可尊敬的优秀的民族。

③革命激发了天才的勤勞的中国人民的巨大的創造精神和力量。

④我們的党是一个政治上成熟的偉大的馬克思列宁主义的政党。

⑤党和国家的領導工作人員的腦力勞动和体力劳动相結合的办法,应該先从党內作起。

6. 下面一个長定語的句子,看看詞的次序是否合習慣,把你認为不妥的地方改正后,再按漢語習慣把它改成复句的形式。

在这次整风运动,本單位党支書記使用了很好的按照上級指示的、能为羣众所接受的一种从团結愿望出发的和風細雨的同志式的批評与自我批評的办法,收到很大效果。

第十八章 狀 語

狀語的表示法

5·126 狀語的表示法 在句法总述里談过狀語,我們知道狀

— 324 —

語是句子里加在动詞或者形容詞前面的連帶成分，是修飾或者限制那个动詞或者形容詞的。在"狀語——动詞"或者"狀語——形容詞"这种偏正結構里，动詞或者形容詞是中心詞。什么可以作狀語呢？表示处所和时間的名詞、副詞、形容詞、数量詞、代詞（代替动詞、形容詞的）、介詞結构和各种詞組都可以作狀語。动詞的狀語比較复雜一些，形容詞的狀語比較簡單些，底下举例說明，以动詞的狀語为主，形容詞的狀語也附帶举些例，不再單独分節來敍述它了。

（1）表示处所和时間的名詞作狀語的　表示处所或时間的名詞，可以單独作狀語，也可以和介詞結合成介詞結構作狀語。例如：

①牆上挂着一幅画；中間走汽車，兩边走人；里屋住人，外屋会客；上午上課，下午自修等。

②在地上寫字，从鄉下來，从明天起，在七时半开始等。

③可是做工是晝夜無休息的：清早担水晚燒飯，上午跑街夜磨面，晴洗衣服雨張伞，冬燒汽爐夏打扇。半夜要煨銀耳，侍候主人耍錢。（魯迅）

④我們在三月二十二日上午会見了中国人民志愿軍彭德怀司令員。外面开始在飄雪……灯下放了一張桌子，桌子上有几个玻璃杯……我們十七个从祖国來的文藝工作者……（巴金）

（2）副詞作狀語的　副詞的主要功能是作狀語（参看第九章），主要是修飾或限制动詞和形容詞。例如：

⑤正在進行、忽然停止、都來了、当然能听見、何必反駁呢？

⑥十分宝貴、非常清楚、都好、果然正确、不整齐、簡直糊涂、不很大、非常不舒服等。

⑦他声明他幷不怕吃苦：在抗战时期大家都应当苦一点，不过——时間总要够支配呀。（張天翼）

⑧羣众是复雜的。工作又很多。我們要是不能起領導作用，那就很危險，很危險。……我們的担子真是太重了。（張天翼）

（3）形容詞作狀語的　形容詞作狀語都是附加在动詞前面，形容詞間或可以作形容詞的狀語，如"空前"激烈，但非常少。我們只举动詞的，例如：

⑨坦白地說、注意地听、沉痛地陈訴、热烈地辯論等。

⑩我总想暢暢快快跟你談一次。（張天翼）

⑪于是匆匆忙忙跟我握了握手。（同上）

⑫主任答应着，一面懶懶退还原地方去。（沙汀）

以前有人所說的"象声詞"如"嘩啦啦""轟隆轟隆""喞喞喳喳"等，都算形容詞。加在动詞前面就是狀語；如"嘩啦啦"地飄，"轟隆轟隆"地响等。

（4）数量詞作狀語的　量詞里面的动量詞和数詞結合起來作动詞的狀語。例如：

⑬三拳打死鎭关西，三天沒有吃飯，一批一批地來，一架一架地飛走等。

⑭一年，兩年，三年地过去了……我也就慢慢地將他忘記。（蔣光慈）

⑮这个城市里的黃包車誰都不作兴跑，一脚一脚挺踏实地踱着……（張天翼）

— 326 —

⑯那个气得胡子发抖的漢子，一把扭牢他的領口就朝大街上拖。（沙汀）

（5）代詞作狀語的　代替动詞或形容詞的代詞可以作动詞的狀語。例如：

⑰怎么來的？这样作、怎么样生活？哪里会忘記等。

⑱密司黃就是他的太太。他对第三者說起她來，总是这么称呼她的。（張天翼）

⑲它們总是說苏联怎么窮下去，怎么凶惡，怎么破坏文化。（魯迅）

⑳如果上帝不讓我長寿怎么办？老寿星不能保証我長寿怎么办？（报）

（6）各种詞組作狀語的　介詞結構作狀語的已見第一項，不再列举，现在只談各种詞組作狀語的。

1. 成語（固定詞組）作狀語的，例如：

㉑北大師生欢欣鼓舞地迎接貴宾。（报）

㉒又把袖头挽兩挽，理直气壯地宣言道……（沙汀）

㉓轉弯抹角算起來——他算是我的一个親戚。（張天翼）

㉔社会主义国家始終不渝地向着帝国主义提出……（报）

2. 偏正詞組作狀語的，例如：

㉕一脚一脚挺踏实地踱着。（張天翼）

㉖包車踏鈴不斷地响着。（同上）

㉗臉上虽然刻着許多皺紋，却全然不动。（魯迅）

㉘我們十分滿意地指出，在我們兩国的順利发展中……〔报〕

3. 联合詞組作狀語的，例如：

— 327 —

㉙全省党組織必須根据中央整風指示的精神,把毛主席的兩个講話反复地、通俗地、联系实际地傳达到各基層党組織中去。(报)

㉚引導干部暢所欲言,大胆地自由地发表自己的意見。(报)

㉛俄国的优秀代表人物一向重視、并且仔細深入地研究过中国文化的丰富宝庫。(报)

4. 动宾詞組作狀語的,例如:

㉜我們沿着偉大的馬克思列宁主义学說所指出的道路并肩前進。(报)

㉝社会主义陣营国家的知識分子都在忘我地勞动着。(报)

㉞把表放在前面,时不时象計算什么似地看看它。(張天翼)

㉟它現在正滿怀信心地向共產主义迈進。(报)

5. 主謂詞組作狀語的很少,作狀語的主謂詞組常是一些成語式的詞語。例如:

㊱母親总在灶上汗流滿面地燒菜。(朱德)

㊲我想他拿我开玩笑,就上气不接下气地赶到韓麥尔先生的小院子里。(張畢來等)

㊳他知道敌人是在换梭子,便猛一下躍起身來,餓虎扑食似地躥進事先看好的另一个隱蔽地。(立高)

㊴語言和思維不能彼此孤立地存在。(阿歷山大罗夫:《辯証唯物主义》)

5·127 狀語和"地"　各类詞和各种詞組作狀語,后面往往加

— 328 —

个助詞"地",所以"地"可以說是狀語的标志。这个"地"加和不加也有大概的規律,比形容詞后面的"的"要簡單些,也有一部分相同的情况。我們簡單敍述一下:

(1)表示处所和时間的名詞以及介詞結構作狀語时不加"地"。例如:牆上挂着一張画、上午上課、从鄕下來、在学校讀書等

(2)副詞作狀語不加"地",只有少数重迭的副詞是例外。例如:才走、不算、再說、立刻去、都好、簡直糊涂、自然不去、忽然來了等。几个重迭的副詞如:僅僅、漸漸、常常等,有时要加"地",例如:"他的迂漸漸地改变起來"。(魯迅)有时也不加,例如:"故鄕的山水也都漸漸远离了我"。(魯迅)

(3)形容詞作狀語,情况比較复雜。

1.狀語和中心詞都是單音詞,一般不加"地"。如:快走、慢來、哀求、硬頂、軟磨等。

2.狀語是單音詞,中心語是多音詞,一般也不加"地"。如:瞎胡閙、乱嚷嚷、快進去、碎嘟嚷等。

3.狀語是多音詞,中心語是單音詞,通常要加"地"。例如:嘩啦啦地飄、海風猛烈地吹、腰微微地弯了一下、轟隆轟隆地响、暢暢快快地說等。

4.狀語和中心詞都是多音詞,通常要加"地"。例如:热烈地招待、衷心地感謝、剧烈地振动、無情地打击、冒冒失失地進來、糊里糊涂地出去了等。

3、4兩項不加"地"的也很常見,这和音節或寫作人習慣都有关系。如:逐漸脱离了羣众、徹底解放的保証、好好研究研究、迅速改变这种情况、正确处理人民內部的矛盾等。(以上見报紙)

— 329 —

"水生却松松爽爽同他一路出去了"。(鲁迅)"你莫非真正糊涂了？"(鲁迅)

（4）用数量詞作狀語时，不重迭的数量詞不加"地"，如一把抓住、一脚踢开、三拳打死、兩天沒有到等；重迭的数量詞要加"地"，如：一行一行地种、一批一批地送、一架一架地飛走了等。

（5）代詞作狀語，一般不加"地"。如：怎么办？这么作、怎么样說下去等。間或有加"地"的。如：这样地乱搞下去等。

（6）各种詞組作狀語时，一般要加"地"。如大胆地、自由地发表自己的意見（联合）实事求是地分析情况（固定詞組），滿怀信心地向前邁進（动宾），十分愉快地走進会場（偏正），汗流滿面地工作着（主謂）等，都要加"地"。

联合詞組作狀語，可以每一个詞都加，如大胆地自由地发表自己的意見；可以加連詞，如：大胆而自由地……；中国青年去积极和有創造性地参加社会主义新社会的建設工作。也可以只在最后一个詞加"地"，中間加頓号，如：以分批、分期地進行整風比較适宜。还可以不加頓号直接連在一起，如：有些非党領导干部能大胆放手工作了；生动活潑地不断向前发展等。

底下再談兩点应該注意的：

（1）近年來狀語有一种新的用法，就是普通名詞一加"地"，就可以作狀語：如：

①有些教条主义地理解加强思想領导。（报）

②形而上学地考察自然現象。（阿歷山大罗夫：《辯証唯物主义》）

③在这些或那些剝削階級歷史地死亡的时期，……（阿歷山大罗夫：《辯証唯物主义》）

（2）在名化的动詞（或形容詞）前面要加"的"，不要加"地"，例如：

④会上，对整风的步驟和作法也作了反复的研究。（报）

⑤你們热情的接待深深地激动了我們。（报）

⑥这給我們兩国的这些和平的積极的建議增加了巨大的力量。（报）

狀語和中心詞的关系

5·128 **狀語表示的种种意义** 狀語可以从多方面修飾和限制动詞或者形容詞。

（1）修飾性的狀語 这一項只有表示情态的，例如：

①冷靜地想一想、蓬蓬勃勃地发展起來、一顛一跛地走進來等。

②她緊緊地抱住那孩子，覚得暖些。她惘然看着孩子的瘦臉……（茅盾）

③呸！呸！呸！鎭市梢那机器碾米厂的气管驕傲地叫着。咕！咕！咕！王阿大的肚子又一次猛烈地叫着。并且他听出那叫声里还有他的不滿半歲的儿子啞啞地哭。他急急忙忙跳起來，緊緊地挾着那包袱，就向鎭上跑。（茅盾）

（2）限制性的狀語

1．表示程度的，例如：

④很好、非常冷靜、十分欢迎等。

⑤云还沒有鋪滿天，地上已經很黑，极亮极热的晴午，忽然变成了黑夜似的。（老舍）

⑥你太性急，來不及等它走到中間去。（魯迅）

2. 表示范围的，例如：

⑦都好、僅僅有、統統去等。

⑧風过去，街上的幌子，小攤，行人，仿佛都被風卷走了，全不見了，只剩下柳枝随着風狂舞。（老舍）

⑨宋师父的伤心，不單單是为合作社撑了他的行，更重要的是另外的一些原因。（馬烽）

3. 表示重复的，例如：

⑩再三劝阻、又來了、往往不去等。

⑪你再往合作社跑，小心老子抽了你的筋！（馬烽）

⑫随后又发现了小娥的新梳子、小鏡子，更生气了。其实这些东西他在前几天也見过，……（同上）

4. 表示肯定的，例如：

⑬的确很快、果然結实、必定勝利等。

⑭其中似乎确鑿只有一些野草。（鲁迅）

⑮到半夜，果然來了，沙沙沙！（鲁迅）

5. 表示否定的，例如：

⑯不贊成、不好、沒有來、不必走、別鬧等。

⑰夏夜乘涼，往往有些担心，不敢去看牆上。（鲁迅）

⑱有的根本沒有拉出車來，只到街上看看有沒有出車的可能。（老舍）

6. 表示处所的，例如：

⑲屋里談吧、在樹下休息、从外面進來等。

⑳答应着，四面看时，却見一个美女的臉露在牆头上。（鲁迅）

㉑宋师父乱駡一陣，忽然从牆上摘下那張彈花弓。（馬

— 332 —

燈）

7. 表示时間的，例如：

㉒已經走了、明天开会、从今年开始等。

㉓原來我的講义已經从头到末，都用紅筆添改过了，……这样一直繼續到敎完了他所担任的功課。（魯迅）

㉔現在天气不早了，可再不能磨磨蹭蹭了。（康濯）

狀語表示的意义，当然还不只这几种，希望大家把第十章里《介詞結構的作用》那一节拿來参照一下。再各种詞組作狀語的，我們沒有举例，可以类推，例如："解下脖子上的毛巾，滿头滿臉地擦着。"（康濯）就是表示处所（也表示性状）；"他咬了牙蹚着水，不管高低深淺地跑起來。"（老舍）就是表示性状；"昏头昏脑地不知道怎样才好。"（茅盾）也是表示性状的。

5·129 **狀語的复雜化** 一个动詞或形容詞前面的狀語，可以包括好多詞和詞組或介詞結構，这时狀語也就复雜起來，我們按照定語的分析法敍述一下。

（1）并列的 几个詞或詞組平行地加在中心詞上，它的形式是(a+b)x，可以分解成ax+bx。例如：

①小販們慌手(a)忙脚(b)地收拾(x)攤子。（老舍）

②風帶着雨星，象在地上尋找什么似的，东一头(a)西一头(b)地乱撞(x)。（老舍）

③風过去了，只剩下直的雨道，扯天(a)扯地(b)地垂落(x)。（老舍）

这种狀語很象成語，但又不是，因为連系得很緊也可以不必分开。

④俄国的优秀代表人物一向重視并且仔細(a)深入(b)地研究(x)过中国文化的丰富宝庫。（报）

⑤引導干部暢所欲言,大胆地(a)、自由地(b)发表(x)自己的意見。(报)

⑥她活潑(a)而愉快(b)地唱(x)起來。(漢語課本)

这种狀語里的各个詞,可以不用"、"号,也可以用"、"号,还可以用連詞,次序可以顛倒。

⑦我們的革命斗爭的发展,"同我們团結农民的工作,"(a)"同我們团結城市小資產階級和民族資產階級的工作,"(b)"同我們为調整不同階級階層的利益而采取(c)的各項政策,(c)有(x)特別密切的关系。(报)

⑧讓我們"为中苏兩国人民牢不可破的兄弟般的友誼"(a),"为以苏联为首的社会主义大家庭的偉大团結"(b),"为世界和平"(c),"为伏罗希罗夫同志的健康和長寿"(b)干杯(x)!(报)

这兩个例句是介詞結構的并列的狀語。

⑨辯証法要求我們观察现象时,不僅要从现象的相互联系和相互制約方面去观察,而且要从它們的运动、它們的变化、它們的发展、它們的產生和衰亡方面去观察。(阿歷山大罗夫:《辯証唯物主义》)

这个句子里,第一、二兩个分句,都只用了一个"从……方面",里面包含了好多"方面"的定語,那就是一种复雜定語了;假如每一个都用介詞結構,那就是复雜的狀語了。

(2)連鎖的 几个詞不是平行的附加在中心語上的,有的是(ab)x式,有的是a(bx)式。例如:

⑩孔乙己等了許久,很(a)恳切(b)地說道(x):"不能寫吧?"(魯迅)

—334—

(ab)x
⑪厂長,你怎么(a)老(b)不(c)吃(x)飯啊?(吳运鐸)
a(b<cx>)
⑫其中(a)似乎(b)确鑿(c)只(d)有(x)一些野草。(魯迅)
a(b(c<dx>))
⑬水生却(a)松松爽爽(b)同他(c)一路(d)出去(x)了。(魯迅)
a(b(c<dx>))

(3)綜合的 在狀語里,詞和詞間的关系有并列的也有連鎖的,关系更加复雜。例如:

⑭兩国人民兄弟般的友誼,"在伏罗希罗夫主席訪問中国的这些日子里"(a),非常(b)鮮明(c)而有力(d)地表現出來(x)。(报)
a((b<c+d>)x)
⑮中国人民"在中国革命勝利以后的短短时期內"(a),"在自己的共產党的領導下"(b),"在城市和鄉村里"(c)成功地(d)实現了(x)具有根本性的革命的改造。(报)
(a+b+c)(dx)
⑯資產階級哲学家們为了給自己的观点保持一个科学的外貌,就(a)不(b)直接地(c)和公开地(d)否定(x)发展,……(阿歷山大罗夫:《辯証唯物主義》)
(a(b<c+d>))x
⑰1942和1943兩年先后开始的帶普遍性的整風运动和生產运动,曾經(a)分別地(b)"在精神生活方面"(c)和"物質生

活方面"(d)起了(x)和正在起着决定性的作用。(毛澤东)

〔a(b<c+d>)〕x （假如把"在精神生活方面和物質生活方面"看做是一个复雜的介詞結構,那就只有三項而成为〔a(bc)〕x了。)

狀語复雜化的程度比定語好些,但我們閱讀时也要細心辨別才行。

練習十五

1. 指出下文中哪些是狀語,幷且說明它們是用那类詞或那种詞組來充当的。

汽笛叫声突然从那边远远的河身的弯曲地方傳了來。就在那边蹲着又一个繭厂,远望去隱約可見那整齐的石帮岸。一条柴油引擎的小輪船很威嚴地从那繭厂后駛出來,拖着三条大船,迎面向老通宝來了。 滿河平靜的水立刻激起潑刺刺的波浪,一齐向兩旁的泥岸卷过來。一条鄉下赤膊船赶快攏岸,船上人揪住了泥岸上的茅草,船和人好象在那里打秋千。(茅盾)

2. 用名詞、数量詞、代詞、联合詞組、偏正詞組、动宾詞組、主謂詞組做狀語,各造一个句子。 假如能在文学課本中每項各找到一个例子,那就更好。

3. 判断一下下面各句中狀語后面的"地",哪些不用,哪些要用,哪些可用可不用。不用的划掉,要用的保留,可用可不用的,在底下画个浪綫(～～)。

①太陽漸漸地收了他通黃的光綫了。

②場边靠河的烏桕樹叶,干巴巴地才喘过气來。

— 336 —

③烟突里逐漸地减少了炊烟。

④孩子飛也似地跑。

⑤米飯热蓬蓬地冒着烟。

⑥康先生油光滿面地笑着,很高兴地說道:"对于你我要積極地帮助"。

⑦他無可奈何地笑着地答应道:"謝謝你積极地熱情地帮助吧!"

⑧他就这样地生动地深刻地而具体地給我們談了三个鐘头。

⑨康少明敏捷地爬了上去,同时地又故意地表示难受,說:"真地冷,簡直地冻死了。"

⑩馬飛快地一直向前地奔跑,他却很有兴致地問她道:……

4. 分析下面各句里的复雜狀語,(用我們講过的公式)

⑪他很机密很嚴重地小声說道:……

⑫他淺顯地、詳細地給我們反复地解釋。

⑬他就这样生动深刻而具体地給我們談了三个鐘头。

⑭苏联和中国正在为和緩国际緊張局势、为各国人民的和平共处和友好合作進行着不倦的斗爭。

⑮蜜蜂一羣一羣地在陽光下在花叢中嗡嗡嗡嗡地鬧。

第二十一章 單句的特殊結構

省 略 句

5·135 什么是省略句 凡是按照意义的需要,具备应有的主語、謂語、宾語等成分的句子,叫做完全句。在一定的語言环境下,缺少一个或几个成分,意思也能表达出來,听的人也不致发生誤会,这样的句子我們也得承認它是句子。但这种句子和完全句不同,所以我們說它是一种特殊結構的單句。这里包括有:省略句、無主句和独詞句,我們在下面分別說明。現在先來看省略句。

什么是省略句呢?我們先看下面的句子:

甲:〔您〕貴姓? 乙:〔我〕姓王。
甲:〔您〕府上哪里? 乙:〔我家住在〕重慶。
甲:〔您〕什么时候來的? 乙:〔我〕昨天〔來的〕。
甲:〔您〕來做什么? 乙:〔我〕探望一个朋友。
甲:〔您〕喜欢他嗎? 乙:〔我〕喜欢〔他〕。

上面甲乙兩位同志的对話,〔 〕里那些成分,在对話时都沒有說出

— 356 —

來,可是甲乙兩個人都知道說的是誰,說的是什么事,很圓滿地交流了思想。原因是兩个人面对着面,問貴姓?当然是"您",不会是自己問自己貴姓;囘答"您喜欢他嗎?"的問題,只說"喜欢",自然是"我"喜欢"他"。假如不是对話,有一个人忽然說个"喜欢",我們就不知道他說的是誰"喜欢"或"喜欢"什么,也就不是句子了。所以根据一定的条件,省去句子里的一个或几个成分的句子叫做省略句。

省略的成分应該很明确,可以肯定地补出來,不能兩可。不能肯定地补出來,不能算是省略。比如有人走路忽然看見一条蛇,他便說:"蛇!"我們就不能断定是省略了什么成分,因此就不能肯定的补出來:日記上的"1957年5月20日""星期一",剧本或电影說明,常有:"一年后"、"夜"等句法,这也不是省略,这是独詞句(見后)。还有一种情况是習慣就是这种說法,尽管补出來也行,但很少有人那样說或根本就不这样說的,也不必看作是省略。例如:"人老了,头发白了";"秋天來了,楓叶紅了,橘子黃了";"肉很香,醋很酸";"重慶比北京热";"太陽比月亮大"等,这都算完全句不算省略句。因为根本不必說:"头发的'颜色'白了","楓叶的'颜色'紅了","肉的'味道'很香"等,也很少有人說"重慶的'气候'比北京的'气候'热","太陽的'体積'比月亮的'体積'大"等。这些都不是"根据一定的条件,省去句子中的一个或几个成分",而这样說就是正常情况,不根据什么条件也不发生誤会,所以也不是省略句。还有自动詞带处所宾語的和自动詞后有介詞結构做补語的,在語法結构上是兩囘事,也不能認为前者是后者的省略,例如"你騎馬","我走路","他坐車",这就是完全句,不能認为是"你騎在馬上","我走在路上","他坐在車上"的省略。至于"逛公園"、"上市場"、"進城"等,根本就沒有"逛于公園"或"逛在公園里"、"上到市場里"、"進在城里"这种說法,更不能認为是省略了。

我們在前面所說的"根据一定的条件",都是什么条件呢?

（1）省略的成分必須很明确,可以肯定地补出來,不能在兩可之間。

（2）省略要依靠一定的語言环境,离开这个語言环境,这个句子就不能成立。

所謂一定的語言环境包括:

1. 对話　祈使句也包括在这項里面,因为祈使句也是常常用在对話里。

2. 上文已經提到　有人叫做"承前省",就是上文已經提到的成分,下文可以接着說不再重复提出來,如"那火接近了,〔那火〕果然是漁火。"(魯迅)在文章里各分句主語相同的复句,多半只第一个分句出現主語。

3. 下文就要提到　有人叫做"蒙后省",就是下面一句話就要出現的成分,前面的一句話可以不說出來。例如:"〔我〕得到母親去世的消息,我很悲痛。"(朱德)"〔詹天佑〕不怕这些困难,〔他〕不顧这些嘲笑。詹天佑毅然接受了任务。"(旧語文課本《詹天佑》)这种"蒙后省"的句子必須是这兩种情况:第一是前边的句子是表示原因、条件、时間之类的,如前一个例句。这种例子很多。第二是后面的句子是含有总結的性質的,如后一个例句,这种例子比較少。

5·136　省略句的种类　現在我們把省略各种成分的省略句,分別地談一下:

（1）省略主語的

1. 对話　兩个人面对面,不是說"我",就是說"你",听話的人一听就明白。祈使句也很明顯，不論是請求、命令，当然是指对方"你"，所以在对话中省略主語，最自然最普通。例如：

①刘喜：（干笑，忽見王又要开口，窘極，連忙掏烟）抽烟吧，同志！

王相：〔我〕不能抽。

刘：〔你〕在理儿？（指信一种宗教，編者注）

王：〔我〕不在理儿。（胡可）

②"〔你〕什么事也不要落在别人后面"（水生囑咐他的女人）

"嗯，〔你〕还有什么？"（水生女人答，并且追問）

"〔你〕不要讓敌人漢奸捉活的。捉住了〔你〕要和他拚命。"（孙犂）

③刘：（比住王）〔你〕撩下！……〔你〕把子彈摘下來！……还有人沒有？（胡可）

④鉄头……远远向雨來喊："〔你〕往河沿跑！〔你〕往河沿跑！"（管樺）

寫信是一种書面对话，所以也常省略主語。例如：

⑤貞：〔我〕上星期未得你的信，〔我〕等到今天已經星期三了，〔我〕还不見信來，〔我〕不知是什么道理。〔你〕究竟如何决定，〔你〕或來或不來，我好准备房子……（聞一多）

2.上文已經說到的（承前省）

甲，敍述一件事，用一連串的句子，只第一个分句出現主語，以后的分句主語就省略了。例如：

⑥水生追囘那个紙盒子，〔他〕一只手高高举起，〔他〕一只手用力拍打着水，〔他〕好使自己不沉下去。（孙犂）

— 359 —

⑦田寡妇怕他偷，〔她〕也不敢深得罪他，〔她〕看看自己的嫩南瓜，哪一个〔她〕也舍不得摘，〔她〕挑了半天，〔她〕給他摘了拳头大的一个，〔她〕嘴里还說："可惜了，正長呢。"（趙樹理）

乙、自述的时候，因为說的都是自己，索性第一个分句的主語"我"也不出現，例如：

⑧昨天的晚飯，今天的早飯，〔我〕都沒有吃飽。〔我〕肚子很餓，〔我〕气力不够，但是〔我〕必須鼓着勇气前進。（陸定一）在日記里更是說的自己，所以也一样。例如在《進京日記》中：

⑨昨天晚上〔我〕一夜沒安下心睡覚，今天早晨外面剛有一点劲靜，我們就起來了。〔我〕急急忙忙洗完臉，〔我〕三口幷作兩口地吃完早飯，〔我〕就到外面排隊，等候出发。（郝建秀）

丙、还有一种情形比較特殊，后面一个分句的主語沒有出現，可是这个未出現的主語所指的，却不是前一个分句的主語，而是其他成分。例如：

⑩我認識一位大夫，〔他〕治这病很有經驗。（呂叔湘）（〔他〕指前一个分句的宾語）

⑪田春生的对象叫楊小青，〔她〕是……楊万有的閨女。（馬烽）

⑫远远地还听見敌人飛机的嘆息，〔它〕大概是在嘆息自己的命运。（陸定一）（〔它〕指前一个分句的定語）

3.下文就要提到的（蒙后省） 例如：

⑬〔我〕听了伯父这句話，我难过了好几天。（周曄）

⑭〔我們〕恰好在路旁轉弯地方发现一間房子，我們就進去歇一下。（陸定一）

— 360 —

⑮雖然〔我們〕明知道前面糧食缺乏，我們还把整袋子的米送給她。（陸定一）
⑯〔她們〕漸漸听清楚槍声只是向着外面，她們才又扒着船帮露出头來。（孙犁）

有时为了强調或者为了音節的調整,每个分句的主語也可以都出現。例如：

⑰她美,她年輕,她要强,她勤儉。（老舍）
⑱我不知道暖热,我不知道飽滿,我也不知道什么叫做爱。（巴金）

（2）省略謂語的　这項也包括带判断詞"是"的合成謂語。

1.对話　例如：

⑲誰跳下去了？　　　雨來〔跳下去了〕。
⑳誰是小英雄？　雨來是〔小英雄〕。或雨來〔是小英雄〕。
㉑雨來〔在哪儿〕呢？　他跳進河里了。
㉒誰最好？　　　　雨來〔最好〕。

2.上文已經說到（承前省）

㉓他会跳舞,我不会〔跳舞〕。（鄭光仪）
㉔我便要捕鳥,他說："这不能"〔捕鳥〕。（魯迅）
㉕你們不是要消滅国家权力嗎？我們要〔消滅国家权力〕,但是我們現在还不要〔消滅国家权力〕,我們現在还不能要〔消滅国家权力〕。（毛澤东）
㉖他們都說这是蘭草,我看这不是〔蘭草〕。（鄭光仪）
㉗你說是蘭草嗎,我看这不一定〔是蘭草〕。

（3）省略宾語的

1.对話　例如：

㉘你吃过飯了嗎?　　　　　我吃过〔飯〕了。
㉙你認識她嗎?　　　　　　我認識〔她〕。
㉚誰最会捕麻雀?　　　　　閏土最会捕〔麻雀〕。

2.上文已經說到(承前省)　例如:

㉛她吃完了飯,然后叫于福給她备上驢他騎上〔驢〕,于福給她赶上〔驢〕,往区上去。(赵树理)

㉜什乙东西都有母親:蝦儿有〔母親〕,魚儿有〔母親〕,螃蟹有〔母親〕,楊梅有〔母親〕,桃子有〔母親〕,荸薺有〔母親〕,甘蔗有〔母親〕。(叶紹鈞)

㉝我們給他錢,他不要〔錢〕。(陸定一)

有时后面分句沒有出現的宾語,它指的不是前面分句里的宾語,而是另外的成分。例如:

㉞这話正投了她的心事,她一輩子也忘不了〔这話〕。(赵树理)(后面省略的宾語是前一个分句的主語)

㉟这是李場長,你不認識〔他〕嗎?(李慶番)(后面省略了的宾語,是前面一个分句的帶"是"的謂語。)

(4)同时省略几个成分　例如:

㊱
甲:你几时來的?　　　　乙:〔我〕昨天〔來的〕。
甲:現在你到那儿?　　　乙:〔現在我到〕重慶。
甲:你能給我捎点东西嗎?　乙:〔我〕能〔給你捎点东西〕。
甲:朝鮮苹果好不好?　　乙:〔朝鮮苹果〕好。
甲:〔我〕請你給〔我〕買些來?乙:〔我給你〕買多少〔朝鮮苹果〕?
甲:〔請你買〕十个〔朝鮮苹果〕。

— 362 —

㊲大媽："〔您〕不喝碗茶呀？您慢慢走！"

刘付："〔我〕不〔喝茶〕啦，王大媽！"（老舍）

（5）省略偏正詞組的中心詞　例如：

㊳我的書忘記帶了，你的〔書〕呢？（鄭光仪）（这个例句也可以說連謂語省略了，那就是"你的〔書帶來沒有〕呢"）

㊴他的衣服和書籍全被沒收了，連我送他的那兩本〔書〕。（魯迅）

㊵战士的話，总是比我們〔的話〕生动得多。（陸定一）

㊶我的儿子，比他的〔儿子〕大三歲。（这个例子里的"的"不能省，省了就成了"我的儿子比他大三歲"了。㊵句所以能省"的"，因为不会发生誤会。）

說話或寫文章为了表达我們的思想感情，我們运用語言最高的标准，就是能恰如其分地表达了思想感情，不要多也不要少，少了别人不懂，多了别人就認为罗嗦。我們当然不能說半截話，比如平空說个"十个"，人家当然不知道你說的什么；可是当别人問"給你帶几个苹果？"时，你却一定說个完全句"我請你給我帶十个苹果"，这又何必呢？至于作文章时作成"半夜里，我忽然醒來，我才覚得寒气逼人，刺人肌骨，我渾身打着颤。我把毯子卷得更緊些，我把身子蜷起來，我还是睡不着。"（陸定一《老山界》原文"我"都沒有）那就是非常罗嗦的文章了。至于作者有意不省略，加重說話的語气（見前省略主語項下例⑰⑱），那是有关修辞方面的，这里不談。我們要能掌握省略句的运用規律，說話寫文章才能恰到好处。

运用省略句时注意下列几項：

（1）一般实詞能單独回答問題，只用实詞回答問題的都是省略句。例如："您貴姓？""王"。（名詞）"你來干什么？""参观"（动

— 363 —

詞)"参观好不好？""好"。(形容詞)"來了几个人？""五个"(数量詞)"誰是領隊？""我"(代詞)

（2）一般的虛詞不能單独囘答問題，所以不能用虛詞造成省略句。例如："今天很热嗎？"囘答的省略句，只能說"是"(判斷詞)或"很热"(形容詞帶上程度副詞)，不能只囘答"很"。但囘答"今天热嗎？"可以用"不"(否定副詞)來囘答，"他來了沒有？"可以用"沒有"(否定副詞)來囘答，所以副詞是半实詞。其他虛詞如連詞、助詞等当然不能囘答問題，介詞也不能單独囘答問題，必須整个介詞結構一齐說出，如："你同誰講話呢？"囘答"同他"；"你往哪里找呢？"囘答"往这里"等，不能只說"同""往"等。嘆詞"嗯""哦"等可以囘答問題，那就是独詞句了。

（3）数量詞和名詞組成的偏正詞組，可以省去名詞，但数量詞一定要一齐說出來，不能只說数詞或只說量詞，例如：問"你買了几斤苹果？"可以只說"三斤"，省去苹果，但不是只囘答"三"或"斤"。

（4）要避免歧义　說"重慶比北京热"可以，"我比你高"可以，"我的書比你多"也可以，因为这誰也不会誤会。說"我的比你大"不行，我的什么比你大呢？說"我的手杖比你好"也不行，因为手杖怎么比人好呢？一定得說成"我的手杖比你的好"才行，"的"不能省。(只省略偏正詞組的中心詞，例㊶也是这种情形)

（5）主語相同的两个分句被另外的分句隔开的时候，这两个分句都得用主語，不能省略。例如："她去找程仁，程仁躲开了，沒見着，她就更急了。"(丁玲)后面这个"她"不能省，省了就不知道誰更急了。(参看：鄭光仪：《句子成分的省略和倒裝》《語法和語法学習》第291——298)

— 364 —

單部句——無主句和獨詞句

5·137 無主句 一般的句子具有主語和謂語兩部分,所以又叫做双部句。有时候只有謂語部分或者只有不能断定是主語还是謂語的一部分,也可以表达完整的意思,这种句子就叫做單部句。省略句虽然有时候只具有主語或謂語一部分,但省略句不叫單部句,因为省略句必须根据一定的条件(語言环境或上下文),离开这一定的条件它就不能独立成句,省略的成分很明确,能确定地补出來,所以省略句只可說是簡化了的双部句,不能叫單部句。單部句本來就是这样結構,幷沒有省去甚乙,所以不必憑借語言环境和上下文,就能單独表达完整的意思。單部句包括無主句和獨詞句兩种,現在先來談無主句。

什乙是無主句呢? 只有謂語部分、沒有主語部分的句子叫做無主句。在談句子的分類时,我們談到按句子的謂語性質分,有名詞謂語句、形容詞謂語句和动詞謂語句等。名詞謂語句和形容詞謂語句不能構成無主句,因为名詞謂語句的謂語說明主語是什乙东西,必須把被說明的东西說个明白,主語不出現就不知道說的甚乙。例如:"今天星期二","他是学生"这兩句話是謂語句,"星期二"說明今天是个什乙日子,"学生"說明他是什乙人,假如只留下謂語"星期二"或"是学生",別人就莫明其妙了。形容詞謂語句也是一样,形容詞謂語句的謂語,描寫主語是什乙情况:例如"他很聰明","聰明"描寫"他"是什乙情况。假如只說"聰明"也不能表达意思。所以这兩种句子,只能構成省略句,不能構成無主句。动詞謂語句的情况就不同了,动詞謂語句的謂語,敍述"发生什乙事情",說話的目的在于敍述发生某种事情的动作或过程,有的时候发生

— 365 —

这个动作的主語是明顯的，也有說出來的必要，那就是主語和謂語都出現的双部句。有的時候它的主語幷不固定，如"禁止吸烟"；有的時候說不出主語來，如"輪着你发言了"；有时主語沒有說出的必要，如"下課了"、"开飯了"等。因此动詞謂語句可以根本沒有主語或者不需要說出主語，只有謂語这一部分构成无主句。所以无主句是說不出主語或者不需要說出主語的，一般不能补上主語。

常見的无主句有下边这几种：

（1）敍述天气等自然現象的。例如：

①下雨了　下霜了　出太陽了　刮着西北風　漲水了

②到晚上　过了几天

③气溫下降，跟着就是狂風暴雨，打雷，打閃，有时候还夾着冰雹。（士元）

④到了夏天，園地里的南瓜豆莢又早早結了果。（趙樹理）

敍述"下雨""刮風"这类現象，假如說"風來了，雨來了""風停了，雨也住了"。这种句子仍旧是双部句。"下雨""刮風"这种无主句"習慣上还是認'天'作主語的。天本起于古代社会的神权观念，在傳統的神话中'老天爺'还分派了分工的主干，如雨师、風伯、雷公、电母之类，作为这些动詞的眞主語。"（黎錦熙、刘世儒：《中国語法敎材》第一册第75頁）直到現在儿歌中还有"老天爺，下大雨，白面饃饃供饗你。"一般人口里还有"老天爺，下点雨吧！"这种說法。不过平常旣不說出主語，認为是无主語好些，不必硬說是省略了"天"的主語了。至于"到了夏天"等实在很难說出"誰"到夏天或"什么"到夏天，說是无主句更恰当些。

（2）敍述生活情况的。例如：

— 366 —

⑤失火了　打鐘了　开会了　放假了　开飯了　息灯了　下班了

⑥先奏国歌，放礼炮，接着朱总司令……檢閲部隊。（郝建秀）

这种句子的目的在敍述这类情况的本身，不在說明这种情况是由誰造成的，所以主語不必說出來。例如我們对一个人說"息灯了，不要再吵了！"只是說明在"息灯了"这种情况下，不是再吵吵的时候了。当然灯还是有人讓它息的，（假如是菜油灯，油干了自己息了，那就得說："灯息了"，那是双部句，不能說"息灯了"。）需要的时候才說出，那就不是这个意思了。例如："散会后，你息灯。"

（3）表示一般的命令或禁止等的祈使句。例如：

⑦小心灯火！　禁止照相！　随手关灯！　会場內禁止吸烟！　請不要折花！　請爱护公物！

⑧二諸葛看了看歷書，又掐指算了一下說："今日不宜栽种。"（趙樹理）

这类話不是沒有主語，而是因为主語是泛指的，不必說出來。这和省略句里面的祈使句不同的地方在于省略句的祈使句，由于根据一定的条件（当面談話），省略的主語有确定的人，可以肯定地补出來，如"出去！"是指当面的那个人，可以补出來，說成"你出去！"無主句不是当面談話，主語不能肯定地补出來，例如"禁止吸烟"，是"誰"禁止呢？禁止"誰"吸烟呢？都不能肯定地补出來，所以算無主句。

（4）敍述事物的存在、出現或者消失的。例如：

⑨晉察冀边区的北部有一道还鄉河，河里長着很多蘆葦，河边有个村庄。（管樺）

⑩这是一家瑤民,住着母女二人。(陸定一)
⑪屋里屋外都沒有雨來的踪影。(管樺)
⑫桌上便有一大碗煮熟了的罗漢豆。(魯迅)
⑬外面走進來一个四十多歲的漢子。(欧陽山)

这类句子便是"存現賓語"那类句子(参看第十五章5.114節)。这类句子以前有人主張是主語后出現,又有人主張在句首的地位詞是主語。現在大多數認为是無主句,句首的地位詞(或时間詞)是狀語。因为这种句子的目的是在于說明存在着或出現着什么事物,幷不是敍述某个人怎么样,某种事情怎么样,例如:"外面來了一个人"当然也能說成"一个人从外面來了",但因为句法組織不同,敍述的目的不同,因而着重点不同,就表达兩种意思:所以前者是無主句,后面就是完全句。

(5)格言(或格言式的話)和表示風俗習慣的語句。例如:

⑭知無不言,言無不盡。惩前毖后,治病救人。活到老,学到老。平时多流汗,战时少流血。
⑮应該做了什么就說什么,說到那里做到那里。(陈謨)
⑯八月十五吃月餅。端午節吃粽子。重九登高。清明節上坟。国慶節开会慶祝。五一節大游行。
⑰正月里供祖象,祭品很多,祭器很講究……(魯迅)

格言或格言式的話要大家注意,風俗習慣,大家都这样作,所以这类句子的主語就不說出來。幷且不必根据語言环境或上下文,就可表达出完整的意思,主語可以补出來,但不能肯定地补出是"你"、"我"、"他"或"我們"等,因为誰也是一样。至于說"我(或"你"、他……)在端午節吃粽子",是敍述"我"这个人在端午節干什么,和"端午節吃粽子"这句話組織不同,表示的意思也不同,前者是双部

— 368 —

句，后者是無主句。

5.138 **独詞句** 我們先來看什么样的句子叫做独詞句

①藍天，远樹，黃金色的麥浪，云影在丰饒的大地上飄动，果樹开滿着絢爛的花朵。……俄罗斯的美丽的春天！（馮明）

②班長：刘喜！刘喜：有！（胡可）

③藥？那儿來的藥？（成蔭）

我們看上面这三个例子里面帶黑点的，如"藍天""黃金色的麥浪"，"刘喜"、"有"、"藥"等，都是独立的自成一句話，表示一个完整的意思，也不敢断定它本身是主語或謂語，更不能說它是省略了那些成分。这种只用一个詞或者一个詞組構成的句子就叫独詞句。独詞句是这种句子的名称，并不是非得只有一个詞的才算独詞句。用一个詞組構成的，詞組里有一个中心詞，它是这个詞組的主体，如"黃金色的麥浪"，"俄罗斯的美丽的春天"，从这个中心詞的角度來看，仍旧可以說是独詞句，这点要注意。省略句常常也有独詞成句的，尤其在对話的时候，用实詞囘答問題，常只用一个詞，如問："那个小孩子是誰？"答："雨來"。問："他好不好？"答"好"。在这种場合，"雨來"和"好"不是独詞句，而是省略句，因为要憑借語言环境，才能表达說話人的意思；省略的部分很明确，可以肯定地补出來。但在小鉄头喊："雨來"！雨來囘答："有"。在这种場合，"雨來"和"有"便是独詞句，因为它是單独成句，并沒有省略了什么成分，也表示出完整的意思來了。这种地方要細心体会。

独詞句可以分成兩类，一类是以事物为說明对象的；一类是不以事物为說明对象的，現在分別說明一下。

（1）以事物为說明对象 这类独詞句用名詞或者以名詞做

— 369 —

中心詞的偏正詞組作成的，又可以分成三种：

1. 咏嘆事物的屬性的，例如：

④蓝天，远樹，黄金色的麥浪，……俄罗斯的美丽的春天。(馮明)

⑤晴朗的天空，燦爛的花朵，金黄色的黄浪，丰饒的原野。(馮明)

⑥好一个晚晴天！(士元)

2. 表示事物的呈現。例如：

⑦火！蛇！飛机！敌人！

⑧突然鉄头叫起來："啊！雨來！雨來！"(管樺)

⑨"唉呀！日本，你看那衣裳！"(孙犁)

3. 說明故事发生的处所或时間。例如：

⑩秋天(管樺《小英雄雨來》第二段一开始，这个詞独立占一行，表示下面事情发生的时間)。

⑪抗日战爭期間一个深秋的早上。華北敌后游击区一个靠近敌人据点的村庄。玉鎖娘的家里。(成蔭：《打得好》这个剧本的說明部分，說明这件事发生的时間、地点。)

（2）不以事物为說明对象的 这类独詞句是用表示称謂的名詞或者动詞、形容詞、代詞、副詞、嘆詞構成的，又可以分成四种：

1. 呼語而單独成句的 表示对对方的称呼。例如：

⑫老黄！哥哥！叔叔！李老师！……(高名凱)

⑬营长：(追呼)小馬！(洪深)

⑭趙大：你！(擎着手槍，对准老李。)(同上)

2. 应对語而單独成句的 表示同意、反对或者疑問。例如：

⑮潮：……

趙：唔！（王汝石）

⑯趙大：溜得了么！

老李：行！（洪深）

⑰趙大：（覺得怪極）借……餉……

老李：就是，就是！（同上）

3.感嘆語而單獨成句的　表示感情和意見。例如：

⑱啊！嗨！唉！呀！噢！（高名凱）

⑲趙大：唉！（洪深）

⑳李全生：咦！（同上）

4.敬語　表示祝頌、尊敬或者謙讓。例如：

①万歲！敬礼！报告！謝謝！再見、劳駕！借光！对不起！不敢当！

②万歲！毛澤东，万歲！中国共產党。（歌辞）

③王：是，（脫帽鞠躬）謝謝！（胡可）

④王：报告，忘啦！（同上）

敬語这一类是对話中的省略句，可以补出主語來，比如"謝謝"是"我謝謝你"，"再見"是"咱們再見"；但因这种話經常不說主語，并且不憑借語言环境可以表达完整意思，有时主語是泛指的，如在稠人广羣之中，有人担一担开水，一路走一路喊："劳駕！"或"借光！"这就大家都有份。因此这一类也归到独詞句里來了。

練 習 十 八

1.下面一段話，假如都改成完全句，你把省略的成分补出來。

有一天，雨來从夜校囘到家，躺在炕上，背誦当天晚上学会的書，可是，背不到一半就睡着了。

不知什么时候,門吱扭响了一声。雨來睁开眼,看見閃進一个黑影。媽媽划了根火柴,点着灯。一看,原來是爸爸出外賣蓆回來了,可是怎么忽然这样打扮起來了呢?肩上披着子彈袋,腰里插着手榴彈,背着一根長長的步槍。(管樺)

2. 說明下面第二个分句省略的成分是什么成分,并說明是指前面分句里哪个成分。

①玄奘寫过一部《大唐西域記》,是他的旅行記。

②她的皮衣、皮帽、氈靴都沒有了,只穿着一条短褲和一件襯衣,赤着脚在地上走。

③它寫的不是大众的事,所以听不懂。

④新農具來了,我們一定要买。

⑤俺一出門就倒在雪地里,地主看着也不管。

⑥那是王先生,学問很好,待人也很和气。

3. 用省略句回答下列各問句。

①今天下午开会不开会?

②你同誰复習功課?

③你感觉非常麻煩嗎?

④生水能吃不生吃?

⑤怎么办才合适呢?

⑥他会不会唱京戲?

4. 在下列各句中分辨哪些是省略句,哪些是無主句。

①打鼓升堂。好一萧恩,上得堂來,胡言乱語。來!扯下去,重責四十!

②眞不知道,班長!我什么时候不坦白过呀?別鬧着玩啦,班長!什么事?

— 372 —

③过節穿新衣服，你沒有，借一件穿穿应应景。

④"北泉的游泳池好不好？""好。""喂，咱們去游泳吧！""好，明天就去。"

⑤我們学校十点鐘息灯就寝，已經打过息灯鐘了，怎么还不息灯？

第二十二章　單句的分析法

5·139　为什么分析句子　我們在前几章里，在需要的时候，就利用簡單地画符号的方法把句子分析一下。这一章要比較詳細地談一談分析句子的方法，除了說明画符号那种分析法以外，还要介紹一种圖解法供大家研究或教学时参考使用。現在先談一談为什么要分析句子呢？我們在《語法总述》里談到过，"句子是語言的基本結構單位"。因为句子能够独立表达完整的意思，我們想表达我們的意思达到交流思想的目的，不管是談話或是寫成文章，都是利用由詞來組成句子的这种語言單位來完成的。所以句子非常重要，从而对句子的研究也非常重要。我們研究句法，第一步要知道句子有哪些成分，第二步还要了解这些成分怎样組成一个句子，它們中間的关系又是怎样的？这在很簡單的句子比如："我寫字"，"今天是星期一"等，当然很容易看清楚各种成分中間的关系，但是在比較長的句子，就不是那么容易地看出來了。呂叔湘、朱德熙合著的《語法修辞講話》第一講，在《人民日报》发表时举的一个例子（后來在修改时沒有举这个例句），我們抄來看一下：

①馬立克提到奥斯汀对周恩來所說中国人民政府將認为安理会在沒有中国人民的代表参加之下通过的，有关中国控

— 373 —

訴的任何决議都將是非法的一点表示驚奇。
这句話假如不分析，只憑看一下是弄不清这个句子都有些什么成分，各种成分之間的关系又是怎样的。学过外国語的，大概都知道，假如碰到一个長長的句子，一定要經过分析，認出哪个是主語哪个是謂語哪个是定語等，才能正确地了解这句話的意思是什么。我們所碰到的句子，象上面举的那么复雜的固然不多，但象"我寫字"这类簡單的句子也很少。比較复雜的句子，經过分析就能正确地了解这些句子的意思，不至于看不懂或发生誤解了，这是分析句子的第一种好处。有些結構錯誤的句子，簡單的也比較容易看出來，例如：

②淒惨的声調向她說道……

③她叔父的意思表示幷不反对。

②句的主語是"声調"，"声調"怎么能向她說呢？③句的主語是"意思"，"意思"也不会表示反对不反对。但比較复雜些的就需要分析一下了。

④他們在信上也能展开批評和意見。

⑤〔拿出她的象片……〕她那圓黑的一双眼睛乞憐似地望着我，便簌簌地掉下几顆泪來。

第④句乍一看好象沒有毛病，一分析，"他們"是主語，"展开"是謂語（动詞），"批評和意見"是联合詞組作宾語，但"批評"能展开，"意見"如何展开呢？这一下，毛病就找出來了。第⑤句后面一个分句沒有主語，假如不錯誤，应該是承前句省略主語，前句的主語是"她的眼睛"，后句也該是她的眼睛掉下泪來。可是"她"却是象片上的"她"，假如掉下眼泪那豈不吓死人？掉眼泪的是"我"，这个主語"我"不能省，一分析也就找出毛病所在了。其他更复雜而錯誤更隱蔽的句子非經分析找不出錯誤在那里。帮助我們找出句子的錯誤，从而糾正它,这是分析句子的第二个好处。我們在敎語法的时候,假如能在講句法的开始,就利用分析法,可以帮助学生建立对句子成分的概念,辨別錯誤句子的能力,進一步帮助他們正确地使用祖国語言。这是分析句子的第三种好处。

我們敎学語法的經驗,也証明利用分析句子的方法,比只講解的效果要好得多。学生掌握了分析句子的方法以后,就不只是看講义上的說明和例句懂得,在其他地方碰到复雜的句子自己也就会分析,在他自己敎学时也能自己鑽硏了。这对培养学生独立思考、独立工作能力方面也有好处。学生只要一接触到句子分析法,兴趣很高,進步也很快。缺点是詳細的分析法(如圖解)比較費时費事,耽誤很多時間。再就是漢語語法还存在着好多問題,这些問題不解决,分析时不免遇到一些困难。关于这兩方面的缺点,我們打算这样來克服：普通的句子只用簡單的分析法,就是只用符号指明各种成分就行了,每种成分內部复雜的結構不再分析；遇必要时才利用比較詳明的圖解法,这样旣发揮了分析句子方法的作用,也不至于太費时間。第二方面的缺点是一时不能避免的,科学是不断向前发展的,什么时候也不敢說完美無瑕。不过我們不能因噎廢食,在现有的科学水平上尽量作到沒有矛盾能說明問題就行了。好在现在有《初中漢語課本》的語法系統,那是經过好多人討論过的,虽然仍旧有缺点,但暫时按照这个系統來分析句子,是不会差得很远的。等到將來向前发展,修改了的地方,我們也跟着修改,这样也沒有什么不好的地方。以往的語法学者都利用分析法,不过程度不同。黎錦熙先生最注重圖解,曹伯韓先生在《語法初步》里也利用圖解,王力先生虽不很注重,但在他的《中国现代語法»里也作了介紹。呂叔湘、朱德熙二位先生曾利用画符号法(見«語法修辞講話»第一講，第七段)，呂叔湘先生又在«語文学習»1951年11月号上，发表«一个句子的分析»介紹他的圖解法。总之分析句子的方法，無論在那一方面是都有它的用处的，我們要能掌握它才好。

5·140 分析句子的种种方法 分析句子有好几种方法，我們大体上介紹一下。

（1）說明法 这种方法就是不用任何标志，直接說明句子里哪些詞是什么成分。比如："明天，我要从下庄搬家到上庄去。"（康濯）这个句子，我們就說：" '明天'是提到主語前面的狀語，'我'是主語，"要"和"搬家"組成合成謂語，'从下庄'是狀語，'到上庄去'是补語"等等。这种方法未嘗不可以說明問题。只是便于当面講解，若做書面分析，不免太啰嗦，（复雜的句子更明顯）也不能使人有一目了然的感觉。

（2）加符号法 这种方法是就句子加上种种規定的符号，表明句子的各种成分和成分之間的关系。还可以分几种：

1.呂叔湘、朱德熙二位先生所用的方法 他們說："分句和分句之間，联合成分之間，都用橫綫隔斷（兩道橫綫表示更高一級的分隔，三道又高一級……）；关联詞語加旁点。長附加語用圓括号括出，長主語、長宾語、長表語用方括号括出，数目字每一个代表一个分句"。(«語法修辞講話»第一講，第33——34頁)再抄他們一个例子：

【要使士兵們相信,〔（既不威脅英国,｜也不威脅美国,‖而其台灣島竟被美国强占了的)中国是侵略者,｜而另一方面,(强占了台灣,｜并將軍隊推向中国边境的)美国倒是

— 376 —

处于防御方面，)】这是很困难的。(斯大林)(同上書，第34頁)

这种方法我們也用过，学生們的反映是，句子的各种成分不能明顯的看出來，因而各成分間的关系也不夠清楚。他們最感到困难的是画道道，究竟哪里画‖或画‖‖等，很不容易确定。

2. 黎錦熙先生的"讀書标記法" 他說："①就本文先'辨句'，就是研究新式标点符号和分段。②就本文在'字里'，用細綫'｜'画分詞儿。③就本文，在'行間'用双綫'＝＝'和粗綫'——'兩种記号标明主要的成分。再用單細綫'——'、尖角'∨'、波狀綫'～～'和括弧( )、〔 〕五种記号标明組句各要点。"(《中国語法与詞类》第2——3頁)我們也抄他一个例子：

一定的｜文化｜是｜(一定｜社会｜的｜政治｜与｜經济｜在｜观念｜形态｜上｜)的｜反映。在｜中国｜有｜帝国主义｜文化，这｜是｜(反映｜〔帝国主义｜在｜政治上｜經济上｜統治｜或半統治｜中国〕)的｜东西；……(同上書，第3——4頁)

張拱貴、廖序东二位同志根据这种办法稍加以改变，但基本上是一样的。主語用＝＝來表示，謂語用——，宾語、表語用～～，狀語、定語用( )，补語用＜ ＞；詞組作句子成分用〔 〕先括起來，里面再分析，关联詞語用。。。也抄一个例句：

①(这种)〔全国人民大团結〕之所以能够成功，｜②是因为我們战勝了(美国帝国主义所援助的)国民党反动政府。
(《文章的語法分析》第175頁)

这种方法的好处是就原文加符号不費多少时間，各种句子成分和它們之間的关系也可以表明出來。缺点是碰到比較复雜的句子，

—377—

各种詞組套詞組,層層画出,滿眼都是符号,就顯得乱了。不过簡化一下,这种方法是可以采用的。《初中漢語課本》就是采用这种方法而加以簡化的,它的記号：主語和謂語中間用双豎綫隔开,主語和謂語都用双橫綫在下面标出來,宾語部分用單橫綫标出來,定語和狀語、补語用浪綫标出來,关联詞用圈儿标出來。抄它一兩个例子：

①郊区農民的代表‖都穿着很漂亮的衣服。
②魯迅‖是我国现代偉大的文学家、思想家和革命家。
③我們制造的槍榴筒和槍榴彈‖很快就出现在前方。

3. 圖解法　漢語的圖解法,黎錦熙先生最先应用,想的办法也很多,他的圖解自成一套,虽然有牽强的地方,大体上能解决問題。不过用他的圖解法,得按他講的語法系统,不同系统的說法是不能照搬的。他有个單句圖解法的总公式,可参看。(《新著国語文法》第27頁)我們也举他兩个例子。

④联共就是我們的最好的先生。
⑤洪秀全、康有为、嚴复和孙中山代表了中国共產党出世以前向西方尋找眞理的一派人物

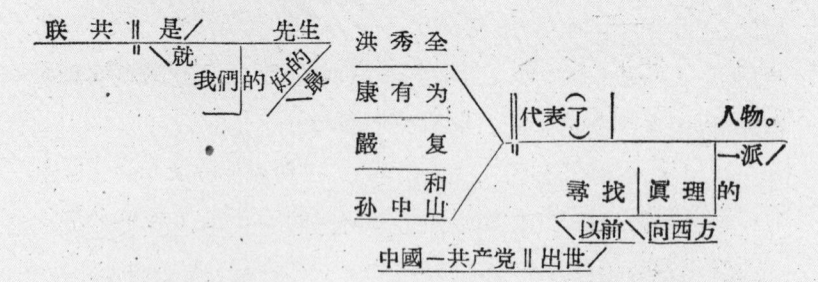

以后的語法書利用圖解法,大都是根据这种方法加以变通,我們就不再举例說明了。

5·141 **我們的加符号法** 我們在本書和在講解时,打算用兩种分析句子的方法,就是把加符号法和圖解法配合起來使用。在作一般分析的时候用加符号法,在作較詳明的分析时用圖解法。現在先談談我們的加符号法。

我們旣然还用比較詳細的圖解法,那么加符号法的符号,就不必定得太瑣碎,只定几种符号,分清句子的各种成分和各种成分的关系就够了,各种成分內部再包含复雜的結構就可以不再進行分析了。我們規定的几种符号和应用法如下:

（1）主語和謂語中間用双豎綫隔开,主語下面用双橫綫標出來,謂語下面用双浪浪綫标出來。例如:

①桃花‖开了。
②老張‖聪明。
③他‖四歲了。
④他‖是学生。

（2）句子里假如有宾語,謂語和宾語中間用單豎綫隔开。宾語下用單橫綫标出來。例如:

⑤老張‖吃｜饅头。
⑥他‖到｜重慶。

（3）主語或宾語有定語的时候,定語部分用單浪綫标出來,例如:

⑦毛主席的健康‖是我們全国人民的幸福。
⑧迷迷糊糊的他‖拉了几个買賣。（老舍）

（4）謂語有狀語的时候,狀語部分用～～來表示。例如:

⑨祥子‖愣头磕腦地坐進去。（老舍）
⑩我的祖母‖曾經常常对我說……（魯迅）

—379—

（5）謂語帶有补語的,补語部分用～～來表示。助詞"得"用"·"來表示。例如:

⑪我‖高兴得跳起來。

⑫他‖把講义擱在桌子上。

（6）連詞用"。"來表示。例如:

⑬我国的万里長城、大运河和黃河大堤‖都是偉大的古代建筑。

⑭大会‖討論并通过了│这个方案。

⑮她‖教給我生產的知識和革命的意志。

（7）动宾詞組和主謂詞組做句子成分时,可以不再分析。例如:

⑯人人都过幸福的生活‖是我們的理想。

⑰他們‖喜欢│学習政治理論。

⑱这篇小說‖清清楚楚地告訴了我們王永淮是怎样一个人。

（8）复雜謂語,就按謂語符号分开画上。例如:

⑲那头牛‖有时候还伸出舌头舔舔他的手。

⑳馬‖繞着場子奔跑。

㉑他‖給他們茴香豆吃。

㉒大家‖都怪他糊涂。

㉓老賈‖讓大家发表意見。

（9）复指成分,同它所指的画一样的符号;插說部分用( )括起來。例如:

㉔中国人民‖热愛他们的領袖毛澤东。

㉕这位同日本侵略者周旋了整整十年的老战士,他的作

— 380 —

战經驗‖是非常丰富的。

㉖(你听听,)这丫头‖簡直瘋了。

㉗你的身体‖(想來)已經复原了吧。

(10)省略句、無主句照样分析,不必补出省略的部分,或表明什么是無主句。呼語用( )表示。例如:

㉘請你把窗戶打开!

㉙車站上停着列車。

㉚〔迅哥儿〕,昨天的戲‖可好嗎?

总起來我們的符号有四类十二种:

(1)間隔主語、謂語、宾語的符号是‖、|;

(2)表示六种成分的符号:主語用＝,謂語用﹏,宾語用—,定語用～,狀語用≈,补語用＝;

(3)助詞得用·、連詞用。來表示;

(4)插說部分用( )、呼語用〔 〕來表示。

5·142 我們用的圖解法　我們基本上按照黎錦熙先生的圖解法,但和«初中漢語課本»的說法不一致的地方,改按課本上的說法來圖解。还是按照由簡而繁的順序,举例說明如下:

(1)圖解时,先画一条橫綫,然后用兩根豎綫把它分成兩部分,豎綫要穿过橫綫,前面是主語部分,后面是謂語部分。謂語是名詞加判斷詞"是"的合成謂語时,"是"后加一短橫。例如:

①桃花开了。　　桃花‖开了。　　他‖是—学生。

②他是学生。

(2)謂語的动詞帶宾語,动詞和宾語中間用單豎綫隔开,这根豎綫要短些,并且不要穿过橫綫。例如:

③張先生寫小說。　　張先生‖　　　寫│小說。
④他到重慶。　　　　他‖　　　　　到│重慶。

（3）主語或宾語有定語的时候，用向左的直角曲綫來表示。并列的联合附加，連鎖的逓相附加。表示領屬关系的助詞"的"画在豎綫旁边。例如：

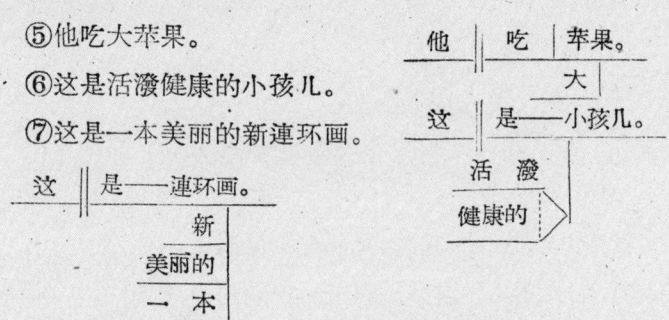

⑤他吃大苹果。　　　　他‖吃│苹果。
⑥这是活潑健康的小孩儿。　　　　　　大
⑦这是一本美丽的新連环画。　这‖是──小孩儿。
　　　　　　　　　　　　　　　　　活潑
这‖是──連环画。　　　　　健康的
　　　　新
　　　美丽的
　　　一　本

（4）謂語有狀語的时候，也是用向左的直角曲綫來表示，并列的联合附加，連鎖的逓相附加。介宾結構作狀語，介詞寫在直綫旁边。例如：

⑧他热心地帮助我。　　　他‖帮助│我。
⑨大家大胆地自由地发表自己的意见。　　热心地
⑩他也匆匆地从車上下來。　　他‖　　下来。
　　　　　　　　　　　　　　　　从
大家‖发表│意见。　　　　　　車上
　　大胆地　　自己的　　　　　匆匆地
　　自由地　　　　　　　　　　也

（5）謂語帶有补語的时候，补語部分用向右的直角曲綫來表示，助詞"得"寫在直綫的旁边。例如：

⑪他交待得清清楚楚。　　他‖交代
⑫他在成都住了五年。　　　　得
　　　　　　　　　　　　　清清楚楚。

─382─

⑬你却沉浸在苦难里。

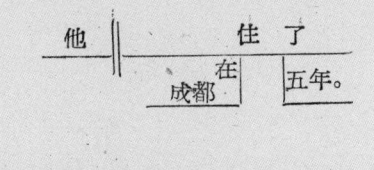

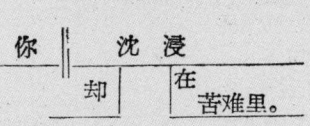

（6）聯合詞組做各种成分的时候,把这些詞平列地放在那个成分的地位用虛綫連起來,有連詞就寫在虛綫旁边。例如：

⑭我国的万里長城、大运河和黃河大堤,都是偉大的古代建筑。

⑮大会討論幷通过了这个方案。

⑯李秀英的嗓門又高又亮。

⑰魯迅是我国现代偉大的文学家、思想家和革命家。

⑱他獲得全国人民的信任和擁护。

⑲脚已經凍得又紅又青了。

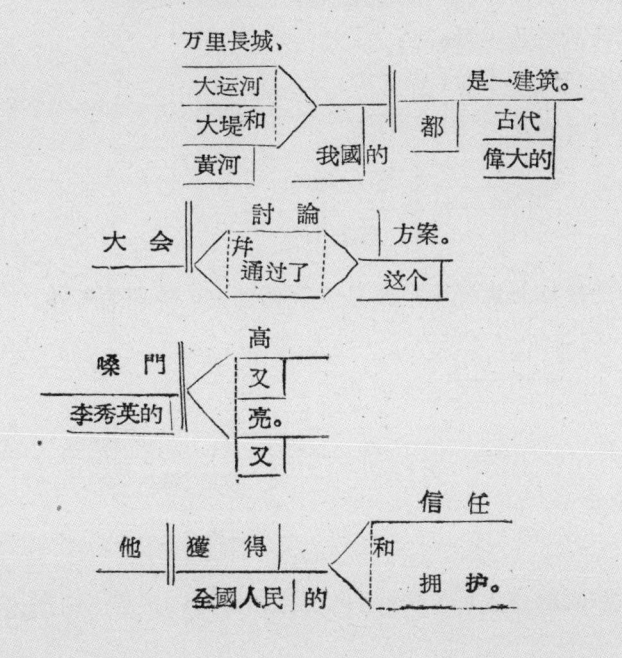

— 383 —

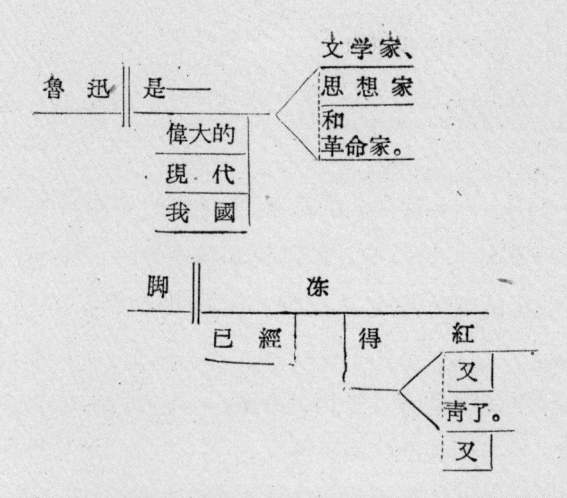

[图：鲁迅是我国现代伟大的文学家、思想家和革命家。]

[图：脚已经冻得又红又青了。]

（7）动宾词组作主语、谓语、宾语的时候，要用直线 支起 来再加分析。作定语、状语、补语的时候，不必支起。例如：

⑳根治黄河是我们的理想。

㉑他们喜欢学习政治。

[图：根治黄河 是——我们的理想。]

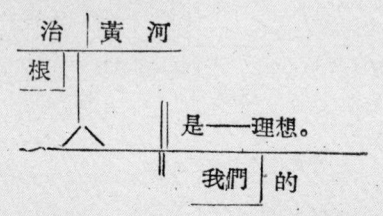

㉒坚决地领导民主革命是争取社会主义胜利的条件。

[图：他们 喜欢 学习政治。]

[图：坚决地领导民主革命 是——争取社会主义胜利的条件。]

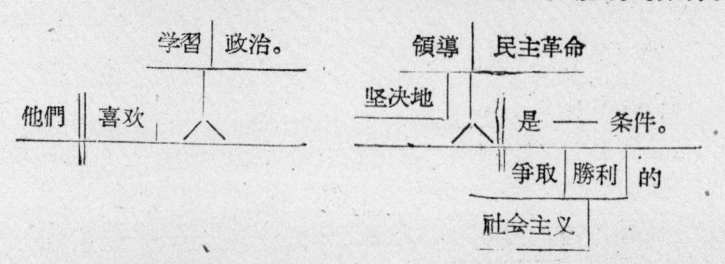

（8）主谓词组作各种成分时，也要再加分析。主语、谓语、宾

— 384 —

語要用綫支起來,定語、狀語、補語不支。例如:

㉓人人都过幸福生活,是我們的理想。

㉔結果是反动派完全崩潰。

㉕她性情和藹。

㉖区長問:"你就是刘修德?"

㉗他才知道他的生意完全被合作社夺去了。

㉘老定气得胡子都立起來了。

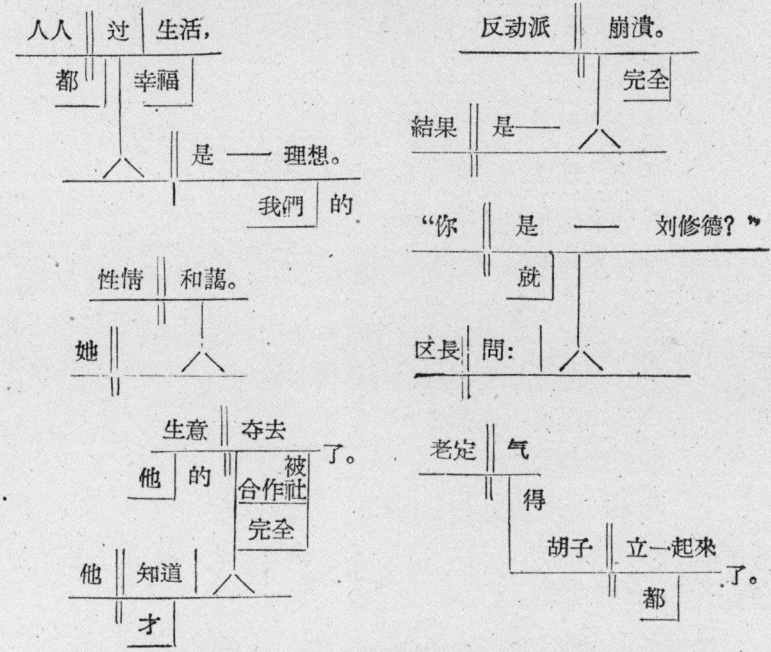

(9)双宾語的句子,兩个宾語都在宾語位置上,近宾語在前,用虛直綫隔开;远宾語在后,用实直綫隔开。例如:

㉙他送我一本好書。

㉚这篇小說清清楚楚地告訴了我們王永淮是怎样一个人。

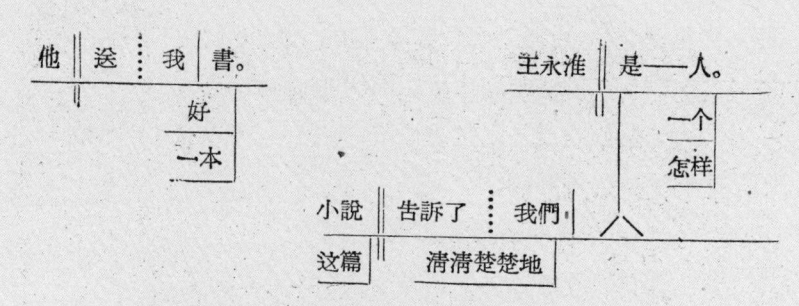

[图：句子成分分析图]

他‖送∶我│书。
　　　　　　好
　　　　　　一本

王永淮‖是——人。
　　　　　　一个
　　　　　　怎样

小说‖告诉了∶我们│
这篇　清清楚楚地

(10) 复雜謂語，按照謂語不同的情况来处理。例如：

㉛我们的党团员、宣传员，先在群众中各找对象个别地宣传一下。

㉜母亲就靠那三十畝地独力支持一家人的生活。

㉝女人抱着孩子跳下床来，梗着喉嚨叫。

㉞他便給他們齿香豆吃。

㉟他那热烈的言語动作，簡直使每个人的心都热了起来。

㊱家里的人都恨他不識好歹。

㊲大伙儿有权利提出这样的要求。

㊳炕上沒有人說話了。

㊴他越想越生气。

㊵他一到家就布置工作。

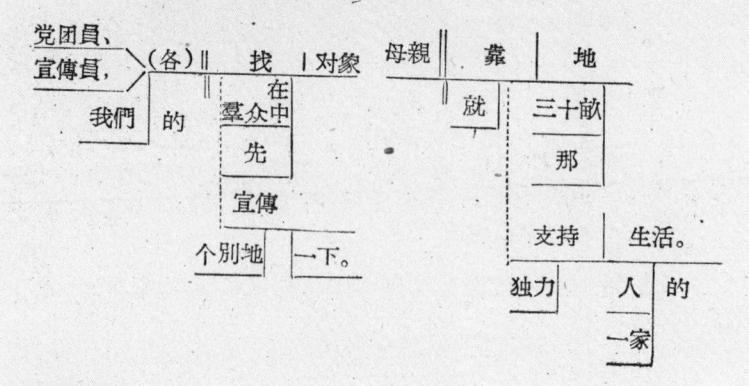

[句子成分分析图：]

党团员、宣传员，‖(各)‖找│对象
我们　的
　　　　在群众中
　　　　先
　　　　宣传
　　个别地　一下。

母亲‖靠│地
　　就　三十畝
　　　　那
　　　　支持　生活。
　　　　独力　人　的
　　　　　　　一家

— 386 —

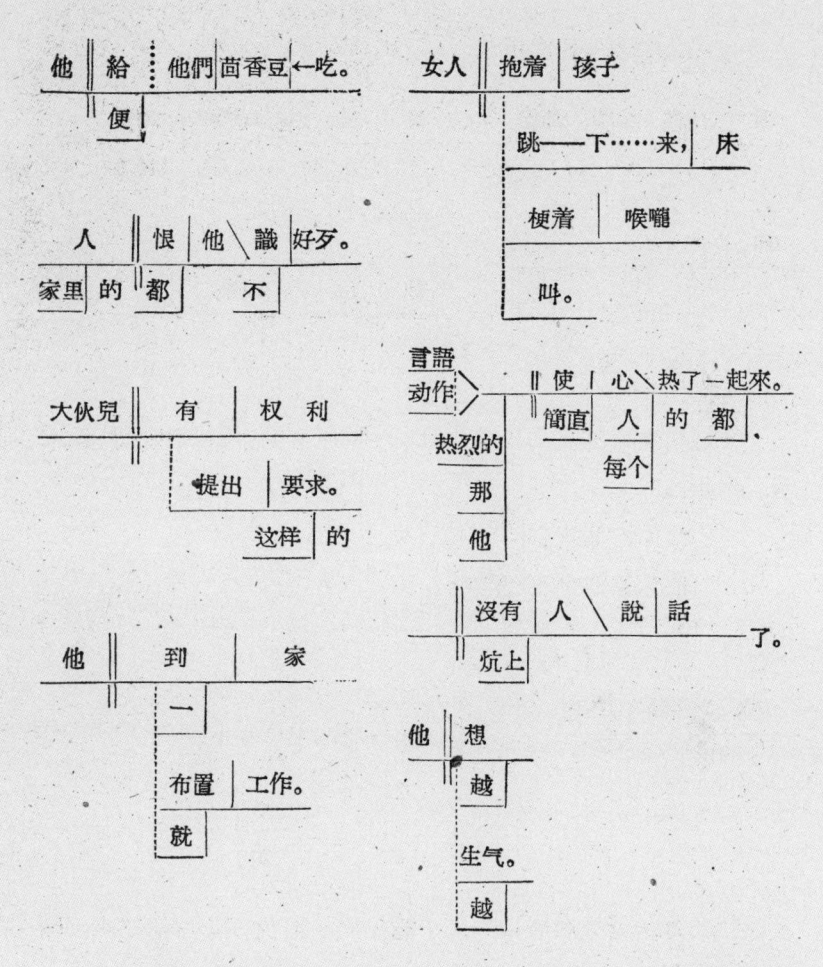

（11）能願动詞和主要动詞中間用"："隔开來，趨向动詞和主要动詞中間用"——"連起來。趨向动詞被宾語分开时，用虛綫連起來。句末助詞写在一句的末尾，不作标志。例如：

㊶我应該感謝母親。

㊷你能担任起來这項工作嗎？

㊸你拿出一些錢來买书。

㊹你端一盆水出來。

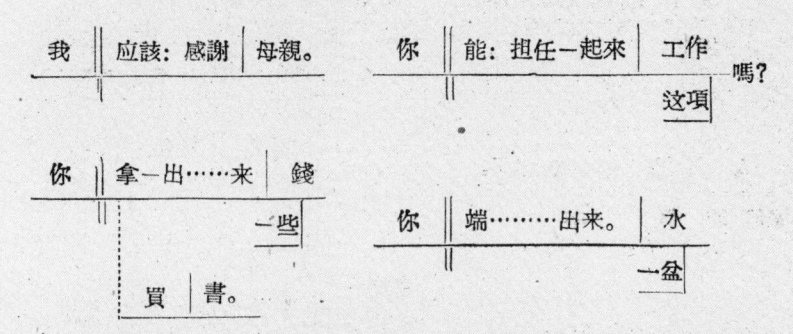

[句子图解]

(12)用介詞"把"或其他介詞表示前置宾語,用橫綫屈折來表示。例如:

㊺你把他請來!

㊻你連他也不認識嗎?

[句子图解]

(13)复指成分和所指的那个詞在同一地位,用( )括起來。例如:

㊼旅長彭振亞視察陣地去了。

㊽朱石農,我的表哥,今年春天到苏联学習去了。

㊾这是我們大伙儿的功劳。

㊿他这个人还閑得住?

(51)志成和建華兩个都是先進工作者。

— 388 —

㊾青春，这是多么美好的时光啊！

㊾这位同日本侵略者周旋了整整十年的老战士，他的作战經驗是非常丰富的。

㊾我的兩个弟弟，一个在小学，一个在托儿所。

㊾拖拉机手有的駕駛着向前馳行，有的熟練地搖着耕犁。

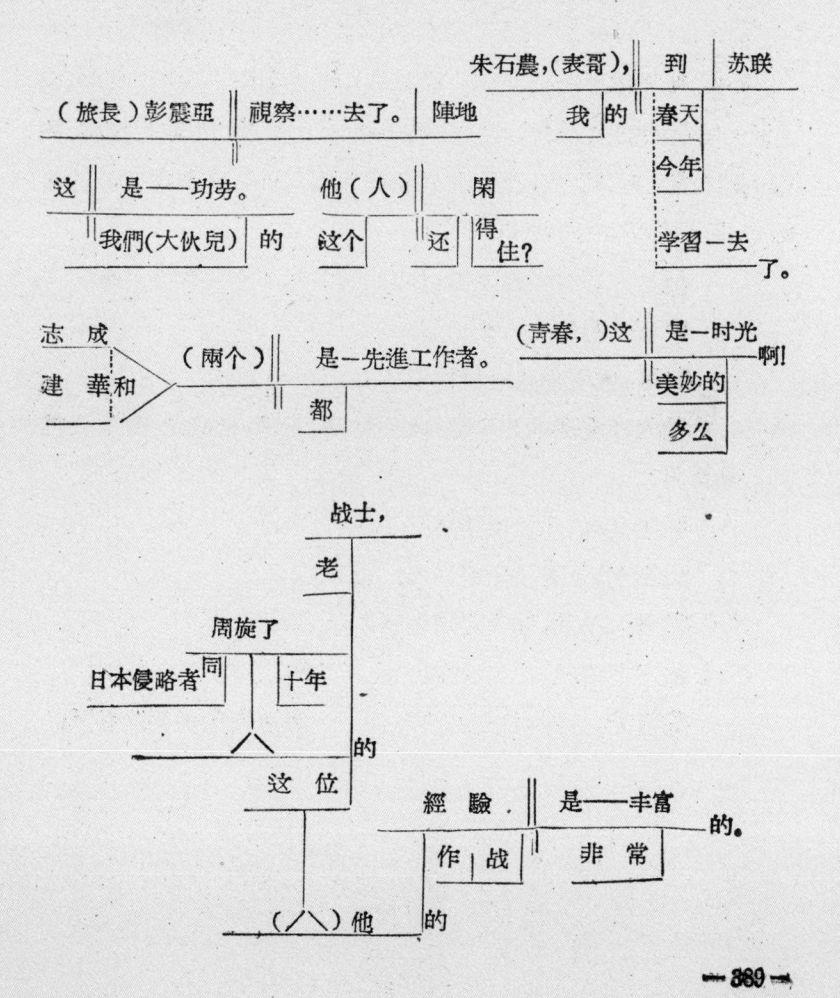

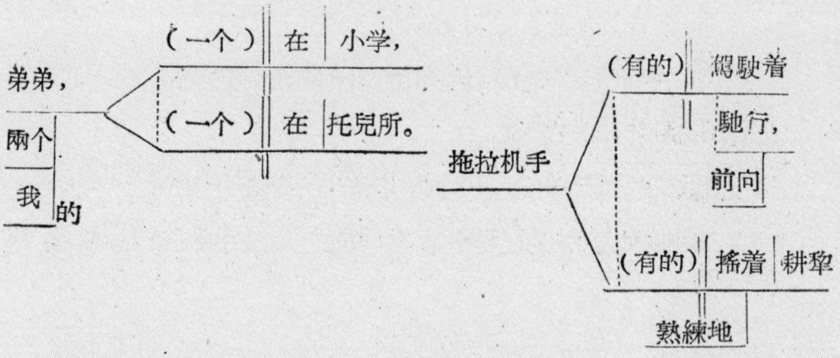
弟弟，
（一个）
在
小学，
（一个）
在
托兒所。
兩个
我
的
拖拉机手
（有的）
駕駛着
馳行，
前向
（有的）
搖着
耕犁
熟練地

(14)独立成分分别处理：插說画在句外，用(　)括起來，不再分析；呼語独立在句外，用——在下表示。需要时用箭头指示在句中的位置。嘆詞，应对語，独詞句都独立句外；有連帶成分的独詞句，照样分析，独自成句。例如：

(56)这样合情合理的話，你想想，难道还会叫你上当嗎？

(57)天气看起來就要热了。

(58)爹，我看你也学机器吧！

(59)太湖流域的几个縣，比如松江、青浦，血吸虫病的情况最嚴重。

(60)老英雄，你随便講講好了。

(61)是啊，老曹是个好同志！

(62)嘿！小武，來視察陣地呀？

(63)不要緊，村長，我們是山上下來的。

(64)藍天，远樹，黃金色的麥浪……俄罗斯的美丽的春天！

第五编　语法

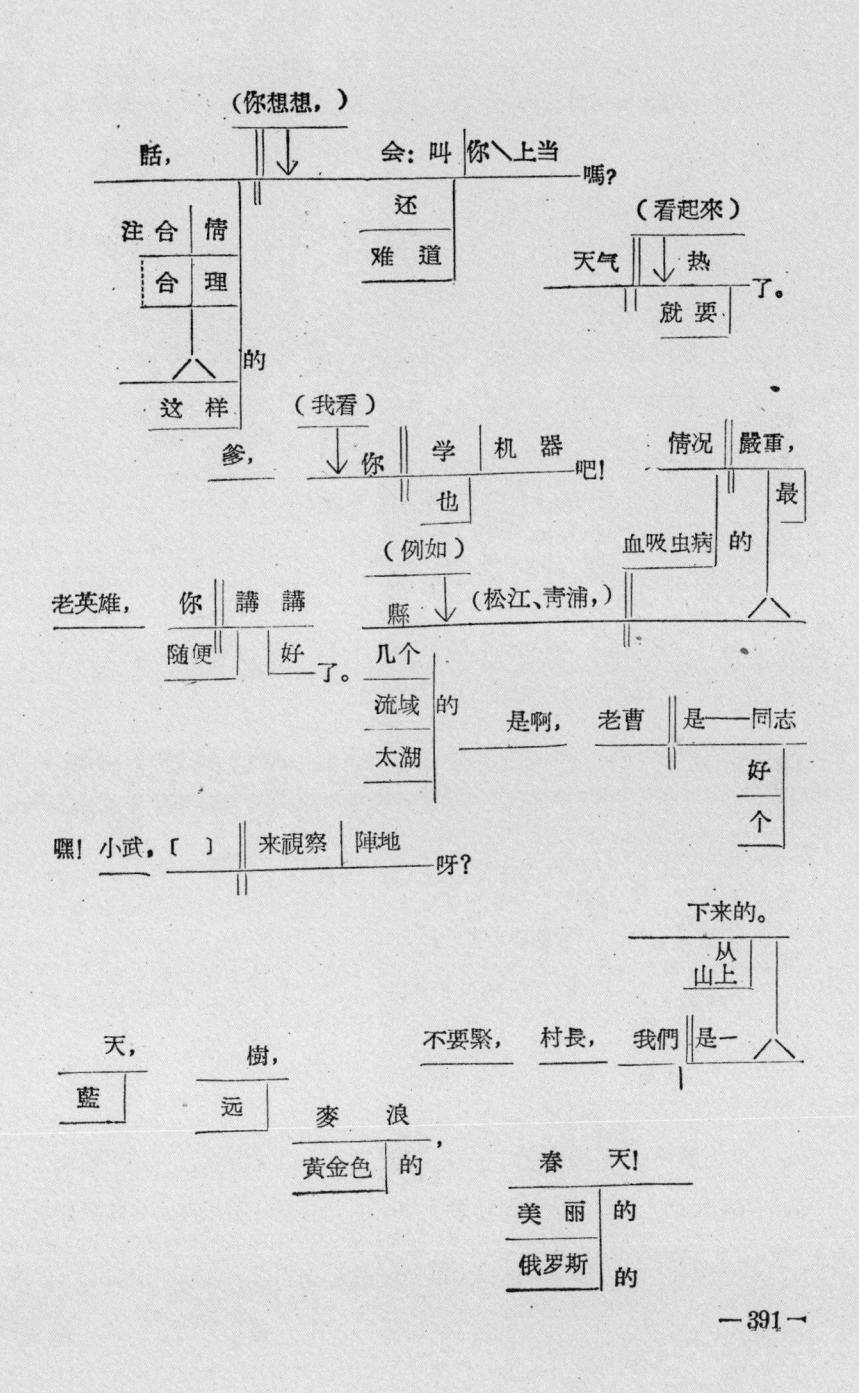

(15) 省略句省略的成分用〔 〕來表示，無主句就不必表示了。例如：

⑥"誰來啦？""小武"。

⑥"你買了几个苹果？""買了五个"或"五个苹果"或"五个"。

⑥"老林会唱戲嗎？""他会唱"。或"会唱"。"会"。

⑥刮風了。

⑥車站上停着列車。

⑦桌上便有一大碗煑熟了的罗漢豆。

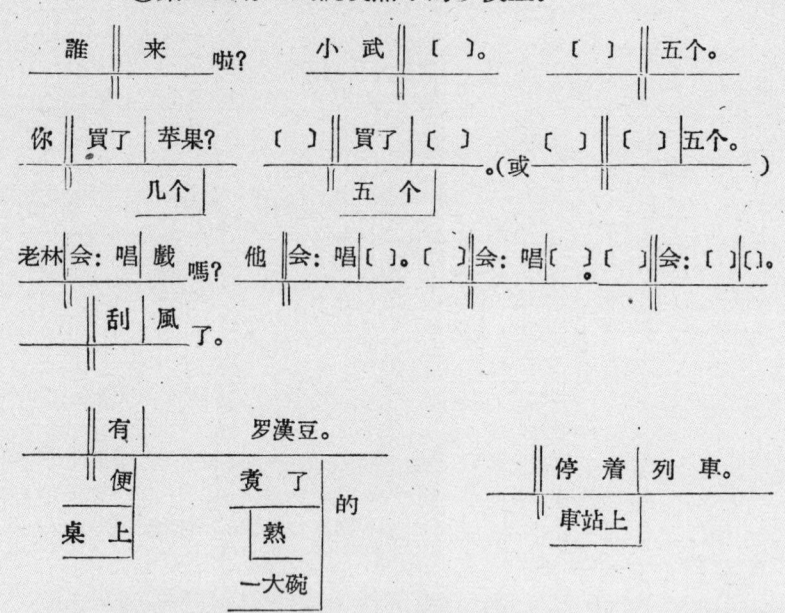

以上我們举了70个例句——都圖解了一下，当然沒有接觸到的問題（如詞与詞之間的各种关系，各种句型等）还很多，不过我們

（注：合情合理也可以不分析，作固定詞組看待。）

— 392 —

所講过的东西，大体上都講到了。以后希望大家在已經学得的基礎上，独立鑽研，触类旁通。假如有不能解决的問題，無論当面或通信都可以質疑問难互相研究。这里不再詳細談了。

練習十九

1. 將下列各句先用加符号法分析一下，再用圖解法分析。
 ①我和母親都有些惘然。
 ②上面深藍的天空中挂着一輪金黃的圓月。
 ③他那一臉丰滿的肌肉立刻緊張了起來。
 ④他在門口下車的时候总得順便把踏鈴踏一下，叮！
 ⑤前綫指战員用英勇的行动与熾热的火力，执行着彭副总司令的命令。
 ⑥老賈的話，張老五覚得好似句句都在說他。
 ⑦文学家用語言來描寫生活圖画，表現人物性格和塑造藝術形象。
 ⑧这兩天在昆明出現了歷史上最卑劣最無恥的事情。
 ⑨西方資產階級的文明，資產階級的民主主义資產階級共和国的方案，在中国人民的心目中一齐破了產。
 ⑩发动与組織中西医和助產士参加秋季种痘工作。

第五編 語法(續)

句　　法(續)

第二十三章 复　句

5·143 什么是复句　按照《初中漢語課本》所下的定义："兩个或兩个以上的單句，可以合起來構成一个比較复雜的句子。这样的句子叫作复句。"(第5册，第4頁)乍一看來很簡單，是單句就是單句，由單句組合成的就是复句。可是实际上非常复雜，一直到現在漢語語法里單句复句如何划分的問題，还在討論，还沒有个一致的看法。問題就出在單句的范圍很不明确上，因而究竟什么样的句子算是复句也就很难确定了。胡附、文鍊二位同志說："然而令人遺憾的是我們的語法学者，却沒有給复句下一个总括的說明或定义。黎錦熙先生的《新著国語文法》里并沒有明白告訴我們什么是簡單句，呂淑湘、朱德熙兩位先生說句子的定义很难下。替簡單句下一个定义都这样困难，替复合句下定义自然更不容易了。"(《現代漢語語法探索》第145頁)黎錦熙先生給句子下的定义是"就一种事物述說它的动作，或情形，或性質、种类，能够表示思想中一个完全意思的，叫做'句子'，通称'句'。"(《新著国語文法》第4頁)这个定义顯然是指的双部句，"一种事物"指的是"主語"，"述說它的动作……"指的是"謂語"，那么就是有主語有謂語而能表示一个完全意思的語言組織就是句子。省略句、單部句、独詞句都沒有包括在里面,这些算不算句子呢？所以說"幷沒有明白告訴我們什么是簡單句。"黎錦熙、刘世儒二位先生在最近給复句下了个定义是:"凡句子和句子,以一定的邏輯关系用(或者可能用)和邏輯关系相适应的連詞或关联詞語連接起來,因而具有巨大的(或可能是巨大的)意义容量的語言单位叫复句。"(《漢語复句新体系的理論》《中国語文》1957年8月号)定义虽然下了,但是單句問題不明确时,問題还等于沒有解决。

怎么办呢？我們还是根据《初中漢語課本》的說法,参照各家討論这个問題所提出的意見,作为划分單句和复句的标准。因为《初中漢語課本》的說法,是經过许多人討論过的,虽不能說完美无缺,但总比一家之言要全面些；等到將來这个問題有結論时,課本和我們的講义当然也要跟着改進。研究这个問題的成果,当然要适当地吸收。現在我們只能做到这一步。

《初中漢語課本》关于單句的定义是:"句子是表达完整的意思的語言单位,它是由詞或是詞組構成的,有一定的語音标志。"接着又說:"能表达一个完整的意思、有一个句子的語音标志的,不論形式上是完全的、簡略的、无主的或者独詞的,都是一个單句。"(第五册第4頁)單句明确了,不管是两个或两个以上的双部句、單部句、省略句等合起來構成一个比較复雜的句子,那就都是复句。《課本》又說:"复句里的每一个單句都不作另一單句的成分。复句也只有一个語音标志,跟連續的几个單句不同。"(第4—5頁)这是划分复句很重要的标准,我們要注意。另外如胡附、文鍊二位同志所提出的划分單复句的五項标准。(《現代漢語語法探索》第151—152頁)郭中平同志所归納出來的各家划分單复句的六

— 2 —

个标准。(《單句复句的划界問题》《中国語文》1957年4月号)黎錦熙、刘世儒兩位所提出的"成分划定法"(文見前引)都有参考的价值。根据这些,單句复句划分問题就可以大体上解决了。

底下举例把我們划分單句和复句的标准說明一下。在这里先弄清楚这个問題:大家知道單句也叫簡單句,复句也叫复雜句;所謂單句、复句是兩类句子的名称,不是按形式上簡單复雜來划分的。实际上單句有很复雜的,复句也有很簡單的。例如:

①花紅柳綠。(复句)

②你去我也去。(复句)

③在偉大的十月社会主义革命四十周年即將到來的时候,中国人民以无限兴奋的心情热烈祝賀苏联科学家和苏联人民发射人造地球衛星成功的这一偉大科学成就。(單句)(报)

弄清了这个問題,我們再來划分各种类型的句子。

(1)兩个分句都各自有主語、謂語,不論有沒有关联詞語,都是复句。这是最标准的复句,大家意見一致。例如:

④石得富虽然脚拐伤痛,但他总是走在前头。(柳青)

⑤我不再望着你那发音的嘴,我望定了远天。(靳以)

(2)独詞句連貫在一起,在意义上有联系,那得叫做复句。例如:

⑥晴朗的天空,燦爛的花朵,黄金色的麥浪,丰饒的原野。(馮明)

(3)底下这些例句,站在單句和复句的分界綫上,它和一个謂語統轄几个宾語不同,也和几个謂語共用一个宾語不同。例如:

⑦孙中山欢迎俄国革命,欢迎俄国人对中国人的帮助,欢

— 3 —

迎中国共产党和他合作。(毛泽东)

⑧他們愛祖国,愛人民,愛正义,愛和平。(楊朔)

这种句子,認为是联合謂語可以,認为是省去主語的复合句也可以。科学院語法小組、張靜同志認为是复句,黎錦熙先生認为是單句。呂叔湘、朱德熙兩位先生說:"假如这几个分句之間沒有特殊的关系,只是一个加一个,那么就把这几个謂語作为一个联合謂語看待,說是一个簡單句,也沒有什么不可以。"(《語法修辞講話》第31頁)他們是說認为是复句或單句都可以。为了避免兩可的爭执,我們認为是复句。

(4)省略句、无主句和双部句(或无主句)構成的比較复雜的句子,无論主語在前句或在后句出現,省略的主語是不是另一句的主語,有沒有关系詞語,一律算是复句。例如:

⑨沒有共产党,就沒有新中国。

⑩如果下雨,你就不用來了。

⑪得到母親去世的消息,我很悲痛。(朱德)

⑫他背誦了一段文章,是任弼时同志的政治报告。(馬鈞)

⑬远远地还听見敌人飛机的嘆息,大概是嘆息自己的命运。(陸定一)

⑭我看書要戴眼鏡,否則簡直看不清楚。(黎錦熙)

⑮金桂是个女劳动英雄,一冬天赶集賣煤,成天打娘家門口过來过去,几时想進去看看,就進去看看,根本不把走娘家当成件稀罕的事。(趙樹理)

(5)句子中間的停頓,雖然不能当作划分單句复句的主要标准,但是也可以作个参考标准。凡是一个主語管几个謂語,只要是中間有停頓的,都是复句。例如:

⑯他走过去,开开門。

⑰老品說完,揹起糞筐就走。(李慶番)

在逗号后边的都算另一个分句了。假如例⑯說成"他走过去开門"便是單句了。

(6)可以作介詞又可以作連詞的詞如"因为""为了"等,在主語前面,假如它后面不只是一个名詞,或以名詞为中心的偏正詞組,而是一个动宾結构的时候,就認为是复句。例如:

⑱因为实行了眞正的文化革命,我們国家消除了文化落后的現象。(报)

⑲为了实现語音规范化,我們必須在口头語言中大力推广普通話。(《漢語課本》)

总結我們划分單复句的标准如下:

(1)句子的結构(成分划分法) 沒有語音标志(具体地說,沒有句号而只略微停頓)的一串句子,每一个單句不作另一个單句的任何成分的,不論是完全句、省略句、无主句或者独詞句,都是复句。

(2)停頓 凡一个主語管几个謂語的,不管主語是先出現或后出現,中間有停頓的,一般要算复句。

(3)連詞 連詞可以連接句子和句子,所以句子和句子中間有連詞的,一般也是复句。

根据这个标准,我們把不应該划成复句的,簡单地說一下:

(1)主謂結构可以作句子的各种成分,这不符合于复句的条件,所以是單句(就是有人所說的"包孕句")。例如:

⑳他不來是一件怪事。(黎錦熙)

㉑大禹治水的傳說是很早就有了的。(黎錦熙、刘世儒)

（2）独立成分和单句在一起的，因为它是"成分"，所以不能叫复句。例如：

㉒嗨，老刘，有活儿嗎？（老舍）

（3）句子的复成分（复主句、复謂語、复宾語等），只这一部分是复雜的，不能認为是复句。例如：

㉓郭全海和他都不相信这些。（周立波）（复主語）

㉔他們不懂也不可能懂这些道理。（复謂語）

㉕他端起碗來就喝。（吕叔湘）（复雜謂語，卽一般所說的"連动式"）

㉖孙中山……欢迎共产党和他合作。（毛澤东）（复雜謂語，卽一般所說的兼語式）

㉗朗誦詩要能表达出來大家的憎恨、喜爱、需要和愿望。（朱自清）（复宾語）

（4）复指成分旣然是句子的成分，也不算复句。例如：

㉘要把柴米油鹽醬醋等件合起來創造成吃的东西，这是幷不容易的事情。（毛澤东）

（5）狀語提到主語前面的，还是句子的成分，所以不能看成复句。例如：

㉙对于車座儿，他絕对不客气。（老舍）

上面举的这五項，都在講單句时講过，所以只簡單地提一下。关于各家不同的說法，我們也不在这里介紹了，大家可参看張静的《語法比較》（第82—86頁）和郭中平的《單句复句的划界問題》。（文見前引）

5·144 复句的結構 構成單句的成分是詞或詞組，構成复句的成分，就不再以詞或詞組作單位而以單句作單位了。一个复句至少得包括兩个單句,兩个以上的單句,就構成更复雜的复句。單句作了复句的成分以后,就不再叫做單句而叫做"分句"了。分句和分句之間,一般要有停頓,除非是分句很短,联系又很緊。例如:

①你上哪儿我也找得着。(胡附、文鍊)
②你有力气你搬吧!(同上)
③你去我也去。

这种句子中間虽然沒有停頓,但兩个分句都是完全句,所以还是复句,在这里停頓的标准就不适用。分句和分句之間的停頓,在書面語言里用逗号或者分号來表示。至于在什么情况下使用逗号或者分号,等講句讀法时再談。

分句和分句得有意义上的联系,假如意义上毫无联系的單句,如"天晴了"和"我姓王",怎样想办法也不能構成复句。意义上有联系的分句,組成复句时有种种办法:

(1)用副詞來表示。(参看本書第三冊180—182頁"副詞的关联作用")例如:

④太陽一落,天就黑了。
⑤太陽剛剛露了头,李秀英就領着一大隊妇女下了地。(西戎)
⑥風停了,雨也住了。

(2)用連詞來表示。(复習本書第三冊第211頁5·80節)例如:

⑦我暗想我和掌櫃的等級还很远呢,而且我們掌櫃也从不將茴香豆上賬。(魯迅)
⑧我們的身子离开你很远,可是我們的心緊緊地靠着你。(朱子奇)

⑨因为馬克思有了广博的各种知識作基礎，所以他能够建筑他的学术的高塔。(柯柏年)

（3）用副詞和連詞來表示。(复習本書第三册第213—215頁第5·81節）例如：

⑩如果出到十几文錢，那就能買一样薑荼。(魯迅)

⑪他虽然照样办，却总是睡不着。(魯迅)

⑫不管你叫他个甚，宋师父也应承。(馬烽)

（4）用連接語來表示。連接語不只一个詞，但起的是連詞的作用。例如：

⑬輸多少呢？他們不知道。总之，袋里的一叠鈔票沒有半張或一角是自己的了。(叶聖陶)

⑭这病自然一定全好；怪不得老栓整天笑着呢。(魯迅)

⑮无論是干什么，他总不会辜負了他的机会。不幸他必须拉洋車。(老舍)

（5）用句子的次序來表示。 有些复句不用連詞也可以表明分句間的关系，这就叫"意合句"。意合句大部份要靠分句的次序來表示，不能顛倒。例如：

⑯村長是外來的，对村里情形不十分了解。(趙樹理)

⑰我們熟悉的东西有些快要閑起來了，我們不熟悉的东西正在强迫我們去做。(毛澤东)

⑱錯誤总是难免的，我們要求犯得少一点。(毛澤东)

⑲人多力量大。

⑳他頂会看風使舵，看見妇女們激怒的样子，想想自己在地里說的那些怪話，深怕妇女們把他也提出來，赶忙跳下炕，抱歉地向妇女們笑笑，便去劝張老五，想把这場爭执赶緊來个

— 8 —

收場。(西戎)

意合句有几种情形：一种是本來可以用連詞，如⑯句和⑲句可以加上"因为……所以"，⑰句第二分句前面可以加"而"或"可是"；但不加既然可以表明这种关系就不加了。用这种意合句，要注意不要使句子发生歧义。比如我們說："他参加了反右派斗爭，他工作很積極。"这个意合句意义就不明确，因为可以理解成"一方面参加反右派斗爭，一方面工作又積極。"或"自从参加了反右派斗爭，工作積極了"等意义。假如有上下文或語言环境足以表明是什么意义时，可用意合句，否则必須用連詞。第二种情形是習慣上不用連詞的如⑱句，其他如"我走到哪里你跟到哪里"(曹禺)、"不經一事,不長一智"等复句也不用連詞。第三种情形是敍述同时存在的許多事物和按照心理活动或事情发生順序敍述下來，也經常不用連詞，如⑳句。

各分句主語的关系有以下几种：

(1)各分句各自有不同的主語。例如：

㉑不但那一房子藥都完了，工厂也完了。(趙桂蘭)

㉒她美，她年輕，她要强，她勤儉。(老舍)

(2)各分句主語相同，只在第一分句出現的。例如：

㉓王阿大嘆一口气，〔王阿大〕知道今天又是白跑了。(茅盾)

(3)各分句主語相同，但在后边的分句里出現。例如：

㉔〔老通宝〕看着人家那样辛苦的劳动，老通宝觉得身上更加热了。(茅盾)

(4)各分句主語不同，后面分句的主語是前一分句的其他成分的。例如：

— 9 —

㉕我要傳达一件重要事情,〔这件事情〕就是学習文化。(宋茂文)(后面分句的主語是前面分句的宾語)

㉖她的皮衣、皮帽、氈靴都沒有了,〔她〕穿着一条短褲和一件襯衣,〔她〕赤着脚在雪地上走。(《丹孃》)（后面两个分句的主語是前面分句的定語。）

㉗一本就是上面提到的《餓鄉紀程》,〔《餓鄉紀程》〕主要紀述从北京到莫斯科途中的見聞和感想。(《瞿秋白》)（后面分句的主語是前面分句的謂語）

（5）无主句的复句, 当然主語就不出現。例如：

㉘不承認这一条眞理, 就不是共产主义者。(毛澤東)

此外如独詞句的复句, 无主句和双部句造成的复句就不再談了。关于主語的省略,在本書第三册已經談过一些,（复習第三册358—361頁）这里是在談复句主語的角度來談这个問題,但只总括地說一下,不再詳細談了。

5·145 联合复句和偏正复句 几个分句組成复句,复句可以分成兩类,这个,大家的意見是一致的。庫兹湟佐夫說:"不同的句子可以結合成一个复合句(复合的整体)。在这种情形下,不同的句子之間的联系可能是幷列的(各个句子平等結合),也可能是从屬的(一个句子从屬于另外一个句子),过渡的情形以及各句子互相从屬的情形也是可能的。"(《語法·語言的語法構造》中譯本第17頁)王力先生說:"复合句可大別为兩类:(一)等立句,其中所包含的句子形式是有平等的价值的;(二)主从句,其中所包含的句子形式是有'主要'和'从屬'的分別的。"(《中国現代語法》上册第106頁)黎錦熙先生說:"两个以上的單句,彼此接近,或互相联絡,却都是平等而幷立的,这种复句,叫等立句。两个以上的單

— 10 —

句不能平等而并立,要把一句为主,其余为从,这种复句,叫主从句。"(《新著国语文法》第265、282頁)高名凱先生的說法也差不多。(《語文学習》1953年7月号第54—55頁)这样說來,这个問題不是非常簡單了嗎?其实并不簡單,这里存在着兩个大問題:一个是复句究竟再分几种,一个是这几种复句究竟归哪一类,也就是哪种归入联合复句,哪种归入偏正复句。关于分多少种复句的問題,分法很不一致:黎先生在《新著国語文法》里把等立(联合)复句分成四种包括十二項;主从(偏正)复句分为六种包括十項。最近他和刘世儒兩位先生的《試拟的复句类型表》把联合复句分成五类包括十六种;偏正复句分成六类包括十四种(《漢語复句新体系的理論》《中国語文》1957年8月号)。王力先生把等立复句分成五种,主从复句分为七种。郎峻章先生把兩类都分为五种。楊伯峻先生在他的《文言語法》里把联合复句分成兩种六項,偏正复句分为三种七項。張志公、呂叔湘二位先生索性不分联合、偏正,統名之为复句的种种关系,張分成七种,呂分成十一种,还包括九个小項。所立的名目也是各式各样。(参看張静著《語法比較》第86—88頁)

关于归类問題也很分歧,同一种句子如:

①女人鼻子有些酸,但她并沒有哭。(孙犂)

②不是他錯了,就是我錯了。(黎錦熙)

③我在学堂坐着,心里也悶;不如往他家放牛,倒快活些。(吳敬梓)

第①句,一般所謂轉折句,归在联合复句,楊伯峻先生归在偏正复句里了;第②句一般所謂选擇句,归入联合复句,王力先生归入偏正复句里了(加上"假如"來理解前一个分句)。第③句黎先生認为是偏正复句,王先生認为是联合复句。

— 11 —

所以发生这种情况，是由于所謂"过渡的情形"和对于意合句的理解不同。这种情况給語法教学的确帶來不少困难，張靜同志說："我在教学中在这个問題上吃了不少苦，学生每学到复合句时，都感到異常困难，学过以后掌握不住規律。如果將來我再教到这个地方时，只把复合句分为幷列句和主从句，不再繁瑣地、形式主义地分成平列句、選擇句、因果句、讓步句等小类。"(《語法比較》第89頁)我們在教学中也有同感，但不同意他那种作法。按上面所举例句只分联合、偏正两类还是有問題，是不是就不講这个問題呢？我們还是老办法：根据《初中漢語課本》的說法，再参照师范学院《現代漢語教学大綱》和各家的意見，把复句先分成兩大类，每类下再分多少种。

具体的如何分法呢？联合复句下分幷列、遞進、選擇三种关系，根据《初中漢語課本教学参考書》第五册(5—8頁)的說法，幷列关系下面再分：平列句、承接句、对比句；遞進关系只有遞進句；選擇关系再分：商选句、限选句(暫用黎錦熙先生术語)一共是三种关系包括六种句子。偏正关系分轉折关系、假設关系、条件关系、因果关系和其他关系五种关系。轉折关系只有轉折句；假設关系有假設句和讓步句；条件关系有条件句和无条件句；因果关系有因果句、推断句；其他关系有取舍句、連鎖句、目的句、时間句等。一共是五种关系，包括十一种句子。

为醒目起見，列表如下：

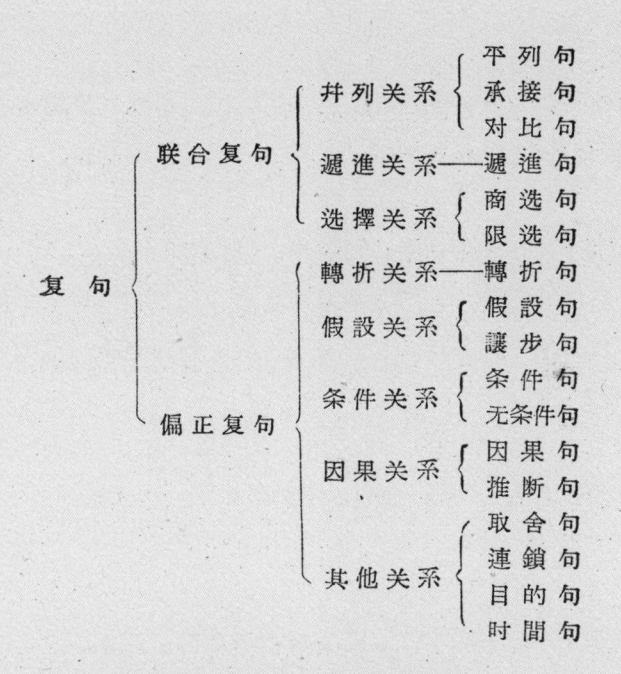

$$\text{复 句}\begin{cases}\text{联合复句}\begin{cases}\text{并列关系}\begin{cases}\text{平 列 句}\\\text{承 接 句}\\\text{对 比 句}\end{cases}\\\text{递進关系}——\text{递 進 句}\\\text{选擇关系}\begin{cases}\text{商 选 句}\\\text{限 选 句}\end{cases}\end{cases}\\\text{偏正复句}\begin{cases}\text{轉折关系}——\text{轉 折 句}\\\text{假設关系}\begin{cases}\text{假 設 句}\\\text{讓 步 句}\end{cases}\\\text{条件关系}\begin{cases}\text{条 件 句}\\\text{无条件句}\end{cases}\\\text{因果关系}\begin{cases}\text{因 果 句}\\\text{推 斷 句}\end{cases}\\\text{其他关系}\begin{cases}\text{取 舍 句}\\\text{連 鎖 句}\\\text{目 的 句}\\\text{时 間 句}\end{cases}\end{cases}\end{cases}$$

底下我們分章來談联合复句和偏正复句。

練 習 二 十

1. 根据我們所談的标准，辨別下列各句是單句还是复句，并簡單說明理由：

①成天家人來客去。

②他看見別人都走了，他也走了。

③它接連不断地唱，为哥儿、为哥儿的姊妹兄弟們。（叶聖陶）

④离开这里吧，不然，你就要被砸了。（黎錦熙）

⑤他失敗了，然而还有希望。（同上）

⑥他散了会才走的。

⑦对車座儿，对巡警，对任何人，他决定不再老老实实地敷

— 13 —

衍。(老舍)

⑧揭穿这种老八股,老教条的丑态给人民看,号召人民起来反对老八股、老教条,这就是五四运动时期的一极个大的功績。(毛澤东)

⑨他們慌手慌足地洗这个,炒那个。(叶聖陶)

⑩在企業的大辯論中,还要使羣众認識:在我国这样一个地大、人多、經济落后的国家中,建設社会主义必須經歷長时期的艰苦奋斗。(报)

⑪李秀英見太陽都老高了,也沒有人就要歇一歇,耽心大家把身子累坏,便喊着說:"歇一会吧!不要累坏了!"(西戎)

2.下面各复句缺关联詞語的,你把它补上。(不缺的,当然就不必补了。)

①二諸葛把小姑娘留下了,沒有說清楚算什么关系。

②区上把兴旺、金旺二人押起來,派助理員來調查他們的罪惡。

③山炮連長是一个硬心腸的人,性格有点象他所指揮的那几門暴烈的山炮。

④人家兩口子挺親热的,我在这儿呆着干嗎?

⑤他原來讀过書,終于沒有進学,又不会营生,愈过愈窮,弄到將要討飯了。寫得一筆好字,替人家鈔鈔書,換一碗飯吃。

3.举例說明什么叫联合复句?什么叫偏正复句?(只根据原來自己的認識和本章所提的一点先試一下)

第二十四章 联合复句

并列关系

5·146 平列句(A,B,C,……) 根据上节所讲,我們知道:兩个或兩个以上的分句造成复句,它們之間的关系是平等并立,誰也不說明誰,誰也不修飾誰,这种复句就是联合复句。又根据我們所列的表,联合复句里又分并列、遞進、選擇三种关系,每种关系又分几种句型。现在先談并列关系里的平列句,我們也仿照《初中漢語課本》的办法,用A,B,C,……代表各分句,这样便于說明。

平列句的分句是眞正地一个一个平列起來,用來分別描寫或者說明几种情况,或者一件事物的各个方面。例如:

①風也息了,云也消了。(士元)

②牆上挂着字画,桌子上擺着花瓶,花瓶里插着大捧的花。(呂叔湘)

③赵七爺是鄰村茂源酒店的主人,又是这三十里方圓以內的唯一的出色人物兼学問家。(魯迅)

④狗趴在地上吐出紅舌头,騾馬的鼻孔張得特别大,小販們不敢吆喝,柏油路晒化了。(老舍)

例①②④是分別描寫事物的几种情况,例③分別說明事物(这里是人——赵七爺)的各方面的。这种句子各分句一般可以顚倒,例①③④各分句,都可以顚倒,例②前面兩个分句也可以顚倒,不过第三个分句,因为緊接着上句花瓶說的,所以要跟着第二个分句比較好些。分句和分句之間,一般不用連詞,但有时用副詞"也""又"等表示关联。用副詞作关联詞語可以用一对,也可以只用一个,以例

①來說,可以不用"也",說成"風息了,云消了";也可以是"風也息了,云也消了";也可以是"風息了,云也消了"。

5.147 承接句(A,→B,→C,……) 承接句是用來敍述連續的动作的,前一个分句出現以后,后一个分句來敍述接着怎么样。例如:

①酒到了肚里,話就多起來。(叶聖陶)

②太陽收尽了它最末的光綫了,水面暗暗地囬复过涼气來。(魯迅)

③有翼見灵芝不囬答他的話,也摸不着头腦,只好跟着灵芝走到会議室的主席台边,和灵芝对面坐下。(趙樹理)

④一个和尙,法海禪師,得道的禪师,看見許仙臉上有妖气,便將他藏在金山寺的法座后;白蛇娘娘去尋夫,于是就"水滿金山"。(魯迅)

例①是酒先到了肚里,話才多起來,不能反过來說"話就多起來,酒到了肚里";例④是和尙先看見許仙臉上有妖气,便把他藏起來,然后白蛇娘娘來尋夫,然后才"水滿金山",更不能顚倒。这种句子各分句的次序因为有时間先后的关系,所以分句之間有用連詞的时候,如例④的"于是",另外还有:接着、跟着、然后、那么等。經常用副詞表示关联,如例①的"就",例③的"也""只好",例④的"便"等,另外也有用"还"的时候。

5.148 对比句(A,⟷B) 把两种事物相同或相反的方面拿來对比。例如:

①云是白的,山也是白的;〔云有亮光,山也有亮光。〕(刘鶚)

②我昨天給你做了一个,今天你也給我做一个。(呂叔湘)

— 16 —

③你能跑多快，我也能跑多快。
④战士在前方殺敌，工人在后方生产。
⑤看着挺好看，吃着挺难吃。
⑥說着容易做着难。

例①②③都是拿兩种事物相同的方面來对比：例①是兩个对比句組成的更复雜的复句，前一个对比句，拿"顏色〔白〕"來对比，后一个拿"亮光"來对比；例②拿"做一个"來对比；例③拿"跑多快"來对比。例④⑤⑥拿事物相反的方面來对比：例④是"在前方〔殺敌〕"和"在后方〔生产〕"來对比；例⑤拿"好〔看〕"和"难〔吃〕"來对比；例⑥拿"容易"和"难"來对比。这种句子一般不用連詞，就事物相同的方面來对比时，常用"也"來表示关联。因为是兩兩对比，所以常常只有两个分句；不用关联詞的，次序可以顚倒，用"也"关联的，次序也可以顚倒，不过調在后面的分句用"也"表示关联就是了。

对比句和平列句的区别是：（一）平列句描寫或說明各种事物或事物各方面的情况，所以可以有好多分句；对比句对比兩种事物，所以只有两个分句。（二）平列句所說明或描寫的，沒有对比的意思，对比句，就兩种事物相同的方面來对比的，很容易区别；就兩种事物不同的方面來对比的，一定是反义詞。如"風停了，雨也住了"是平列句，"風很大，雨很小"是对比句。拿成語來举例："日暖風和"、"月白風淸"、"人强馬壯"、"秋高气爽"等是平列的；而"胆大心細""口是心非""色厉內荏""眼高手低"是对比的。分別就在于对比句对比的部分是反义詞。

遞 進 关 系

5·149 遞進句（不但A，而且B） 遞進关系里只有遞進句一

— 17 —

种,这种句子后一个分句的意思比前一个分句更進一層,有一層進一層的关系。例如:

①他不但是一个爱国詩人,而且是一个爱人民的詩人。(郭沫若)

②他不但能說出五虎將的姓名,甚而至于还知道黃忠表字漢升和馬超表字孟起。(魯迅)

③不但眼睛窈陷下去,連精神也更不济了。(魯迅)

④咱們不但完成任务,还要超額完成。

⑤这不但使拿不到手的別的孩子眼睛里几乎有火,就是大人看了,也觉得怪好玩的。(叶聖陶)

⑥不只你們(不知道),連我也不知道。

⑦寡妇很少接到儿子們寄來的信,而且弗拉吉米尔根本就不寫信。(烏藍漢)

⑧我爱北京,我更爱今天的北京。(老舍)

⑨朝廷还有三門窮親戚,何况你我?(曹雪芹)

遞進句的分句和分句之間要用連詞和副詞等关聯詞語,常用的有:不但(不僅、不只)……而且(并且)、不但……甚至(甚而至于)、不但……还(也)、尚且……何况; 單用的連詞有: 而且(并且)、何况、况且等。

关于遞進句有几点需要說明:

(1)遞進句和平列句的关系 遞進句有一層進一層的关系,平列句沒有。 例如"他是山东人,很年輕,也很用功。"这是平列句,不能改成遞進句:"他不但是山东人,而且很年輕……"。(再比較平列句例③和本節例①)但有的平列句可以改成遞進句,例如:"他很聪明,也很用功。"这是平列句;"他不但很聪明而且很用功",就变成遞進句了。它們在形式上的区别是关联詞語的不同（并列句不用連詞,用副詞"也"等,遞進句用"不但……而且等）；在意义上的区别是：并列句是一般敍述或描寫,沒有强調那一个分句的意思；遞進句有强調后一个分句的意思。

（2）遞進句所用的連詞常常是一对,前后呼应,如例①至例⑥都是；但也常常只在后面分句里用一个詞,如例⑦⑧。一般說來不能只在前边分句用一个連詞,如只用"不但"說"他不但聪明,很用功",好象这句話还沒有說完,再补上"而且很守紀律"什么的,意思才完整。可是也有在前边分句只用一个連詞的,例如："不僅老通宝他們,村里哪一家有两三斗米放在家里呀！"（茅盾）这句話是反詰語气,并且前面分句省略謂語,所以不致发生誤会；只用"不僅",后面沒有和它相呼应的关联詞語。这种例子比較少。

（3）遞進句的謂語常有省略情形,如第⑥句是"蒙后省","不僅老通宝……"这个例句也是；第⑨句是承前省。

选 擇 关 系

5·150 商选句(A,或者B) 選擇关系的复句是从說出來的几項中,选擇其中的一項。因选擇方式的不同,分成商选句和限选句兩种。現在先談商选句。

商选句是在兩項或几項里选擇一項,任何一項都可以。例如：

①大約祝学相信了他的話,或者被他的誠意所感动了。（沙汀）

②只可惜我那时沒有打听这話的出处,或者不在《义妖傳》中,却是民間的傳說吧。（魯迅）

③你去或者我去,或者我們一齐去。

这是敍述的句子,还有表示疑問的句子,例如:

④还是他來,还是我去?(黎錦熙)

⑤通宝,你是賣繭子呢,还是自家做絲?(茅盾)

⑥是咱輕視妇女,还是人家專欺侮咱?(西戎)

⑦我跟你是親戚?是老朋友? 或者我欠你的,我从前占过你的便宜?(曹禺)

商选句在陈述語气里所用的連詞是"或者",有时用"或"或"或是",意思都一样。在疑問語气里所用的連詞是"还是……还是",有时前面分句只用"是"(如第⑤⑥例句),有时前面分句不用連詞只后面分句用。(你去还是我去?)第⑦例句用"或者"表示疑問的商选句,比較少,那是因为前面兩个分句的兩个"是",一方面是謂語,同时也兼連詞"还是"的作用,所以这里用"或者"。

5·151 **限选句(不是A,就是B)** 这种句子虽然也是从两項中选擇一項,但有"二者必居其一"的意思,所以語气更肯定些。例如:

①不是你錯了,便是我錯了。(黎錦熙)

②不是别人請他吃飯,便是他請别人吃飯。(張天翼)

③要么我們麻痺大意讓敵人來破坏我們,要么我們提高警惕來战勝敵人。(毛澤东)

④殖民地半殖民地的任何英雄好漢們,要就是站在帝国主义战綫方面变为世界反革命力量的一部分,要就是站在反帝国主义战綫方面,变为世界革命力量的一部分。(毛澤东)

这种句子因为有"二者必居其一"的意思,所以一般是兩个分句。分句和分句之間要用連詞,除了"不是……就是"以外,还有"要么……要么"、"要就是……要就是"、"不就是……不就是"等。 和商选句不同的地方是：在連詞方面，商选句可用一个連詞，限选句必須用一对；在分句方面，商选句可能有兩个以上的分句，限选句一般只有兩个分句；在語气方面，商选句比較活动些，限选句就比較肯定。商选句可以出現这种句法："或者你去，或者我去，或者咱俩都去，或者咱俩都不去。"这四項中任何一种都可以；限选句不可能有那种句法，只能說"不是你去，就是我去"；"不是咱俩都去，就是咱俩都不去。"只能在兩項中肯定一項。

还有就是限选句虽然"二者必居其一"，但二者究竟选择那一个，并沒有肯定，前面分句并沒有假設的意思，所以是联合复句，不是偏正复句，这也要注意。

現在我們把联合复句講完了，列个表把各种复句比較一下：

复句关系	复句名称	句型	分句次序能不能顛倒	分句数目	用不用連詞	关联詞語
并列关系	平列句	A，B，C……	一般能顛倒	兩个或兩个以上	不用	也、又，等
	承接句	A，→B，→C……	不能	同上	用	就，便，才，也，于是，然后，接着等。
	对比句	A，←→B	能	兩个	不用	也
遞進关系	遞進句	不但A，而且B	不能	一般是兩个	用	不但（不只、不僅）…而且（并且），何況、更、甚至于等
选择关系	商选句	A，或者B	能	兩个或兩个以上	用	或者（或）还是（是）…还是…
	限选句	不是A，就是B	能	兩个	用	不是…就是，要么…要么，要就是…要就是等

5·152 联合复句的圖解法 第三册第二十二章已經系統地介紹过兩种分析句子的方法。加符号法比較簡單，并且复句的分析

— 21 —

比起单句的分析来也没有特殊的地方，只是在各分句之間加上一条比較長的竪綫就行了。例如：

風‖也 停了， 云‖也 消了。

以后关于用加符号法分析各种复句,不再举例說明了。 圖解法比較复雜,复句位置有前后,虛綫联結方式也不同,以前举的圖解例子也比較少； 所以以后打算在各类复句的后面,先把圖解这类复句的公式介紹一下,再把各种复句圖解一句供大家参考。

（1）联合复句圖解公式：联合复句既是平等联立,兩个（或兩个以上）复句的圖解綫要平擺起来,不分前后。兩个句子要用虛綫联結起来,意合句或只用連詞的复句,虛綫連接在兩个复句的謂語部分,用副詞作联詞的,把有关的副詞也連接起来，連詞就寫在虛綫的右旁。假如是一对連詞,就一上一下寫上。公式如下：

（主語）‖（謂語）
　　　　連
　　　　詞
（主語）‖（謂語）

（2）圖解举例：

①雨点停了,黑云鋪匀了滿天。（幷列句）

②有翼見灵芝不問答他的話,也摸不着头腦,只好跟着灵芝走到会議室的主席台旁边,和灵芝对面坐下。（承接句）

③我昨天給你做了一个,你今天也給我做一个。（对立句）

④不但眼睛窈陷下去,連精神也更不济了。（遞進句）

⑤你去或者我去,或者我們一齐去。（选擇句）

⑥要么我們麻痹大意讓敌人来破坏我們,要么我們提高

警惕來战勝敌人。(限选句)

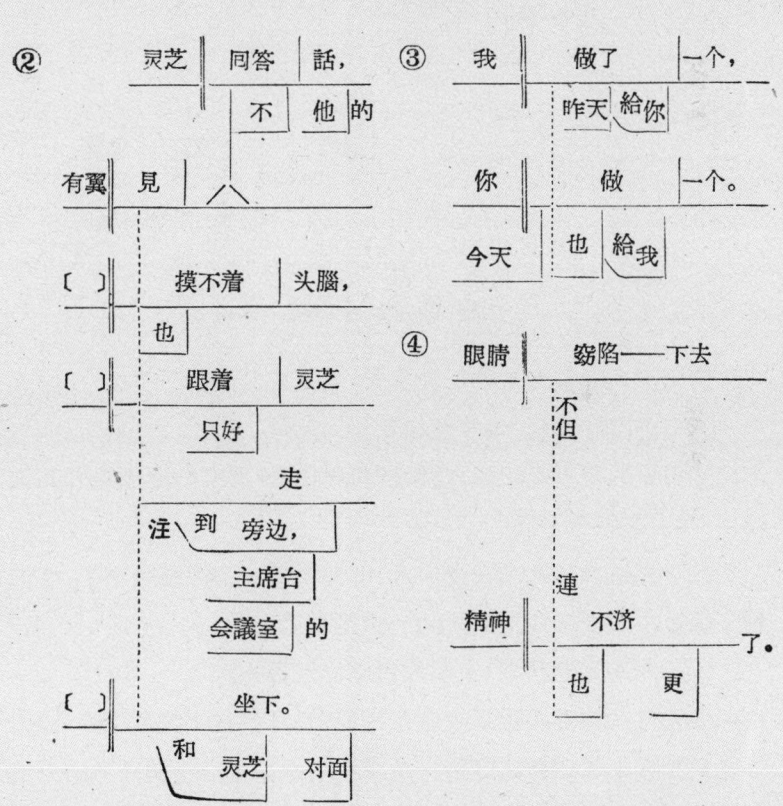

① 雨点 ‖ 停了

　黑云 ‖ 鋪匀了 | 天。
　　　　　　　 滿

② 灵芝 | 回答 | 話,
　　　　　　不 他的
有翼 ‖ 見
〔 〕‖ 摸不着 | 头腦,
　　　　也
〔 〕‖ 跟着 | 灵芝
　　　　只好
　　　　　走
　注 到 旁边,
　　　主席台
　　　会議室 的
〔 〕‖ 坐下。
　　　和 灵芝 对面

③ 我 ‖ 做了 | 一个,
　　　昨天 給你
　你 ‖ 做 | 一个。
　　　今天 也 給我

④ 眼睛 ‖ 窈陷——下去
　　　　不但
　　　　連
　精神 ‖ 不济 ——了。
　　　　也 更

注　第三册圖解,介詞在直綫旁边,因为念起來不順,所以以后介詞的位置改成这样。

— 23 —

515

⑤ 你｜去
　 我｜或者｜去
　 我們｜或者｜去
　　　　一齐

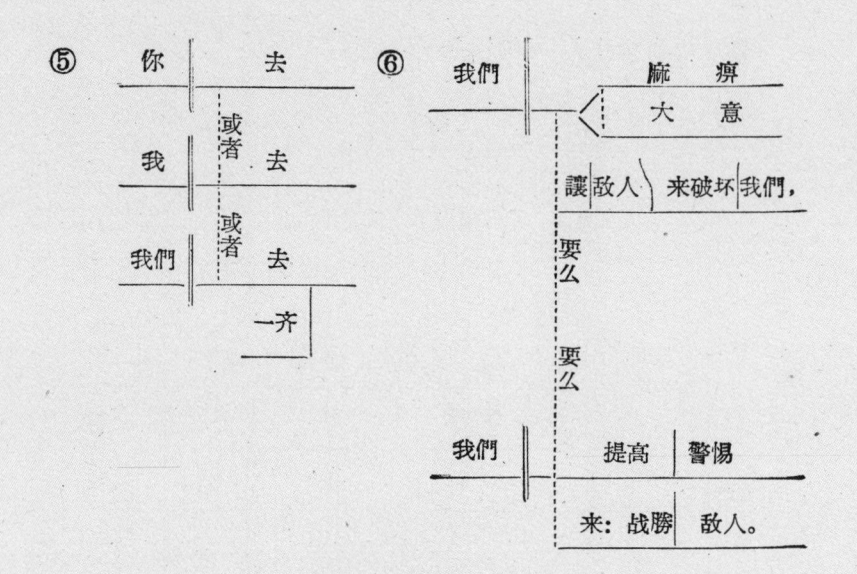

⑥ 我們‖麻痹大意，讓敵人｜来破坏我們，
　 要么
　 要么
　 我們‖提高警惕来战勝敌人。

練習二十一

辨別下列各复句是哪一种复句，再把它們圖解一下：

① 王小沒有父親，娘儿俩住着一間草屋。

② 那里的地板很干淨，墙壁刷得雪白，中間有一張圓桌和几把椅子，左右有兩个小門。

③ 看見進來了这么一大羣人，郭万德猛一下慌張起來了，連忙扯下晾竿上的棉袍儿把最大的一筐籇梨盖上了。

④ 扳船全憑老艄公，中国人民全靠毛澤东。

⑤ 水是从您那儿流到我这儿的，不是从我这儿流到您那儿的。

⑥ 狼和小羊碰巧同时到一条溪边喝水，那条小溪是从山上流下來的。

⑦ 党不僅要培养我成为一个精通業务的技术工作者，而且要培养我成为一个具有革命理論的政治工作者。

— 24 —

⑧你是听他的話呢，还是听我的話？

⑨每天早晨工作隊長都到他們家里來，或者說几句閑話，或者打听打听种地的事情。

⑩傍晚的时候，有些人到石桥上來，靠着欄干談笑，有些人在操場上打秋千，跨木馬。

第二十五章 偏正复句

轉折关系

5·153 轉折句（雖然A,但是B） 偏正复句和联合复句不同，兩个分句不是平等联立，而是有主有从（所以有人叫"主从复句"），就是一个分句是主要的，另一个分句从种种关系上去限制它、說明它。主要的分句是正句，从屬的分句是偏句。偏正复句的次序，一般的是偏句在前。用的連詞和联合复句也不同。偏正复句比較复雜一些，我們分成五种关系來談。現在先談轉折关系。

轉折关系里只有轉折句。轉折句有些語法学家划在联合复句里。如：

①当舖的門还沒有开，然而守在門外的人可已經不少。（茅盾）

这是着眼在兩种事实的幷存，可是說話人的意思是重在后面分句的，这和联合复句"当舖的門还沒有开，守在外面的人也不多"顯然不一样。一有轉折，分句便有輕有重，所以《初中漢語課本》把它归在偏正复句里是很有道理的。

轉折句里前后兩个分句的意思一定相反，假如意思是一致的，就不能用"雖然A，但是B"的轉折句的格式。学生作文因为弄不清

— 25 —

轉折句的用法，常有"他雖然年歲很輕，但是力气也很小"之类的錯誤句法。年紀輕应該力气小，用平列句就行了。碰到特殊情形，"年紀輕，力气却很大，"这才用轉折句，这也是轉折句和平列句不同的一点。兩个分句完全相反的叫"重轉"（重轉折句），例如：

②外面的短衣主顧，雖然容易說話，但唠唠叨叨纏夾不清的也不少。（魯迅）

③这声音雖然極低，却很耳熟。（魯迅）

④你雖然帮过我們，公面私面你也比我們見的广，可是你沒上过山。（老舍）

⑤联保主任很清楚这是实力派的陰謀，然而一向忍气吞声的日子驅使他接受了这个挑战。（沙汀）

⑥那时候小二黑十三歲，已經懂得好歹了，可是大人們仍把他当成小孩來玩弄。（趙樹理）

⑦李秀英虽是二小隊的生产隊長，也拿張老五沒办法。（西戎）

⑧我实在沒有法子，不然我决不敢再找到这儿來麻煩您。（曹禺）

⑨幸而車夫早有点停步，否則伊一定要栽个大筋斗。（魯迅）

重轉的轉折句所用的关联詞語，主要是"雖然……但是"，可是很灵活，也可以用"雖然……可是"，还可以和副詞关联，說成"雖然……却""雖然……也"等；"雖然""但是"也有只寫"雖""但"的。"雖然"的位置可以在句首，也可以在主語后面。重轉的轉折句以用一对关联詞語好些，象②③句那样；也有很多只在第二个分句用連詞，这有兩种情况：一种是在前句省去了"雖然"的，如⑤⑥句，在前面分句添上"雖然"都行；一种是另外單独用不是成对的聯詞如"否則""不然""反而"等。⑧⑨兩句是一种句型，表面看不出相反的意思來，因为前面的分句是另一种复句的節縮，如⑧句原來是"因为我实在沒有法子了，所以才到您这儿來麻煩您，不然……"⑨句是"幸而車夫早有点停步，她才沒有栽个大筋斗，否則……"补出來，轉折的意思就很明顯了。近來常有人把"不然""否則"等后面加上"的話"，那还是一样当作連詞，不再分析。

后面分句的意思，只一部分和前面分句相反，那就是輕轉的轉折句。例如：

⑩你这人，啥都好，就是脾气賴坏了事。（西戎）
⑪得罪了老婆，自然还得自己干，不过我也不比人家强多少。（趙樹理）
⑫我就照着他的样子刨，也行，也刨起來了，只是人家一鐝兩鐝就刨一棵，我五鐝六鐝也刨不下一棵來。（趙樹理）
⑬大家爭嚷了一陣，可是一直沒爭出个長短來。（西戎）
⑭穗秀得不大不小的，可惜片子太小了。（趙樹理）
⑮他听是听了，只是沒有用心听。

我們看⑩句，前面分句說"什么都好"，后面分句并沒有全面否定，只是說有一部分（脾气）不好。其他的例句情况也一样。輕轉的轉折句常用的連詞是"不过""只是""就是""可是"等，一般都是單用。"可是"單用時，可以是重轉如⑥句，也可以是輕轉，如⑬句，这只能从意义上來分別了。第⑮句前面分句"听是听了"（这是动詞加"是"重复一下）是輕轉句常用的句式；形容詞作謂語也可以，如"这东西好是好，只是价錢貴了一点。"或省去前面的形容詞，說成"这东西是好"也可以，不过語意略微有些不同。

— 27 —

假 設 关 系

5·154 假設句（如果A，就B） 假設关系里包括兩种句子，現先談假設句。前一个分句假設一种情形，后一个分句說明在这种情形下要产生什么样的后果。例如：

①如果出到十几文，那就能買一样葷菜。（魯迅）

②如果你們的工作出了毛病，那你就要負責。（張天翼）

③倘肯多花一文，便可以買一碟鹽煑筍。（魯迅）

④要是不讓張老五多說兩句，占个上風，怕吵到天黑也完不了。（西戎）

⑤要叫他当面認錯，根本办不到。（西戎）

⑥假若我只用北京人的資格來贊美北京，那也許就是成見了。（老舍）

⑦要不是老人家从水道里把我們引到村西头，怕命也沒有了。

⑧只要生命存在，这种力就要顯現。（夏衍）

假設句常用的連詞是：如果、假如（假使、假若、假定），和它相应的副詞，除"就"以外，还有"也""便""可""却"等。其次"要是"也还常用，也有只用"要"的时候。"倘若""倘或""倘""若"有些文言气息，現在不常用。"万一"（如：万一他不來，我們可怎么办？）也有假設的意思，不过实现的机会不多。用"只要"的句子，有人划成条件句，但这种句子假設的意思很明顯，如⑧句"只要"換成"如果""要是"等都可以，所以《初中漢語課本》把它划在假設句里了。

假設句偏句所假設的情形，要是未來的，就是可能实现的假設；要是过去的，就是不可能实现的假設。如：

⑨假使水再往上漲，江堤就有危險了。

⑩假使那時候水再往上漲，江堤就有危險了。

第⑨句是指的將來的情形，水漲不漲不敢肯定，有可能上漲就是了；第⑩句是指過去的情形，过去的事已經肯定，肯定的事不必假設，要假設一定不会实现。那时事实上水沒有再漲，只是說"假使再漲就有危險"，這才是眞正的"假設"呢。假設句還可以用否定語气，这有兩种办法：一种是前后兩个分句都用否定副詞，如：

⑪假使水不再往上漲，江堤就沒有危險了。

这种办法适用于可能和不可能实现的兩种假設。第二种是用"要不是"这种連詞，如：

⑫要不是那时候水停止上漲，江堤就有危險了。

这句話前一分句和"假使那时候水不停止上漲"意思一样。但这种办法只适用于不可能实现的假設，不能适用于可能实现的假設。（可以用⑨句試驗一下）

还有一种新興的用法，是前后兩个分句，說的是兩种有关的事物，例如：

⑬如果簡單的机械的移动本身包含着矛盾，那么，物質的更高的运动形式，特别是有机生命及其发展，就更加包含着矛盾。（恩格斯）

⑭如果說从前只有一个社会主义国家苏联，那么现在已經形成了一个世界社会主义体系。（报，赫魯曉夫对美記者談話）

这种句子常用"那么"來連接，虽然也符合"如果A，就B"的格式，但和普通假設句不同：普通假設句偏句是假設一种情况，这种句子偏句說的却是事实。所以这种假設句是拿兩种事物拿來对照，有

— 29 —

假如承認偏句是事实(是事实，必須承認)，就得承認正句所說的也是事实。

假設句也有不用連詞的，但后面的副詞"就"不能再省去。例如：

⑮〔如果〕沒有共产党，就沒有新中国。(歌詞)

⑯〔假如〕不承認这一条眞理，就不是共产主义者。(毛澤东)

对兩个相反的情形的假設，也可以不用連詞，而用語气助詞"呢""嗎"來表示。例如：

⑰〔假如〕有好買賣呢，就再拉一个；〔假如〕沒有呢，就收車。(老舍)

⑱〔如果〕开槍吧，那些老年人、小孩和妇女立刻就要牺牲，〔如果〕不开槍吧，任务怎么完成？(耐因)

假設句一般都是偏句在前，有一种新兴句法，把偏句放在正句的后面，句尾常帶有助詞"的話"（偏句在前，也有时帶"的話"），有补充說明的意味。例如：

⑲他隱隱覚得也許会因禍得福，要是他干得好的話。(張天翼)

⑳党性对任何人說来都不是一种累贅，如果这个党性是从他的信仰的实質出发的話。(报，赫魯曉夫談話)

5·155　讓步句(即使A，也B)　有个笑話可以說明讓步句：甲乙兩个人看見地上有一个小黑圓东西，甲說是虫子，乙說是豆子，后來甲从地上把这东西撿起來，讓乙看着說："你看它还动呢。"乙說："即使它动，也是豆子。"乙說的这句話，在前面一个分句里，承認对方所提出的是事实，这就是讓步句了；但是不是眞

— 30 —

的承認失敗呢？並不，在后一个分句里，为了坚持自己的見解（在这里乙算坚持錯誤的看法了），提出來另加以反駁，强調自己是对的，这就是讓步句。例如：

①卽使是最漂亮的小伙子，也居然敢于丟臉，不敢再跑，只低着头慢慢走。（老舍）
②卽使我要說，我也不会把祕密說出來。（什之）
③卽是耽誤一会下地，也得先把它解决。（西戎）
④就算机器能彈，誰知道彈成个啥样子？（馬烽）
⑤尽管生产逐年都有增加，前進社在这些方面却存在着問題。（沙汀）
⑥就是輕視妇女的思想不对，也不能叫她們这也說那也講的。（西戎）
⑦哪怕老婆孩子都随着茅舍的房頂漂走了，心里也不敢有半点怨言。（華山）
⑧就在平日，也是有势力的拚命用水，窮人住的地帶根本沒有自來水管。（老舍）

讓步句常用的連詞是：卽使、就是、就算、縱然、就說、尽管、哪怕等。和它相应的副詞主要是"也"，此外还有"却""还是"等，間或也有用連詞"但是"、"可是"的。

讓步句和假設句相同的地方，是大多数讓步句第一个分句的事实是假設的，至少在說話人主觀上認为"假使是这样"。按②句來說，"我要說"是假設的，因为說不說还沒有一定。从这个角度來看，所以《初中漢語課本》把讓步句归在假設关系里。但假設句和讓步句是有区別的：

（1）假設句里所假設的事实，不管可能实現或不可能实現，都

— 31 —

是还没有实现的事实；讓步句里面偏句所說的好多是已經实现了的事实(也有未实现的)。如①④⑤⑥⑧各句都是事实,不过說話人为了强調自己的理由或看法,故作假設的姿态罢了。

（2）假設句偏句和正句的意思是一致的，讓步句偏句和正句的意思是相反的。試比較：

⑨假如机器能彈，那就彈得比人工好。

⑩就算机器能彈，也不一定彈得比人工好。

⑨句是假設句,"机器能彈"这件事实还沒有实现,能彈,彈得好,前后分句的意思是一致的；⑩句的"机器能彈"很可能說話人已經知道这种情形,加上"就算",只是假設一种情况,目的在說明"不一定彈得好",能彈,彈得不好,前后两个分句的意思是相反的。

讓步句和轉折句在前后两个分句的意思相反这一点上是相同的。但也有区别：讓步句的偏句,可能是未实现或已經实现的事实,但都有假設的意味；轉折句正句偏句的事实,都是肯定实现了的,沒有一点假設意味。試比較：

⑪虽然今天晴了,可是幷不暖和。

⑫縱然明天晴了,也不会暖和。

⑪句是轉折句,只能說今天以前的事(已經实现了的),說"虽然明天晴了"就不行。⑫句是讓步句,因为它有假設的作用,所以可以說未來的事(沒有实现的)。根据上面所談的,讓步句兼有假設和轉折的两种性質,这是它的特点,但也容易同假設句和轉折句相混。

条 件 关 系

5·156　条件句(只有A,才B)　偏句表示要有什么样的条

件,正句表示在这种条件之下,要产生什么样的结果。例如:

①只有孔乙己到店,才可以笑几声。(鲁迅)

②只有你意識到这一点,你才能更深刻了解我們的战士在朝鮮奋不顧身的原因。(《漢語課本》)

③除非美帝国主义把軍隊从亞洲地区撤囬去,远东緊張局势才有和緩可能。(报)

④你要她做这种事情,除非叫她去死。(郭沫若)

⑤要想我不惦着你們,除非是我兩腿一伸,嚥下这口气去。(楊朔)

条件句使用的連詞不多,有"只有""除非"(除非是、只除非)等,和它关联的副詞是"才",造成"只有(除非)A,才B"的格式。用"只有"表示条件时,一般是偏句在前,正句在后。用"除非"表示条件时,有的偏句在前(如例③),有些(如例④⑤)在形式上是后面分句用"除非",这是不是偏句在后呢?不是,实际上还是偏句在前,正句呢?因承前省略了。不信你看只有"除非",沒有"才"和它相应。因为用"除非"的句子,全句的組織有四部分:(一)事实,(二)假設,(三)条件,(四)结果。拿"若要人不知,除非己莫为"为例:自己作了什么,人家总会知道的(事实),假如要人家不知道呢(假設),除非自己不作(条件),那別人才不会知道(结果)。不过一般句子,很少完全具备这四部分,多数是只有假設和条件兩部分,结果部分往往因为就是假設部分已經說出的事实,所以就不再重复了。(参看鮑幼文:《談"除非"》《語文学習》1955年1月号)

"除非"的意义和"只有"差不多,都是表示所提出的是唯一可能的条件(除此皆非),所以凡"除非"都能用"只有"來代替。不过近年來"除非"又有另一种用法是"除了"的意思。(参看梁平:《条

— 33 —

件虛詞》《語文知識》1956年11月号)比較:

⑥除非生病,他才不來。

⑦除非生病,他一定会來的。

这兩句意思相反,都用"除非"。例⑥是傳統用法,可以换成"只有";例⑦是新兴用法不能换"只有",可以换"除了"或"要是不"("要是不"是吕叔湘、朱德熙的說法,見《語法修辞講話》第156頁)。假如句子里再用"否則"这个連詞,"除非"又可以作"只有"解,不过中間省了一層意思。例如:

⑧除非双方代表参加,否則朝鲜的統一和复兴問題,就一点也不能得到合理的圓滿的适当的解决。(报)

那就是"除非"(只有)双方代表参加,〔問題才能适当解决〕,否則就不能适当解决。象例⑦的句法,产生混乱现象,在这种句子不如用"除了"好,普通話的规范化,也应該注意到这种现象。

条件句和假設句关系很密切,也很不容易区别开。試比較:

⑨如果你去請他,他就肯來。

⑩只有你去請他,他才肯來。

例⑨是假設句,但也包含条件。例⑩是条件句,但也包含假設的意思。按偏句的事实說都未实现,按前后兩个分句的意思說,都是一致的。那末怎样分别呢?主要的是着重点不同:假設句着重在假設,条件句着重在条件。为什么呢?例⑨着重在偏句的实现与否,"你去請他"(实现),他就肯來;"你不去請他"(不实现),他就不肯來。(邏輯重音在"你"或"請"都一样)不强調条件,也就是不强調除此皆非的意思。你去或者任何人只要是去請他,或者你去請他、托人帶信、書面通知都可以,只要偏句的事实一实现就有結果。例⑩着重在条件,如果邏輯重音在"你",那就除"你"而外,任何人都

— 34 —

不行；如果邏輯重音在"請"，那就除了"請"的方式以外，任何其他方式都不行。其次关联詞語上也有分別，"如果……就""只有……才"，"就"和"才"不能互换，我們也可以說这种不同的关联詞語就是这兩种句子的标志。根据这个标准，用"只要"的句子，如：

⑪只要我們努力，荒地就会变成良田。(《漢語課本》)

⑫只要瞞住村長一人，村里人不論哪个〔就〕都得由他兩个調遣。(趙樹理)

都符合于假設句的标准，尽管有好多語法学家都把它归在条件句里，我們还是照《漢語課本》的說法，把它归在假設句里。

5·157　**無条件句**(無論A，都B)　这种句子偏句先排除一切条件，正句說明在任何条件下都会发生这种情形。因为偏句排除一切条件，所以就是无条件。例如：

①不論去到哪一村，妇女們的眼睛都跟着他傳。(趙樹理)

②无論干什么，不做就是不做，要做，定要做成。(西戎)

③不管歷代皇帝殺了多少头，黄河还是滾遍了華北大平原。(華山)

④无論我在哪里，我总是怀念北京。(老舍)

⑤我們倒要打倒進攻苏联的恶鬼，无論它說着怎样甜膩的話头，裝着怎样公正的面孔。(魯迅)

无条件句用的連詞是：不管、不論、不問、不拘、无論、任憑等；和它相应的副詞是：都、总、总是、还是等。偶尔也有不用副詞呼应的，如：

⑥不管老賈喊不喊，他坚决不去开会。

但"不管"等連詞不能省，因为不用"不管"等連詞，就不能表示无条

— 85 —

件了。无条件句一般都是偏句在前，正句在后。象例⑤也是新兴句法，偏句在后。同其他种偏正复句一样，偏句在后，就有补充說明一类的意思了。

无条件句特点比較突出，同別种句子不容易混，所以不再作比較說明了。

因 果 关 系

5·158 **因果句**(因为A,所以B)　偏句表示原因，正句表示結果的复句，叫做因果句。例如：

①因为〔趙七爺〕有学問，所以又有些遺老的臭味。（魯迅）

②因为馬克思有了广博的各种知識作基礎，所以他能够建筑起他的学术的高塔。（柯柏年）

③因为他是始終忠实于眞理的，所以，他对于研究、对于寫作，是抱着十分認眞的态度。（同上）

这是"因为""所以"都用的例子。有的句子因为承上或者顚倒偏正句的关系，說成"正因为""之所以"等。例如：

④正因为他对于文学有了很好的素养，所以他的著作在文字上是很美丽的。（同上）

⑤續老所以对反动势力这样痛恨，正是因为他对人民有深厚的感情。（黃旣）

⑥这种全国人民大团結之所以能够成功，是因为我們战勝了美帝国主义所援助的国民党反动政府。（报）

这种"正是因为"等就不必再分析，看成一个連詞語就行了。还有的句子只在偏句用"因为"，或只在正句用"所以"的。例如：

— 36 —

⑦因為山陡,病員傷員都下了担架走。(陸定一)
⑧因為他彈花彈得特別好,生意也就特別多。(馬烽)
⑨因為縂役了四次,好多人講閒話了。(沙汀)
⑩面子在这鎮上的作用就有如此厉害,所以么吵吵悶着張臉,只是懶懶地打着招呼。(沙汀)
⑪我沒有看过这部書,所以也不知道"許仙""法海"究竟是否这样寫。(魯迅)

还有只在偏句里用"由于"的,例如:

⑫由于电厂有了新的管理法,由于工人的進步和努力,北京的电灯眞象电灯了。(老舍)
⑬由于意識經常落后于存在,旧知識分子不經过思想改造,就不能在思想上赶上社会主义的现实。(报)

也有只在正句前面用"因此"的,例如:

⑭我們党一向主張政治領導文藝,因此文藝应該受党的領導,应該为工农兵服务。(陸定一)
⑮加上他对妇女下地劳动这件事,一开头就坚决反对,因此評起工来,意見顯得比誰都多。(西戎)

因果句一般是偏句在前,正句在后。也有先說出結果,然后再补充原因的,除了例④⑤⑥的情况以外,大多数是正句不用連詞,只在偏句用"因为"放在后面說明原因。例如:

⑯他的所謂"狗",是指他的仇人方治国說的,因为主任的外祖父曾經当过衙役。(沙汀)
⑰接着也沒有人再敢插嘴,因为大家都不知应該如何表示自己的感情。(同上)

因果句所用的連詞,假如用一对,就是"因为……所以"(所以……

— 37 —

529

是因为,之所以……正是因为);偏句只用連詞,就用"因为"(因)"由于","由于"的意思相当于"因为"(复習本書第三冊5·75節),但多單用,不常和"所以"呼应(现在也有和"所以"呼应的句子了);正句只用連詞时,用"所以""因此","因此"的意思相当于"所以"而稍有区别。(参看葛信:《"所以"和"因此"》《語文学習》1954年5月号)但也是常常單用,不大和"因为"相呼应。

5·159 推断句(既然A,就B) 偏句表示原因,正句根据那个原因推断出結果來,这种句子就是推断句。因为表明的也是原因和結果,所以也归在因果关系里。推断句用的关联詞,只有"既然(既)""就"。例如:

①既然他的老二被抓,这就等于說他已經失掉了面子。(沙汀)

②既然是按劳取酬,那就有不平等。(陸定一)

③既然是社会主义現实主义,当然要寫困难錯誤和缺点,又要寫对困难和錯誤的克服。(同上)

④既然时間还早,我們就可以等一会儿再去。(周祖謨)

这是由原因推断結果的例句。由結果推断原因,也可以用这种格式,不过結果提在前面是偏句,推断的原因倒是正句了。例如:

⑤既然提出保証,想必他一定有办法。

⑥既然買的人很多,这种双鋒犁一定不坏。(《漢語課本》)

用疑問句的形式,还是由因推果,不过語气更加重些就是了。例如:

⑦既然住在鄉里,为什么連一个模范合作社都不曉得?(艾蕪)

⑧既然贊成妇女下地,为啥你們評工老和妇女鬧意見呢?

（沙汀）

例⑦的意思是："住在鄉里就該知道模范合作社，为什么你不知道呢？"所以帶質問的口气。这种句法，偏正兩句的意思在形式上不一致，实际上是强調正句和偏句一致的意思。还有在正句里用否定的意思來襯托正面的意思的，例如：

⑨他旣然已經走了，就不用再叫他了。（周祖謨）

⑩七斤旣然犯了皇法，……就不該含着長烟管顯出那般驕傲模样。（魯迅）

例⑨的偏句是"他已經走了"，应有的結果是"就讓他走吧"，现在用"就不用再叫他了"來表示还是"讓他走"的意思。

推斷句同其他种复句容易区别，它同因果句因为都在因果关系这一类里，比較容易混淆。它們相同的地方是都在談原因和結果的关系的。但还是有区别的。試比較：

⑪因为他成績优異，所以受到表揚。

⑫旣然他成績优異，就应該受到表揚。

例⑪是因果句，偏句正句的事实都是已經实现了的，例⑫是推斷句，偏句的事实已經实现，但正句只是推斷的結果，幷沒有实现。再看：

⑬他受到表揚了，因为他成績优異。

⑭他旣然受到表揚，一定是成績优異。

因果句，結果放在前面，还是正句，偏句放在后面，不过是这种复句的另一种形式；推斷句，結果放在前面，加上"旣然"，那就是由結果來推原因，結果就变成偏句了：这是它們不同的第二点。从連詞上看，一个是"因为A，所以B"，一个是"旣然A，就B"，也很容易区别出來。

— 39 —

其 他 关 系

5·160　取舍句(与其A,不如B;宁可A,也不B)　这种句子要把偏正两句所说的事实,衡量得失,取一舍一。取舍句有两种格式,第一种是"与其A,不如(宁可)B"。例如:

①与其种柳樹,不如种白楊。(吕叔湘)

②我与其坐在家里发閟,宁可到公園里去走动走动。(《漢語課本》)

③与其和暴風雨在海上肉搏,我們不如把輪船停在安全的港口里。(王汶)

④与其說文藝家是灵魂工程师,还不如說文藝家是灵魂工程师的一部分更为科学些。(陸定一)

⑤青年們到三仙姑那里去,要說是去問神,还不如說是去看聖象。(赵树理)

第二种格式是"宁可A,也不B"。例如:

⑥宁可种白楊,也不种柳樹。(吕叔湘)

⑦雨來宁可牺牲性命,也不肯泄露秘密。(《漢語課本》)

⑧他宁肯艰苦些,也不借債。

⑨他不借債,宁可生活艰苦些。

第一組基本上是用"与其……不如"这一对連詞,正句用"宁可"的不多。偏句在前,正句在后。例⑤比較特殊些,偏句用"要",好象假設句用的連詞,其实还是取舍句,"要"的作用相当于"与其"(换成"与其"更好一些)。第二組用的連詞是"宁可",用副詞"也"和它呼应,有时正句也可以用肯定語气,如"他宁可借債,也要保存面子(也不肯丟面子)"。这种句子也是偏句在前,正句在后。例⑨是

— 40 —

偏句在后的例子。这兩組相同的都是取一舍一，不同的是"与其A，不如(宁可)B"取的在正句，"宁可A，也不B"取的在偏句。"宁可A，也不B"这种格式怎么舍的那句倒算正句呢？須知道这种句子是在"二者不可得兼"的情況下才应用的，經过衡量才舍一、取一，按例⑦來說吧，照雨來的愿望是旣不牺牲性命，也不泄露秘密，但这样办不到，必定选取其中一項，用第一、二种格式都行(第一种格式就是"与其泄露秘密，不如牺牲性命)。但第一种格式不如第二种語气坚定。(宁可牺牲性命，也要保存秘密)这样偏正句就顯出來了，改成否定語气"也不泄露秘密"，語气更坚定些。

取舍句雖然也是从兩項中选擇一項，但和选擇关系的句子不同，选擇的句子不論是"或者A，或者B"或是"不是A，就是B"，說話人并不肯定哪一項，也就是哪个都行，不分輕重所以是联合复句。取舍句不然，說話人已經肯定取哪一个，舍哪一个，有正有偏，所以是偏正复句。

5·161　連鎖句(誰A，誰就B)　这种句子的特点，是偏句和正句里有相同的詞，这个詞又有"函数"关系。正句里用副詞"也""就"等表示关联。例如：

①誰破坏了这些紀律，誰就破坏了党的统一。(毛澤东)
②誰不懂得这个歷史特点，誰就不能指導这个革命和進行这个革命到勝利，誰就会被人民抛棄，变为向隅而泣的可憐虫。(毛澤东)
③党要我到什麽地方，我就到什麽地方。
④你們吃什麽，我就吃什麽。(成蔭)
⑤俺到哪里，他跟到哪里。(張鳳昌)
⑥他喊誰，誰就得馬上來。

⑦哪里艰苦,他就到哪里。

⑧哪个敌人走近我們,哪个敌人就会发抖。(《漢語課本》)

⑨我們能出一分力,就出一分力,多出一分力,就多有一分收获。

⑩哪儿出了岔,哪儿最盼他;哪儿最盼他,哪儿一定有他。

⑪我越笑,她越气。(趙樹理)

⑫被你說明的东西越多,越普遍,越深刻,你的成績就越大。(毛澤东)

⑬苏联愈弄得好,它們(帝国主义)愈急于要進攻。(魯迅)

这种句子表示"連鎖"的詞,有的是疑問代詞(表不定指)如例①到例⑧都是。兩个分句相同的疑問代詞,在一般句子里,成分是相同的,有的句子虽然不是同一成分,但也屬于这种句子。如例⑥⑦兩句。 吕叔湘先生說:"这类句子的特点是有点象代数方程式,x变了,y要跟着变。"(《語法学習》第90頁)这是因为表不定指的代詞,偏正兩句里指的是同一个对象。有些句子表示"連鎖"的詞是数量詞如例⑨或副詞如例⑪⑫⑬。

这种句子兼有假設句和无条件句兩种复句的性質,如以例⑩來說:有"假如哪儿出了岔,哪儿就最盼他"的意思,也有"无論哪儿出了岔,都最盼他"的意思。也可以說是融合了这兩种句法于一爐,意思是"不論是哪儿(无条件),如果哪儿出了岔(假設),哪儿就最盼他。"用数量詞和副詞的就只有假設句和性質了。虽然如此,因为有它的特点,也不同那兩种句子相混淆。 用数量詞造成的連

— 42 —

鎖句很多，如："我們打一仗，勝一仗"，"你要几个就拿几个"，"他有一句說一句"，"這里紙很多，要多少張，有多少張"都是。

另外还要注意，兩个分句有相同的詞的，不一定是連鎖句，例如：

⑭你有鋼筆，我也有鋼筆。（名詞相同）

⑮你走，我也走。（动詞相同）

⑯这儿干凈，那儿更干凈。（形容詞相同）

⑰〔敎室很多〕，这里一座，那里一座。（数量詞相同）

尽管这些句子兩个分句里有相同的詞，也不是連鎖句。那么怎样來区别呢？我們知道連鎖句的特点，表示連鎖的詞大多是疑問代詞，后面那个代詞所代的东西，要跟着前面那个相同的詞來变，比如"你們有什么，我也有什么"，前面"什么"指鋼筆，后面便也是鋼筆，假如前面指的是鉛筆，后面也是鉛筆。象例⑭就沒有这种关系，不能說你有鋼筆，我非得有鋼筆不行。其次，連鎖句有假設句和无条件句的性質，还拿前面的例子來說，就是"无論是什么，只要你們有什么，我就有什么"。但例⑭就不行，因为"你有鋼筆"和"我有鋼筆"之間沒有条件的关系。用数量詞表示連鎖的，前后要一致，例⑰就可能不一致，可以說"这里一座，那里兩座"。所以連鎖句屬偏正复句，例⑭到⑰是联合复句。

5·162　目的句（为了 A，就 B）　这种句子，偏句表示是为了什么目的，正句說明要做什么。例如：

①为了答复問題，就得好好研究一下憲政的道理。（毛澤東）

②为了避免亡国，就一定要这样做。（毛澤東）

③为了造成中国軍閥混战和鎭压中国人民，帝国主义列

— 43 —

强供給中国反动政府以大量的軍火和大批的軍事顧問。(毛澤东)

④为着战勝强大的敌人,无产階級專政要求权力的高度集中。(«关于无产階級專政的歷史經驗»)

这种句子一般都是偏句在前說明为了什么目的,正句在后說明为了那个目的才这样作。偏句用"为了"("为着"用得比較少)正句用"就""才"等相关联。但也有另一种形式,例如:

⑤我們实行人民民主專政,为的是要巩固我們的勝利。(吕叔湘)

⑥达官貴人的門前有柏油路,好讓他們跑汽車。(老舍)

⑦我們要加强鎭压反革命,用以保障我們勝利的果实。(吕叔湘)

⑧我們……帮助病員和运輸員,以便今天把这笨重的縱队运过山去。(陸定一)

这种句子也是目的句,例⑤我們实行人民民主專政的目的是要巩固我們的勝利;例⑥門前修柏油路的目的是讓达官貴人們跑汽車;其余的句子也是一样。但是这种句子并不是偏句在后的格式,仍舊是偏句在前,不过偏句表示动作,主句倒是表示动作的目的了。这种句子多用"为的是""好""以""以便""用以""借以"等來表示关联。

以上兩种格式可以說表示积極性的目的,还有表示消極性的目的的,例如:

⑨把队員的血型先檢查好,省得臨时費事。(周而复)

⑩請諸位各自寫上名字,以免发还的时候发生錯誤。(吕叔湘)

⑪我不特地邀請，免得大家受拘束。(逸塵)

这也是目的句，例⑨先檢查好血型的目的是臨時就不費事了。不過這種句是從反面來說，中間用"免得""省得""以免""免了"等來連接。还是偏句在前，正句在后。

目的句和因果句不同，所用的連詞也不一樣，本來是很容易区别的，不过有些句子，例如：

⑫他代他东家催那三十塊錢的債，为的他是中人。(茅盾)

⑬現在我們为什么要反对美帝国主义呢？为的是美帝国主义援助蒋介石，援助中国的反动势力屠殺人民。(思玄)

这是因果句从句在后的格式。例⑫是說因为他是中人所以代催債；例⑬提出"为什么"更明顯。碰到这种句子要仔細觀察一下，是因果句或是目的句，不要一看"为的是"就認为是目的句。我們寫作时碰到这类句法，是因果句就用"因为"，是目的句就用"为了""为的是"等，以免混淆。

5·163 时間句(正当A,就B) 这种句子偏句表示时間，正句表示在这个时間里作些什么。例如：

①雞剛叫了一遍，貴德他娘就爬起來。(谷峪)

②她才把秋生打发走，王先生恰巧搖着扇子走过來。(趙樹理)

③天还不大明，他就起來。(馬烽)

④玉鎖剛要出門，甲乙二人假作慌張入內。(成蔭)

⑤小青学習完囘來，已經冬天了。(馬烽)

⑥天黑了，才到山脚。(陸定一)

⑦等洗过了的蚕簟晾干了，女人們小心地把桑紙糊在上

面。(茅盾)

⑧每逢隊伍过,我就站在大門上。(李冰)

这样的句子很明顯的是兩个分句,偏句又是表明时间的,这才是时間句(表时間的偏正复句)。中間不用連詞,多用副詞,"剛""已經""还""就""才"等表示关联。但是在前面的句子前后帶上"当……的时候""在……以前""自从……以后"等,例如:

⑨那豆腐西施的楊二嫂,自从我家收拾行李以來,本是每日必到的。(魯迅)

⑩您辞了我之后,我在哪儿找事去?(曹禺)

⑪自从妻子死了以后,他过着独身的生活。(茅盾)

⑫当我們决定修建武漢長江大桥的时候,有的資本主义国家的报紙譏笑我們是"冒險"。(报)

这种句子就算單句,前面的一部分是狀語。

上一章和本章把我們所举出的复句的各种关系都分析了一下。分句和分句的关系很多,我們也不可能毫无遺漏地都說完;不过主要的都說了。在碰到具体的例子的时候,可以举一反三。还要多看一些参考書籍,只憑講义上这一点,还是不能解决所有的問題的。

现在我們把偏正复句的各种句子,列个表比較一下:

复句关系	复句名称	句 式	分句次序	分句意义上的关系	关联詞
轉折关系	轉折句	虽然A,但是B.	偏句在前,正句在后。(偏句可以在后)	偏正兩分句的意义相反。(輕轉的只一部分相反)	虽然……但是(可是),虽…却(也)只是,就是,不过等。

— 46 —

假設關系	假設句	如果A，就B	同　　上	偏正兩分句的意思一致，偏句的假設可能或不可能实现	如果(假如，假使，假若，倘苦)……就(便)，也，可，却等。
	讓步句	即使A，也B	同　　上	偏正兩句意思相反，偏句的事实一般是实现了的，有假设意味。	即使(就算，縱使，縱然，尽管，哪怕)……也，却，还，可是等。
条件关系	条件句	只有A，才B	偏句在前，正句在后。	偏正句意思一致。	只有(除非)……才。
	无条件句	无論A，都B	偏句在前，正句在后。(偏句可以在后面)		无論(不管，不拘，不問，任憑)……都，总之，还是等。
因果关系	因果句	因为A，所以B	偏句在前，正句在后，但偏句在后的情形比其他种句子多些。	偏正句的意思一致。(两分句的事实都已实现)	因为……所以，之所以……是因为(正因为)，所以，因此，由于等。
	推斷句	既然A，就B	偏句在前，正句在后。	偏正句的意思一致。(正句的事实未实现)	既然……就
其他关系	取舍句	与其A，不如B 宁可A，也不B	偏句在前，正句在后(偏句可以在后)。	偏正句的意思相反。	与其……不如(宁可)宁可……也不等。
	連鎖句	誰A，誰就B 越A，越B	偏句在前，正句在后。	偏正句意思一致。	誰，什么，怎么，多少，几等；一分，几張等；越，愈等。
	目的句	为了A，就B	同　　上	同　　上	为了(为着)……就(才)为的是，以便，免得，用以，等。
	時間句	当A，就B	同　　上		等，刚，才，还……就，才，已經等。

— 47 —

539

5·164 偏正复句的圖解公式和圖解举例 偏正复句的圖解公式如下：

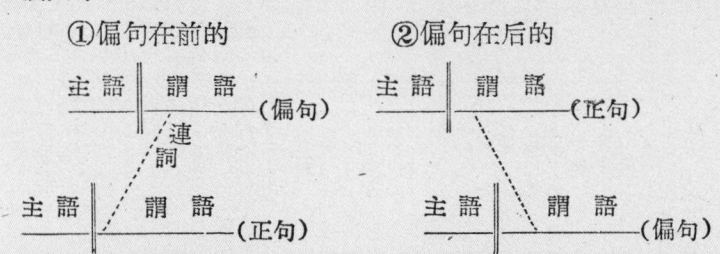

① 偏句在前的

主語 ‖ 謂語 ————（偏句）
          ╲連
            詞
主語 ‖ 謂語 ————（正句）

② 偏句在后的

主語 ‖ 謂語 ————（正句）
          ╲
主語 ‖ 謂語 ————（偏句）

偏正复句和联合复句的公式，其他地方都相同，只有一点不同就是兩个分句的圖解綫要分出偏正來。我們用上下的位置表示次序的先后，就是偏句在先就在主句的上面，在后就在主句的下面。用左右的位置表示分句的偏正，就是正句靠左一些，偏句靠右（也就是退后）一些。这样旣分出偏正，又可以分出偏句在主句前或在主句后來。一般的句子，連接的虛綫还是在謂語部分，有关联作用的副詞还是要連結起來。比較特殊的句子（例如連鎖句），連接的虛綫可以划在有关联的两个詞上。

圖解举例：

①李秀英虽是二小隊的工产隊長，也拿張老五沒办法。（轉折句）（拿張老五，有点方言味儿；"拿"就是"对"的意思，是介詞。）

②如果你們的工作出了毛病，那你就要負責。（假設句）（这个"那"不是代詞，是"那么"的意思，所以是連詞。）

③卽使我要說，我也不会把秘密說出來。（讓步句）

④只有孔乙己到店，才可以笑几声。（条件句）

⑤不管歷代皇帝殺了多少头，黃河还是滾遍了華北大平原。（无条件句）

— 48 —

⑥續老所以對反动势力这样痛恨，正是因为他对人民有深厚的感情。(因果句)

⑦既然时间还早，我們就可以等一会儿再去。(推断句)

⑧雨來宁可牺牲性命，也不肯泄露秘密。(取舍句)

⑨哪里艰苦，他就到哪里。(連鎖句)

⑩被你說明的东西越多、越普遍、越深刻，你的成績就越大。(連鎖句)

⑪为了答复問題，就得好好研究一下憲政的道理。(目的句)

⑫鷄剛叫了一遍，貴德他娘就爬起來。(时間句)

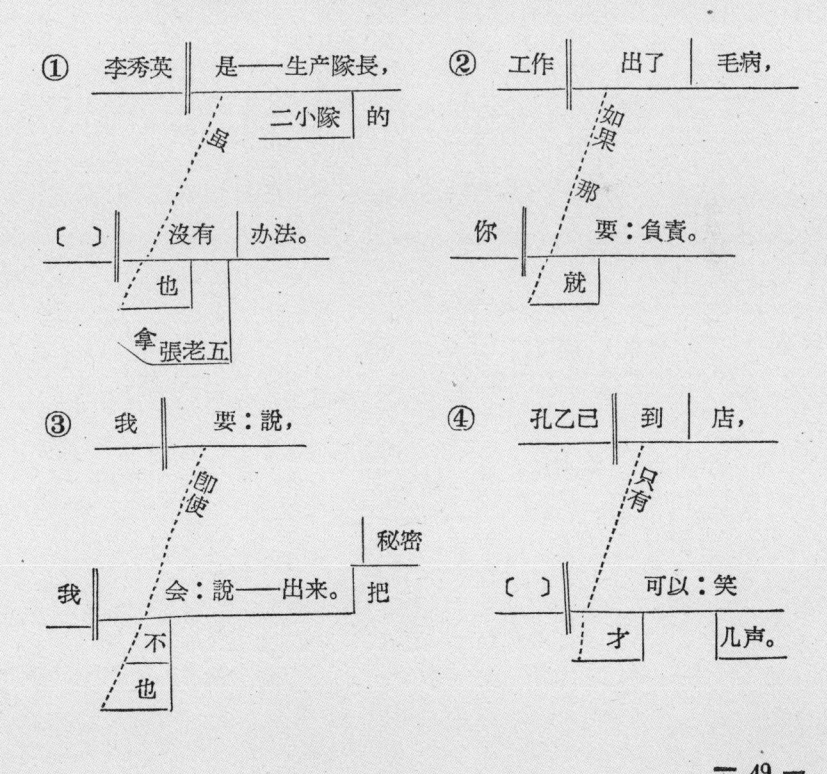

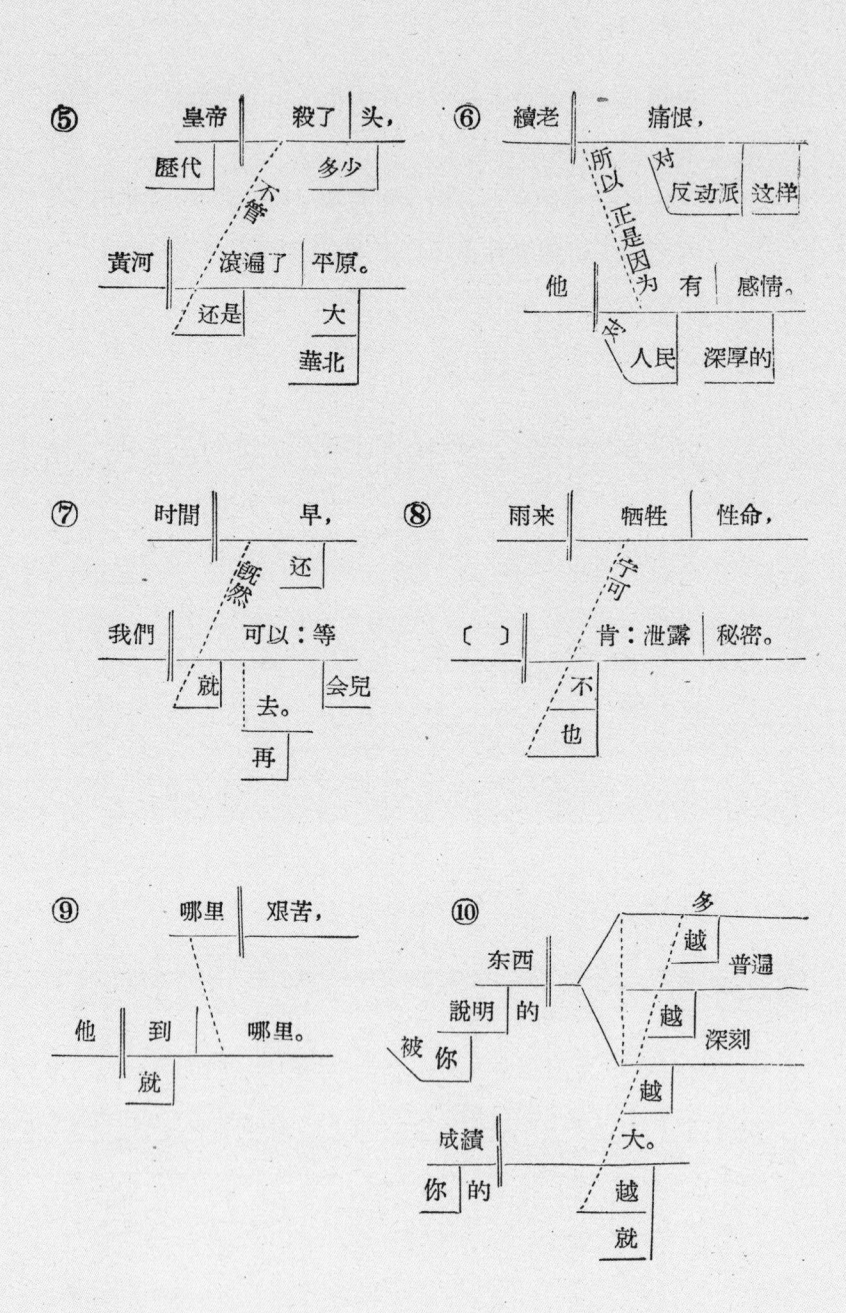

⑤ 历代皇帝‖杀了｜多少｜（不管）｜黄河‖（还是）滚遍了｜大｜华北｜平原。

⑥ 续老‖（所以）（正是因为）对｜反动派｜这样｜痛恨，｜他‖（会）有｜人民｜深厚的｜感情。

⑦ 时间‖（既然）早，｜我们‖（就）可以：等｜（再）｜（一）会儿｜去。｜还

⑧ 雨来‖牺牲｜性命，｜（宁可）〔 〕‖（也）不｜肯：泄露｜秘密。

⑨ 哪里‖艰苦，｜他‖到｜哪里。｜就

⑩ 东西‖说明｜的｜被你｜越｜多｜越｜普遍｜越｜深刻｜越｜大。｜成绩‖你的｜越｜就

— 50 —

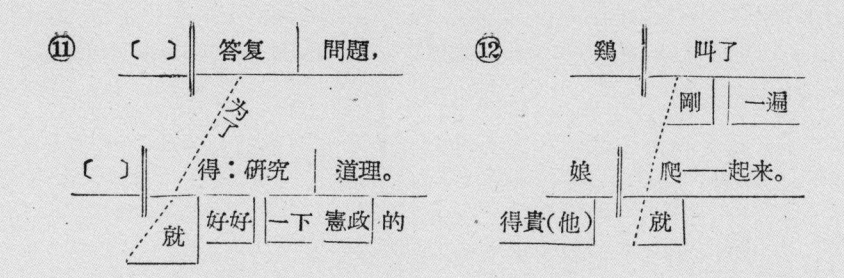

⑪〔 〕｜答复｜問題，　⑫　鷄｜叫了
　　　　为了　　　　　　　　　剛｜一遍
〔 〕｜得：研究｜道理。　　娘｜爬——起来。
　就　好好　一下　憲政的　　得貴(他)｜就

練習二十二

辨別下列各復句是哪种关系的哪种復句，再加以圖解：

①我們把留在地面上的飛机推到庫房里去，免得飛机被風吹坏。

②党和革命的力量越强大，他們(右派分子)便越感到不自由。

③沒有共产党的正确領導，就沒有今天輝煌的建設成就。

④帝国主义者为挽救自己的末运，便憎恶苏联的向上。

⑤虽然已經蓄了十年上下的胡子，厶吵吵的粗魯話可是越來越多。

⑥天麻麻黑，战斗在馬村打响了。

⑦人倒是好的，就是眉毛快給人剪光了。

⑧誰收了人家的東西誰跟人家去！

⑨蜘蛛正要扑过去，突然发生了一件可怕的事情。

⑩他坚决不改正他的錯誤，宁可受同志們嚴厉的批評。

⑪要是棉花沒人打整，咱們的丰产計划可就成了大問題啦。

⑫这些話，早先李秀英也听老賈講过，不过沒有今天这厶有力量，合脾胃。

— 51 —

⑬我們愿意就这个問題進行談判，只要談判的結果使人們能够安然入睡。

⑭我們認为再沒有比人再宝貴的东西了，因此，我們努力使人类免除大战的威脅。

⑮不管她信不信，事实总是事实。

⑯我們旣然生活在现实的世界上，那么旧社会就要在我們身上打下这样的烙印。

⑰只有做羣众的学生，才能做羣众的先生。

⑱尽管保尔正式地放棄了正式領導工作，他在厂里的影响仍旧有顯著的增加。

⑲他从沒見过綠油油的桑叶养在樹上等到成了枯叶去喂羊吃，除非是蚕花不熟。

⑳周师傅应当得紅旗，因为他改造了工具。

第二十六章　多重的复句

二　重　的　复　句

5·165　一个分句是复句　在上兩章講过的各种联合复句和偏正复句，里面包含的分句大都是單句，那样的复句在結構上只有一个層次。可是在文章里幷不都是这种类型的复句，还有一些复句，分句本身又是复句，复句再包含复句，这样就有好多層次，这就是多重的复句。多重的复句結構复雜，我們碰到这种句子，必須好好地分析，把一層一層的关系弄明白，才能对句子的內容理解得透徹，不至于不懂或发生誤解。多重的复句有二重的、三重的，还有三重以上的。我們先來看二重的复句。二重的又分兩种：一种是

— 52 —

一个分句是复句,另一个是單句;一种是兩个分句本身都是复句。现在先談第一种,就是一个分句是复句的。

我們要先弄清楚一个問題,就是这种多重的复句是指联合复句或偏正复句里的分句又是复句或許多層次里包括有联合复句和偏正复句來說的。象底下这个句子:

①狗趴在地上吐出紅舌头,∣騾馬的鼻孔張得特別大,∣小販們不敢吆喝,∣柏油路晒化了。(老舍)

虽然有四个分句,但它們之間的关系都是平列的,就全句的結構來看,只有一个層次,也就是各分句之間的关系是同一种的关系,不是一層套一層的关系,所以是联合复句而不是多重的复句。

弄清楚这个問題以后,我們再來看一个分句是复句的二重的复句。例如:

②苏联愈弄得好,∥它們愈急于要進攻,∣因为它們愈要趋于滅亡。(魯迅)

③我們要打倒進攻苏联的恶鬼,∣无論它說着怎样甜膩的話头,∥裝着怎样公正的面孔。(魯迅)

④面子在这鎮上的作用就有如此的厉害,∣所以么吵吵悶着張臉,∥只是懶懶地打着招呼。(沙汀)

⑤虽然有少数羣众存在着顧慮,∣但是只要作好思想动員工作,∥这些顧慮很快就会消除的。(《人民日报》社論)

⑥只有发展生产,∥增加農民收入,∥合作化表現出了很大的优越性,∣才是社会主义在兩条道路斗爭中获得胜利的可靠保障。(鄧小平)

⑦要是誰干起活來馬馬虎虎的,∣尽管他对我怎样好,∥我也不賣他的賬。(艾蕪)

— 53 —

上面这些例句都是二重的复句。我们为了分析方便起见，仿照«漢語課本»上的办法，第一層分句間的关系，用單豎綫來表示，第二層分句(就是分句再包括分句)間的关系，用双豎綫，第三層分句間的关系用三条豎綫。为了大家看得清楚起见，这一段解說要詳細些。

例②是偏句在后的一个因果句，正句里又包括一个連鎖句。例③是偏句在后的一个无条件句，正句是單句，偏句里包括一个平列句。例④是个不用"因为"的因果句，偏句是單句，正句包括一个平列句，"只是"不是連詞是副詞。例⑤是个轉折句，正句里包括一个假設句。例⑥是个条件句，偏句包括有三个分句的承接句。例⑦是个假設句，正句包括一个讓步句。

我們用表解方法分析一下：

例②

$$\text{因果句(偏句在后)}\begin{cases}\text{正句(連鎖句)}\begin{cases}\text{偏句}\\\text{正句}\end{cases}\\\text{偏句}\end{cases}$$

例③

$$\text{无条件句(偏句在后)}\begin{cases}\text{正句}\\\text{偏句(平列句)}\begin{cases}\text{第一分句}\\\text{第二分句}\end{cases}\end{cases}$$

例④

$$\text{因 果 句}\begin{cases}\text{偏句}\\\text{正句(平列句)}\begin{cases}\text{第一分句}\\\text{第二分句}\end{cases}\end{cases}$$

例⑤

$$\text{轉 折 句}\begin{cases}\text{偏句}\\\text{正句(假設句)}\begin{cases}\text{偏句}\\\text{正句}\end{cases}\end{cases}$$

例⑥

条件句 { 偏句(承接句) { 第一分句 / 第二分句 / 第三分句 } / 正句 }

例⑦

假設句 { 偏句 / 正句(讓步句) { 偏句 / 正句 } }

我們憑着什么來区分哪个分句是單句，哪个分句本身又是复句呢？第一，对前兩章一定得很熟悉，什么样子的句子是哪种复句，一看就知道。第二，对于哪种复句要用哪种关联詞語，也要記得很清楚。常用一对連詞的复句，发现第一个連詞，自然有第二个連詞和它呼应，这时你看假如在中間又有其他的連詞了，就是这个分句里又包括另一种复句了；或是在第二个連詞的后面又发现其它連詞，也是同样情形。第三对于意合句要能認出來，能补上連詞，就补上，这样，碰到不用連詞的复句也不致发生困难。第四，从意义上也可以帮助区别多重的复句，不过这不是主要的；因为意义了解得很清楚的話，就不必再分析了。

现在我們拿兩个例句來試試：例②，我們先看前面兩个分句有"愈"(越)这个相同的詞，就知道是連鎖句；往后一看，还有个"因为"，这个分句又是补充說明前面那兩个分句的，我們又講过，因果句偏句可以放在后面，于是就可以断定这个复句是偏句在后的因果句，而正句又是个連鎖句了。再看例⑥吧，句子的开头是个"只有"，就知道是条件句；"只有"和"才"相呼应，最后一个分句有"才"，就可以断定是条件复句；但"只有"后面不只一个分句，而有三个分句，这三个分句有先后的关系，就是发展了生产，農民的收入才增加,合作化的优越性才能表现出來,这是承接句,于是就可以断定条件句的偏句是包括着三个分句的承接句。利用这个原则,再复雜的句子,只要細心辨認,都可以分析开來。

5·166 兩个分句是复句 在二重的复句里,也有两个分句都是复句的,那就更复雜些。例如:

①倘肯多花一文,‖便可以買一碟鹽煑筍,或者茴香豆,做下酒物了,|如果出到十几文,‖那就能買一碟葷菜。(魯迅)

②趙七爺是鄰村茂源酒店的主人,‖又是这三十里方圓以內的唯一的出色人物兼学問家;|因为有学問,‖所以又有些遺老的臭味。(魯迅)

③你說去哪里‖咱就去哪里,|到边区政府‖你也不能把誰怎么样?(趙樹理)(前后两个分句里的复句,中間都沒有停頓。)

④李秀英虽是二小隊的生产隊長,‖也拿張老五沒办法,|便去找老買反映,‖要求社里教育張老五。(西戎)

⑤老人男人坐在矮凳上,‖搖着大芭蕉扇閑談,|孩子們飛也似地跑,‖或者蹲在烏桕樹下賭玩石子。(魯迅)

⑥只要彼此有达成协議的愿望,‖我們随时愿意举行任何会談;|如果对方暫时还不愿意达成协議,‖那就要忍耐和等待。(报)

这里,我們只用表解法分析一下:

例①、⑥

平 列 句 { 第一分句(假設句) { 偏句 / 正句
　　　　　　第二分句(假設句) { 偏句 / 正句

例②

平 列 句 { 偏句(平列句) { 第一分句 / 第二分句
　　　　　　正句(因果句) { 偏句 / 正句

例③

承 接 句 { 第一分句(連鎖句) { 偏句 / 正句
　　　　　　第二分句(讓步句) { 偏句 / 正句

例④

承 接 句 { 第一分句(轉折句) { 偏句 / 正句
　　　　　　第二分句(承接句) { 第一分句 / 第二分句

例⑤

平 列 句 { 第一分句(平列句) { 第一分句 / 第二分句
　　　　　　第二分句(選擇句) { 第一分句 / 第二分句

三重的和三重以上的复句

5·167　三重的复句　三重的复句就是正句或者偏句本身已經是复句了,而这个复句的正句或偏句又包括另一种复句。例如:

①如果不发展農業,｜不但影响最大多数人的生活,川影

响工農联盟和人民的团結,‖而且也不能迅速地发展工業。（鄧小平）

②青年是努力的,‖是热心的,｜但是因为理解不够,‖‖工作經驗不够,‖常常容易犯錯誤。（張天翼）

③合作社基本上是巩固的,‖粮食增产了,‖干部作風也有了進步;｜但是由于办社的时間短,‖‖經驗少,‖‖災荒大,‖所以还有困难和缺点。（鄧小平）

④掌櫃是一副凶臉孔,‖‖主顧也沒有好声气,‖敎人活潑不得;｜只有孔乙己到店,‖‖才可以笑几声,‖所以至今还記得。（魯迅）

⑤我們党一向主張政治領導文藝,‖因此文藝应該受党的領導,‖‖应該为工農兵服务;｜因此,文藝工作者应該学習馬克思主义,‖同工農兵密切結合。（陸定一）

我們只拿例①來解釋一下：第一重是假設句（如果）；正句里包括一个遞進句（不但、而且），这是二重；"不但"那个分句又包括个平列句,这是第三重。把这几句用表解法分析一下：

例①

假設句 { 偏句
正句（遞進句） { 第一分句（平列句） { 第一分句
第二分句 }
第二分句 }

例②

轉折句 { 偏句（平列句） { 第一分句
第二分句 }
正句（因果句） { 偏句（平列句） { 第一分句
第二分句 }
正句 }

— 58 —

例③

$$\text{轉折句}\begin{cases}\text{偏句(平列句)}\begin{cases}\text{第一分句}\\\text{第二分句}\\\text{第三分句}\end{cases}\\\text{正句(因果句)}\begin{cases}\text{偏句(平列句)}\begin{cases}\text{第一分句}\\\text{第二分句}\\\text{第三分句}\end{cases}\\\text{正句}\end{cases}\end{cases}$$

例④

$$\text{平列句}\begin{cases}\text{第一分句(因果句)}\begin{cases}\text{偏句(平列句)}\begin{cases}\text{第一分句}\\\text{第二分句}\end{cases}\\\text{正句}\end{cases}\\\text{第二分句(因果句)}\begin{cases}\text{偏句(条件句)}\begin{cases}\text{偏句}\\\text{正句}\end{cases}\\\text{正句}\end{cases}\end{cases}$$

例⑤

$$\text{因果句}\begin{cases}\text{偏句(因果句)}\begin{cases}\text{偏句}\\\text{正句(平列句)}\begin{cases}\text{第一分句}\\\text{第二分句}\end{cases}\end{cases}\\\text{正句(平列句)}\begin{cases}\text{第一分句}\\\text{第二分句}\end{cases}\end{cases}$$

例⑤又式

$$\text{因果句}\begin{cases}\text{偏句}\\\text{正句(平列句)}\begin{cases}\text{第一分句(平列句)}\begin{cases}\text{第一分句}\\\text{第二分句}\end{cases}\\\text{第二分句(平列句)}\begin{cases}\text{第一分句}\\\text{第二分句}\end{cases}\end{cases}\end{cases}$$

我們看表解很清楚。不論哪个分句,或是在偏句,或是在正句,或在偏正兩句,总有三重的复句。例⑤,假如理解成:"我們党一向主張政治領導文藝,∥因此文藝应該受党的領導,‖应該为工農兵服务;∥因此文藝工作者应該学習馬克思主義,‖同工農兵密切

— 59 —

結合。"那就是例⑤又式，可見句子的分析和意義是密切相結合的，分析不一樣，意義也就不同，這兩種分析法，以第一種比較切合原意。

5·168　三重以上的复句　三重以上的复句，分句之間的关系更加复雜，我們观察分析时，要更加仔細些，才能看清楚它們的关系。这种复句，用划綫方法就看不清楚了，我們改用壹貳叁等符号表示大的分句，用一二三表示分句里面的分句，再用ⓐⓑⓒ表示一二三里面的分句，这样，層次就可以看清楚了。底下举几个例來說明，因为比較复雜，每一个例句都單独說明。

①第三階段的特点之一，恰恰是領導人員"引火燒身壹，如果这火能够燒掉領導人員身上的毛病ⓐ，燒掉工作中的錯誤和缺点ⓑ一，既可以改進工作ⓐ，又可以教育干部ⓑ二貳，一举兩得，是很好的事情叁。（«人民日報»社論）

这是一个由三个大分句組成的多重复句，第一、三兩个大分句是單句，复雜的在第二个大分句，它是个假設句，偏句包括一个平列句，正句也包括一个平列句。我們看的时候，先看壹貳叁，再看一二，再看ⓐⓑ，关系就清楚了。三重以上的复句，就不一定是一个大复句包含四重、五重，有时就是一个或几个多重的（兩重、三重的）复句跟另外的分句聯合組成的，只要中間沒有句号，就得看成是一个复句。上面这句表解是这样：

$$\text{平列句}\begin{cases}\text{第一分句}\\ \text{第二分句（假設句）}\end{cases}\begin{cases}\text{偏句（平列句）}\begin{cases}\text{第一分句}\\ \text{第二分句}\end{cases}\\ \text{正句（平列句）}\begin{cases}\text{第一分句}\\ \text{第二分句}\end{cases}\\ \text{平列句}\begin{cases}（\text{第一分句}）\\ \text{第二分句}\end{cases}\end{cases}$$

— 60 —

第㈢分句是說明上面假設句正句的事實的,所以假設句的正句是兼职,既是假設句的正句,又是下面平列句的第一分句。

現在再拿《初中漢語課本》第51頁上的兩个例子來分析一下:

②如果他們不能事先看到㈠,那他們就只会跟着時間迁流㈠㈢,虽然努力工作㈠,却不能取得勝利㈠㈡,反而有使革命受到損害的危險㈢。

表解是这样:

平列句 { 第一分句(假設句) { 偏句 / 正句 }
第二分句(轉折句) { 偏句 / 正句 }
遞進句 { (第一分句) / 第二分句 } }

③如果是必須㈠,一定可以找到翻譯的㈠㈣;如果不是必須㈠,我站在他們之中㈠㈡,虽不能說明自己㈠,可也并不感覚拘束和隔閡㈠㈢,好象在老朋友之中那样能够自由和舒适㈣。

表解是这样:

平列句 { 第一分句(假設句) { 偏句 / 正句 }
第二分句(假設句) { 偏句 / 正句 }
平列句 { (第一分句) / 第二分句(轉折句) { 偏句 / 正句 }
平列句 { (第一分句) / 第二分句 } } }

前面兩个假設句是平列句很明顯。接着一个轉折句同前面第二个

— 61 —

假設句的正句是平列的,就是"我站在他們之中,│雖然不能說明自己,‖可也并不感覺拘束和隔閡。"底下一個平列句又拿轉折句的正句作第一分句,就是"并不感覺拘束和隔閡,│好象在老朋友……舒适。"

另外再举一個長点的例子,不再表解,大家可以試一下:

④做工的人,傍午傍晚散了工㈠,每每花四文銅錢㈡,買一碗酒㈢,——這是二十多年前的事,現在每碗要漲到十文,——靠着櫃外站着㈣,熱热地喝了休息㈤㊀;倘肯多花一文㈠,便可以買一碟鹽煑筍,或者茴香豆,做下酒物了㈡㊁,如果出到十幾文㈠,那就能買一樣葷菜㈡㊂,但這些顧客,多是短衣帮㈠,大抵没有這樣闊綽㈡㊃,只有穿長衫的,才踱進酒店隔壁的房子里㈠,要酒要菜㈡,慢慢地坐喝㈢㊄。

"這是二十多年……"兩句是插入的解釋句,可以不管它,如果要管,還是平列句。

5·169 关于多重复句的兩种特殊情况

和多重复句有关的兩种情况,在文章里常常碰到,我們碰到时應該有处理的办法。哪兩种呢?

(1)一个單句的宾語是多重复句 我們知道主謂結構可以作句子的宾語,那是包孕句,当然算單句。但是假如作宾語的是多重的复句怎么办?我們這样看,总的說起來,不管作宾語的是几重复句,原則上還是承認它是單句性質;比較簡單的,如:

①〔孔乙己〕對櫃里說:"溫兩碗酒,要一碟茴香豆。"(魯迅)

②他們不知道:我們固然應該尊重过去流血的經驗,但是也應該尊重自己流血的經驗。(毛澤東)

这沒有問題,干脆認成是單句就行。可是有些却是很長的句子,甚至是一大段算一个單句的宾語,在分析时,虽然承認它是單句的宾語,但仍旧照复句來分析。例如:

　　③〔張老五〕心想:她們眞要和我拉硬弓,我張老五倒不怕那一套,說我思想封建就封建,可是一來先檢討缺点,說各人的不对,这叫人还能說什么呢?再說她們几句嗎?人家已經認了錯,自己也檢討檢討嗎?觉得从來在人面前也沒輸过理,一时还有点說不出口。(西戎)

"心想"以后这一大串句子,都算是張老五心想的对象,就是"想"的宾語。还有比这个更長的更复雜的现在不再列举。原則上承認是單句,但宾語部分仍按多重复句來分析。在圖解时也不能照普通單句的方法,黎錦熙先生說:"圖解时,只要在宾語位置上画个沒頂的柱子,表示下文都是;下文另起圖解,但須把原文的引号照加,以示起訖。"(《中国語法敎材》第二册,第188頁)我們圖解时也这样作好了。

　　(2)連詞連結兩个复句　有些复句,按意义上說是連貫的,可以把它当作多重的复句來看待,但中間有了句号,情况就不同了。例如:

　　④九斤老太自从慶祝了五十大寿以后,便渐渐地变了不平家……总之现在的时世是不对了。何况六斤比伊的曾祖,少了三斤……这眞是一条顚扑不破的实例。所以伊又用勁說:"这眞是一代不如一代。"(魯迅)

　　⑤各地情况不一,不必强求一律。但是,不管采取那种办法,都不应該妨碍大鳴大放。(鄧小平)

例④的"何况"顯然是遞進句的連詞,"所以"更不必說就是因果句

— 63 —

的連詞；例⑤的"但是"分明是轉折連詞，都和前文有緊密关系。但是因为前边的复句很长，或因为作者認为句意已足可以画句号时，都就加上句号。旣然加上句号，我們就按两个或两个以上复句看待，不必再認为合起來是多重的复句了。因为連詞的作用，旣可以連接詞跟詞、詞組和詞組、句子和句子，也可以連接多重复句，甚至还要連接段和段呢。反过來，不管句子有多長多复雜，只要沒有句号，那就得看做是一个多重的复句。

5·170 多重复句的圖解公式和圖解举例 我們把二重复句和三重复句的圖解公式，列举一些出來。

（1）一个分句是复句的：

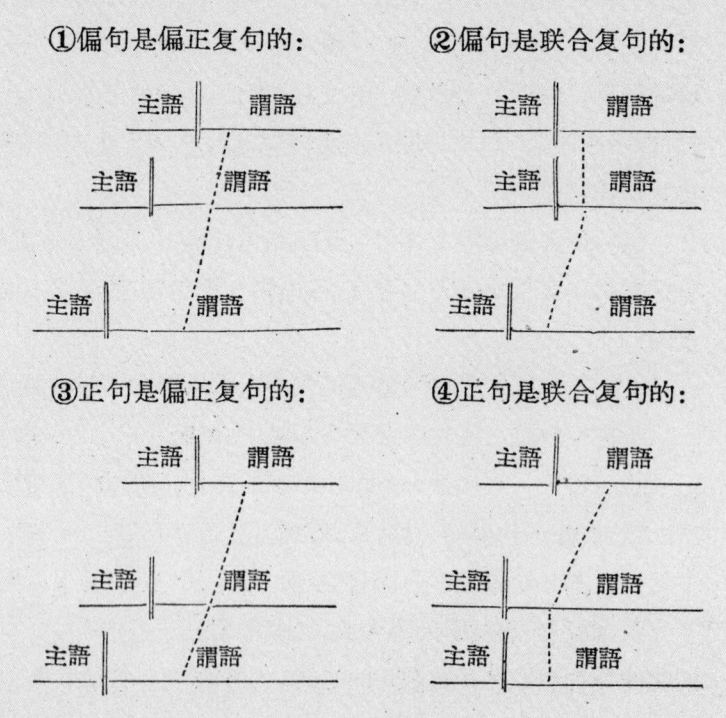

①偏句是偏正复句的：　　②偏句是联合复句的：

③正句是偏正复句的：　　④正句是联合复句的：

⑤正句是偏正复句，　　　　⑥正句是联合复句，
偏句在后的：　　　　　　　偏句在后的：

| 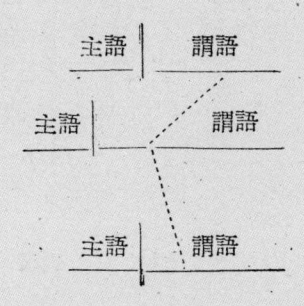 主語 | 謂語 |　　　　| 主語 | 謂語 |

| 主語 | 謂語 |　　　　| 主語 | 謂語 |

| 主語 | 謂語 |　　　　| 主語 | 謂語 |

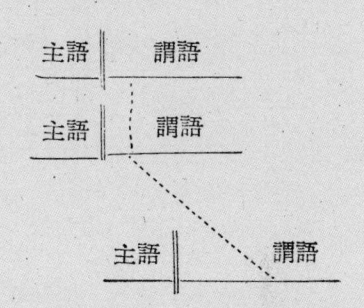

我們还是按照上下位置表前后，左右位置表正偏的办法，假如偏句是复句，那么这两个分句的圖解綫要离近些，正句的圖解綫的距离要大些，这样就可以看得出偏句是复句來了。反过來，假如正句是复句，情况也一样。沒有列举出來的公式可以类推。

（2）兩个分句是复句的：

　　①偏句正句都是偏正复　　　②偏句正句都是联合
句的：　　　　　　　　　　复句的：

| 主語 | 謂語 |　　　　| 主語 | 謂語 |

| 主語 | 謂語 |　　　　| 主語 | 謂語 |

| 主語 | 謂語 |　　　　| 主語 | 謂語 |

| 主語 | 謂語 |　　　　| 主語 | 謂語 |

— 65 —

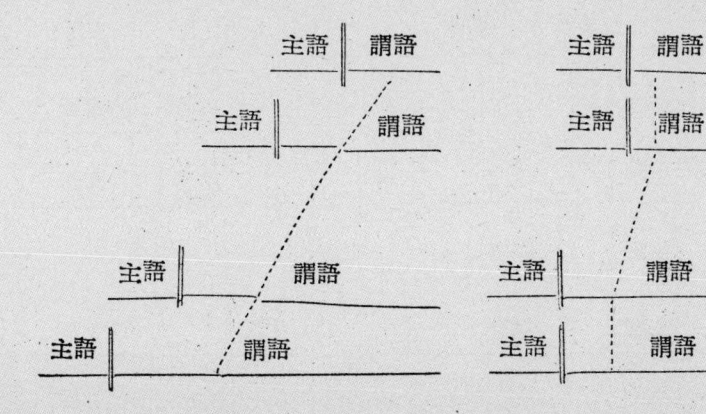

③偏句是偏正复句，正句是联合复句的：

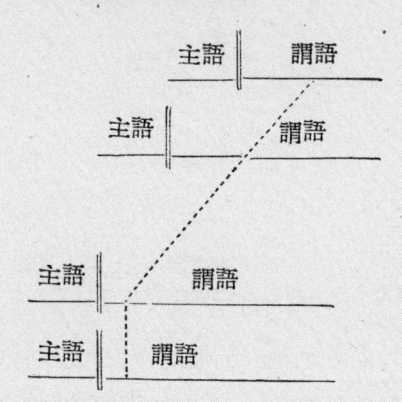

| 主語 ‖ 謂語 |
| 主語 ‖ 謂語 |
| 主語 ‖ 謂語 |
| 主語 ‖ 謂語 |

④偏句是联合复句，正句是偏正复句的：

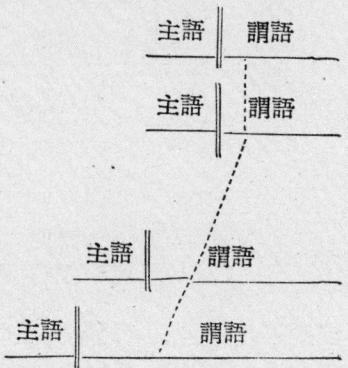

| 主語 ‖ 謂語 |
| 主語 ‖ 謂語 |
| 主語 ‖ 謂語 |
| 主語 ‖ 謂語 |

其余的可以类推，不再列举。

（3）三重的复句：

①偏句是單句，正句是复句的（都是联合复句）：

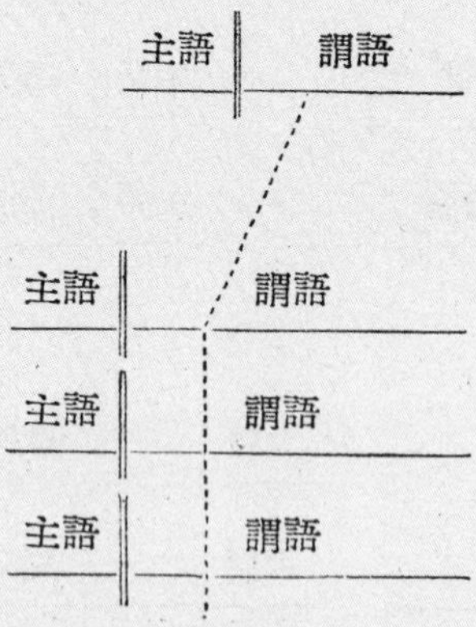

| 主語 ‖ 謂語 |
| 主語 ‖ 謂語 |
| 主語 ‖ 謂語 |
| 主語 ‖ 謂語 |

②偏句是联合复句，正句是單句的：

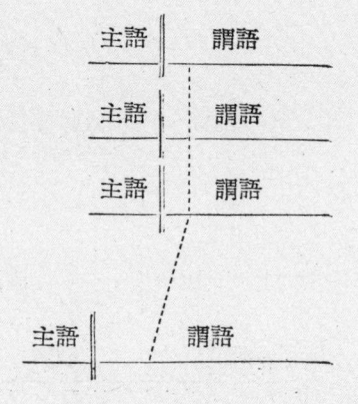

| 主語 ‖ 謂語 |
| 主語 ‖ 謂語 |
| 主語 ‖ 謂語 |
| 主語 ‖ 謂語 |

③偏句是联合复句，正句是偏正复句的：　　④偏句正句都是偏正复句的：

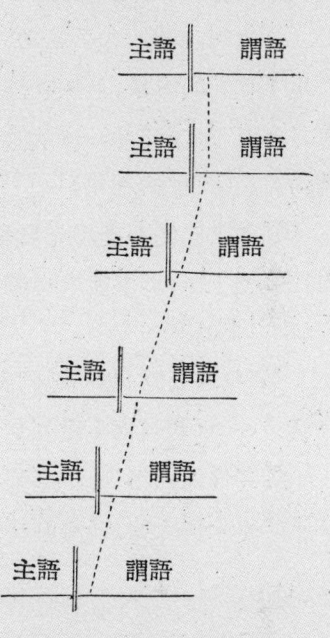

| 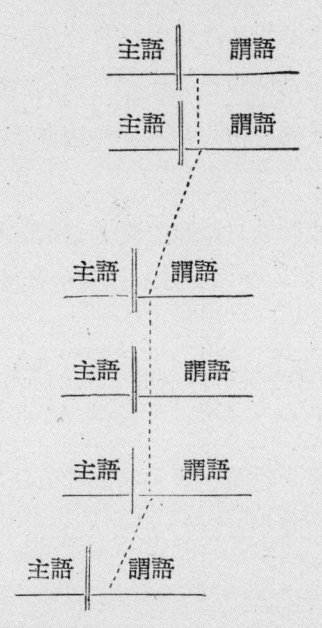 主語 ‖ 謂語 |
| 主語 ‖ 謂語 |
| 主語 ‖ 謂語 |
| 主語 ‖ 謂語 |
| 主語 ‖ 謂語 |

| 主語 ‖ 謂語 |
| 主語 ‖ 謂語 |
| 主語 ‖ 謂語 |
| 主語 ‖ 謂語 |
| 主語 ‖ 謂語 |

其他的和三重以上的复句的格式，可以类推，不再列举了。

圖解举例：

①虽然有少数羣众存在着顧慮，但是只要作好思想动員工作，这些顧慮很快就会消除的。（偏句是單句，正句是复句）

②他后來还托他的父親帶給我一包貝壳和几支很好看的鳥毛，我也曾送給他一兩次东西，但从此沒有再見面。（偏句是复句，正句是單句）

③你說去哪里咱就去哪里，到边区政府你也不能把誰怎么样！（兩个分句都是偏正复句）

④屈原遭到这样嚴重打击，仍然坚持自己正直的政治主張，因

— 67 —

此,不过做了两三年左徒,就被迫辞职了。(偏句的分句是偏正复句(轉折),正句的分句是联合复句(承接))

⑤虽然我们的和平运动,由于它的广大规模和优良組織,已經产生了巨大的力量,虽然我們和平运动的隊伍是团結一致的,而且有好多万万人民的坚决行动,但是我們必須好好地保持現在已有的动力。(三重的复句)

⑥如果他們不能事先看到,那他們就只会跟着时間迁流,虽然也在努力工作,却不能取得勝利,反而有使革命受到損害的危險。(三重以上的复句)

⑦〔張老五〕心想:她們眞要和我拉硬弓,我張老五倒不怕那一套……(單句包含多重复句)

⑧各地情况不一,不必强求一律。但是不管采取那种方法,都不能妨碍大鳴大放。(連詞連接兩个复句)

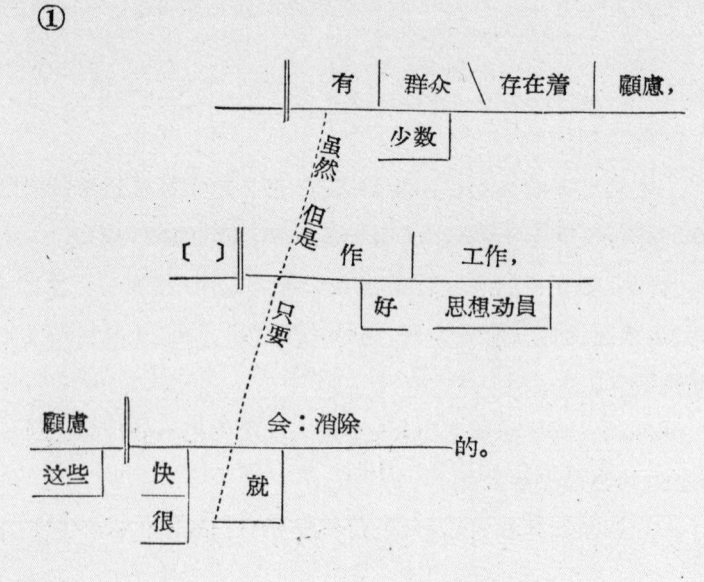

①

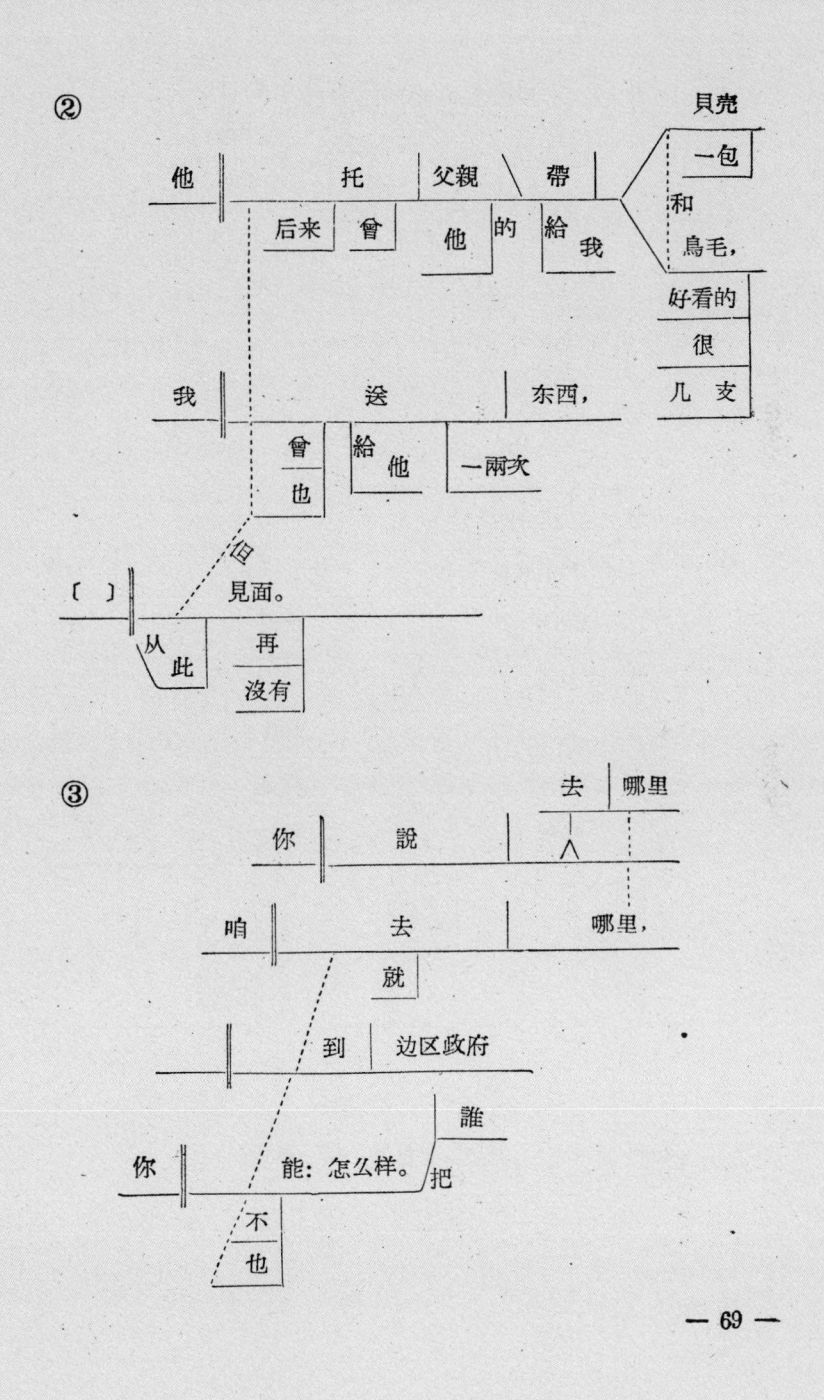

② 他‖托 父親 帶 貝壳 一包 和 鳥毛, 好看的 很 几支
后来 曾 他 的 給 我

我‖送 東西, 給他 一兩次
曾也

〔 〕‖見面。
從此 再沒有

③ 你‖說 去 哪里
咱‖去 哪里,
就 到 边区政府
你‖能:怎么样。把 誰
不也

杨欣安《现代汉语》文辑

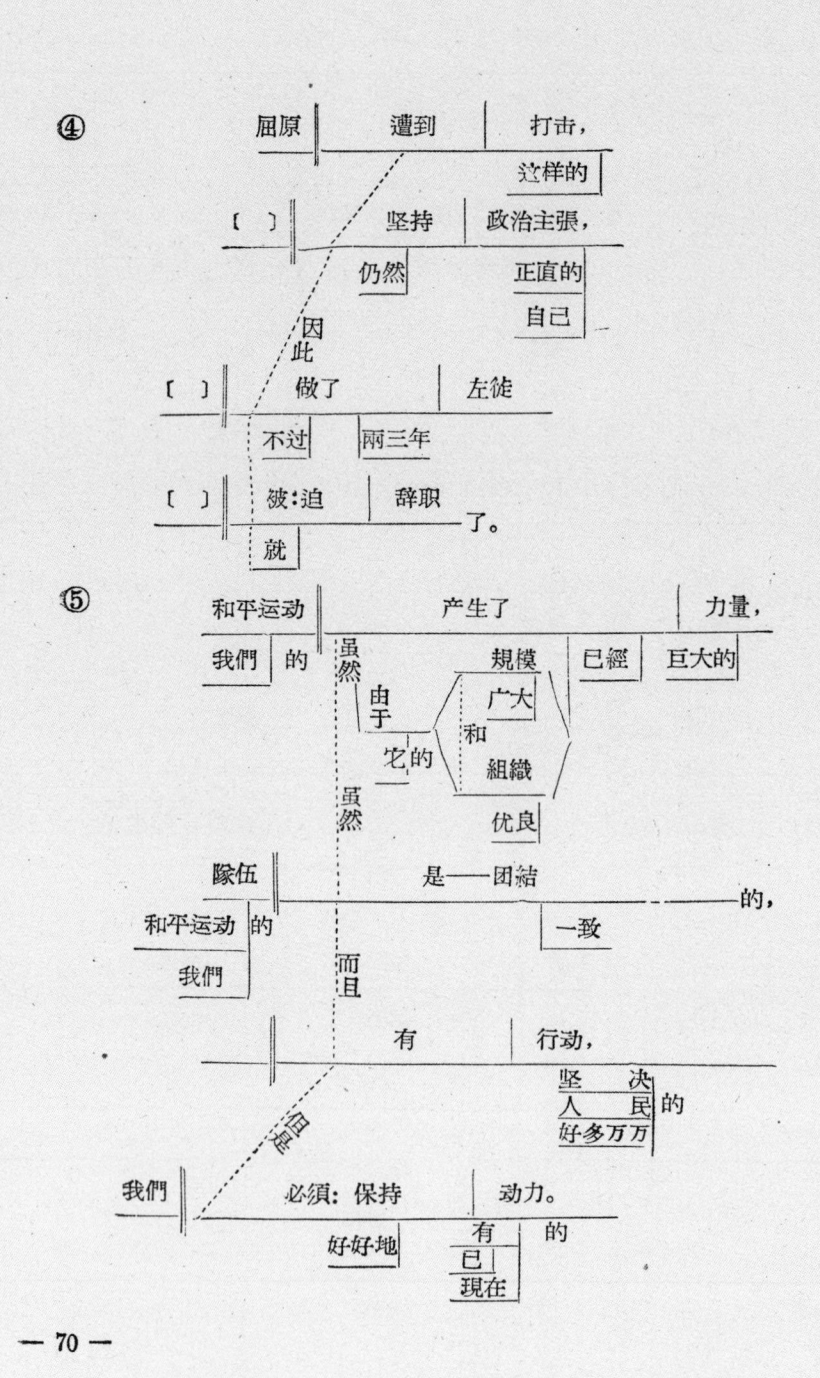

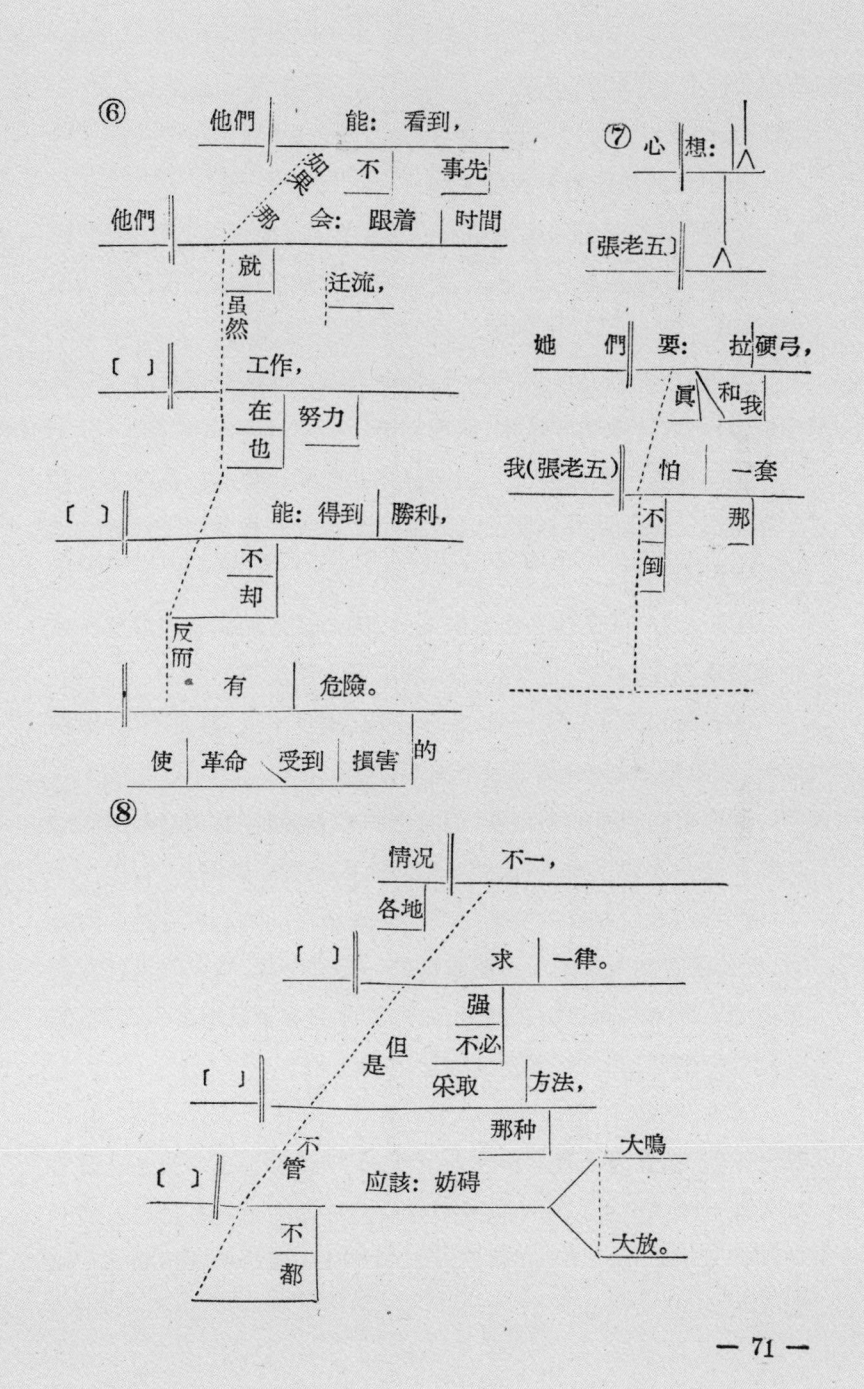

⑥ 他們 ‖ 能：看到，
他們 ‖ 那 会：跟着 | 時間 | 迁流，
虽然 不 事先
就
[ ] ‖ 工作，
在 努力
也
[ ] ‖ 能：得到 | 勝利，
不 却
反而
有 | 危險。
使 | 革命 | 受到 | 損害 的

⑦ 心 ‖ 想：人
[張老五] ‖ 人
她們 ‖ 要：拉硬弓，
我(張老五) ‖ 怕 | 一套
真 和我
不 倒 那一

⑧ 情況 ‖ 不一，
各地
[ ] ‖ 求 | 一律。
强
不必
[ ] ‖ 但 采取 | 方法，
是 那种
[ ] ‖ 应該：妨碍 ⟨大鳴
不 大放。
管
不
都

練習二十三

1. 用表解法分析下列各復句：

①阿Q后來雖然也有反抗和革命的要求，但是他因為受到"精神勝利法"這种思想的毒害，不能清醒地認識自己被剝削和被压迫的現实。

②惟有大鳴大放，才能大爭，惟有大爭，才能暴露反社会主义分子的言行，才能明辨是非，提高觉悟。

③全世界一切社会主义国家都是共产党領導的，也只能由共产党領導，而全世界一切反共的資产階級政府和資产階級政党也都反对社会主义。

④表示高兴吧，这是会得罪人的，因为情形的确有些嚴重；但說是嚴重吧，也不对，这又会顯得邢府上太无能了。

⑤新媳妇哭了一天一夜，头也不梳，臉也不洗，飯也不吃，躺在炕上，誰也叫不起來，父子兩个沒了办法。

⑥他首先想起的是老陈，因为老陈拿着粮站的賬包包，担心着老陈在被敌人的机槍追扫时跑得丟了，因此要順路看一下。

⑦那些落后妇女的挑唆話，因为跟她自己的心思有相合的地方，因为能更加引起她对一些事情的怀疑和警惕，她常常是往耳朵里裝的；对那些說挑唆話的人，她却常常是存着戒心的，有时也能看出她們的坏用意來，甚至还要頂她們几句。

⑧据郭桂蓉了解，她这个老娘是这么个人：总以为自己是个孤寡老弱，是世界上最不幸的人（实际上她也眞是不幸），是最容易受人欺騙的人；总以为土地改革时沒有分給她地，是村里人們不公平，欺負她，总以为，在剛解放那兩年政府发給救济粮款时有她

— 72 —

一分,那么以后年年救济貧苦老弱和軍屬烈屬时,也就該救济她了,如果不救济或救济少了,那也就是村里人欺负她。

⑨我們提倡的事情,卽使完全正确,大量成功,如果不經过羣众認眞的討論幷作出决定,羣众也会有不滿;而事实上总会有一部分失敗或者效果不好,如果沒有經过羣众就更难免羣众的埋怨。但是只要一切通过羣众,卽使受了損失,也是大家負責,大家得到敎訓,利于团結和改正。

⑩如果沒有各国无产階級的偉大的国際主义的团結,如果沒有国際革命力量的支持,我們的社会主义事業是不能勝利的,勝利了,要巩固,也是不可能的。

2.把上面的②④⑥⑧⑩各题圖解一下。(假如有时間,能全部圖解一下就更好。)

第二十七章　陈述句、疑問句、祈使句、感嘆句

陈　述　句

5·171 什么是陈述句　我們在第一册«緖論»里講"句子"的时候,就提出过陈述句、疑問句、祈使句和感嘆句这四种句子的名称;在第三册«句法总述»里談"句子的类型"的时候,还簡單举例說明这四种句子;另外在講助詞和嘆詞的时候,也曾涉及到这方面的問題。但那都談得非常簡單,有必要在这里系統地全面地談一下。从以前談过的,我們知道划分句子的类型可以有三种标准,其中之一是根据句子的作用(也就是說話的人使用这个句子要达到什么目的),把句子划分成陈述句、疑問句、祈使句和感嘆句这四种句子。底下分别加以說明,現在先談陈述句。

— 73 —

什么是陈述句呢？简单一句话，凡是告诉别人一件事情的句子就是陈述句。这里"告訴"不只指当面講給別人听，寫文章是为了給別人看的，别人看了你的敍述，知道你說的是什么，自然也就是告訴別人了。所以无論在口头或書面語言里，凡是敍述或說明事物的运动、性狀、类屬等方面的句子都是陈述句。陈述句按照事物的情况很客观地來敍述或說明，一般不附帶什么感情，在說話或寫作中用得最多。在說話的时候，陈述句都是降調，在書面上要用句号。例如：

①杭州西湖上的雷峯塔倒掉了。（魯迅）

②样子太儍。（魯迅）

③孔乙己是站着喝酒而穿長衫的唯一的人。（魯迅）

④搖鈴了。

⑤俄罗斯美丽的春天。（馮明）

⑥（"貴姓？"）"姓王。"

⑦李秀英急了，臉都发了白，嘴唇顫动着，想罵張老五几句，想到罵人不对，到喉嚨口的話，又压了下去。（西戎）

这些都是陈述句。不管是动詞謂語、形容詞謂語或名詞謂語句，不管是單部句或双部句，也不管是單句或是复句，只要是敍述或說明事物讓人家知道的都是陈述句。

5·172 肯定的陈述和否定的陈述 陈述句有的肯定一件事，有的否定一件事。表示肯定的句子不用特定的詞來表示，表示否定的句子要用动詞"沒有"，或否定副詞"不""沒有""別""甭"等。上一節例句都是肯定的句子。否定的句子如：

①（除了有时候愛喝口酒，）他沒有別的毛病。（老舍）

②老李对弟弟与愛人所取的态度似乎有点不大对；可是

我說不出所以然來。(老舍)
③心里別提多么为难了。(老舍)
④他一向沒遇到象曹先生这样的人。(老舍)
⑤〔(錢)在老头子手里呢;〕丢不了,甭害怕。(老舍)

副詞"未必"也表示否定,但不象"不""沒有"等那样干脆否定,有些否定的意思,但不敢十分否定。例如:

⑥〔我看見了,偵探跟上了四爺!〕未必然是为这件事。(老舍)

"未必(这里說"未必然"也一样)是",是"不一定是"的意思,說話的人偏重"不是"这方面,但不敢十分說定。"未必"在四川話里用法相当于普通話的"莫非",那就不是否定副詞了,例如"未必我不是个学生嗎?"意思是"莫非我不是个学生?"是反問句,看書和学普通話时要注意。

"大概(大約)""也許(或許)""似乎"等詞,加在肯定句里,就有不十分肯定的意思。例如:

⑦他又笑了笑——大概心中是叫我糟蛋呢。(老舍)
⑧大約是出于一部彈詞叫着《义妖傳》里的。(鲁迅)
⑨此后似乎事情还很多。(鲁迅)
⑩〔加上他每月再省出个塊儿八角的,〕也許是三头五塊的,……(老舍)

連用兩个否定詞的叫"雙重否定",双重否定也可以表示肯定,常用的格式用"不……不"、"沒有……不"、"非……不"、"不能不"、"不得不""不敢不""不会不""不是不"等。(复習本書第三册第181—182頁)"不能不"这类双重否定,幷不等于去了兩个"不"以后的肯定,而語气更要肯定些。試比較:

— 75 —

⑪事情鬧到这个样子，你不能不出面主持一下。(《漢語課本》)

⑫事情鬧到这个样子，你能出面主持一下。

⑬事情鬧到这个样子，你必須出面主持一下。

例⑪所表示的肯定，不等于例⑫所說的，而是等于例⑬的意思。"不是不"和"是"的意思差不多，語气比較委婉(如："我不是不办，实在沒法帮忙啊")；"沒有不""非不"等表示的語气堅决、确定(如"沒有一个人不來的"，"非去不可"等)。

大多数的陈述句，不帶語气助詞，也有一些帶有"了""呢""的""罢了""嘛"等助詞的。例如：

⑭新年到，閏土也就到了。(魯迅)

⑮〔我〕就是为会他才來的。(老舍)

⑯走到他的書房外面，听見他在里面哼唧呢。(老舍)

⑰暫时先自己寫吧，〔等办下案來再要求添書記。〕(老舍)

⑱那不过說說罢了，〔你就相信！〕(巴金)

⑲〔認上个錯，不花銀子又不花錢，〕用的只是說一句話嘛。(西戎)

这些語气助詞各有各的作用，可复習本書第三冊第十二章第239—242頁，这里不再談了。

疑 問 句

5·173. 疑問句的結構 什么是疑問句？当我們对事物不知道，需要別人告訴我們，就向別人提出一句話來詢問，这就是疑問句。我們对事物了解的程度不同，有些是全部不知道，有些知道一

部分,有些也算知道个大概,但不十分确切,于是发问的方式也就有所不同。发问的方式按照它結構的特点,可以分成四种:

（1）是非問　对某个問題全部不知道的时候,用这种提問法。囘答是非問,用"是""不是"或"对""嗯"等來囘答,甚至只点头(是)、搖头(非)来表示就行。句末常用語气助詞"嗎",也有不用的,語調是升調；在書面語言里,句末一定要用問号。例如:

　　①有一囘对我說道:"你讀过書么(嗎)?"〔我略点一点头。〕(魯迅)

　　②"我們坐火車去么(嗎)?"〔"我們坐火車去。"〕(魯迅)

　　③金桂問:"我姐夫沒有来?"(赵树理)

　　④你看明白了?(老舍)

有些也用其他助詞的,例如:

　　⑤你也算个保鏢的呀?(西戎)

　　⑥那陣的工就評錯啦?(西戎)

这是因为"啊"(呀、哪、哇)能用在各种語气的句子,"啦"是"了嗎"的合音。

（2）特指問　对某一个問題已經知道一部分,还有那不知道的一部分需要問一下的时候,用这种提問法。因为需要对方囘答的只是特定的那一部分,所以叫特指問。"特指"的部分,用疑問代詞如誰、什么、怎么、几、几时、哪里(哪儿)、怎样、多少等來表示。句尾常用語气助詞"呢",也有不用的。因为有"特指"部分,就有邏輯重音,这一部分要加重,句調在句尾部不上升。囘答特指問就不能用"是""不是"等來囘答,必須針对发問的人特指的部分(也就是疑問代詞所指的地方)來囘答。例如"你是学生嗎?"这是"是非問",可以囘答"是"或"不是"；而"你是什么学校的学生?"这就是

— 77 —

"特指問",因为問的人已經知道你是学生,只是不知道是"什么"学校的学生,这时回答必須針对"什么"学校來回答(如是"西师"的学生等),不能只回答"是"或"不是"了。底下的例句都是特指問:

⑦可是,誰有錢買呢?(老舍)(問人)
⑧兵役科什么人告訴你的?(沙汀)(問人)
⑨敎我說什么好呢?(老舍)(問事物)
⑩放着正經事不作,乱跑什么?(老舍)(問原因)
⑪今天的会怎么散得这样快?(赵树理)(問原因)
⑫多暗(几时)看見我老孙头摔过交呀?(周立波)(問时間)
⑬人都到哪里去了?(鲁迅)(問地方)
⑭茴香豆的茴字,怎样寫的?(鲁迅)(問方式方法)
⑮十年不算閏月你欠我多少錢?(老舍)(問数量)
⑯你們今天是几个人,打整了几畝?人家妇女是几个人,打整了几畝?(西戎)(問数量)

这些句子有的句尾用"呢",有的不用,还有的用其他語气助詞的(如例⑫)。但不用的加上"呢"、别的語气助詞换成"呢"都行,可不能加上"嗎"或换成"嗎"。所以区别是非問和特指問很容易:(一)看句末語气助詞是什么,是"嗎"就是是非問,是"呢"就是特指問。(二)看句子里面有沒有疑問代詞,沒有的是是非問,有的是特指問;个别的句子有疑問代詞,句尾是"嗎",还是是非問。(如"你吃点什么东西嗎?"問的重点不在"什么"而在"吃",可以用"是"、"不是"來回答。)(三)語調在末尾升高的是是非問,不升高的是特指問。

还有以前談省略时,省略謂語的問句都是特指問。例如:

— 78 —

⑰你們的槍呢？（袁靜等）（补上謂語是"你們的槍在哪里呢？"）

⑱老武呢？（馬烽、西戎）（补上謂語是"老武到哪儿去了呢？"）

这种句子"呢"就不能省。如果答話的人追問一句說："老武嗎？"这就是是非問，因为这句話省的不是謂語而是主語，补上就是"你問老武嗎？"或"你問的是老武嗎？"这种問句一定在追問時才行，不能一开始就問別人"老武嗎？"

（3）選擇問　選擇关系的复句表示疑問的，就是選擇問。主要是用連詞"还是……还是"來表示，問的人讓回答的人从問的兩項中間选择一項來答复。回答選擇問，更不能用"是""不是"等來回答，一定要表明态度，說明自己要怎樣。这种句子句尾的語气詞是"呢"不是"嗎"。比如有人問："你还是看电影呢？还是看戲呢？"要选择一样來回答："我看电影"或是"看戲"，或者"我什么也不看，要休息一会儿"，或是"先看电影再看戲"等，总之要表明态度。"还是……还是"的用法很灵活，可以用一对，也可以只在后面分句用一个，可以用"是……还是"或"是……是"；可以都不用而在前面分句用語气詞（如："你看戲呀看电影？"）來表示。例如：

⑲龍卷風还是擦肩而过呢，还是正撞在船上？（王汶）
⑳你是賣繭子呢，还是自家做絲？（茅盾）
㉑是光我張老五一个人呢，是还有別人？（西戎）
㉒簡單地說，还是詳細地說？（老舍）
㉓明天你去呀我去？（趙樹理）

因为選擇問是商选句里的表示疑問的那部分，商选句不限兩个分句,所以選擇問也不限兩个分句,如前面所举看电影的例句,就可以說:"你看电影呀看戲?还是什么都不看,还是都要看一看呢?"还有選擇問不一定采取分句的形式,也可以采取复雜謂語的形式,例如:"你那瓶墨水是藍的还是紅的",或"你的墨水是紅的呀藍的?"

(4)反复問 用肯定和否定重迭起來发問的是反复問。反复問可以說和選擇問很接近,我們看:"你去还是不去呢?"是選擇問,去掉連詞"你去不去呢?"就是反复問了。囘答的方式,肯定或否定,也可以表示犹豫不决,句末助詞也是用"呢"。我們以前学过,动詞、形容詞的特点之一是能够用这种方式來問問題;所以在反复問里重迭部分都是这两类詞,主要是謂語(动詞、判断詞、能愿动詞、形容詞都行),其次是补語。底下分別举例來談談:

1.重迭謂語的:

(一)重迭动詞的 一般动詞作謂語,否定方面可以用"不"和"沒有"两个否定詞。

甲、用"不"來否定的 "不"否定事情的发生,也就是不发生这个动作。以看書为例,肯定的就是"看"(作这个动作),否定的"不看"(不作这个动作)。重迭的方式不帶宾語的只有一种(如去不去);帶宾語的有"看書不看書?""看不看書?""看書不看?""看書不?"这四种,例如:

㉔今天还出去不出去?
㉕你到底还吃飯不吃飯?
㉖我們帶不帶那头母牛走呢?(茅盾)
㉗你还給我鬧別扭不鬧?(老舍)
㉘那么这次决定你执行不?(趙樹理)

乙、用沒有(沒)來否定的 "沒有"否定动作的完成,和"不"不同的地方,如"不看書"說明不作"看"这个动作,偏于主观意志方面;"沒有看書"說明这个动作未出現,偏于客观反映方面;"沒有"后面的动詞可以加"了""过","不"就不能加。如:"看了書沒有?"这种說法是可以的,說"看了書不?"就不行,得說"看書不?"用"沒有"的反复問,重迭的方式,常用的只有"看(了)書沒有"这一种,其余如"看書沒有看書?"和"看沒有看書"虽然也可以,但用得很少。例如:

㉙你問她一冬天拈过一下針沒有?紡过一寸綫沒有?(趙樹理)

㉚張老五來了沒有?(西戎)

(二)重迭判斷詞"是"的 否定"是"只有"不",重迭的方式仍以"書"为例,有"是不是書?""是書不是?""是書不是書?"这三种。有时也可以把"是不是"(或省成"是不")單独放在句子的末尾。例如:

㉛同志,你是不是青年团員?(西戎)

㉜老初,要牛不要馬,是不是怕出官車呀?(周立波)

㉝那是姓程的不是?

㉞你仔細看,这是眞的不是眞的?

㉟嫁給你的外甥就成了正經东西了,是不是?(趙樹理)

(三)重迭能愿动詞的 动詞前有能愿动詞的时候,要重迭能愿动詞,有三种方式,以"肯去"为例,就是:"肯不肯去?""肯去不肯去?""肯去不肯?"有时省略后面动詞就只說"肯不肯"了。例如:

㊱李广,有种沒有?敢不敢干?(田川)

㊲这么悶热,能不能下雨呀?(田川)

— 81 —

㊳干我們这行的但分有法，能扔家伙不能？（老舍）

㊴你閨女愿意不愿意？（趙樹理）

㊵你問問他，肯來不肯來？

（四）重迭形容詞的　形容詞作謂語，也可重迭作反復問。例如：

㊶你們今年收成好不好？（田川）

㊷別嚷，行不行？（老舍）

㊸你看人家这本領大不大？（趙樹理）

2.重迭补語的：

（一）重迭动詞后面的补語　这种补語連动詞一塊重迭，重迭方式，以"用完"为例，可以有"用得完用不完"，"能用完用不完""用完用不完""用得完用不"这四种。如果說"这些紙能用完不（能）？"就是能愿动詞的重迭式了。

（二）动詞后面有助詞"得"的，重迭方式如以"看得清楚"为例，有"看得清楚不清楚？""看得清楚不？"这兩种。如果說成"你看不看得清楚？"意义是相同的，但那就是重迭謂語（看）了。

在这里需要注意的一点，就是反復問里重迭詞的时候，一定是整个詞來重迭。單音詞沒問題，碰到双音詞，在四川話里，常拆开只重迭一个詞素，如"欢不欢迎？""清不清楚？"甚至还有說"月不月考"什么的，这不很好，因为乍一看好象"欢不欢"一样，再往后看才看見"迎"，給沒有这种習慣的人以很大不便，普通話里沒有这种說法，我們練習普通話时，应該注意糾正。

現在把这四种疑問句，列个表比較一下：

— 82 —

名稱	語調	語句結構	句末助詞	囘答方式
是非問	句尾上升	句中沒有疑問代詞，結構象陳述句	用"嗎"	用是(对、噁)不是(不对)或点头摇头来表示
特指問	加重疑問代詞，句尾不上升	句中一定有疑問代詞	用"呢"	就疑問代詞部分來答复
选擇問	加重选擇部分，句尾不上升	一般用联合分句的形式	用"呢"	选擇其中的一項來答复，但也可以都不选擇或都选擇
反复問	加重反复部分，句尾不上升	用肯定和否定謂語补語的重迭方式	用"呢"	肯定或否定。但也可以表示犹豫（如还不一定）

5·174　猜想句和反問句　上一節已經把正式的疑問句談完了，現在談一談猜想句和反問句。这兩种句子不是正式发問的句子，但在內容或形式上还有一部分和疑問句相同，所以也归在疑問句里來談一下。

猜想句表示說話人对要談的这件事情，大体上了解，但还不够清楚，或是据自己推断应該是这样，而不敢确定是否真是这样，这时候要求別人答复时就用猜想句。它和疑問句不同的地方是猜想句不是不知而問，是已知（但不确切）而問；相同的地方是都需要答复。猜想句的語調是降調，句尾語气助詞用"吧"，囘答时可用是非問的囘答方法，但囘答的人也可以同样用猜想句來囘答，比如甲在北京看見甜橙（广柑），問乙說："这是四川出产的嗎？"乙也說不很清楚究竟是那省出产的，就猜想地囘答："是四川出产的吧。"这兩句形式相同是不是都是疑問句呢？不是，問的那句屬疑問句，答的那句屬陳述句。怎样來区别呢？首先是問答形式，問的人需要囘答，是疑問句；答的人表示同意他的意見，虽是猜想，但已經算作答复，幷且不需要囘答，这就屬于不十分肯定的陳述句了。其次在書面上标点符号也有关系，如果作者知道的成分大，就

用句号,疑問的成分多,就用問号。根据这两种标点,也可以决定是陈述句或疑問句。底下这几句是表示疑問的猜想句:

①石同志,不要緊吧?(柳青)
②你一定在什么地方吃了更好的东西吧?(叶圣陶)
③大哥,是发瘧子吧?(老舍)
④一样,总有不一样的吧?(西戎)

底下这几个例句,同样是猜想句,但作者只是表示不能十分肯定,并沒有要求答复,所以也不加問号,这就算陈述句了。

⑤过了有十天吧,〔黑李找我來了。〕(老舍)
⑥或者不在《义妖傳》中,却是民間的傳說吧。(魯迅)
⑦"你怕我是聾子吧",〔么吵吵簡直在咆哮了,"去年蔣家寡母的儿子五百,你放了,"……〕(沙汀)

这样看來,猜想句是介乎疑問句和陈述句之間的句子,我們根据上述标准來划分它。

反問句是說話人把已經知道的問題,用疑問句的形式表現出來,所以也不是真正的疑問句。它和疑問句不同的地方是:疑問句是"有疑而問",需要答复,反問句是"明知故問",不需要答复。和疑問句相同的地方是形式方面都是发問的句子。反問句的內容既然是已經知道的事实,所以反問句都可以用陈述句說出來。例如有人告訴你:"苏联发射人造衛星了",你囘答"〔还用你告訴我,〕我連这件大事都不知道?"这是反問句;說成"我早就知道了。"就是陈述句,意思一样。反問句表示責难,也有表示不信的意思。

各种結構的疑問句,都能造成反問句;不过以是非問和特指問比較多,反复問和選擇問比較少。原因是后两种問句不适宜作反问，因为反问句是用疑问的形式表示和形式上相反的陈述，所以表面是肯定时，实际上是否定的，表面上是否定的，实际上都是肯定的。如前所举，"我连这件大事都不知道？"（否定）实际上是知道（肯定）；假如说"你整天不看报，知道什么？"（肯定）实际上是说不知道（否定），因此用有两歧意义的选择问和反复问就不好办。但也间或有用的时候。现在举几个例句：

⑧莫非他造塔的时候竟没有想到塔是终究要倒的吗？（鲁迅）

⑨咱们的事，我能提要钱？（老舍）

⑩人家都报名，他能不报？（杨朔）

⑪难道进攻边区，倒叫做增强团结吗？（毛泽东）（以上是非问式的反问句）

⑫咱算老几，怎么敢跟人家比？（杨朔）

⑬（白蛇自迷许仙，许仙自娶妖怪，）和别人有什么相干呢？（鲁迅）

⑭我怎么能负这个责任呢？（沙汀）

⑮"甚么叫做负责哇？"〔我就不懂。〕（沙汀）（以上是特指问式的反问句）

⑯我跟你是亲戚？是老朋友？还是我欠你的？（曹禺）（什么都不是。）

⑰人家吃了你的，还是喝了你的？（西戎）（也没吃，也没喝。）（以上选择问式的反问句）

⑱捉住捉住！我就看你犯法不犯法？（赵树理）（当然犯法。）

⑲你自己看看你打扮得象个人不象？（赵树理）（不象个

— 85 —

人。)(以上反復問式的反問句)

祈 使 句

5·175 **什么是祈使句** 請求或禁止別人作什么事或者不要作什么事的句子,叫做祈使句。因此祈使句有肯定的和否定的兩方面,肯定的是請求或命令別人作什么事,否定的是禁止或劝阻別人不要作什么事。按要求的態度也就是按說話人的語气來說,語气嚴厉、坚定的是命令(肯定)、禁止(否定),語气和緩委婉的是請求(肯定)、劝阻(否定)。同是一句話,一个意思,在人的不同关系或不同环境下,可以是命令,也可以是請求。比如"开車!"是命令;"开車吧!"就是請求,"請开車吧!"語气就更和緩委婉些。禁止和劝阻也一样,"不要开車!"是禁止(也是命令),"請不要开車呀!"是劝阻(也是請求)。这样說來,祈使語气也可归納成兩項,就是命令(否定的是禁止)和請求(否定的是劝阻)。它們的关系如下表:

按肯定否定分是: 　　　按要求的態度(語气)分是:

$$
祈使句\begin{cases}肯定的\begin{cases}命令\\請求\end{cases}\\否定的\begin{cases}禁止\\劝阻\end{cases}\end{cases} \qquad 祈使句\begin{cases}命令\begin{cases}肯定的\\否定的(禁止)\end{cases}\\請求\begin{cases}肯定的\\否定的(劝阻)\end{cases}\end{cases}
$$

祈使句要用在对話里,常常用省略句,也有时用无主句和單詞句,完全句当然也可以。語調是降調,在書面上句末一般用感歎号,有时也用句号。例如:

① 到屋里坐吧!(可用句号)(省略句)

②会塲內禁止吸烟！（无主句）

③开水！（單詞句）（茶館客人的命令或要求）

④大家都冷静一点！（完全句）

5·176　祈使句的种类和它同其他种句子的关系　现在根据上節后一个分法，把四种祈使句都举例說明一下：

（1）命令和禁止的祈使句　这兩种祈使句的区别只在一个是肯定的，一个是否定的，其他方面都一样。这兩种句子都带有强制性，語气坚决肯定，沒有什么商量的余地。經常适用于上級对下級或長輩对晚輩指揮作某件事或对某些事有所指示的时候。句子簡短，經常用呼語或省略句，句尾不用語气助詞。例如：

①老趙，給孟先生雇車去！（老舍）

②二嘎子，〔你一清早就跑出去，是怎么回事儿，〕說！（老舍）

③你們这些閨女，以后放穩重些！（趙樹理）

④童养媳沒处退，就算成你的閨女！（趙樹理）（以上是表示命令的（肯定的）祈使句）

⑤不准动！（老舍）

⑥同志，不要你來！（柳青）

⑦〔好好給我看家，〕不要到外面飛去！（趙樹理）

⑧別再說了！〔拿支票來！〕（老舍）（以上是表示禁止的（否定的）祈使句）

（2）請求和劝阻的祈使句　这兩种句子的語气都比較和緩委婉，有商量的余地，一般适用于下級或晚輩对上級或長輩請求或劝阻一件事情的时候；平級的人也要用这种句子，因为不能对平級的人下命令。为了表示客气，在有些时候，上級、長輩对下級、晚輩

— 87 —

也使用這种句子。因和緩委婉程度的不同，这种句子还包括敦促、商量、建議等意思。在句子結構方面，前面常帶有动詞"請"，句末常用語气助詞"吧"或"啊"，作謂語中心詞的动詞可以用重迭式。（动詞重迭有試一試的意思，就有商量意味，所以命令句不用。）例如：

⑨千万請区長恩典恩典！（趙樹理）

⑩〔不敢了，〕饒了我吧！（楊朔）

⑪〔別說什么，〕二哥，收下吧！（老舍）

⑫咱們还是回分所去歇歇吧！（趙樹理）

⑬〔点点头不象自己朋友，不象，〕有話，說呀！（老舍）

⑭往下說呀！王五，都說了吧！（老舍）

⑮〔穿起衣裳來，——〕快点儿啊！（曹禺）

⑯你要小心哪！（曹禺）

⑰可留点神，慢慢地走！（老舍）

以上都是表示請求的祈使句，例⑨⑩是請求，例⑬和⑭的第一句，例⑮都是敦促，例⑫是商量或建議，例⑯⑰是叮囑。

⑱別說什么，二哥，〔收下吧！〕（老舍）

⑲快不要提他！（趙樹理）

⑳二春，你別再跟他学，〔扔下媽媽沒人管！〕（老舍）

㉑兄弟，別哭了。〔咱們慢慢想办法。〕（袁靜等）

㉒姑娘，長住了眼睛，別錯挑了人哪。（老舍）

以上是表示劝阻的祈使句，例⑱⑲是劝阻，例⑳㉑有商請意味，例㉒是叮囑。

祈使句要和陈述句分清楚，最大的分別要看是不是在对話里，有祈使語气而不在对話里，甚至在对話里不是指对方說的，那是陈

— 88 —

述句,不是祈使句。例如:

㉓〔样子太傻,怕侍候不了長衫主顧,〕就在外面做点事吧。(鲁迅)

㉔〔閨女大了咱管不了,〕就去請区長替咱管敎管敎。(趙樹理)

这是陈述句,不是祈使句。祈使句也有在句末用句号的,那就和陈述句更相似,得从語气來分别。例如:

㉕〔閏土又对我說:"現在太冷,〕你夏天到我們这里來,〔……我和爹管西瓜去,〕你也去。"(鲁迅)

㉖"〔……你能够担保的話,〕那我要請你寫个書面的东西,給我們文抗会常务理事会。"(張天翼)

这是祈使句。

祈使句还可以用疑問句的形式,形式上是疑問句,实际是祈使句,这样顯得商量語气更突出些。 还有用反問句(包括用"还不""敢"这些副詞的句子)的,有强調的作用。例如:

㉗小姑娘,讓我搭搭車好嗎?(艾蕪)(比較同篇——《夜归》后面一句:"你讓我搭一搭車吧。")

㉘要不我明天也到我媽家走一趟,順便到他家里看看去吧?(趙樹理)。

㉙不能慢慢叫?〔看你把閨女嚇得那个样子!〕(趙樹理)

㉚小妞子,还不过去謝謝王奶奶跟二姑娘哪!(老舍)

㉛〔是郭主任嗎?〕还不快進來?(周立波)

㉜你敢去玩!〔快快的搬东西,弄完了我好作活〕!(老舍)

例㉗㉘是是非問,表示請求而帶有商量的意思,征求对方的同意,例㉙㉜用反問句表示禁止,例㉚㉛用反問句表示敦促。

— 89 —

感嘆句

5·177 什么是感嘆句 表示說話人某种感情的句子就是感嘆句。我們的感情是多种多样的，屬于愉快方面的有喜欢、兴奋、爱慕、感激、欽佩等，屬于不愉快方面的有悲伤、憤怒、愁苦、害怕、惋惜等，感嘆句就是表現这些感情的句子。在本書第三冊講嘆詞时已經举过例子，这里不再举了。感嘆句的語調，一般是降調。但在大声呼喊的时候，无論是欢呼或警告都是升調，例如"毛主席万歲！""我們勝利了！"或"有电！〔不要摸！〕""汽車來了！〔快躲开！〕"。感嘆句句末都用感嘆号。

5·178 感嘆句的結構和它同其他种句子的关系 感嘆句也可以由独詞句、无主句、省略句、完全句來表示。

（1）用独詞句的，例如：

①趙大：唉！（洪深）

②蛇！　敌人！　危險！（前兩句是忽然发現，警告別人，后一句是汽車路上告訴司机的牌子。）

③寂寞呀！寂寞呀！（魯迅）

④喲，兩条小金魚！（老舍）

这种独詞句，有的是嘆詞，有的是实詞，有的是实詞和嘆詞結合起來的。

（2）用无主句和省略句的，例如：

⑤媽呀！怕煞人了！（趙樹理）

⑥他媽的！眞是有人家保安一半！（趙樹理）

⑦（"咱們算吹了吧？"）"吹不了！"〔要是人家說成了呢？〕"成不了！"（趙樹理）

例⑤是无主句,例⑥⑦是省略句。

(3)用完全句的,例如:

⑧黃河能給我們做出多少事情啊!(華山)

⑨你这完全是鬼話啊!(沙汀)

⑩好姑娘!好姑娘!这碗开水救了老命嘍!(老舍)

⑪看你把她慣成什么样子!(趙樹理)

⑫紅魚,綠鬧草,多么好看哪!(老舍)

在用詞方面,有用嘆詞的如例①(独詞句)例④(独立成分)。有用語气助詞的,如例③⑤在一个詞的末尾,例⑧⑨在一句話的末尾。用代詞"多么(多)"等如例⑫,用"好""眞"等的如例⑥。

感嘆句和陈述句的区別,句末有助詞时比較明顯,例如:

⑬彭司令員的这句話里含有很深的感情啊!(巴金)

⑭彭司令員的这句話里含有很深的感情。

一比較可以看出,例⑭去掉"啊"就是陈述句。沒有表示感嘆的語气助詞的就要看語言环境和說話人的感情了。例如:

⑮下雨了。(一个人从外面囘來,告訴屋里人这件事。)

⑯下雨了!("久旱逢甘雨"的欢呼声)

⑰眞是有人家保安一半。(別人敍述客观事实)

⑱眞是有人家保安一半!(張木匠气憤的話)

感嘆句用疑問句來表示的,例如:

⑲咦!裝什么假正經?(趙樹理)

⑳还哭什么?看多么排場?多么有体面?(趙樹理)

例⑲⑳都是反問句,实际都是嘆感句。

还有的句子如"哎呀!救命喲!"(老舍)是感嘆句又有所使句的意思,不必多举例了。

— 91 —

練習二十四

1. 辨別下列各句,哪些是陈述句,哪些是疑問句,那些又是祈使句和感嘆句,并自己加上标点。

① "坏透了 跟年輕时候的小飛蛾一个样"
② "好閨女 跟年輕时候的小飛蛾一个样"
③ "不服勁就去試試 区上又不是不知道你們的好声名"
④ 他們談到以后应該怎么办
⑤ "再有一点鐘大概就可以到了吧" "嗯 大概可以吧"
⑥ "当眞哩 不然 也不敢劳駕你老哥子动步了"
⑦ "誰知道他会发些什么猫儿毛病"
⑧ "來,到房子里來好好談談"
⑨ "那你就該听大家的劝呀"
⑩ "〔地里多一个干活儿的,我們就能多增加收入,〕对你对社都好嘛"
⑪ 誰也没有注意这个女人

2. 辨別下列各疑問句,哪些是是非問、特指問、选擇問和反复問,哪些是猜想句和反問句。

① "你知道她們今天評成多少?"
② 你看不起蹬三輪的,是不是?
③ 〔这样入情入理的話,你想想〕难道还会叫你上当嗎?
④ 你看能不能想出办法來?
⑤ 你是牺牲不起呀,还是怎么着?
⑥ 俺到底是在社好呢,是不在社好呢?
⑦ 同志,你們啥时候造出拖拉机來啊?

⑧屋里还有人吧?
⑨怎么下來? 地上比馬上舒坦?
⑩老五,你的意見呢?

第二十八章　一般的規律和特殊的習慣

怎样运用語法規律

5·179　**对語法規律的看法**　語法部分講完了,无論在詞法部分或句法部分都提出了一些語法規律。現在有必要談一談怎样來运用这些語法規律。在談这个問题之先,应該先談一談我們对語法規律的看法,如果对这个問題沒有正确的認識,也就談不上怎样运用語法規律了。

据我們的敎学經驗和同学以及在中学敎語法同志們的反映,学習語法大概有这么三个階段,第一階段是不相信階段,也就是不相信語法規律对自己的語言实踐能起多大作用。第二个階段是半相信階段,也就是觉得好象这些規律也有些用处,但是掌握不了,甚至有的人說:"不学語法,我还可以大胆地寫作;到学了一些語法規律之后,胆子变小了,不敢大胆寫作了,因为生怕犯語法上的錯誤。"第三个階段才是真正相信的階段,确实感觉到語法規律解决問題,无論在自己閱讀或寫作方面,或在敎学方面都能起很大的作用了。現在分別把这三个階段的情况談一下。

有些人不相信語法規律能起什么作用,这是可以理解的。本來漢語語法是很年輕的一門科学,第一部系統的漢語語法《馬氏文通》在清光緖三十年(1904)出版,到現在还不到六十年,那是講文言語法的。黎錦熙先生的《国語文法》在1924年出版,那是第一部講白話文語法的，到現在才三十多年。不管是講文言或口語語法的書，大多數人都不注意。解放后党和政府对这方面很注意，«人民日报»在1951年6月6日发表«正确地使用祖国的語言，为語言的純潔和健康而斗爭»社論以后，又在《人民日报》上連載了呂叔湘、朱德熙兩位先生的«語法修辞講話»，这才引起大多數人的注意。好多人对学習語法所以抱怀疑态度，是因为在«馬氏文通»出版以前几千年的时間，并沒有系統的語法書，更談不到学習語法，还是一样产生好的文学作品，好的文章，就一直到现在还有很多人并沒有学过語法，照样能作出好文章來，那么学習語法是否有必要呢？对这个問題应該这样看，古人不学語法所以能寫出好作品，只就詞句方面來說，是因为他們下了"十年寒窗"的工夫，"口誦心唯"整天在摸索在模仿，語法規律就存在具体的語言当中，日子長了，自然也能掌握。并且能留下好作品的人究竟为数不多，好多人念了一輩子書，还不能寫一封通順的信呢。我們鄉下有句俗話是"木匠怕砍楔儿，秀才怕开帖儿"，你想一个普通的条子（帖儿）秀才都怕寫，就更談不到其他了。現在一般能寫作的人，大都具备一些語法知識，个別的沒学过語法，但也必須和古人一样要下苦工夫才行。現在我們在建設社会主义，时間旣非常宝貴，需要学習的东西又非常多，我們为什么不自覚地去学習掌握語法規律，帮助我們很快地正确地掌握祖国語言，反而要学古人要走很長很艱難的弯路呢？更不能拿不学語法也能說話寫作來反对語法学習，这道理很明顯，以前的社会"刀耕火种"，人也能活下去，那我們是不是就反对拖拉机、化学肥料呢？毛主席說："通过实践而发现真理，又通过实践而証实真理和发展真理。从感性認識而能动地发展到理性認識，又从理性認識而能动地指导革命实践，改造主观世界和客观世界。

— 94 —

实踐,認識,再实踐,再認識,这种形式,循环往复以至无窮,而实踐和認識之每一循环的內容都比較地進到了高一級的程度。"(《毛澤东选集》第一卷第295頁)語法規律也是这种情形,从語言实踐中发现規律,經过整理系統化以后反过來再去指導語言实踐。这个問題認識清楚了,才能学好語法,否則对学習語法的目的不明确,三心二意地为学習語法而学習語法,那是不能成功的。

再來看看半相信的階段。有些人学了一陣語法以后,看看語法書上的規律,說得头头是道,也滿有意思,就是和自己的說話寫作不发生关系,也就是学習語法規律和語言实踐分开了。这是学習方法不对头。吕叔湘先生說:"語法可以有各种各样的講法。有一种講法是把詞和句子分成多少类,分类之后再分項,什么'数'呀、'格'呀,定出許多名目,加上許多定义,然后举四平八穩的例子,这就完了。这样講法沒多大用处。有一种講法是少立名目多举例,可是对于某一类詞甚至某一个詞在句子里怎样用,用起來有什么条件,某一种造句格式有什么用处,用起來有什么条件,倒是該說則說,决不滑过。这样講就有点用处。"(《語法三問》《語文学習》1953年8月号)假如我們給学生講,就用后一种講法去講,要学呢,也要用后一种学習的精神去学。这样理論联系实际,当自己閱讀作品,知道复雜句子如何分析了,批改作業,知道句子的毛病所在了,自己寫作也了解到为什么有的句子不够順适了,和实踐一結合自然就感到学習語法的好处,就不至于成为教条主义的学習了。至于說学習了語法以后,胆子小了不敢說也不敢寫,生怕犯語法錯誤,这种情况的确象張志公先生所說:"要是学了語法之后,覚得自己寫的話有些不对头,因而寫起來覚得有点拘束,这不但不必憂慮,而且是好现象,因为这表示学的語法管用了。"(《学習語法有

— 95 —

什么用处》《語文学習》1957年8月号)我們不論学習什么,一定要經过这个階段,比如說学唱戲要懂板眼,学打籃球要懂規則,剛練習时总覚得"动輒得咎",熟悉了自然合板眼、規則了。只說唱戲吧,最好一开始就按板眼学,假如沒有板眼唱慣了,一按板眼就不会唱,改正起來也很困难。語法規律也就是唱戲中的板眼,也要从开始就注意学習才好。初登台唱戲的人,是要暗地拍着板眼的,初学寫作的人,多注意一下語法方面的問題,幷不是坏事,而且也是很自然的。但是不要过于矜持,"假如有这么个人,动起筆來处处需要考慮合不合語法,于是寫一句要想一想,滿腦子尽是主語、謂語等等,原來要說的話反而說不出來。"(文鍊:《談談学習語法》《語文学習》1957年10月号)这种人固然很少,但顧慮重重,怕犯錯誤而不敢大胆地寫,这种情况倒是有的。我們寫出來的东西,只要念起來順口,听起來順耳,那就沒有什么問題,尽管大胆地寫就是了。遇有拗口或刺耳的地方,那才用語法这个尺度进行檢查,檢查出來改正就是了,这有什么值得害怕的呢。

最后談談眞相信的階段。經过上一階段,繼續勤学苦練,漸漸就达到得心应手的地步。語法規律不再是束縛我們的东西,变成为我們服务的工具了。这时閱讀作品,碰見复雜的句子,一分析就清楚了,看清楚語法結构,意思了解得更加透徹;看別人的文章或批改学生作業,一念甚至一看就能发現毛病,还不只是"知其然",而且能够說出个"所以然"來,指示给学生改正的方法。自己寫作也更有把握了,只要自己認为沒有什么錯誤,就大概不会有錯誤,至少不会有大的錯誤;有时发生一点小錯誤,也会馬上糾正,不至于犹豫不決欲改无从改,或是改了也不知道究竟对不对了。到了这个地步,才眞正知道語法是有用的东西了。

5·180　类推　現在來談一下怎样运用語法規律吧。凡是規律,一定有普遍性,个別的現象不能造成規律。語法把詞和句加以抽象化,而不管它的具体的內容。"語法把詞的变化和用詞造句的基本共同之点綜合起來,并用这些共同之点組成語法規則、語法定律。"(斯大林:《馬克思主义与語言学問題》第22頁)。我們掌握了这些綜合詞和句子的共同之点加以抽象化的語法規律,根据已知的推定未知的,或根据这个,推定那个,就可以到处应用,这就是类推。比如我們知道名詞可以加在名詞前面作定語这个規律,象玻璃櫃子、木头梳子、石灰牆壁、自來水龍头等,到理发店看見一种新东西是用电來发动的推子,就可以推定这个东西可以叫做"电推子"(当然也可以有其他的名字)。假若名詞后头是动詞或形容詞,它們的关系仍旧是定語和中心詞的偏正关系,那就是名化或是一詞兼类,如人民"教育"、政治"学習"、学校"衞生"、鬼"聪明"等。碰到学生作文有"小学生想念很單純",这就是有錯誤了,錯誤在于把"想念"用成名詞了,得改成"思想"(名詞)才行。 我們知道偏正复句一定是兩个句子,有正有偏,拿假設句來說吧,常用"如果……就"这一对連詞,假設的情况可能实現或不可能实現.掌握准确了,就可以大胆应用:"如果他不來,这事就办不成","如果沒有太陽,生物就要毀滅"等等。假如碰見这个句子"如果有太陽,生物就要毀滅",这就有了毛病,因为不合乎假設句的規律。假設句是在假設的情况下会有怎样的結果,这个句子的正句不是在假設情形下会有的結果,得改成上面那一个复句的形式,或改成"只要有太陽,生物就能生長"。又如碰見这样的句子"如果他到时候來了,門沒开,大家也沒到,連主席也沒有到。"我們一看也知道有毛病,因为尽管有好几个分句,但是不合乎假設句的規律,那几个分句都是偏句

— 97 —

裡面的分句，也就是只有假設的情況，会有怎样結果的正句却沒有出現。这是因为句子稍長，学生照顧不过來，寫到后來把正句忘了，你要給他补上："他就坐在門口等着"等一类的句子，才能站得住。　另外如我們碰到一个詞不知道究竟是名詞或是动詞，就拿"不"來測驗一下；不知道某一个詞是动詞或是形容詞，就用动詞和形容詞的重迭法來測驗一下，或是加程度副詞試一試。　这也是类推，因为这些測驗法是根据詞的特点來的，某种詞类的特点也是語法規律，合乎某种詞类特点的詞就是某一类詞。　我們学过主动句的主語是什么性質，被动句的主語又是什么性質，在适合的情况下就照着那些規律去运用；学过复雜謂語，学过句子成分的省略，遇着这种情况也要加以运用；这都是类推。我們不再举例了，从上面的这几个例子，就可以看出語法規律的作用，可以知道如何应用类推法來运用語法規律了。

5·181　一般和特殊　語法可以类推，可不能象数学公式那样类推，我們知道"$2+2=4$"这个公式，那么兩个父親兩个儿子，兩匹馬加兩匹馬，兩个本子加兩个本子等，得数都是四个，这样这个公式才会有用。有例外沒有呢？我听見說相声的說："兩个父親兩个儿子分三个梨，不許咬不許切得分匀均"，那一个答不上，他就解釋說："是祖孙三代，祖父和父親是父子，父親和儿子又是父子，不是兩个父親兩个儿子嗎？正好三个梨一人一个。"这就是二加二等于三了。这是說笑話，一般說來，数学公式是比較呆板的。可是語法規律不象数学公式，因为語言的現象非常复雜，我們归纳一条規律，常常碰到例外。　比如"們"可以加在表示人的名詞或人称代詞后面表示复数，如人們、学生們、你們、咱們等。只看这"們"的情况就非常复雜，"磚头們"，"石头們"不能說，但"它們"却可以

— 98 —

(如"砌成牆之后,它們(磚头、石头)就結合成一个整体了");"哥哥們"可以,"父親們"不行;但"母親們"却又常在报纸上看見,用來指一切有孩子的女人。"人們"可以,"四个人們"却不成話,四个人不是复数嗎？虽然是复数,但漢語習慣,前面有数目,后面就不再加"們"了。可是现在"諸位同志們",甚至"各位同志們"也常見了。唱戲常有"父子們、夫妻們"这种說法,这并不是有几对父子、夫妻,只有一对,这个"們"还是表示不止一个人的意思,虽然名称不一样。又比如"洗澡"这个詞,本是个联合式并列的动詞,因为澡也是洗的意思,本來不能拆开說的,但是这个詞却拆开說了,如"洗个澡","洗了一个痛快澡"等,好象是动宾詞組了,这是特殊現象,語言是約定俗成的,既已通行,只好由它。但絕不能由此类推。把并列式的动詞都拆开使用,如"研个究","学了一个習","解了一个大放"等,那就造成混乱。又如名詞不能用副詞來修飾,我們不能說"不桌子""最电灯"等,但可以說"(管什么)星期天不星期天,(赶完了再說)",不中不西,不男不女;本質、关鍵也是名詞,也有說"最本質","最关鍵"的。这都要看成特殊情况,或者是習慣語,或者有一定格式,或者是詞性有了轉变,不能簡单地用类推來概括一切。我們研究語法規律,应用語法規律,一定要能分别一般的現象和特殊的現象甚至个别的現象,这样語法規律才能建立起來,同时也不至于否認特殊的或个别的現象。張志公先生說得好："語言中大部分形式可以找得出一般規律,同时特殊的乃至个别的現象也很多。如果我們对一般的、特殊的和个别的現象不加区别,其結果不是被那些特殊的和个别的东西攪乱了視綫,终于否定了規律的存在,就是武断地用一般規律去否定特殊的和个别的現象的正确性,違背了語言实际。"(«一般的、特殊的、个别的» «語文学

— 99 —

習》1954年4月号）

区别一般和特殊

5·182　**漢語里的特殊現象**　語言是社会現象，有它很复雜的歷史发展过程。現代漢語普通話的形成，是千百年发展演变的結果，有古漢語的殘留部分，也有各地方言加入的成分；有一般陈述的說法，也有加重語气的說法；有普通的說法，也有因特殊环境才有的說法。我們在最普通的語言現象里面可以找出一般的規律。"一般的規律只有一般的条件。一个結構，只要具备了一般的条件，就算符合了这条規律。它不依靠語言环境，不必具备任何条件"。（張公志，文見前引）和一般規律不符合的語言現象，就是特殊現象。这种現象往往是成堆成羣的。我們从这成堆成羣的特殊現象中也能归納出一些規律。"特殊的規律有特殊的条件。一个結構，必須具备了特殊的条件，才算是符合規律的，才算正确。"（同上）現在举一些特殊現象說明一下：

（1）动宾詞組的一般情况是前面的动詞的动作影响后面的宾語，宾語是受事者，也就是受前面动詞动作的影响。例如：吃飯、穿衣、修桥、筑路等都是。但是晒太陽、照X光、烤火、淋雨、吹風、跑馬、住人等，形式还是动宾，意思却不是"晒太陽"，而是"讓（或使）太陽晒"，其他几个例子也一样。这种現象不是个别的，因此从这些特殊現象里可以归納出一个"使动式"來，它們的特殊条件是动詞后面的名詞，不是受事者而是施事者。

（2）漢語的詞肯定是能分类的，每一类詞都有它的語法特点。可是有些詞却不能給它明确的归类，如"教育"旣是名詞（干部教育）又是动詞（教育干部）。高兴旣是形容詞（高高兴兴地來了），

— 100 —

又是动詞(讓他高兴高兴)。这类的詞还不少。介詞"到""在"又是动詞,"对"在"他对我很好"这个句子里,和"他待我很好"是一样意思,那么是介詞呢还是动詞呢？名詞是不能重迭的,但却能說"家家""戶戶""人人""社社"。句法方面也很多这类現象,單句和复句有明顯的不同,但碰到"他們爱祖国、爱人民"这种句子,就很难肯定是單句或复句；联合复句和偏正复句也有明顯的不同,但碰到"別人走了,可是他沒有走"这种句子,似乎說联合或偏正都过得去。于是我們就得在这成堆成羣的特殊現象中找出規律,如一詞彙类啦,准量詞,准介詞啦等等。对这种特殊現象应該有正确的認識,一方面要多掌握材料,深入鑽研,发現規律；一方面实在是"中間現象"的,也要承認这种客观事实。鄂山蔭敎授說："如果眞有不可能区別的中間部分,我們也只有承認它們有时是詞有时不是詞,因为这是客观事实。"(《中国語文》1956年12月号)他虽然是指詞來說的,其他方面也是一样。

（3）漢語的詞序是比較固定的,一般句子是主語在前謂語在后,宾語更在后面,是"主語——謂語(动詞)——宾語"这么个格式,这是一般的規律。但有的却是"謂語——主語"("來了嗎,他？""好偉大呀,这座建筑！")这是倒裝句。(凡倒裝句句子組織不加改动,都可以还原成"順裝")有的是"主——宾——謂"如："他把紙拿來了"这是"把字句"；有的是爭論不决的問題,如"什么他都不知道","誰他也不認識,"有人說是宾語提前的倒裝句,有人說是"什么""誰"等疑問代詞在这种句法里就是主語,后面是主謂詞組作謂語,不是倒裝句,因为这类句子沒有人說"他都不知道什么"等。本書是采取的后一种說法。还有象"台上坐着主席团"这类句子,有的說是倒裝,有的說是无主句,"主席团"是存現宾語(复習本

— 101 —

書第三冊第285—286頁)，本書也是采用的后一种說法。不管采取哪一种說法，反正这类句子的格式都是特殊現象，幷且都有特殊的条件，不具备那些条件，是不能应用这些格式的。

（4）漢語的被动式，正常格式是"主語(受动者)——介詞結構(施动者)——謂語"。如"山羊被老虎吃了"，"他被大家批評了一番"。这是一般規律，但象"茶已喝足，月份牌已翻过了兩遍"(老舍)，"油豆腐也賣得十分好"(魯迅)这类句子，沒有介詞介紹出施动者，这就得有特殊条件(主語得是不能施动的事物)。

以上我們只是举例性质，語法里这种特殊情况很不少。因为和一般規律不同，所以特殊；又因为不是个别現象，是成堆成羣的，所以也有規律可尋。我們不能拿一般規律來否定特殊現象，也不能拿特殊現象來否定一般規律。

5·183　漢語里的个别現象　張志公先生說："个别的現象是不成格式的。它就是这么說法，沒有什么条件。它往往跟語法上有关的規律有不一致的地方，語法規律固然管不了它，它的存在更影响不了語法規律。"(《一般的、特殊的、个别的》)呂、朱二位先生把这种現象叫做"習慣語"，"習慣語是不容許分析的，幷且不容許援例的"(《語法修辞講話》第142頁)漢語里的个别現象，不論在詞、詞組或句子方面都有，現在我們在各方面都举一些例子來說明这种情况。免得以后碰到这种現象，不知道应該怎么办。

（1）在詞的方面　前面举的"洗澡"是个例子，"睡覺"的情况也差不多，北方話的"誰們"也是个例子。"將軍"本是名詞，但是在下棋时，可以拆开來說"將你一軍"，也可以單独說"將"。現在这种說法在普通談話中也在应用了，这也是个别現象。此外如"文娛"，現在有人用作动詞的，如"咱們去'文娛'一会儿吧。"这个"文娛"本

— 102 —

來是"文化娛乐"的簡稱,怎么能作动詞用呢?但是說的人和听的人都懂。这个說法还没有十分通行,就算通行也是个别现象。重慶新兴的有"耍朋友"这么个詞;第一次听說时我不懂,問了問才知道是"恋爱"的意思。虛詞不能做句子成分,但在"啊是語气助詞"这种句子里却作主語;虛詞不能囘答問題,但"嗯"却可以。这些都算是个別現象。

（2）在詞組方面　普通話的"看病",四川話說"看医生",甚至說"看中医""看西医"。我們避免說"拉屎、撒尿",从前說"出恭"（"放屁"是"出虛恭"）,現在說"大解、小解",也有說"解大手、解小手"的。这算是个別現象。以前談过的"在未开会以前"（在开会以前）,"差一点没有摔倒"（差一点摔倒）,"好不热鬧"（好热鬧）。还有"恢复疲劳","打扫清潔衛生"等都不合乎一般規律,只能說是習慣語,假如承認它們的話。（普通話規范化对于这种現象恐怕要作处理,或者否定它,或者作为个別現象來对待。）此外更普遍的如"挑力的"可以說"挑了五塊錢","吃飯館的"可以說"吃了一元五";旧有的"餓飯"、"泄肚"、"发脾气"、"撒酒風"、"巡更""放風"等,新兴的"耍态度"、"鬧情緒"等都属于这一类。

（3）在成語方面　这項还包括成語性的話。如一般規律數詞不和名詞直接結合,中間須加量詞,成語却可以直接結合:如"一草一木""半絲半縷"。还有为什么只能說"一不做,二不休","不管三七二十一",却不能說"三不做四不休","不管四八三十二"呢?誰也說不出道理來;"打得落花流水","耍得个不亦乐乎",按一般規律,按字面意义都說不通,可是能这么用,换成"打得天上人間","耍得个不亦君子乎"就不行,为什么?不知道,只能說是習慣用法（个別現象）。联合式的合成詞不能拆开使用,成語却不管这一套,

— 103 —

"一清二楚","一清二白","三言兩語","四平八穩","五顏六色","七折八扣","七零八落","千头万緒","千奇百怪","千变万化";"不清不楚","不明不白","不清不白","不干不淨";"有条有理","慢条細理","入情入理","惹是生非","鷄零狗碎","想方設法","丰功偉績","欢天喜地"等都是。最近一个函授同学來信說,《初中漢語課本》第三册第47頁上說:"單純的方位詞(除去"中、內、間、旁")單用,只限于(1)在介詞从(由)、往、向(朝)的后边,……"他認为"中""旁"都可以,不必除外,他举"从中挑撥","从旁說合"等为例。这就是成語式的話的个别现象,不信你不能說"从中來""向中走","朝旁看","往旁望"等。不明白这个道理,就容易拿个别现象來否定一般規律,这是具体的例子。

（4）在句法方面　我們講条件句时,曾經举出过"除非"有兩种用法,同时並行,"除非你去請他,他才肯來;""除非你去請他,他不肯來。"假如承認这兩种格式可以同时存在,这得算是个别现象。在文娛室打麻將,老趙和老李相繼都摸了一張牌,老李問老趙,"你是什么?"老趙說:"我是五筒。""嘿!我也是五筒。"怎么兩个人都是"五筒"呢？在这种場合,这种說法很自然,还很少有人說:"我摸的这張牌也是五筒"。但离开这种場合,平空說"你是八万","我是二筒",别人該說你发神經了。"鷄不吃了","小孩也抱來了",沒有特殊的語言環境,是会发生歧义的,因为鷄本会吃,小孩也会抱洋娃娃之类的东西。但在一定的上下文和特殊的語言環境,也可以是"宾語提前",比如主人請客人再吃兩塊鷄,客人可以說"鷄不吃了,飯要再吃一些"。街上很热鬧,大家都去看,于是"姑娘們小伙子們都來了,小孩也抱來了"。必須有特殊環境或一定的上下文,才能用的句子,也是个别现象。至于由于修辞的要求,为加强表达效果，所采取的一些特殊的说法，留待修辞部分去谈，这里就不再列举了。

5·184 掌握一般留心特殊 語言現象錯綜复雜，掌握它的規律或者从这些錯綜复雜的語言現象整理綜合出一些規律來，的确不是一件容易的事。但这幷不等于說語言本身是雜乱无章幷无規律可言，从而我們也沒有办法归納出一些規律來，更說不到如何掌握規律了。如果是那样的話，那还談什么語法学呢。实际情况不是这样，絕大部分現象能找出它們共同之点，我們就可以把这些共同之点概括成語法規律，但必須注意哪些是一般現象，哪些是特殊現象，有沒有个別現象，这样才不致于迷失在錯綜复雜的語言現象之中，不敢談規律；也不至于單憑主观，造出一些空洞而不能解决問題的規律來。比如我們发現双音形容詞能重迭，如"漂漂亮亮""舒舒服服"等，有不少的形容詞可以重迭，但是不是所有的都是这样呢？試一試"偉偉大大""美美丽丽"不行，这就不能說"凡是双音形容詞都能用'AABB'式重迭"，只能說"有一部分双音形容詞可以用'AABB'式重迭"，究竟哪些可以重迭，哪些不能重迭，为什么重迭呢，重迭以后又表示什么意义，这都要作深入的研究，掌握这个規律才有用处。 我們又发現双音动詞也可以重迭，但用的是"ABAB"式，如"研究研究"，"考慮考慮"等，当然也可以得出一般規律。是不是有例外呢？有，象"跑跑跳跳""說說笑笑""打打鬧鬧"等是动詞，为什么重迭法又象形容詞呢？这得算特殊現象，如何解决呢？仔細一看，原來这种詞幷不是双音动詞，"跑""跳""說""笑"等各是一个詞，幷不是"跑跳""說笑"連起來是一个合成詞，实际上等于單音动詞的重迭加起來，就是"AA+AA"，乍一看好象是"ABAB"式一样。有个別現象沒有呢？也有，比如"高兴"旣可以說

"高高兴兴",又可以說"〔讓他〕高兴高兴",这样的双音形容詞并不多,怎么办呢?說它是形容詞动化或一詞兼类好了。还有的只有重迭式的形容詞,如"轟轟烈烈""堂堂正正"不能說"轟烈""堂正",这也得算个别現象,这样就能归納出一般規律來,也能归納出特殊規律來,也能把个别現象拿开,就不必用一般規律生硬勉强地解釋特殊現象,也不必拿个别現象來否定一般規律。我們学习語法的人也是一样,必須掌握一般規律,規律对我們才有用,也必須掌握特殊規律,对特殊現象才有办法解釋和应用,也必須認識个别現象,才有办法处理它而不致淆乱我們的头腦。

練習二十五

辨別下列加着重号(·)的詞語,是一般現象,是特殊現象,或是个别現象。如果是特殊的或个别的,稍微加以說明。

1. 一張稿紙能寫五百个字。
2. 他連基本动作都不会,还談得上什么高深技术呢?
3. 他勤学苦練,不多几天就学会了。
4. 場边靠河的烏桕樹叶,干巴巴的才喘过气來。
5. 面河的農家烟突里,逐漸减少了炊烟。
6. 从前是絹光烏黑的辮子,現在弄得僧不僧道不道的。
7. 清早担水晚燒飯,上午跑街夜磨面。
8. 因为伤势很重,他整整地哼了一夜。
9. 革命不是請客吃飯,……不能那样雅致,那样从容不迫,文質彬彬,那样溫良恭儉讓。
10. 一些似云非云似霧非霧的灰气低低地浮在空中。

— 106 —

第二十九章 标点符号

标点符号的作用和种类

5·185 标点符号的作用 我們在本書第一册第十章講《語調和朗讀法》时,已經提到了标点符号。在那里就提到"我們說話时,短的句子可以一口气說完,長的句子就不能不在中間停頓,每句和每句的中間更要停頓。 这样說話的人不致太費力,听話的人也有思索的时間。 ……寫在紙上变成書面語言,停頓的地方使用标点符号來表示。"(第135頁)这只是指停頓來說的,另外我們說話运用各种語气,有各种表情,在書面語言里,这些也要靠标点符号帮忙來表示。 从这里我們領会到,書面上的标点符号就是口头談話时停頓、語气、表情等等的化身,它是語言中有机組成部分之一。呂叔湘、朱德熙二位先生說:"我們必須首先有一个認識:标点符号是文字里面的有机部份,不是外面加上去的。 它跟旧式的句讀号不同,不僅僅是怕讀者讀不断,給他指点指点的。每一个标点符号有一个独特的作用, 說它們是另一形式的虛字,也不为过分。应該把它們和'和''的''呢''嗎'同样看待,用与不用,用在哪里,都值得斟酌一番。起腹稿的时候,应該想到詞語就同时想到标点;动筆的时候,也是連文字帶标点往紙上寫。"(《語法修辞講話》第319——320)他們的話是很对的,所以我們千万不要輕視标点符号,以为可有可无,或是随随便便点断完事,因为那样,不但不能发揮标点符号的作用,反而給你寫出來的东西帶來很大的損害。 那么标点符号有些什么作用值得我們这样重視呢?

(1)明确說話的意思 假如有一連串的句子(由分句組成的

— 107 —

复句)沒有明确的标点，是会发生誤解的。例如：

①我贊成他也贊成你怎么样？(《漢語課本》)

②（全国乒乓球錦标賽男子單打决賽）王傳耀打敗了姜永宁得了冠軍。

我們看这兩个例子，都有兩种讀法。

例①可以有：

③我贊成，他也贊成，你怎么样？

④我贊成他，也贊成你，怎么样？

例②可以有：

⑤王傳耀打敗了姜永宁，得了冠軍。

⑥王傳耀打敗了，姜永宁得了冠軍。

我們看兩种标点有很大的不同，在句法組織上，例③和例⑥是主謂俱全的联合复句，例④例⑤第二个分句都是承前省略主語的。在意义上講，例③是問"你贊成不贊成"，例④是問"你对我們的作法持什么态度？"例⑤和例⑥意思正相反。从这里可以看出标点的关系有多大。

在古書里因为沒有标点符号，給后人帶來很大的困难。有的这样标点，有的那样标点，好象都行，也弄不清究竟那个讀法对。例如：

⑦夏礼吾能言之，杞不足征也；殷礼吾能言之，宋不足征也。(《論語》《八佾篇》)（一般讀法）

⑧夏礼吾能言，之杞不足征也；殷礼吾能言，之宋不足征也。(宋王懋：《野客叢書》說)

例⑦"之"是代詞，例⑧"之"是自动詞了。这兩个讀法都能講。古書中象这种例子还不少。另外因为种种原因誤讀的很多。(可参看楊樹达：《古書句讀釋例》，商务印書館版)最近我看到郭君曼同

— 108 —

志《新版"唐才子傳"校讀記》一篇文章,在他第二部分《標点符号錯誤舉例》中,僅是舉例性質,就指出《唐才子傳》的标点錯誤的就有六十一条。(《光明日报》,《文学遗产》第175期,1957年9月22日)这样就严重地妨碍了一般讀者正确地接受我們祖先的文化遺产,标点古書的人不能不引起警惕。归根结底还是当时没有标点符号所引起的,假如当时作者标点得清清楚楚,那里会发生这种困难呢?以前有些帝国主义者的应声虫,常說中国文字(指漢語)語法不严密,所以不能在国际上充当交流思想的工具;法語最好,語法严密不发生歧义,所以国际上重要文件都应用法語。这固然是对我們祖国文字語言的一种誣蔑,假如不标点,很可能有这种現象,但是如果标点得清清楚楚,怎么会发生誤解呢?我們承认漢語的表达能力很强,并且是世界上最发达的語言之一。

(2)表达說話的語气和感情　我們在第一册第54節曾举"下雨了"这个例子,同样一句话用的标点不同,可以表达各种語气:

⑨下雨了。(陈述語气)

⑩下雨了?(詢問語气)

⑪下雨了!(感嘆語气)(复習本書第一册第142頁)

一个标点就能表达出一种語气,还可以表达出說話人的感情。"下雨了!"这句話联系上下文能表达高兴、失望等感情,这里不再詳談了。

其他种标点,也能表达感情。例如:

⑫慘象,已使我目不忍睹了,流言,尤使我耳不忍聞。(魯迅)

⑬我这时很兴奋,但不知怎么說才好,只是說:"啊!閏土哥——你來了?……"(魯迅)

— 109 —

⑭他的態度終於恭敬起來了,分明地叫道:"老爺……"(魯迅)

⑮老褚進來了:"尤——稽查長!報告! 城北篤着一羣朋——啊,什么來着?动——动子!去看看?"(老舍)

我們不再多舉例,就是這几个例子就能看出標点符号表達感情的作用來了。例⑫,"慘象"、"流言"一点斷,自然要重讀,一重讀,就能體現出作者伤痛和憤懣的感情來了。例⑬的"閏土哥——"下面有好多話不知道要怎么說,只說"你來了……",底下又有好多話,但是不知從哪里說起,活画出作者當時和多年不見面的朋友乍一見時興奋的心情。例⑭"老爺……"里面包含着許多复雜的感情,表示"我們(魯迅和閏土——筆者)之間已經隔了一層可悲的厚障壁了。"例⑮更描寫得這个"老粗"老褚活灵活现,平时本來彼此互称名号,一开始"尤——"是要叫尤老二,一想不对,尤老二已經作了官了,自己是部下,应該喊"稽查長";"一羣朋——"又不对,赶緊改口,又記不起是什么,本是"反动派",只記得一个"动——",自己又編了一个詞"动子"。大家想想,假如不憑標点符号,这些复雜的感情,將怎样來表達呢?

(3)節省文字,使讀者容易接受 "自從有了标点符号,文章的風格也受到了影响。最顯著的,有了問号,'嗎'和'呢'可以少用許多;有了引号,'某某說'可以少用許多;有了破折号和省略号,從前必須加以注解甚至嘆为神妙之筆的'半句头話'(如《紅楼夢》九十八囘黛玉臨死時的'宝玉!宝玉!你好——')也了不足奇了。"(《語法修辞講話》第320頁)就拿上面例⑮來說吧,假如不用冒号、引号,就得加上,"向尤老二說",不用"尤——",就得說明"尤字剛一出口,覺着不对……"等,"朋——""动——"等也一样。一段文

— 110 —

章,加上这么多說明文字,寫起來也費事,讀起來也累贅,幷且那种說明反倒沒有标点使讀者接受起來干脆直接。我們看慣了有标点符号的文章,再看沒有标点的文章,就觉着非常别扭,这是因为有标点,語言的結構很清楚,意思就很明白,作者的思想感情,借标点的帮助使讀者領会起來格外容易。还有我們寫作时用慣了标点,也可以帮助我們避免語法上的錯誤,行文方面的紊乱,要好好地掌握它、使用它。克魯普斯卡婭說,列宁对于每一个逗点都很注意。雅可福列夫在«偉大而質朴的人物»里描寫他紀錄斯大林講話时的情形說:"……他一面口授,一面不时地來到我跟前,从我肩上看看我寫得怎样。他忽然站住;看看我寫的以后,就握住我执鉛筆的手,点了一个逗点。"从列宁、斯大林这样重視标点符号的态度,也可以知道标点符号的重要性。 所以我們千万不要忽視它,更不要以为自己早已經在使用标点符号,沒有什么了不起,于是随随便便点一下就算,那样是永远也不会眞正掌握标点符号的。

5·186 标点符号的种类 原先的經籍幷不断句,学者們研究这些著作,要先断句,他們应用的符号便是"。"和"、",叫做"句、讀(dou)",現行的句号和頓号,便是"句、讀"演变來的。 明代以后,开始用专名号,人名旁边加一条直綫,地名旁边加兩条直綫,这就是現在的专名号。还有在文章旁濃圈密点,表示精采的地方或应該注意的地方,这是現在着重号的來源。此外如問号、嘆号、分号、冒号、引号、轉折号、省略号等,便不是固有的东西,是从外国文的标点中借过來,結合漢語的实际情况,逐步发展确定下來的。

新式标点符号是在「五四」以后提倡"白話文"的运动中通行起來的。用新式标点最早的一部書是1904年(光緒三十年)出版的嚴复的«英文漢詁»,以后到1918年«新青年»第四卷出版时,新式标点

— 111 —

符号方才和直行的漢文合作。（参看黎錦熙：《国語运动史綱》卷二第70頁，商务印書館版）1919年"国語統一籌备会"議决了一个"請頒行新式标点符号議案"，由当时的教育部公布了，一共十二种符号（参看黎錦熙：《新著国語文法》第二十章）。以后大家大体上都是按照这个规定來使用标点符号的。1951年中央人民政府出版总署公布《标点符号用法》，增加頓号和着重号兩种，共十四种。这十四种分成兩項，一項是点号，包括句号、逗号等七种，一項是标号，包括引号、括号等七种。現在把它列个表：

类別	名 称	符 号	异 名
点号	1. 頓号	、	尖点、隔点、瓜子点
	2. 逗号	，	逗点、点号
	3. 分号	；	支号、支点
	4. 冒号	：	冒点、綜号
	5. 句号	。	句点
	6. 問号	？	疑問号
	7. 感嘆号	！	嘆号，驚嘆号
标号	8. 引号	『 』「 」	提引号
	9. 括号	（ ）〔 〕	括弧、夾注号
	10. 破折号	——	轉变号
	11. 省略号	……	删節号，虛缺号，
	12. 專名号	———	私名号
	13. 書名号	～～～	文籍号
	14. 着重号	·或⊙、◎	加重号

— 112 —

說明：另有一种"音界号·"專門利用在翻譯的人名中間，这是由頓号分出來的，表示語音雖有停頓，仍舊是一个个人名。如 B·И·列宁，約瑟夫·維薩里奧諾維奇·斯大林。

我們現在标点符号的名称是統一的，所以列出異名，是为了大家参考旧的参考書方便些。

我們在下面分項說明这些标点符号的用法。不过这些符号中有的比較重要，用法也比較复雜，就說得詳細些，比較次要的說得簡略些。又因为大家使用标点符号有一定的基礎，所以在一般用法方面少談些，在应注意之点方面多談些。

标点符号使用法

5·187　**頓号**　点号和标号比較起來，点号更重要些，我們先來談点号。在点号中以逗号和句号为最重要，所以有的人把这兩种点号叫做基本点号。頓号、分号、冒号同逗号一样都是表示一句話中間的停頓的，問号和感嘆号同句号一样都是表示一句話完了以后的停頓。我們按照表上的次序先談頓号。敍述的方法是先說出这个符号的用途（这是从出版总署«标点符号用法»里摘錄下來的），然后举例說明用法，最后举出用这个符号应該注意之点。这一章練習題夾在正文中間，因为練習比較多，一总放在后面不方便。現在就來談頓号。

頓号（、）　表示話中間并列的詞語（包括作用跟并列的詞相仿的并列的詞組、并列的分句）之間的停頓。又表示序次語之后的停頓。（为大家看起來方便，將术語改成和我們所用的术語一致。以下同。）

（1）用法說明：

1.用在并列的詞中間，例如：

①什么都有：稻鷄、角鷄、鵓鴣、藍背……（魯迅）

2.用在並列的詞組和並列的分句中間。例如：

②最終的目的是階級的消滅、国家权力的消滅和党的消滅。（毛澤東）

③魯迅是在文化战綫上，代表全民族的大多数，向着敌人冲鋒陷陣的最正确、最勇敢、最坚决、最忠实、最热忱的空前的民族英雄。（毛澤東）

④法西斯侵略国家被打敗、第二次世界大战結束、国际和平实现以后，并不是沒有了斗爭。（毛澤東）

3.用在序次語后面　序次語就是分項敍述事物，在前面所标的那些表示次序的数碼，如第一、第二、第三、第四或甲、乙、丙、丁，A、B、C等，这些序次語后面要加頓号。例如：

⑤一、中華人民共和国憲法草案是歷史經驗的总結

　二、关于憲法草案基本內容的若干說明

　　第一、关于我們国家的性質問題

　　第二、关于过渡到社会主义社会的步驟問題

　　第三、………

　　第四、………

　三、…………（刘少奇：《关于中華人民共和国憲法草案的报告》目錄）

（2）应該注意的几点：

1.並列詞語中間有連詞"和""或""以及"等，就不用頓号，最后一項也不用頓号。頓号可以代替連詞，去掉頓号换上連詞也可以，所以只能用一种，不能同时并用。例①沒有用連詞，例②三个并列的詞組，第一个后面用頓号，第二个后面用"和"。最后一項既不需

要連詞,也不必停頓,所以不能再用頓号,如例③"最热忱的"以后,例④"国际和平实现"以后,都不能再用顿号。

2.并列的詞組或分句,一定要同并列的詞相仿,才用頓号,否則就不能用。怎么相仿呢？就是同詞一样,无論是作句子的主語、定語、宾語等,被包含在一个比較大的句子里面,要把这并列的詞組或分句一齐念完才有稍大的停頓的时候,这才用頓号,如例④"侵略国被击败"等三个分句被包含在大的句子"(在)……以后",念到"以后",才能有大的停頓,所以它們中間用頓号,假如改变成"现在法西斯侵略国家被打败了,第二次世界大战結束了,国际和平实现了,但并不是就沒有了斗爭。"这样就不能再用頓号,因为它們都是独立的分句了。

3.并列的詞只有两个的,同类詞在習慣上結合得緊的,不必用頓号。几个詞排在一起不是并列而有隶屬关系的也不能用頓号。例如：

⑥那些政府官員、將軍、太太,帶上平时刮地皮刮下的金銀珠宝、法幣现洋,坐上火車汽車,爭先恐后逃到西安、重慶去了。(馬烽、西戎)

⑦我在工作中不驕傲、自滿才能進步。(吕叔湘)

⑧統購、統銷好处多。(王健)

⑨我家住在河北省、昌平縣、第五区、东水口鄉、單家村。(王健)

例⑥的金銀珠宝,不必作"金、銀、珠宝",因为口語里說的时候不停頓,并且和"法幣现洋"并列就不必再加頓号。例⑦只有两个詞,用了頓号,反而有可能誤会成"自滿才能進步"呢。例⑧"統購統銷"習慣上結合得很緊,并且是一种政策的名称,不能再用頓号点断。

例⑨河北省等几个詞不是并列关系而是隶屬关系,应一直寫下,不能加頓号。

4.序次語原則上用頓号,但加上其他表示方法时,如(一)(二)或①②等就不再加頓号。 在文章敍述中也有不加頓号或用点号的。

总之無論哪种标点符号,有它的基本的主要的用法,也有它一定的灵活性,不是刻板式的。所以我們必須利用"掌握一般,留心特殊"的原則,緊緊結合实际,也就是多看一看典范的作品中实际应用的例子,这样才能确实掌握标点符号;假如只是背背条文,到实际应用时,还是不能得心应手的。各种标点都是一样,在这里总提一句,希望大家注意。

5.188 **逗号** 逗号(,)表示一句話中間的停頓。

(1)用法說明:

1.用來分开复句中的分句。例如:

①我們的革命工作还沒有完結,人民解放战争和人民革命运动在向前发展,我們还要繼續努力。(毛澤东)

②我后悔,我自慰,我要哭,我喜欢,我不知道怎样好。(老舍)

2.用來分开句子里太長的,同謂語容易相混的、要重讀的主語。例如:

③中国的封建末期的反动統治者,对于各階層劳动人民实行着野蛮的統治。(胡乔木)(主語長)

④革命的三民主义、新三民主义或眞三民主义,必須是联俄的三民主义。(毛澤东)(主語复且長)

⑤中国共产党,中国民族歷史上最偉大最進步的政党。

— 116 —

(刘少奇)(主語和謂語中間省去判斷詞"是")

⑥眞,自然是不容易的。(魯迅)(主語須重讀)

3.用來分开句子里不在一般位置上的主語、宾語等。例如:

⑦黃酒,他能喝一斤;白酒,他只能喝四兩。

⑧反正跑不了,这个死了头。(曹禺)

4.提在句首的狀語和需要加重的連詞等,要用逗号点断。 例如:

⑨在这里,我又看到了我們可爱的战士們。(魏巍)

⑩当然,社会主义工業化和社会主义改造都不是容易的事情。(毛澤東)

⑪然而,卽使如此,也不是什么了不起的問题。(刘少奇)

5.呼語不表示什么感情时,也用逗号。例如:

⑫王副团長,你有多少年沒囘家了?(馬加)

⑬弟兄們,稽察長親自來了,有話就說吧。(老舍)

6.表示招呼应答或不必加重的感嘆詞等独立成分后面,要用逗号。例如:

⑭喂,方克同志嗎?(夏衍)

⑮"噯,你眞是!"他說,"为什么一定要个'先生'呢?"(張天翼)

⑯"对,对,对,我吃你!"主任解嘲地說。(沙汀)

⑰是啊,反正早晚你也会認識的嘛。(曹禺)

(2)应該注意的几点:

1.我們知道逗号是表示一句話中間的停頓,在一句話中間停頓有兩种情形,一种是句子太長,縱然是个簡單句,也有停頓,这种停頓的目的是为了換口气,但这也不是任意停頓的,得在一个階段

—117—

上。例如：

⑱中国共产党，是在中国工人运动的基礎上，在中国人民大众力爭解放的基礎上，在反对外国帝国主义对于中国民族壓迫的革命斗爭中，在反对本国封建主义对于中国人民大众壓迫的革命斗爭中，发展起來的。（刘少奇）

这是一个比較長的單句，包括了四个狀語，所以在主語和四个狀語后面都用逗号点断，假如把这些逗号都去掉，念起來將沒法念下去，看起來也就費事了。我們在本书第一册里曾經說过，标点的停頓和口語基本上是一致的，但不完全一致。（复習本书第一册第136頁）比如例⑱第四个狀語，在說話的时候，可能是"在反对　本国封建主义　对于　中国人民大众壓迫的　革命斗爭中"，我們可不能在每一个停頓的地方都点上一个逗号，那样將变成"滿臉麻子"，也破坏了語句的結構了。再一种就是照顧結構，在复句里，除极个别的（如"你能搬动你就搬"之类）不需要用逗号点断外，大多数的分句都要用逗号（当然也有用分号的，以后再談）。

2.要和頓号（已見前節）、分号、句号（見后）能分清楚。

我們可以总括几点，供大家使用逗号时作参考：

甲、句子中間需要停頓，停頓的时間很短，需要接着說下去意思才能明白，这些地方要用逗号。

乙、停頓的地方，如果只是个詞儿，或者是詞組，大多数要用逗号。

丙、停頓的地方，如果不是疑問語气（？），不是感嘆語气（！），不是明顯的作下文的提头（：），不是并列的詞（、）或并列的几个層次（；），也不是一句話的終了（。），就要用逗号。

5·189 分号和冒号 分号（；）表示一个复句中間并列的分句

— 118 —

之間的停頓。

(1)用法説明：

1.复句里有并列的分句,而分句里又有分句(多重复句),已經用了逗号,并列的分句的中間就得用分号。例如：

①有人这个时候説,那个时候不説；有人这个地方説,那个地方不説；有人与这些人説,与那些人不説；有人多説,有人少説；有人爱説,有人不爱説。(朱自清)

2.分号表示文意的分組,也就是表示句子組織的層次。上面一个复句説明一个意思,后面的复句也説明一个意思,后面复句和前面复句虽不是并列的,但对于前面复句或是时间上的承接,或是意义上的补充、轉折、推論等等,这两个复句中間也要用分号。例如：

②夜間,我們又談些閑天,都是无关緊要的話；第二天早晨,他就領了水生囬去了。(魯迅)

③这正如地上的路；其实地上本沒有路,走的人多了,也就成了路。(魯迅)

④大家看他,他也看大家；他知道只有这样才足以减少村人的怀疑。(老舍)

⑤她久已不和人們交口,因为阿毛的故事是早被大家厭棄了的；但自从和柳媽談了天,似乎又卽傳揚开去,許多人都发生了新趣味,又來逗她説話了。(魯迅)

3.在冒号下并列的或有序次語的分句,中間可用分号分开。例如：

⑥在这里几个基本原则是不容忽視的：(1)个人服从組織；(2)少数服从多数；(3)下級服从上級；(4)全党服从中央。(毛澤东)

—119—

（2）应該注意的几点：

1. 偏正复句的分句之間，用逗号；并列关系的联合复句，如果分句里沒有再包含分句，还是用逗号，不用分号。例如：

⑦狗趴在地上吐出紅舌头，騾馬的鼻孔張得特別大，小販們不敢吆喝，柏油路晒化了。（老舍）

2. 兩个复句中間用連詞連接的，一般是要用分号的； 但也有一些用句号的。 因为并列关系的复句，不象偏正复句关系那样密切，作者如認为前一个复句意思已經完足，可以独立成句了，就可以用句号，底下这个例子，用句号，但用分号也可以。

⑧各地情况不一，不必强求一律。 但是不管采取那种方法，都不应該妨碍大鳴大放。（鄧小平）

总之，分号的最大作用是把意思相关联的分句，分成若干組，表明句子組織的層次。逗号可以勝任的，就用逗号； 用句号可以停住，在文意方面沒有妨碍，就可以用句号。連詞可以看作使用分号的一种标志，但不是必然的，还应該審度实际的語意和文章的結構，这是分号比較难掌握的地方。在沒有十分把握的地方，可以适当地多用逗号或句号。

冒号（：） 表示提示語之后的停頓，也用它总結上文。

（1）用法說明：冒号的主要用途是用在提示語后面，总結上文的用法，"一般人还沒有养成習慣，可是这个用法把分句和分句的关系表示得很明白，应該学会它"。（《标点符号用法》第10頁）現在我們把它的用法分兩項來敍述，一是总提下文（提示語），二是总結上文。

1. 总提下文：

①旁人便又問道："孔乙己，你当眞認識字么？"（魯迅）

— 120 —

②她心想：人家忙成这样为了誰，还不是为把社办好……。(西戎)（冒号表示以下是問話、答話、想的內容）

③主席，各位委員：……（招呼所有到会的人，底下全是对他們所說的話。）

④張銀虎同志：前天下午，我和妹妹囘到祖国，囘到故鄉了。……（袁靜等）（寫信或公文一开始招呼对方，或直接用"敬啓者"等，底下都用冒号。）

⑤划船的小伙子在唱《打秋千》："三月里，是清明。桃李花开罢，柳条儿又发青。"（袁靜等）

⑥斯大林說得好："离开实踐的理論是空洞的理論，离开理論的实踐是盲目的实踐。"（毛澤东）（引用別人的話）

⑦不过当着老賈的面，又提出个条件：做一样多的活儿，一定要抨一样的工分。（西戎）（冒号下面是所說条件的內容）

⑧看吧：現在各帮的財神联合着屠殺，屠殺一切反抗財神的羣众，屠殺反抗日本大財神的羣众。（瞿秋白）

⑨上面我說了三方面的情形：不注重研究現狀，不注重研究歷史，不注重馬列主义的应用。（毛澤东）

⑩第四条　貨物税税率如下：

　一、烟类：

　　（一）捲烟：

　　　（甲）机制半机制紙烟：从价征百分之百；

　　　（乙）手工制紙烟：……（报）

⑪在这些权利当中都是非常侮辱的，例如"初夜权"：凡農民的女儿在出嫁的时候，第一夜应屬于其封建主。又如"死手权"：凡農民死后所遺留的財产，封建主則繼承一定的部

—121—

分。……(《社会发展简史》)(領起解說或例証)

⑫魯迅:《阿Q正傳》(引文注出出处、作者和他的作品中間用冒号)

2.总結上文:

⑬从飛机里投擲甲虫,从卡車里抛出蜜橘,在記者招待会上不从正面而只是歪曲地提問題:这代表着帝国主义者現階段上一貫的作風。(馮至)

⑭但是S城的人却似乎不甚爱照象,因为精神要被照去的,所以运气好的时候,尤不宜照,而精神一名"威光":我当时知道的只有这一点。(魯迅)

(2)应該注意的几点:

1.新兴的句法,把"某人說"插在所說的中間,这时就用逗号,不再用冒号,寫在最后那就用句号了。

⑮"怎样?"張老五瞅瞅妇女們,鄙薄地問,"这几分工不好賺吧?"(西戎)

⑯"阿义可憐——瘋話,簡直是发了瘋了。"花白胡子恍然大悟似的說。(魯迅)

2.不是直接称引别人的話,不能用冒号,仍用逗号,試比較:

⑰張同志說:"这件衣服太花了,不称我的意。"

⑱張同志說,那件衣服太花了,不称她的意。

3.总結上文的冒号,要用在总結句前面那一句的后边。

总之,冒号的用法不太难,只要使用时能够審度文义;凡遇着"底下要說些什么來了"的停頓处,或"这些已經說完,底下要有一句話收攏"的停頓的地方,都要用冒号。

— 122 —

練習二十六

标点下列各句:

① 军民創造了明的暗的軟的硬的各种战法組織了变工爆炸实行了勞武結合粉碎了敌人的蚕食政策怀柔政策三光政策（馬烽、西戎）

② 从目前的情况看來有兩个主要关鍵一个是把農村中的全民整風运动推进一步轉入整改階段把整社整团工作做好一个是擴大農業生产建設运动的范圍除了其中主要力量爭取農田基本建設更大勝利以外还要把冬季副业生产等項工作做好（《人民日报》社論）

③ 我在娘家这几天就有人到賀家灣去囘來說看見他們娘儿倆儿子也胖上头又沒有婆婆男人所有的是力气会做活房子是自家的（魯迅）

④ 我这囘在魯鎭所見的人們中改变之大可以說无过于她了五年前的花白头发即今已經全白全不象四十歲上下的人臉上瘦削不堪黃中帶黑而且消尽了先前悲哀的神色仿佛是木刻似的只有眼珠間或一輪还可以表示她是一个活物（魯迅）

⑤ 你是資产階級文藝家你就不歌頌无产階級而歌頌資产階級你是无产階級文藝家你就不歌頌資产階級而歌頌无产階級和勞动人民二者必居其一（毛澤东）

5·190 **句号、問号和感嘆号** 这三种符号都是表示一句話完了以后的停頓,它們的分別在于句号表示陈述句,問号表示疑問句,感嘆号表示祈使句和感嘆句,仍以"下雨了"这句話为例,陈述句是"下雨了。"疑問句是"下雨了？"祈使句是"下雨了吧！"感嘆

— 123 —

句是"下雨了!"底下分别敍述一下。

句号(。) 表示一句话完了之后的停顿。

(1)用法說明：句号的用法比較簡單,凡是陈述句不論是无主句、省略句、完整句,也不管是單句或复句,只要是說完了就用句号。如果弄清这些句子的結構,那么在最后用句号就沒有錯。例如：

①"你休息一兩天,去拜望親戚本家一囘,我們可以走了。"母親說。

"是的。"(魯迅)(魯迅囘答)

②第二日,我便要他捕鳥。他說："这不能。須大雪下了才好。……"(魯迅)

③王　这前……这前边是咱們八路軍的地方了吧?
　刘　嗯。……(胡可)

④我們要从生活中学習語言。很顯然的,假若我要寫農民,我就必須下鄉。这并不是說,到了鄉村,我只去記几句農民愛說的話。那是沒有多大用处的。我的首要任务是去体驗農民的生活。沒有生活,就沒有語言。(老舍)

(2)应該注意的几点：用句号的困难,在于一連串的句子,究竟在哪里算一句。本來在意义上說,句子和句子都是有关联的,不用說一句一句,就是段落也是有机地联系着的。因此判断究竟到哪里意思完整了,可以算一句,这是比較困难的,所以有的人便一連串的逗号"逗"到底,最后才來个句号,那是不行的。也有人过多的使用了句号,影响了句子的完整性,那也不行。按例④來說,可用句号也可以用逗号的地方,只有"……農民愛說的話"那句的末尾,其他的地方是沒有什么問題的,因为一个句号所管的是一个完

— 124 —

整的意思。这种地方要多看多体会才行。其次和分号也有相混的地方,已詳分号那一節,这里不再談了。

問号(？),表示一句問話完了之后的停頓；感嘆号(！),表示一句感嘆話完了之后的停頓。

（1）用法說明:

1.在疑問句后面用問号,不管是哪种疑問句(如是非問,特指問……),也不管句尾有沒有語气助詞,只要是表示疑問的句子都用問号。反問句虽然特殊一些,既然用的是疑問句的形式,也用問号；感情特别强烈时,也有用感嘆号的。例如:

⑤"我們坐火車去么？"（"我們坐火車去。"）
"船呢？"（"先坐船。"）(魯迅)

⑥誰是我們最可爱的人呢？〔我們的部隊,我們的战士,我感觉他們是最可爱的。"）(魏巍)

⑦你究竟是个党員呀,还是个不觉悟的羣众？（趙樹理）

⑧你会下神是不是？（趙樹理）

⑨你婆婆不是有保人嗎？（趙樹理）

2.在感嘆詞或帶感情的呼語和感嘆句、祈使句的后面用感嘆号。例如:

⑩你呀,呸！燒餅,我連个芝麻也不会給你買來！（老舍）

⑪誰？錢五！你好大的胆子！（老舍）

⑫喂！喂！同志們！想个办法呀！（刘白羽）

3.这兩种符号还有个特殊的用法,就是在某一詞后面加（？）或（！）。加（？）表示不相信、說不确实等,加（！）表示作者对这个詞加重的各种感情。例如:

⑬"古今中外"原是駡人的話,初見于《新青年》上,是錢

— 125 —

玄同(？)先生造作的。(朱自清)(表示記不清楚究竟是不是錢先生)

⑭此外便是吳君对于这七种書报平情衡理(？)的批評了。(魯迅)(表示不一定是"平情衡理",有諷刺意味。)

⑮改革的事倘不是一下子就变成極乐世界,或者,至少能給我(！)有更多的好处,就万万不要动。(魯迅)(諷刺極端个人主义者,只知有"我"。)

⑯帝国主义的奴才們要去打,自己(！)跟着它的主人去打就是。(魯迅)(表示对奴才們的厭惡,和奴才們的孤立)

(2)应該注意的几点:

1.应該不应該用問号,得看上下文和句子的意思,不要一看有疑問代詞就用問号。例如:

⑰是不是可以这样做,《講話》里哪些地方做得好,哪些地方做得不好,都是可以討論而且应該討論的。(叶聖陶)(前三个分句都是疑問句形式,但不能用問号。)

⑱我便招宏儿走近面前,和他閑話,問他可会写字,可愿意出門。(魯迅)(这里是敍述不是直接問宏儿,所以不能用問号。)

2.在选擇問的两个分句,一般只用一个問号在后一个分句的末尾,前一个分句用逗号,如例⑦;但也有每个句子都用問号的。例如:

⑲站在他們的前头領導他們呢？还是站在他們后头指手画足地批評他們呢？还是站在他們的对面反对他們呢？(毛澤东)

每一个句子都用問号,有强調的意味。在一般的情况下,选擇問号

— 126 —

还是用一个问号好些。

3.倒装句的问话,要把问号用在后面,例如:

㉑"怎么的,你老人家?"萧队长问。(周立波)

就不能作"怎么的?你老人家。"

4.表示招呼的或不表示强烈感情叹词和呼语,不一定用感叹号,要用逗号,这个前面说过,不再举例了。

5.早先有把问号和感叹号并用的办法。这是用在又是疑问,又是感叹的句子。例如:

㉑"不对?他們何以竟吃?!"(魯迅)

現在这种办法沒有流行,这种句子疑問的成份大些,可以用問号。感情特別强烈的,也可以用感叹号。

6.早先还有用"!!""!!!"的例子,例如:

㉒我們要翻身!

我們——要——翻——身!!!(賀敬之等)

現在,大家都不主张这种用法,不管表示怎样强烈的感情,一个感叹号就够了,不必借感叹号代替感情。否則豈止三个,四个五个也要用上去,那就不象話了。

練習二十七

标点下列各句:

①我們閱讀一篇文藝作品应該知道它的优点在哪里缺点在哪里

②有一次我見到一个战士在防空洞里吃一口炒面就一口雪我問他你不覚得苦嗎他把正送往嘴里的一勺雪收囘來笑了笑說怎么能不覚得咱們革命軍隊又不是个怪物不过咱們的光荣也就在这里

③沒有見过这样的宝地房子沒有一間整的一下大雨就砸死人宝地

④他老婆大吃一驚怎么你瘋啦你要失去主顧外帶找麻煩嗎

⑤文汇报寫了檢討文章方向似乎改了又寫了許多反映正面路綫的新聞和文章這些当然是好的但是还覚不足好象唱戲一样有些演員演反派人物很象演正派人物老是不大象裝腔作勢不大自然这也很难不是东風压倒西風就是西風压倒东風在路綫的問題上沒有調和的余地編輯和記者中有許多人原在旧軌道上生活慣了的一下子改变不大容易大勢所趨不改也得改是勉强的不愉快的說是輕松愉快这句話具有人們常有的礼貌性質这是人之常情应予原諒

5·191　引号　上面几節談的是点号，点号是表示說話中的停頓的；下面談标号，标号是表示在說話中有引用語、夾注語、人名、書名等的符号。現在先談引号。

引号(『』「」，""'')　表示文中引用的部分。

（1）用法說明：

1.表示直接的談話或引用成語和其他人的話。例如：

①他們又故意地高声嚷道："你一定又偷了人家的东西了！"孔乙己睜大眼睛說："你怎么这样凭空污人清白……"（魯迅）（直接对話）

②科学的态度是"实事求是"，决不是"自以为是"与"好为人师"那样狂妄的态度所能解决問題的。（毛澤东）（引用成語）

③魯迅的兩句詩，"横眉冷对千夫指，俯首甘为孺子牛"，应該成为我們的座右銘。（毛澤东）（引用別人的話）

2.特别着重或需要指出讓人注意的詞句,要加引号,例如：

④陈述句加上語气助詞"吧"，就变成这种表示猜想的疑

— 128 —

問句。它可以用"唔"或"不"作答語,……(黃伯榮)

⑤这种态度,就是有的放矢的态度。"的"就是中国革命,"矢"就是馬列主义。(毛澤東)

⑥这就是我們常說的"党性"或"党的观念""組織观念"。(刘少奇)

3.表示反面或否定或有諷刺意味的詞語,要加引号。例如:

⑦国特所希望的"自首",幷沒有收到什么效果,……而茅家嶺在1942年5月來了一次大暴动,全部"犯人"夺了守衞的武裝,冲出了地獄。(«上饒集中营»)

⑧美国帝国主义和蔣介石賣国集团向我們說:我国应当囘到殖民地和封建統治的老路上去。据說我国人民正处在"黑暗生活"中,他們应当來"解放"我們。(刘少奇)

4.一般印刷物中用引号代替書名号。例如:

⑨毛澤东同志的軍事名著如"論持久战"、"論抗日游击战爭的战略問題",尽人皆知,是代表了解放区的正确軍事路綫。(朱德)

(2)应該注意的几点:

1.直行的文字用『』、「」,横行的文字用""和''。『』""叫作双引号,「」''叫做單引号。在直行的文字用引号时,一般第一層用單引号,因为比較容易画;引号里再用引号时(就是第二層引号),就用双引号。在横行的文字却先用"",第二層用'',第三層又用""。

2.引文很长,中間又分段的,一般的办法是在每段的开端都加上前半个引号,在最后一段的末尾再加上后半个引号表示引文的結束,如下面形式:

××說:"〰〰〰〰〰〰

— 129 —

〰〰〰〰〰〰〰
　　"〰〰〰〰
　　　"〰〰〰〰。"

但也有不管分段不分段，只在引文的开始和最后用一对引号的。

3.直接称引的話要用引号，并且要依照原样，不能加以改动；轉述的話就不能加引号。例已見冒号例⑰⑱，不再舉。

4.引用的話，也要标点，最后加不加标点，标点在引号里或是在引号外，这要看具体情況。例如：

　　⑩記得魯迅說过："横眉冷对千夫指，俯首甘为孺子牛。"
　　⑪魯迅的兩句詩，"横眉冷对千夫指，俯首甘为孺子牛"，应該成为我們的座右銘。（毛澤東）
　　⑫魯迅所說的"横眉冷对千夫指，俯首甘为孺子牛"那兩句話，可以做我們的座右銘。

例⑩沒有下文或就在这里断句，要用句号，画在引号的里面；例⑪底下还有話，于是就是逗号，并且要在引号以外，可不能作"横眉冷对千夫指，俯首甘为孺子牛。，"这种形式；例⑫是引用的話嵌在一句話中間，念的时候不停頓，所以就可以不加逗号。

5.引用的詞語假如是并列的，用了引号，它們中間是否再用頓号呢？这个問題还沒有一致的看法，有人主張用了引号就不用頓号；有人主張用了引号还是用頓号。还有的几个并列的詞用一个引号，有的一个詞用一个引号。例如：

　　⑬苏联的作品，如"鉄流"、"毀滅"、"土敏土"、"靜靜的頓河"、……"前綫"等，早已为中国广大讀者所熟悉。（周揚）
　　⑭可靠的办法是檢查詞典找出它的出处。例如"愚公移山""負荆請罪""門可罗雀""完璧归趙"等等。（汪見熏：《談

— 130 —

成语的褒贬»《語文学習»1955年9月号）

⑮这一段的一些詞，如"不""鷄""羊""牛""下""來"等，保存到现代語里，沒有加以变化。（張世祿：《漢語歷史上的詞汇变化»《語文知識»1957年12月号）

⑯有的在單純的方位詞后边加"边"、加"面"、加"头"，如"东边、西边、南面、北面、里头、外头"。（文鍊：《处所、时间和方位»）

从这些例子中，可以看出引号在这方面的用法还很不一致，例⑯是比较新的办法，大家可以試用。还有虽然一般横行的書刊，都用""这种，个别的（如《語文学習»）还有用「」这种的，甚至有两种一齐用的，如黎錦熙、刘世儒兩先生所著《中国語法教材»就是这样。关于这些問題，將來一定要有一个統一的規定的。

5·192　括号和破折号　括号（（　）），表示文中注釋的部分；破折号（——），在文中表示底下有个注釋性的部分，又表示意思的躍進。

（1）用法說明：

1.括号旧名夾注号，它的主要作用是把注釋語夾在正文的中間。注釋語除了說明的性質之外，还有补充、插言等。例如：

①那第十一期（五月二十五日）里，有一篇林莽先生作的《白莽印象記»。（魯迅）

②呂叔湘先生在《中国文法要略»里把这类詞叫做"單位指称"（簡称單位詞），作为指称詞之內的一个小类，……在《語法学習»和《語法修辞講話»（与朱德熙先生合著）中，則改称副名詞，作为名詞的附类。（胡附）（以上注釋）

③馬克思主义者不僅要把生产資料的大規模的私有制，

— 131 —

简且也要把小規模的私有制(主要是說農民的私有制)轉变为社会主义财产的过程,是无产階級專政的一項最根本的長期的和复雜的任务。(《社会发展簡史》)(补充)

④但在各資产階級党和小資产階級党間(如以俄国为例,就是在立憲民主党、社会革命党和孟什維克党間),"重分"官吏机关的事实愈多。(列宁)(插說)

2.外国人名、地名、年代、引用書刊,也要用括号。例如:

⑤只得选了一幅珂勒惠支(Kathe Kollwitz)夫人的木刻,名曰"牺牲"。(魯迅)

⑥到了秦始皇二十八年(紀元前219年)在琅邪台刻石时,敍說皇帝之功,……(唐蘭)

⑦胡也頻——(1905——1931)福建省福州市人。(《初中文学課本》第四册第112頁注釋⑥)

⑧"你怎么会姓趙!——你那里配姓趙!"(魯迅:《阿Q正傳》)(欧陽复生:《怎样用标点符号》第48頁引)

3.方括号(〔〕)也是括号的一种,它的用法,一般是表示序次語,或对别人的文字有更正或补充时,需要表示出來,和注釋性的文字加以区别。例如:

⑨七、感嘆号……

〔例15〕……(出版总署:《标点符号用法》)

圓括号也有这种用法,如章則条例的(一)(二),(甲)(乙)等,有分别必要时,兩种可以同时幷用。

⑩又以国家衰弱,及自己无力抵御歉〔外〕侮,空〔平〕白生出許多奇異幻想。(朱自清:《文病类例》)

这是改正别人的文字,又要保存原文,就用〔〕表示自己所改的字

— 132 —

句。現在校改古書,常用这种方法。

⑪〔七斤嫂〕便將筷子轉过囬來,指着八一嫂的鼻子,說:……（鲁迅）

我們引用別人的文章,不全部征引,只引需要的一部分,又恐怕別人看不清楚,需要补充原文沒有的字句,也要用〔〕。

4.破折号有單雙兩种,主要的是單破折号。它的第一个用途是表示說話忽然轉了另外一个意思。例如:

⑫"好香的干菜,——听到風声了嗎?"趙七爺站在七斤的后面七斤嫂的对面說。（鲁迅）

⑬吳媽長久不見了,不知道在哪里?——可惜脚太大了。（鲁迅）

5.破折号的第二个用途是表示說話的迟疑、停頓和声音的延續。例如:

⑭"祥子,我的好伙計！你太儍了！憑我作偵探的,肯把你放了走?""那——"祥子急得不知說什么好了。（老舍）

⑮"我說:你——有——工——夫！"老头子的語气很不得人心。（老舍）

⑯"嗯——"她鼻中旋轉着这个声儿,很長而曲折。（老舍）

6.破折号还可以表示意思的躍進,或事物相承接,或注釋。例如:

⑰"我活到七十九歲了,不愿意眼見这些敗家相,——还是死的好。（鲁迅）

⑱三人小組——就地停战——和平談判——大举進攻,这一馬歇尔公式对中国人民极不生疏。（周恩來）

— 133 —

⑲于是在1861——1864年，爆发了南北战争。(《社会发展簡史》)

⑳有个区干部叫李成，全家一共三口人——一个娘，一个老婆，一个他自己。(趙樹理)

㉑僧不僧，道不道的——和尚不象和尚，道士不象道士。(《初中文学課本》第四册第93頁注①)

7.双破折号的用途表示夾注，和括号相同。例如：

㉒張木匠一家就这么三口人——他兩口子和这个女兒艾艾——独住一个小院。(趙樹理)

(2)应該注意的几点：

1.用括号表示注釋，如果只有一个詞組或一句話，括号里不加标点，将所注釋的那句的标点，放在括号后。如例②"把这类詞叫做'單位指称'(簡称單位詞)，"如果在一句后边，括号內有好多句話，最后还是用句号，在括号里。例如：

㉓我只把弗理契序文里引的原文來校对一下。(我順着序文的次序，……序文的翻譯有些錯誤，这里不談了。)(魯迅)

2.括号里的文句，在朗讀时一般是不讀出的，大家看例①②③等括号內文句就知道了。假如需要讀的时候，一定要声明这里有个括号，里面的文句要讀得低些，以免和正文相混。假如是破折号注釋的文句(不是双破折号夾注性质的)，那得念出來，如例⑳㉑等。

3.破折号基本用法也不复雜，可是許多作家灵活运用这个符号，所以搞得很乱，有用它代替冒号的，有代替引号的，还有代替省略号的，讓讀者攪昏了头腦，这种現象不好。标点符号各有各的作用，明确分工，学起來用起來都方便，标点符号有它一定的灵活性，

— 134 —

但也要顧及規范化这个原则。因此我認为括号旣然有夾注作用,就不必用双破折号也來表示夾注。因为讓这两个符号有这种交叉作用,就会增加混乱;还有在文中連用几个破折号,乍一看就看不清楚是單破折号或双破折号來了。所以專讓括号担任夾注的任务比較好些。

練習二十八

标点下列各句:

①咱們这些家是大手大脚过慣了的鐘在寺院晉在外撐起棚子來落不下

②中尉拿出一个发亮的打火机來在小孩子面前晃了几晃幷且說如果把他們領到苏蒙塔斯村去这个打火机就送給他如果你欺騙我中尉恐吓他我就把你的腦袋扭下來

③当干部当然会得罪坏人这是必然的也是应該的

④十五世紀偉大的地理发現发現美洲繞行非洲的海道及其他加快了原始積蓄的过程。

⑤他們在1908到1914年間决不能保持自然更說不到巩固发展和加强无产階級革命党的中坚干部

⑥一連气扔了三顆手榴彈火花轟隆轟隆眼前一片耀眼的明亮

⑦可是在李成娘看來却不那样簡單沒有洗过的按塊子大小卷洗过的按用处卷哪一捆叫补衣服哪一捆叫打褙就是用面糊把破布裱起來叫做鞋用哪一捆叫垫底各有各的特点各有各的記号有用布条捆的有用紅头繩捆的有用各种顏色綫捆的跟机关里的卷宗公事上編得有号碼一样

⑧为了实现全世界億万人民不論他們对于世界战爭危险发生

— 135 —

的原因所持的見解如何所懷抱的希望為了鞏固和平与保障国际安全我們要求五大国美国苏联中華人民共和国英国及法国締結和平公約

5.193 省略号、着重号、專名号和書名号 这几种符号用法都比較簡單，我們簡要地談一下。

省略号(……)，表示文中省略的部分；着重号（·直行用在文字的右边，橫行用在文字的下边），表示文中特別重要的語句；專名号(——直行用在文字的左边，橫行用在文字的下边)，表示文中的人名、地名、团体名之类；書名号(﹏﹏﹏直行用在文字的左边，橫行用在文字的下面)，表示文中的書名、篇名之类。

（1）用法說明：

1.省略号的用法有三种：一种是我們引用別人的話，因为太長太多，把不需要的部分省去，省去的部分就用省略号來表示；一种是表示事物很多，不勝列举；再一种是表示底下还有話，或是別人打斷，或是想說不能說、不肯說、不敢說等，又表示說話不是一直說下去而是斷斷續續的說下去的。例如：

①斯大林說："語言的詞汇的变化……不是用廢除旧的、建設新的那种方法來实现的。"（林裕文《詞汇、語法、修辞》第25頁引）（这里"……"代表省去原文中的好几句話）

②什么都有：稻鶏、角鶏、鵓鴣、藍背……（魯迅）

③孔乙己低声說道："跌斷，跌，跌……"他的眼色，很象懇求掌櫃，不要再提。（魯迅）

④"老拴只是忙。要是他儿子……"駝背五少爺話还未說完，突然闖進了一个滿臉橫肉的人。（魯迅）

⑤"忘了？这眞是貴人眼高……""哪有的事，……我

— 136 —

……"我惶恐着,站起來說。(魯迅)

2.着重号用法只是表明文中特別重要的字句,讓讀者注意。例如:

⑥所謂注釋,或是解釋語义,或是补加說明,或是交代某些引用語句的出处,或是記明某些事件的发生时間和地点,性質是多种多样的。(出版总署:《标点符号用法》第17頁)

⑦"坦白"(他很坦白。徹底坦白你的罪行),"健全"(組織很健全。健全組織)都既是形容詞也是动詞。(戈弋:《略談一詞多类》《語文知識》1957年11月号)

例⑥的情况,有些書上是用"黑体字"來表示的,例⑦有"。"、"."兩种,都是着重号,那是为了有分別而使用的。本書也是用的这种着重号,大家可参看前面的例子。

3.專名号用來表明文中的人名、地名、朝代名、国家种族名、机关团体名等,就是專有名詞都要加上專名号。例如:

⑧話說楊志当时在黃泥冈上,被取了生辰綱去,如何囘轉去見得梁中書?(《水滸》第十六囘)

⑨王三勝——沙子龍的大伙計——在土地庙拉开了場子,擺好了家伙。(老舍)

4.書名号用來表明文中的書名、篇名、雜志、报章的名称。例如:

⑩方今唯秦雄天下。(后漢書光武紀)(楊伯峻:《中国文法語文通解》)

⑪从后漢到晋是小学最发展的时期。接着仓頡篇,訓纂篇,后漢賈魴作滂喜篇,晋人合称三仓。(唐蘭:《中国文字学》)

— 137 —

(2)应該注意的几点：

1.省略号在句子中間的沒有問題,在句末的时候,是不是还标点呢？这个問題还沒有一致的作法,一般是省略号以后不再加其他点号,但也有用的,如鲁迅《藥》里"哼,老头子。""倒高兴……。"嘴里哼着說:"这老东西……。""你运气,要不是我信息灵……。"等都是加了句号的。这在將來規范化时也要有个明确的規定,我們暫时可照一般的用法。其次省略号表示列举不尽的时候,和"等等"的意思相同,因此用了省略号就不必再加"等"或"等等"字样了。

2.專名号在拼音文字里用不着,因为拼音文字的專有名詞的第一个字母用大寫來表示,漢字无所謂大寫小寫,所以想出來这么个办法。但是在印刷时又多費排印工夫,因此一般印刷品就省去不用,一般人寫作也就不常用了。可是在校点古書或翻譯的書,很有用專名号的必要,在报上1953年11月越南通訊有这么一句"敌人進攻和平是歼滅敌人的良机",不加專名号,誰知道"和平"是越南的地名呢。再举一古書的例子吧,《太平御覽》四百九引《向秀別傳》曰"秀与吕安灌園于山陽,收其余利,以供酒食之資。"这里"山陽"是地名,但也可以理解成"山之陽"。还有"他走進李德成衣店"是李德的成衣店呢,还是李德成的衣店呢,也弄不清楚。所以專名号还是有它的用处的。其次还有一个問題就是專名号的画法,是"張先生"呢,还是"張先生"？（王祕書、重慶市、中国百貨公司之类都是一样）說法不一致,有人主张前者,有人主张后者。我个人主张前面那个办法,因为"張先生"是一个名称不必拆开,假如"北京大学"只标北京作"北京大学",很容易使人誤会是指着北京所有的大学。再看我們学院的名称是"西南师范学院",怎样画

— 138 —

法？是"西南师范学院"呢，是"西南师范学院"呢，还是"西南师范学院"呢？大家一比較就可以知道哪种画法比較合理了。

3.書名号也和專名号情況一样，因印刷費事的关系而省略不用。但在一般書刊报紙，却用引号來代替，这不很好，因为引号的用法已經不少，再加上这項用法，更容易使人糾纏不清。現在好多書刊用《 》号來作書名号（本書也是用这种办法），这种办法比較好，既能表示出書篇名，在印刷方面也不增加困难，大家可以試用这种書名号。

5.194　关于标点符号的位置及其他　我們根据出版总署所規定的十四种标点符号（加上音界号就是十五种）都作了簡單扼要的說明，在这里不可能說得十分詳細，还有輔助性的符号如曳引号（﹏﹏）表示声音的延長和搖曳，星号（＊）劍号（十）等表示註釋，"×""□"等号表示隱諱或虛缺等，因为用法簡單不再專門作說明。我們弄清以上所講的，就能掌握标点标符号的用法了，細微的地方、活用的办法和更多的例句以及各种輔助符号的用法等，大家可參考專門講标点符号的小冊子，这种書是相当多的，但最主要的还在自己閱讀和寫作时多留心体会，那样就可以很快地很正确地掌握标点符号的使用法了。

底下我們再就总的方面談几項使用标点符号时应注意的技术性的事項，主要是有关位置的問題。

（1）在橫寫的文件里，点号不要点在格子的正中間，要点在格子的左下方。音界号要点在格子的中間。标号中破折号和省略号都要在格子中間，一般占兩个格子，着重号要点在字的正下方。一般書寫时，如有格子，每个点号都占一个格子。如沒有格子或在印刷时，一般是逗号、頓号、分号、冒号四种点号只占半个字的地位，句号、問号、感嘆号各占一个字的地位(直寫文件可以类推)。

（2）点号不能在一行的开头，也就是要緊緊跟着它所点的那句話的末尾，要轉行时，一定要用那句話末一个字一起轉行，不能只讓点号脱离开句子單独轉行。标号如破折号和省略号可以在一行的开头，引号和括号也可以在一行的开头，但前半个符号（即（和"）却不能單独放在一行的末尾，后半个符号，也不能單独在一行的开头。

（3）标题一般是不标点的，也要看情况。底下举几个《人民日報》的标题大家看一下：

① 为什么要用和風細雨的办法整風
② 工人說話了
③ 这是为什么？
④ 要有積極的批評，也要有正确的反批評
⑤ 使斗爭深入，再深入！
⑥ 繼續放手，貫徹"百花齐放，百家爭鳴"的方針
⑦ 文藝界对丁、陈反党集团的斗爭获得巨大勝利（大字标题） 陸定一、郭沫若、茅盾、周揚等在总結大会上作了講話（小字标题）

从这些标题中，我們可以看出，是詞組的不說，就是完整的句子，最后的句号也不用，如例②⑦，問号和感嘆号在着重的情况下要用，如例③⑤，在不着重的情况下可以不用，如例①，頓号要使用，如例⑦，句子長了也要使用逗号，如例④⑤⑥等。

練習二十九

标点下文：（按我們所講的來作，書名号可用《 》）

— 140 —

杜甫712 770比李白小十一歲他的創作活动主要在安史之乱前后他的重要作品都突出地表現了唐朝从繁荣到衰落的社会面貌反映着人民的苦难和愿望杜甫二十歲到三十五歲曾在江浙山东等地漫游也参加过科举考試并且同李白交游三十五歲起他在長安住了十年虽然曾得到一个小小的官职却連妻子也不能养活更談不上致君堯舜上再使風俗淳了他看到玄宗窮兵黷武給人民造成苦难寫了兵車行看到楊国忠兄妹炙手可热的权势寫了丽人行安史之乱的前夕他已深深感到日益顯著的社会矛盾寫了偉大的詩篇自京赴奉先縣咏怀五百字寫出他窮年憂黎元嘆息腸內热的痛苦情緒也揭示了朱門酒肉臭路有冻死骨的尖銳的階級矛盾現象表現了詩人对国家前途和对人民生活的深切关怀

第六编

修 辞

第二章 用　　詞

詞的感情色彩和語体色彩

6·6　詞的感情色彩　"詞除了詞汇意义和語法意义之外，还可以有修辞色彩。也就是詞还可以表現出說話的人对所說明的事物或現象的不同态度。"（林裕文：《詞汇、語法、修詞》第82頁）詞的感情色彩，就是說話人通过所用的詞，可以表現出他对所說的事物不同的感情。表現的感情可能是多种多样的，一方面是贊成、羡慕、爱憐、頌揚、夸獎等，一方面是反对、鄙视、憎恨、咀咒、批判等，但归結起來可以是兩大項，就是：爱与憎。

不是語言中所有的詞都带有感情色彩，有很大一部分詞是不附有感情色彩的：虛詞中如介詞、連詞、时态助詞等，实詞中如太陽、房屋、电灯、河流、樹木等（名詞），你、我、誰、这个等（代詞），討論、研究、跑、跳等（动詞），紅、大、暖和、平坦等（形容詞）都沒有感情色彩。有些詞本身就带有感情色彩：感嘆詞是表示感情的，当然带有感情色彩，一部分語气助詞也有；实詞中如：英雄、模范、

— 160 —

高尙、純潔、坚定、偉大、鑽研、慈祥等帶有爱的感情色彩；流氓、右派、卑鄙、龌龊、狹隘、自私、軟弱、渺小、糜糊、蛮横等帶有"憎"的感情色彩。有些詞本身沒有感情色彩，变化以后就有了，有些詞因为上下文的关系也就附有感情色彩了。底下分別談一下。

（1）一部分詞儿化以后，就帶有爱的感情。龍果夫敎授說："在漢語中，跟在其他語言中一样，小称意义常常跟爱称意义交錯，前者常常轉化为后者。"(《現代漢語語法研究》（四）《中国語文》1955年4月号)"小称"是說小的东西，在漢語里大都要儿化；不是小的东西也儿化，就表示"爱称"了。"北京話儿音綴說起來显得甜脆生动，非常漂亮。所以'儿化'的詞能把感情表現出親切愉快。'子'詞尾就沒有这个作用，相反的，有时倒流露出厌惡的情緒。就拿'小孩儿''老头儿'作个例吧，'老头儿'、'小孩儿'显得親切，'老头子''小孩子'总有点儿不耐煩跟很厌惡的意思，比方說。'糟老头子'。再說'头儿'可以作首領的尊称，象'赵头儿''李头儿'；'头子'只能在反动头子'跟'特务头子'一类詞里出現。要說'儿'是爱称的話，'子'就是憎称了"。（陆宗达等：《現代漢語語法》上冊第61—62頁）倒不一定因为北京話儿音綴甜脆生动，非常漂亮才能表示爱的感情，倒是因为要表示爱的感情，才使这个詞"儿化"。例如：

①殺好了腰，再穿上肥腿〔儿〕白裤〔儿〕，裤角〔儿〕用鷄腸子帶儿系住，露出那对"出号"的大脚！是的，他无疑的可以成为最出色的車夫。（老舍）

②小小子儿，坐門蹾儿，哭着喊着要媳妇儿；要媳妇儿干甚么？点灯說話儿，吹灯作伴儿，明儿早晨起来梳小辮儿。（北京儿歌）

例①作者沒有把"儿"都寫出來(寫文章常常因为省事，不寫出所有

— 161 —

应該寫出來的"儿"），我們朗讀时，一定要把"肥腿""白褲""褲角"等儿化才調和，这是駱駝祥子自己在贊美自己，所以这几个詞都要儿化。例②都是"儿化"的。大家可以試一下，假如不儿化，甚至加个"子"，例①說成"穿上肥腿子白褲子，褲角子用鷄腸帶子綁住，露出那对出号的大脚"，例②說成："門墩、媳妇、小辮子"等，表示的还是爱的感情嗎？

單音形容詞，加迭音（如黄亮亮等），再儿化，也表示爱的感情，例如：

③她們端起碗來，想不到碗里是赶得細溜溜〔儿〕的白面条〔儿〕，一股香噴噴〔儿〕的油炸葱花〔儿〕的味儿，直鑽鼻子。（袁靜等）

另外象"紅朴朴儿的、綠油油儿的"等都表示爱的感情。 象"臭烘烘、乱糟糟、陰沉沉、气冲冲"等就不能儿化，就不是表示爱的感情了。

（2）形容詞重迭以后，"AABB式"表示爱的感情，有时也表示憎的感情，"A里AB"式只表憎的感情（可复習本書第三册第124頁）。这里每种只举一个例子。

④但我却从來沒有看見过她有一毫勉强慌张的态度、忽忙憂倦的神色，总是喜喜欢欢、从从容容的。（冰心）（表示爱的感情）

⑤为什么一定要寫得那么長，又那么空空洞洞的呢？（毛澤东）（表示憎的感情）

⑥你看你那眼直瞪瞪的，喝得胡里胡涂的样子！ 我眞有点看不下去。（曹禺）（表示憎的感情）

— 162 —

（3）詞的本身帶有感情色彩的，我們也舉兩个例子，一个表示愛，一个表示憎。

⑦魯迅是在文化战綫上，代表全民族的大多数，向着敌人冲鋒陷陣的最正确、最勇敢、最忠实、最热忱的空前的民族英雄。（毛澤东）

⑧空話連篇，言之无物，还可以說是幼稚；裝腔作势，借以嚇人，則不但是幼稚，簡直是无賴了。（毛澤东）

例⑦中的"正确、勇敢、忠实、热忱"等都是本身帶有愛的感情色彩，連"冲鋒陷陣"这个成語，"民族英雄"这个詞組都是一样。 例⑧中的"幼稚、无賴，"和成語"空話連篇、言之无物、裝腔作势"和詞組"嚇人"，都是本身帶有憎的感情色彩的。

（4）詞的本身并不帶感情色彩，擱在一定的上下文里就有感情色彩了。介詞"連"，代詞"那么"，副詞"还"等本沒有感情色彩，如："你連这个也拿去吧"，"那么說，咱們就不必去了。""他还有一張紙可以用"等。但在下面这些句子里就有感情色彩了。

⑨你怎么連人造衛星都不知道？（憎——鄙視）

⑩这么大的人，拉上那么美的車……車箱是那么亮，墊子是那么白，喇叭是那么响；跑得不快怎能对得起自己呢，怎能对得起那輛車呢？（老舍）（表示愛）

⑪我們有些同志欢喜寫長文章，但是沒有什么內容，眞是"懶婆娘的裹脚，又長又臭"，为什么一定要寫得那么長，又那么空空洞洞呢？（毛澤东）（表示憎）

⑫他到这时候，怎么还不來呢？（憎——埋怨）

这只是舉例，大家可以类推。还有如"命令、支配、服从"等本沒有感情色彩，但是在"强迫命令"、"任意支配別人作事"、"盲目服从"

—163—

这些語句中,就有感情色彩了。

(5)在特殊用法里,爱憎这兩类詞可以轉化。例如:

⑬卽使所举的罪狀是眞的吧,但这些事情,是无論那一个"友邦"也都有的,他們的維持他們的"秩序"的監獄,就撕掉了他們的"文明"的面具。(魯迅)

⑭美帝国主义和蔣介石賣国集团向我們說:我国应当囘到殖民地和封建統治的老路上去。据說我国人民正处在"黑暗生活"中,他們应当來"解放"我們。(刘少奇)

例⑬的"友邦""文明",例⑭的"解放"都是表示爱的感情的詞,但在这里却意味着它的反面,"黑暗生活",也是反面的。另外如"叛逆、背叛"是表示憎的感情的,但在«三个"叛逆"的女性»(郭沫若著),"'背叛'了他原來的階級(資产階級)"等語句中,却又表示贊美了。

还有一些詞本身沒有感情色彩,引申义却有了感情色彩,例如"長、短、深、淺"这类形容詞,說物的長短,水的深淺沒有感情色彩,但說"这个人'手長'"(好偷东西的意思),"他見識短","这个人胸有城府,深不可測","他資格淺,学識也淺"等就都有感情色彩了。

总之,辨别詞的感情色彩,除了一部分詞本身帶有明顯的感情色彩以外(还要注意它的特殊用法),另外的必須通过一定的上下文和說話的語气,才能判断它帶有什么样的感情色彩,孤立的來看就不能肯定了。

最后,我們应該談一談同义詞的不同的感情色彩。我們所說的同义詞,包括等义詞和近义(或义近)詞兩种。等义詞除了不表示任何区别的等义詞,如暖水瓶、热水瓶、暖壶这类,应該是规范化的对象以外,大多数适用于不同的語体,如氯化鈉(食鹽)之类(見

— 164 —

后)。至于义近的那种同义詞,常常可以表現不同的感情色彩,比如"詳細"和"罗嗦","儉省和吝嗇""規矩"和"拘謹","批評"和"駁斥","忠告"和"警告"等等,却有明顯的爱憎的区别,不能随便乱用。我們在本書第二冊講同义詞时已經提过一些,这里不再詳細举例說明了。

6·7 詞的語体色彩 在《初中漢語敎学大綱(草案)》修辞学部分列有"詞的文体色彩",这里的"文体"和我們所說的"語体"意思一样,为了避免和"文章体裁"发生混淆,所以用为大多数人所采用的"語体"这个术語。在第一章采取林裕文先生的建議,把語体分为五种,就是政論語体、科学語体、文藝語体、公文語体、口头語体。詞的語体色彩就是指某种語体所专用的那一些詞,因为这些詞僅僅用于某种語体,或者常常用于某种語体,所以这些詞就帶有某种語体的色彩,这些詞就叫专用詞。这几种語体也有通用的一些詞,如虚詞和实詞中的代詞、数詞和大部分名詞、动詞、形容詞等,这些詞就叫通用詞。实詞中帶有語体色彩的以名詞为最多,动詞、形容詞也有一些,不多。底下就这五种語体來分別談一下。

(1)政論語体 这种語体包括政治理論方面的一些著作,报紙上的社論,有关政治会議的宣言,告△△△書,以及政治学習的报告,座談会上的发言等都屬于政論語体。我們拿毛主席《星星之火,可以燎原》那篇文章的前几段作例,看看政論語体专用的或常用的一些詞語。(不只是詞,連詞組也要算進去,因为有时只一个詞看不出色彩來。)

①时局 革命高潮 流动游击 紅色政权 建立政权 政治影响 爭取羣众 武裝起义 紅軍 大革命 帝国主义 半殖民地 統治階級 長期混战 統一的政权 農民問題

— 165 —

農村起义　工農民主政权　游击隊　白色政权　无产階級領導　農民斗争　最高形式　土地革命　人民武裝　鄉赤衞隊　区赤衞大隊　縣赤衞总隊　地方紅軍　正規紅軍　反动統治階級　革命急性病　主观力量　主观主义　盲动主义　政治形势　社会經济組織　政权　武裝　党派　爆发革命　发展的可能性　必然性　五卅运动　割据　蔣桂战争　"会剿"　蔣桂馮混战　反革命潮流　革命潮流　地方党……

这些詞語不大在其他語体中出現，現在报上常用的一些詞語如：游行、示威、抗議、联合国、自决权、会談、軍事援助、联邦党、民主党派、执政党、在野党、投票、选举、競选、政变、鎭压、五項原則、和平共处……都是政論語体中專用或常用的詞語。

（2）科学語体　这种語体可以分成專門的科学語体和通俗的科学語体，專門的如科学研究的著作、論文，通俗的如專为工農大众講解科学方面知識的小冊子，报上"科普"所办的副刊之类。这种語体的專用詞，以术語为最顯著，通俗的科学語体，尽量少用术語，或是用比較通俗的詞來代替。我們也举两个例子：

②仪器　实驗語音学　顫动数目　齒輪发音器　濁音計　輔音　帶音　漸变高声管　声調　音高　音長　調类　发音体　音階　共鳴筒　音質　乐音　假顎　浪紋計　电流发条　音鼓　受音器　收音口罩　鼻球　声帶斗　电流音叉　頻率　音筆　絕对音高　声調推断尺……（周殿福：《介紹几种簡單的語音学仪器》《中国語文》1954年11月号）

③字、字眼（詞）　字眼离开寫（詞儿連寫）　完全句　半截話（詞組）　无头句（缺主語句）　无尾句（缺謂語句）　名詞　动詞　代詞　形容詞　副詞　介詞　連接詞　語气詞　感

— 166 —

嘆詞詞尾　主語　謂語　附加語　及物动詞　宾語　連环句　包孕句……（曹伯韓：《語法初步》《学文化小叢書》工人出版社）

例②是关于語音学方面的論文，它的对象是具有一定科学知識的人，是專門科学語体一类；例③是通俗讀物，用的术語比較少，而且在最初的时候，用通俗的詞語來講解，如"字眼""半截話"等。

（3）文藝語体　这种語体所用的詞多半是通用的詞，表现这种語体色彩的地方，多在詞的运用上面（即用各种修辞手段所表現的修辞效果）。例如：

④背上的压力往肉里扣　它有泪只往心里咽　眼里飄來一道鞭影（臧克家：《老馬》）

⑤当我帶着夢里的心跳　把黎明叫到了我的窗紙上　你真理一样的歌声　走進了地上的惡夢　歌声象夜天空的星星　象若干只女神的手　一齐按着生命的鍵　美妙的音流从綠樹的云間　从藍天的海上　汇成了活潑自由的一潭　把宇宙从冬眠的床上叫醒　寒冷被踏死了　到处是东风的脚踪　青山添了媚眼　草木开出了青春的花朵　大地的身子应声酥軟　蟄虫听到你的歌声　揭开土被　我的喉头上鎖着鏈子（臧克家：《春鳥》。以上《臧克家詩二首》《初中文学課本》第三册第185頁）

⑥水是綠油油的　鏡子一样的水面　这里那里起了几道皺紋或是小小的渦旋　倒影在水里的泥岸和岸边　成排的桑樹都揉乱成灰暗的一片　一弯一曲地蠕动　象是醉漢　終于站定了　那拳头模样的極枝頂小手指那么大的嫩綠叶　现在是桑樹的势力　似乎那"桑拳"上的嫩綠叶过一秒鐘就会長大

— 167 —

一些(茅盾:《春蚕》里的一小節《初中文学課本》第四册第136頁)

我們看帶着重号这些詞,都是通用的詞,但一經作家运用,就帶有文藝語体的色彩。如例⑤里的"黎明""叫""窗紙"都是通用的詞,但"把黎明叫到了我的窗紙上"就是詩的語言,其他种語体里不会出現这种用法;例⑥里倒影象"醉漢","站定"了,嫩綠叶"过一秒鐘就会長大一些"等都是文藝語体里所特有的說法。其他各詞語都是一样,可以类推。我想这就是詞在文藝語体里所表現的色彩。

(4)公文語体 公文,一般指国家机关、羣众团体以及人民三者相互間,因处理公务表示意思,按照一定格式所作的一切文书。在解放前,公文有一定的程式,用語也很嚴格,"下行"(上級对下級或人民)用"訓令""指令"、"令"、"布告"、"任命狀"、"批示"等,用語有"具报"、"令仰遵照"、"切切此令(此布)"等;"平行"(同級)用"咨"、"公函",用語如"准"、"相应"、"函达"、"至紉公誼"等;上行(下級、人民对上級)用"呈",用語如"窃維"、"奉令前因"、"实为德便"、"謹呈"等。同样意思;有嚴格区分,如:"下行"說"等情,据此","平行"的說"等由,准此",上行的就得說"等因,奉此"。这一套完全因襲封建社会官僚臭架子,官吏压迫平民的那一套。解放后,这一套完全取消了,实事求是有什么說什么,但这种語体终究还有它的專用語,行政机構还是有上下級的区别,下級对上級还是要"报告","請示",上級对下級也要"指示""批准"等。另外如会議記錄,議决案,报上的啓事,公告,政府的布告,开会的通知……凡是以前所謂"应用文"的范圍,都是公文語体。我們从报上抄一些这种語体的專用或常用的詞語:

— 168 —

⑦号召 决议 批准 报告 宣布 免除 任命 撤銷 撤換 罷免 处理 通知 指示 規定 处分 責成 所屬 單位 执行 有关部門 領導 法令 声明 建議 通告 作廢 革命敬礼 协定 任务 任期 职权 总結 預算 决算 審查 解釋权 执行委員会 章程 組織 宣傳 印鑒……

另外在詞的运用方面，也有和其他种語体不同的，如"应当切实加以劝阻"，"不得随便开发証明信件"，"一律不得擅自招用工人或者臨时工"，"依法予以刑事处分"，"嚴禁无票乘車"，"不要对城市生活作夸大的宣傳"，"以上指示，希望各級党委，地方各級人民委員会研究执行"，"应当將这一指示轉发到鄉，幷且組織干部討論貫徹执行"……（中共中央、国务院：《关于制止農村人口盲目外流的指示》）

（5）口头語体 这种語体本來是和"書面語体"对称的，是指在說話时所常用的詞語，一般是不大在書面語言里出現的。这里是指在書面語言运用口头語言的作品，如民間文学、口头創作以及戲劇小說里的一些对話。一般是非常通俗，比較粗野，帶些方言色彩，甚至有不合規范的詞語等。例如：

⑧春旺在鹿大哥家待（呆）了几天，人家招待得可沒說的，上頓魚下頓肉，頓頓飯有酒，越待越好，就和鹿大哥拜了仁兄弟俩。这一天春旺想起他娘來了，非要家走不可。……春旺接过小筐，兩眼泪汪汪地不爱走，鹿大哥說"走哇、，往后你管有什么困难，來到这里咋呼一声'鹿大哥'，我就馬上來了。"（《春旺和九仙姑》《民間文学》1957年9月号）

⑨花子队，下了鄉，渾身上下全武裝；馬背駝着錢搭子，

— 169 —

手里拿着大烟槍，大皮帶系腰上。得抽就抽，得裝就裝；誰要敢反抗，皮帶底下見閻王。(《花子隊下了鄉》《遼宁民歌》《民間文学》1957年7月号)

⑩刘喜："脱了褲子放屁，多費一道手！""别卸（謝）啦！套着喂吧！""去他娘的吧！淨蔣介石的欺騙宣傳！""草！……我也揀点洋落儿！""別扯鷄巴蛋啦，别当狗熊就行！""要叫人看見了，别說汇我的报，就是來兩句挂刺激性的話，我就喰不住。別看这老总楞头青，可还有点子小資产，臉皮子推家的薄，叫人家看見了鬧个大紅臉不說，敢許來一家伙隊前批評唔的！唉！那时候我这小臉儿就算抬不起來啦。"（胡可：《喜相逢》）

⑪"搞到我名下來了！"他（么吵吵）顯得做作地打了一串哈哈，"好得很！老子今天就要看他是甚么东西做出來的？人嗎？狗嗎？……""你怕我是聾子吧，"么吵吵簡直在咆嗟了，"去年蔣家寡母子的儿子五百，你放了；陈二靴子兩百，你也放了！你比土匪头儿肯大个子还要厉害。錢也拿了，腦袋也保住了，——老子也有錢的，你要張一張嘴呀？"（沙汀：《在其香居茶館里》）

以上我們把詞的語体色彩，各种都举例談了一下。現在关于語体的研究还是"空白"，我們知道詞是有語体色彩的，各种語体都有專用或常用的詞，表現出不同的語体色彩，閱讀或寫作时注意这一点就行了。

另外，还要注意：（一）通用詞和專用詞的界限也不是非常固定的，固然有些是專用詞，但也有一部分几种語体共用甚至有轉成通用詞的。如政論語体包括得相当广泛，一篇社論談思想改造，难

— 170 —

免就涉及社会科学方面的詞語,如世界观啦、唯心論啦、主观、客观啦等,談发展農業时,也要涉及農業科学方面一些术語。雜文是政論,象魯迅的雜文也是文藝,这是政論和文藝混同了:这是一方面。我們在講詞汇时說到行業語和术語被吸收到普通話里的情形,如"动員""战斗""毒素"等(复習本書第三册第118頁)那就是專用詞轉成通用詞了:这又是一方面。(二)同义詞里面的等义詞,无論是專用詞或通用詞,它們作用的区别大都在語体色彩方面。媽(或媽媽),娘,母親是等义詞,並且都是通用詞,"媽(媽媽)"适用于口头語体或文藝語体的对話中,有親切意味,"娘"和"媽"情形差不多,但帶有方言色彩;母親用在文藝語体和科学語体中,有鄭重意味。蘭尾炎和盲腸炎,氯化鈉和食鹽等,前者适用于科学語体,后者适用于口头語体。逝世和死,撫养和养活,誕辰和生日,遵循和按照等,前者适用于政論語体或公文語体表示庄重嚴肅的意味,后者适用于口头語体或文藝語体,沒有那些意味。玉蜀黍和棒子、包谷,拖拉机和鉄牛、洋犁等,前者适用于科学語体,后者是方言詞适用于口头語体,(方言詞除了必要时(如描寫說話人的特点等)在对話中加以适当的运用,难懂的还要加上注解,普通敍述不能濫用方言,这要注意。)外來語除了已經是通行詞的以外,大多用在科学語体和政論語体,其他的語体不常用。

詞 的 配 合

6.8 詞义的配合 每个詞都有它的詞汇意义,但詞的意义是比較复雜的。我們在第二册講《詞义》时已經知道,詞有單义詞、多义詞,多义詞又有比喻义和引申义;还有同义詞、反义詞等。我們說話或寫作,要在这无比丰富的詞汇中,选擇最适合于表达我們所要表达的意思的詞儿。在学生作文本子上常发现有"用詞不当"、"辞不达意"的批語,也常听見"可以意会,不可以言傳"的說法,其实这都和选詞有关。因为"一个詞如果不是生造出來的,它本身是无所謂当与不当的,只有把它放在特定的上下文里,才会发生当或不当的問題"。(«語法修辞講話»第57頁)"意"都能用詞"达"出來,所謂"詞不达意"还是沒有选擇好适当的詞,孤立的看一个詞,不发生能"达意"或不能"达意"这个問題,用对了就能达意,用不对就不能达意。任何事物或道理,只要認識清楚了,自己眞正明白透徹了,按說是不会发生"只可意会不可言傳"的情况的,問題还在是否找得出恰当的詞來表达你的意思。所以詞义的配合很重要,配合得好,以上的毛病都能避免。詞义配合的标准:第一要明晰,第二要确切,第三要簡潔。底下分別談一下。

(1) 明晰 明晰的反面是晦澀,想避免晦澀,作到明晰,必須对詞义了解得深透,对詞性掌握得确实;再一方面是詞和詞組合以後,它們的关系要非常清楚,不能发生歧义或令人誤会。

先談詞义方面,这里包括对詞义的誤解,詞性錯誤等。例如:

①凡史坦因所漏网未取的东西,他都一古腦儿捆載而去。(报)(«語法修辞講話»例)

②"干嗎要輪呢,你有空也可以扫嘛!"不扫地的那位同学顯然有点儿惱火。(报)

③我提出这項建議,遭到很多人的反抗。(报)

例①"漏网"不要,应該用"遺漏";例②"惱火",原是方言詞被吸收到普通話里,应該寫"老火",是"够受""困难"等意思,沒有"惱怒"的意思,这里該用"生气"(或"发火");例③是关于同义詞方面的,受到侵略或压迫要"反抗",不贊成別人提議,只"反对"就够了。另

— 172 —

外对于一些成語的誤寫，如"惱〔老〕羞成怒"，"归根結蒂〔柢〕""变本加利〔厉〕"等都是因为不了解意义而造成的錯誤。其次是詞性沒有弄清楚。例如：

④它是我們所喜欢或可惡的，是古的或今的等，都能使我們知其一不知其二。（报）

⑤道家中以老子和后起的庄子最为代表。（报）

⑥表面拥护社会主义，背后又想复辟资本主义。（报）

例④"可惡"是形容詞，这里用成他动詞，应該用"厭惡"（"討厭"也可以）；例⑤"代表"是动詞（或名詞），这里却用成形容詞，应改成"突出"（或改成"最有代表性"）；例⑥的"复辟"是自动詞，这里用成他动詞，只能說"使資本主义复辟"，不能說"复辟資本主义"。复辟是动宾式合成詞，这种合成詞除极个別的詞以外，一般不能当作他动詞，前面"漏网"也是一样。語文雜志，《語文短評》一类的东西，常常指出、批評这方面的現象，但报章雜志中还是不断地出現。这和語法有关系，但从修辞角度上來看，就造成不明晰的后果，大家应該注意。

詞和詞的配合，有的是各成分間不相适应的，有的是詞跟詞間的关系非常模糊的。例如：

⑦人民空軍的雄姿第一次在祖国的天空飛翔。（呂叔湘例）

⑧这班人在全国资产阶级右派的猖狂進攻中扮演了骨干作用。（报）

⑨其任务就是为替馬哲民看攤子。（报）

⑩林錦珠今天的成績，比他不久前……創造的56秒的紀錄，要慢了半秒鐘。（报）

— 173 —

⑪現在必須弄清楚一下,这个詞素在什么情况下……(刊物)

⑫我們不知道清楚。(書)

例⑦的"雄姿"不能"飛翔",是主語和謂語不相适应。例⑧"作用"如何"扮演",是动詞和宾語不相适应。例⑨"为"跟"替"重复了。例⑩"要"跟"了"矛盾,要么說"要慢",要么說"慢了"都行。例⑪補語后面不能用动量詞。例⑫否定詞要在補語上,还要有助詞"得",說成"知道得不清楚"才行。("知道不清楚"也行,不如有"得"字習慣些)

⑬長沙在衡陽的北边,漢口在長沙的北边,这是一个很重要的都市。(張环一例)

⑭語言是交际和交流思想的工具、武器。(書)

例⑬的"这"究竟指那个都市呢?看不出來;例⑭本來意思是"交际的工具"又是"交流思想的工具",但这样一來好象是"交际和交流思想",思想如何交际呢?其他如定語跟中心語的关系,事物的比較和跟時間数量等关系等,我們不再举例說明了。这些在寫作時必須交代得明明白白,叫别人看了一目了然,这才能达到明晰的目的。

还有一种情况是說話人有意不說明晰,比如你上街回來,有人問:"干什么來着?""買了些零碎东西。"这就不明晰,"零碎东西"究竟是些什么东西呢?看見你有塊香皂,問:"好多錢?""好几角"。"几角呢?""五角多"。"多多少呢"?"五角四分"。假如一下告訴別人"五角四分"不是非常明晰嗎?再有一种情形是作者故弄玄虛,放着很恰当的詞不用,要拐弯抹角,耍耍詞令。例如:

⑮作者筆下这种人物缺乏最低限度的責任心与对正义的

— 174 —

荣辱感。"(报)(吕叔湘例)

⑯团的中心联络站坐落在一所大溪内一个地窟里。(翻译书）

例⑮說"正义感"又现成又清楚,却說成"对正义的荣辱感",弄得讀者莫明其妙。例⑯說"在大溪旁边一个地窟里"有多明白,却拐弯抹角說"座落"、說"一所大溪內",反倒不通了。"大溪"怎么論"所"呢,"大溪內"怎么有地窟呢？是不是孙悟空的"水帘洞"或老龍王的"水晶宮"呢？

总起來說,我們要收到明晰的效果,要把詞义,詞性先弄清楚,沒有把握的不要乱用,要查查字典問問別人；寫出文章以后要看看詞和詞配合得恰当不恰当,寫作态度要老老实实,不要拐弯抹角,不要故作高深,有什么說什么,該怎么寫就怎么寫,这样自然就会明晰。我們只能簡要地談一下,希望大家能多看«語法修辞講話»和典范的作品,对如何就寫得明晰是会有帮助的。

（2）确切　确切的反面是含混,避免含混就确切了。初步要求是恰当,再進一步的要求就是"警辟"了。这項和对同义詞的選擇关系极大。在本書第二冊講同义詞时引用福楼拜尔那段話(第103頁)非常重要,所以我們寫作时千万不要怕难,不要偸懶,要把我們要用的最恰当的名詞、动詞、形容詞等找出來,虽然不必象古人"語不驚人死不休",但也要有"語不确切不罢休"的精神。我們先來看恰当与否的例子：

⑰華依一看,他面前又从水里浮起了那匹巨大的黑色的鯨魚,头上有梳子似的鯨冠,不是一匹普通的鯨魚,而是一匹眞正的鯨魚。(書)(張环一例)

⑱伊薩柯夫斯基的抒情詩充滿了积极的意义,并富有强

— 175 —

度的幽默感。（書）

⑲藝术家，在运用語言时应該都是很狡猾的。（期刊）

（以上二例，摘自《語文知識》1957年2月号）

这类例子和"成分不相适应"的情况差不多，不同的地方在于成分不相适应的是"不通"，这种是"不妥"。例⑰"普通的"鯨魚就是巨大的，旣然是鯨魚，还有什么"眞正的""伪裝的"区別嗎？假如强調"大"，可以說"而是一匹'特別大'的鯨魚"。例⑱"强度的"不如說"高度的"或"强烈的"好些。例⑲說藝术家"狡猾"很不妥，因为"狡猾"是貶义詞，应該用"巧妙"。这也和詞的感情色彩有关了。

再進一步就要要求"精当"，就要达到"警辟"的地步了。一句話往往因为一个詞选擇得极精当，就非常生动，造成"警句"。古人对这方面非常注意，我們从《筆記》《詩話》一类著作中引两个例子：

⑳王荆公絕句云："京口瓜洲一水閒，鍾山只隔数重山。春風又綠江南岸，明月何时照我还？"吳中士人家藏其草，初云"又到江南岸"，圈去"到"字，注曰"不好"；改为"过"，复圈去而改为"入"，旋改为"滿"，凡如是十許字，始定为"綠"。（《容齋續筆》卷八）

㉑陈舍人从易……偶得杜集旧本，文多脫誤，至《送蔡都尉》詩云："身輕一鳥□"其下脱一字，陈公因与数客各用一字补之：或云"疾"，或云"落"，云"起"，或云"下"，或云"度"，莫能定。其后得一善本，乃是"身輕一鳥过"。陈公歎服，以为虽一字，諸君亦不能到也。（《六一詩話》）

其他如賈島"鳥宿池边樹，僧敲月下門"的"敲"，又想用"推"，碰見韓愈，代他决定"敲字佳"（見《詩話总龜》）。范仲淹《嚴先生祠堂記》的歌中的"先生之'德'"，由李泰伯改成"先生之'風'"（見《容

— 176 —

齋五筆》)。这是大家都熟悉的故事,不再抄原文了。我們从这些例子中就可以看到古人如何重視"煉字"了。这就是用非常負責的精神來对待作品中的詞,一定要选出最确切的詞方罢休,这种精神是值得我們学習的。

现代的新文学家对这方面也很注意。例如:

㉒青松和大海,鴉背馱着夕陽,

　黃昏里織滿了蝙蝠的翅膀。(聞一多:《口供》)

　你看太陽象眠后的春蚕一样,

　鎮日吐不尽黃絲似的光芒;(同上,《你看》)

　春光从一張張的綠叶上爬过。(同上,《春光》)

㉓黃昏已撒下了朦朧的黑网,

　大地上一片冷的雪光。

　那儿飛來的歌声,

　碰得我們的耳朵响;

　那声音叫玻璃窗縫

　挤得低弱而渺茫。 (臧克家:《偉大的交响》)

㉔但很象久餓的人見了食物一般,眼里閃出一种攫取的光。 眼光正象两把刀,刺得老拴縮小了一半。 中間歪歪斜斜一条細路,是貪便道的人,用鞋底造成的。 楊柳才吐出半粒米大的新芽。 一絲发抖的声音,在空气中愈顫愈細。(魯迅《藥》)

我們看例㉒"鴉背馱(駄)着夕陽"这个"馱","黃昏里織滿了"这个"織"多么确切,多么生动,假如說成"夕陽晒着鴉背","黃昏里到处是蝙蝠",意思还是表现了的,那就平淡无奇、索然无味了。高尔基說:"工人階級不需要粗制濫造的作家。你們彼此对工作要更加嚴肅,对語言的純潔和明确要更加嚴格,沒有明确的語言,就不可能把思想明确地表达出來。"(轉引自張环一《修辞概要》)我們写作时要常常想到他对我們的教导。

（3）簡潔　簡潔的反面是冗赘、罗嗦。簡潔是指一句話能說清楚的,絕不說两句話;兩个詞能勝任的就不用三个詞;說一遍大家都明白了,絕不重复第二次。至于道理深、事情复雜需要詳細說明的,当然要詳細說;一个詞不能省,省了就会发生歧义或誤解的,一定不能省;这都不在簡潔的范圍,这里不談,大家要弄清楚。

說話写文章,一般人最容易犯冗赘罗嗦的毛病,有的是坏習慣,总不愿意"开門見山"干干脆脆地來談問題,大多从"盤古氏开天辟地"講起,繞老半天弯子才落到本題上。有的是"好心腸",生怕听众或讀者听不清楚看不明白,因此罗罗嗦嗦反过來倒过去的說,其实别人早已厭煩了。还有的是"无病呻吟",不管怎样,照样來一套,应該不应該說,一点也不考慮。我們举一些例子:

㉕学校附近有一条小河,流水常年不停。(習作)

㉖我的舅母——我表姐的母親,也就是我母親的嫂嫂,在門外热情地欢迎我們。(習作)

㉗所謂职业翻譯工作者实在是一个不太容易而相当困难的职業。(期刊)

㉘苏联是一个注意教育的国家,对于教育儿童的事情当然不会忽略的。看了这本小冊子,就可以知道,他們对于儿童的事情,非但不会忽略,并且还極注重。(稿)(以上两例見《語

— 178 —

法修辞講話»）

例㉕后面一句话是多余的,旣然是"河"(有时有水，有时沒有水就不能叫"河"了),那有不常年流水的呢？例㉖更明顯,用不着解釋,尽人皆知。例㉗"不太容易"和"相当困难"沒有区别,不能同时用。例㉘是个罗嗦的例子,"看了这本小册子，就可以知道苏联是一个注重儿童敎育的国家"。(見該書改正句)兩句话就說明白了,干脆利落,这才叫做簡潔呢。另外如"是和自己平时艱苦地積累資料是分不开的","这是目前世界上唯一的一个防老研究所","一陣徵微的小風吹來,碧綠的青草也擺动起來了"等,都是因为粗心,使那些有着重号的詞重复了。我們不再举例,大家可参看«語法修辞講話»第五講«堆砌»、«重复»、«煩冗»那几段,語文雜志一些批評这类現象的語文短評如石透紅等的«重复»、朱伯石«習作中的拖泥帶水»等文。(«語文学習»1957年8月号)

毛主席在«反对党八股»这篇文章中,指出"党八股"的八大罪狀,第一条"空話連篇,言之无物",就是針对不簡潔这种現象來說的。魯迅先生說:"寫完后至少看兩遍,竭力將可有可无的字、句、段删去,毫不可惜。"(«答北斗雜志社問»)托尔斯泰說:"无憐惜的删去一切多余的成分,一个多余的字也不要,一个形容詞勝于兩个；如果可以的时候，把副詞和連詞都删了去。把一切爛汚塵芥都揚出去,把水晶体上瑕斑磨了去,别怕語言是冰冷的,它发着光呢！"(轉引自«修辞概要»)我們要时刻記住这些话。

总之,拖沓累贅是一般人常犯的毛病,必須注意糾正。糾正的方法,最基本的是培养良好的語言習慣,每逢講話就要考慮避免重复罗嗦的詞句,寫作时就可以作到簡潔了；其次非必要时,避免使用过长的句子；更重要的是养成認眞修改文稿的習慣,要反复地讀,再三斟酌,把多余的字句删去。一般人都有这种心理,自己認为必要的東西才寫出來,寫出來就不愿"割爱",遇必要時讓其他同志給提提意見,別人認为多余的,就要坚决"割爱",这样会更好些。

6.9　色彩的配合　在前面講"詞的感情色彩"时,已經說过詞儿有的本身就是具有感情色彩,有的本身沒有感情色彩,变化后或在一定的語言环境和上下文里也就有了感情色彩。那是从词的角度來談的,现在从使用这个角度來談这个問題,就是在什么样的情形下,怎么样使这些帶有感情色彩的詞配合起來,表达作者所要表达的各种感情。这个問題相当复雜,以前也很少有人在这方面系統地談过,底下参考一些零星材料,簡略地概括地談一談这个問題。

（1）表現各种感情时色彩的配合：这里先总括地談一下,作者在表現各种各样的感情的时候,选擇哪些詞來配合,包括儿化、重迭和詞的活用等等,以前沒有談过的談得比較詳細点儿,前面說过的提一下就是啦。

1.名詞儿化,除了眞正表示"小称"的以外,大多表示"爱称",所以我們描寫喜爱的東西的时候,注意使用儿化的名詞(当然不是所有的名詞都要儿化)。一般作品該儿化的詞沒有寫出"儿"的情形很多,我們在朗讀时一定要儿化,否則就不能表現出喜爱的感情來了。可参看前面儿化的例子,这里不再举了。

2.动詞重迭,除了短暫和試一下等意义以外,在語气上比較和緩委婉些,可以把帶命令的語句变成商量或請求的語句,例如"你去送送他"。(有"吧"就更明顯)"送他干什么?他又不是不認得路。"第一句口气委婉(如果說"你去送他!"就是命令口气),第二
— 180 —

句就有些不客气。我們为了避免說話使人有生硬的感覚，或敍述比較溫和委婉的对話，要注意动詞重迭这方面的作用。

　　3. 形容詞重迭的形式最多，在修辞方面所发生的效果也比較复雜。單音形容詞重迭，除了我們已經提过的儿化表示爱的感情（如紅紅儿的、紅扑扑儿的，綠油油儿的等）以外，作动詞的狀語或补語时，帶有加重或强調的意味，也就是把要表示的感情，加重地表現出來。例如：

　　①您行行好，您再重重地給我一拳。（曹禺）
　　②連長也狠狠地瞅了他一眼，質問他："怕死嗎？"（柳青）
　　③我自己会走，我要走得远远的。（曹禺）

作定語和謂語时，縱然不儿化，也表示爱的感情。例如：

　　④彬有着長長的眉，大大的眼睛，高高的鼻子，小小的嘴（儿）。（冰心）

其他如漆黑、黑漆漆的，雪白、白花花的等，都有不同的感情色彩，这里不再詳談。关于双音形容詞重迭所表現的感情，前面已經談过这里也不再談。（参看朱德熙：《現代漢語形容詞研究》的附錄《形容詞重迭式的感情色彩》《語言研究》1956年第一期）

还有不是重迭的形容詞，也能配合表达感情作用。例如：

　　⑤晚間，独自喝了二兩悶酒，蹲在坑头上乱罵人。（馬烽）
　　⑥雪花大的有梅花那么大，滿天飛舞，夾着烟靄和忙碌的气色，將魯鎮乱成一团糟。（魯迅）

"酒"无所謂"悶"，气色也談不到"忙碌"，只是为了配合所描寫的人物或环境，才使用这类的形容詞。

　　总之形容詞表現的感情色彩是各种各样的，我們在适当的場

— 181 —

合要好好地加以配合运用。

4.代詞一般不帶有感情色彩,但在活用时就有各种各样的感情色彩了。在第三册談代詞的活用,曾約略提到过一下,现在再分別举几个例子:

⑦在第二節里,我們已經提及人称代詞。(王力)

⑧〔宝釵又說:〕"別說老太太,太太心疼,就是我們看看心里也……"(曹雪芹)

⑨"前日襲人都打了,今日反來尋我們的不是。"(同上)

这三个例子中的"我們"都是"我",例⑦是謙称,例⑧表示害羞,例⑨表示埋怨。

⑩"他这人就是这种脾气,你越凑合他,你猜怎么着?他越給你來勁儿!"(陆宗达等)

⑪"你当是我真怕你,去你媽的吧!我是犯不上跟你嘔气!"(陆宗达等)

例⑩第一第三个"你"是指"我",只有第二个"你"是指听話的人,这样說,为了爭取对方的同情,例⑪是向别人敍述跟一个人的冲突,这里面的"你"是指"他",这样說可以表示激怒的感情。

⑫"他再不听話,我就不讓他看电影。"

这是母亲当面訓斥儿子的話,"他"是"你",表示責备、不满的感情。

⑬"你看着人家赶蚊子的分上,也該去走走。"(曹雪芹)

⑭"春起你硬說妇女們不抵一个錢用,看人家不都挣了几十个工。"(西戎)

⑮"你再不知道你嘔得人家多难过。"

例⑬的"人家"是"她",含有諷刺意味;例⑭的"人家"是"她們",含有同情意味;例⑮的"人家"是"我",含有埋怨意味。另外还能表

— 182 —

示各种細致的感情。"別人"也有这种用法。

5.数詞一般也沒有感情色彩,在活用或和語气配合使用就帶有感情色彩,如成語中的"一知半解"、"一粥一飯"等是極言其少;"万紫千紅""千軍万馬"等是極言其多,在談成語时談过一些,这里不再談。我們講数詞时說:"不定数和概数,有时附加上感情色彩。例如'成''上'都表示多('成千''上万'),'把'表示少('千把人'),(本書第三冊第140頁)就是指这种情况說的。同一个数目不管大小,一帶上感情色彩就可以說得很大,也可以說得很小。例如"一千"这个数目,在"領導一个'上千'人的学校頗不簡單啊!"这句話里,"上千"是說多的意思,有贊美的感情;說成"你們学校才'千数來'人(或千把人),我們一系就有一千多人。""千数來"就是少的意味,有不滿的感情。在四川話里还有"×打×个"("个"可以換成其他量詞,如四打四角,六打六張等)的說法,表示多的意思。"兩个"这个数目不算多吧,也能表示多。例如"只他們兩个人恐怕不行","兩打兩个人,还办不了这点事?"普通話里还沒有相当的說法,恐怕要被吸收到普通話里去。

以上我們把运用这几种实詞配合感情色彩的方法,粗略地談一下,希望大家根据这种原則,在需要感情色彩配合时,能适当地加以运用。

(2)描寫人物时色彩的配合 作品中的人物,每个人都有他的个性,是溫柔、是刻薄、是粗魯或豪爽……都要寫得很明顯,我們看优秀作品中的人物个性,都很突出,林冲和魯智深,薛宝釵和王鳳姐儿絕对不同,我們只看某人的談話或动作,不必看寫的是誰,就能猜出是誰來,这和色彩的配合很有关系。还有人物有敌我之分,作者所憎恨的敌人,所热爱的英雄模范人物,在用詞方面都有

— 183 —

很大的不同。先拿魯迅的《藥》那篇兩個人物來看看：

⑯康大叔"喂！一手交錢，一手交貨"。一個渾身黑色的人……眼光正象兩把刀……一只大手，向他攤着，一只手却撮着一个鮮紅的饅头，……嚷道"怕什么？怎的不拿！"……便搶过灯籠，一把扯下紙罩，裹了饅头，塞与老拴，一手抓过洋錢，捏一捏，轉身去了。嘴里哼着說："这老东西……。"……突然闖進了一個滿臉橫肉的人，披一件玄色布衫，散着紐扣，用很寬的玄色腰帶，胡乱捆在腰間，剛進門，便对老拴嚷道：……橫肉的人只是嚷……"……什么癆病都包好！"……康大叔却沒有覺察，仍然提高了喉嚨只是嚷，……橫肉塊塊飽綻，越发大声說：……康大叔走上前，拍他肩膀說……

康大叔是个反面人物，他是統治階級的爪牙，貪婪、凶狠、粗暴，作者从色彩方面选用各种的詞使这个人物的性格活現在讀者的眼前。劲作方面用"攤开""撮着""搶""扯""塞""抓""闖""拍"等，这些詞配合得很好，假如换"張开"(攤)"接过"(搶过)"走進"(闖進)……等，那就不是康大叔了。样子方面用"黑色""眼光象兩把刀""大手""滿臉橫肉""散着紐扣""很寬的玄色腰帶""胡乱"等詞語；說話老是"嚷"、"提高了喉嚨"；再加上別人对他的态度：老拴被他"刺得縮小了一半"，"一手恭恭敬敬地垂着"；華大媽"送出茶碗茶叶來，加上一个橄欖"，"听到癆病二字似乎有些不高兴，但又立刻堆上笑"；其他茶客"也都恭恭敬敬地听"，花白胡子"低声下气的問"等等，各方面配合起來，便活画出这个人物。

⑰老拴抖抖地裝入衣袋，又在外面按了兩下，……低低地叫道……忽然吃了一驚……蹩進簷下，……又吃一驚……老

— 184 —

拴慌忙摸出洋錢，抖抖地想交給他，却又不敢去接……还躊躇着……他的精神，现在只在一个包上……

老拴是作者同情的人物，他是善良的老百姓，小心謹慎地过日子，和一般善良的人民一样，被旧社会的恶势力压迫着，使他非常迷信、胆小，描寫老拴所选用的詞便完全是另一套了。

⑱一面中国国民党"保安"十一旅的大纛下，一羣日本强盜和供强盜呼喚指使的走狗，正奔逐叫嚻，想趁这天色还沒有大亮的时候，來偷偷地象賊一样，消滅这个善良的爱国的村庄。……單福生站在一个矮矮的草垛上，扭曲尷尬的臉上，挂了一种猥褻獸性的獰笑，用无耻到只有他那样畜生才能够說出來的話……（吳伯簫：《一罈血》）

这是描寫敌人的獸行的，色彩方面的配合，便是一連串的貶詞，如"强盜"、"走狗"、"賊"、"呼喚"、"指使"、"奔逐"、"叫嚻"、"扭曲"、"尷尬"、"猥褻"、"獸性"、"无耻"等。

⑲他不愿意別人多提他的名字，可是全世界的人民都尊敬他为一个偉大的和平战士。全世界的母親都感謝他，因为他領着中国人民志愿軍打击了美国侵略者，保障了朝鮮的母親和孩子的安全。全中国人民都愿意到他面前說一句感謝的話，因为他在朝鮮艰苦地指揮作战，保衞着祖国人民的和平生活。拿他对世界和平的貢献來說，拿他的保衞祖国的功勋來說，我們在他面前实在顯得太渺小了。（巴金：《我們会見了彭德怀司令員》）

这是描寫革命領袖的，一連串的詞語如："尊敬"、"感謝"、"保障安全"、"保衞祖国人民的和平生活"、"和平战士"、"世界和平"、"貢献"、"功勋"、"偉大"、"艰苦"等，都是表示作者对革命領袖的热爱，

— 185 —

連"不愿意别人提他的名字","我們顯得太渺小"等也是色彩方面的配合。

（3）描寫环境时色彩方面的配合：好的作品描寫景物絕不是閑筆,絕不是无病呻吟孤立地來描寫風花雪月,而是緊緊地和作品的主題、內容（人物的遭遇）等联系着的。魯迅說"'月白風清,如此良夜何?'好的,風雅之至,举手贊成。但同是涉及風月的'月黑殺人夜,風高放火天'呢,这不明明是一联古詩嗎?"（《准風月談》《前記》）所以同一种景物,在不同的人寫來和在不同的作品里,感情色彩有很大的不同。

⑳剛上好了雨布,又是一陣風,墨云滚似地遮黑半边天。……北边的半个天烏云如墨,仿佛有什么大难來臨,一切都驚惶失措。車夫急着上雨布,鋪戶忙着收幌子,小販們慌手慌脚地收拾攤子,行路的加緊往前奔。又一陣風。風过去,街上的幌子,小攤,行人,仿佛都被風卷走了,全不見了,只剩下柳枝随着風狂舞。（老舍：《在烈日和暴雨下》）

作者在描寫車夫（駱駝祥子）在烈日暴雨下所受的苦难,所以在描寫暴雨來以前的情景,在色彩方面也是緊緊地配合着的,如"滚似的"、"遮黑半边天"、"大难來臨"、"驚惶失措"、"急着"、"忙着"、"慌手慌脚"、"加緊向前奔"、"被風卷走"、"狂舞"等,一切都这样可怕,一切灾难都要加在主人翁的头上。假如在屋里工作的人,正悶热得要死,大風來了,大雨也跟着來了,天气变凉爽了,那將是另一种心情,色彩的配合也就大不同了。

㉑时候旣然是深冬,漸近故鄉时,天气又陰晦了,冷風吹進船仓中,嗚嗚地响,从篷隙里向外一望,蒼黃的天底下,远近横着几个蕭索的荒村,沒有一些活气。我的心禁不住悲涼起來

— 186 —

了。(魯迅:《故鄉》)

作者是"專为別它(故鄉——筆者)而來的,……永別了熟識的老屋,而且远离了熟識的故鄉。"所以他心情是"悲涼"的,景物也就悲涼了,色彩緊緊配合着,如"深冬"、"陰晦"、"冷風"、"嗚嗚地"、"蒼黄的天"、"蕭索的荒村,沒有一些活气"这些詞語,都表現了"悲涼"的气氛。其他描寫各种情景的都是一样,不再詳談了。

6.10 声音的配合 我們知道詞是"構成語言的建筑材料",詞又是声音和意义的結合,用詞寫成句子寫成文章,在紙上固然沒有声音,但一念出來就有声音了。所以說話或寫文章还要注意声音的配合,配合得不好,說起話來或念起文章來,既拗口又刺耳。怎么就順口悅耳了呢?得合乎漢語的習慣。我們打算从音節的多少、象声詞、輕重音和声調四方面來簡略地談一談这个問題。

(1)音節的多少 陸志韋先生說:"漢語有这么一种特性:我們听一段話或是念一段白話文,老是会覚着句子里的字(音節)会兩个兩个、四个四个地結合起來。"(《漢語的幷立四字格》《語言研究》1956年第一期第45頁)这个特性,在現代漢語里更明顯,現在双音節詞的大量發展和这个特性很有关系。在說話或寫文章时,除了一部分必須是單音節的詞以外,大多数詞語都是兩个音節或四个音節。因此必須注意音節多少的配合。例如"預备功課"这个詞組,也可以縮減成"备課",但說成"預备課"或"备 功 課"就 不 習慣,"預备課"好象是跟"正式課"相对的一个詞,"备功課"根本沒有这种說法。这种例子是非常多的,如:力爭(努力爭取)、擴軍(擴張軍备)、备战(准备战爭)、整風(整頓作風)、整改(整頓、改進)、求知(追求知識)、文敎(文化、敎育)書报(書籍、报紙)等都 是。怎样配合呢?得看句子的需要,以"整改"为例吧:

— 187 —

①凡是反右派斗爭取得了勝利的單位，都应轉入以整改为主的階段，堅决整頓作風和改進工作。(《人民日报》社論) 前面用"整改"，后面就用"整頓、改進"，这是为什么呢？因为前面"整改为主"是四个音節，"整改"大家也懂，就不必說成"整頓改進为主"，后面就不同了，要說出整什么改什么，"作風"和"工作"又是双音詞，就得說成"整頓作風""改進工作"，这又是四个音節的詞語了。如果說"整作風""改工作"就很別扭或者就不行。"書、报雜志"連起來是四个音節，就这样說；拆开說"閱覽室只有几分报紙，却沒有什么書籍"，就要变成"报紙""書籍"了。合起來說"房屋"，拆开說是"房子"、"屋子"或是"瓦房"、"茅屋"等都行，却不能說"瓦房子"、"茅屋子"。"当我進來时"可以，"当我進來的时"却不行，一定要說成"时候"；"不驕不餒"是成語，可以，說"不驕傲也不气餒"也可以，但說"不驕傲也不餒"却不可以。这些都和漢語爱說双音節或四音節詞語的特性有关。我們措辞要注意这些方面音節的配合。还有以前我們講《定語和的》，曾說过定語(狀語后面的"地"也一样)后面加不加"的"(地)是有一些規律的，但有很大的灵活性；这种灵活性和調整音節有很大关系，可复習一下，这里不再談了。

（2）象声詞的利用　象声詞是比况声音的詞，不是独立的一类詞，常作定語或狀語用，我們把它附在形容詞里。用这种詞要注意：第一要象，比如說笑吧，有"哈哈大笑""格儿格儿地笑""吃吃地笑""嘿嘿地笑""嘩的一声全笑了"等；大炮声用"轟隆"，手榴彈用"轟"，槍彈用"嗤嗤"；說話大声是"哇呀哇呀"、"唧唧喳喳"，小声是"唧唧噥噥"、"嘟嘟囔囔"等；烏鴉叫是"哇哇"，青蛙叫是"閣閣"，蜜蜂飛是"嗡嗡"……声音大小，用哪一类的象声詞差不多是一定的，不能乱写。其次要注意和情景的配合，比較：

— 188 —

②发动了机器轟隆隆地响。(歌詞)

③大軲辘車呀，軲辘軲辘轉哪。(歌詞)

④她們輕輕划着船，船兩边的水，嘩，嘩，嘩。(孙犁)

⑤那明明是鬼子。这几个青年妇女咬緊牙，制止住心跳，搖櫓的手幷沒有慌，水在兩旁大声地嘩嘩，嘩嘩，嘩嘩。(同上)

例②是机器轉，很快，用"轟隆隆"就好，如果用"轟隆轟隆"半天轉一遭，机器就有毛病了；例③大車是牛馬拉的，轉得慢，所以要"軲辘軲辘"，不能"軲辘辘"地轉。例④⑤同是这几个青年妇女，当她們去找她們的丈夫时，心情愉快，不慌不忙地划着船，水声"嘩，嘩，嘩"是慢的；等到发现鬼子追她們，心情緊張害怕，加緊划船，水声就"嘩嘩，嘩嘩，"非常急迫了。我們要緊緊地配合着人物的感情，事情的背景，很恰当地利用这些象声詞。

(3)輕重音的配合　在本書第一册講过輕声(第94頁)那是指詞來說的,另外在講朗讀时,还講过各种重音。話里有輕音重音念起來就不平板。我們在这里着重談的是語句重音(复習第一册第132——135頁)語句重音有句法重音、邏輯重音和情感重音,句法重音和問答話里的邏輯重音,在朗讀时注意讀出重音就是了,现在要讓大家注意配合的是联系上下文的邏輯重音和情感重音。重音配合恰当,才能表示出作者的感情,才会有力量。例如：

⑥他們辛辛苦苦地寫了，送來了，其目的是要我們看的。可是怎么敢看呢？(毛澤东)

⑦風來了，雨來了，和尙背着鼓來了；什么鼓？花鼓，咚嘣咚嘣过十五。(儿歌)

⑧所謂全勝，就是要取得反右派斗爭的勝利，取得改進工作的勝利，取得改造思想的勝利。(鄧小平)

— 189 —

⑨我們对于羣众的口号应該是：坚决地放，大胆地放，徹底地放；而对于領導人員的口号应該是：坚决地改，大胆地改，徹底地改。（同上）

⑩重重靑山抱綠水，弯弯綠水繞靑山。（王明希）

这些例子里的詞的輕声，如"們"，重迭詞的第二个音節，一些助詞"的""得""呢"等朗讀时注意就行了。我們只看因上下文关系产生的重音，例⑥是在反問的轉折句里突出重音"看"，假如換成"我們费了很長时間看完了"就沒有力量，也表示不出說話人厭煩"長而空"文章的感情來了。例⑦的"風來了，雨來了"，謂語都是"來"，重音就落在主語"風""雨"身上，表示儿童对風雨一齐來的欢迎感情，換成"風來了，雨下了"，重音就不如这样明顯。例⑧是加重定語部分，例⑨是加重狀語部分，因重复其他部分，顯得特别有力。例⑨也是因为前后对照更表示整改的决心；假如前面改成"坚决，大胆而徹底地放"后面仍旧是"坚决地改……"等，那力量就差多了。例⑩也是因为前后对照而产生的重音。

（4）声調的配合　在本書第一冊（第87頁）談过声調有兩种，一种字調，一种句調，普通說声調是指字調說的。关于句調，已在第一冊講朗讀法，本冊講陈述句等四种句子和标点符号使用法等部分談过，我們在說話或寫作时，注意配合运用就是了。关于字調，也在講朗讀法和成語时提到一些，現在再总括地談一下。漢語早就有四声，又分成平仄兩类：平就是平声，上去入是仄声。漢語又是一个字一个音節，于是很自然地形成平仄相对的整齐句法，这就是漢語所特有的文体如对联、律詩、駢文等所以产生的原因。在漢語中的單音詞，兩兩相对照的詞，很多是一平一仄，如天地、男女、花叶、山水、淸濁、抑揚、言笑……，因此不但在对联、旧詩、駢文等

— 190 —

文体中出現詞义和平仄相互对照的句法,就是在散文里边,甚至在日常談話里也常常出现这类詞語。現在常常运用的成語,很多本身就是"对子",如"天高地厚""翻天复地""鉄壁銅牆""青山綠水""青枝綠叶""归根結底"等等。就不是成語也有这种現象,我从新華社記者評述宝成鉄路的报導里摘下这些詞句(包括成語):

⑪秦蜀　精衛塡海、愚公移山　〔叫〕高山低头,河水讓路　"身披云,头頂黑"　崇山峻嶺　懸岩峭壁　巴山蜀水　炸掉、削平　架起了一百多座桥梁　塡平了許多深谷　东拐西弯　繞來繞去　山囘路轉·艱險困难　坚固美观　又整齐又坚固　〔車身〕不搖不晃　正本淸源　复雜艰巨(«中外少見的奇迹»«重慶日报»1958年1月3日)

这篇报導不到三千字,就用了这么多講对仗、調平仄的詞語,有的是成語,如"精衛塡海、愚公移山、崇山峻巓、懸崖峭壁"等;有的是当地民諺如"身披云,头頂黑",更多地就是敍述中用的詞語,"高山低头,河水讓路"还不是成語,这是近年來形容祖国人民進行建设的偉大气魄常用的兩句話,在另一篇报導里,就說成"高山也要低头,河水也要讓路",但是你看对得多工整,平仄多协調呀。其他如"炸掉和削平"、"架起桥梁,塡平深谷",都是普通敍述,自然对起來的。另外如"坚固美观""又整齐又坚固""复雜艰巨"等都是把兩个形容詞放在一塊,"东拐西弯","繞來繞去","不搖不晃"等是把兩个动詞放在一塊,也是很自然地形成对偶很工整平仄很协調的詞語。这些詞幷不是不能换成別的詞,說"炸平、削平""东拐西拐""坚固美丽""复雜艰难"等不是不可以,但念起來听起來就不象这样抑揚悅耳了。其他如詩歌、唱詞等文体,更要注意这方面,就不用說了。所以在我們寫作时,除了注意句調(重音、停頓、語气等)以外,

— 191 —

在可能范圍內，要注意声調（字調）的配合，因为这是祖国文字的音乐美，要充分利用。当然不可能或不很自然的情况下，也不必勉强去凑合，一勉强不但不起好作用，反而叫人有矯揉做作的感觉，那就不好了。

練 習 一

1. 用下列各詞造成句子，表示出感情色彩：

小葱　黑漆漆　黃亮亮　面条　長長的　慌慌張張　糊里糊涂　精細　硬朗　滔滔不絕　粗心　奉承

2. 說明下列兩段文章是什么語体，並指出它們的專門或常用的詞語。

①誠然，自西周直至元代，奴隶制殘余的存在，都是相当顯著的，不單存在着家內奴隶，而且有参加手工业与商业等劳动的奴隶，直至現代也还有家內奴隶的殘余。但問題不应从这些殘余現象的考察出发，而应从其时代起支配作用的生产力以及与之相适应的生产关系的考察出发。若把前者从后者孤立起來去加以夸張，那正是唯心論观点和形式邏輯的方法，而不是史的唯物論的歷史研究法。

②"这是誰？沒見过呀……"老头子心里叨咕着，兩眼瞅着这人衣裳口袋里的小紅皮本儿和黑杆鋼笔，估不透他是个啥样的人，也不知道該怎样答对。他臉上的皺紋动了动，想裝出一个和悅的笑模样，却沒有裝出來。……但是今天，他却觉得到处新鮮。那山峯啊，向陽的地方是那么耀眼，背陰的地方又浮着一層薄薄的藍色的霧。那溪流啊，碎石啊，都在老人的脚下发响，是唱歌呢还是发笑。

3. 修改下列各句，並簡要地說明理由：

— 192 —

①当这个刊物去年六月底在中原(鄭州)創刊时,就全国范圍來說还没有一个全国性的文藝雜志。

②这些勝利,是与你們的艰苦斗爭分不开的,是与你們的斗爭精神分不开的。

③炎热的夏天里,幸福的人們都在每天吃飯后的几十分鐘的时間里,爭先恐后地跑到山上去或者到郊外去乘那宝貴的南風的涼爽。

④如果是一个工人,但是他的短跑或举重是具备特殊才能的,我們不進行对他的体育培养,創造新紀錄,那將是个損失。

⑤一章一章地講,簡直是浪費时間,以后要改变方式,主要是自学,再輔助一些座談会討論会。

4.茅盾《白楊礼贊》一篇(《初中文学課本》第五册,第69——71頁)是贊美白楊樹的,它在背景方面和选詞方面是怎样來配合的?

后 记

本文集的作者杨欣安先生自1952年由国立女子师范学院调入西南师范学院汉语言文学系（今西南大学文学院的前身），直至1987年辞世。杨先生曾任西南师范学院汉语言文学系和汉语言文献研究所副教授、教授，汉语言文学系汉语教研室副主任，中国语言学会理事，四川省语言学会理事、常务理事，《汉语大字典》编委。杨先生一直致力于现代汉语的教学和研究。为本科生和教师进修班讲授现代汉语等课程，1956年至1958年编写出版了函授教材《现代汉语》的一、二册，并与其他同志合编三、四册（重庆人民出版社出版）。

本书选编杨欣安先生牵头的在当时具有重要影响的《现代汉语》部分内容，如本影印本"前言"所述，选编的内容系原著作"前言"明确载明为杨欣安所写的。需要提及的是，我们本来拟将杨先生的代表性论文也一并编入《杨欣安＜现代汉语＞文辑》，为此我们也做了一定的努力：我们起初将杨欣安的《现代汉语》确由杨先生所写的内容和代表性的论文9篇均重新全部录入电脑，并已由出版社秦俭老师做了一定的编校工作，由于杨先生的《现代汉语》教材和论文国际音标等符号较多，还有个别论文原发表时是竖排的，且杨先生的论著发表时原作在行文习惯等方面与当今学界的要求不太一致，虽然我们做了较大的努力，仍存在某些出版上的困难。经与出版社磋商，影印《现代汉语》的部分内容更合适，于是我们忍痛舍弃了杨先生的论文原文，实为憾事。同时也放弃了我们辛苦录入电脑的word文档。好在如此影印，或许可以更好地保留原作原貌，更具有学术史意义。且《现代汉语》在某种程度上已大致可以反映杨先生的学术成就。

感谢杨欣安先生的女儿杨运碧女士欣然同意出版本书，并与出版社签订出版合同。感谢西南师范大学出版社秦俭女士、吕杭女士的支持。感谢王本朝院长倡议和组织出版西南大学文学院"雨僧文库"，这无疑是延续西南大学文学院文脉的功德无量的事，也必将有益于学术界。本朝院长安排我负责本书和翟时雨先生的论集《语言漫议》的选编。选编工作的不妥之处概由我负责，并请读者诸君海涵。

张春泉

2020年1月于西南大学